Peter Burke:

Helden, Schurken und Narren
Europäische Volkskultur in der frühen Neuzeit

Herausgegeben und mit einem Vorwort
von Rudolf Schenda

Klett-Cotta
im
Deutschen
Taschenbuch
Verlag

Aus dem Englischen übersetzt von Susanne Schenda.
Die Originalausgabe erschien unter dem Titel ‚Popular Culture in Early
Modern Europe' 1978 bei Temple Smith, London.

Mai 1985
Deutscher Taschenbuch Verlag GmbH & Co. KG,
München
© 1978 Peter Burke
© 1981 Verlag Klett-Cotta, Stuttgart (für die deutsche Ausgabe)
Umschlaggestaltung: Celestino Piatti
Vorlage: Tanzendes Bauernpaar · Kupferstich von Albrecht Dürer (1514)
Gesamtherstellung: C. H. Beck'sche Buchdruckerei,
Nördlingen
Printed in Germany · ISBN 3-423-04433-0

Das Buch

Wer die Volkskultur der frühen Neuzeit beschreiben will, muß zunächst
definieren, was Volkskultur ist. Über die Negativ-Definition des Volkes als
,,Nicht-Elite'' kommt der englische Historiker Peter Burke umstandslos zu
den handlichen Kürzeln ,,Handwerker und Bauern'' bzw. ,,die einfachen
Leute''. Daß dieses ,,Volk'' auch eine eigene Kultur aufzuweisen hat, die
bürgerliche Gelehrte im ausgehenden 18. und beginnenden 19. Jahrhundert
,,entdeckten'', steht am Anfang von Burkes Rückblick auf Entstehung und
Geschichte der Volkskunde. Wie die Kultur der einfachen Leute überliefert
wurde, welche Formen sie besaß und welche Prototypen, erzählt der Autor
auf anregende Weise im zweiten Abschnitt, der in der Darstellung der
,,Welt des Karnevals'' gipfelt. Reformen und Wandel der Volkskultur
schließlich sind Thema des dritten Teils: Mit der Trennung von ,,gelehrter''
und ,,niederer'' Kultur beginnt um 1650 der langfristige Prozeß der Zivilisierung der Unterschichten, der Disziplinierung und Verfleißigung des Volkes, bei dem mehr eigenständige Kultur ,,da unten'' zerstört, als ,,von oben
nach unten'' transportiert wurde.

Der Autor

Peter Burke, geboren 1937 bei London, studierte in Stamford Hill und am
St. John's College in Oxford. Er lehrt heute Geistesgeschichte am Emanuel
College in Cambridge.
Veröffentlichungen u.a.: ,Renaissance, sense of the past' (1969); ,Venice
and Amsterdam' (1974); ,Die Renaissance in Italien. Sozialgeschichte einer
Kultur zwischen Tradition und Erfindung' (1984).

Inhalt

Vorwort des Herausgebers 7
Vorwort des Autors 11

Erster Teil: Auf der Suche nach der Kultur des Volkes 15

1. Die Entdeckung des Volkes 17
2. Einheit und Vielfalt in der Volkskultur 36
   Die Oberschichten und die ‚niedere Tradition‘ 36
   Verschiedene Erscheinungsformen der populären Kultur:
   Volkskultur auf dem Lande 42
   Die Städte 48
   Die Fahrenden 54
   Religiöse und regionale Varianten 60
   Wechselbeziehungen zwischen Hoch- und Volkskultur 71
3. Ein scheues Wild 77
   Die Vermittler 77
   Indirekte Zugänge zur populären Kultur 90

Zweiter Teil: Strukturen der populären Kultur 101

4. Das Tradieren der populären Kultur 103
   Die Professionellen 103
   Die Amateure 114
   Das kulturale Umfeld 120
   Tradition und Kreativität 124
5. Traditionelle Formen 128
   Gattungen 128
   Themen und Variationen 136
   Der Kompositionsprozeß 149
6. Helden, Schurken und Narren 162
   Prototypen und ihre Abwandlungen 163
   Volkstümliche Einstellungen und Werte 182
7. Die Welt des Karnevals 192
   Mythen und Bräuche 192
   Der Karneval 196
   Die verkehrte Welt 199
   Das Karnevaleske 205
   Soziale Kontrolle oder sozialer Protest? 213

Dritter Teil: Wandlungen in der Volkskultur 219

8. Triumph der Fastenzeit: die Reform der Volkskultur 221
   Die erste Phase der Reform, 1500–1650 221
   Die Kultur der Frommen 236
   Die zweite Phase der Reform, 1650–1800 248
9. Volkskultur und sozialer Wandel 257
   Die kommerzielle Revolution 257
   Die Vermarktung des Lesens und die Folgen
   der Alphabetisierung 263
   Die Politik und das Volk 272
   Die Oberschichten sondern sich ab 284
   Vom Rückzug zur Neuentdeckung 295

Anmerkungen 300
Ausgewählte Bibliographie 332
Register 349

Vorwort

Was wissen wir eigentlich von der Geschichte des Volkes, sprich von jener namenlosen Menge von Abhängigen, von Subalternen und Dienenden, aber auch: von Schaffenden, Kämpfenden, Sich-gegenseitig-Stützenden? Wer berichtet uns aus der Vergangenheit vom Alltag und Festtag der Landarbeiter und Dienstmägde, der Gesellen und Lehrlinge, der Fabrikarbeiterinnen und Soldaten, der Büroangestellten und Verkäuferinnen? Die moderne Oral-History-Forschung hat da leichtes Spiel: Sie läßt die Leute von der Straße ihre Lebensgeschichte nach grob vorgegebenen Fragen auf Tonband sprechen – das ergibt eine subjektive Geschichtsschreibung, gewiß, aber eine lebensnahe ‚Geschichte von unten‘, ein notwendiges Korrektiv zur ‚großen‘ Geschichte unserer Schulbücher. Doch wenn wir mehr als hundert Jahre in die Geschichte des Volkes zurücktauchen wollen, fließen die Quellen zu ihrer Beschreibung, sofern sie nicht schon versickert sind, spärlich und dünn. Die älteren Geschichtswerke verhielten sich zum Volke erstaunlich zurückhaltend. Da wurde zumeist Herrschaftsgeschichte ausgebreitet, die Historie der hohen Häupter und der Staatsaktionen, die Ergebnisse politischer Schachzüge und aggressiver (seltener auch friedliebender) Strategien. Den Schlachtenführern und Territorien-Vereinigern wurden die öffentlichen Denkmäler gesetzt.

Die Ausnahmen entpuppen sich bei strengerer Begutachtung als Beweis für die Regel. Da ist zum Beispiel der katholische und volksverbundene Historiker Johannes Janssen (1829–1891). Seine *Geschichte des deutschen Volkes,* die seit 1876 erschien, liefert unter anderem erstmalig ausgedehnte Nachrichten über die Geschichte der Volksbildung. Aber Janssen meint da die katechetische Unterweisung von oben, „in der sich die reine, echte, unverfälschte Heilslehre findet“, nicht etwa eigene Anstrengungen von Angehörigen der Unterschichten, sich geistig zu emanzipieren. Und Janssens zweiter Halbband von 1878 schildert mehr den Wohlstand der Bauern als die Arbeit der Mägde und Knechte, eher die Rechte der Zünfte als die Unterprivilegierung der Handwerksgesellen – von der sozialen Lage der Lehrbuben ganz zu schweigen. ‚Cultur‘, das war doch allemal der ‚höhere‘ Bereich von Kunstproduktion, ästhetischer Raffinesse und zarter Empfindsamkeit des Hochadels oder des Großbürgertums. Selbst Wilhelm Heinrich Riehl, der als Vater deutscher Volkskunde gilt und der „Land und Leute“ (so heißt der erste Band seiner *Naturgeschichte des Volkes* von 1854) zum Teil aus eigener Anschauung kannte, war in seinen *Culturstudien* von 1859 weniger an „Haus

und Hof, Rock und Kamisol und Küche und Keller" im Sinne seiner Lebensgeschichte der Unterschichten interessiert als vielmehr an dem „wunderbaren Organismus einer ganzen Volkspersönlichkeit", womit er auf eine Wissenschaft von einer „lebensvollen Gesamtidee der Nation" abzielte.

Was die Kulturgeschichte des Volkes anbetrifft, zumal wenn es um die
frühe Neuzeit geht, so tappen wir weitgehend im dunkeln; Rock und Kamisol
kriegen wir dabei kaum zu fassen, nicht zu reden von den Bedürfnissen ihrer
Träger. Trotz der volkskundlichen Arbeiten der ‚Münchner historischen
Schule' (Hans Moser, Karl-S. Kramer) und trotz verstärkter Bemühungen
der modernen Sozialgeschichte (die ihr Hauptaugenmerk auf die postfeudale
Epoche richtet) fehlt es an Studien, die mehr Licht in diese Küchen und Keller bringen. Und deshalb füllt das vorliegende Buch des englischen Historikers Peter Burke mehr als nur eine Lücke, zumal es nicht nur England, sondern Europa nach allen Himmelsrichtungen durchschreitet.

Aber haben denn die europäischen Romantiker und noch mehr die positivi-
stischen Volkskundler nicht genügend Fakten über die Kulturgeschichte des
Volkes zusammengetragen? Was erfahren wir nicht alles aus den Volkstexten
der Arnim, Brentano, Görres, Jakob und Wilhelm Grimm, die allesamt in der
kurzen Zeitspanne zwischen 1806 und 1812 erschienen; wie reich sind nicht
die Materialien der zur gleichen Zeit erstellten Napoleonischen Enquêten?
Und haben wir die Schatzkammern der volkskundlichen Wissenschaft, wie
die 25 Bände der *Biblioteca delle tradizioni popolari siciliane* des palermita-
nischen Arztes Giuseppe Pitrè (1841–1916) oder das *Handwörterbuch des
deutschen Aberglaubens* (1927–1942) schon genügend ausgewertet? Sicherlich nicht, aber solche Kompilationen ergeben auch noch keine Geschichte
des Volkes (vor allem nicht der früheren Jahrhunderte), teils weil sie auf der
Suche nach den Ur-Quellen des Mittelalters und der Antike die frühe Neuzeit überspringen, teils weil sie nur das Ungewöhnliche, Unerhörte oder Un-
erlaubte zusammenschustern, teils weil sie ganz ahistorisch angelegt sind (die
anthropologischen Konstanten oder die postulierte Einheitlichkeit der Nation standen im Vordergrund des Interesses), teils weil sie die historischen
Zusammenhänge zugunsten eines ‚wissenschaftlichen' Ordnungsprinzips
zerreißen. Und was die Romantiker anbetrifft, so haben sich gar manche ihrer Funde später als die falschen (weil nicht aus dem Volke stammend), wenn
nicht gar als gefälschte (geschönte, zurechtgestutzte, bürgerlichen Wertvorstellungen angepaßt) entpuppt. Burkes drittes Kapitel zeigt eindringlich, wie
sehr auf diesem Sektor Quellenkritik vonnöten ist. Generationen von
Schreibtisch-Volkskundlern sind dem Volk, diesem „scheuen Wild", ganz
und gar nicht auf die Spur, geschweige denn auf die Schliche gekommen.

In diesem Buch nun eröffnet uns Peter Burke in vierfacher Weise neue Per-
spektiven: Einmal betrachtet er die europäischen Verhältnisse von einem

hohen englischen Leuchtturm her; er vermeidet dabei ethnozentrische Denkweisen und kann mit Hilfe seiner breiten Kenntnisse europäischer Sprachen und Kulturentwicklungen ein ebenso weiträumiges wie im einzelnen sorgfältig ausgemaltes Panorama-Bild aufbauen. Zweitens arbeitet er mit historisch jeweils verortbaren Fakten, die er zusammenhängend zu interpretieren versucht, nicht um zu abstrahierten Strukturmodellen zu gelangen, sondern um gesamteuropäische Strömungen hinsichtlich „great tradition" und „little tradition" herauszufinden (Robert Redfield, von dem dieses Begriffspaar stammt, spricht auch von „Hochkultur" und „Niederkultur" oder von „hierarchischer" und „Laienkultur"). Ferner gelingt es Burke, diesen so fatal verallgemeinernden Begriff des ‚Volkes' zu differenzieren nach Stadtvolk und Landvolk, Seßhaften und Fahrenden, Wohlhabenden und Armen, Einheimischen und Fremden sowie nach den einzelnen Berufen. Und schließlich verwendet er nicht nur Quellen, die das Volksleben ausschließlich oder teilweise ex negativo beschreiben (wie das zum Beispiel Gerichtsprotokolle tun, aber auch so moralische Aufbau-Bibeln wie das *Noth- und Hülfsbüchlein* des Volksaufklärers Rudolph Zacharias Becker); er machte zum Beispiel starken Gebrauch von Erinnerungsschriften und Reiseberichten, um die Volkskultur plastischer darzustellen.

Aber was heißt da eigentlich ›Kultur‹? Burke selbst grenzt sie ab als „a system of shared meanings, attitudes and values, and the symbolic forms (performances, artifacts) in which they are expressed or embodied". Ohne Zweifel ist nicht nur die Hochkultur, sondern auch die Volkskultur ein solches Bedeutungssystem, das seine eigenen Ausdrucksformen sprachlicher oder materieller Art hervorbringt. Das Problem liegt nicht in dieser Feststellung, die allzu evident ist (man denke nur an die Masse gesammelter Volkserzählungen, an die Reichtümer volkskundlicher Museen), sondern einmal in der Frage, welche Beziehungen zwischen dieser Kultur der „largely unreflected many" (wie Redfield sagt) und der anderen „of the reflected few" bestehen. Hegen wir Zweifel, ob die Volkskultur wirklich unreflektiert dahinlebt, so stehen wir vor der Aufgabe herauszufinden, einen wie hohen Grad von Eigenständigkeit oder Abhängigkeit, Eigenkreativität oder Nachahmungsleistung wir der Volkskultur einräumen können. Anders gefragt: Wie total oder wie bedingt dominiert die ‚herrschende Kultur' die Volkskultur? Oder kann unter bestimmten historischen Voraussetzungen auch die Volkskultur eine Führungsrolle übernehmen und die hierarchische Theorie Redfields samt Hans Naumanns bürgerlichem Konzept vom „Gesunkenen Kulturgut" auf den Kopf stellen?

Immer wieder kreisen Burkes Fakten und Argumentationen um dieses Thema. Zwar postuliert er für das Spätmittelalter gewisse Gemeinsamkeiten von Hoch- und Niederkultur; die zentrale Periode seiner Studien – das 15. bis

18. Jahrhundert ist jedoch auch für ihn durch auseinanderklaffende Entwicklungen geprägt, die immer wieder zu Kulturkonflikten führen (die politischsozialen Konflikte bleiben bei Burke im Hintergrund). Seit dem 16. Jahrhundert werden die „Erreurs populaires" angeprangert, und später nehmen die politischen und geistigen Macht-Haber das Volk immer mehr an das Gängelband der Bevormundung. Zwar stellen sie kurzfristig Freiräume für die Psychohygiene bereit, nicht ohne die notwendigen Zäune dazuzustellen: Man erlaubt Festlichkeiten (vor allem die Fastnacht) im Jahresabstand, stellt aber doch an den Ausgang der Spielwiese die moralische Mahn-Tafel zum Zwecke der Norm-Bestätigung: Die verkehrte Welt in Bild und Aktion zeigt nicht den Weg zur sozial veränderten Welt, sondern bekräftigt die Richtigkeit der bestehenden Verhältnisse. Bei dem langfristigen Prozeß der Zivilisierung (im Sinne Norbert Elias') der Unterschichten, bei der Disziplinierung und Verfleißigung des Völkes, bei dieser Etatisierung einstmals heterogen zusammengesetzter Nationen ist mehr autochthone Kultur ‚da unten' zerstört als ‚von oben nach unten' transportiert worden.

Denn das Volk hat mehr an Kultur besessen als die bürgerlichen Gelehrten fassen konnten: seine differenzierten mimischen, gestischen und sprachlichen Ausdrucksformen (letztere wurden von den nationalen Schul-Sprachen plattgewalzt), die enorme Fülle seiner Produktionsweisen – nicht zuletzt die haushälterischen der Frauen (die meisten fielen der Industrialisierung zum Opfer), das breite Band seiner alltäglichen Überlebenstechniken zum Beispiel in der Auseinandersetzung mit den Gewalten der Natur (die vielfältigen Formen des ‚Gemeinwerks' wurden durch Technik und soziale Gesetzgebungen abgelöst, aber keineswegs immer verbessert). So gesehen hat Volkskultur nicht nur ihre symbolischen, sondern auch ihre ganz konkreten geistigen, materiellen und sozialen Ausprägungen gehabt. Vielleicht könnte man unter diesen Gesichtspunkten Burkes gewaltige Arbeit fortsetzen. Dieses Buch wird noch lange anregend wirken.

Zürich und Göttingen, im Juli 1981   *Rudolf Schenda*

Vorwort

Dieses Buch hat sich das Ziel gesteckt, die Volkskultur Europas in der frühen Neuzeit zu beschreiben. Der Begriff ‚Kultur‘ ist nicht eindeutig und ermöglicht widersprüchliche Definitionen. Ich möchte ihn so umreißen: ‚Kultur ist ein System kollektiv verwendeter Sinngehalte, Einstellungen und Werte sowie der symbolischen Formen (Darbietungen und Artefakte), in welchen sie sich ausdrücken oder verkörpern.‘[1] In diesem Sinne ist Kultur Teil einer allumfassenden Lebensweise, doch nicht mit ihr identisch. Was die Volkskultur anbelangt, so kann sie zunächst wohl am besten negativ definiert werden als inoffizielle Kultur, als Kultur der Nicht-Elite, der ‚subalternen Klassen‘, wie Antonio Gramsci sie nannte.[2] Im frühneuzeitlichen Europa bestand die Nicht-Elite aus einer ganzen Schar von mehr oder weniger deutlich umrissenen sozialen Gruppen, unter denen Handwerker und Bauern die bedeutendsten waren. Daher verwende ich den Ausdruck ‚Handwerker und Bauern‘ (oder ‚einfache Leute‘) als handliches Kürzel für die gesamte Nicht-Elite, einschließlich Frauen, Kinder, Schäfer, Seeleute, Bettler und alle übrigen Gruppen (kulturelle Variationen innerhalb dieser Gruppen werden im zweiten Kapitel näher beschrieben).

Um etwas über Einstellungen und Wertsetzungen von Handwerkern und Bauern zu erfahren, muß man notwendigerweise die traditionellen Zugänge zur Kulturgeschichte modifizieren, wie sie von Männern wie Jacob Burckhardt, Aby Warburg und Johann Huizinga entwickelt wurden. Am naheliegendsten ist es, die Volkskunde zu Rate zu ziehen, da Volkskundler sich zentral mit dem ‚Volk‘, mit der mündlichen Überlieferung und mit dem Brauchtum befassen. Ein großer Teil des von mir in diesem Buch vorgestellten Materials ist seit langem von Spezialisten für Europäische Volkskunde untersucht worden.[3] Ein kleiner Teil war Gegenstand literaturgeschichtlicher Untersuchungen; kein Kulturhistoriker kann auf die Einsichten der Literaturkritiker verzichten, die sich mit großem Sprachgefühl nachdrücklich der Erforschung von Konventionen in den literarischen Gattungen gewidmet haben.[4] Auch von den Sozialanthropologen kann der Historiker des vorindustriellen Europa eine Menge lernen, auch wenn die Unterschiede zwischen der Kultur der Azande oder der Bororo und der Kultur florentinischer Handwerker oder der Bauern aus dem Languedoc auf der Hand liegen. Zum einen ist es ein Anliegen der Anthropologen, eine ihnen fremde Gesellschaft in ihrer Gesamtheit von innen her zu verstehen, während die Historiker bis vor kurzem dazu neigten, ihre Bemühungen auf die Untersuchung der Oberschicht zu beschränken. Zum anderen begnügen sich Anthropologen nicht mit der Feststellung, welche Bedeutung ein Akteur seiner Aktion beimißt, sondern sie schreiten dann zur Untersuchung der sozialen Funktion von Mythen, Symbolen und Bräuchen fort.[5]

Dieses Buch befaßt sich mit dem Zeitraum, der etwa zwischen 1500 und 1800 liegt. Er fällt also mit der Periode zusammen, die Historiker oft die ‚frühe Neuzeit' nennen, selbst wenn sie ihr das Neue absprechen. Der Untersuchungsraum soll ganz Europa sein, von Norwegen bis Sizilien, von Irland bis zum Ural. Die Wahl der zeitlichen und örtlichen Grenzen bedarf einiger erklärender Worte.

Ursprünglich als Regionalstudie geplant, hat sich dieses Buch zu dem Versuch einer Synthese entwickelt. Von der Reichweite des Themas her ist es offensichtlich, daß keine detaillierte Erörterung geplant sein kann; das Buch ist vielmehr eine Folge von neun zusammenhängenden Aufsätzen, die sich mit übergeordneten Gegenständen befassen; sein Thema ist eher die Sprache der populären Kultur als die einzelne Mitteilung, es liefert eine vereinfachte Beschreibung der Hauptkonstanten und der wichtigsten Tendenzen. Die Wahl eines so weitreichenden Gegenstandes hat schwerwiegende Nachteile, so z. B. den, daß keine Region in Einzelheiten und in die Tiefe gehend untersucht werden kann. Es war also notwendig, eine impressionistische Methode anzuwenden und bestimmte vielversprechende quantitative Ansätze aufzugeben, weil das Quellenmaterial über einen so ausgedehnten territorialen und zeitlichen Raum nicht einheitlich genug war, um nach dieser Methode ausgewertet zu werden.[6] Diesen Nachteilen stehen indes gewisse Vorteile gegenüber. In der Geschichte der Volkskultur gibt es wiederkehrende Probleme, die auf einem allgemeineren als auf dem regionalen Niveau diskutiert werden müssen: Probleme der Definition, Erklärungen für kulturalen Wandel und, am augenfälligsten, die Wichtigkeit und die Grenzen der regionalen Abweichung selbst. Wenn Regionaluntersuchungen diese Abweichungen in legitimer Weise betonen, so besteht meine Zielsetzung im ergänzenden Versuch, Fragmente zusammenzusuchen und sie als Ganzes zu sehen, als ein einheitliches System aufeinander bezogener Teile. Ich hoffe, daß diese kleine Landkarte eines riesigen Territoriums zukünftigen Entdeckern die Orientierung erleichtert. Beim Schreiben dieses Buches hatte ich aber auch den interessierten Laien vor Augen, denn gerade eine Studie über Kultur des Volkes sollte kein esoterisches Buch sein.

Die Jahre zwischen 1500 und 1800 wurden gewählt, weil diese Zeitspanne lang genug ist, auch weniger auffällige Tendenzen zutage treten zu lassen und weil diese Jahrhunderte in der Geschichte des vorindustriellen Europa am besten dokumentiert sind. Auf die Dauer hat das gedruckte Wort die traditionelle mündliche Kultur allmählich zerstört, im Verlaufe dieses Prozesses jedoch auch viel von ihr festgehalten, so daß es richtig scheint, die Untersuchung zu der Zeit zu beginnen, als die ersten Flugblätter und Volksbüchlein aus der Presse kamen. Mit dem zur Neige gehenden 18. Jahrhundert endet mein Buch wegen der überwältigenden kulturalen Veränderungen, die damals durch die Industrialisierung in die Wege geleitet wurden, obgleich um 1800 nicht alle Teile Europas in gleicher Weise von diesen Veränderungen betroffen waren. Als Kinder der Industrialisierung müssen wir in unserer Vorstellung eine beachtliche Anstrengung unternehmen, ehe wir (falls uns das überhaupt gelingt) zu den Einstellungen und Wertvorstellungen der Handwerker und Bauern im Europa der frühen Neuzeit vordringen können. Man muß sich das Fernsehen, das Radio und das Kino wegdenken, Institutionen, die innerhalb einer Lebensspanne die europäischen Landessprachen standardisiert, die Dialekte eingeebnet haben, ganz zu schweigen von weniger auffälligen Veränderungen, die vielleicht viel tiefer gehen. Man muß sich die Eisenbahnen wegdenken, die wahrscheinlich noch mehr als die allgemeine Wehrpflicht und die Regierungspropaganda dazu beitrugen, regionale Kulturen zu untergraben und Regionen in Nationen zu integrieren. Absehen muß man von der allgemeinen Schulpflicht, der Schreib- und Lesefähigkeit, dem Klassenbewußtsein und dem Nationalismus. Ebenso muß man sich den modernen Glauben (wie brüchig er auch geworden sein mag) an Fortschritt, an Naturwissenschaft und Technologie wegdenken sowie die säkularisierten Ausdrucksweisen für Hoffnungen und Ängste. All dies (und vieles mehr) ist nötig, bevor wir die für uns ‚versunkene' Kulturwelt wieder betreten können.

Manche Leser werden vielleicht diesen Syntheseversuch voreilig finden, ich hoffe, sie werfen einen Blick auf die Bibliographie, bevor sie zu diesem Schluß kommen. Es ist richtig, daß die Volkskultur erst ungefähr in den letzten fünfzehn Jahren von der Peripherie her in den Mittelpunkt des historischen Interesses vorgedrungen ist, dank der Arbeiten von Julio Caro Baroja über Spanien, von Robert Mandrou und Natalie Davis über Frankreich, Michel Vovelle über die Provence, Carlo Ginzburg über Italien und Edward Thompson und Keith Thomas über England. Das Interesse an diesem Thema ist jedoch keineswegs neu. Seit Generationen gibt es historisch interessierte deutsche Volkskundler wie Otto Clemen, Hans Moser oder Wolfgang Brückner. In den zwanziger Jahren interessierte sich ein führender norwegischer Historiker, Halvdan Koht, für die populäre Kultur. Zu Beginn des Jahrhunderts zeigten Mitglieder der finnnischen volkskundlichen Schule wie Kaarle Krohn und Antti Aarne historisches Interesse. Am Ende des 19. Jahrhunderts hatten hervorragende Forscher auf dem Gebiete der Volkskultur wie Giuseppe Pitrè in Sizilien und Teófilo Braga in Portugal die Veränderungen der Volkskultur im Laufe der Zeit registriert. Doch die Arbeiten Pitrès und Bragas gehören in die Tradition der volkskundlichen Materialsammlungen, die auf die Entdeckung des Volkes durch die Intellektuellen im späten achtzehnten und frühen neunzehnten Jahrhundert zurückgeht. Diese Bewegung möchte ich zunächst beschreiben.

Erster Teil
Auf der Suche nach der Kultur des Volkes

1. Die Entdeckung des Volkes

Als im späten achtzehnten und im frühen neunzehnten Jahrhundert die traditionelle Volkskultur gerade zu verschwinden begann, wurden die kleinen Leute, wurde das Volk Gegenstand des Interesses der europäischen Intellektuellen. Handwerker und Bauern waren zweifellos erstaunt, als Männer und Frauen, nach Kleidung und Sprache Angehörige des Bildungsbürgertums, in ihre Häuser kamen und darauf bestanden, Volkslieder oder Märchen zu hören. Neue Begriffe erlauben immer den Rückschluß auf das Entstehen neuer Ideen, und zu jener Zeit tauchte ein ganzes Bündel neuer Begriffe im Sprachgebrauch auf, vor allem in Deutschland. So zum Beispiel das Wort ‚Volkslied'. Johann Gottfried Herder gab den Liedersammlungen, die er in den Jahren 1774 und 1778/79 veröffentlichte, den Namen ‚Volkslieder'. ‚Volksmärchen' und ‚Volkssage' sind Begriffe aus dem späten achtzehnten Jahrhundert für verschiedene Arten der Volkserzählung. Der Ausdruck ‚Volksbuch' wurde im frühen neunzehnten Jahrhundert populär, nachdem der Publizist Joseph Görres das Thema bearbeitet hatte. Im Englischen entspricht dem ‚Volksbuch' am ehesten das traditionelle ‚chap-book'. Weiterhin entstand im späten achtzehnten Jahrhundert der Begriff ‚Volkskunde' (manchmal auch ‚Volkstumskunde'), dem im Englischen seit 1846 der Ausdruck ‚folklore' entspricht. Um 1850 entstanden die Begriffe ‚Volksspiel' (oder ‚Volksschauspiel'). Gleichbedeutende Wörter gerieten in anderen Ländern in Gebrauch, gewöhnlich etwas später als in Deutschland. So waren für die Schweden Volkslieder *folkviser*, für die Italiener *canti popolari*, für die Russen *narodnye pesni,* für die Ungarn *népdalok*.[1]

Was geschah damals eigentlich? Da so viele der neuen Begriffe in Deutschland entstanden, ist es wohl nützlich, die Antwort in diesem Lande zu suchen. Welche Ideen hinter dem Begriff ‚Volkslied' stehen, hat Herder 1778 in seinem Preisaufsatz „Über die Wirkung der Dichtkunst auf die Sitten der Völker" mit Nachdruck dargelegt. Seine wichtigste These ist die von der einst lebendigen Wirkung der Dichtkunst, die im Laufe der Zeiten verlorengegangen ist. In alten Zeiten besaß die Dichtkunst bei den Hebräern, den Griechen und bei den nordischen Völkern diese Wirkung und wurde als göttlich betrachtet. Sie war ein ‚Schatz des Lebens', was bedeutet, daß sie praktische Funktion hatte. Herder deutete ferner an, daß wahre Dichtung mit einer bestimmten Lebensweise übereinstimmt, die später als die der ‚organischen Gemeinschaft' beschrieben werden sollte. Er schrieb nostalgisch von Völkern, „die wir Wilde nennen und die oft moralischer sind als wir". Sein Aufsatz legt den Schluß nahe, daß in der Welt, in der wir seit der Renaissance leben, die moralische Wirkung der ursprünglichen Dichtkunst nur im Volkslied erhalten blieb, weil es mündlich überliefert und zu Musik rezitiert wird und weil es praktische Funktionen erfüllt, während die Dichtung der Gebildeten Poesie für das Auge ist, losgelöst von der Musik, eher frivol als funktional. Herders Freund Goethe meinte, man habe von Herder gelernt, die Poesie als Gemeingut der ganzen Menschheit und nicht als Privatbesitz einiger verfeinerter und gebildeter Individuen zu betrachten.[2]

In dem Werk der Brüder Grimm wurden die Beziehungen zwischen der Dichtkunst und dem Volke noch stärker betont. In einem Aufsatz über das Nibelungenlied hob Jacob Grimm hervor, der Verfasser des Liedes sei unbekannt, „wie es gewöhnlich bei allen national-gedichten ist und sein muß, weil sie dem ganzen Volke angehören, und alles subjective zurücksteht". Poesie galt als kollektive Leistung: „Das Volk dichtet." In einem berühmt gewordenen Satz erklärt er: „Jedes epos muß sich selbst dichten." Diese Gedichte wurden nicht gemacht, sie wuchsen einfach wie Bäume. Daher nannte Grimm die Volksdichtung auch „Naturpoesie".[3]

Die Gedanken Herders und der Brüder Grimm waren höchst einflußreich. Die Sammlungen nationaler Volkslieder häuften sich.* Hier seien nur einige der berühmtesten erwähnt: Im Jahre 1804 wurde unter dem Namen eines gewissen Kirša Danilow eine Sammlung russischer *byliny* oder Balladen veröffentlicht. In Lieferungen gaben Achim von Arnim und Clemens von Brentano zwischen 1806 und 1808 *Des Knaben Wunderhorn* heraus, eine Sammlung von Liedern, die aus mündlichen Quellen und aus Liedflugblättern stammten; 1814 erschien die Afzelius-Geijer-Sammlung schwedischer Balladen; sie beruhte auf mündlicher Überlieferung aus Västergötland; ebenfalls 1814 kamen die serbischen Balladen von Vuk Stefanović Karadžić heraus, die später erweitert wurden; und schließlich erschienen 1835 Elias Lönnrots finnische Lieder, die er nach mündlichen Quellen aufgezeichnet und zu einem Epos, dem *Kalevala,* zusammengestellt hatte.

Die Mittelmeerländer blieben in dieser Entwicklung zurück, und ein berühmter englischer Herausgeber war nicht ganz der Vorläufer, als der er heute erscheinen mag. Thomas Percy, ein Geistlicher aus Northamptonshire, veröffentlichte seine *Reliques of English Poetry* im Jahre 1765. Diese ‚reliques', wie er sie in bewußt archaischer Schreibweise nannte, enthielten eine Anzahl berühmter Balladen wie *Chevy Chase, Barbara Allen, The Earl of Murray* und *Sir Patrick Spence.* Percy (der nicht frei von Snobismus war und

---

* Im Anhang 1 findet der Leser eine Liste der wichtigsten Veröffentlichungen zur Volkskultur zwischen 1760 und 1846.

seinen ursprünglichen Namen Pearcy abgeändert hatte, um Anspruch auf eine adelige Abstammung zu erheben) war nicht der Ansicht, Balladen hätten etwas mit dem Volk zu tun, sondern meinte, sie seien das Werk fahrender Sänger, die an mittelalterlichen Höfen hohes Ansehen genossen hatten. Seit Herder wurden die *Reliques* jedoch als Volksliedersammlung betrachtet und in Deutschland und in anderen Ländern mit Begeisterung aufgenommen.[4]

Obwohl es auch Zweifler gab, wurde doch die Herder-Grimmsche Betrachtungsweise der Volksdichtung schnell zur orthodoxen Meinung. Der große schwedische Historiker und Poet Erik Gustav Geijer benutzte den Ausdruck ‚Naturpoesie' und bekräftigte, daß die schwedischen Balladen in Gemeinschaftsproduktion entstanden seien. Er blickte nostalgisch auf die Tage zurück, als „das ganze Volk sang wie ein Mann" („et helt folk söng som en man").[5] In ähnlicher Weise verglich Claude Fauriel, ein französischer Gelehrter, der die neugriechischen Volkslieder übersetzte und herausgab, die Volksdichtung mit Bergen und Flüssen und verwendete den Ausdruck „poésie de la nature".[6] Ein Engländer aus einer früheren Generation beschrieb die ganze Richtung zusammenfassend:

> „Die Volksballade [...] wird dem Pöbel aus den Händen gerissen und in der Büchersammlung des Mannes von Welt untergebracht. Reime, die noch vor einigen Jahren höchstens der Beachtung durch Kinder für wert gehalten wurden, bewundert man jetzt wegen ihrer anspruchslosen Einfachheit, welche man einst als Roheit und Vulgarität ausgelegt hätte."[7]

Nicht nur das Volkslied wurde modern, sondern auch andere Formen der populären Literatur. Lessing sammelte und schätzte, was er Bilderreime nannte, also deutsche satirische Einblattdrucke. Der Dichter Ludwig Tieck begeisterte sich für deutsche Volksbücher und erzählte zwei von ihnen in eigener Fassung nach, *Die vier Haimonskinder* und *Die schöne Magelone.* Tieck schrieb:

> „Die gewöhnlichen Leser sollten ja nicht über jene Volksromane spotten, die von alten Weibern auf der Straße für einen und zwei Groschen verkauft werden, denn der gehörnte Siegfried, die Heymonskinder, Herzog Ernst und die Genovefa haben mehr wahre Erfindung, und sind ungleich reiner und besser geschrieben, als jene beliebten Modebücher."[8]

Joseph Görres äußerte in ähnlicher Weise seine Bewunderung in der Schrift, die er 1807 dem Volksbuch widmete. Wenig später erregte das Volksmärchen, das aus der mündlichen Überlieferung stammte, die Aufmerksamkeit der Gebildeten. In Deutschland waren schon mehrere Bändchen mit ‚Volksmärchen' herausgekommen, als 1812 die berühmte Sammlung der Brüder Grimm erschien.[9] Die Grimms verwendeten den Ausdruck Volksmärchen nicht, sie nannten ihren Band *Kinder- und Hausmärchen,* aber sie glaubten daran, daß diese Erzählungen den Charakter des ‚Volkes' widerspiegelten und setzten ihre Sammlung der Hausmärchen mit zwei Bänden deutscher Sagen fort. Bald folgte man in ganz Europa dem Beispiel der Brüder Grimm. 1822 veröffentlichte Georg von Gaal in deutscher Sprache die erste Sammlung ungarischer Volksmärchen. Er sammelte aber nicht auf dem Lande in Ungarn, sondern in Wien. Sein Freund war Rittmeister eines ungarischen Husarenregiments und befahl seinen Soldaten, alle Geschichten, die sie kannten, aufzuschreiben.[10] Zwei besonders berühmte Märchensammlungen wurden in Norwegen und in Rußland veröffentlicht: P. C. Asbjørnsens und J. Moes *Norske Folk-Eventyr* (1841), welche die Geschichte von Peer Gynt enthalten, und A. N. Afanas'evs *Narodnye russkii skazki* (erschienen 1855 bis 1863). Schließlich gab es noch das ‚Volksschauspiel', eine Gattung, zu der das Puppenspiel vom Dr. Faust gehört, das sowohl Lessing als auch Goethe inspirierte; ebenso das Volksstück über Wilhelm Tell, das Schiller las, bevor er sein eigenes Stück schrieb; schließlich die spanischen *autos sacramentales,* deren Entdeckung sich die deutschen Romantiker mit Begeisterung widmeten, und die englischen Mysterienspiele, von William Hone herausgegeben, sowie die deutschen Volksschauspiele, 1841 veröffentlicht von F. J. Mone.[11]

Dieses Interesse an den einzelnen Gattungen der Volksliteratur muß als Teil einer umfassenderen Bewegung aufgefaßt werden, die man die Entdekkung des Volkes nennen könnte. Denn gleichzeitig entdeckte man z. B. auch die Volksfrömmigkeit. Der preußische Aristokrat Achim von Arnim schrieb: „Mir ist die Volksreligion etwas sehr Ehrwürdiges", während der französische Adelige Chateaubriand in sein berühmtes Buch *Le Génie du Christianisme* eine Erörterung der „dévotions populaires", der inoffiziellen Volksfrömmigkeit, aufnahm, die für ihn die Harmonie zwischen Religion und Natur verkörperte.[12] Auch Volksfeste wurden entdeckt. Herder, der in den sechziger Jahren des 18. Jahrhunderts in Riga lebte, war vom Sonnenwendfest in der Johannisnacht fasziniert.[13] Goethe begeisterte sich für den römischen Karneval, an dem er 1788 teilnahm und den er interpretierte als ein Fest, „das dem Volke eigentlich nicht gegeben wird, sondern das sich das Volk selbst gibt".[14] Diese Begeisterung zog historische Forschungen nach sich und führte zu Werken wie Joseph Strutts Buch über Spiele und Kurzweil, Giustina Renier Michiels Untersuchung über venezianische Feste und I. M. Snegirovs Buch über Feiertage und Festbräuche des russischen Volkes.[15] Ebenso begann man sich für Volksmusik zu interessieren. V. F. Trutovsky (ein Hofmusiker) veröffentlichte gegen Ende des 18. Jahrhunderts einige russische Volkslieder mit ihren Melodien. Um 1790 komponierte Joseph Haydn Arrangements von schottischen Volksliedern. 1819 wurde den Lokalbehörden in Niederösterreich per Regierungserlaß das Sammeln von

Volksliedern für die Gesellschaft der Freunde der Musik befohlen. Eine Sammlung galizischer Volkslieder aus dem Jahr 1833 stellte dem Text die Melodie gegenüber.[16] Ferner versuchte man, die Geschichte des Volkes und nicht wie bisher die Geschichte der Regierungen zu schreiben. In Schweden schrieb Erik Geijer, der bereits Volkslieder herausgegeben hatte, die *Geschichte des schwedischen Volkes*. Obwohl das Werk der Politik der Könige den meisten Raum widmete, enthielt es besondere Kapitel über ‚Land und Leute‘. Das gleiche kann von dem tschechischen Historiker František Palacký (der in seiner Jugend in Mähren Volkslieder gesammelt hatte) und seiner *Geschichte des tschechischen Volkes* gesagt werden, und Gleiches gilt auch für die historischen Werke von Jules Michelet (einem Bewunderer Herders, der einmal eine Enzyklopädie des Volksliedes geplant hatte) und für Thomas Macaulay. Seine *Geschichte Englands* wurde 1848 veröffentlicht, sie enthielt das berühmte dritte Kapitel über die englische Gesellschaft am Ende des 17. Jahrhunderts, das als Quellen teilweise Balladenflugblätter benützt, die Macaulay liebte.[17] Die Entdeckung der Volkskultur hatte einen bedeutenden Einfluß auf die Künste. Viele Schriftsteller, von Sir Walter Scott zu Alexander Puschkin, von Victor Hugo zu Sándor Petöfi, ahmten die Ballade nach. Komponisten schöpften aus dem Schatz der Volksmusik, wie z. B. Michail Glinka in seiner Oper *Ein Leben für den Zaren* aus dem Jahr 1836. Der Maler Gustave Courbet ließ sich von populären Holzschnitten anregen, doch stieß die Volkskunst auf ernsthaftes Interesse erst nach der Mitte des neunzehnten Jahrhunderts, vielleicht weil erst dann ihre Erzeugnisse von der industriellen Massenproduktion bedroht waren.[18]

Das beste Beispiel für die neue Einstellung gegenüber dem Volkstümlichen bieten wohl die Reisenden, die sich nun nicht mehr in erster Linie auf die Suche nach Altertümern machten, sondern Sitten und Gebräuche zu erforschen suchten, je einfacher und ursprünglicher, desto besser. Mit dieser Zielvorstellung besuchte zu Beginn der siebziger Jahre des 18. Jahrhunderts der italienische Priester Alberto Fortis Dalmatien und widmete der Lebensweise der ‚Morlacchi‘, ihrer Religion und ihrem ‚Aberglauben‘, ihren Liedern, Tänzen und ihren Festen ein Kapitel in seinem Reisebericht. In Fortis' Augen bestand „die Unschuld und die natürliche Freiheit der pastoralen Jahrhunderte in Morlacchia" noch fort. An einer Stelle zieht er einen Vergleich zwischen den Morlaken und den Hottentotten. Samuel Johnson und James Boswell bereisten die Inseln westlich von Schottland; sie wollten, in Johnsons Worten, „Betrachtungen anstellen über die Überreste pastoralen Lebens" und „primitive Bräuche" suchen, die Hütten der Schäfer betreten, dem Dudelsack lauschen und mit Leuten zusammentreffen, die nicht englisch sprechen konnten und noch das ‚plaid' trugen. In Auchnasheal machte Boswell Dr. Johnson gegenüber die Bemerkung, es sei „nicht anders, als mit einem Indianerstamm zusammenzusein", denn die Dorfbewohner „waren in ihrem Aussehen so schwarz und wild wie nur irgendwelche amerikanischen Wilden".[19]

Während Boswell und Johnson die Hochländer mit Distanz betrachteten, versuchten andere Mitglieder der Oberschicht – und das vielleicht besonders in Spanien –, sich mit dem Volke zu identifizieren. Goyas Portrait der Herzogin von Alba als Maya erinnert uns daran, daß spanische Damen und Herren von Adel es manchmal liebten, sich in der Tracht der Madrider Unterschicht zu zeigen. Sie standen mit Volksschauspielern auf vertrautem Fuße. Daß sie auch an Volksfesten teilnahmen, geht aus einem zeitgenössischen Kommentar hervor, der besagt, daß bei solchen Gelegenheiten „ein Edelmann, der aus Neugierde oder schlechtem Geschmack den Vergnügungen des Pöbels beiwohnt, im allgemeinen respektiert wird, vorausgesetzt, er bleibt bloßer Zuschauer und zeigt kein Interesse an den Frauen".[20]

Die ganze Breite der Bewegung läßt es angebracht erscheinen, die Entdeckung der Volkskultur in dieser Epoche zu datieren. Herder benutzte in der Tat den Ausdruck ,Kultur des Volkes' und konfrontierte sie mit der ,Kultur der Gelehrten'. Altertumswissenschaftler hatten schon früher die Sitten der Völker beschrieben oder Flugblattdrucke gesammelt, doch neu ist bei Herder, den Brüdern Grimm und ihren Schülern erstens die Aufwertung des Begriffes ,Volk' und zweitens der Glaube, daß „Sitten, Bräuche, Volksfrömmigkeit und Aberglauben, Balladen, Sprichwörter usw." insgesamt Teile eines Ganzen bilden und den Geist einer bestimmten Nation verkörpern. In diesem Sinne wurde der Gegenstand dieses Buches am Ende des achtzehnten Jahrhunderts von einer kleinen Schar deutscher Intellektueller entdeckt – oder müßte man sagen erfunden?[21]

Warum wurde die Volkskultur gerade zu jener Zeit entdeckt? Was genau bedeutete ,Volk' für diese Intellektuellen? Es ist gewiß nicht möglich, diese Frage eindeutig zu beantworten. Einige der Entdecker waren selbst Söhne von Handwerkern und Bauern: Tieck war der Sohn eines Seilers, Lönnrot der Sohn eines Dorfschneiders. William Hone war Buchhändler, Vuk Stefanović Karadžić und Moe waren Bauernsöhne. Die meisten jedoch gehörten der Oberschicht an; das Volk war ihnen geheimnisvoll und fremd, und sie schrieben diesen anderen diejenigen Eigenschaften zu, welche sie selbst nicht besaßen (oder zu besitzen glaubten): In ihren Augen war das Volk natürlich, einfach, analphabetisch, instinktbegabt, irrational, traditionsverhaftet und im Heimatboden verwurzelt, ohne Sinn für Individualität (denn das Individuum verlor sich in der Gemeinschaft). Für manche Intellektuelle, vor allem am Ende des 18. Jahrhunderts, war das Volk auf eine exotische Weise interessant; zu Beginn des 19. Jahrhunderts gewann indes das Bestreben Oberhand, sich mit dem Volk zu identifizieren und es nachzuahmen. Der polnische

Schriftsteller Adam Czarnocki drückte es 1818 so aus: „Wir müssen zu den Bauern gehen, sie in ihren strohgedeckten Hütten besuchen, an ihren Festen, an ihrer Arbeit und an ihren Vergnügungen teilnehmen. Im Rauch, der über ihnen zum Himmel steigt, raunen noch die uralten Riten, hört man noch die alten Lieder."[22]

In dieser bestimmten Periode der europäischen Geschichte gab es für das neue Interesse am Volk ästhetische Gründe, intellektuelle Gründe und politische Gründe.

Als wichtigsten ästhetischen Grund könnte man die Auflehnung gegen die ‚Kunst' anführen. ‚Künstlich' wurde (wie ‚raffiniert') verächtlich gebraucht, während ‚kunstlos' (wie ‚wild') zum Ausdruck des Lobes wurde. In Percys *Reliques* kann man den Trend erkennen. Percy schätzte die von ihm herausgegebenen alten Gedichte, weil sie in seinen Augen etwas besaßen, was er „eine liebenswerte Einfachheit und viele kunstlose Reize" nannte, Eigenschaften, die seine Generation in der Dichtung der Zeitgenossen vergebens suchte. Seine anderen literarischen Vorlieben zeigen diesen Geschmack am Einfachen noch deutlicher. Percys erste Veröffentlichung war die Übersetzung eines chinesischen Romans und einiger Bruchstücke chinesischer Dichtung, die (so gab Percy zu verstehen) zu einer Zeit geschrieben wurden, als die Chinesen noch im Zustand der ‚ungebändigten Natur' lebten.[23] Seine nächste Veröffentlichung trägt den Titel *Fünf Beispiele der Runendichtung, übersetzt aus dem Isländischen.* In seinem Vorwort betont er seine Vorliebe für die Dichtkunst dieser ‚kühnen und rauhen Rasse' der Nordeuropäer. Kurz, Percy war, wie viele seiner Zeitgenossen, ein Liebhaber des Exotischen, sei es nun chinesisch, isländisch oder, wie im Falle von *Chevy Chase,* nordhumbrisch. Der Reiz des Exotischen bestand darin, daß es wild, natürlich und frei von den klassizistischen Regeln war.[24] Dieser letzte Punkt war vielleicht in den deutschsprachigen Ländern besonders wichtig, da Johann Christoph Gottsched, in Leipzig Professor für Poetik, gerade damals Regeln für die deutsche Literatur aufstellte und darauf bestand, daß Stückeschreiber die von Aristoteles vorgeschriebenen Regeln der Einheit der Zeit, des Ortes und der Handlung einhielten. Der Schweizer Kritiker Johann Jakob Bodmer, der 1780 eine Sammlung alter englischer und oberdeutscher Balladen veröffentlichte, lehnte sich gegen Gottscheds Forderungen auf. Auch Goethe rebellierte gegen die Regeln des klassischen Dramas und schrieb: „Es schien mir die Einheit des Orts so kerkermäßig ängstlich, die Einheiten der Handlung und der Zeit lästige Fesseln unserer Einbildungskraft."[25] Volksstücke für Marionetten und Mysterienspiele erregten gerade deshalb Aufmerksamkeit, weil sie auf die Einheiten verzichteten. Aus dem gleichen Grunde stieß Shakespeare auf erneutes Interesse; Herder schrieb einen Aufsatz über ihn, Tieck und Geijer übersetzten ihn.

Die ästhetische Anziehungskraft des Wilden, Unklassischen und (um einen weiteren Lieblingsausdruck der Epoche zu gebrauchen) des ‚Primitiven‘ zeigt sich wohl am deutlichsten in der allgemeinen Begeisterung für den ‚Ossian‘.[26] Ossian oder Oiséan MacFinn war ein gälischer Barde (angeblich aus dem dritten Jahrhundert), dessen Werke von dem schottischen Dichter James Macpherson in den sechziger Jahren des achtzehnten Jahrhunderts ‚übersetzt‘ wurden. Tatsächlich handelte es sich, wie wir sehen werden, nicht um eine Übersetzung. Die Ossianschen Gedichte waren im ganzen Europa des späten achtzehnten und frühen neunzehnten Jahrhunderts unendlich beliebt. Sie wurden in zehn europäische Sprachen übersetzt, vom Spanischen bis zum Russischen. Namen aus dem Ossian wie ‚Selma‘ und ‚Oscar‘ wurden zu Modenamen; Mendelssohns Ouvertüre ‚Fingals Höhle‘ (geschrieben 1830 nach einem Besuch der Hebriden) bezog ihre Inspiration aus dem Ossian; Herder und Goethe, Napoleon und Chateaubriand zählten zu seinen Bewunderern. Welche Vorzüge die zeitgenössischen Leser in ihm entdeckten, kann man einer ‚kritischen Dissertation‘ entnehmen, die Macphersons Freund Hugh Blair über den Ossian schrieb. Blair nannte den Ossian einen keltischen Homer: ,,Beide zeichnen sich durch Einfachheit, Erhabenheit und Feuer aus.‘‘ Die Gedichte des Ossian bewunderte Blair im besonderen als Beispiele der ‚Poesie des Herzens’ und meinte, ,,viele Umstände jener Zeiten, die wir barbarisch nennen, waren von Vorteil für den poetischen Geist‘‘, denn in jenen Tagen besaßen die Menschen mehr Vorstellungskraft. In diesem Geiste sammelte Herder in Riga, Goethe im Elsaß, Fortis in Dalmatien Volkslieder.[27]

Kurz gesagt, die Entdeckung des Volkes und seiner Kultur war Teil einer Bewegung des Kulturprimitivismus, in der das Alte, das Weitabgelegene und das Volkstümliche als gleichbedeutend angesehen wurden. Es kann nicht überraschen, daß Rousseau Volkslieder liebte, die er rührend fand, weil sie einfach, naiv, archaisch seien, denn er war in seiner Generation der Wortführer dieses Kulturprimitivismus. Die pastorale Tradition stand an der Wiege des Volkskultes. Boswell und Johnson reisten auf die Hebriden, um eine pastorale Gesellschaft zu entdecken, und um 1780 gesellten sich Porzellanfigurinen norwegischer Bauern zu denen der Meißener Schäfer und Schäferinnen als Dekoration in den modischen Salons.[28] Diese Bewegung war auch eine Reaktion auf die Aufklärung, als deren Hauptvertreter man Voltaire ansah. Man wandte sich gegen den elitären Geist der Aufklärung, gegen ihre Ablehnung der Tradition, gegen ihre Betonung der Vernunft. Die Brüder Grimm priesen z. B. die Überlieferung auf Kosten der Vernunft, erhoben das natürlich Gewachsene über das rationell Geplante, stellten die Eingebung des Volkes über die Argumente der Intellektuellen. Die Revolte gegen die Vernunft wird augenfällig in der neuen Hochachtung vor der Volksfrömmigkeit und zeigt sich in der Anziehungskraft, welche die Sage mit ihren übernatürlichen Elementen auf die Intellektuellen ausübte.

Die Aufklärung wurde in bestimmten Teilen Europas, so zum Beispiel in Deutschland und Spanien, auch deshalb abgelehnt, weil sie von außen kam und als Anzeichen der französischen Vorherrschaft betrachtet wurde. Im Spanien des ausgehenden achtzehnten Jahrhunderts bot der neue Hang zur Volkskultur eine Gelegenheit, die Gegnerschaft zu Frankreich zur Schau zu stellen. Die Entdeckung der Volkskultur war eng verknüpft mit der Ausbreitung des Nationalismus. Das trifft nicht auf Herder zu, der ein guter Europäer war, sogar ein guter Weltbürger; seine Sammlung von Volksliedern enthält Übersetzungen aus dem Englischen, Französischen und Italienischen, dem Dänischen und Spanischen, dem Lettischen und der Eskimosprache. Auch die Brüder Grimm veröffentlichten dänische und spanische Balladen und interessierten sich sehr für die Volkskultur der Slawen.[29] Spätere Sammlungen von Volksliedern wurden jedoch oft von nationalen Gefühlen inspiriert und waren von nationalistischem Geiste durchdrungen. Die Veröffentlichung von *Des Knaben Wunderhorn* (1806) fiel mit der Besetzung Deutschlands durch Napoleon zusammen. Einer der beiden Herausgeber, Achim von Arnim, verstand es als ein Liederbuch für das deutsche Volk, dessen Nationalbewußtsein es wecken sollte. Der preußische Staatsmann Freiherr von Stein empfahl es als eine Hilfe im nationalen Befreiungskrieg gegen die Franzosen.[30] In Schweden wurde die Volkslieder-Sammlung von Afzelius-Geijer von der ‚Gotischen Gesellschaft‘ angeregt, die im Jahre 1811 gegründet worden war. Ihre Mitglieder nahmen ‚gotische‘ Namen an und wirkten für die Erneuerung der alten schwedischen oder ‚gotischen‘ Tugenden. Sie lasen sich gegenseitig alte schwedische Balladen vor. Den Anstoß zur Gründung dieser Gesellschaft, die gleichzeitig literarisch, altertumskundlich, moralisch und politisch war, gab der Schock, den Schweden erlitt, als es 1809 Finnland an Rußland verlor.[31]

Die Finnen waren nicht unglücklich, den Schweden zu entrinnen, aber Rußland fürchteten sie nicht weniger; sie wollten ihre nationale Identität im russischen Kaiserreich nicht verlieren. Sie hatten bereits am Ende des achtzehnten Jahrhunderts begonnen, ihre traditionelle Literatur zu erforschen, eine wichtige frühe volkskundliche Studie ist H. G. Porthans lateinische Dissertation über finnische Dichtkunst, die 1766 veröffentlicht wurde. Diese Erforschung der nationalen Vergangenheit erhielt nach 1809 einen deutlichen politischen Bezug. Ein finnischer Intellektueller drückte es damals so aus: „Kein Vaterland kann ohne Volksdichtung bestehen. Dichtung ist nicht mehr und nicht weniger als der Kristall, in dem sich eine Nation spiegeln kann; sie ist die Quelle, die das wahrhaft Eigenständige in der Seele eines Volkes zur Oberfläche sprudelt."[32] Dieselbe politisch-kulturelle Atmosphäre fand Elias

Lönnrot vor, als er die Universität Turku bezog. Sein Professor ermutigte ihn, Volkslieder zu sammeln, und aus dieser Sammlung entstand das *Kalevala*. [33]

Auch in anderen Ländern war die Begeisterung für das Volkslied Teil einer nationalen Bewegung der Selbstfindung und Befreiung. Claude Fauriels Sammlung griechischer Volkslieder wurde vom griechischen Aufstand gegen die Türken im Jahre 1821 angeregt. Der Pole Hugo Kołłataj entwarf im Gefängnis ein Programm für die Erforschung der Volkskultur. Man hatte ihn eingesperrt, weil er am Kosciuszko-Aufstand gegen die russische Besetzung teilgenommen hatte; das Erscheinen der ersten polnischen Sammlung, Golebiowskis *Lud Polski* (Das polnische Volk), fiel mit dem Aufstand von 1830 zusammen. Niccolò Tommaseo, der erste bedeutende italienische Volksliedsammler, war wegen seines Widerstandes gegen die österreichische Herrschaft in Italien ein politischer Flüchtling. Der Belgier Jan-Frans Willems, der Herausgeber flämischer und holländischer Volkslieder, wird als Vater der flämischen Nationalbewegung betrachtet, der *Vlaamse Beweging*. Sogar im Falle Schottlands, wo es zu spät – oder zu früh – war, um von nationaler Befreiung zu sprechen, erklärte Walter Scott, er habe seine Sammlung *Minstrelsy of the Scottish Border* zusammengestellt, um die „besonderen Züge" der schottischen Sitten und des schottischen Charakters zu illustrieren. [34] Die Entdeckung der Volkskultur bestand in beträchtlichem Ausmaße aus einer Reihe von ‚nativistischen' Bewegungen in dem Sinne, daß Gesellschaften, die unter fremder Oberherrschaft standen, organisierte Versuche machten, ihre traditionelle Kultur wiederaufleben zu lassen. Volkslieder konnten in einer zerstreuten Volksgruppe, die keine traditionellen nationalen Institutionen besaß, einen Sinn für Solidarität erwecken. In Arnims Worten: „Er sammelte sein zerstreutes Volk." [35] Nicht ohne Ironie ist es, daß die Idee der ‚Nation' von den Intellektuellen kam und dem ‚Volk', mit dem sie sich identifizieren wollten, aufgedrängt wurde. Um 1800 hatten Bauern und Handwerker im allgemeinen eher ein regionales als ein nationales Bewußtsein.

Natürlich hatte die Entdeckung der Volkskultur nicht in allen Teilen Europas die gleiche Bedeutung. Um zu zeigen, wie komplex die ganze Angelegenheit war, ist es vielleicht von Nutzen, ein einzelnes Beispiel, das serbische, eingehender zu schildern. Die serbischen Volkslieder wurden 1814–1815 herausgegeben von Vuk Stefanović Karadžić, der bedeutendsten Persönlichkeit in der Kultur des Landes, das heute Jugoslawien heißt. Karadžić stammte aus einer Bauernfamilie; er kam aus dem Teil Serbiens, der unter türkischer Herrschaft stand. 1804 nahm er am serbischen Aufstand gegen die Türken teil; als dieser 1813 niedergeschlagen wurde, floh er über die Grenze in das Habsburger Kaiserreich und ging nach Wien. Dort lernte er Jernej Kopitar kennen, einen Slowenen, der k. u. k. Zensor für slawische Sprachen war. Nach Kopitars Ideen sollte Wien zum Zentrum slawischer Kunst werden, Österreich sollte für Serben und Tschechen annehmbarer sein als Rußland. Er kannte Herders Sammlung und zeigte sie Karadžić, der aus einer Volkssängerfamilie stammte, worauf Karadžić sich entschloß, Herders Beispiel zu folgen. Die Lieder für sein Buch sammelte er nicht, er schrieb sie aus dem Gedächtnis nieder (seine Sammlertätigkeit nahm er erst später auf). Er veröffentlichte den ersten Teil seiner Anthologie 1814, gab ihr ein pastoral gestimmtes Vorwort, in dem er die Lieder bezeichnete als „natürlich und ohne Kunstfertigkeit von einfachen unschuldigen Herzen gesungen", und erklärte, er habe die Lieder kennengelernt, als er „unter den glücklichsten Umständen lebte, die ein Sterblicher kennt, nämlich als ich Ziegen und Schafe hütete". Dieses Vorwort war offenbar nicht ganz ernst zu nehmen, Karadžić nahm darin Rücksicht auf die Erwartungen des gebildeten Publikums; er war durchaus ungehalten, wenn man ihn einen ungebildeten Ziegenhirten nannte, und strebte die Ehrendoktorwürde einer deutschen Universität an. Er hatte keineswegs das Ziel, gegen das Rokoko, den Klassizismus oder die Lesebildung überhaupt anzutreten, ganz im Gegenteil. Seine Meinung war: „Was auch immer der Mensch auf dieser Erde erfunden haben mag, nichts ist mit dem Schreiben zu vergleichen." Er setzte seine Arbeit fort, indem er eine serbische Grammatik, ein Rechtschreibebuch und ein Wörterbuch verfaßte. Was er in seinem Vorwort wirklich ganz ernst meinte, war seine Hoffnung, die Sammlung von Liedern möge jedem Serben gefallen, „der den nationalen Geist seiner Rasse liebt". In den Jahren 1814–15 serbische Lieder zu veröffentlichen, unter denen sich auch solche über serbische Banditen und Widerstandskämpfer fanden, kam einer politischen Tat gleich, denn der serbische Aufstand war gerade niedergeschlagen worden. Es überraschte daher nicht, daß Metternich, aus Angst, die Pforte könne die Lieder subversiv finden, Karadžić nicht erlaubte, seine erweiterte Sammlung von Volksliedern wieder in Wien zu veröffentlichen. Also wurde die zweite Ausgabe 1823–24 in Leipzig herausgebracht.[36]

Vielleicht bezeugen die meisten der vorgebrachten Beispiele bereits, daß die Entdeckung der Volkskultur vor allem in Regionen Europas stattfand, die man kulturelle Randgebiete nennen könnte, beziehungsweise in den einzelnen Ländern innerhalb dieser abgelegenen Zonen. Italien, Frankreich und England besaßen seit langem eine Nationalliteratur und eine literarische Sprache. Die Intellektuellen dieser Länder waren in einer Weise von Volksliedern und Märchen abgeschnitten worden, wie das zum Beispiel in Rußland oder in Schweden nicht der Fall war. Italien, Frankreich und England hatten in die Renaissance, in den Klassizismus und in die Aufklärung mehr nationale Kräfte investiert als andere Länder und zögerten folglich, die errungenen Werte aufzugeben. Da eine Standardsprache bereits bestand, mußte die Wiederentdeckung von Dialekten zersplitternd wirken. Es überrascht daher

nicht, daß die Schotten und nicht die Engländer die Volkskultur wiederent-
deckten, und daß die Volksliedbewegung spät nach Frankreich kam und in
einem Bretonen, Villemarqué, ihren Vorkämpfer fand, dessen Sammlung,
Barzaz Braiz, 1839 veröffentlicht wurde.[37] Tommaseo, dessen Stellung in
Italien derjenigen Villemarqués in Frankreich entsprach, war aus Dalmatien
gebürtig, und als am Ende des 19. Jahrhunderts die Volkskunde in Italien
ernsthaft betrieben wurde, kamen die bedeutendsten Beiträge aus Sizilien.
Was Spanien anbelangt, so begann die Entdeckung der Folklore nicht im
Zentrum, in Kastilien, sondern an der Peripherie, in Andalusien. Auch in
Deutschland kam die Initiative aus den Grenzgebieten; sowohl Herder als
auch Arnim stammten aus Gebieten östlich der Elbe.

Es lassen sich also gute literarische und politische Gründe als Antwort auf
die Frage finden, warum die Volkskultur gerade damals entdeckt wurde.
Vielleicht wäre allerdings die Entdeckung rein literarisch geblieben, wenn
nicht bereits eine ältere Forschungsrichtung bestanden hätte, in deren Mittelpunkt das Interesse an Sitten und Bräuchen stand. Sie war antiquarisch
ausgerichtet, ging auf die Renaissance zurück, nahm indes im achtzehnten
Jahrhundert eine mehr soziologische Färbung an. Die Variationsbreite religiöser Sitten und Praktiken in den verschiedenen Teilen der Welt schien allmählich eine immer größere Faszination auszüben und forderte dazu heraus,
eine Ordnung zu suchen, die dem scheinbaren Chaos zugrunde lag. Es war für
einen französischen Intellektuellen nur ein Schritt vom Studium der Sitten
und Bräuche auf Tahiti oder bei den Irokesen zur genaueren Betrachtung der
Bauern im eigenen Land, die ihm (wie er glaubte) in Geisteshaltung und Lebensstil kaum weniger fremd waren. Interesse bedeutete nicht notwendigerweise Sympathie, wie der häufige Gebrauch von Ausdrücken wie ‚Vorurteil‘
oder ‚Aberglaube‘ recht deutlich macht. So sandte der Abbé Grégoire 1790
einen Fragebogen zum Thema der französischen regionalen Bräuche und
Dialekte aus. 1794 besuchte J. de Cambry Finistère, um die Sitten und Bräuche der Gegend zu beobachten. Seine Haltung dem Volke gegenüber war
ambivalent. Als guter Republikaner fand er die Bretonen rückständig und
abergläubisch, aber er konnte nicht umhin, sie wegen ihrer Einfachheit, ihrer
Gastfreundschaft und ihrer Phantasie zu bewundern.[38] 1797 ließ ein Komitee
der Highland Society in Schottland einen sechs Punkte umfassenden Fragebogen zur traditionellen gälischen Poesie umlaufen. 1808 entwarfen
J. A. Dulaure und M. A. Mangourit, wie de Cambry Mitglieder der neuge-
gründeten keltischen Akademie (die sich mit der Frühgeschichte Frankreichs
befaßte), einen 51 Punkte umfassenden Fragebogen zum französischen populären Brauchtum: Die Themen waren Fest, ‚abergläubische Praktiken‘,
Volksmedizin, Lieder, Spiele, Märchen, Wallfahrtsorte, religiöse Bruderschaften, Zauberer und die Sprache der Bettler. Sie fragten: „Praktizieren

die Leute im Karneval irgendwelche besonderen abergläubischen Bräuche?"
oder: „Gibt es sogenannte Zauberer, Wahrsager oder alte Frauen, die auf
diese Weise ihren Lebensunterhalt bestreiten? Was halten die Leute von ihnen?"[39] Als Italien unter napoleonischer Herrschaft stand, wurde Lehrern
und Verwaltungsbeamten ein Fragebogen dieser Art mit fünf Punkten zuge-
stellt, der Informationen über Feste, Bräuche, ‚Vorurteile und Aberglauben‘
und ‚sogenannte nationale Lieder‘ forderte (der Ausdruck ‚canti popolari‘
war noch nicht gebräuchlich). Einige Jahre später, 1818, veröffentlichte ein
Beamter, Michele Placucci, ein Buch über die ‚Sitten und Vorurteile‘ der
Bauern in der Romagna, das sich als Regionalstudie auf die Antworten zum
italienischen Fragebogen stützt und von ihm angeregt wurde. Placucci nahm
Volkslieder und Sprichwörter in sein Buch auf, das er auf der Titelseite als
„ernstes und zugleich scherzhaftes Werk" bezeichnete, was nahelegt, daß er
eine gewisse Verlegenheit empfand, sich zu einem Thema zu äußern, das
noch nicht ganz salonfähig war.[40] Eine vergleichbare Verlegenheit war wohl
der Grund dafür, daß eine Reihe von Veröffentlichungen über Volkskultur in
dieser und sogar in späterer Zeit unter Pseudonymen herauskam wie Otmar,
Chodokowski, Merton, Kazak Lugansky und, in jüngerer Zeit, Saintyves und
Davenson.[41]

Die Volkskultur in den Jahren um 1800 hatte man gerade noch rechtzeitig
aufgespürt; jedenfalls war dies die Meinung ihrer Entdecker. Die These von
einer verschwindenden Kultur, die festgehalten werden muß, bevor es zu spät
ist, kehrt in ihren Schriften immer wieder und erinnert an das heutige Anliegen, aussterbende Stammeskulturen zu retten. So registrierte Herder in Riga
mit Bedauern das Zurückweichen der lettischen Kultur vor der deutschen.
Otmar sammelte im Harz Volkssagen zu einer Zeit, als, wie er schreibt, „sich
schon die meisten Sagen von Gespenstern, Kobolden und Ungeheuern aller
Art verlohren" haben. Weiter führt er aus:

> „Und in fünfzig oder hundert Jahren wird der größte Theil der noch hier und da ge-
> hörten älteren Volkssagen, bis auf die, welche jährliche Volksfeste in die Erinne-
> rung zurückrufen, verschwunden, oder doch, durch den Kunstfleiß der Ebnen und
> Städte, und durch die immer lebhaftere Theilnahme ihrer Bewohner an den politi-
> schen Begebenheiten unsrer Umwandlungs-reichen Zeiten, in die einsamern Ge-
> birge zurückgedrängt seyn."[42]

Sir Walter Scott erklärte, er sammle die Balladen des schottischen Grenzlan-
des, um „ein wenig zur Geschichte meines Geburtslandes beizutragen; die
besonderen Züge seiner Bräuche und seines Charakters lösen sich zusehends
auf und verschmelzen mit denen des verbündeten Bruderlandes". Er glaubte,
daß seine Zeitgenossen tatsächlich das Lied des letzten Sängers – The Lay of
the Last Minstrel – hörten. Er beschreibt einen Sänger als „vielleicht den letz-

ten der Männer, die sich als ‚Balladenrezitatoren' bezeichnen" und einen anderen als „wahrscheinlich den allerletzten Vertreter der echten Sängerzunft". Arnim glaubte, daß das Volkslied in ganz Europa zum Aussterben verurteilt sei; in Frankreich, so schreibt er, seien Volkslieder schon vor der Französischen Revolution fast ganz verschwunden: „Auch in England werden Volkslieder seltener gesungen; auch Italien sinkt in seinem nationalen Volksliede, in der Oper durch Neuerungssucht der leeren Leute; selbst in Spanien soll sich manches Lied verlieren und nichts Bedeutendes sich verbreiten."[43] Wenige Jahre später verglich in Norwegen ein Sammler das Land mit einem brennenden Haus, aus dem man die Balladen gerade noch retten könne, bevor es zu spät sei.[44] Zweifellos übertrieb Arnim maßlos, aber die anderen Zeugen, die von Regionen sprachen, die sie gut kannten, müssen ernstgenommen werden. Sogar vor der industriellen Revolution untergruben das Wachstum der Städte, die Verbesserung des Straßensystems und die zunehmende Alphabetisierung die Kultur des Volkes. Zentralistische Einflüsse wirkten auf die abgelegenen Randgebiete. Durch den Prozeß der gesellschaftlichen Veränderungen wurde die Aufmerksamkeit der Entdecker der Volkskultur nur noch stärker auf die Bedeutung der Überlieferung gelenkt.

Wenn damals die Entdeckung der Volkskultur nicht stattgefunden hätte, wäre es faktisch unmöglich, dieses Buch oder irgendeine andere Studie über die Volkskultur zu Beginn der Moderne zu schreiben. Wir stehen tief in der Schuld der Männer, die damals alles, was ihnen zugänglich war, aus dem brennenden Haus retteten, indem sie sammelten, herausgaben, beschrieben. Wir sind ihre Erben. Wir müssen jedoch dieses Erbe kritisch betrachten, denn es enthält Entstellungen und falsch Verstandenes neben guten Texten und fruchtbaren Gedanken. Es wäre zu simpel, die Volkskultur durch die romantische nationalistische Brille der Intellektuellen des frühen neunzehnten Jahrhunderts zu betrachten.

Wir wollen mit den überlieferten Texten beginnen. Es gereicht der Entdeckerzeit zur Ehre, daß die Altertumskundler gleichzeitig Dichter und viele Dichter wiederum Antiquare waren. Der Belgier Jan-Frans Willems und der Italiener Niccolò Tommaseo waren beide sowohl Dichter als auch Herausgeber von Volksliedern. In Portugal war Almeida Garrett gleichzeitig der Wiederbeleber der portugiesischen Dichtung und der Wiederentdecker der Volksballaden. Walter Scott war gleichermaßen Altertumskundler und Dichter. Er brachte beide Interessengebiete ein, als er 1805 *The Lay of the Last Minstrel* schrieb, ein Werk, das eine untergehende Kultur zum Gegenstand hat. Erik Gustaf Geijer, der zumindest in seiner Jugend ebenso Dichter wie Historiker war, schrieb das schwedische Gegenstück zu Scotts Gedicht, *Den sista skalden* (Der letzte Skalde), im Jahre 1811.

Diese Verbindung von Dichter und Sammler hat aus der Sicht des Historikers einen ernsthaften Nachteil. Dichter sind zu schöpferisch veranlagt, um zuverlässige Herausgeber zu sein. Nach modernen Maßstäben, die sich auf diesem Gebiet am Ende des neunzehnten Jahrhunderts durchsetzten, streifte die Arbeit der ersten Herausgeber das Skandalöse. Der berüchtigste Fall ist der von James Macpherson, dem Entdecker des keltischen Homer, des gälischen Barden ‚Ossian‘. Nicht alle Zeitgenossen teilten Hugh Blairs Glauben an das Alter der Gesänge; einige, wie Dr. Johnson, hielten Macpherson für einen Betrüger, der die Gedichte selbst geschrieben hatte. Die Auseinandersetzung um die Echtheit des Ossian zog sich durch eine Generation hin, dann gründete die Highland Society von Schottland im Jahre 1797 ein Komitee, das die Frage untersuchen sollte und das alte Leute in abgelegenen Teilen Schottlands befragte, ob sie jemals die epischen Gedichte gehört hatten. Das Epos selbst hatten sie nicht gehört, aber sie kannten Lieder, in denen die gleichen Helden vorkamen, wie Fion oder ‚Fingal‘ und Cù Chulainn, und diese Lieder waren manchmal Passagen aus Macphersons Ossian recht ähnlich, wenn man das Problem der Übersetzung aus dem mittelalterlichen Gälisch in das Englisch des achtzehnten Jahrhunderts in Rechnung stellt. In anderen Worten, Teile des Ossian waren echte Volksweisen (wenn es auch eine andere Frage ist, ob sie ins dritte Jahrhundert zurückdatiert werden können), aber gewiß nicht das Werk als Ganzes. Das Komitee gab seiner Überzeugung Ausdruck, daß Macpherson ,,Lücken auszufüllen pflegte und Verbindungen herstellte, indem er Passagen hinzufügte, die er nicht fand, und die Originalversion mit dem versah, was er für Würde und Feingefühl hielt, indem er Passagen strich, Episoden abschwächte und die Sprache verfeinerte […]“. Die moderne Wissenschaft schließt sich diesem Urteil mehr oder weniger an. Macpherson sammelte Lieder aus der mündlichen Überlieferung und studierte Manuskripte neuerer Sammlungen. Es ist wohl möglich, daß er eher glaubte, aus Fragmenten ein früheres Epos wieder herzustellen als etwas Neues zu konstruieren.[45]

Der Unterschied zwischen Macpherson, der gemeinhin für einen ‚Fälscher‘ gehalten wird, und Percy, Scott, den Brüdern Grimm, Karadžić, Lönnrot und anderen, die gewöhnlich als ‚Herausgeber‘ betrachtet werden, ist eher ein gradueller als ein prinzipieller. Der Vergleich mit Lönnrot ist am naheliegendsten, denn dieser baute das finnische Nationalepos aus Liedern zusammen, die er sammelte, und fügte Passagen hinzu, die von ihm selbst stammten. Dabei rechtfertigte er sich folgendermaßen:

,,Als schließlich kein Rune-Sänger soviel über Lieder wußte wie ich, nahm ich an, daß ich die gleichen Rechte hätte, die meiner Meinung nach die meisten Sänger selbstverständlich für sich in Anspruch nehmen, nämlich die Lieder so zusammenzustellen, wie sie ihnen am besten zusammenzupassen schienen.“[46]

Nach Meinung des Altphilologen F. A. Wolf, der am Ende des achtzehnten Jahrhunderts lehrte, hatte Homer ebendies mit dem überlieferten Material der Ilias und der Odyssee getan. So fragte Jacob Grimm auch 1845 bei Karadžić an, ob er die Lieder über Prinz Marko Kraljević nicht zu einem Epos zusammenstellen könne.[47]

Viele Herausgeber folgten in kleinerem Maßstab Macphersons und Lönnrots Methode. Percy ‚verbesserte‘ seine Balladen, wie er bekannte:

> „Durch einige wenige geringfügige Korrekturen oder Zusätze trat ein überaus schöner oder interessanter Sinn zutage, und dies auf so natürliche und einfache Weise, daß der Herausgeber es selten über sich brachte, seiner Eitelkeit Lauf zu lassen und die Verbesserung formal als die seine anzuerkennen, sondern vielmehr dem Vorwurf standhalten muß, er habe seinen Anteil an den Veränderungen unter einer so allgemeinen Bemerkung wie ‚Moderne Fassung‘ verborgen."

Diese Veränderungen waren nicht immer ‚geringfügig‘: Im Fall von Edom o'Gordon (Child 178) ist uns ein Brief Percys erhalten geblieben, der den Schluß der Ballade (in welcher der betrogene Ehemann Selbstmord begeht) kritisiert und vorschlägt, die betreffende Strophe wegzulassen und eine Zeile hinzuzufügen, die andeutet, der Ehemann sei wahnsinnig geworden.[48] Die Balladen hatten offenbar etwas an sich, das die Phantasie anregte. John Pinkerton versuchte Hardyknute, ein von ihm selbst stammendes Gedicht, als Volksballade auszugeben, die aus mündlicher Überlieferung in Lanarkshire stamme, und Sir Walter Scott schrieb Kinmont Willie um, falls er das Gedicht nicht selbst verfaßte. Arnim und Brentano gingen nicht ganz so weit, aber auch sie ‚verbesserten‘ und reinigten die Lieder in ihrer berühmten Sammlung.[49] Herausgeber von Volkserzählungen folgten den gleichen Prinzipien wie Herausgeber von Balladen. Für ihr berühmtes Märchenbuch sammelten die Brüder Grimm mündlich überlieferte Erzählungen in Hessen und baten ihre Helfer, ihnen die Geschichten „ohne Zusatz und sogenannte Verschönerung" zu übersenden. Die Brüder veröffentlichten jedoch das, was ihnen vorlag, nicht unverändert. Ursprünglich wurden die Geschichten im Dialekt erzählt, doch die Grimms übersetzten sie ins Hochdeutsche. Sie schufen mit dieser Übersetzung ein Meisterwerk der deutschen Literatur. Es sei aber betont, daß während dieses Prozesses etwas verlorenging und daß in Deutschland der gebildete Mittelstand zu jener Zeit ganz wörtlich genommen eine andere Sprache sprach als die Bauern und Handwerker. Die Originalfassungen der Märchen wären den Lesern, für die sie bestimmt waren, unverständlich geblieben. Eine Übersetzung war notwendig, aber ohne Verzerrungen war sie nicht möglich. Einige Geschichten wurden auch verwässert, weil sie sonst ihre neuen Leser schockiert hätten. Individuelle Eigenheiten der Erzähler wurden ausgebügelt, um der Sammlung einen einheitlichen Stil zu geben. Wo verschiedene Versionen einer Erzählung sich ergänzten, fügten sie die Brüder zusammen (was vom Standpunkt der Grimms, daß ‚das Volk‘ und nicht das Individuum erzählt, durchaus einsichtig ist). Schließlich führt der Vergleich zwischen der ersten Ausgabe und späteren Auflagen zu der Schlußfolgerung, daß die Brüder Grimm die Märchen bearbeiteten, um den mündlichen Erzählstil mehr hervortreten zu lassen. So fügten sie z. B. in das Märchen vom Schneewittchen die traditionellen Erzählformeln ‚Es war einmal‘ und ‚sie lebten glücklich bis an ihr Ende‘ ein. Die ‚Verschönerung‘ wurde an der Haustür verjagt, um sie durch die Hintertür wieder eintreten zu lassen.[50]

Im Falle der Volksmusik sind die Veränderungen, welche die Entdecker und Sammler vornahmen, um das Gefundene einem neuen Publikum vorzustellen, besonders augenfällig. Die Musik mußte niedergeschrieben werden, da es keine andere Möglichkeit gab, sie festzuhalten; doch notierte man sie nach den Regeln eines Systems, das für diese Art Musik nicht geschaffen worden war. Die Notenblätter sollten einem bürgerlichen Publikum gefallen, das ein Klavier besaß und das eingestimmt war auf die Melodien von Haydn und später von Schubert und Schumann: Also mußte diese Musik, wie die Titelblätter eingestanden, ‚harmonisiert‘ werden. V. E. Trutovsky gab am Ende des achtzehnten Jahrhunderts eine Sammlung russischer Volkslieder heraus; ein moderner Autor gibt folgenden Kommentar: „Er veränderte nicht nur bewußt den melodischen Aufbau […] in einigen Fällen, sondern er führte auch Dur- und Mollvorzeichen in sonst modale Tonfolgen ein und gab ihnen harmonische Begleitungen.“[51] William Chappell veröffentlichte zu Beginn des neunzehnten Jahrhunderts eine Sammlung von ‚nationalen englischen Weisen‘ (national English airs), also Volksliedern; in diesen gedruckten Fassungen „wurden akademische Harmoniestrukturen auf populäre Melodien angewandt, alte Tonfolgen weggelassen, unregelmäßige Tonabläufe ausgeglichen“. Chappell ließ auch den Text weg, wenn er „für die Veröffentlichung zu ordinär“ war.[52]

Wenn man also den Text einer Ballade, einer Volkserzählung oder sogar eines Liedes in einer Sammlung aus jener Zeit liest, so ist es, als betrachte man eine ebenfalls damals ‚restaurierte‘ gotische Kirche. Man weiß nicht genau, ob man das sieht, was ursprünglich da war, oder das, wovon der Restaurator annahm, es sei ursprünglich da gewesen, oder das, was nach Meinung des Restaurators da gewesen sein sollte, oder schließlich das, wovon er dachte, es solle in Zukunft da sein. Nicht nur Texte und Gebäude unterlagen der ‚Restauration‘, sondern auch Feste. Einige traditionelle Feste bestehen seit dem Mittelalter oder der frühen Neuzeit, vielleicht stammen sie sogar aus noch früheren Zeiten, andere aber keineswegs. Der Karneval von Köln wurde 1823 wieder eingeführt, der von Nürnberg 1843, der Karneval von

Nizza stammt aus der Mitte des neunzehnten Jahrhunderts.[53] Die Tradition des Eisteddfod, des walisischen Sängerwettstreits, stammt nicht aus der Zeit der Druiden, sondern wurde vom Steinmetz Edward Williams (Iolo Morgannwg) aus Glamorgan eingeführt, der 1819 in Carmathen den *Gorsedd Circle* gründete; die Kostüme wurden später im selben Jahrhundert von Sir Hubert Herkomer von der Royal Academy entworfen.[54]

Wir haben von den Intellektuellen des frühen neunzehnten Jahrhunderts nicht nur Texte und Feste, sondern auch Ideen übernommen, von denen einige fruchtbar und andere irreführend sind. Betrachtet man heute diese Ideen kritisch, so muß man den Entdeckern den Vorwurf machen, daß sie die Fakten nicht sorgfältig genug trennten. Sie machten keinen Unterschied (oder sie unterschieden nicht deutlich genug) zwischen dem Primitiven und dem Mittelalterlichen, dem Städtischen und dem Ländlichen, der bäuerlichen Bevölkerung und dem Rest der Nation.[55] Percy beschreibt alte chinesische Gedichte, isländische Gesänge und schottische Grenzballaden in fast gleichlautenden Ausdrücken. Johann Gottfried Herder nannte Moses, Homer und die deutschen Minnesänger ‚Sänger des Volkes‘. Claude Fauriel hielt Vorträge über ‚Volksdichtung‘ und verstand darunter Homer, Dante, die Lieder der Troubadours und neugriechische und serbische Balladen. Damals liebten es die Intellektuellen, bäuerliche Gesellschaften, die sie besuchten, mit Stammesgesellschaften, von denen sie in Reisebeschreibungen lasen, zu vergleichen, ein Verfahren, das manchmal erhellend sein mochte, das aber auch zu Fehlinterpretationen führte. Als Boswell und Johnson in Glenmorison auf den Hebriden waren, beleidigten sie ihren Gastgeber: „Sein Stolz schien sehr verletzt, als wir Überraschung äußerten, daß er Bücher besaß.“ Die beiden waren ein wenig zu erpicht darauf, in den Highlanders ‚amerikanische Wilde‘ zu sehen.[56]

Herder, die Brüder Grimm und ihre Nachfolger äußerten über die Volkskultur drei Thesen, die höchst einflußreich, aber auch höchst fragwürdig waren. Es mag von Nutzen sein, diese drei Thesen zu etikettieren mit den Begriffen ‚Ursprünglichkeit‘, ‚kollektive Schöpferkraft‘ und ‚Reinheit der Volksseele‘.

Die erste These betrifft das Alter der Lieder, Erzählungen, Feste und Glaubensvorstellungen, die sie entdeckt hatten. Sie neigten dazu, sie in eine undefinierte primitive Periode, die ‚Vorzeit‘, zurückzudatieren und daran zu glauben, daß vorchristliche Überlieferungen unverändert über Tausende von Jahren fortbestanden. Einige der Traditionen sind ohne Zweifel sehr alt; der italienische Karneval zum Beispiel hat sich vielleicht wirklich aus den römischen Saturnalien entwickelt, wie vielleicht auch die Commedia dell'arte aus den klassischen Farcen. Da aber keine echten Belege vorliegen, gibt es für diese Aussagen keinen Beweis. Bewiesen werden kann jedoch, daß in relativ kurz zurückliegenden Zeiten, in den Jahrhunderten zwischen 1500 und 1800, populäre Traditionen mannigfachen Veränderungen unterworfen waren. Der Grundriß von Bauernhäusern veränderte sich, ein populärer Held wurde in der ‚gleichen' Geschichte durch einen anderen ersetzt, die Bedeutung eines Brauches verschob sich, obwohl er äußerlich mehr oder weniger unverändert blieb. Kurz, auch die Kultur des Volkes hat Geschichte.[57]

Die zweite These ist die berühmte Theorie der Brüder Grimm von der kollektiven Schöpferkraft: „Das Volk dichtet". Der Wert dieser Theorie liegt darin, daß sie die Aufmerksamkeit auf einen wichtigen Unterschied zwischen den beiden Kulturen lenkt; um 1800 war in der europäischen Volkskultur die Rolle des Individuums kleiner und die Rolle, die die Tradition und die Vergangenheit der Gemeinschaft spielte, größer als in der gelehrten Minderheitskultur der Oberschicht. Als Metapher ist der Grimmsche Satz wegweisend. Wörtlich genommen ist er jedoch falsch; Studien über Volkssänger und Volkserzähler haben gezeigt, daß das Übernehmen und Weitergeben einer mündlichen Überlieferung der Entwicklung eines individuellen Stils nicht im Wege stehen.[58]

Bei der dritten These handelt es sich um die ‚Reinheits'- oder ‚Echtheitsfrage'. Wessen Kultur ist mit ‚Volkskultur' gemeint? Wer ist das Volk? Manchmal beschreibt man mit dem Begriff jeden Einwohner eines bestimmten Landes, wie in Geijers Bild vom ganzen schwedischen Volk, das wie *ein* Mann singt. Meistens jedoch wurde der Begriff einschränkend benutzt. Das Volk waren die Ungebildeten, wie in Herders Unterscheidung zwischen der Kultur der Gelehrten und der des Volkes. Manchmal wurde der Begriff noch enger gefaßt. Herder schrieb einmal: „Volk heißt nicht der Pöbel auf den Gassen, der singt und dichtet niemals, sondern schreit und verstümmelt."[59] Für die Entdecker der populären Kultur waren das Volk par excellence die Landleute; sie lebten naturverbunden, sie unterlagen ausländischen Einflüssen in geringerem Maße, sie hatten ursprüngliche Gebräuche länger als andere Teile der Bevölkerung bewahrt. Um dies aber behaupten zu können, mußte man die Augen vor wichtigen kulturellen und sozialen Veränderungen verschließen und die Wechselbeziehung zwischen Stadt und Land, Hochkultur und Volkskultur unterschätzen. Es gab im Europa zu Beginn der Neuzeit keine reine, sich nicht verändernde Volkskultur, und wahrscheinlich hat es sie auch nie gegeben. Also gibt es auch keinen stichhaltigen Grund, Stadtbewohner, seien sie nun geachtete Handwerker oder Herders ‚Pöbel', aus einer Untersuchung der populären Kultur auszuschließen.

Die Schwierigkeit, den Begriff ‚Volk' zu definieren, legt den Schluß nahe, daß die populäre Kultur nicht monolithisch oder homogen war. Sie war in der Tat äußerst vielschichtig. Im nächsten Kapitel sollen einige Unterschiede und die ihnen zugrundeliegenden Gemeinsamkeiten untersucht werden.

2. Einheit und Vielfalt in der Volkskultur

Die Oberschichten und die ‚niedere Tradition‘

Wenn alle Mitglieder einer bestimmten Gesellschaft *eine* Kultur teilen, ist der Begriff ‚Volkskultur‘ überflüssig. So ist oder war es in vielen Stammesverbänden, wie aus Beschreibungen von Sozialanthropologen hervorgeht. Ihre Schilderungen lassen sich, in vereinfachter Weise, auf folgendes Modell reduzieren: Eine Stammesgesellschaft ist klein, isoliert und autark. Holzschnitzer, Sänger und Erzähler gehören zur Gruppe, für die sie produzieren; sie kennen alle Mitglieder von Angesicht zu Angesicht, teilen mit ihnen die Grundwerte sowie die Mythen und Symbole, welche diese Werte veranschaulichen. Der Handwerker oder Sänger jagt, fischt und bebaut den Boden wie die anderen Mitglieder der Gemeinschaft, sie wiederum schnitzen und singen wie er, wenn auch vielleicht weniger oft und weniger gut. Bei Darbietungen ist die Beteiligung der Zuhörerschaft von Bedeutung. Die Zuhörer raten Rätsel, singen Refrains im Chor mit. Sogar eine Tätigkeit wie das Schnitzen kann zum Teil gemeinsam ausgeführt werden: Bei den Tiv in Nigeria nimmt ein anderer Mann das Messer auf und schnitzt weiter, wenn sein Stammesgenosse beim Schnitzen eines Stocks abberufen wird.[1]

Dieses vereinfachte Bild oder ‚Modell‘ hat eine gewisse Gültigkeit auch für Europa in der frühen Neuzeit, jedenfalls für ärmere und abgelegene Gegenden, wo Adel und Geistlichkeit dünn gesät waren. Die Begriffe, mit denen Balladenforscher bei ihren Untersuchungen in Schottland, Serbien, Kastilien oder Dänemark die ‚Balladengemeinschaft‘ beschreiben, gleichen denen, die Anthropologen auf Stammesgesellschaften anwenden.[2]

Es besteht jedoch kein Zweifel, daß dieses Modell in unserer Epoche auf die meisten Teile Europas nicht zutrifft. Fast überall gab es sowohl kulturelle als auch soziale Schichtungen. Eine Minderheit konnte lesen und schreiben, die Mehrheit waren Analphabeten. Ein Teil der schreib- und lesekundigen Minderheit beherrschte wiederum das Lateinische, die Sprache der universitär Gebildeten. Eine solche kulturelle Schichtenbildung verlangt ein komplexeres Modell, wie es von dem Soziologen Robert Redfield in den dreißiger Jahren entworfen wurde. Nach seiner These gab es in einigen Gesellschaften zwei kulturelle Traditionsstränge, die ‚hohe Tradition‘ („great tradition“), der wenigen Gebildeten und die ‚niedere Tradition‘ („little tradition“) der Mehrheit der Ungebildeten.

„Die hohe Tradition wird in Schulen und Gebetshäusern gepflegt; die niedere erwächst aus dem Gemeinschaftsleben der Analphabeten [...]. Die beiden Überlieferungsstränge beeinflussen sich gegenseitig. Die hohe und die niedere Tradition wirkten von alters her aufeinander ein und sind weiterhin voneinander abhängig [...]. Große Epen entstanden aus Elementen traditionellen Erzählens in der hohen Sphäre und kehrten ihrerseits wieder in dörfliche Erzählgemeinschaften zurück, wo sie abgewandelt und in die örtliche Kultur integriert wurden."

Wichtig ist die These, daß Einflüsse in beide Richtungen wanderten, und wir werden später auf sie zurückkommen. Was man jetzt festhalten sollte, ist, daß Redfield, wie Herder, Volkskultur durch Ausgrenzung definiert: Populäre Kultur ist die Kultur der Nicht-Gebildeten, der Nicht-Lesenden, der Nicht-Elite.[3]

Wenn wir dieses Modell auf das frühneuzeitliche Europa anwenden, können wir ohne Schwierigkeiten die hohe Tradition ausfindig machen. Sie beinhaltet die klassische Überlieferung, wie sie in Schulen und Universitäten weitergegeben wurde, die Tradition der scholastischen Philosophie und Theologie, wie sie im sechzehnten und siebzehnten Jahrhundert noch durchaus lebendig war, ferner einige intellektuelle Strömungen, die wahrscheinlich nur die gebildete Minderheit berührt haben – wie die Renaissance, die Revolution auf dem Gebiete der Naturwissenschaften im siebzehnten Jahrhundert, die Aufklärung. Zieht man all dies ab von der europäischen Kultur der frühen Neuzeit, was bleibt dann noch übrig? Volkslieder und Volkserzählungen, Heiligenbilder und bunte Hochzeitstruhen, Mysterienspiele und Schwänke; Flugblätter und Volksbücher und vor allem Feste: Patronatsfeste und die Feste im Jahreszyklus wie Weihnachten, Neujahr, Karneval, Mai- und Sonnwendfeste. All diese Dinge sollen Gegenstand dieses Buches sein, das sich mit Handwerkern ebenso wie mit Bauern, mit gedruckten Büchern ebenso wie mit der mündlichen Überlieferung befassen wird.

Redfields Modell kann als Ausgangspunkt der Untersuchung dienen, doch unfehlbar ist es nicht. Paradoxerweise kann man seine Definition der niederen Tradition als der Tradition der Nicht-Elite sowohl mit der Begründung anfechten, sie sei zu eng, als auch mit der, daß sie zu weit gefaßt sei.

Die Definition ist insofern zu eng gefaßt, als sie jegliche Beteiligung der Oberschicht an der Volkskultur ausschließt. Diese Beteiligung war aber eine wichtige Tatsache im europäischen Leben, was bei Festen besonders deutlich zutage tritt. Der Karneval zum Beispiel war für alle da. In Ferrara mischte sich am Ende des fünfzehnten Jahrhunderts der Herzog unter die feiernde Menge, schlenderte maskiert durch die Straßen und betrat Privathäuser, um mit den Damen zu tanzen. In Florenz nahmen Lorenzo de' Medici und Niccolò Macchiavelli am Karneval teil. Heinrich III. und sein Gefolge gingen 1583 in Paris „maskiert durch die Straßen, von einem Haus zum anderen, und begingen tausend Unverschämtheiten". Im Nürnberger Karneval spielten im frühen 16. Jahrhundert die Patrizierfamilien eine wichtige Rolle.[4]

Karnevalsgesellschaften wie die Abtei der Conards in Rouen oder die Compagnie de la Mère Folle in Dijon standen unter der Vorherrschaft des Adels, traten aber auch in den Straßen für jedermann auf. Heinrich VIII. von England zog zum Maifest wie jeder andere junge Mann in den Wald. Kaiser Karl V. nahm an Festtagen an Stierkämpfen teil, und sein Urenkel Philipp IV. sah ihnen gerne zu.[5]

Aber nicht nur bei solchen Gelegenheiten brauchtümlicher gemeinsamer Fröhlichkeit beteiligten sich Adel und Gebildete an der Volkskultur. Zumindest in den Städten nahmen Arme und Reiche, der Adel und das gemeine Volk am selben Gottesdienst teil und hörten dieselbe Predigt. Dichter des Humanismus wie Angelo Poliziano und Giovanni Pontano überlieferten uns die Tatsache, daß sie wie jedermann auf der Piazza standen, um dem Balladensänger, dem Cantastorie, zuzuhören, und daß sie die Vorstellung genossen. Bedeutende Dichter des siebzehnten Jahrhunderts wie François Malherbe und C. P. Hooft liebten Volkslieder. Eine Vorliebe für Balladen hatten auch Könige und Königinnen wie Isabella von Spanien, Iwan der Schreckliche von Rußland und Sophia von Dänemark.[6] Das galt auch für den Adel. In Dänemark und Schweden blieben uns Balladenversionen aus dem sechzehnten und dem siebzehnten Jahrhundert erhalten, weil adelige Männer und Frauen sie in ihren handschriftlichen Liederbüchern oder *visböcker* festhielten. Eines dieser Bücher wurde von keinem Geringerem als Per Brahe dem Jüngeren zusammengestellt, der aus einer der ersten Familien Schwedens stammte und Lordkanzler und Mitglied des Regentschaftsrats wurde. Auf ähnliche Weise blieben einige gälische Lieder erhalten, die Sir James Mac-Gregor, Dekan von Lismore in Argyll, um das Jahr 1500 niederschrieb. Adelige protegierten hervorragende Volkssänger. Der ungarische Dichter Sebastyén Tinódi lebte an den Höfen von András Báthory und Tamás Nádasdy, während der Harfenspieler John Parry von Sir Watkin Williams Wynne unterstützt wurde.[7]

Narren waren an Höfen ebenso beliebt wie in Schenken und oft an beiden Stätten tätig. Zan Polo, der berühmte venezianische Spaßmacher, trat 1523 vor dem Dogen auf. Königin Elisabeth von England schätzte Richard Tarletons Possen sehr, sie ordnete einmal an, „den Schelm hinauszuführen, da er sie so übermäßig zum Lachen brachte". Man schrieb lateinische Elegien auf seinen Tod. Der französische Spaßmacher Tabarin trat 1619 vor Königin Maria von Frankreich auf. Die Widmung zu einer Sammlung seiner Späße hebt hervor, daß sie für Höflinge, den Adel, Kaufleute, kurz für jedermann, bestimmt seien. Iwan der Schreckliche liebte, wie ein englischer Reisender aufzeichnete, „Narren und Zwerge, Männer und Frauen, die vor ihm akrobatische Kunststücke machen und viele Lieder nach der russischen Weise singen" sehr. Auch war er ein leidenschaftlicher Anhänger der Bärenhatz und pflegte sich vor dem Schlafengehen von Blinden Volksmärchen erzählen zu lassen. Noch am Ende des achtzehnten Jahrhunderts suchten in Rußland Blinde durch die Zeitung Stellungen als Geschichtenerzähler in adeligen Familien.[8] Adelige und Bauern scheinen die Vorliebe für Ritterromanzen geteilt zu haben. Im sechzehnten Jahrhundert las ein normannischer Landedelmann, der Sieur de Gouberville, seinen Bauern an Regentagen den *Amadis de Gaule* vor. Flugblattdrucke und Volksbücher scheinen von Armen und Reichen, von den Gebildeten und Ungebildeten gleichermaßen gelesen worden zu sein. Man hat die Vermutung ausgesprochen, daß das deutsche Flugblatt des siebzehnten Jahrhunderts (das einen einfachen Bildaufbau mit lateinischen Bildunterschriften verband) jeder Art von Publikum gefallen sollte. Französische Almanache sind uns in Leder gebunden erhalten geblieben, dekoriert mit den Wappen französischer Adelshäuser. Populäre Heiler wurden von der Oberschicht protegiert. 1663 gab es in ganz Schweden nur zwanzig Ärzte, so daß auch der Adel auf Behandlung durch die Volksheiler angewiesen war. Gegenstände, die man heute gemeinhin als Produkte der Volkskunst bezeichnet, fanden auch in der Oberschicht Verwendung, wie z.B. der finnische *kåsor*, ein geschnitzter Holzeimer, dessen man sich bei Festgelagen bediente. Einige erhalten gebliebene Exemplare aus dem sechzehnten und siebzehnten Jahrhundert sind mit den Wappen schwedischer Adelshäuser bemalt.[9]

Nicht nur der Adel nahm an der Volkskultur teil, sondern auch die Geistlichkeit, vor allem im sechzehnten Jahrhundert. Während des Karnevals, so der Bericht eines Florentiners, „dürfen Kirchenmänner sich vergnügen. Ordensbrüder spielen Ball miteinander, führen Komödien auf, verkleiden sich, um zu singen, zu tanzen und Musik zu machen. Sogar Nonnen ist es erlaubt zu feiern, indem sie sich als Männer verkleiden [...]." Es war ganz und gar nicht ungewöhnlich, bei festlichen Anlässen Priester in der Kirche singen, tanzen oder Masken tragen zu sehen. Es waren junge Kleriker, die das Narrenfest organisierten, das in einigen Teilen Europas ein bedeutendes Ereignis war. Ein ausgefalleneres Beispiel kann unsere These besonders lebhaft illustrieren. Aubry erzählt uns, daß Richard Corbet als Doktor der Theologie

> „an einem Markttag am Kreuz in Abingdon Balladen sang [...]. Der Balladensänger hatte sich nämlich beschwert, er habe keinen Absatz, er könne seine Balladen nicht loswerden. Der wohlgemute Doktor zog seinen Talar aus und legte das lederne Wams des Balladensängers an, und da er ein hübscher Mensch war und eine selten gute volle Stimme hatte, verkaufte er bald sehr viele Blätter und hatte eine große Zuhörerschaft."

In Schweden hatte im achtzehnten Jahrhundert der Pfarrer bei ländlichen Hochzeiten ein Recht auf den ersten Tanz mit der Braut, schnitt den Braten beim Festschmaus an und lieh oft dem Bräutigam sein geistliches Gewand als Hochzeitsanzug. All dies deutet darauf hin, daß er an der bäuerlichen Kultur teilhatte.[10]

An dieser Stelle könnte sich der Einwand erheben, daß ich die Beziehungen der Klassen untereinander in zu rosigen Farben schildere. Verachteten die herrschenden Klassen und die Gebildeten nicht das ,viel-köpfige Ungeheuer', das Volk? Das war in der Tat der Fall. Francesco Guicciardini schrieb: „Wenn man vom Volke spricht, so spricht man in Wirklichkeit von einem wahnsinnigen Tier." Für solche Ansichten ließen sich viele Belege finden.[11] Man muß sich aber vor Augen halten, daß gebildete Leute Balladen, Volksbücher und Feste noch nicht mit dem gemeinen Volk in Verbindung brachten, eben weil sie selbst an diesen kulturellen Manifestationen teilhatten.

Man könnte gegen die These von der Teilnahme der höheren Stände an der Volkskultur den weiteren Einwand vorbringen, daß Adel und Geistlichkeit nicht in der gleichen Weise und aus den gleichen Gründen Volkslieder lauschte oder Volksbücher las wie Bauern und Handwerker. ,Teilnahme' ist ein vager Begriff: Es fällt nicht schwer, sich Adelige als Teilnehmer an Volksfesten vorzustellen, doch bedeutet dies auch Teilnahme an einem System von Werten und Glaubensvorstellungen? Wenn Mitglieder der Oberschicht Volksbücher lasen, taten sie es vielleicht aus Interesse an der Folklore, genau wie einige Intellektuelle heute. Dies ist zweifellos möglich, und diese Interpretation wird glaubwürdiger, je weiter wir in das achtzehnte Jahrhundert gelangen. Was aber den Beginn des von uns untersuchten Zeitabschnitts anbelangt, so muß man sich vor Augen halten, daß viele Mitglieder des Adels und der Geistlichkeit weder lesen noch schreiben konnten, oder doch nur mit großen Schwierigkeiten, und daß sie sich in dieser Beziehung von den Bauern kaum unterschieden; um 1565 waren in der Gegend von Krakau mehr als 80% der armen Adeligen Analphabeten. Der Lebensstil einiger Landadeliger und Gemeindepfarrer auf dem Lande unterschied sich kaum von dem der Bauern, unter denen sie lebten. Auch waren sie mehr oder weniger von der hohen Kultur abgeschnitten. Das gleiche gilt von den meisten adeligen Frauen, denn nur in Ausnahmefällen besaßen sie eine Schulbildung. Vielleicht sollte man adelige Frauen als Vermittlerinnen sehen zwischen der Gruppe, der sie sozial angehörten, der Elite, und der, welcher sie bildungsmäßig nahestanden, der Nicht-Elite; es ist interessant festzustellen, daß mehrere *visbökker* von Frauen zusammengestellt worden sind. Gebildete Adelige blieben durch ihre Mütter, Schwestern, Frauen und Töchter in Kontakt mit der populären Kultur, und in vielen Fällen waren sie von bäuerlichen Ammen aufgezogen worden, die ihnen Balladen vorgesungen und Märchen erzählt hatten.[12]

Redfields Modell bedarf der Modifikation, und man könnte es folgendermaßen neu fassen: Es gab in Europa zu Beginn der Neuzeit zwei kulturelle Überlieferungen, aber sie stimmten nicht einfach mit den beiden wichtigsten sozialen Gruppen, der Oberschicht und dem einfachen Volke, überein. Die Elite nahm an der niederen Kultur teil, während das einfache Volk an der Hochkultur keinen Anteil hatte. Die mangelnde Übereinstimmung ergab sich aus der Tatsache, daß die beiden Traditionen auf verschiedenen Wegen weitergegeben wurden. Die hohe Kultur wurde an Bildungsinstitutionen wie Gymnasien und Universitäten vermittelt. Es war eine geschlossene Kultur in dem Sinne, daß alle, die solche nicht jedermann zugänglichen Institutionen nicht besucht hatten, von ihr ausgeschlossen waren. Im wörtlichen Sinne sprachen sie nicht die Sprache dieser Kultur. Im Gegensatz dazu wurde die niedere Kultur informell weitergegeben. Sie war allen zugänglich, wie die Kirche, das Gasthaus und der Marktplatz, wo so viele ihrer Manifestationen stattfanden.

Der grundsätzliche kulturelle Schichtunterschied in Europa zu Beginn der Neuzeit war demgemäß, wie ich zur Diskussion stellen möchte, der zwischen der großen Mehrheit, für welche die Volkskultur die einzige Kulturform war, und einer Minderheit, die Zugang zur hohen Kultur hatte, aber an der niederen als an einer zweiten Kultur teilnahm. Diese Minderheit war doppelgleisig, bikulturell und auch zweisprachig. Während der Großteil des Volkes nichts anderes sprach als seinen lokalen Dialekt, sprach oder schrieb die Elite Latein oder eine literarische Form der Landessprache, während sie immer noch in der Lage war, den Dialekt als zweite oder dritte Sprache zu sprechen. Für die Elite, aber nur für sie, hatten die beiden Überlieferungsstränge verschiedene psychologische Funktionen; die hohe Kulturtradition war ernsthaft, die niedere bedeutete Entspannung und Vergnügen. Eine moderne Analogie zur Lage der damaligen Elite ist die der englischsprechenden Oberschicht Nigerias heute: Ihre in den westlichen Industrienationen erworbene Bildung hindert sie nicht daran, an der traditionellen Kultur ihres Stammes teilzunehmen.[13]

Dieser Zustand blieb während der hier untersuchten Periode keineswegs statisch. Allmählich zogen sich die höheren Gesellschaftsschichten im Verlaufe des siebzehnten und achtzehnten Jahrhunderts von ihrer Teilnahme an der niederen Kulturtradition zurück, eine Erscheinung, die im 9. Kapitel noch untersucht werden soll. An dieser Stelle möchte ich nur eine vereinfachte Darstellung, ein Modell, anbieten. Ein ernsthafterer Einwand gegen dieses Modell ist allerdings, daß es vernachlässigt, innerhalb des ‚Volkes' zwischen verschiedenen Gruppen zu unterscheiden, denn die niedere Kultur war keineswegs einheitlich. Da Volkskultur ein Begriff ist, der mit dem Ausgegrenzten operiert, ist es wichtig, festzustellen, wie dieser kulturelle Bodensatz untergegliedert werden kann.

Verschiedene Erscheinungsformen der populären Kultur: Volkskultur auf dem Lande

Redfields Definition der niederen Kultur kann man, wie wir sahen, als zu eng betrachten, da sie alle jene ausschließt, für welche die Volkskultur eine Zweitkultur war. Andererseits ist sie aber auch zu weit; wenn man im Singular von der niederen Tradition spricht, unterstellt man, sie sei relativ einheitlich gewesen, was aber auf das Europa zu Beginn der Neuzeit keineswegs zutrifft. Antonio Gramsci drückte es einmal so aus: „Das Volk ist keine kulturell homogene Einheit, sondern auf komplexe Weise kulturell gegliedert."[14] Es gab viele populäre Kulturen bzw. viele Variationen der populären Kultur – es ist schwierig, zwischen diesen beiden Ausdrucksweisen eine Wahl zu treffen, da eine Kultur ein lose miteinander verbundenes System kultureller Einzelerscheinungen darstellt, so daß es (wie Toynbee feststellte, als er den Versuch machte, Weltzivilisationen aufzuzählen) unmöglich ist, zu sagen, wo eine Kultur aufhört und die andere beginnt. Was wir leichthin ‚Volkskultur' nennen, war oft die Kultur der auffälligsten Gruppe des Volkes, nämlich der jungen erwachsenen Männer, die für das ganze Volk nicht repräsentativer sind als die WASPs (die weißen anglo-sächsischen Protestanten) für die Vereinigten Staaten.

Für die Entdecker der populären Kultur bestand das ‚Volk' aus den Bauern. Die Bauern stellten zwischen achtzig und neunzig Prozent der europäischen Gesamtbevölkerung dar. Ihre Lieder wurden von Herder und seinen Freunden als ‚Volkslieder' bezeichnet, ihre Tänze als ‚Volkstänze' und ihre Geschichten als ‚Volksmärchen'. War ihre Kultur einheitlich? Zoltan Kodály verneint diese Frage, wenn er sich an die ungarischen Bauern erinnert, wie er sie um die Jahrhundertwende kannte: „Man sollte sich die Überlieferung des Volkes nicht als ein gleichförmiges, einheitliches Ganzes vorstellen. Volkskultur nimmt je nach Alter, sozialen und materiellen Bedingungen, Religionszugehörigkeit, Erziehung, Gegend und Geschlecht grundverschiedene Formen an."

Natürlich wäre es gefährlich, diese Aussage ohne weiteres auf die Zeit vor 1800 und auf das ganze Europa auszudehnen. Kodály berichtet von einer bäuerlichen Gesellschaft, die soziale Unterschiede so bewußt lebt, daß z. B. verheiratete Männer und Junggesellen nicht nur in der Kirche verschiedene Plätze einnehmen, sondern auch im Wirtshaus an verschiedenen Tischen sitzen.[15] Einige Gründe sprechen aber dafür, daß Kodálys Aussage ganz allgemein für das Europa zu Beginn der Neuzeit gültig ist.

Kultur entsteht aus der Summe der Lebensumstände, und die Bauern zu Beginn der Neuzeit in Europa lebten nicht unter einheitlichen Bedingungen. Manche lebten in Dörfern, wie z. B. in England; andere in Städten, wie in

Süditalien; andere auf Einödhöfen, wie in Norwegen. Sozial waren sie nicht homogen. Einige waren frei, andere leibeigen – im riesigen ostelbischen Gebiet wurden die Bauern im Verlaufe des sechzehnten und frühen siebzehnten Jahrhunderts im allgemeinen zu Leibeigenen gemacht. Es gab reiche und arme Bauern. In einer verhältnismäßig begrenzten Region wie im Beauvaisis des siebzehnten Jahrhunderts war die ländliche Gesellschaft äußerst vielschichtig, mit ganz beträchtlichen Unterschieden in der Lebensweise zwischen dem reichen *laboureur* (der ein Freisasse war, nicht ein Landarbeiter) und dem armen *journalier* (Tagelöhner).[16] In vielen Teilen Europas war der Unterschied zwischen dem reichen Bauern, der sein Land besaß und andere beschäftigte, die es für ihn bearbeiteten, und dem Landarbeiter „ohne Land, von dem er leben konnte, als seiner Hände Arbeit" ein sehr wesentlicher. Diesen Aspekt der traditionellen ‚organischen Gemeinschaft‘ darf man nicht außer acht lassen.

Es ist schwieriger zu sagen, ob es in der bäuerlichen Gesellschaft nicht nur soziale, sondern auch kulturale Schichtungen gab. An dieser und an anderen Stellen dieses Kapitels versuchen wir, ein System gemeinsamer Bedeutungsinhalte über äußerliche Zeichen und Anhaltspunkte zu erschließen, die leicht fehlinterpretiert werden können. Die reicheren Bauern konnten mit größerer Wahrscheinlichkeit lesen, da sie sich die Zeit leisten konnten, lesen und schreiben zu lernen, und es war wahrscheinlicher, daß sie Volksbücher besaßen. Auch hatten sie aller Wahrscheinlichkeit nach bemalte Teller und Krüge, gestickte Kissen und Wandbehänge, kunstvoll geschnitzte Ochsenjoche und Aussteuertruhen, Dinge, die im Leben des Dorfes als Status- und Wohlstandssymbole galten und Ausdruck der Volkskultur waren. Man hat mit einer gewissen Berechtigung die These erhoben, daß unter ‚Volkskunst‘ in Wirklichkeit die Kunst zu verstehen ist, die für eine bäuerliche Aristokratie geschaffen wurde.[17] Wenn man allerdings sagt, daß die ärmeren Bauern diese Kultur nicht teilten, so bedeutet das nicht, daß sie eine alternative Kultur besaßen; sie strebten vielleicht die der bäuerlichen Aristokratie an. Doch fand Kodály heraus, daß „die Wohlhabenden sich von den Ärmeren sogar in ihren Liedern abzuheben wünschen", und viele traditionelle Volkslieder sind nur auf eine bestimmte soziale Gruppe zugeschnitten, wie die skandinavischen *drängvisor*, die Lieder der Knechte, und die *pigvisor*, die ‚Klagen‘ der schlecht behandelten Mägde.[18]

Wenn sich die Kultur aus der Summe der Lebensumstände ergibt, so kann man annehmen, daß die bäuerliche Kultur ebenso die ökologischen Verschiedenheiten widerspiegelt wie die sozialen; Verschiedenheiten der Umweltbedingungen bewirken Verschiedenheiten in der materiellen Kultur und wirken sich auch auf Unterschiede in den Einstellungen aus. Der augenfälligste Beweis für diese These ist sicherlich der Unterschied zwischen der Kultur des Berglandes und der des Flachlandes. Dr. Johnson bemerkte, „dauert es lang, die Berge zu erobern, so dauert es ebenso lange, sie zu zivilisieren", was bedeutet, daß sie überlieferte Haltungen länger bewahren als die Ebene. Wenn die ‚kultivierten Gebiete' (im wörtlichen wie im übertragenen Sinne) ihre Sprache verändern, können Bergbewohner „eine eigene Nation werden, die durch die Unähnlichkeit der Sprache vom Umgang mit ihren Nachbarn abgeschnitten ist", wie im Falle der schottischen Hochlandbewohner, der Basken und der „Dalecarlianer" [Bewohner von Dalarna]. Bergbewohner, so fährt Dr. Johnson fort, sind „kriegerisch" und auch „diebisch", „denn sie sind arm, und da sie weder Industrie noch Handel besitzen, können sie sich nur durch den Raub bereichern"; und sie stehen ohnehin fast immer außerhalb der Reichweite des Gesetzes.[19]

Dr. Johnsons Gedankengänge sind von mehreren Gelehrten erweitert und bekräftigt worden. Archäologen in Großbritannien haben die Aufmerksamkeit auf den Unterschied zwischen den flachen Gebieten und den ärmeren Hochlandzonen (die auch konservativer sind) gelenkt, ein Unterschied, der sich in der Sprache, bei den Hausformen und in vielen anderen Kulturerscheinungen bemerkbar macht. In Andalusien waren die Bergbewohner der Alpujarras die letzten, die zum Islam übergingen, und die letzten, die ihn wieder aufgaben.[20] Otmar hatte recht (vgl. S. 29 oben), wenn er die alten Volkssagen im Harz suchte. Hochlandzonen ergeben sich als ganz natürliche Zufluchtsgebiete für Banditen und andere Flüchtlinge, die ‚in die Berge gehen', und sie bleiben daher die Heimat der traditionellen ‚Heldenlieder', welche die Taten der Banditen besingen. Sprungtänze haben eine Verbindung mit gebirgigen Regionen und existieren noch im Baskenland, in Norwegen, in den bayerischen Alpen, im polnischen und schottischen Gebirgsland, wobei es sich wahrscheinlich um eine Tanzform handelt, die im Flachland nicht mehr lebendig gelieben ist.[21] Die Hexenjagden des sechzehnten und siebzehnten Jahrhunderts scheinen in gebirgigen Regionen wie den Alpen und Pyrenäen besonders fanatisch gewesen zu sein, sei es nun, wie Gelehrte früher annahmen, weil Gebirgsluft die Phantasie besonders anregt, oder, was wahrscheinlicher ist, weil zwischen Gebirgs- und Flachlandbewohnern Feindseligkeiten bestanden und die Kulturen der beiden Regionen sich voneinander unterschieden.[22]

Auf den ersten Blick erstaunlicher ist die Tatsache, daß gegen Ende der von uns untersuchten Periode einige Bergregionen Gebiete waren, wo besonders viele Menschen lesen und schreiben konnten. Norwegen und Schweden drängen sich hier als Beispiele auf, doch auch in Frankreich hatte das heutige Département Hautes-Alpes am Ende des achtzehnten Jahrhunderts eine Alphabetisierungsrate von 45%, was damals mehr als das Doppelte des nationalen Durchschnitts war. Der Grund dafür mag darin liegen, daß, wie ein Beobachter im Jahre 1802 bemerkte, „das kalte Klima ihnen im Winter keine andere Beschäftigung erlaubte". Jedenfalls wurden einige der jüngeren Söhne in den französischen Alpen Lehrer, während viele mit Volksdrucken handelnde Kolporteure aus dem Haut Comminges in den französischen Pyrenäen kamen.[23]

Der Gegensatz zwischen Tief- und Hochland überschneidet sich mit einer weiteren, wichtigen Unterscheidung, nämlich der zwischen Bauern und Hirten – Schweinehirten, Ziegenhirten, Rinderhirten (in Spanien die *vaqueros,* die frühesten ‚Cowboys'), und vor allem den Schafhirten.* Die Schäferkultur im besonderen war so ausgeprägt und unterschied sich so sehr von der bäuerlichen Kultur, daß es sich lohnt, in einigen Einzelheiten auf sie einzugehen.[24] Der Eigencharakter wurde durch besondere Kleidung, wie dem Schäferkittel, ausgedrückt. Schäfer stammten vielleicht aus einem Bauerndorf, aber sie konnten den größten Teil des Jahres nicht dort leben, da sie mit der Herde umherziehen mußten. In Spanien verbrachten die Herden z. B. den Sommer in den gebirgigen Regionen um Soria, Segovia, Cuenca und León, überwinterten aber in den Ebenen des Südens. Schäfer waren arm und lebten isoliert. Ein Jesuitenmissionar, der Schäfer in ihren Hütten bei Eboli in Süditalien besuchte, betrachtete sie als so unwissend, daß man sie kaum als Menschen bezeichnen konnte. „Auf die Frage, wie viele Götter es gebe, antwortete einer ‚hundert', ein anderer ‚tausend'."[25] Schäfer waren aber auch frei; in Polen war ein leibeigener Schäfer eine Ausnahme, während die Bauern leibeigen waren. Es gelang den Schäfern, sich dem Einfluß des Adels, der Geistlichkeit und der Verwaltung zu entziehen. Es ist nicht verwunderlich, daß die pastorale Poesie ihre Lebensweise idealisierte. Sie besaßen Muße, die sie dazu verwenden konnten, Schäferhaken, Wanderstäbe und Pulverhörner zu schnitzen.[26] Sie konnten Musik machen und spielten den Dudelsack, aus Schaf- oder Ziegenleder hergestellt und überall da beliebt, wo es viele Hirten gab, vom schottischen Hochland bis zur ungarischen Tiefebene. Oder sie spielten die Flöte, getragen und traurig, wenn Schafe verlorengegangen waren, fröhlich, wenn sie wiedergefunden wurden. Das katalanische Sprichwort drückte es so aus (vielleicht spricht es den Neid der Bauern aus): „Vida de pastor vida regalada / Cantant i sonant guanya la soldada" (das Leben des Schäfers ist angenehm, er verdient sein Geld spielend und singend). Schäfern sprach man oft magische Fähigkeiten zu sowie eine besondere Kenntnis der Gestirne, die zu beobachten sie die beste Gelegenheit hatten (daher der Titel *Calendrier des Bergers*), oder die Fähigkeit, Tiere und Menschen zu heilen.[27]

---

* Hochlandzonen waren gewöhnlich Weidezonen, doch nicht alle Gebiete der Ebene waren bebaubar – die wichtigste Ausnahme von der Regel war damals die große ungarische Tiefebene.

Weder ihr spezielles Wissen noch ihr Unwissen war mit dem der Bauern zu vergleichen.

Um sich für ihr einsames Arbeitsleben zu entschädigen, entwickelten Schäfer einen besonderen Festzyklus, zumindest in Mitteleuropa. Sie hatten ihre eigenen Zünfte und Brüderschaften. Sie besaßen eigene Heilige wie den heiligen Wendelin (von dem die Sage geht, er sei ein Königssohn gewesen, der Schäfer wurde), oder St. Wolfgang oder St. Bartholomäus, dessen Fest am 24. August den Abtrieb von der Sommer- zur Winterweide kennzeichnete. An diesem Tag trafen sich in Süddeutschland die Schäfer der Umgebung in bestimmten Städten wie Markgröningen, Rothenburg und Urach, um ihren König und ihre Königin zu wählen, zu feiern und ihre besonderen Tänze zu tanzen. Auch am Weihnachtsfest nahmen sie lebhaften Anteil; in Spanien und anderen Ländern stellten sie die Anbetung der Hirten in den *autos del nacimiento* oder Krippenspielen dar.[28]

Es überrascht nicht, daß Schäferfamilien ihre Kinder oft miteinander verheirateten, wie im Königreich Hannover im siebzehnten und achtzehnten Jahrhundert. Sie hatten ihren Stolz, auch wurden sie vom Rest der Gesellschaft ausgeschlossen, was Menschen ohne festen Wohnsitz oft widerfährt. Viele deutsche Zünfte betrachteten die Söhne von Schäfern als unehrlich und nicht in eine Zunft wählbar. Als am Ende des siebzehnten Jahrhunderts einige Schäfer in der Brie der ‚maleficia‘, also der schädlichen Hexerei bezichtigt wurden, erinnert dies in kleinerem Maßstab an die Hexenverfolgungen in den Alpen und den Pyrenäen, also an die Verfolgung von Randgruppen.[29]

Einige wichtige Gruppen in der Landbevölkerung waren weder Bauern noch Hirten; wieweit sich ihre Werte und Einstellungen von denen ihrer Umgebung abhoben, ist sehr schwer zu sagen. Es gab die dörflichen Handwerker, wie Schmiede, Zimmerleute oder Weber (ganztags tätig oder nur stundenweise im Handwerk beschäftigt), von denen man wohl annehmen kann, daß sie kulturell eine Mittelstellung einnahmen zwischen den anderen Dorfbewohnern, die keine Handwerker und anderen Handwerkern, die keine Dorfbewohner waren. Vor allem Schmiede scheinen ein gewisses Ansehen genossen zu haben. Novak Kovač, Novak der Schmied, war zum Beispiel der Protagonist eines serbischen Heldenliedes. Dann gab es noch die Waldarbeiter, vor allem die Holzfäller und Köhler, die manchmal wochenlang isoliert im Walde lebten. Über diese Gruppe weiß man wenig. Sie waren, wie die Schäfer, von der dörflichen Kultur abgeschnitten, lebten aber offenbar ohne eigene Kultur am Rande der Gesellschaft (im Gegensatz zu den modernen Lumberjacks). Manchmal wurden sie aus der Gesellschaft ausgestoßen (wie im Falle der *cagots* in Südwestfrankreich), als Zauberer verfolgt und mit der Lepra in Zusammenhang gebracht. In Rußland war jedoch (wie auf dem Balkan) die Kultur der Waldbewohner dominant, und englische Reisende notierten überrascht, daß „ihre Kirchen aus Holz gebaut sind" oder daß „es kein Zinngeschirr gibt, aber sehr gute Tassen aus Birkenholz geschnitten vorhanden sind". Äxte waren für Russen und Serben sowohl heilige als auch nützliche Gegenstände und Symbole des Schutzes. Bäume besaßen in russischen Bräuchen eine wichtige Funktion – Tannen zu Weihnachten, Birken in der Dreifaltigkeitswoche.[30]

Kosaken und ihnen ähnliche Gruppen wie die mitteleuropäischen Heidukken waren weder Bauern noch Soldaten, noch Räuber allein, doch besaßen sie etwas von allen dreien. Sie waren stolz auf ihren Stand und verachteten oft ihre bäuerlichen Nachbarn. Ihre Werte waren eindeutig gleichheitlich-demokratisch – die Kosaken wählten zum Beispiel ihre Führer oder Atamanen. Sie besaßen ihre eigene, reiche Tracht. Wie sich Vuk Stefanović Karadžić erinnerte, „trugen die Heiducken in Serbien zu meiner Zeit hellblaue Tuchhosen [...] eine gestickte Seidenkappe, von der auf der einen Seite Seidenquasten bis zur Brust herunterhingen und die außer den Heiducken wenige trugen. Sie liebten es vor allem, flache Silberscheiben auf der Brust zu tragen."

Sie hatten ihre eigenen Waffentänze und ihre eigenen Lieder, „hauptsächlich Lieder über Heiducken".[31] Wenn Kosaken und andere Räuberhelden so oft Eingang gefunden haben in die Volkskultur Mittel- und Osteuropas, so bedeutet das nicht notwendigerweise, daß Räuber zu ihren Lebzeiten bei den Bauern beliebt waren.

Eine weitere stolze, selbstbewußte Gruppe, über die wir etwas mehr Informationen besitzen, ist die der Bergleute. Zweifellos wirkten eine Reihe von Gründen zusammen, um ihr Gruppenbewußtsein zu festigen: die Gefahr, der sie bei ihrer Arbeit ausgesetzt waren, die wertvollen Metalle, die sie ans Tageslicht brachten, der Unterschied zwischen ihrer Arbeit und der ‚normalen' Feldarbeit und die Konzentration der Bergleute auf einige wenige Gebiete. In Mitteleuropa erlebten Bergwerke zu Beginn der von uns untersuchten Zeitspanne einen großen Aufschwung: Kuttenberg in Böhmen war die zweite Stadt im Königreich. In der Nähe von Bergwerken entstanden neue Städte wie Joachimsthal in Böhmen oder die drei Annaberg in Sachsen, Schlesien und der Steiermark. Die Bergleute hatten ihre eigenen Schutzheiligen, wie die hl. Anna (wegen des verborgenen Schatzes, den sie in sich trug), die hl. Barbara (weil sie in die Berge geflüchtet war), und den Propheten Daniel (wegen seiner Verbindung mit dem goldenen und silbernen Zeitalter). Sie hatten ihre eigene Tracht, vor allem besondere Kopfbedeckungen. Sie besaßen ihre eigenen Kapellen, ihre eigenen Theaterstücke, ihre eigenen Lieder, die *Bergreihen* oder *Bergmannslieder*, von denen Sammlungen im sechzehnten Jahrhundert veröffentlicht wurden. Auch eigene Tänze hatten sie, wie den Tanz der Bergleute von Durrenberg, der ihre Arbeit veranschaulichte und der für das siebzehnte Jahrhundert belegt ist. Es gab spezielle Sagen der Bergleute, die vor allem von Grubengeistern handelten (wie dem Berggeist, dem Bergmännlein, dem Bergmönch), die den Schatz im Schoß der Berge bewachten und durch Opfergaben beschwichtigt werden mußten. Bergmannssagen, die vom Entdecken eines Schatzes mit übernatürlicher Hilfe handelten, waren nicht nur in Deutschland, sondern in den Bergwerksgebieten ganz Europas verbreitet, von Cornwell bis zum Ural. Wenn man sich die Existenz dieser reichen Bergmannskultur vor Augen hält, ist es nicht verwunderlich, daß der lutheranische Geistliche Johann Mathesius, Pastor in Joachimsthal, für Bergleute besondere Hymnen und Predigten schrieb.[32] Bergleute entwickelten wie Schäfer vielleicht deshalb ihre eigene Kultur, weil sie von der Umwelt abgelehnt wurden. Schottische Bergleute, die Kohle förderten, wurden im siebzehnten Jahrhundert leibeigen gemacht und verachtet, und in Fife durften sie nicht auf demselben Friedhof begraben werden wie freie Landarbeiter. Der folgende spanische Vers hat einen ziemlich herablassenden Ton:

Pobresitos los mineros,
Qué desgrasiáitos son,
Pasan su bida en las minas,
Y mueren sin confesión.

(Unglücklich sind die Bergleute
Wie beklagenswert sind sie doch,
Sie verbringen ihr Leben unter Tage,
Und sterben ohne Beichte.)

Ein Gemälde aus dem fünfzehnten Jahrhundert legt den Schluß nahe, daß man zwischen ,Bergmännlein', die unter Tage lebten, und den Bergleuten selbst nicht sehr sorgfältig unterschied, denn beide stellte man klein und kapuzenvermummt dar.[33]

Die Städte

Die populäre Kultur auf dem Lande war also keineswegs einheitlich. Trotzdem kann man sie von der Volkskultur der Städte abgrenzen. Feste konnten in Städten ganz andere Dimensionen annehmen; in einem gewissen Sinn war jeder Tag ein Fest, weil nämlich immer professionelle Unterhalter zur Verfügung standen. Wenigstens in großen Städten traten während des ganzen Jahres Sänger und Narren auf, während Dorfbewohner sie nur ab und zu zu sehen bekamen. Städte beherbergten oft ethnische Minderheiten, die eng zusammenlebten und eine Kultur teilten, von der Außenseiter ausgeschlossen waren. Das naheliegendste Beispiel sind die Juden in ihrem Ghetto, aber es gab auch die Mauren in den südspanischen Städten, die Griechen und die Slawen in Venedig, und viele kleinere Gruppen.

Das Zunftsystem trug dazu bei, Handwerkern und Ladenbesitzern eine gemeinsame Kultur zu vermitteln, die sich von der bäuerlichen Kultur unterschied. Zünfte hatten ihre eigenen Schutzheiligen, ihre eigenen Traditionen und ihre eigenen Bräuche, und sie bestimmten nicht nur die Arbeits- sondern auch die Mußezeit ihrer Mitglieder. Oft wurden die Mysterienspiele, die in vielen Städten zum Fronleichnamsfest aufgeführt wurden, auf Zunftbasis organisiert, was auch für einige weltliche Spiele wie die Londoner *Lord Mayor's Show* gilt. Bei einigen deutschen Fastnachtsbräuchen spielte die Metzgerszunft eine besondere Rolle, wobei manchmal ein Schwerttanz mit den Messern aufgeführt wurde oder die Lehrlinge in den Fluß springen mußten. Religiöse Bruderschaften bildeten sich oft auf der Basis bestimmter Zünfte heraus. Handwerker und Kaufleute hatten ihre eigenen Sagen, wie die Londoner Sage von Dick Whittington, oder die vielen Geschichten über die Begründer eines bestimmten Handwerks. Die Zünfte bestimmten sehr sorgfältig ihre Auswahlkriterien für neue Mitglieder und schlossen nicht nur die Söhne von Schäfern, sondern auch die von Bettlern, Scharfrichtern, Totengräbern oder Spielleuten aus, die alle ,unehrlich' waren.[34]

Vielleicht sollte man präziser sein und von Handwerkerkulturen in der Mehrzahl sprechen, indem man die Weber, die Schuster, und so weiter, voneinander unterscheidet. Jedes Handwerk hatte seine eigene Kultur in dem Sinne, daß es eigene Fertigkeiten besaß, die es von Generation zu Generation weitergab. Wenigstens in einigen Fällen scheint das Handwerk tatsächlich eine eigene Kultur in einem weiteren Sinne besessen zu haben. Die Dokumentation dieser Eigenkulturen besteht in einer Mischung aus dem, was Mitglieder des Handwerks über sich selbst sagten und dem, wie andere sie sahen; die Schilderung ist vielleicht nicht ganz zuverlässig, legt aber doch wenigstens manchen Schluß nahe. Ein erster Schritt in Richtung auf eine Differenzierung ist die Hervorhebung durch die zunfteigene Tracht. Zimmerleute pflegten eine Lederschürze zu tragen und ein Winkelmaß bei sich zu führen. Ein Schneider war modisch gekleidet, Nadel und Faden steckten im Rock.[35] Ferner gab es auch berufsspezifische Lieder *(Ambachtslied, Yrkevisa)*.

Bei Webern war es wahrscheinlicher als bei anderen Handwerkern, daß sie eine eigene Kulturform herausbildeten. Dem Handwerk gehörten einige verhältnismäßig stolze und wohlhabende Arbeiter an, die mit teuren Stoffen wie Seide umgingen; auch waren sie zahlreich und beherrschten bestimmte Städte wie Norwich, Lyon und Segovia; ihre Arbeit erlaubte ihnen, falls sie es wünschten, aus einem am Webstuhl befestigten Buche zu lesen. In Lyon waren im achtzehnten Jahrhundert fast drei Viertel der Seidenarbeiter des Lesens und Schreibens kundig. Die Tatsache, daß sie lesen konnten, erklärt auch, warum zu Beginn des sechzehnten Jahrhunderts so viele Weber in England, Frankreich und Italien in Ketzerprozesse verwickelt waren. Unter den Tucharbeitern in Colchester, Newbury, Tenterden und anderswo fanden die Lollarden viele Anhänger. Das englische Beispiel ist in diesem Zusammenhang besonders naheliegend, da England in der europäischen Tuchindustrie einen wichtigen Platz einnahm. Thomas Deloney, der Seidenweber, der zum Berufsschriftsteller wurde, blieb immer stolz auf sein einstmaliges Handwerk. Seine berühmte Geschichte *Jack of Newbury* hat einen Weber zum Helden. Das Buch war den Tuchmachern gewidmet, weil es „das große Ansehen und den Respekt" zeigt, „den Männer dieses Gewerbes in früheren Zeiten genossen". Deloney wurde im siebzehnten und achtzehnten Jahrhundert häufig wiederaufgelegt, machmal in gekürzter Volksbuchfassung. Deloney war nicht der einzige Schriftsteller, der die Weber als Publikum im Auge hatte. Man könnte zum Beispiel den presbyterianischen Geistlichen John Collinges als geistlichen Deloney bezeichnen. Er war Prediger in Norwich, und sein *The Weavers' Pocket-Book* richtete sich im besonderen an die zahlreichen Wollweber dieser Stadt. Sein Ziel war es, die Webkunst zu ‚vergeistigen', indem er seine Leser darin unterwies, ‚wie aus den einzelnen Abläufen ihrer Arbeit himmlische Meditationen zu ziehen seien'. Für den Gebrauch der Weber wurden besondere Kalender gedruckt, und ein langes Gedicht, *The Triumphant Weaver*, am Ende des achtzehnten Jahrhunderts in Volksbuchform veröffentlicht, befaßte sich in drei Gesängen mit der Altehrwürdigkeit, der Nützlichkeit und der Vortrefflichkeit des Handwerks. In einem ähnlichen deutschen Gedicht, das 1737 gedruckt wurde, wird das Lob der Leineweber gesungen:

> Daß Gott sei ein Erheber
> Des Handwerks der Leinweber,
> Macht mir die Bibel kund.

Die Arbeitslieder der Weber sind ein noch stichhaltigeres Argument für das Vorhandensein einer besonderen Weberkultur. Man sang sie im Takt des laufenden Webstuhls. Viele von ihnen wurden im neunzehnten Jahrhundert schriftlich festgehalten, zu einer Zeit, als das Handweben schon im Niedergang begriffen war, und sie fanden von Lancashire bis nach Schlesien Verbreitung. Sie stammen wahrscheinlich aus dem achtzehnten Jahrhundert, falls sie nicht älter sind, und zeigen den internationalen Charakter der Weberkultur.[36]

Für die Sonderexistenz einer Schusterkultur könnte man gleichfalls gute Gründe anführen, denn auch die Schuster stellten eine selbstbewußte und lesekundige Gruppe dar. Achtzig Prozent der Schuhmacher von Lyon konnten im achtzehnten Jahrhundert ihren Namen schreiben. Mit diesem Prozentsatz erreichten sie fast die Weber. In seinem Lobesgedicht *The Gentle Craft* (Das edle Handwerk) wandte sich Deloney an die Schuster. Das Gedicht liest sich wie ein Versuch, einer mündlichen Überlieferung die schriftliche Fassung zu geben. Dekker und Rowley übernahmen Themen von Deloney und machten aus ihnen Theaterstücke. In diesen Geschichten werden Schuhmacher zu Heiligen, Königssöhne verschmähen es nicht, das ‚edle‘ Handwerk auszuüben. Auch auf dem Kontinent kommen Schuster als Helden vor; in dem französischen Volkslied *Le petit cordonnier* ist es der Schuster, der das vielbegehrte Mädchen erobert. Deutsche Preislieder und Preiserzählungen auf Schuhmacher sind uns erhalten geblieben; ebenso die skandinavischen *skomakarvisa,* die Schusterarbeitslieder. Aus Pommern stammt ein polnischer Schustertanz, der *szewc.*[37] Mitgliedern des ‚edlen Handwerks‘ sagte man auch besondere Verhaltensweisen nach. Das überlieferte Bild vom Schusterphilosophen läßt sich bis auf Lukian im zweiten Jahrhundert n. Chr. zurückführen, doch ist es auch nicht schwer, Beispiele von Schustern zu finden, die in unserer Epoche in Europa lebten und nicht bei ihren Leisten blieben, sondern Ketzereien zusammenflickten. Jakob Böhme aus Görlitz in der Lausitz ist zweifellos in unserer Zeitspanne der berühmteste Schuster mit eigenwilligen philosophischen Auffassungen, gefolgt von dem Portugiesen Gonçalo Anes Bandarra, der im sechzehnten Jahrhundert lebte und dessen Prophezeiungen man jahrhundertelang ernst nahm, obgleich er von der Inquisition festgenommen und zum Abschwören seiner Irrtümer gebracht wurde. Nicht nur Bandarra gelangte im Portugal des sechzehnten Jahrhunderts zur Berühmtheit wegen seiner religiösen Äußerungen; Luis Dias von Setúbal wurde 1542 verurteilt, weil er sich zum Messias erklärt hatte, und der ‚heilige Schuster‘ Simão Gomes weissagte gegen Ende des sechzehnten Jahrhunderts. Die unorthodoxe Haltung dieser Männer kann man mit ihrer Familienherkunft erklären. Sie waren als Abkömmlinge von Juden ‚conversos‘, das heißt ‚neue Christen‘, was aber für andere Schuster nicht gilt. Als sich im sechzehnten Jahrhundert in den Cevennen der Calvinismus ausbreitete, waren Schuster Mittelspersonen. Auch England kann mit Beispielen dienen: 1586 erklärte sich John White aus Rayleigh in Essex für Johannes den Täufer; Samuel How war Schuster und Prediger und veröffentlichte 1639 *Das Genügen der Lehren des Geistes (The sufficiency of the spirit's teaching)*; Jacob Bauthumley aus Leicestershire war Sektierer (Ranter); Nicolas Smith aus Petworth in Sussex veröffentlichte 1652 seine *Wunderbaren Phrophezeiungen (Wonderful Prophecies)*, und schließlich war auch George Fox, der Quäker, ein Schuster. In Wien gehörten in den neunziger Jahren des achtzehnten Jahrhunderts drei Schuster einer Gruppe an, die die Göttlichkeit Jesu leugnete.[38] Schuster findet man auch in der Vorhut politischer Bewegungen, wie den ‚Captain

51

Cobbler' (Nicholas Melton), der 1536 ein Führer des Aufstands in Lincoln war. Albert Soboul schrieb eine Untersuchung über die 41 ‚cordonniers' unter den militanten Sansculottes des Jahres II (1793).[39] Was haben Schuhe mit Ketzerei und Revolution zu tun? Vielleicht liegt die Erklärung in der Tatsache, daß die im Sitzen arbeitenden Schuster Zeit hatten, über das Leben nachzudenken – sie waren die städtische Parallele zum Schäfer auf dem Lande.

Natürlich könnte man in ähnlicher Weise alle Handwerkszünfte einer Untersuchung unterziehen, ohne die Vielfalt der Handwerkerkultur erschöpfend zu schildern. Die Zünfte standen unter der Aufsicht der Zunftmeister, aber auch Gesellen und Lehrlinge besaßen ihre Organisationen und Bräuche. Französische Gesellen waren zum Beispiel in ‚compagnonnages' oder ‚devoirs' organisiert, Gruppen, deren aktive Mitglieder unverheiratete Männer im Alter zwischen achtzehn und sechsundzwanzig waren. Historiker der Wirtschaftsgeschichte interessieren sich schon lange für diese Gesellschaften, wie etwa für die *Bold Defiance* (die kühne Wehr) der Londoner Weber 1768, und betrachten sie, da sie manchmal Streiks organisierten, als Vorläufer der Gewerkschaften. Der Kulturhistoriker müßte allerdings darauf hinweisen, daß es sich eher um Geheimbünde handelte, die sich auf sagenhafte Gründer beriefen, Initiationsriten veranstalteten und eine ‚geschlossene Kultur' herausbildeten, parallel zur populären Kultur, wie es kürzlich ein französischer Historiker formulierte. So bildeten im sechzehnten Jahrhundert die Lyoner Buchdruckergesellen den Geheimbund der Griffarins, der einen geheimen Initiationsritus, Handschlag, Losungswort und Eide vorschrieb. Ähnliche Bräuche wurden bei zahlreichen ‚compagnonnages' in Paris ausgeübt, was ihnen im Jahre 1655 die feierliche Verurteilung durch zehn Doktoren der theologischen Fakultät eintrug. Wichtig für die französischen Gesellen war ihre *tour de France,* der Brauch, praktisch das ganze Land auf mehr oder weniger festliegenden Wegen zu durchwandern, wobei sie wußten, daß ihre Kollegen von der Zunft sie überall willkommen heißen würden. Diese Institution hat mit Sicherheit eine überregionale Gesellenkultur ermöglicht.[40]

Die *compagnonnages* waren nicht nur auf Frankreich beschränkt. Thomas Gent, ein Buchdruckergeselle, hat seine Initiation um 1713 in einer Schänke in Blackfriars geschildert. Dazu gehörte, ,,daß ich kniend einen Schlag mit der Breitseite des Schwertes bekam und daß Bier auf meinen Kopf geträufelt wurde'' und die Verleihung des Titels ,,Earl of Fingall''. In Deutschland sind die Gesellenwanderschaften, die Pflicht waren und drei bis vier Jahre dauerten, besonders gut belegt. Hans Sachs zum Beispiel erzählt uns, daß er zwischen 1511 und 1516 im Süden bis nach Innsbruck, im Westen bis nach Aachen und im Norden bis Lübeck wanderte, um dann nach Nürnberg zurückzukehren. Die Wanderschaften der polnischen Gesellen führten sie regelmäßig nach Böhmen, Deutschland und Ungarn. Aus unserer Epoche sind uns einige deutsche Gesellenlieder erhalten geblieben, dazu eine besondere Gattung, in Schweden *Veckodagsvisa* genannt, die von der Arbeit handelt, die sie an jedem Wochentag *nicht* getan haben. Ein ungarisches Beispiel dieses Genres, das ich nicht datieren konnte, hat folgenden Wortlaut:

Vasárnap bort iszom,	Am Sonntag trinke ich Wein,
Hétfón nem dolgozom.	Am Montag arbeite ich nicht.
Jó kedden lefekudni,	Am Dienstag ist es gut, sich hinzulegen,
Szeredán felkelni.	
Czütörtök gyógyulni,	Am Mittwoch wieder aufzustehn.
Pénteken szmolni,	Am Donnerstag sich zu erholen,
Hej! Szombaton kérdezni,	Am Freitag abzurechnen,
Mit fogunk dolgozni?	Hey! Am Samstag zu fragen, welche Arbeit müssen wir tun?[41]

Steinmetze und Maurer, sogar Meister dieses Handwerks, sollte man vielleicht zur Gesellenkultur zählen. Da die Maurer von einem Bauort zum anderen zogen, war ihre Organisationsform nicht die der städtischen Zunft, sondern die ‚Bauhütte‘, die Werkstatt auf dem Bauplatz. Wie jede Zunft hatten auch die Maurer ihre Schutzheiligen, vor allem die vier gekrönten Jünglinge, die ‚Quatuor Coronati‘ (vier römische Steinmetze, die frühchristliche Märtyrer waren), doch in anderer Hinsicht glich die Organisationsform der Maurer mehr der der Handwerksgesellen. Sie weihten die neuen Mitglieder mit furchterregenden Riten ein, ließen sie schwören, nichts zu verraten und lehrten sie geheime Erkennungszeichen. Diese Riten wurden von den Angehörigen des Maurer- und Steinmetzberufes an die ‚philosophische‘ Gesellschaft der Freimaurer weitergegeben, deren erste Logen im achtzehnten Jahrhundert gegründet wurden. Es gab auch besondere Bräuche bei der Grundsteinlegung eines neuen Gebäudes. Eine bekannte osteuropäische Ballade (Kelémen oder Manole der Steinmetz) berichtet von dem Glauben, daß mit ihnen manchmal Menschenopfer verbunden waren. Maurer hatten auch eine eigene Berufssprache, die im neunzehnten Jahrhundert aufgezeichnet wurde, aber höchstwahrscheinlich viel älter ist.[42]

Schließlich kommen wir zu den Lehrlingen. Einiges spricht dafür, daß sie manchmal als geschlossene Gruppe handelten, wenn sie auch nicht formal organisiert waren. In London sagte man ihnen nach, sie seien zu Theaterbesuch und Aufruhr – beim Ruf ‚Stöcke raus‘ – schneller bereit als gestandene Handwerker. Einige der englischen Volksbücher scheinen sich an die Lehrlinge als Zielgruppe gerichtet zu haben; wenigstens kamen sie der reichen Einbildungskraft dieser Gruppe entgegen. So erzählt eine Ballade mit dem

53

Titel *The honour of a London prentice* (Die Ehre eines Londoner Lehrlings), die im achtzehnten Jahrhundert und wahrscheinlich schon viel früher weit verbreitet war, die Geschichte eines Lehrlings aus Königin Elisabeths Zeiten, der in einem Turnier kämpft und eine Königstochter heiratet. Wenn man in Betracht zieht, wie viele französische Handwerker lesen konnten und wie populär Rittergeschichten als Volksbücher auf dem Kontinent waren, so ist es verwunderlich, daß solch ein Stoff für Frankreich nicht belegt ist. Jedenfalls scheint es im Falle von England sinnvoll zu sein, nicht nur von ,Handwerkerkultur', sondern auch von ,Lehrlingskultur' zu sprechen, die eine frühe Form von Jugendkultur ist.[43]

Es liegt die Gefahr nahe, hier zu übertreiben, sich von der Lust, Unterteilungen vorzunehmen, überwältigen zu lassen. Wir dürfen auf der anderen Seite nicht vergessen, daß Lehrlinge Gesellen und manchmal sogar Meister wurden; daß Meister, Gesellen und Lehrlinge in der gleichen Werkstatt arbeiteten, miteinander während der Arbeit sprachen und sangen; daß die verschiedenen Zünfte in der Stadt bei größeren Festen zusammenarbeiteten. Ein weiterer wichtiger Integrationsfaktor, der die Handwerker- und städtische Kultur gegenüber der bäuerlichen abgrenzte, war die Fähigkeit, zu schreiben und zu lesen. Stadtbewohner hatten viel größere Chancen als Bauern, das Schreiben und Lesen zu lernen, da sie größere Möglichkeiten besaßen, Zugang zu Lehrern zu finden. Auch wurden sie mehr mit Geschriebenem konfrontiert, ob es sich nun um Bücher, Aufrufe und Anschläge oder um Graffiti handelte. Städtische Festumzüge schlossen oft auch Personen ein, die Texte zur Erklärung der ungewöhnlicheren Bilddarstellungen mit sich führten, was in London ebenso vorkam wie zum Beispiel in Granada. Vom Beginn des sechzehnten Jahrhunderts an wurde in Rom die Statue ,Pasquino' regelmäßig mit satirischen Versen (,pasquinate') bespickt, die dazu bestimmt waren, von Passanten gelesen und verbreitet zu werden.[44]

Die Fahrenden

An dieser Stelle ist es vielleicht angebracht, das bisher Gesagte kritisch zusammenzufassen. Es wurde gesagt, daß die volkstümliche Kultur unserer Epoche bei weitem nicht einheitlich war, daß Handwerker- und Bauernkultur sich in verschiedenen Punkten unterschieden, daß Bergleute und Schäfer eine andere Kultur besaßen als seßhafte Bauern. Wie groß die Unterschiede wirklich waren, ist freilich eine Frage von entscheidender Bedeutung, sie ist indes sehr schwer zu beantworten. Die eher pittoresken Unterschiede sollte man auch nicht überbewerten. Bergleute hatten ,ihre' Heilige, ihre Lieder, ihre Schauspiele, Tänze und Sagen, aber alle diese Fakten stellten Teile des gemeinsamen Erbes der Volkskultur dar. Eine besondere Verehrung für die hl. Anna zum Beispiel ist nur verständlich vor dem Hintergrund des allgemeinen Heiligenkults; ganz davon abgesehen, daß die Bergleute die hl. Anna nicht für sich allein beanspruchten. Die Vorstellung von Christus als dem ‚Lamm Gottes‘ oder vom ‚Guten Hirten‘ oder der Satz „und wird die Schafe zu seiner Rechten stellen und die Böcke zur Linken" (Mt. 25, 33) hatte vielleicht für Schäfer einen besonderen Sinn, aber dieser Sinn hing ab von der gewöhnlichen Bedeutung solcher Ideen im Rahmen der allgemeinen Volkskultur. Um die Unterschiede zwischen den Liedern, Bräuchen oder Glaubenshaltungen unserer vier Hauptgruppen zu beschreiben, ist vielleicht ‚Subkultur‘ als Begriff besser geeignet als das Wort ‚Kultur‘, da es beinhaltet, daß diese Lieder, Bräuche und religiöse Vorstellungen nicht ganz, sondern nur teilweise eigenständig waren; abgegrenzt, aber nicht abgeschnitten vom Rest der populären Kultur. Die Subkultur stellt ein System gemeinsamer Bedeutungsinhalte dar, aber die Menschen, die ihr angehören, sind auch ein Teil des übergreifenden Kultursystems.[45]

Auch Gruppen von Menschen, die aus beruflichen Gründen umherzogen und die man weder städtisch noch ländlich nennen kann, formten Subkulturen. Es liegt auf der Hand, daß sie eine noch stärker internationale Ausprägung erfuhren als alle bisher erwähnten: Es handelt sich um Soldaten, Seeleute, Bettler und Diebe.[46]

In der ersten Hälfte der von uns behandelten Zeitspanne waren Soldaten in Europa eine internationale Gruppe von Söldnern, die im Winter, wenn die Kriegssaison aussetzte, ebenso umherzogen wie in den Zeiten zwischen Kriegen. Entlassene Soldaten (wirkliche oder angebliche) wurden als besondere Kategorie von Bettlern betrachtet und hießen bei den Franzosen ‚Drilles‘ und bei den Italienern ‚Formigotti‘. Manchmal waren sie erfolgreiche Räuber, wie die Banden der ‚Rougets‘ und ‚Grisons‘, die zu Beginn der zwanziger Jahre des siebzehnten Jahrhunderts die Gegend von Paris unsicher machten. Nach 1650 wurden die Söldnerarmeen allmählich durch Volksarmeen ersetzt, in denen Wehrpflichtige und Freiwillige dienten, und die Soldaten hielten sich in ruhigen Zeiten in ihren Quartieren auf. Durch ihre Uniform als Sondergruppe gekennzeichnet, von Zivilisten gehaßt, gefürchtet – und bewundert –, waren Soldaten geradezu prädestiniert, eine eigene Subkultur herauszubilden. Sie lebten am Rande der normalen Gesellschaft; ihr Beruf war gefährlich; ihrer lokalen traditionellen Kultur waren sie entfremdet; ein Regiment bildete eine ‚totale Institution‘, die an ihre Mitglieder uneingeschränkte Forderungen stellte. Soldaten hatten ihre eigene Sprache und ihre eigenen Lieder, die sie im Felde oder auf dem Marsch sangen. Schlachtenlieder, Werbungslieder (wie die *verbunkos,* die es im achtzehnten Jahrhundert im Habsburger Reich gab), Entlassungslieder, Abschiedslieder, Lieder, die

Stolz auf das Soldatenleben ausdrückten und solche, die der Enttäuschung darüber Luft machten. Man denke an die Landsknechtslieder aus dem sechzehnten Jahrhundert („Es ging ein Landsknecht über Feld… Er hat kein Beutel noch kein Geld") oder an die der preußischen Husaren aus dem siebzehnten, mit dem gleichen Kummer und den gleichen Reimen:

> Wir preußischen Hussaren, wann kriegen wir das Geld?
> Wir müssen ja marschieren ins weite, weite Feld…
> Und wer sich in preußische Dienst will begebn,
> Der soll sich sein Lebtag kein Weibel nicht nehmn…

Wie die Kultur der Bergleute und Seemänner war die Soldatenkultur die einer mehr oder weniger frauenlosen Gesellschaft. Übrigens war es ein Abschiedslied, das für die 1787 nach Südafrika abkommandierten Soldaten eines württembergischen Regiments geschrieben worden war, das Arnim dazu inspirierte, das *Wunderhorn* herauszugeben.[47]

Die Subkultur der Seeleute war noch eigenständiger als die der Soldaten, zweifellos weil Schiffsbesatzungen noch stärker von der gemeinsamen Kultur abgeschnitten waren als Regimenter. Jedermann kennt die *sea-shanties*, die Arbeitslieder der Seeleute. 1480 beschrieb der Mönch Felix Fabri Seemannslieder als einen Dialog „zwischen dem, der Befehle singt, und den Arbeitern, die singend antworten". Der anonyme Autor der *Klage Schottlands* (Complaynt of Scotland, 1549) berichtet, wie er eine Galeone beobachtete und zuhörte, wie der Maat den Matrosen den Befehl gab, die Buline auszuholen:

> „than ane of the marynalis began to hail and to cry, and al the marynalis ansvert of that samyn sound, hou hou. pulpela pulpela. boulena boulena. darta darta. hard out steif, hard out steif. afoir the vynd, afoir the vynd. god send, god send. fayr vedthir, fayr vedthir…"

> (dann fing einer der Seeleute an, zu rufen und zu schreien, und alle Seeleute antworteten auf den gleichen Ton, hou hou, pulpela pulpela, boulena boulena, darta darta, hart aus steif, hart aus steif, vor den Wind, vor den Wind, Gott sende, Gott sende, gutes Wetter, gutes Wetter…)

Es ist nicht klar, ob dieser Dialog gerufen oder gesungen wurde. Auch der portugiesische Dichter Camões beschreibt im sechzehnten Jahrhundert das Ankerlichten, das „mit dem üblichen Ruf der Seeleute" (*com a nautica grita costumada;* Lusiaden 2,18) vor sich geht. In der klassischen Form des *shanty* singt der Vorsänger jedenfalls keinen Befehl, sondern ein Lied, und der Chor wiederholt nicht die Worte des Vorsängers, sondern singt einen Refrain, wie zum Beispiel in diesem traditionellen portugiesischen *shanty* zum Ankerlichten:

Vorsänger:
A grande nau Catharineta
Tem os seus mastros de pinho:
Chor:
Ai lé, lé, lé
Marujinho bate o pé.
Vorsänger:
O ladrao do dispenseiro
Furtou a racao do vinho:
Chor:
Ai lé, lé, lé
Marinheiro vira à ré.

(Das große Schiff Catharineta / Hat seine Masten aus Kiefernholz:
Ai le, le, le / Der Seemann stampft mit dem Fuß.
Der Dieb von einem Steward / Hat die Weinration gestohlen:
Ai le, le, le / Der Seemann wendet sich rückwärts.)

Zur Erklärung sei gesagt, daß der Vorsänger das traditionelle Recht besaß, nach Belieben zu improvisieren und die Offiziere straflos zu schmähen. Diese Form des Wechselgesangs zwischen Vorsänger und Chor wurde möglicherweise von afrikanischen Arbeitsliedern übernommen und veranschaulicht die exotischen Einflüsse, die dazu beitrugen, die Subkultur der Seeleute von der allgemeinen Kultur abzuheben.[48]

Seeleute unterschieden sich in mancher Hinsicht von Landratten. Zunächst in ihrer Kleidung: Im sechzehnten Jahrhundert erkannte man den Seemann aus der Gascogne an seiner roten Mütze, den englischen Seemann im achtzehnten Jahrhundert an seinem Zopf, seinem karierten Hemd und an seinen langen Hosen, was damals am auffälligsten war. Seeleute erkannte man auch an ihrer Sprache, die durch eingeflochtene technische Bezeichnungen, Slang und Flüche zu einer gruppenspezifischen Ausdrucksweise geworden war. Begriffe wie ‚Marlpfriem' (marlin-spike), ‚Rahnock' (yard-arm) oder ‚Hauptbramsegel' (main-top-gallant-sail) schufen einen eigenen Code, von dem Landratten ausgeschlossen waren, und führten zu Solidarität innerhalb der Subkultur. Außenseiter stellten diese Sondersprache mit einem gewissen Spott dar, wie zum Beispiel Ned Ward, der die alten Seeleute oder ‚Teerjacken' in den Londoner Kneipen ihren Seemanns-‚Dialekt' sprechen läßt. So beklagen sie sich angesichts eines leeren Humpens, daß „keine Stauung mehr im Laderaum sei".[49]

Seeleute hatten auch ihr eigenes Brauchtum, so das Taufen der Schiffe oder das Darbringen eines Trinkopfers an besonders gefährlichen Stellen ihrer Fahrt (griechische und türkische Seeleute warfen Brot in das Meer, wenn sie an Lektum in der Nähe von Troja vorbeisegelten) oder auch die Taufparodie bzw. die Parodie des Bartrasierens, der sich jeder unterziehen mußte, der den Äquator zum ersten Mal überquerte oder zum ersten Mal am Kap Kullen (in dänischen Gewässern) oder am Kap Raz (in der Bretagne) vorbeifuhr. Seeleute besaßen auch ihr eigenes Erzählgut, in dem Seejungfrauen (als unheilvolle Gestalten gesehen) oder Geisterschiffe vorkamen, zu denen der ‚Fliegende Holländer‘ gehört, eine maritime Version der ‚wilden Jagd‘ der durch die Lüfte jagenden Geister. Ferner hatten Seeleute spezifische Formen der Magie, wie Pfeifen, um Wind aufkommen zu lassen, und ihre eigene Kunst, wie bemalte Seekisten oder geschnitzte Mangelbretter (Schiffe in Flaschen stammen erst aus der Mitte des neunzehnten Jahrhunderts, als die Massenproduktion von Flaschen anlief), und schließlich ihre eigenen Tänze, vor allem den ‚hornpipe‘, der allein und auf beschränktem Raum getanzt werden kann. Ihr Arbeits- und Freizeitrhythmus wich von der Norm ab. Langen Perioden der Langeweile und wachsender Frustration an Bord (wo sie wie Schäfer und Strafgefangene Zeit für komplizierte Schnitzereien hatten) folgten kurze, wilde Erholungspausen an Land. Wenn auch ihre Bereitschaft, Streit vom Zaun zu brechen, nicht sie allein auszeichnete, so doch ihr wiegender Gang. Seeleute konnten oft lesen, wenigstens im achtzehnten Jahrhundert in Marseille, wo jeder zweite das Lesen beherrschte, im Gegensatz zu jedem fünften Bauern. Auch Seeleute hatten ihre eigenen Kalender, mit Informationen über die Gezeiten und die Lotsenwerte der einzelnen Häfen. Dort besaßen sie auch ihre eigenen Kneipen und Bruderschaften, die, wie in Riga und Lübeck, dem heiligen Nikolaus geweiht waren. Daher ist es auch nicht verwunderlich, daß Geistliche besondere Anstrengungen unternahmen, um in die Subkultur der Seeleute einzudringen, genau wie im Fall der Bergleute. John Ryther aus Wapping, den man den ‚Seemannsprediger‘ nannte, wählte Jonas als Text und veröffentlichte seine Predigten unter dem Titel *A plat for mariners* (*Eine Speise für Seeleute,* 1675). John Flavel, Geistlicher in Dartmouth, widmete sich ebenfalls in besonderer Weise dem Publikum der Matrosen mit seiner *Navigation spiritualised* (*Seefahrt im geistlichen Gewande,* 1682), worin er den Körper mit einem Schiff, die Seele mit seiner Ladung verglich, die Welt mit der See und den Himmel mit dem Hafen, den zu erreichen man dem Seemann behilflich sein muß.[50]

Auch hier sollten wir uns davor hüten, die Grenzen der Subkultur zu scharf zu umreißen. Nicht nur Seeleute sangen Seemannslieder, und Seeleute sangen auch anderes als Lieder von der See. Fischer lebten in Dörfern und waren nicht so lange von ihren Frauen getrennt wie Seeleute, aber sie hatten mit diesen viele Elemente der maritimen Kultur gemeinsam. Auch sie tauften neue Schiffe (in der Bretagne erhielten die Boote einen Taufpaten und eine Taufpatin). Fischer und Seeleute teilten die Furcht vor Sturm und Schiffsuntergang und vertrauten sich denselben Heiligen an, so zum Beispiel Unserer Lieben Frau von Bonaria in Cagliari, Sardinien, oder Notre Dame de Bon

Port in der Nähe von Antibes. Das Sprichwort „Man muß das Eisen schmieden, solange es heiß ist" hat auf holländisch den salzigen Beigeschmack der See. Es heißt „Men moet zeilen, terwijl de wind dient" (Man muß segeln, solange der Wind günstig ist). Schwierig zu entscheiden ist auch, ob man die Schiffer der großen Ströme wie der Donau, der Wolga und der Weichsel in die Seemannskultur einbeziehen soll. Auch sie lebten ein Leben, das sich von dem der Landansässigen unterschied, und sie entwickelten eine eigene Sprache. Im siebzehnten Jahrhundert beschrieb ein polnischer Dichter den Dialekt der Weichselschiffer, der dem Deutschen glich. Ein Lotsenlehrling hieß ‚Fritz‘, das Flußufer ‚lad‘ (Land).[51]

Von allen Subkulturen schloß sich die der Bettler und Diebe am deutlichsten nach außen ab, eine Tatsache, die in der pikaresken Literatur erkannt und beschrieben wird, vor allem in Mateo Alemáns *Guzman de Alfarache* und in der ‚exemplarischen Novelle‘ des Cervantes, *Rinconete und Cortadillo*. Die Wertvorstellungen von Dieben und berufsmäßigen Bettlern (vor allem von solchen mit geheuchelten Gebrechen) mußten sich notwendigerweise von denen der Mitmenschen unterscheiden, auf deren Ausbeutung sie bedacht waren. Die Trennung wurde in der Sprache ganz deutlich. Bettler und Diebe hatten ihr eigenes Rotwelsch, ihren eigenen Jargon (jargon und argot waren zunächst nur Bezeichnungen für die Geheimsprache der Bettler, erst später nahmen sie die Bedeutung Umgangssprache im allgemeinen an), was nicht verwunderlich ist, da die Sprache einer kriminellen Subkultur nach der Lage der Dinge gruppenfixierter sein muß als die anderer Berufsgruppen und sorgfältiger darauf bedacht, Außenseiter auszuschließen. Im italienischen Rotwelsch, von dem uns der Dichter Luigi Pulci berichtet, hieß im fünfzehnten Jahrhundert ein Mädchen *pesce* (Fisch), die Straße *polverosa* (die Staubige), Geldstücke waren *rughi* (Runzeln) und so weiter. Im elisabethanischen London war ein *cony* (Kaninchen) ein Opfer, ein *cony-catcher* (Kaninchenfänger) ein Hochstapler und Betrüger, ein *prigger of prancers* ein Pferdedieb, während ein *nip* Beutel schnitt und nichts zu tun hatte mit einem *foist,* der ein Taschendieb war.[52] In Spanien scheint es noch feinere Unterscheidungen gegeben zu haben, denn ein spanischer Zeitgenosse, Carlos García, zählt dreizehn Arten von Dieben auf, wie zum Beispiel die *devotos,* die nur Kirchen berauben, oder die *mayordomos,* die nur Gastwirte prellen. Eine solche Arbeitsteilung setzt eine ins Detail gehende Organisation voraus, und tatsächlich stellt uns García eine ‚Republik‘ der Räuber und Diebe mit einem Hauptmann, eigener Hierarchie und eigenen Gesetzen vor. Der Gedanke an Diebesgilden, mit Lehrlingen und Meistern, war in der Epoche weit verbreitet. Cervantes baut seine Erzählung *Rinconete und Cortadillo (Eckel und Schnittlein)* um diese Grundidee auf. Zwei Märchen aus der Grimmschen Sammlung, die Nummern 129 und 192, beziehen sich auf Meisterdiebe und ihren Berufsstolz. Es gibt eine Pariser Geschichte aus dem siebzehnten Jahrhundert, in der ein Junge seine ‚Meisterprüfung‘ bei den Beutelschneidern ablegt, indem er eine schwierige Aufgabe löst, die ihm die Älteren gestellt haben. Es ist schwer festzustellen, ob diese Zünfte wirklich existierten. Wenn nicht, war es wohl notwendig, sie zu erfinden, um die normale Welt zu verspotten und die beliebte Vorstellung von der verkehrten Welt zu veranschaulichen. Diebe hatten jedoch wirklich ihre Aufnahmeriten, die aus dem elisabethanischen London unter dem Ausdruck ‚stalling to the rogue‘ belegt sind. Ganz wie bei der Aufnahme in andere Zünfte war es üblich, dem Kandidaten ein Viertel Bier über den Kopf zu schütten. Diebe hatten eigene Ausbildungsstätten; Stadtrichter Fleetwood aus London schrieb 1585 an William Cecil von der Entdeckung einer „Schule in der Nähe von Billingsgate, die gründet worden war, um kleinen Jungen das Beutelschneiden zu lehren". Die exotische Welt der Gauner war für die Schriftsteller zu Beginn der Moderne eine unerschöpfliche Fundgrube, und den Schriftstellern verdanken wir auch fast alles, was wir über diese Subkultur wissen. Nicht immer wird ganz deutlich, ob ein bestimmtes Detail die Frucht der reichen Phantasie eines Verbrechers oder der des über ihn schreibenden Autors ist. Selbst wenn man aber Einzelheiten in Zweifel ziehen kann, die Existenz der kriminellen Subkultur selbst muß als gesichert angesehen werden.[53]

Religiöse und regionale Varianten

Bettler und Diebe besaßen eher eine gemeinsame ‚Gegenkultur‘ als eine Subkultur, in dem Sinne, daß sie sich nicht nur von ihrer Umwelt unterschieden, sondern sie auch ablehnten. Das könnte man auch von einigen christlichen Sekten sagen, so vor allem von den Wiedertäufern in Deutschland und in den Niederlanden, von den Hugenotten in Frankreich, den Quäkern in England, einem ‚besonderen Volk‘, dessen Gegenkultur besonders augenfällig war, da sie Sprache und Kleidung beeinflußte, und von den Altgläubigen in Rußland. Wenn man zwischen 1500 und 1800 Europa als Ganzes betrachtet, so gehören die religiösen Abweichungen zu den auffälligsten kulturellen Unterschieden überhaupt. Um 1500 war das christliche Europa bereits in Katholiken und Orthodoxe unterteilt, mit dem Aufkommen des Protestantismus sollte es noch mehr Unterschiede geben. Einige der Unterschiede zwischen katholischer und protestantischer Kultur werden im folgenden noch besprochen werden (S. 344 f.).

Immerhin lebten in unserer Epoche auch Europäer, die überhaupt keine Christen waren, so etwa die Juden, vor allem in den Städten Südspaniens und in Osteuropa. In mehr oder weniger denselben Gebieten waren auch Moslems angesiedelt. Beide Gruppen hatten ihre eigenen Normen und Werte und ihr eigenes Brauchtum. Spanische und osteuropäische Juden besaßen ihre eigenen Volkssänger, ihre eigenen Volkslieder, eigene Schauspiele, wie die Stücke um Esther, die im sechzehnten Jahrhundert aufgezeichnet wurden. Die Juden Spaniens übernahmen Balladen aus der Kultur ihrer Umwelt, doch bearbeiteten sie diese für ihren eigenen Gebrauch, indem sie Hinweise auf Christliches entfernten. Die bosnischen Mohammedaner sprachen eine ähnliche Sprache wie die orthodoxen Serben und sangen ähnliche Heldenlieder über die Kriege zwischen Christen und Muselmanen, aber schon Karadžić bemerkte, als er diese Lieder sammelte, daß „in ihren Versionen gewöhnlich ihr eigenes Volk gewinnt".[54] Als 1492 Granada von den Christen erobert wurde, wurden die spanischen Moslems mit Gewalt zum Christentum bekehrt. Dadurch wurde ihre besondere Kultur aber nicht ausgelöscht, denn sie bestand noch im sechzehnten Jahrhundert und sogar länger fort. Die Mauren übten im geheimen ihre eigene Religion aus, bewahrten den Freitag als Ruhetag, fasteten während des Ramadan und liefen am Ende des Ramadan durch die Straßen, warfen mit Orangen um sich und besprenkelten einander mit wohlriechendem Wasser, ganz wie die Christen im Karneval. Sie verehrten ihre eigenen heiligen Männer oder *Fakire* und trugen Amulette mit Koransprüchen. Es war ihnen verboten, arabisch zu sprechen, zu lesen oder zu schreiben, doch sie beachteten das Gebot nicht. Wenn sie dennoch spanisch sprachen, war es ein besonderes Spanisch. Aus religiösen Gründen badeten sie viel öfter als die Christen, und ihre Frauen trugen den Schleier weiterhin. Trotz priesterlicher Anzeigen fuhren sie fort, den ‚zambra' zu tanzen. Wie ihre christlichen Nachbarn hatten sie eine Vorliebe für Balladen und Ritterromanzen, aber in ihren Versionen trugen, wie in Bosnien, die Moslemhelden den Sieg davon.[55]

Juden und Mauren waren natürlich nicht nur religiöse, sondern auch ethnische Minderheiten, und die Besonderheiten ihrer Kulturen sind nicht allein auf die andere Religion zurückzuführen. Noch eine andere ethnische Minderheit, die Zigeuner, hob sich in ihrer Kultur deutlich von der der Gastländer ab. Die Zigeuner, in jener Zeit häufig ‚Ägypter', ‚Sarazenen' oder ‚Böhmen' genannt, tauchten in Europa zu Beginn des fünfzehnten Jahrhunderts auf. Ehrbare Bürger setzten sie häufig mit Bettlern und Dieben gleich, aber die Zigeuner scheinen nach Sprache und Brauchtum immer eine Gruppe für sich gebildet zu haben. Schon im sechzehnten und siebzehnten Jahrhundert übten sie Berufe aus, die heute noch charakteristisch für sie sind. Die Männer waren Kesselflicker, Pferdehändler, Bärenführer und Musiker, während die Frauen tanzten und aus der Hand lasen. Man verdächtigte sie der schwarzen Künste, des Paktes mit dem Teufel und sprach ihnen Unwissenheit in religiösen Dingen und Ablehnung der wahren Religion zu. „Sie wissen nicht, was die Kirche ist, und betreten sie nur, um Sakrilege zu begehen. Sie kennen keine Gebete [...] sie essen immer Fleisch, ohne den Freitag oder die Fastenzeit zu beachten." Daß es zu Kontakten zwischen Zigeunern und seßhafteren Leuten kam, lag am schaustellerischen Interesse der Zigeuner. Im achtzehnten Jahrhundert waren Zigeuner als Musiker in Ungarn und anderen Ländern Mitteleuropas beliebt, weshalb sie in der Volksmusik dieser Gegenden unauslöschliche Spuren hinterließen.[56]

Endlich müssen die auffälligsten Varianten in der populären Kultur behandelt werden, nämlich geschlechtsspezifische und regionale Unterschiede.

Über Frauen gibt es viel zu wenig zu sagen, denn es fehlt an Belegen. Für die Geschichte der Volkskultur gibt es ein ‚Frauenproblem', ebenso wie für die Sozialanthropologie. Die Schwierigkeit, die Kultur der Sprachlosen zu rekonstruieren und zu interpretieren, ist hier besonders augenfällig: Das Verhältnis von der niederen zur hohen Kultur findet seine Entsprechung im Verhältnis von Frauenkultur zur niederen Kultur. So ist es auch leichter zu sagen, was Frauenkultur nicht ist, als was sie ist. Frauenkultur war nicht identisch mit der ihrer Ehemänner, Väter, Söhne oder Brüder, denn obgleich beiden Kulturen vieles gemeinsam war, waren Frauen von ebensovielen Dingen ausgeschlossen. Sie durften nicht Zunftmitglieder werden und meist auch keiner Brüderschaft beitreten. Die Welt des Wirtshauses existierte für sie nicht. Die beruflich bedingten Unterschiede zwischen Bauern und Schäfern, Bergleuten und Seemännern dürften für ihre Frauen eine relativ geringe Bedeutung gehabt haben. Zumindest in Osteuropa hatten Frauen ihre eigenen Lieder. Eine Volksliedersammlung aus Galizien unterscheidet zwischen ‚Frauenliedern' (pięsni zenśkie), meistens Liebesliedern, und ‚Männerliedern' (pięsni męskie), meistens Heldenliedern. Karadžić machte für Serbien dieselbe Unterscheidung, obwohl er anmerkt, daß junge Männer manchmal das singen, was er ‚Frauenlieder' nannte. Französische Dorfbewohnerinnen pflegten auf den *veillées* zusammenzukommen, wo gesponnen, gesungen und Geschichten erzählt wurden (mit oder ohne männliche Gäste). Frauen hatten ihre eigenen Arbeitslieder, wie Spinnlieder, Walklieder oder Lieder beim Mahlen des Getreides. Wenn überhaupt etwas gesagt werden kann auf diesem kaum erforschten Gebiet, so höchstens, daß die Kultur der Frauen konservativer war als die der Männer und daß die Unterschiede zwischen männlicher und weiblicher Kultur sich mit der Zeit vergrößerten. Frauen waren viel häufiger Analphabeten als Männer. 1630 konnten in Amsterdam nur 32 Prozent der Bräute ihren Namen unterschreiben gegenüber 57 Prozent der Bräutigame, und in ganz Frankreich waren am Ende des siebzehnten Jahrhunderts nur etwa 14 Prozent der Bräute des Schreibens mächtig, verglichen mit 29 Prozent der Männer. Das geschriebene Wort reiht sich also in die Liste derjenigen kulturellen Gegebenheiten ein, an denen Frauen keinen Anteil hatten. Dies hatte zur Folge, daß Frauen von Männern die Rolle der Hüterinnen der mündlichen Überlieferung übernahmen. Wo Frauen aber doch lasen, lasen sie spezielle Bücher, oder, um bei den Tatsachen zu bleiben: Es gab in England und den Niederlanden Schriftsteller und Verleger, die Bücher speziell für ein weibliches Publikum herstellten. Die Religion, insbesondere ihre mystische Ausprägung, bot den Frauen eine Möglichkeit der Selbstverwirklichung. Weibliche Prediger wirkten in den Sekten des englischen Bürgerkriegs und unter den Hugenotten der Cévennen.[57]

Wenn über geschlechtsspezifische Unterschiede innerhalb der Volkskultur nur allzu wenig bekannt ist, so gilt genau das Gegenteil für regionale Varianten. Überall gibt es Zeugnisse, sei es für die materielle oder die geistige Kultur, für Artefakte oder für Darbietungen. Man sah die Volkskultur ja als lokale Kultur. *A cada terra al seu ús*, ,Jedem Land seine Sitten‘, wie das katalanische Sprichwort sagt. Treue und Anhänglichkeit galten der heimatlichen Landschaft, der Stadt, ja sogar dem Heimatdorf. Diese sozialen Einheiten bildeten geschlossene Gesellschaften heraus, mit stereotypen Feindbildern für Außenseiter und mit ablehnenden Haltungen neuen Verhaltensweisen oder neuen Menschen gegenüber. Im wesentlichen beruhte die Niederlage der Bauern in den deutschen Bauernkriegen 1525 darauf, daß die aus den verschiedenen Landesteilen kommenden Bauern unfähig waren, zusammenzuarbeiten. Am Ende des siebzehnten Jahrhunderts beschreibt ein Dorfpfarrer aus der Sologne seine Schäflein wie folgt: ,,Sie lieben nur ihre eigene Heimat *(leur pays)* [...]. Nachrichten oder Bräuche anderer Landesteile interessieren sie nicht, und es läßt sie ganz kalt, was in der übrigen Welt vor sich geht.‘‘[58] Was er sagte, galt damals für viele Teile Europas.

In der Tat waren die regionalen Unterschiede sehr groß und durch eine lange Tradition begründet. Weder in Irland noch in Wales, Schottland oder der Bretagne war zu jener Zeit die keltische Mythologie oder der keltische Brunnenkult ausgestorben; selbst in Cornwall sprach man noch eine keltische Sprache. Die Bretonen waren stolz auf ihre Lokalheiligen, wie Nonna und Corentin, von denen viele anderswo unbekannt waren und die vielleicht vorchristliche Gottheiten in christlichem Gewand waren. Die keltische Form der verstreuten Siedlungen unterschied Wales im sechzehnten Jahrhundert vom benachbarten England. In Teilen Skandinaviens war die nordische Mythologie erhalten geblieben. In den skandinavischen Alpen und in Lappland wurde noch im achtzehnten Jahrhundert der nordische Gott Thor verehrt und der Donnerstag als Feiertag betrachtet. Nordische Mythen blieben in Skandinavien als Volksballaden erhalten. Am lebendigsten erhielten sich vorchristliche Kultformen in Litauen (das offiziell erst im vierzehnten Jahrhundert christlich wurde) und in Rußland. 1547 sollen die Litauer immer noch ihre alten Götter Perkūnas, Laukosargas und Zemepatis verehrt haben. 1549 berichtete der kaiserliche Gesandte Herberstein, daß in der Gegend von Perm in Rußland „in den Wäldern immer noch Götzendiener zu finden seien" und daß der alte Donnergott Perun noch angebetet werde.[59] (Wie Berge sind Wälder recht wirkungsvolle Barrieren gegen die Verbreitung neuer Sitten und Glaubensformen.)

Obwohl althergebrachte ethnische Überlieferungen dazu beitrugen, regionale Unterschiede zu prägen, waren sie nicht die alleinige Ursache der regionalen Eigenständigkeit. Eine Region bildete auch aus ökologischen Gründen eine kulturelle Einheit, denn besondere geographische Gegebenheiten bedingten besondere Lebensweisen oder zwangen sie geradezu auf. Es liegt auf der Hand, warum Italiener die Steinbauweise, die Holländer den Ziegelbau und die Russen Bauten aus Holz bevorzugten. Die englischen und schottischen Grenzballaden spiegeln das Leben einer Grenzbevölkerung wider, mit den entsprechenden Spannungen, mit Überfällen und Fehden. Wenn Volkserzählungen von einer Region zur anderen wanderten, konnte es geschehen, daß sie verändert wurden, indem Anspielungen auf lokaltypische Berufszweige eingeführt wurden. In einer griechischen Nikolauslegende hilft der Heilige Matrosen in Not; in der in Rußland geläufigen Version einem Bauern, dessen Karren steckenblieb.[60]

Carl von Sydow, einer der größten Volkskundler unseres Jahrhunderts, fand einen genauen und meisterhaften Begriff, um die Bedeutung der Region bei der Erforschung volkskundlicher Phänomene zu beschreiben. Er übernahm von den Botanikern den Terminus ‚Oikotypus', der durch natürliche Auslese entstandene und an ein bestimmtes Milieu angepaßte Pflanzenvarianten bezeichnet, und benutzte ihn in seinen Studien als Erzählforscher. Er brachte vor, daß eine bestimmte Überlieferung „in ihrem eigenen Gebiet einem Prozeß der Vereinheitlichung unterworfen ist, bedingt durch die gegenseitige Kontrolle und Einflußnahme der Überlieferungsträger aufeinander", so daß sich der Oikotypus der Volkserzählung herausbildet. Er betonte dabei, daß Barrieren eine Ausbreitung von Traditionen behindern können. Zu ihnen gehören Sprachbarrieren, die vor allem der Diffusion von Versdichtungen im Wege stehen; ferner politische Barrieren, Grenzen, welche die freie Beweglichkeit der Überrlieferungsträger einschränken. Dorfbewohner lernen, wie von Sydow bemerkte, nur ungern von ihren Nachbarn, denen sie oft feindlich gegenüberstehen, und das stellt eine dritte Schranke dar. Zwei Glaubensinhalte können dieselbe Funktion haben und einander auf diese Weise ausschließen; wenn einer bereits vorhanden ist, bildet er eine vierte Barriere, denn der neue ist dann überflüssig und wird, sollte er eingeführt werden, keine Wurzeln schlagen.[61]

Alle diese Punkte sind wichtig, und Historiker werden sie auch plausibel finden. Trotzdem stellen sie nur eine der möglichen Betrachtungsweisen dar.

Eine der zentralen Thesen dieses Buches – und seine einzige Rechtfertigung – ist die Forderung, daß die regionale Ebene nicht die einzige Ebene ist, auf der volkskundliche Forschungen betrieben werden sollten.

In der Tat ist der Begriff ‚Region' nicht so genau zu fassen, wie es im ersten Augenblick erscheint. Ist es möglich, die Regionen aufzuzählen, in die Europa gegliedert ist? Wenn nicht, muß auch die Wirksamkeit der Barrieren bezweifelt werden. Als Ausgangseinheiten scheinen sich die Provinzen anzubieten, wie sie in Frankreich bestanden, bevor die ‚départements' am Ende des hier behandelten Zeitraums eingeführt wurden. Ist nun die Bretagne eine Region? Oder besteht sie vielmehr aus zwei Regionen, der Haute-Bretagne und der Basse-Bretagne? Der Unterschied zwischen beiden war nicht nur ein verwaltungstechnischer, sondern auch ein kultureller: Im siebzehnten Jahrhundert sprachen die Bewohner der Haute-Bretagne französisch, die der Basse-Bretagne bretonisch. Oikotypen findet man jedoch auch noch auf einer unteren Klassifizierungsebene: In der Basse-Bretagne war es möglich, zwischen dem in Cornouaille gesprochenen bretonischen Dialekt und dem im Morbihan oder Finistère geläufigen zu unterscheiden. Ist also Cornouaille eine ‚Region'? Oder soll man das Gebiet weiter in die Dörfer aufteilen, aus denen es besteht? Gibt es einen Grund, mit der Unterteilung aufzuhören, bevor man zu einzelnen Familien oder sogar Individuen kommt? Das gleiche würde geschehen, wenn wir andere Regionen, andere Kriterien auswählten. Die Volkskunst des achtzehnten Jahrhunderts in Norwegen und Schweden unterscheidet sich deutlich von der des restlichen Europa. Wenn wir Schweden näher ins Auge fassen, so entdecken wir, daß es möglich ist, die Malerei in Zentralschweden (insbesondere Dalarna und Hälsingland) von der im Süden zu unterscheiden (insbesondere Småland und Halland). Faßt man Dalarna näher ins Auge, so zerfällt es in zwei Regionen, Rättvik und Leksand… Die Tracht der mährischen Bauern im neunzehnten Jahrhundert unterscheidet sich deutlich von der der slowakischen Nachbarn. Doch die mährische Slowakei bildete eine eigene Region, die in nicht weniger als achtundzwanzig ‚Trachtendistrikte' unterteilt war.[62] Wieder sehen wir uns mit Toynbees Problem konfrontiert: der Unmöglichkeit, Kulturen und Subkulturen auseinanderzudividieren, da sie lose zusammenhängende Systeme bilden.

Ebenso wie man Provinzen in kleinere kulturelle Einheiten unterteilen kann, so kann man sie in brauchbarer Weise auch zu größeren Einheiten, zu Nationen und sogar zu Völkergruppen zusammenfassen. Die Sprache stellt in der Tat eine Barriere dar, aber auch dieses Hindernis kann überwunden werden. Balladen verbreiteten sich entlang der Handelsstraßen von Skandinavien nach Schottland, wobei die Weitergabe durch die Tatsache erleichtert wurde, daß die betreffenden Sprachen in ihrer Struktur nicht erheblich verschieden sind, so daß einige formelhafte Wendungen fast unverändert übernommen werden konnten. So konnte die dänische Halbzeile „Op staar" oder „Op stod" mit „Up then started" oder „Up and spake" wiedergegeben werden; „Ind saa kom" war leicht in „In then came" zu verwandeln; „den liden Smaadreng" konnte mit „his little footpage" übersetzt werden. Das trifft auch für einige norwegische Balladenformeln zu: „fager og fin" entspricht dem schottischen „fair and fine", „baka og bryggje" läßt sich mit „bake and brew" wiedergeben.

Daß wirkungsvolle Barrieren erst bei verschiedenen Sprachfamilien in Erscheinung treten, scheint die Verbreitung des subversiven Zweizeilers zu beweisen, den wir mit John Ball und dem Bauernaufstand von 1381 in Verbindung bringen:

> When Adam delved and Eve span,
> Who was then the gentleman?

Dieser Zweizeiler blieb praktisch auf die germanischen Sprachen beschränkt, die alle den Reim unverändert übernehmen konnten; so tauchte er am Ende des fünfzehnten Jahrhunderts sowohl in Deutschland, Holland als auch in Schweden auf:

> Da Adam reütet und Eva spann,
> Wer war die Zeit ein Edelmann?

> Wie was doe de edelman
> Doe Adam graeff ende Eva span?

> Ho war tha een ädela man
> Tha Adam graff ok Eva span?

Weniger bekannt war er in den slawischen Sprachen, in die er nicht so leicht aufgenommen werden konnte; auf polnisch heißt er zum Beispiel:

> Gdy Adam z Ewą kopal
> Kto komu na ów czas chłopał?[63]

> (Als Adam und Eva hackten
> wer war damals der Bauer?)

Geschichten reisten mit leichterem Gepäck. Scheinbare regionale Varianten verbergen manchmal eine grundsätzliche Gleichheit. In einer Reihe von Lokalanekdoten werden die Einwohner von Cava im Königreich Neapel als töricht dargestellt. Es wird angenommen, daß diese Geschichten aus dem benachbarten Salerno stammen, das zu Cava in einem Rivalitätsverhältnis stand. Welches Erzählgut könnte regionaler sein? Ein Blick auf Gesamteuropa zeigt jedoch, daß es Geschichten über Narren von Beira in Portugal gibt, über Toren von Fünsing in Bayern, Schilda in Sachsen, Schöppenstedt in

Braunschweig, Mols in Dänemark, von ‚Malleghem' in Flandern, nicht zu vergessen die Narren von Gotham in Nottinghamshire. In all diesen Gegenden gleichen sich einige Motive, zum Beispiel: Vier Männer tragen das Pferd, um das Feld nicht zu zertrampeln, oder Ein Reiter trägt den Mehlsack auf dem Rücken, um den Esel zu entlasten.[64] Hier wurde Lokalkolorit einem Grundmotiv hinzugefügt. Dieses Beispiel steht nicht vereinzelt da; viele Balladenhandlungen und Volkserzählungen sind in verschiedenen Winkeln Europas aufgezeichnet worden. Ein berühmtes Beispiel ist die Ballade, die die Holländer *Heer Halewijn* nennen. Sie erzählt die Geschichte eines Mädchens, das mit einem Mann in den Wald reitet, um dort zu entdecken, daß er sie umbringen will, doch gelingt es ihr, ihn zu überlisten und mit seinem eigenen Schwert zu töten. Diese Ballade ist sowohl in Deutschland als auch in Skandinavien wohlbekannt, in England finden wir sie unter dem Titel *Lady Isabel and the Elf-Knight* (Child 4). Man kennt sie auch außerhalb des germanischen Sprachgebiets, so z. B. in Polen und Ungarn, wo sie unter dem Namen *Molnár Anna* bekannt ist. Auch die Geschichte von der ‚geretteten Jungfrau', die vergebens alle Mitglieder ihrer Familie um Hilfe anfleht, um schließlich von ihrem Liebsten gerettet zu werden, kennt man in Teilen Europas, die so weit voneinander entfernt und so verschieden in ihren kulturellen Überlieferungen sind wie England, Finnland und Sizilien. Natürlich muß noch die Frage gestellt werden, wie hoch der Anteil gemeinsamer Motive in einer bestimmten Region ist, aber auf diesem Gebiet sind die Forschungen noch nicht abgeschlossen.[65]

Das Christentum hatte lange Zeit dazu beigetragen, die europäische Kultur zu vereinheitlichen. In ganz Europa wurden dieselben Festtage gefeiert, dieselben Hauptheiligen verehrt, ähnliche Arten religiöser Stücke aufgeführt. Sogar Mohammedaner unterlagen dem Einfluß des populären Christentums. Im achtzehnten Jahrhundert gingen in Dalmatien Moslems zum christlichen Priester, um ihn um einen *zapis* zu bitten, ein Stück Papier, das mit heiligen Namen beschrieben war und das man als einen Talisman im Hut trug oder an den Hörnern des Viehs befestigte, um es vor Schaden zu bewahren. Melodien wanderten durch ganz Europa – manchmal auch darüber hinaus –, wenn sie auch auf ihrer Reise den ursprünglichen Text verloren. Haustypen treten da auf, wo sie den Gegebenheiten am besten entsprechen. Man hat lange geglaubt, daß das apulische Steinhaus, der *trullo,* einzigartig sei, doch stellte es sich heraus, daß es in Spanien und Irland Parallelen gibt. Sogar geometrische Muster, wie bei Dekorationen auf Hochzeitstruhen gebräuchlich, sind an verschiedenen Stellen Europas zu finden.[66]

Es wäre sogar ein Fehler, an Europas Grenzen haltzumachen. Ein bedeutender Volkskundler hat betont, daß die Länder von Irland bis Indien einen wichtigen Traditionsbereich bilden, in dem dieselben Geschichten vorkommen. Lange vor dem Jahr 1500 zirkulierten arabische Märchen wie die aus dem *Buch Sindbads* und indische Volkserzählungen (wie die aus dem *Pantschatantra*) in Europa. Das traditionelle türkische Volkstheater besaß eine Gattung von Stücken, *orta oiunu,* die sich um den komischen Dialog zwischen einem Herrn und seinem dummdreisten Diener kristallisierten. Diese Figuren unterscheiden sich in nichts von Pantalone und Pulcinella. Das Holi-Fest in Indien, bei dem die gesellschaftliche Hierarchie auf den Kopf gestellt wird und die Dorfhonoratioren mit Wasser – oder mit Schlimmerem – überschüttet werden und verkehrt auf einem Esel reiten müssen, kann man, milde gesagt, als ‚karnevalesk‘ bezeichnen. Die Versuchung liegt nahe, dem Beispiel der Sprachhistoriker zu Beginn des neunzehnten Jahrhunderts und Jacob Grimms zu folgen und global von einer ‚indo-europäischen‘ Kultur zu sprechen.[67] Oder ginge das zu weit?

Es gibt nicht genug ernstzunehmende Untersuchungen, um diese Frage eindeutig zu beantworten. Man kann nicht feststellen, welche kulturalen Gemeinsamkeiten die indo-europäischen Völker verbinden, ohne systematische Vergleiche mit anderen Teilen der Welt, zum Beispiel Japan, anzustellen. Bisher könnte man als ernsthaftesten Versuch in dieser Richtung Murdocks ethnographische Musteruntersuchungen in der ganzen Welt (‚world ethnographic sample‘) bezeichnen, die sich sowohl mit gesellschaftlichen als auch mit in unserem Sinne kulturalen Erscheinungen befassen. Seine Untersuchung unterteilte die Erde in sechs Regionen und schloß Europa, den Nahen Osten und Nordafrika als ‚zirkum-mediterrane‘ Region zusammen, ließ aber Indien aus.[68] Um überzeugend zu sein, werden Untersuchungen zur indo-europäischen Kultureinheit ebenso fundiert und gründlich sein müssen wie die Arbeiten von Sydows. Sie werden auch quantitativ angelegt sein müssen, um abzuklären, wie groß der Anteil der kulturalen Erscheinungen einer bestimmten Region ist, die sie mit ihren Nachbarn teilt.

Vorläufig scheint es legitim zu bleiben, daß wir uns auf Europa beschränken. Ebenso scheint die Aussage erlaubt, daß die populäre Kultur nicht nur auf regionaler Ebene erforscht werden sollte, und daß man sinnvollerweise ebenso von regionalen Subkulturen sprechen könnte wie von beruflichen. In beiden Fällen sollte die Trennung der Subkultur von der Restkultur nicht überbetont werden. Die katalanische Kultur ist, wie auch die Kultur der Bergleute, also eher ein Zweig am Stamme der gemeinsamen Kultur als etwas gänzlich von ihr Verschiedenes. Nicht an den Motiven selbst, sondern an der besonderen Zusammenstellung der Motive kann der Spezialist erkennen, daß ein bestimmtes Bild aus Rättvik und nicht aus Leksand stammt. Das Anliegen dieses Buches ist es, etwas über das Gemeinsame der populären Kultur zu sagen, über den Gesamtschatz der Elemente, aus denen sich die lokalen Muster zusammensetzten.

Um es anders auszudrücken: Es gab in Europa zu Beginn der Moderne eine große Variationsbreite der populären Kultur, doch handelte es sich um strukturierte Variationen, die miteinander und nebeneinander existierten. Volkskundler haben auf nationaler oder regionaler Basis Atlanten der populären Kultur zusammengestellt; ein Balladenforscher spricht von sieben ,Balladenprovinzen'; Anthropologen haben Afrika in ,Kulturregionen' unterteilt; aber bisher hat meines Wissens niemand eine Kultur-Landkarte ganz Europas erstellt.[69] Natürlich müßte ein solches Thema in einem Buch, nicht in einem Absatz abgehandelt werden; doch die Gliederung eines solchen Buches stünde in engem Zusammenhang mit dem Thema dieses Kapitels.

Eine Kulturgeographie Europas müßte historisch orientiert sein und Veränderungen langfristig registrieren. Ebenso müßte sie eine Vielzahl kultureller Verschiedenheiten oder Gegensätze berücksichtigen, die einander oft überschneiden, ohne in den meisten Fällen zusammenzufallen. So besteht ein Gegensatz zwischen Einödhöfen und Dörfern, wobei Einödsiedlungen an der atlantischen Küste und bei den Südslawen vorherrschen, während es sonst überall Dörfer gibt. Das Zusammenleben in Dörfern – und vor allem die Teilnahme am Marktgeschehen – scheint zur politischen Bewußtseinsbildung beigetragen zu haben, vom deutschen Bauernkrieg bis zur französischen Revolution. Das Haufendorf steht im Gegensatz zum geplanten Straßendorf, das auf die Kolonisation von Ödland schließen läßt. Ferner gibt es eine Geographie der angestammten Architektur, die zum Teil vom Vorhandensein eines bestimmten Baumaterials abhängt, also Gegenden, wo Steinbauten vorherrschten, wie um das Mittelmeer, Gegenden mit überwiegend Holzbauten, wie Norwegen und Rußland, und Ziegelbaugegenden, da der Lehmziegel in den Niederlanden und anderswo im siebzehnten Jahrhundert das Holz ersetzte. Dann gibt es eine Geographie der Alphabetisierung. Im siebzehnten und achtzehnten Jahrhundert durchzog Frankreich eine Trennungslinie, der Diagonale vom Mont St. Michel bis zum Genfer See folgend, die das Land in den lesekundigen Nordosten und den verhältnismäßig analphabetischen Südwesten schied. Betrachtet man im achtzehnten Jahrhundert Gesamteuropa, so ergibt sich eine Region hoher Alphabetisierung im Norden und Westen (Schweden, Norddeutschland, Großbritannien), der im Süden und Osten die Region der niedrigen Alphabetisierung gegenübersteht. Die lesefreudigen Protestanten unterschieden sich von den weniger schriftkundigen Katholiken und den noch weniger alphabetisierten orthodoxen Christen; dies überschnitt sich mit den Gegensätzen zwischen dem kälteren, dunkleren Norden, wo kulturale Aktivitäten hauptsächlich innerhalb des Hauses stattfanden, und dem helleren, wärmeren Süden, wo die Volkskultur eng an das Leben im Freien gebunden war und sich auf der *piazza* oder *plaza* abspielte.[70] Im Süden war das Frühlingsfest Karneval wichtiger, im Norden das Sommerfest der Johannisnacht. Dann gab es die sprachliche Aufteilung in romanische, germanische und slawische Sprachfamilien, kompliziert durch das Vorhandensein der kleineren Gruppen der keltischen oder der finnisch-ugrischen Sprachen. Schließlich bestanden erhebliche soziale Unterschiede in der Lage der Bauern, die östlich der Elbe im sechzehnten und siebzehnten Jahrhundert leibeigen wurden, während sie im Westen relativ frei waren.

Weiterhin traten an verschiedenen Stellen Europas gleichartige Gegensätze auf: die zwischen gebirgigen und ebenen Zonen, Waldgebieten und Lichtungen, Küsten und Binnenland, zwischen Inland und Grenzgebieten. Wer sich ernsthaft mit den englischen und schottischen Balladen befaßt hat, weiß, daß sie ihre Entstehung den Lebensbedingungen an der Grenze verdanken, aber das Grenzland zwischen England und Schottland war nur eine von vielen Regionen, die durch ihre Lage an einer Grenze das Entstehen einer heroischen Weltanschauung und dadurch die Entstehung von Heldenballaden förderte. Die Grenze zwischen dem türkischen Reich und dem christlichen der Habsburger in Kroatien und Ungarn stellte in viel größerem Maße als die West-, Middle- und East-Marches zwischen England und Schottland eine kriegerisch-heroische Welt dar, doch ihre Wertvorstellungen und ihre Lieder waren in vielen Beziehungen ähnlich.[71] Auch die Kosaken waren in gewisser Hinsicht Grenzbewohner.

Berücksichtigt man alle diese Kontraste und Überschneidungen, so könnte man, auf sehr summarische Weise, Europa in drei Hauptkulturzonen unterscheiden: den Nordwesten, den Süden und den Osten. So war das südliche, mediterrane Europa der Romania zugehörig, katholisch (mit Enklaven, die von Hugenotten und Moslems bewohnt waren), mit einem Kulturleben, das haupsächlich im Freien stattfand, mit ‚dem 500-Tonnen-Steinhaus‘ (wie Chaunu es nennt), hoher Analphabetenzahl (mit Ausnahme der relativ hohen Alphabetisierung im Italien des sechzehnten Jahrhunderts) und einem Wertsystem, in dem Ehre und Schande eine große Rolle spielen.[72] Um aber die Kultur einer bestimmten Gemeinde zu verstehen, müßte man sie nicht nur in einer dieser Kulturregionen ansiedeln, sondern sie auch in Beziehung setzen zu den eben beschriebenen Kontrastachsen. So müßte die Kultur eines bretonischen Fischerdorfes, um nur ein Beispiel zu nennen, nicht nur als Teil eines, sondern mehrerer Systeme gesehen werden: also als Teil der französischen Kultur, der keltischen, der maritimen, der katholischen, usw. Sobald einige subkulturelle Merkmale zusammenfallen, ist eine relativ scharfe kulturale Differenzierung möglich. Im achtzehnten Jahrhundert waren hugenottische Weber in Spitalfield gleichzeitig eine ethnische, berufliche und religiöse Subkultur, wie etwa jüdische Schuster in Mitteleuropa. Es ist sogar denkbar, daß die Reformation bei einigen ethnischen oder beruflichen Gruppen einen besonderen Erfolg hatte, weil sie das Gefühl einer kollektiven Identität verstärkte; es dürfte kein Zufall sein, daß in Siebenbürgen, wo Angehörige dreier Sprachgruppen zusammenlebten, die Deutschen im allgemeinen zur Lehre ihres Landsmannes Luther übertraten, während die Ungarn Calvinisten wurden und die Rumänen orthodox blieben.

Wechselbeziehungen zwischen Hoch- und Volkskultur

Da in Europa zu Beginn der Moderne die beiden Kulturstränge der hohen und niederen Kultur nebeneinander einherliefen, ist es nur natürlich, daß sie sich gegenseitig beeinflußten, so verschieden sie auch waren. Die Art dieser gegenseitigen Einflußnahme war Gegenstand vieler wissenschaftlicher Diskussionen. Jonathan Swift sah es so: „... denn wie die Moden, so steigen auch die Meinungen von der vornehmen Welt herab zum Mittelstand und von da zum gewöhnlichen Volk, wo sie dann endlich aufgegeben werden und verschwinden."[73] Die Entdecker der Volkskultur wie Herder und die Brüder Grimm drehten diese Betrachtungsweise um, da sie glaubten, das Schöpferische komme von unten, vom Volke. Zu Beginn des zwanzigsten Jahrhunderts wurde diese Frage von deutschen Volkskundlern, insbesondere von Hans Naumann, ausführlich erörtert, wobei man sich wieder den Swiftschen Standpunkt aneignete. Sie erklärten die Kultur der Unterschicht für eine nachhinkende Imitation der Kultur der Oberschicht. Bildliche Darstellungen und Themen, Lieder und Geschichten ,sanken', wie sie es ausdrückten, allmählich zur untersten sozialen Schicht ab.[74]

Welche Theorie ist die richtige? Die Debatte wurde durch unterschiedliche Begriffsdefinitionen erschwert; wenn wir aber die Begriffe ,Kultur der Gebildeten' und ,populäre Kultur' so anwenden, wie sie zu Beginn des Kapitels definiert wurden, so können wir ruhigen Gewissens von wechselseitigen Einflüssen sprechen. In Redfields Worten: „Die hohe und die niedere Kulturtradition haben sich seit jeher gegenseitig befruchtet und tun dies auch weiterhin". Einige Beispiele mögen die These illustrieren.[75]

Die Volkskunst bietet eine Reihe von deutlichen Beispielen für ,gesunkenes Kulturgut' an. Die englischen Freibauern errichteten am Ende des sechzehnten und zu Beginn des siebzehnten Jahrhunderts Häuser im Stil der Sitze des Landadels. Das achtzehnte Jahrhundert brachte in Mitteleuropa ein Bauernbarock hervor, das dem ursprünglichen Barock ungefähr um ein Jahrhundert nachhinkte. In der gleichen Periode übernahm die Bauernkunst in Norwegen und Schweden Motive aus der Renaissance-, Barock- und Rokokokunst. Die populären Künstler bezogen ihre Anregungen hauptsächlich aus Kirchendekorationen und Kupferstichen.[76]

Auch die hohe Literatur drang in die Unterschichten ein. Als Addison Italien besuchte, bemerkte er „eine Sitte in Venedig, die für das gemeine Volk dieses Landes charakteristisch sein soll, nämlich Verse aus dem Tasso zu singen. Sie werden auf eine ziemlich getragene Melodie vorgetragen, und wenn einer an irgendeiner Stelle aus dem Dichter beginnt, ist es nur wahrscheinlich, daß der Gesang von jemandem aufgenommen wird, der in Hörweite ist." Dieser Brauch ist gründlich belegt, sowohl von Italienern als auch von Fremden. Zwischen dem vierzehnten und sechzehnten Jahrhundert scheint Dantes Werk in Florenz Teil der Volkskultur gewesen zu sein. Grazzini schrieb ein Madrigal auf den Tod einer Eule, das folgendermaßen beginnt:

Nel mezzo del cammin della sua vita
Il mio bel gufo pien d'amore e fede
Renduto ha l'alma [...];

Das Gedicht wäre kaum witzig, wenn die Dante-Parodie für das Publikum nicht verständlich gewesen wäre.[77] In England machten Volksschauspieler Anleihen beim kunstvolleren Drama: so enthält das *Ampleforth Play* Teile aus Congreves *Love for Love,* und das *Mylor Play* schließt Fragmente aus Addisons *Fair Rosamond* ein, ebenso wie russische Volksstücke aus dem neunzehnten Jahrhundert Verse von Lermontov und Puschkin übernommen haben. Volksstücke aus dem ländlichen Flandern zeigen im achtzehnten Jahrhundert eine Vorliebe für das Akrostichon, so als habe das literarische Barock das flache Land in dem Augenblick erreicht, als es in den Städten gerade aufgegeben wurde.[78]

Die allmähliche Verbreitung der Ritter-Epik bestätigt ebenfalls die Theorie vom gesunkenen Kulturgut. Man muß annehmen, daß die Ritterepen ursprünglich für den Adel geschaffen wurden. Sie handeln von Abenteuern des Adels, Menschen und Ereignisse werden vom Standpunkt dieser Schicht gesehen, die dargestellten Werte sind die der Aristokratie. Um 1500 wurden jedoch die Geschichten von Karl dem Großen und seinen Paladinen auf italienischen Marktplätzen für jedermann gesungen, und nach 1800 blieb schließlich die Ritterepik den Bauern überlassen, vor allem in Sizilien. Warum die sizilianischen Bauern die Taten von Orlando und Rinaldo in ihren Puppentheatern so aufregend fanden, ist nicht leicht zu sagen: doch waren die Helden nicht allein in Italien so volkstümlich. Im siebzehnten und achtzehnten Jahrhundert beinhalteten ungefähr zehn Prozent der Volksbücher in der Reihe der *Bibliothèque bleue* Ritterromane, wobei *Pierre de Provence, Ogier le Danois* und die *Quatre fils Aymon* zu den beliebtesten Titeln zählten. *Pierre de Provence* war auch in Portugal populär, *Holger der Däne* (wie zu erwarten) in Dänemark, und die *Vier Haimonskinder* in den Niederlanden. In England gehörten die Abenteuer des *Guy of Warwick* und des *Bevis of Hampton* im sechzehnten Jahrhundert zum Repertoire der Volkssänger, und noch weiter verbreitet waren sie als Flugblattballaden und Volksbuchromanzen.[79] Auch religiöse Inhalte stiegen die soziale Leiter herab, wie zum Beispiel die Gedanken Luthers, Calvins, Zwinglis und die ihrer katholischen Widersacher.

Doch ist die These vom gesunkenen Kulturgut zu starr, zu mechanisch, denn sie legt nahe, daß Bildmotive, Geschichten oder Gedanken von populären Malern, Sängern und ihrem Publikum nur passiv übernommen wurden. In Wirklichkeit werden sie abgewandelt oder tiefgreifend verändert, in einem Prozeß, der sich von oben betrachtet als Mißverstehen und Verdrehen darstellt, von unten gesehen jedoch einer Anpassung an einen spezifischen Bedarf gleichkommt. Die volkstümliche Vorstellungswelt kann nicht mit einem Blatt unbeschriebenen Papiers verglichen werden, sie ist vielmehr erfüllt von Gedanken und Bildern; neue Ideen werden zurückgewiesen, wenn sie mit den alten unvereinbar sind. Die volkstümliche Betrachtungs- und Denkweise stellt eine Art Sieb dar, das für einige Neuerungen durchlässig ist, für andere nicht. Im Falle der Malerei ist dies besonders auffallend. Schwedische Bauernmaler übernahmen Details aus dem Barock, doch die Grundstruktur blieb mittelalterlich. Edward Thompson beobachtet im Falle der Religion Ähnliches, wenn er feststellt, daß einfache Christen „von Seiten der Kirche nur so viel an Doktrinen akzeptieren, als mit ihrer Lebenserfahrung als armen Leuten in Einklang zu bringen ist". Offizielle Texte und Riten werden vielleicht imitiert, doch gleitet die Nachahmung oft ins Parodistische ab (s. S. 134 ff.).[80]

Ferner ist an der Theorie vom gesunkenen Kulturgut auszusetzen, daß sie aufwärts steigende Einflüsse vernachlässigt. Hier bietet sich das Beispiel der Tänze ganz augenfällig an. Der Adel übernahm regelmäßig von der ländlichen Bevölkerung schnelle Tanzformen, die allmählich gesetzter wurden, so daß neue übernommen werden mußten. Die Adaptation des Walzers am Ende unserer Zeitspanne ist hierfür ein gutes Beispiel. Ein weiteres Beispiel für sozialen ‚Aufstieg' ist das höfische Fest der Renaissance. Höfische Feste fanden häufig zur gleichen Zeit statt wie populäre Feste, also im Karneval oder zwischen Weihnachten und Neujahr. Zu Beginn unserer Zeitspanne scheinen sie in manchen Fällen recht ähnlich gewesen zu sein, wenn man von der sozialen Stellung der Festteilnehmer absieht. Im Verlaufe des sechzehnten Jahrhunderts wurden höfische Feste privater, kunstreicher und formeller. Man verwendete mehr Requisiten, es gab einen einheitlichen Ablauf, und schließlich benötigte man professionelle Festgestalter, wie den ‚Master of Revels' in England. Das informelle Verkleiden, ‚Maskieren', wurde zur formellen ‚Masque'. Doch verloren die höfischen Feste nie ganz die Merkmale ihres volkstümlichen Ursprungs. Der Narrenkönig, in England *Lord of the Misrule'*, Herr der Mißwirtschaft, genannt, spielte immer noch eine wichtige Rolle, man trug weiterhin Masken und parodierte den Zweikampf in Scheingefechten. Auch hier wurde Traditionelles übernommen und schöpferisch weiterentwickelt.[81]

Nicht nur Feste gelangten in die Oberschicht. Das große ungarische Epos des siebzehnten Jahrhunderts, Miklós Zrínyis *Das Unglück von Sziget,* hatte Anteil an beiden Traditionssträngen: es war ein literarisches Epos im Stile Tassos, den Zrínyi sehr bewunderte, und es war dem kroatischen Volksepos verpflichtet, denn Zrínyi hatte Güter in Kroatien und sprach kroatisch ebenso wie ungarisch und italienisch. Goethes Faust entnahm dem Volksstück vom Doktor Faust viele Anregungen. Als Händel 1709 die Weihnachtszeit in Rom verbrachte, hörte er die Schäfer aus den Abruzzen den Dudelsack blasen; er schrieb die Melodien nieder und verwendete sie in seinem Messias. John Playfords *Dancing Master* war eine Sammlung von Tänzen für ‚geistvolle Herren‘ und ihre Damen, aber die Titel vieler Stücke lassen auf eine volkstümliche Herkunft schließen: ‚Erbsschotenpflücken‘, ‚Jack a Lent‘, ‚Milkmaid’s Bob‘, oder ‚Rudert gut, ihr Seeleute‘ (Row ye well, mariners).[82]

Anleihen solcher Art können aus verschiedenen Gründen gemacht werden, und das Verhältnis der Entleiher zur Volkskultur kann ebenfalls recht unterschiedlich sein. Als Luigi Pulci an Lorenzo de’ Medici in der Gaunersprache schrieb, war es für ihn ein Spaß und ein Anlaß, mit seinem Witz zu glänzen. Villons Gebrauch des Rotwelschen drückt möglicherweise aus, daß er sich mit den Dieben identifizierte, was auch auf seinen spanischen Gegenspieler, Alonso Alvarez de Soria zutreffen mag, der als Sohn eines reichen Kaufmanns ein Pícaro wurde und über die pikareske Welt Gedichte schrieb, bis er im Jahre 1603 hingerichtet wurde. Der Plagiator kann seinem Material gegenüber auch eine ironisch-distanzierte Haltung einnehmen, wie es sicher bei John Gay der Fall war, der in seiner *Beggar’s Opera* einige der Gassenhauer seiner Zeit in neuer Form verwendete. Gay scheint für die Bettler und Diebe, aus deren Welt er seinen Stoff entlieh, eine gewisse spöttische Zuneigung entwickelt zu haben, – was nicht heißen soll, daß er nicht auch seine eigene Welt ironisch betrachtete. Wenn ein gebildeter Venezianer des siebzehnten Jahrhunderts den venezianischen Dialekt gebrauchte, um eine anonyme politische Satire zu schreiben, deutet er damit an, daß das einfache Volk mit der Regierungspolitik nicht zufrieden ist und überläßt es dem Leser, zu entscheiden, ob noch mehr hinter der Satire steckt. Was tut Charles Perrault eigentlich, wenn er für seine *Contes* Stoffe aus der französischen Volksüberlieferung benutzt? Setzt er das Volk mit Kindern gleich? Bricht er eine Lanze für die ‚Modernen‘ Literaten in ihrem Kampf mit den ‚Alten‘?[83]

In anderen Fällen kann man es als sicher betrachten, daß ein bestimmtes Thema über die Jahrhunderte hinweg zwischen hoher und niederer Kultur hin- und herpendelte. Wir wissen, daß François Rabelais aus der Volkskultur

74

schöpfte; besonders die Anfänge seines *Pantagruel* sind dem Volksbuch *Grandes et Inestimables Chroniques de l'Enorme Géant Gargantua* (Große und unschätzbare Chronik des ungeheuren Riesen Gargantua) verpflichtet. Andererseits entnahmen im siebzehnten Jahrhundert die Spaßmacher Bruscambille und Tabarin Anregungen aus dem Rabelais. Im neunzehnten Jahrhundert gab es in der bretonischen Volksüberlieferung viele Legenden über Gargantua, wobei es unmöglich ist, festzustellen, ob diese Erzählungen älter sind als Rabelais oder seinem Einfluß zu verdanken sind.[84] Auch Ludovico Ariosto veranschaulicht diesen Austausch von Einflüssen. Seinen Stoff übernahm er von den italienischen Volkssängern, um ihn, wie später Zrínyi, nach den Vorstellungen der Gebildeten zu verarbeiten. Gesänge aus seinem *Orlando Furioso* kehrten in vereinfachter Form über die Volksbücher zur populären Kultur zurück. Französische Lieder wanderten von der Straße zum Hofe, um wieder auf der Straße zu landen. Die pastorale Poesie beruhte auf einer Imitation der Schäferkultur, doch gab es auch wirkliche Schäfer, die Lieder sangen, in denen sich die Konventionen der höfischen Pastorale bemerkbar machten.[85]

Eines der auffallendsten Beispiele für die Interaktion zwischen gelehrter und volkstümlicher Überlieferung ist die Vorstellung von der Hexe. Jacob Grimm nahm an, daß der Hexenglaube aus dem Volke stamme; später im neunzehnten Jahrhundert stellte Joseph Hansen die These auf, daß Theologen ihn aus christlichen und klassischen Quellen entwickelten. Neuere Untersuchungen kommen zu dem Ergebnis, daß beide Männer – wenigstens teilweise – recht hatten: das im sechzehnten und siebzehnten Jahrhundert geläufige Bild von der Hexe enthielt sowohl populäre Elemente, wie z. B. die Vorstellung, daß manche Menschen durch die Luft fliegen oder ihren Nachbarn mit Hilfe übernatürlicher Kräfte Schaden zufügen können, als auch gelehrte Vorstellungen, wie die vom Pakt mit dem Teufel.[86]

Diese wechselseitigen Beziehungen zwischen gelehrter und populärer Kultur wurden noch dadurch gefördert, daß es, um Redfields Modell zu vervollständigen, eine Gruppe von Menschen gab, die zwischen der hohen und der niederen Kultur standen und somit als Vermittler dienten. Es gibt gute Argumente für die These, daß die Kultur zu Beginn der Moderne aus drei statt aus zwei Kultursträngen bestand, denn die Alphabetisierungsbarriere war nicht identisch mit der der Lateinkenntnisse. Zwischen der hohen, gelehrten und der populären mündlichen Kultur gab es noch etwas, was man die ,Volksbuchkultur' nennen könnte, die Kultur der Halbgebildeten, derjenigen, die zwar eine Schule besucht hatten, aber nur für kurze Zeit. (Unglücklicherweise kennt weder das Englische noch das Deutsche die italienische Begriffsunterscheidung zwischen *,letteratura popolare'* und *,letteratura popolareggiante'*.) Diese Volksbuchkultur könnte man als frühes Beispiel dessen betrachten, was Dwight Macdonald ‚midcult‘ nennt, also eine zwischen hoher und niederer angesiedelte Kultur, die aus beiden Quellen schöpft.[87] Daß Flugblätter Volksballaden verbreiteten, wissen wir. Was an dieser Stelle betont werden sollte, ist, daß Flugblattdrucke und Volksbücher auch der hohen Tradition verpflichtet waren. Ich erwähnte oben, daß im sechzehnten Jahrhundert italienische Volksbücher die Gesänge Ariosts in vereinfachter Form darboten. In ähnlicher Weise enthielten spanische Volksbücher kurze und einfache Versionen der Stücke von Lope de Vega und Calderón; französische Volksbücher nahmen Stücke von Corneille, Bearbeitungen Ariosts und volkstümliche Versionen Rousseaus auf; englische Volksbücher druckten *Moll Flanders* und *Robinson Crusoe* ab, jeweils auf vierundzwanzig Seiten zusammengestrichen. Das Vorhandensein dieser Büchlein deutet darauf hin, daß es ein Publikum gab, das Interesse an den Autoren hatte, den vollen Text aber unerschwinglich oder unverständlich fand. Es gibt Autoren, die weder ganz in die hohe, noch ganz in die niedere Kulturtradition passen und die man in diese mittlere Kategorie aufnehmen könnte: Italiener wie Giulio Cesare Croce, Spanier wie Juan Timoneda, Deutsche wie Hans Sachs, Engländer wie Thomas Deloney.[88] Man könnte die Hypothese wagen, das Rückgrat dieser Volksbuchkultur seien die Buchdruckergesellen gewesen, die Anteil an der Handwerkerkultur hatten, jedoch auch mit der Welt der Bücher vertraut waren. Wie adelige Frauen waren sie dafür prädestiniert, zwischen den beiden Kulturtraditionen zu vermitteln.

In diesem Kapitel habe ich versucht, die Volkskultur zu definieren, und diese Definition des Undefinierbaren hat sich als langwierige und schwierige Aufgabe erwiesen. Nun sollte es möglich sein, die Quellen für unser Wissen von der Volkskultur zwischen 1500 und 1800 einer Prüfung zu unterziehen. Es ist leider eine Tatsache, daß diese Quellen selten rein fließen. Wieder stehen wir vor dem Problem des ‚Vermittlers‘, doch handelt es sich nun nicht um den Vermittler zwischen niederer und hoher Kultur, sondern um den Vermittler zwischen uns und den Menschen damals. Die Probleme, mit denen uns diese Vermittlung konfrontiert, sollen im nächsten Kapitel besprochen werden.

3. Ein scheues Wild

Die europäische Volkskultur der frühen Neuzeit ist schwer faßbar. Einem scheuen Tier vergleichbar, sucht sie dem Historiker zu entweichen, denn er ist ein gebildeter, rational denkender moderner Mensch, dem es schwerfällt, andere Menschen zu verstehen, die ihm ganz unähnlich sind. Auch ist das Quellenmaterial, das von den Einstellungen und Werten, Hoffnungen und Ängsten dieser Menschen berichtet, sehr bruchstückhaft. Die Volkskultur jener Zeit war zum größten Teil eine mündliche Kultur, doch Worte sind flüchtig. Auch Feste, die ebenso vergänglich sind, spielten eine große Rolle. Wir wünschen etwas über Darbietungen zu erfahren, in denen sich die Volkskultur verkörperte, doch was uns erhalten blieb, sind nur Texte; wir möchten diese Darbietungen mit den Augen der Handwerker und Bauern selbst sehen, aber alles, was uns bleibt, sind Schilderungen außenstehender gebildeter Beobachter.[1] Es überrascht nicht, daß einige Historiker der Ansicht sind, es sei unmöglich festzustellen, wie die Volkskultur damals wirklich war. Es ist wichtig, sich diese Schwierigkeiten klarzumachen, daher möchte ich im folgenden Abschnitt den advocatus diaboli spielen und die Argumente der Skeptiker vorbringen. Dennoch halte ich an meiner Meinung fest, daß wir gar nicht so wenig über die Volkskultur der Epoche herausfinden können, und zwar dadurch, daß wir mehr oder weniger indirekt vorgehen. Im zweiten Abschnitt will ich versuchen, diese indirekten Zugänge zur populären Kultur zu umreißen.

Die Vermittler

Historiker sind daran gewöhnt, mit Texten umzugehen, mit ‚Dokumenten‘, ob sie nun handschriftlich oder gedruckt vorliegen. Es besteht aber ein Unterschied, wenn man anhand von Texten eine Gesellschaft wie die englische zu Beginn des zwanzigsten Jahrhunderts untersucht, zu einer Zeit also, als die meisten Menschen lesen und schreiben konnten, oder wenn man es mit Handwerkern und Bauern der frühen Neuzeit zu tun hat, die fast alle Analphabeten waren. Werte und Einstellungen dieser Menschen drückten sich in Tätigkeiten und Darbietungen wie Erzählakten aus, die aber nur dann dokumentiert wurden, wenn die gebildete Oberschicht sich für sie interessierte. Alles, was wir an Texten russischer Volkslieder und Volkserzählungen aus dem siebzehnten Jahrhundert besitzen, wurde von zwei englischen Reisenden, Richard James und Samuel Collins, aufgezeichnet; nur Ausländer kamen auf die Idee, daß diese Zeugnisse der mündlichen Überlieferung es wert waren, niedergeschrieben zu werden. Vieles, was wir über die großen Karnevalsfeste in Rom und Venedig zwischen 1500 und 1800 wissen, verdanken wir den Schilderungen fremder Besucher wie Montaigne, John Evelyn und Goethe. Ausländischen Reisenden dürfte es jedoch schwergefallen sein, rein örtliche und lokaltypische Anspielungen zu verstehen, und sie konnten wohl auch nicht nachvollziehen, was die Feste für die Teilnehmer selbst bedeuteten.

Andere populäre Aktivitäten sind nur deshalb belegt, weil die staatlichen oder kirchlichen Autoritäten versuchten, sie zu unterbinden. Der größte Teil dessen, was wir von Aufständen, Ketzereien und Hexenzauber der Zeit wissen, wurde aufgezeichnet, weil die Rebellen, Ketzer und Hexen vor Gericht gestellt und verhört wurden. Wenn die Historiker etwas von der Kultur der Morisken im Granada des sechzehnten Jahrhunderts wissen, dann hauptsächlich aus den Sitzungsprotokollen der Synode von Guadix im Jahre 1554, einer Synode, die den Versuch machte, diese Kultur auszurotten. Vom ‚Sommerkönigsspiel‘ *(Summer Lord Game)* im Dorfe South Kyme in Lincolnshire im Jahre 1601 wissen wir nur, weil das Spiel den Grafen von Lincoln verspottete, der daraufhin vor der *Star Chamber* Anklage erhob. In allen diesen Fällen kann die Berichterstattung durch die Situation, in der die Aktivitäten zu Protokoll genommen wurden, verfälscht worden sein, denn die Untersuchenden waren nicht daran interessiert, herauszufinden, welche Bedeutung die Aufstände, Ketzereien oder Satiren für die Angeklagten hatten.[2]

Eine andere Art von Quellendokumenten scheint der Gefahr oder Verfälschung weniger ausgesetzt zu sein, nämlich ‚Werke‘ volkstümlicher Schauspieler, Dichter oder Prediger, die noch zu Lebzeiten oder kurz nach dem Tode der Autoren veröffentlicht wurden. Hier könnte man an Richard Tarletons Späße *(Jests)* denken, an die *Heldentaten des Kapitän Schrecken von Höllental*, eine Sammlung von Rodomontaden, die Francesco Andreini veröffentlicht hatte, ein Spezialist für die Rolle des ‚miles gloriosus‘, ferner an die Lieder des Cristofano dell'Altissimo und des Sebastyén Tinódi, und schließlich an die Predigten des Olivier Maillard und des Gabriele Barletta.[3]

Diese Texte sind für den Volkskundler Quellen von unersetzlichem Wert, aber auch sie genügen seinen Ansprüchen nicht ganz. Ein Text kann nie einer lebendigen Vorstellung gerecht werden, ob es sich nun um die Darbietung eines Clowns oder eines Predigers handelt. Der Klang der Stimme fehlt, der Gesichtsausdruck, die Gestik, die Akrobatik. Thomas Fuller macht in seiner Biographie Tarletons deutlich, worauf es ankommt: „Viel von der Lustigkeit seiner Späße lag an seinem Aussehen und seinen Handlungen selbst [...]; ja, sogar seine Worte, von einem anderen gesprochen, hätten wohl kaum einem fröhlichen Menschen ein Lächeln zu entlocken vermocht, doch wenn *er* diese Worte sprach, entrissen sie selbst einer traurigen Seele ein Gelächter." Der Historiker hat indes die unerquickliche Aufgabe, über Tarleton zu schreiben, ohne ihn jemals gesehen zu haben.[4]

Doch ist dies nicht das einzige Problem. Leider können wir nicht einmal davon ausgehen, daß diese gedruckten Texte wirklichkeitstreue Berichte von Aufführungen sind. Der Text kann für ein anderes Publikum bestimmt gewesen sein als die Darbietungen selbst; er mußte sogar, um sich zu verkaufen, ein gebildeteres, wohlhabenderes Publikum ansprechen. Wir wissen sehr wenig über den Entstehungsprozeß dieser gedruckten Texte. Zog man die Autoren, also die Spaßmacher, Prediger oder Volksdichter zu Rate? Andreini veröffentlichte *Kapitän Schrecken* unter seinem eigenen Namen, doch Altissimos Gedichte wurden für die Veröffentlichung bearbeitet, und wir wissen nicht genau, was darunter verstanden wurde. Eines seiner Gedichte, *Die Erstürmung von Ravenna,* ist als Manuskript erhalten geblieben, aber das Manuskript bricht ab mit der Bemerkung: ,,Hier fehlen einige Strophen, die letzten, denn am Schluß überkam die Inspiration den Dichter so, daß die Feder oder das Gedächtnis des Mannes, der dies niederschrieb, mit ihr nicht Schritt halten konnte."[5] In anderen Fällen wissen wir überhaupt nicht, was eigentlich geschah. Wurde der Text während der Vorstellung getreulich festgehalten? Unterlag er der Zensur? Wurde etwas hinzugefügt? Wurden Zusätze oder Streichungen mit oder ohne Einverständnis des Autors vorgenommen?

Im Falle der Predigten taucht eine weitere Komplikation auf. Maillard predigte französisch und Barletta italienisch, aber ihre Predigten wurden in lateinischer Sprache veröffentlicht. Daraus ist ersichtlich, daß sich die Leser des gedruckten Textes stark vom ursprünglichen Publikum der Zuhörer unterschieden. Der Sinn der Veröffentlichung bestand nicht darin, die Predigtdarbietung im Druck festzuhalten, sondern darin, die Themen und Exempel anderen Predigern in ganz Europa zugänglich zu machen. Daher war eine berühmte Predigtsammlung unter dem Titel *Dormi secure* bekannt, denn sie garantierte dem Prediger am Samstagabend einen guten Schlaf. Das Latein dieser Predigtsammlungen kann man nicht als klassisch bezeichnen – manchmal handelt es sich um ,vulgäres' Latein, oder es enthält Elemente der Volkssprache – aber es bildet doch ein weiteres Hindernis für die Wiederbelebung der ursprünglichen Darbietung, nicht unbedingt einer speziellen Darbietung, sondern, was in unserem Falle noch gravierender ist, der typischen Darbietung überhaupt. Manche gedruckte Predigten sind mit gelehrten Anspielungen gespickt. Barlettas Text beruft sich auf Livius, Eusebius und Beda – zitierte er sie auch in der Predigt selbst?[6]

Wenn also das Verhältnis von Text und ursprünglichem Darbietungsakt ein Problem darstellt, so verbirgt sich hinter dieser Schwierigkeit nur eine weitere, die noch ernster zu nehmen ist. Die Texte wurden selten von den Handwerkern und Bauern selbst produziert, deren Einstellungen und Werte wir zu rekonstruieren versuchen. Wir können sie also nicht direkt erreichen, sondern benötigen Vermittler. Der Historiker, der die Volkskultur im Europa der frühen Neuzeit zu erforschen sucht, hat die gleichen Probleme wie der Ethnologe, der das Schwarzafrika der Vergangenheit schildern möchte. Die Dokumente der afrikanischen Geschichte sind von Außenseitern geschrieben worden, von Reisenden, Missionaren oder Beamten, von Menschen, die oft die Sprache der Eingeborenen nicht sprachen, die die lokale Kultur nicht hinreichend kannten und sogar oft versuchten, sie zu unterdrücken. Die Geschichte der Einstellungen von Analphabeten zu erforschen, bedeutet notwendigerweise, sie gleich zweimal mit den Augen eines Außenstehenden zu betrachten: einmal mit unseren eigenen und dann mit denen der Verfasser der Dokumente, der Vermittler zwischen uns und den Menschen, die wir zu erreichen suchen. Der Klarheit halber soll der Versuch gemacht werden, zwischen sechs verschiedenen Gruppen von Vermittlern zu unterscheiden.

(i) Die Schwierigkeiten treten am deutlichsten im Falle der großen Schriftsteller zutage, deren Werke als Quellen der Volkskultur untersucht worden sind, wie François Villon und François Rabelais. Villon und Rabelais waren natürlich mit der niederen Tradition ihrer Zeit vertraut, mit der Kultur des Wirtshauses und des Marktplatzes, doch ebensogut kannten sie die hohe Tradition, und sie machten ausgiebig Gebrauch von ihr. Sie waren keineswegs naive Vertreter der Volkskultur, sondern gebildete Vermittler zwischen den beiden Traditionen.

Im Falle Villons kann man diese Tatsache besonders leicht übersehen, denn er führte das Leben eines Vagabunden und Verbrechers. 1461 und erneut 1462 kam er ins Gefängnis und wurde nach einer Rauferei zum Tode verurteilt, obwohl nicht bekannt ist, ob das Urteil vollstreckt wurde. Er schrieb einige Gedichte im *argot*, wahrscheinlich im Jargon der Coquillards, einer Gruppe von Verbrechern, die 1455 in Dijon vor Gericht standen. In einer *ballade* nennt er die Polizei des mittelalterlichen Paris, die *sergents*, ‚Engel‘, ein Euphemismus, der durch die Darstellung des seelenwiegenden Erzengels Michael angeregt sein könnte. Villon bediente sich der volkstümlichen Formen wie des satirischen Testaments und des Sprichworts – er schrieb sogar eine aus Sprichwörtern bestehende *ballade*:

Tant grate chièvre que mal gist,
Tant va le pot à l'eaue qu'il brise…
Tant crie l'on Noël qu'il vient.

(Die Ziege scharrt so lange, bis sie schlecht liegt, / Der Krug geht zum Brunnen, bis er bricht, / Die Leute schreien Weihnachten, bis es da ist.)

Doch darf man nicht vergessen, daß Villon ein Mann der Hohen Schule gewesen ist, mit dem Magistergrad der Sorbonne. Seine Gedichte spielen nicht nur auf Verbrecher und Tavernen an, sondern auch auf klassische Schriftsteller wie Aristoteles und Vegetius und auf scholastische Philosophen wie Jean Buridan. Seine *ballades* gehören einer literarischen Tradition an, und wenn auch die sprichwörtlichen Elemente in ihnen volkstümlich sind, so gilt das doch nicht für das ganze Gedicht.[7]

Bei Rabelais liegt der Fall ähnlich. Gargantua wurde nicht von Rabelais erfunden, sondern existierte bereits in französischen Volksbüchern und in der mündlichen Überlieferung. Rabelais entnahm der Volkskultur auch stilistische Elemente, wie der kluge russische Literaturkritiker Michail Bachtin aufgezeigt hat, der die Aufmerksamkeit nicht nur auf ‚die Sprache des Marktplatzes bei Rabelais‘ lenkte, sondern auch auf den Gebrauch der ‚Formen der populären Feste‘, vor allem auf die des Karnevals. Bachtin hatte vollkommen recht, aber man darf nicht vergessen, daß Rabelais gleichermaßen ein gelehrter Mann war, beruflich als Theologe und Mediziner ausgebildet, mit einer breiten klassischen Bildung und bedeutenden Rechtskenntnissen. Er machte von der Volkskultur weniger einen spontanen als einen ganz bewußten Gebrauch; Rabelais war sich, wie ein französischer Kritiker vor kurzem feststellte, im klaren über die ‚subversiven Möglichkeiten‘ des Volksbuches und ahmte es nach, um die traditionelle Hierarchie der literarischen Gattungen zu untergraben. Leser des zwanzigsten Jahrhunderts, die weder mit der gelehrten noch mit der volkstümlichen Tradition des französischen sechzehnten Jahrhunderts vertraut sind, werden kaum feststellen können, wann Rabelais innerhalb einer dieser Traditionen bleibt und wann er beide miteinander verbindet.[8]

Auf die gleichen Schwierigkeiten stößt man bei weniger bedeutenden Schriftstellern der hohen Tradition, die aus bestimmten Gründen aus der Volkskultur schöpfen. Carlos García schrieb ein Buch, das vorgibt, ein Dialog im Gefängnis zwischen dem Autor und einem berühmten Dieb zu sein. Der Dieb beschreibt die Spezialisation innerhalb seines Gewerbes und die Statuten und Regeln, die es beherrschen. Auch dieses Werk bietet uns keinen direkten Zugang zur Welt des *pícaro*, ebensowenig wie die noch deutlicher der literarischen Tradition verpflichteten Werke des Cervantes, Alemán oder Quevedo. Seit den Tagen der Brüder Grimm hat man das *Pentamerone*, eine Sammlung von Erzählungen im neapolitanischen Dialekt, die im siebzehnten Jahrhundert erschien, als Quelle der italienischen Volksmärchen zu erforschen gesucht. Doch war sein Autor Gianbattista Basile ein Edelmann und ein Barockdichter im Stile des Marino. Die Geschichten faszinierten ihn, weil sie phantastisch und bizarr waren. Vielleicht hat er die Handlung nicht verändert, aber die Art, wie er sie erzählt, ist charakteristisch für die gelehrte Kultur seiner Zeit – lange Sätze, Reichtum an Synonymen, eine ausgefallene Bildersprache.[9]

(ii) Die Predigten der Bettelorden, insbesondere der Franziskaner, gehören zu den wichtigsten Quellen der Volkskultur im katholischen Europa. Die Mönche waren nicht selten aus dem Volke; Abraham a Sancta Clara, der große deutsche Prediger des ausgehenden siebzehnten Jahrhunderts, war der Sohn eines leibeigenen oberschwäbischen Gastwirts. Der bescheidene Lebenswandel der Mönche sorgte für Nähe zum Volk. Mit ihrer Sympathie standen sie oft auf seiten des Armen gegen den Reichen, auf seiten des Machtlosen gegen den Mächtigen. Oft gerieten sie in Schwierigkeiten, weil sie prominente Geistliche und Laien anprangerten, oder sogar, weil man ihnen vorwarf, die Rebellion zu schüren, wie im Falle des Dominikaners John Pickering während der *Pilgrimage of Grace*.*

Die Bettelmönche waren populäre Prediger in dem Sinne, daß sie sich an die Ungebildeten wandten und oft eine große Zuhörerschaft um sich sammelten. Savonarola predigte in Florenz vor Zehntausenden. Oft predigten die Männer unter freiem Himmel, und die Menschen kletterten auf Bäume oder bestiegen Hausdächer, um sie zu hören. Nach einem Besuch von Olivier Maillard in Orléans brauchte man vierundsechzig Tage, um die Dächer zu reparieren.[10] Die Mönche bedienten sich der mündlichen Kultur ihrer Zeit. Sie predigten im umgangssprachlichen Stil, verwendeten Wortspiele, Reime und Alliterationen, schrien und gestikulierten, veranschaulichten ihre Botschaft mit Hilfe von Volksmärchen und komponierten Lieder, die sie mit ihren Gemeinden sangen. Es überrascht keineswegs, daß Volkskundler die Volkserzählungen dieser Epoche unter Zuhilfenahme der Predigten erforschen.[11]

Das sollten sie auch tun, doch müssen sie dabei vorsichtig vorgehen. Die Mönche waren weder Fisch noch Fleisch, bikulturell, Männer der Universität und Männer des Marktes. Oft waren sie in scholastischer Theologie und Philosophie ausgebildet und waren daran interessiert, wenigstens einiges von der hohen Kultur durch ihre Predigten an das Volk weiterzugeben. Savonarola zum Beispiel war der Sohn eines Arztes und hatte an der Universität Ferrara Theologie studiert. In einer Predigt erklärte er, der Theorie des Ptolemäus folgend, seinen Hörern das Universum, indem er es mit einer Zwiebel verglich, in deren Mittelpunkt die Erde saß, während jede der Zwiebelschalen einer Kristallsphäre gleichkam, auf der die Planeten kreisten. Das Bild ist aus dem alltäglichen Leben gegriffen, doch bedeutet das nicht, daß dieses Weltbild Teil der Kultur der vielen kleinen Leute unter Savonarolas Zuhörern war; Savonarola versuchte wohl nur, die Wissenschaft zu popularisieren.

---

* Populärer Aufstand in Lincolnshire und Yorkshire 1536–37 im Zusammenhang mit der Auflösung der Klöster unter Heinrich VIII. (Anmerk. d. Übers.)

Thomas Murner, ein Franziskaner, der unterhaltsame und umgangssprachliche Streitschriften gegen Luther verfaßte, war akademisch gebildet. Er war Doktor der ‚beiden Rechte' (des Kirchen- und des Staatsrechts) und der Autor einer Einführung in die scholastische Logik und schrieb sowohl lateinisch als auch deutsch. Sogar in seinen deutschen Werken gebrauchte Murner manchmal technische Begriffe der Scholastik wie ‚Text und Gloss', wobei ‚Gloss' der Kommentar ist, der zwischen die Zeilen des Textes geschrieben wurde. Abraham a Sancta Clara, dessen Pamphlete noch lebendiger und volkstümlicher waren als die Murners, war Doktor der Theologie, in der Rhetorik ausgebildet, und er predigte bei Hofe.

Die Mönche predigten meistens in der Ausdrucksweise des Volkes, doch bedeutet das nicht, daß sie dies natürlich und ohne Überlegung taten. Die Wahl der volkstümlichen Sprache war eine bewußte Auswahl zwischen drei möglichen Ausdrucksweisen, der Sprache des Volkes, der Gebildeten und der überhöht-dichterischen Sprache.[12] Jede dieser Ausdrucksweisen hatte ihre eigenen Regeln. Dies war dem Publikum vielleicht nicht bewußt, die Prediger wußten es aber recht gut. Die Bettelmönche bedienten sich volkstümlicher Themen, doch formten sie sie oftmals um. Sie erzählten Volksmärchen, doch gaben sie ihnen eine Moral, die nicht notwendigerweise die des Volkes war. Sie benutzten Volksweisen, doch schrieben sie neue Texte für sie. Einige Elemente ihrer Darbietungen gehörten vielleicht zur Volkskultur, das Ganze aber war, wie im Falle der Sprichwörter Villons, nicht mehr volkstümlich.

(iii) Wenn uns auch die Predigten der Bettelmönche keinen direkten Zugang zur Volkskultur bieten, so finden wir ihn vielleicht über Flugblätter und Volksbücher? Doch auch hier gibt es Probleme. Die Lieder und Geschichten, die auf diese preiswerte Art gedruckt wurden, geben möglicherweise die Werte der Bauern und Handwerker (besonders der Handwerker) wieder, aber eben nur möglicherweise. Als Beispiel sei das sogenannte *genre poissard*' angeführt, das im Frankreich des siebzehnten Jahrhunderts sehr beliebt war. Die Büchlein dieses *genre*' geben vor, die Sprache der Bauern und Fischweiber aus den *Halles* von Paris wiederzugeben, aber es handelt sich um literarische Imitationen, wahrscheinlich von Mitgliedern der Oberschicht für Mitglieder der Oberschicht geschrieben, deren Bezug zu wirklichen Fischweibern nicht unmittelbarer ist als der der Renaissance-Pastorale zu wirklichen Schäfern.[13]

Das Buch vom *Eulenspiegel* ist ein Volksbuch, das in Deutschland und in anderen Ländern viele Auflagen hatte, und das einen viel höheren Bekanntheitsgrad erreichte als irgendein Beispiel des *genre poissard*'. Es handelt sich um eine Schwanksammlung, deren Held immer die gleiche Schelmenfigur ist. Die Erzählungen lesen sich wie Volksschwänke. Der anonyme Autor erklärt, er sei des Lateinischen nicht mächtig. Desungeachtet scheinen einige Erzählungen aus einer lateinischen Sammlung zu stammen, die noch nicht übersetzt war, als der Eulenspiegel zuerst erschien. Vielleicht greifen beide Bücher auf eine gemeinsame mündliche Überlieferung zurück, aber es ist auch möglich, daß das Buch von einem Vermittler geschrieben worden ist, einem Mann, der nur vorgab, er beherrsche das Lateinische nicht. In der Tat wurde jüngst Hermann Bote, ein braunschweigischer Zollschreiber, als Autor des Eulenspiegelbuches erkannt.[14]

Die Möglichkeit einer Propagandaliteratur darf man beim Studium der Flugblatt- und Volksbuchliteratur nie aus dem Auge verlieren. Es handelte sich um die ‚Massenmedien‘ der Epoche, und den politischen und religiösen Führern war es klar, daß diese Medien dazu genutzt werden sollten, möglichst viele Menschen zu beeinflussen. Im deutschen Bauernkrieg 1525 wurden einige Flugblätter gedruckt, die sich mit aktuellen Anlässen befaßten. Im allgemeinen stehen sie den Bauern feindlich gegenüber und argumentieren häufig damit, daß die Bauern ihr Wort brachen, als sie zu den Waffen griffen. Vielleicht drücken sie einfach die Feindseligkeit des Städters gegenüber dem Bauern aus, aber einige Städte waren 1525 sogar mit den Bauern verbündet, so daß man die Möglichkeit nicht von der Hand weisen kann, daß diese Flugblätter als Propagandamaterial von den Herrschenden in Auftrag gegeben worden sind. Auf jeden Fall ist die Haltung der Aufständischen nicht in ihnen zu finden. Man sollte sich den Kommentar Andrew Fletchers von Saltoun vor Augen halten, der am Ende des siebzehnten Jahrhunderts sagte: „Ich kannte einen sehr weisen Mann, der meinte, wenn ein Mensch nur die Erlaubnis hätte, alle Balladen zu verfassen, dann müsse er sich nicht mehr darum kümmern, wer die Gesetze einer Nation zu machen habe." Aus demselben Grunde fragte sich ein Publizist in *The London Magazine* von 1769, warum

keine Regierung in diesem Lande aus eigenem Interesse, oder keine bestallten Amtshalter um des öffentlichen Wohles willen sich die Mühe machten, Balladen von der richtigen Tendenz im Volke in Umlauf zu bringen. Ich bin sicher, daß man Geld nicht besser anlegen könnte und zweifle nicht daran, daß kein Pöstcheninhaber oder Parteigänger so gute Dienste leisten kann wie eine Anzahl gut ausgesuchter Balladensänger.

In anderen Worten, der Wert der Massenmedien als Instrumente der sozialen Kontrolle blieb einigen zeitgenössischen Beobachtern nicht verborgen.[15]

Das deutsche Beispiel sollte uns ein wenig skeptisch gegenüber dem Anspruch machen, den französische Forscher kürzlich für die *Bibliothèque bleue* erhoben, nämlich ein Spiegel der Haltungen französischer Bauern im Ancien régime zu sein. Diese ‚Bibliothek‘ war eine Sammlung von billigen Volksbüchlein, die in Troyes und andernorts vom Beginn des siebzehnten Jahrhunderts an gedruckt und durch Kolporteure über Land vertrieben wurden. Es wurden so viele Exemplare verkauft, daß wenigstens einige der Bauern mit ihnen in Berührung gekommen sein mußten, und wenn in Frankreich am Ende des siebzehnten Jahrhunderts nur 29 Prozent der erwachsenen Männer lesen konnten, so haben andere wohl auch zugehört, wenn die Bücher vorgelesen wurden. Auch Handwerker kauften und lasen die Volksbücher.

Es wäre jedoch nicht klug, einfach zu folgern, daß die konformistische Haltung gegenüber dem König, dem Adel und der Geistlichkeit, welche diese Texte auszeichnet, die Haltung der Handwerker und Bauern im frühneuzeitlichen Frankreich gewesen sei. Zunächst einmal verkörperte die Bibliothèque bleue nicht die Kultur der französischen Bauern und Handwerker in ihrer Gesamtheit. Sie bestand neben der mündlichen Überlieferung, und in manchen Regionen war sie viel unwichtiger als das mündliche Erzählgut. Vielleicht spielten die Volksbücher im späten achtzehnten Jahrhundert eine bedeutende Rolle in der Volkskultur der Champagne, wo sie gedruckt wurden und wo 75 Prozent der männlichen Bevölkerung lesen und schreiben konnten, aber man wird sie am Ende des siebzehnten Jahrhunderts in Morbihan kaum als einflußreich bezeichnen können, denn dort gab es unter der erwachsenen männlichen Bevölkerung 90 Prozent Analphabeten, und die Sprache des Volkes war nicht französisch, sondern bretonisch.

Außerdem dürfen wir den Vermittler nicht außer acht lassen. Die Bücher, die von den Kolporteuren verbreitet wurden, sind oft von Priestern, Edelleuten, Doktoren und Rechtsgelehrten geschrieben worden, manchmal schon Jahrhunderte zuvor. *Die schöne Melusine* wurde z. B. am Ende des vierzehnten Jahrhunderts im Auftrag des Herzogs von Berry von Jean d'Arras verfaßt. Jemand bearbeitete, kürzte oder übersetzte das Buch, und jemand anderer beschloß, es zu drucken. Ein Kolporteur wählte es für seine Bücherkiste aus, und so erreichte es ein bestimmtes Dorf. Es gibt also eine ganze Kette von Vermittlern, die zwischen einem Text und den Bauern stehen, deren Haltungen er angeblich widerspiegelt; und wir können ebensowenig davon ausgehen, daß die Bauern die im Text enthaltenen Vorstellungen passiv akzeptierten, wie wir heute sagen können, Fernsehzuschauer glauben alles, was sie auf dem Bildschirm zu Gesicht bekommen.[16]

(iv) Wenn gedruckte Texte irreführend sein können, so können wir uns sicherlich auf die mündliche Erzähltradition verlassen? Als am Ende des achtzehnten Jahrhunderts die Volkskultur entdeckt wurde, gerieten viele Lieder und Geschichten einzelner Handwerker, Bauern oder ihrer Frauen in die Sammlungen. Doch auch zwischen diesen Einzelpersonen und dem modernen Leser steht eine ganze Kette von Vermittlern. Wie wir bereits gesehen haben (S. 31ff. oben), erlaubten sich die Herausgeber gelegentlich Freiheiten mit dem Text. Taten sie es nicht selbst, so waren es manchmal ihre Informanten. Percy druckte Balladen ab, die ihm Bekannte zusandten, und auch den Brüdern Grimm halfen Freunde. In jedem Falle färbte die Gegenwart des Sammlers, eines Außenseiters mit Stift und Notizbuch, auf die Erzählsituation und auf das aufzuzeichnende Material ab. Sänger weigerten sich möglicherweise, überhaupt in Aktion zu treten. Karadžić berichtet von den Schwierigkeiten, die er hatte, serbische Frauen zum Singen zu bewegen, und da die meisten Sammler Männer waren, ist wohl viel von der traditionellen Frauenkultur verlorengegangen.

Sogar der individuelle Sänger oder Erzähler kann in gewisser Weise ein Vermittler sein, denn im frühneuzeitlichen Europa bestanden die mündliche und die schriftliche Überlieferung, die hohe und die niedere Tradition, die Stadt und das Land nebeneinander und beeinflußten einander. Beispiele aus dem zwanzigsten Jahrhundert zeigen diese Interaktion besonders deutlich. Ein amerikanischer Sammler scheute weder Mühe noch Kosten, in einer abgelegenen Gegend im Südwesten Volkslieder aufzuzeichnen, ‚nur um zu entdecken ... daß vieles, was er gesammelt hatte, in jüngster Zeit aus Radiosendungen des Ostens übernommen worden war‘. In den dreißiger Jahren in Jugoslawien gesammelte Lieder stammten manchmal aus gedruckten Quellen, einschließlich der Karadžić-Sammlung selbst. So schafft ein Volkskundler die Folklore, die andere nach ihm sammeln.[17]

Gelegentlich finden sich auch für die Zeit vor 1800 Belege für solche Vorgänge. Das klassische englische Beispiel ist das der Mrs. Brown aus Falkland, einer Sängerin, die für Childs Sammlung dreiunddreißig Balladenfassungen zur Verfügung stellte, darunter fünf sonst unbekannte. Sie war jedoch keine Bäuerin, sondern die Tochter eines Professors, die ihren Ossian und Percy kannte. Aller Wahrscheinlichkeit nach beeinflußte ihr Vertrautsein mit diesen Texten ihre Balladen, ganz abgesehen davon, daß ihr Interesse für das Übernatürliche, ihre Sentimentalität und der große Bogen, den sie um alles Erotische machte, typisch für die Einstellung der Mittelklassen am Ende des achtzehnten Jahrhunderts sind. Sie war eine Vermittlerin. Was in ihrem Falle nachgewiesen werden kann, kann man in anderen Fällen nur vermuten. Einundzwanzig Geschichten aus der Sammlung der Brüder Grimm gehen auf eine Gewährsperson zurück, die Frau Viehmännin. Sie wurde 1755 geboren und war hugenottischer Abstammung. Ihre Familie war nach der Aufhebung des Edikts von Nantes aus Frankreich geflohen. Kannte sie die in der Bibliothèque bleue gedruckten Märchen Perraults? Sind einige der Ähnlichkeiten zwischen den Märchen Perraults und denen der Brüder Grimm auf diese zufällige Abhängigkeit von einer bestimmten Gewährsperson zurückzuführen? Izaak Walton berichtet, er habe einmal ein Milchmädchen *„Come live with me and be my love"** singen hören. Was stand hinter dieser mündlichen Überlieferung? Aller Wahrscheinlichkeit nach ein gedrucktes Flugblatt.[18]

(v) Wenn man nicht auf die Genauigkeit der ersten Volkskundler hinsichtlich der Wiedergabe des mündlich überlieferten Materials bauen kann, so ist dies vielleicht möglich bei den Tribunalen der Inquisition. Berichte von Gerichtsverfahren und Geständnissen in Ketzer- und Hexenprozessen sind ganz offensichtlich eine wichtige Quelle für die Kenntnis populärer Einstellungen. In den Gerichtsakten kann der Historiker vom Angeklagten bevorzugte Redensarten entdecken, fast ihre Stimme hören. Auch hier aber gibt es Mittelsmänner, denn die Geständnisse waren meistens nicht spontan. Die Geständnisse von Hexen zum Beispiel sind das Ergebnis einer Situation, in der der Verhörende, in aller Regel ein Mönch, ein gebildeter Mann, der Angeklagten gegenübersteht, während ein Schreiber ihre Aussagen zu Protokoll nimmt. Der Historiker hat Zugang zum Protokoll des Schreibens, das oft in lateinischer Sprache abgefaßt ist, während der Untersuchungsrichter, vielleicht neu in die Gegend gekommen, wahrscheinlich die Standardform der Landessprache sprach und von der Angeklagten Antworten im Dialekt bekam. Mißverständnisse waren nur zu wahrscheinlich. Der Untersuchungsrichter hatte die ganze Angelegenheit schon mehrmals hinter sich gebracht und wußte nur zu genau, was er zu finden beabsichtigte. Die Angeklagte verstand nicht, was geschah, und suchte wahrscheinlich verzweifelt nach Anhaltspunkten und Stichwörtern, um herauszufinden, was von ihr verlangt wurde. Die Situation mutet wie eine Parodie der Interviewsituation moderner Anthropologen und ihrer Informanten bei der Feldforschung an – Anthropologen machen sich große Sorgen darüber, ob sie im Grunde nicht nur die Antworten erhalten, die sie den Informanten bei der Befragung unbewußt suggerieren. Befragungen mutmaßlicher Hexen konnten schon deshalb kein zuverlässiger Zugang zu deren wirklichen Ansichten sein, als der Untersuchungsrichter Macht über die Angeklagten ausübte und diese sich dessen bewußt waren. Schließlich wurde in vielen Fällen die Folter benutzt, um Geständnisse zu erpressen. Der berühmte italienische Arzt Girolamo Cardano stellte bereits in der Mitte des sechzehnten Jahrhunderts fest, daß man den üblichen Geständnissen keinen Glauben schenken könne, denn „diese Dinge werden auf der Folter gesagt, wenn sie wissen, daß ein Geständnis von dieser Art die Folter beenden wird". In anderen Worten, die Angeklagten sagten den Inquisitoren höchstwahrscheinlich das, was diese hören wollten, und was die Inquisitoren hören wollten, hatten diese in gelehrten Abhandlungen über die Hexerei gelesen. Die Abhandlungen ihrerseits beschrieben die Geständnisse in den Hexenprozessen, während sich die Prozesse nach den Schilderungen der Traktate richteten. Es ist für den Historiker sehr schwer, diesem

---

* Ein Gedicht von Marlowe (Anm. d. Übers.).

Circulus vitiosus zu entrinnen und herauszufinden, was die Angeklagten getan zu haben glaubten, falls sie überhaupt etwas getan haben sollten.[19]

(vi) Wenn Ketzerverfahren und Hexenprozesse unzuverlässige Zeugnisse sind, so gewähren vielleicht Aufstände und Volkserhebungen unmittelbareren Zugang zur Volkskultur. Statt unsere Aufmerksamkeit auf isolierte und unterlegene Einzelpersonen zu lenken, können wir große Gruppen ins Auge fassen. Taten sprechen eine deutlichere Sprache als Worte, und Aufstände und Rebellionen kann man nicht nur als den Ausdruck ,blinden Volkszorns' sehen, sondern auch als dramatisches Zutagetreten populärer Haltungen und Werte. Dieser Zugang hat sich neuerdings als fruchtbar erwiesen, doch muß der Historiker, um ihn unverfälscht auszuwerten, auch hier den Vermittler im Auge behalten.

Eine der historischen Quellen zur Geschichte von Aufständen ist das Verhör gefangengenommener Teilnehmer, eine Quelle, welche dieselben Verfälschungen in sich birgt wie die Befragungen von Ketzern und Hexen. Eine weitere Quelle sind zeitgenössische Erzählungen oder Beschreibungen, meistens Berichte von Staatsdienern, die die Aufstände zu unterdrücken versuchten. So wissen wir von den vielen Aufständen, die zwischen 1620 und 1648 in Frankreich stattfanden, fast ausschließlich aus den Berichten von Provinzbeamten an den Kanzler Séguier, dessen Papiere zufällig erhalten geblieben sind. Die Wertvorstellungen dieser Beamten, die sich so stark von denen der Rebellen unterschieden, haben vielleicht nicht nur die von ihnen gefällten Urteile beeinflußt, die man leicht ausklammern könnte, sondern auch ihre Schilderung der Sachlage selbst. Für Beamte war es nur natürlich, eine Bewegung als ,blinden Volkszorn' zu interpretieren, die für die Teilnehmer eine planmäßige Verteidigung ganz bestimmter traditioneller Rechte bedeutete. Beamte sind Vermittler zwischen uns und den Rebellen, und darüber hinaus sind sie unzuverlässige Vermittler.[20]

Nicht immer steht der Historiker unter dem Zwang, Aufstände nur durch die Brille der Herrschenden zu sehen. Die Forderungen der Rebellen sind oft als Handschriften oder auch im Druck erhalten geblieben, und es liegt auf der Hand, daß sie eine äußerst wertvolle Quelle darstellen, vorausgesetzt, daß sie echt sind. Als 1695 die bretonischen Bauern rebellierten, faßten sie ihre Forderungen in einem *Code Paysan* zusammen. Ein solches Dokument ist uns erhalten geblieben in einer Handschrift, die aus dem siebzehnten oder achtzehnten Jahrhundert stammt, und falls es authentisch ist, sagt es uns viel über die Mentalität der Rebellen. Es beinhaltet die folgende Klausel: ,,Es ist unter Strafe des Spießrutenlaufens verboten, der Gabelle oder ihren Kindern Unterschlupf zu gewähren. [...]. Im Gegenteil ist jeder dazu aufgerufen, sie zu erschießen wie einen tollen Hund." In anderen Worten, die Bretonen dachten, die gefürchtete Salzsteuer, die ,*gabelle'*, gegen die sie sich aufgelehnt hatten, sei eine Person. Dachten sie das wirklich? Hat sich vielleicht jemand an dem Text zu schaffen gemacht und diese ‚folkloristischen‘ Einzelheiten hinzugefügt, um den ganzen Aufstand als absurd hinzustellen? Deutlicher ist das Vorhandensein des Vermittlers im Falle eines erhalten gebliebenen Dokuments mit Forderungen der Bauern aus der Diözese Speyer im Jahre 1502, denn er konnte es sich nicht verkneifen, die Sündigkeit bäuerlicher Gedanken anzuprangern, die der Geistlichkeit höchst ärgerlich seien.[21]

Die Forderungen der Aufständischen im deutschen Bauernkrieg besitzen wir in zuverlässigeren Dokumenten, denn sie sind zur Zeit der Ereignisse selbst erschienen, um für die Sache des Aufstandes zu werben. Doch gibt es immer noch ein Problem, denn wir wissen nicht, wie die einzelnen Paragraphen entstanden sind. Die berühmten Zwölf Artikel von Memmingen (wo sich eines der Bauernheere versammelt hatte) beginnen mit der Forderung, daß jede Gemeinde das Recht haben sollte, ihren Pfarrer selbst zu wählen. Die Artikel wurden mit der Hilfe von Memminger Bürgern aufgesetzt, unter ihnen der Stadtschreiber Sebastian Lotzer und ein Prediger namens Christoph Schappeler. Stand diese Forderung für die Bauern an erster Stelle, oder war sie den Leuten wichtig, die die Artikel in ihrem Namen aufsetzten? Es ist bemerkenswert, daß nur in dreizehn Prozent der lokalen Beschwerdelisten der schwäbischen Bauern dieses Recht auf Pfarrerwahl auftaucht. Wenn man die Listen untersucht, die *vor* den Zwölf Artikeln verfaßt wurden, findet man es sogar nur in vier Prozent von ihnen erwähnt.[22]

Oft waren die Führer von Bauernaufständen Adelige oder Priester und keine Bauern, ganz gleich, ob man sie an die Spitze stellte, weil sie die Bewegung legitimieren sollten oder weil die Bauern keine Erfahrung als Führer hatten. Gelegentlich mag es vorgekommen sein, daß diese Edelleute oder Geistlichen die Führung nicht einmal freiwillig übernahmen, sondern dazu gezwungen wurden; jedenfalls behaupteten sie dies oft im nachhinein, vielleicht, weil sie versuchten, sich der Verantwortung zu entziehen. Freiwillig oder nicht, jedenfalls waren auch diese Männer Vermittler; und für den Historiker ist es – wie im Falle der armen Hexen – schwierig herauszubekommen, was das Fußvolk selbst von seinen Aktionen hielt.

Die örtlichen Beschwerdelisten von 1525 kann man eine frühe Meinungsumfrage nennen, die allerdings nicht ganz unverfälscht ist. Den gleichen Einwand muß man leider gegenüber den berühmten französischen *cahiers* aus dem Jahre 1789 erheben. Wir besitzen noch 40 000 von diesen Dokumenten, die auf Dorfversammlungen als Diskussionsgrundlage dienten. Vielleicht waren wirklich alle Männer ab fünfundzwanzig, die Steuern zahlten, anwesend, doch wissen wir in den meisten Fällen nicht, wie es zu den Beschwerden kam. In einem Falle zog ein ansässiger Geschäftsmann eine fertige Liste aus der Tasche, die ohne große Veränderungen akzeptiert wurde.[23]

Indirekte Zugänge zur populären Kultur

Wie wir gesehen haben, ist es also nicht ganz unbegründet, wenn Schulhistoriker den Einwand erheben, eine Geschichte der Volkskultur zu schreiben sei ein unmögliches Unterfangen, denn es fehlen Dokumente, oder sie sind unvollständig, unzuverlässig, enthalten Mißverständnisse oder sind von dem Wunsche bestimmt, für irgendeine Sache Propaganda zu machen. Historiker können jedoch in keinem Falle Dokumenten ihr volles Vertrauen schenken. Auch sind die aufgezählten Quellen ja nicht ganz wertlos, sondern enthalten nur Verzerrungen – und Verzerrungen kann man bis zu einem gewissen Grade einkalkulieren und korrigieren, was seit jeher die Aufgabe des Historikers war. Einige Dokumente sind vielleicht weniger verläßlich als andere, auch weisen verschiedene Passagen einen unterschiedlichen Zuverlässigkeitsgrad auf, wie man neueren Untersuchungen von Hexenprozessen entnehmen kann.

Einige Historiker, die sich mit Hexenaberglauben befassen, kamen in jüngster Zeit nicht durch Erschließung neuer Quellen zu neuen Schlüssen, sondern dadurch, daß sie die alten Quellen neu interpretieren. Ein Forscher, der italienische Hexenprozeßakten untersucht, schenkt den Fällen besondere Aufmerksamkeit, in denen der Inquisitor durch die Antworten der Angeklagten aus dem Konzept gebracht zu werden scheint, weil sie offensichtlich nicht dem inquisitorischen Stereotyp entsprechen. Um 1570 erklärten Angeklagte in Friaul, sie seien keine Hexen, sondern deren Widersacherinnen und kämpften gegen sie mit Fenchelstangen, während die Hexen mit Maisstengeln bewaffnet seien: „Und wenn wir gewinnen, gibt es ein fruchtbares Jahr; wenn wir verlieren, gibt es ein Hungerjahr." Zwei englische Forscher, die sich mit Hexenprozessen befassen, untersuchten die Protokolle auf Fragen hin, die die damaligen Untersuchungsrichter nicht interessierten und die deshalb höchstwahrscheinlich nicht verfälscht worden sind: Fragen nach der sozialen Stellung der Angeklagten und der Kläger, nach den Beziehungen zwischen ihnen und nach der Situation, aus der sich eine Beschuldigung entwickelte. Wenn das auch nicht dazu beiträgt, die Mentalität der Hexe zu verstehen, so lassen sich doch daraus definitive Schlüsse auf ihre Nachbarn ziehen.[24]

Folgende wichtige Tatsache ist festzuhalten: Wir müssen uns zwar damit abfinden, daß wir selten einen direkten Zugang zu den Handwerkern und Bauern der frühen Neuzeit in Europa finden, doch können wir sie durch die Vermittlung von Predigern, Druckern, Reisenden und Beamten erreichen. Diese Leute standen als Makler zwischen der gelehrten und der volkstümlichen Kultur, und sie waren ein wesentlicher Kulturfaktor in einer Situation, in der die hohe und die niedere Überlieferung nebeneinander existierten. Sie kamen als willkommene oder unwillkommene Missionare aus der großen Welt in die kleine Gemeinde. Da wir von der Voraussetzung ausgehen müssen, daß ein direkter Zugang unmöglich ist, besteht die größte Chance, etwas Verläßliches über die populäre Kultur zu erfahren, im indirekten Zugang über diese Mittelsmänner. Dafür gibt es sogar mehrere Möglichkeiten.

Eine von ihnen besteht darin, einen Darbietungsakt anhand eines Textes zu rekonstruieren. Die Gefahren dieses Verfahrens haben wir bereits geschildert, doch kann man auf der positiven Seite ins Feld führen, daß einige Texte der Darbietung näherkommen als andere. Unter den erhaltenen Dokumenten gibt es Manuskripte, in denen Straßensänger ihr Repertoire festhielten. Ein berühmtes Beispiel ist MS. Ashmole Nr. 48, das mit dem im sechzehnten Jahrhundert tätigen Sänger Richard Sheale in Verbindung gebracht wird. Wenn einige volkstümliche Prediger nur durch posthume lateinische Ausgaben ihrer Werke bekannt sind, so kennen wir doch andere durch Augenzeugenberichte. Einige Predigten des heiligen Bernardino von Siena sind nach einem Manuskripttext gedruckt worden, der aus dem fünfzehnten Jahrhundert von einem Mann stammt, der mit Wachstäfelchen versehen in die Predigten ging, um jedes Wort in Kurzschrift zu notieren. Auch Calvins Predigten wurden, während er sie hielt, in Kurzschrift festgehalten, so daß sie unverzüglich und korrekt gedruckt werden konnten.[25]

Den zweiten Zugang zur populären Kultur könnte man als gesellschaftlich indirekt bezeichnen. Man untersucht die Haltungen der Handwerker und Bauern über Zeugnisse der Geistlichkeit, des Adels und des Bürgertums zu erfassen. Auch die Gefahren dieses Vorgehens sind bereits erwähnt worden, doch gibt es Möglichkeiten, sie zu umgehen. Zunächst einmal nahmen die Oberschichten selbst an der volkstümlichen Kultur teil, vor allem in der ersten Hälfte der untersuchten Periode, so daß sie keine totalen Außenseiter waren. Balladen und Karnevalsveranstaltungen waren für sie verständlich und nachvollziehbar, wenn auch nicht Aufstände und Rebellionen. Besonders wertvoll sind die Zeugnisse von Männern, die aus Unterschichtfamilien stammten und auf der sozialen Leiter aufstiegen. Einige von ihnen schrieben die Geschichte ihres Lebens, so z. B. Benvenuto Cellini oder Giulio Cesare Croce, John Bunyan oder Samuel Bamford, und durch diese Texte werden wir der versunkenen Welt der volkstümlichen Kultur so nahe wie nur irgend möglich gebracht.[26]

Drei weitere Möglichkeiten eines indirekten Zugangs müssen im Detail besprochen werden: die ikonographische Methode, die regressive Methode und die komparatistische Methode.

Einer ihrer größten Vertreter, der verstorbene Erwin Panofsky, definierte die ikonographische Methode als „den Zweig der Kunstgeschichte, der sich mit dem Gegenstand und der Bedeutung des Kunstwerks im Gegensatz zu seinem formalen Aspekt befaßt".[27] Die Ikonographie schließt relativ simple Aufgaben ein wie die Bestimmung von Heiligen anhand ihrer Attribute und befaßt sich auf einer gehobeneren Stufe der Analyse, von Panofsky als ‚Ikonologie‘ bezeichnet, mit der Erforschung der Haltungen und Werte, die hinter den Kunstwerken stehen. Verkürzt könnte man sagen, daß die Ikonographie beschreibt, was die Zeitgenossen über ihre Kunstwerke wußten, während sich die Ikonologie mit dem befaßt, was sie über sich selbst nicht wußten – oder von dem sie wenigstens nicht ahnten, daß sie es wußten. Es ist nicht einzusehen, warum wir nicht auch an populäre Kunstwerke mit der Methode herangehen sollten, die wir auf für Fürsten und Edelleute hergestellte Kunst anwenden, ob es sich nun um Steingut aus Staffordshire, handkolorierte Holzschnitte aus Epinal oder Bauernmalereien aus Dalarna handelt.

Da die Handwerker und Bauern, mit denen wir es zu tun haben, oft Analphabeten waren und besser mit ihren Händen als mit Worten zurechtkamen, ist der ikonographische Zugang zu ihren Einstellungen und Werten sicherlich nicht unbegründet. Die Dinge, die sie verfertigten, stellen unseren unmittelbarsten Kontakt mit den Toten dar, deren Welt wir zu rekonstruieren und zu interpretieren versuchen; und dieser Kontakt ist so greifbar, daß es absurd erscheinen mag, diesen Zugang überhaupt indirekt zu nennen. Wir tun es nur deshalb, weil Geschichte geschrieben wird, der Kulturhistoriker also Farbe, Holz oder Stein in Worte umsetzt.

Diese Art der Umsetzung oder Übersetzung ist immer ein wenig anmaßend. Da zuverlässige schriftliche Zeugnisse für die Weltsicht der Analphabeten fehlen, ist sie im Falle der Volkskunst zwar besonders notwendig, aber auch besonders schwierig. Es überrascht daher nicht, daß auf diesem Gebiete bisher wenig getan worden ist. Man hat die Artefakte in Volkskundemuseen aufgestellt, ihre Verbreitung sorgfältig auf Landkarten registriert, und viele ikonographische Probleme im engeren Sinne des Wortes gelöst, so daß es einfach ist, den heiligen Martin mit dem Bettler, die Jungmühle oder die verkehrte Welt zu identifizieren. Aber welche Bedeutung hatte die verkehrte Welt für das einfache Volk? Wirkte sie belustigend, oder gab es furchterregende Assoziationen? Bedeutet die Tatsache, daß im achtzehnten Jahrhundert so viele Soldaten in der Volkskunst dargestellt werden, daß die einfachen Leute den Krieg billigten? Man hat kaum damit begonnen, Antworten auf solche Fragen zu suchen; der ikonologische Aspekt der Volkskultur ist für uns noch immer nicht ganz zugänglich.

Die Ikonologie der Aufstände könnte uns den Zielen des Fußvolkes vielleicht näher bringen als die Bekenntnisse der Führer. Oft marschierten die deutschen Bauern in den Bauernkriegen hinter einem Banner her, auf dem ein Schuh dargestellt war: der ‚Bundschuh‘; was sahen sie eigentlich in diesem Banner? Während der *Pilgrimage of Grace* in England spielte das Banner mit den fünf Wunden Christi eine hervorragende Rolle; 1639 enthielt das Banner der Aufständischen in der Normandie eine Darstellung des hl. Johannes des Täufers. Auch bei religiösen Prozessionen marschierte das Volk hinter solchen Bannern her. Vielleicht legitimierten die Fahnen mit ihren religiösen Darstellungen in den Augen des Volkes die Revolte, verwandelten sie in eine Wallfahrt oder einen Kreuzzug? Das Bild des heiligen Johannes des Täufers, der barfuß dargestellt wird, bot den Armen vielleicht in besonderem Maße die Möglichkeit zur Identifikation.

Der gesamte große Bereich der materiellen Kultur kann der ikonographischen Analyse als potentielles Forschungsgebiet dienen. Kleidung und Mode stellen z. B. ein System von Symbolen dar. In einer Gemeinschaft, in der gemeinsame Anschauungen vorherrschen, gibt es gewisse Regeln, die vorschreiben, was getragen werden kann, wer es trägt und bei welchen Gelegenheiten. Kleider, die ein Einzelmitglied dieser Gemeinschaft trägt, übermitteln also verschiedene Botschaften, die von den anderen Mitgliedern auch verstanden werden. Auf der ikonographischen Ebene ist das ziemlich einfach: Ein Blick auf ein Bauernmädchen sagte dem Eingeweihten, aus welchem Dorf es kam, wie vermögend seine Familie war, ob es verheiratet war oder nicht. Besteht für den Kulturhistoriker auch die Möglichkeit, die Ikonologie der Kleidung zu erforschen? Große regionale Varianten in der Kleidung sagen dem Betrachter, daß die Träger sich stark mit ihrer Region identifizieren; eine scharfe Trennung zwischen gewöhnlichen Arbeitstagen und Festtagen kann man durch die scharfe Trennung zwischen Alltagskleidung und den ‚guten‘ Sonntagskleidern ausdrücken. Es müßte auch möglich sein, ein Haus ikonologisch zu interpretieren, denn ein Haus ist nicht nur eine Wohnmaschine, sondern auch ein Ort, um den Rituale kreisen. Herd und Schwelle waren von besonderer symbolischer Bedeutung – daher wurden im sechzehnten und im siebzehnten Jahrhundert in East Anglia unter dem Herd und der Schwelle Hexenfläschchen vergraben. Es ist nur natürlich, daß Häuser das Familienleben und das Verhalten während Arbeit und Muße widerspiegeln und formen; auch Häuser kann man als System von Zeichen und Bedeutungen sehen. Zwei Arten von Informationen werden durch die Verteilung des Wohnraumes und das Arrangement der wichtigsten Möbelstücke in ihm vermittelt: Erstens erfahren wir etwas über die Männer und Frauen, die in den Räumen leben, und zweitens über die Kultur, an der sie teilhaben.[28] Natürlich müssen wir uns vor Augen halten, daß wir nicht ein authentisches Haus aus dem achtzehnten Jahrhundert betreten können. Was wir im Volkskundemuseum zu sehen bekommen, sind Rekonstruktionen – also Interpretationen.

Wenn es überhaupt möglich ist, die materielle Kultur der frühen Neuzeit als ein System von Zeichen zu interpretieren, dann nur unter Zuhilfenahme eines weiteren indirekten Zugangs, in diesem Falle indirekt im zeitlichen Sinne, nämlich der sogenannten ‚regressiven Methode‘. Der große französische Historiker Marc Bloch prägte diesen Begriff, als er die Geschichte der Landbevölkerung erforschte. Er versuchte, die Geschichte der französischen Bauernschaft aus den von ihnen bearbeiteten Feldern zu lesen, und fand heraus, daß für das achtzehnte Jahrhundert die Quellenlage relativ gut ist (damals waren Flurkarten allgemein gebräuchlich), in den Jahrhunderten vorher aber lückenhaft. Also schlug Bloch vor, die Geschichte rückwärts zu lesen.

> Ist es nicht unvermeidlich, daß im allgemeinen die Gegebenheiten der entferntesten Vergangenheit am wenigsten bekannt sind? Wie kann man also der Notwendigkeit entkommen, vom Besserbekannten zum weniger Bekannten zurückzuschreiten?[29]

Der Volkskundler steht vor dem gleichen Problem. Volksdrucke, Flugblätter und Volksbücher aus dem achtzehnten Jahrhundert sind viel zahlreicher erhalten geblieben als aus früheren Zeiten, entweder weil mehr davon gedruckt wurden oder weil eine größere Zahl von ihnen der Vernichtung entging. Auch die Mehrzahl der in den Volkskundemuseen aufbewahrten Artefakte stammt aus dem achtzehnten Jahrhundert oder aus späteren Zeiten.[30] Erst am Ende des achtzehnten Jahrhunderts begann man damit, Balladen und Geschichten systematisch aus der mündlichen Überlieferung zu sammeln, wie wir bereits gesehen haben. Auch wurden erst damals Alltags- und Festbräuche systematisch beschrieben. Es gibt also berechtigte Argumente dafür, die Geschichte der Volkskultur rückwärts zu schreiben und das achtzehnte Jahrhundert als Ausgangsbasis für die Betrachtung der fragmentarischeren Quellen aus dem siebzehnten und sechzehnten Jahrhundert zu nehmen.

Es gibt sogar Regionen, wo die Quellenlage so schlecht ist, daß sich der Historiker gezwungen sieht, einen jüngeren Zeitpunkt als das achtzehnte Jahrhundert zum Ausgang zu nehmen und sich von ihm aus in die Geschichte zurückzutasten. Es muß nicht betont werden, daß hier größte Vorsicht geboten ist. Nehmen wir einmal an, wir wollten die Kultur der Leibeigenen im siebzehnten und achtzehnten Jahrhundert in Mittel- und Osteuropa rekonstruieren. In diesem Fall wäre es ein Fehler, die Volkserzählungen, die zu Beginn des zwanzigsten Jahrhunderts in Mecklenburg gesammelt wurden, nicht in Betracht zu ziehen, handelt es sich doch um Geschichten, die alte Männer und Frauen erzählten, deren Großeltern wahrscheinlich am Ende des achtzehnten Jahrhunderts schon geboren waren und die sicher wenigstens bruchstückhaft die Haltung der Leibeigenen gegenüber ihren Herren widerspiegeln.[31]

Auch für das Studium des Volksliedes in der Periode der frühen Neuzeit ist die regressive Methode unersetzlich, wobei ebenfalls die Jahre um 1900 als

Ausgangspunkt dienen müssen. Die ernsthafte Erforschung der Volksmusik begann erst zu diesem Zeitpunkt, erst damals machte man den Versuch, sie so aufzuzeichnen, wie sie gesungen wurde, ohne sie zu harmonisieren. Cecil Sharp nahm sein erstes Volkslied *The seeds of love* erst 1903 in einem Pfarrhausgarten in Somerset auf, und ein Jahr später begann Béla Bartók seine Sammlertätigkeit am anderen Ende Europas, in Siebenbürgen. Um diese Zeit gab es auch zum erstenmal die technischen Möglichkeiten, Töne aufzunehmen. Sharp lehnte den Zylinderphonographen ab, weil er meinte, die Sänger fühlten sich durch ihn gehemmt, aber Bartók registrierte ziemlich viel auf Wachszylindern, was ihm ermöglichte, einzelne Darbietungen miteinander zu vergleichen.[32]

Kein Forscher, der an den Techniken der mündlichen Wiedergabe von Gesang oder Erzähltexten interessiert ist, kann an den Feldforschungen des neunzehnten oder zwanzigsten Jahrhunderts vorbeigehen. Russische *byliny* wurden schon vor 1800 niedergeschrieben, aber erst um die Mitte des neunzehnten Jahrhunderts beachtete der Sammler Unterschiede beim Erzählen. Noch wertvoller in dieser Hinsicht sind die Bandaufnahmen jugoslawischer Balladensänger, die der amerikanische Forscher Milman Parry in den dreißiger Jahren machte. Sie erst ermöglichten es, den Vortrag des gleichen Liedes durch zwei verschiedene Sänger oder Interpretationen durch denselben Sänger bei verschiedenen Gelegenheiten miteinander zu vergleichen. Parrys Interesse galt übrigens der Verifizierung von Hypothesen, die sich auf Homers poetische Techniken bezogen; neben seinem ehrgeizigen Ziel nehmen sich unsere Versuche, bis zum sechzehnten Jahrhundert vorzustoßen, recht kleinmütig aus. In noch jüngerer Zeit untersuchte ein ebenfalls mit einem Tonband bewaffneter amerikanischer Forscher die Sprache und den Vortrag schwarzer Prediger in verschiedenen Teilen Amerikas. Auch die Informationen, die wir über Wahrsage- und Volksmedizinbräuche in Frankreich, Norwegen oder Jugoslawien haben, sind unvergleichlich detaillierter für das zwanzigste Jahrhundert als für frühere Zeiten. Historiker, deren Quellen fragmentarische Texte sind, können eine Menge von Volkskundlern lernen, denn sie berufen sich auf lebende Menschen, die man bei der Arbeit beobachten und sogar befragen kann.[33]

Um Mißverständnisse zu vermeiden, sollte man gleich klarstellen, was die regressive Methode nicht leisten kann. Sie bedeutet nicht, daß Beschreibungen relativ moderner Situationen leichten Mutes unverändert auf frühere Perioden angewandt werden können. Wünschenswert ist vielmehr, das moderne Material indirekt zu benutzen, also mit seiner Hilfe schriftliche Quellen kritisch zu betrachten und zu interpretieren. Besonders dann ist die regressive Methode wertvoll, wenn Verbindungen hergestellt werden können zwischen den in der untersuchten Periode dokumentierten Erscheinungen oder wenn die Quellen so vage und lückenhaft sind, daß sie für sich allein genommen noch keinen Sinn ergeben.[34]

Die regressive Methode, für die ich hier eintrete, ist jedenfalls viel anspruchsloser als das Vorgehen von Wilhelm Mannhardt, Sir James Frazer oder anderen Gelehrten des neunzehnten Jahrhunderts, die nicht zögerten, auf der Grundlage zeitgenössischer Bräuche, wie dem der letzten Garbe oder dem des Scheingefechts bei Maskenspielen, das zu rekonstruieren, was sie ‚die primitive Religion der Arier' zu nennen beliebten. Für sie war die Erforschung der Ursprünge so wichtig, daß sie es versäumten nachzufragen, was diese Bräuche für spätere Generationen bedeuteten, und sie waren zum Sprung über Jahrtausende bereit, wobei sie die sozialen und kulturellen Veränderungen zwischen ihrer Zeit und der des Tacitus einfach ignorierten. Sie übernahmen den Mythos von einer unwandelbaren Volkskultur zu leichtfertig und ließen außer acht, daß dieser Mythos vom gebildeten Stadtbewohner geschaffen worden war, der die Bauern eher als Teil der Natur als als Teil der Kultur sah, in anderen Worten, als tierische eher als als menschliche Wesen. Diesen Fehler machte Marc Bloch nicht. Sein Ziel war es nicht, Millennien zu überspringen, sondern einen Weg über ein, zwei Jahrhunderte zurückzufinden, indem er sich Schritt für Schritt in die Vergangenheit tastete. Er suchte nicht zu beweisen, daß sich das französische Landleben nicht veränderte, sondern daß die Veränderungen sehr langsam vor sich gingen.

Es ist nur vernünftig, von einer starken kulturellen Kontinuität in Dorfgemeinschaften auszugehen, wo der Großteil der Familien bereits seit Generationen lebte, wo sie noch dieselben Häuser bewohnen wie ihre Väter und Großväter und noch denselben Boden bebauen. In diesen Gemeinschaften waren mündliche Überlieferungen wahrscheinlich stabil und damit ein verläßlicherer Zugang zur Vergangenheit, als moderne Historiker gewöhnlich wahrhaben wollen. In den West Highlands gibt es noch heute Menschen, die dasselbe Land besiedeln wie ihre Vorfahren im siebzehnten Jahrhundert, und deren Familientraditionen bis in diese Zeit zurückreichen. I. und P. Opie haben in anderen Landschaften Großbritanniens nachgewiesen, daß Kinder mündliche Überlieferungen treulich bewahren.

In ihrer nach außen abgeschirmten Gemeinschaft scheint sich fundamentales Überlieferungsgut und Sprache von einer Generation zur anderen kaum zu verändern. Jungen […] … stellen Rätselfragen, wie man sie in der Kindheit Heinrichs VIII. kannte. Junge Mädchen benutzen einen Zweizeiler, der schon in Shakespeares Tagen üblich war, um eine aus ihrem Kreise zu rügen, die ein Geschenk zurückverlangt.[35]

Natürlich verändern sich mündliche Überlieferungen im Wechsel der Generationen. Ereignisse, die Jahrhunderte auseinanderliegen, können unter einen Hut gebracht werden; moderne Vorstellungen werden in die Vergangenheit projiziert. Der Historiker, der sich seines indirekten Zugangs bewußt ist, kann diese Dinge aber unter Kontrolle halten. Auf die regressive Methode verläßt er sich weniger im Detail als hinsichtlich der übergreifenden Struktur, er interpretiert mit ihrer Hilfe Haltungen, ohne sich auf die Haltungen selbst genau festzulegen. Sein grundsätzliches Problem ist es festzustellen, wieviel Abstriche er aufgrund historischer Veränderungen machen muß, um die Wahrheit einzufangen.

Die Geschichte des englischen Mummenschanzes *(mummers' plays)* ist für diese Schwierigkeit beispielhaft. Es gibt mehr als 600 erhaltene Texte, aber fast alle stammen aus dem neunzehnten Jahrhundert oder aus noch jüngerer Zeit (wie die *Maggi* [Maispiele] aus der Toskana oder die schwedischen ,Sternspiele'). Eine Anzahl dieser Texte haben den hl. Georg als Helden. Sir John Paston aus Norfolk erwähnt 1473 einen Mann, den er in seinem Haus aushält, damit er „nun schon seit drei Jahren den hl. Georg spiele". Nun kommt es darauf an, diese Hinweise sinnvoll zu kombinieren und das im fünfzehnten Jahrhundert aufgeführte Stück aus den etwa vierhundert Jahre später aufgezeichneten Versionen zu rekonstruieren. Man kann den Anfang machen, indem man Hinzugefügtes ausschließt: Dazu gehören Gestalten wie Oliver Cromwell, König Wilhelm (egal, ob Wilhelm III. oder Wilhelm IV. gemeint ist) und Admiral Vernon, die alle in den späteren Versionen aus dem neunzehnten Jahrhundert vorkommen. Textkritik hat es den Forschern ermöglicht, einige Namen und Ausdrücke zu rekonstruieren, die im Prozeß des mündlichen Tradierens verfälscht worden waren, z.B. statt ,Turkey Snipe' richtig ,*Turkish Knight*' zu lesen. Auch darf man nicht vergessen, daß einige der aus dem neunzehnten Jahrhundert stammenden Versionen von Ortspfarrern, den allgegenwärtigen Vermittlern, expurgiert und in der gereinigten Form niedergeschrieben wurden. Schließlich aber stößt der Historiker wie ein Bilderrestaurator, der eine Farbschicht nach der anderen entfernt, doch auf die Handlung in ihrer Grundform: Sie besteht aus einer Folge von Zweikämpfen, dem Tode des Helden und seinem Wiederauferstehen.[36]

Das eben zitierte Beispiel zeigt, wie man die regressive Methode durch einen weiteren und letzten indirekten Zugang ergänzen kann: durch den Vergleich. Zu Beginn dieses Jahrhunderts wurden in Thrakien St.-Georgs-Spiele aufgeführt. Ein Vergleich mit ihnen kann ein Licht werfen auf die älteren Formen und die mutmaßliche Bedeutung einiger der englischen Maskenspiele. Mit Hilfe der griechischen Stücke können wir uns leichter vorstellen, wie die englischen vor der Expurgation ausgesehen haben mögen. Und wenn wir Hinweise dafür suchen, wie alt die Figur des komischen Doktors ist, so ist es nützlich zu wissen, daß es eine ähnliche Figur in deutschen Karnevalsspielen des fünfzehnten und sechzehnten Jahrhunderts gibt.[37]

Es ist sicher von Vorteil, Marc Bloch auch darin zu folgen, daß wir zwei Formen der vergleichenden Methode unterscheiden.

Die erste ist der Vergleich zwischen Nachbarn. Die Ballade *Lady Isabel and the Elf-Knight* (Child 4) ist kurz und steckt voller Rätsel. Die auf der anderen Seite der Nordsee, in den Niederlanden, aufgezeichneten Versionen der Ballade – sie heißt hier *Heer Halewijn* – sind vollständiger und zahlreicher und können dazu beitragen, die englische Variante zu interpretieren. Der Erforscher von Sitten und Bräuchen hat die vergleichende Methode noch nötiger als der Balladenforscher. Es wäre schwierig, den römischen Karneval im sechzehnten Jahrhundert zu rekonstruieren oder zu interpretieren, ohne mit Florenz oder Venedig Vergleiche zu ziehen. Je bruchstückhafter die Dokumentation in einer bestimmten Gegend ist, desto wertvoller ist die vergleichende Methode. Man muß sie vorsichtig anwenden – regionale Variationen darf man ebensowenig unterschätzen wie historische Veränderungen –, doch wenn sie gewissenhaft gehandhabt wird, erweist sie sich als wertvoller indirekter Zugang.[38]

Umstrittener ist die zweite Form der komparatistischen Methode, nämlich der Vergleich zwischen zeitlich und örtlich relativ weit auseinanderliegenden Gesellschaften. Kann der Kulturhistoriker, der sich mit dem Europa der Frühneuzeit befaßt, vom Sozialanthropologen lernen, der auf den Trobriand-Inseln, bei den Nuer oder im zeitgenössischen Sizilien und Griechenland arbeitete? Selbstverständlich kann er nicht einfach seine Schlußfolgerungen übernehmen. Anthropologen haben jedoch Erfahrungen aus erster Hand mit dem von Historikern so schwer nachvollziehbaren Leben in vorindustriellen Gesellschaften, und sie erzählen uns davon in unserer eigenen Sprache. Auch sind Anthropologen oft gewandter im Umgang mit Begriffen und haben weniger Schwierigkeiten, ihre Methoden offenzulegen, als ihre Kollegen aus dem Bereich der Geschichte. Auf einem Gebiet wie dem der Geschichte der Volkskultur, auf dem Historiker noch nicht lange genug geforscht haben, um eine methodische Übereinstimmung zu erreichen, ist daher das Beispiel der Anthropologen besonders beherzigenswert.

Wieviel ein Historiker, der auf dem Gebiete des Volksglaubens arbeitet, von Sozialanthropologen lernen kann, die in einem anderen Kontinent tätig waren, erhellt aus jüngsten Untersuchungen des Hexenaberglaubens. In Afrika haben Anthropologen bei der Erforschung der magischen Bräuche Medizinmänner zu Rate gezogen und sogar erreicht, von ihnen als Schüler akzeptiert zu werden, so daß sie die Zauberei von innen zu verstehen lernten. Historiker können diese Methode selbstverständlich nicht übernehmen, aber das Beispiel der Anthropologie trug dazu bei, sie von dem Zwang zu befreien, die Hexen wegen der bestehenden Quellenlage mit den Augen der Richter zu betrachten.[39]

Volkskundler, die Haltungen und Werte von Bauern erforschen wollen, die nur in Ausnahmefällen geschriebene Berichte hinterließen, müssen zwangsläufig großen Wert auf die Untersuchung öffentlicher Rituale legen, und auch auf diesem Gebiet sind die Anthropologen seit langem versiert. Wer den europäischen Karneval untersuchen will, kann, wie noch in einem folgenden Kapitel erörtert werden soll, von neuen anthropologischen Forschungen über ‚Umkehrungsbräuche‘ in Indien und Afrika lernen. Wahrscheinlich hätte ich es nicht gewagt, den Vorschlag auszusprechen, daß Historiker eines Tages das europäische Bauernhaus als Zeichensystem analysieren könnten, wenn der Anthropologe Pierre Bourdieu nicht eine ähnliche Analyse des Berberhauses im modernen Algerien durchgeführt hätte, wobei er den Kontrast zwischen männlichem und weiblichem Raum beschreibt, zwischen dem „lichterfüllten, edlen oberen Teil des Hauses", dem Ort des Feuers, und dem „dunklen und nächtlichen unteren Hausteil, dem Ort der feuchten, unreifen oder rohen Dinge".[40]

Anthropologen, die als Ethnohistoriker arbeiteten, lieferten auch zwei hervorragende Beispiele für die sorgfältig und gewissenhaft angewandte regressive Methode. Um den spanischen Einfluß auf die südamerikanische Kultur auszuloten, hat George Foster versucht, die spanische Bauernkultur des sechzehnten Jahrhunderts zu erschließen. Um dieses Ziel zu erreichen, verfolgte er vom zwanzigsten Jahrhundert ausgehend den Weg in die Vergangenheit zurück, indem er eigene Feldforschungen in Spanien anstellte und sich auf Arbeiten von Volkskundlern stützte. Georges Balandier schrieb eine Geschichte des Königreichs Kongo im sechzehnten und siebzehnten Jahrhundert. Für diesen Zeitraum bestehen die dokumentarischen Quellen aus Zeugnissen weißer Beamter und Missionare, deren Ansichten sich auch verständlicherweise in ihnen spiegeln. Um diese Quellen zu ergänzen, stützte sich Balandier auch auf mündliche Überlieferungen, die im neunzehnten und zwanzigsten Jahrhundert gesammelt wurden. Sicher stellen mündliche Quellen die Ereignisse nicht verläßlich dar, aber aus ihnen kann man Reaktionen auf diese Ereignisse ablesen, und sie zeigen die ‚Sicht der Unterlegenen‘ den Geschehnissen gegenüber. Die Analogie zwischen Balandiers Problemen und denen des Historikers der populären Kultur Europas liegt auf der Hand.[41]

Die vergleichende Methode setzt, wie die regressive auch, gewissenhafte Überlegungen voraus. Wem sie zu spekulativ vorkommt, der möge in Betracht ziehen, daß sie nie allein für sich, sondern nur in Verbindung mit den anderen Methoden angewandt werden sollte, und dann vor allem zur Deutung vorhandener fragmentarischer Dokumente, die sie selbstverständlich nie ersetzen kann. Herder nannte einst die Volkslieder ‚das Archiv des Volkes‘. Ohne die geschilderten Techniken kann man in diesem Archiv nicht lesen. Da die Volkskultur der Frühneuzeit sich dem üblichen wissenschaftlichen Zugang entzieht, muß man sich ihr auf Umwegen nähern, sie durch indirekte Mittel wiederherstellen und sie mit der Hilfe einer Vielzahl von Vergleichen interpretieren. Wie groß die Schwierigkeiten sind, wird das nächste Kapitel anhand der Sänger, Erzähler, Schauspieler, Holzschnitzer und Maler deutlich machen, die im von uns untersuchten Zeitraum die Volkskultur weiterreichten. Einige von ihnen waren zu ihren Lebzeiten berühmt, doch heute sind sie alle nur noch schattenhafte Gestalten.

Zweiter Teil
Strukturen der populären Kultur

4. Das Tradieren der populären Kultur

Jeder Handwerker und Bauer, seine Mutter, seine Frau und seine Tochter waren daran beteiligt, die populäre Kultur weiterzureichen. Sie gaben die Werte ihrer Kultur oder Subkultur ganz unbewußt weiter, wenn sie ein Märchen erzählten, wenn sie die Kinder erzogen. Heute können wir uns kaum mehr vorstellen, wie stark das Leben in einer vorindustriellen Kultur auf dem Hand-Werken, auf dem Selbermachen gründete. Schäfer spielten nicht nur auf ihren Dudelsäcken, sie stellten sie auch selbst her. Die Männer eines Haushalts machten das Mobiliar selbst, die Frauen nähten die Kleidung. Auf dem Lande waren solche Winterbeschäftigungen selbstverständlich. Jeder, der krank wurde oder einen Unfall hatte, wurde zu Hause behandelt. Die meisten Unterhaltungs- und Freizeitmöglichkeiten wurden ebenfalls selbst erstellt.

Die meisten, aber nicht alle. Weder der Einzelhaushalt noch das Dorf waren kulturell autonom. In jedem Dorf gab es einige Leute, die besser sangen oder erzählten als die anderen, so z.B. die Frau Viehmännin, eine Schneiderswitwe aus der Gegend von Kassel, deren Begabung der Nachwelt überliefert wurde, weil die Brüder Grimm einundzwanzig ihrer Märchen schriftlich festhielten.[1] Erkrankten Menschen oder Vieh und brachten Hausmittel keine Linderung, so wandte sich der Bauer an den Heiler oder die weise Frau, also an jemand, der die Heilkunst halbprofessionell ausübte. Wenn er ein Metallwerkzeug brauchte, holte er es sich beim Dorfschmied, also bei einem vollberuflichen Handwerker, oder er wartete, bis ein Hausierer ins Dorf kam. Wandernde Spielleute oder Schauspielertruppen boten gelegentlich professionelle Unterhaltung an. Kurz, es ist angebracht, mit dem schwedischen Volkskundler Carl von Sydow die ‚aktiven Träger‘ der Volksüberlieferung vom relativ passiven Rest der Bevölkerung zu unterscheiden. Diese Minderheit der aktiven Träger sollen Gegenstand dieses Kapitels sein. Sie werden als Persönlichkeiten geschildert, und gleichzeitig soll das soziale Umfeld erfaßt werden, in dem sie agierten; ferner wollen wir versuchen zu klären, ob sie Innovatoren waren oder einfach nur ‚Bewahrer‘ oder ‚Hüter‘ der Tradition.[2]

Die Professionellen

Hier kann man einem Definitionsproblem nicht aus dem Wege gehen. Was ist ein ‚populärer‘ Künstler? Es dürfte am einfachsten sein, ihn als einen Künstler zu definieren, der in erster Linie für ein Publikum von Handwerkern und

Bauern produziert. Diese Definition würde Dürer oder Hogarth ausschließen, obwohl manche ihrer graphischen Arbeiten sehr weit verbreitet waren. Der holländische Kupferstecher Romeyn de Hooghe, der im siebzehnten Jahrhundert lebte, ist wahrscheinlich ein Grenzfall. De Hooghe (ein Neffe des Malers Pieter de Hooghe) war Doktor der Jurisprudenz. Seine Drucke fanden bei der Oberschicht Anklang, und er wurde vom König von Polen geadelt. Da seine wichtigsten Arbeiten aber politische Drucke waren, die ein großes Publikum fanden, würde ich ihn zu den populären Künstlern zählen. Auch den im achtzehnten Jahrhundert wirkenden englischen Zeichner James Gillray würde ich einbeziehen. Über die meisten seiner Kollegen weiß man viel zu wenig. Von einigen französischen Drucker- und Kupferstecherfamilien aus der Rue St. Jacques in Paris, die populäre Drucke herstellten, kennen wir die Namen, aber wenig mehr: die Mariettes (zwischen 1600 und 1774 aktiv), die Jolains (etwa zwischen 1650 und 1738) oder die Familie Basset (tätig etwa zwischen 1700 und 1854). Letztere ist berühmt geworden, weil einige ihrer Mitglieder Drucke herstellten, die sich für die französische Revolution einsetzten. Es ist schwer zu sagen, ob man diese Leute als Unternehmer, Graveure oder Künstler betrachten soll – wahrscheinlich waren sie alles auf einmal. Dasselbe gilt wohl für die Abadal-Familie, die vom siebzehnten bis zum zwanzigsten Jahrhundert in verschiedenen katalanischen Städten tätig war, oder auch für die Familien Didier und Pellerin aus Epinal in Lothringen, einer Stadt, die bereits im achtzehnten Jahrhundert einen wichtigen Mittelpunkt der populären Druckkunst darstellte. Vom Ausmaß der Produktion kann man sich eine Vorstellung machen, wenn man sich vor Augen hält, daß Jean-Charles Didier bei seinem Tode im Jahr 1772 ein Lager von 56000 Bilddrucken zurückließ.[3]

In Norwegen und Schweden besitzt man einige Kenntnisse über Hunderte von Handwerkern, die im achtzehnten Jahrhundert in ländlichen Bezirken arbeiteten, weil es nicht selten vorkam, daß sie ihre Arbeiten signierten und datierten und weil die Ortsregister nicht nur die Daten der Taufe, der Heirat und des Begräbnisses festhielten, sondern auch etwas über ihre Lese- und Schreibkenntnisse, ihre Vertrautheit mit dem Katechismus und sogar die Zahl der Möbel in ihrem Haushalt aussagten. Einige dieser Kunsthandwerker stellen sich als festumrissene künstlerische Persönlichkeiten dar und als Männer, die in ihren Gemeinden ein beträchtliches Ansehen genossen: so Clemet Håkansson aus Småland und Corporal Gustaf Reuter aus Hälsingland, zwei führende schwedische Vertreter der *bonadmåleri,* der Malerei auf Wandbehängen; Kittil Rygg aus Hallingdal und Ola Hansson aus Telemark, führende ‚Rosenmaler‘ aus Ostnorwegen; oder Jakob Klukstad aus Gudbrandsdal, vielleicht der größte norwegische Holzschnitzer des achtzehnten Jahrhunderts.

Einige Maler, Schnitzer und Weber des achtzehnten Jahrhunderts waren zweifelsohne Berufskünstler, obwohl sie, wie Corporal Reuter, vielleicht einen anderen Beruf ausgeübt hatten, bevor sie Künstler wurden und gelegentlich auch einen Bauernhof besaßen und daraus Einkünfte bezogen. Oft wanderten sie von Ort zu Ort und arbeiteten in den Häusern ihrer Auftraggeber. Ihre Ausbildung war nicht strikt festgelegt. Maler vergrößerten ihr Repertoire, indem sie deutsche oder holländische Holzschnitte oder Stiche kopierten oder adaptierten, und sie versuchten zuweilen, ihre Kunstfertigkeit an ihre Kinder weiterzugeben. Clemet Håkanssons Sohn und Enkel waren ebenfalls Maler, und im Falle des schwedischen Malers Per Nilsson waren es nicht nur die Söhne, sondern auch fünf Töchter, die seinem Beispiel folgten, was den Schluß nahelegt, daß die Familie als Team arbeitete und daß die Bilder zu Hause verfertigt wurden. Spezielle Innovationen gehen manchmal auf das Konto individueller Künstler; so schreibt man Erik Eliasson aus Rättvik in Dalarna, der Schränke und Kästen mit Blumenmustern bemalte, die Erfindung des *kurbits,* des stilisierten Kürbisses, zu. Wir wissen nicht, wie Künstler und ihre Kunden Innovationen aufnahmen; beim gegenwärtigen Stand der Forschung ist es noch schwierig, verbindliche Aussagen zu machen. Wir wissen noch nicht einmal genau Bescheid über die Herkunft, die Ausbildung und den Status dieser ländlichen Künstler.[4]

Über die Hersteller volkstümlicher Kunstgegenstände in anderen Gegenden ist es noch schwieriger, mehr als nur Allgemeines zu sagen. In großen Städten war es für spezialisierte Maler möglich, einen Lebensunterhalt zu finden, so z. B. in London, wo in Harp Alley mehrere Schildermaler ihren Beruf ausübten, oder in Venedig und Neapel, wo es die *madonnari,* die auf Madonnenvotivbilder spezialisierten Maler, gab. Andere Maler wanderten auf Arbeitssuche über Land und nahmen Aufträge zum Malen eines Portraits wie zur Herstellung eines Aushängeschilds entgegen. Wenn es in bestimmten Landschaften die geeignete Sorte von Ton gab, wie z. B. in den italienischen Marken, kam es vor, daß ganze Dörfer sich der halbprofessionellen Herstellung von Tonwaren verschrieben. In anderen Orten kam der Dorfschmied einem professionellen Künstler am nächsten, denn Schmiede beschränkten sich nicht darauf, Pferde zu beschlagen oder Werkzeuge zu reparieren, sie stellten auch Wetterfahnen und andere Dekorationsstücke aus Schmiedeeisen her. In Süddeutschland, Österreich und im Elsaß machten die Schmiede eiserne Votivfiguren, während sie in Schweden, das reich an Eisenerz ist, auch Grabdenkmäler aus Metall herstellten.[5]

Über Wanderunterhalter gibt es schon mehr zu sagen. Diese Nachfolger der mittelalterlichen Spielleute stellten eine bunt zusammengewürfelte und vielseitige Gruppe dar.[6] Hier als Beispiel nur Begriffe, die in England zwischen 1500 und 1800 geläufig waren: *ballad-singers* (Balladensänger), *bear-*

wards (Bärenführer), *buffoons* (Spaßmacher), *charlatans* (Scharlatane, Salbenkrämer), *clowns* (Clowns), *comedians* (Komödianten), *fencers* (Fechtmeister), *fools* (Narren), *hocus-pocus men* (Zauberkünstler), *jugglers* (Gaukler, Jongleure), *merry-andrews* (Hanswurste), *minstrels* (Straßensänger), *mountebanks* (Kurpfuscher), *players* (Schauspieler), *puppet-masters* (Puppenspieler), *quacks* (Quacksalber), *rope-dancers* (Seiltänzer), *showmen* (Schausteller), *toothdrawers* (Zahnreißer) und *tumblers* (Akrobaten). Es mag verwunderlich sein, daß Leute, die Zähne zogen, zu dieser Gruppe gehörten, doch auch sie, die im Freien vor der Menge arbeiteten, gaben eine Vorstellung. Viele der Bezeichnungen überschneiden sich, da sich die Funktionen überschneiden; diese professionellen Unterhalter waren zweifellos in der Lage, eine Art Varieté anzubieten. Ein ‚Komödiant' beschränkte sich nicht auf komische Rollen. Im englischen Wort ‚player', vergleichbar dem deutschen Wort Spielmann und dem slawischen igrec, steckt die Bedeutung ‚Schauspieler', also eines Mannes, der eine Rolle und z. B. auch den Narren spielt, neben der eines Menschen, der ein Instrument beherrscht. Er mußte ein Meister der Pantomime und der blitzschnellen Verwandlung sein. Englische Schauspieltruppen konnten auf dem Kontinent erfolgreich auftreten, weil ihre Schau nicht auf das Verständnis der Sprache angewiesen war. Einem dänischen Dokument zufolge waren die englischen Schauspieler *instrumentister och springere*, Musiker und Akrobaten. Ein Possenreißer oder Clown konnte je nach Möglichkeit verschiedene Tätigkeiten ausüben: Er sang oder improvisierte Verse, tanzte auf dem Seil, vollführte Sprünge oder jonglierte mit Bällen. All dies konnte auch ein Spielmann zur Schau stellen. Einer der wenigen englischen Spielleute des sechzehnten Jahrhunderts, dessen Namen wir heute noch kennen, Richard Sheale (seine Version der Ballade *Chevy Chase* ist in Percys *Reliques* abgedruckt), bezeichnete sich als ‚merry knave', als einen Spaßmacher. Die alte spanische Bezeichnung für Spielmann, ‚*juglar*', die im sechzehnten Jahrhundert bereits ein bißchen altertümlich war, erinnert uns daran, daß ein und derselbe Mann Geschichten erzählen oder mit Bällen jonglieren konnte; und das lateinische Wort, von dem sie abgeleitet ist, *joculator*, Spaßmacher, legt nahe, daß ein Spielmann ein Allgemeinunterhalter war. So eindrucksvoll waren die Darbietungen dieser Männer, daß das Wort ‚juggler' im Englischen die Bedeutung ‚Zauberer' annahm, während der Begriff ‚conjurer', der ursprünglich auf jemanden bezogen wurde, der Geister beschwor, im achtzehnten Jahrhundert auf Männer angewandt wurde, die Zaubertricks vorführten, Feuer schluckten oder lange bunte Bänder aus dem Mund zogen. Auch Schauspielern und Schauspielerinnen legte man manchmal zur Last, sie seien mit dem Teufel, dem großen Meister des trügerischen Scheins, im Bunde.

Jetzt müssen wir uns mit den eigentlichen Schaustellern befassen, ob sie

nun Puppen, Reliquien und Souveniers, Wachsimitationen, dressierte Bären oder Affen vorführten oder eine Guckkastenschau mit Schlachtenansichten oder exotischen Städten wie Konstantinopel oder Peking anboten, und schließlich bleibt auch noch die Vielzahl der abschätzigen Berufsbezeichnungen wie Scharlatan, Kurpfuscher, Quacksalber. Im sechzehnten und siebzehnten Jahrhundert waren diese Begriffe nicht nur im pejorativen Sinne im Gebrauch, und ihre Bedeutung war präziser als in späteren Jahrhunderten.*
Der Scharlatan oder, wie er sich in Frankreich manchmal nannte, *„opérateur'* war ein fahrender Arzneiverkäufer, der durch lustige Auftritte potentielle Kunden anzulocken trachtete. Antoine Girard, bekannt als ,Tabarin', war ein berühmtes Beispiel eines Scharlatans, dem man vielleicht das seines ebenfalls aus dem siebzehnten Jahrhundert stammenden Kollegen Guillot-Gorju zugesellen sollte. Letzterer spielte abwechselnd die Rolle des Arztes auf der Bühne und betätigte sich wirklich in der Heilkunst, wie übrigens auch der große österreichische Schauspieler Josef Anton Stranitzky, der nebenbei Zähne zog. Diese Verbindung von Heiler und Unterhalter ist in der Tat überaus alt. Das Heilen war und ist in einigen Teilen der Welt noch heute ein soziales Drama, eine öffentliche Vorstellung, die ein kompliziertes Ritual voraussetzt.[7] In Italien kann das Wort *ciarlatano* (oder *ciurmatore*) sowohl einen Medizinverkäufer als auch einen Straßenschauspieler bedeuten. Die *ciarlatani,* die auf öffentlichen Plätzen auftraten, waren nicht so angesehen wie die *comedianti,* die in Privathäusern spielten. Der englische *mountebank* war ein Scharlatan, der auf einer Bank oder Bühne agierte und von einer Reihe von Requisiten umgeben war. *Saltimbanchi* waren Marktakrobaten, die auf Bänken oder Bühnen auftraten, während man die *cantimbanchi* mit dem deutschen Wort Bänkelsänger beschreiben kann. Sie besaßen oft einen Satz Bildtafeln und veranschaulichten beim Singen die Handlung der Lieder, indem sie mit einem Zeigestab die Aufmerksamkeit des Publikums auf das entsprechende Bild lenkten. Nicht vergessen sollte man, daß sie auch Kolporteure waren, denn sie verkauften im Anschluß an den Vortrag Balladentexte. Sie waren also nicht nur Rezitatoren, sondern auch Verkäufer der Balladen, im Englischen *,ballad-mongers'.* Übrigens verkauften Scharlatane ebenfalls Liedtexte. Die Bänkelsänger wurden auch Gassen- oder Marktsänger genannt, weil sie auf Straßen und Märkten sangen. Diejenigen, die sich auf aktuelle Ereignisse spezialisiert hatten, waren als Avisensänger bekannt. Liedersingen war auch ein Broterwerb für Frauen. In Wien gab es im Jahre 1797 fünfzig aktive ,Liederweiber'.[8]

Die Assoziationen, die alle diese Berufsbezeichnungen hervorrufen, sind

---

* Der Begriff Scharlatan scheint zum ersten Mal von J. B. Menckenius im Jahre 1715 auf hochstaplerische Doktoren angewandt worden zu sein.

nicht nur für Westeuropa typisch. Der russische Ausdruck „*skomroch*' kann auf verschiedene Weise übersetzt werden, als ‚Schauspieler', ‚Hanswurst' oder ‚Akrobat'. Im sechzehnten und siebzehnten Jahrhundert trugen die skomorochi *byliny* vor, traten als Clowns auf, als Ringer, als Jongleure und führten dressierte Bären vor. Auch Puppenspiele zeigten sie auf den Straßen.[9]

Obwohl ihre Tätigkeit kaum jemals ausführlich geschildert wurde, werden auf diese Unterhalter viele Anspielungen gemacht, so daß sich aus vielen Einzelheiten so etwas wie ein Gesamtbild ergibt. Auch in diesem Gewerbe gab es eine Hierarchie des Erfolgs. An der Spitze der Pyramide standen einige Unterhalter, die in großen Städten arbeiteten, am Hofe auftraten und ihre Texte drucken ließen wie Tabarin in Paris, Tarleton in London oder Gil Vicente in Lissabon. Letzterer war ein Dichter, Schauspieler und Musiker, in anderen Worten ein *jogral,* ein Spielmann. (Shakespeare lassen wir hier weg, da er nicht hauptsächlich für Bauern und Handwerker arbeitete.) Einige Unternehmer des Unterhaltungsgeschäfts gehörten ebenfalls zu den ganz Erfolgreichen. Zu ihnen gehört Martin Powell, der seine Puppen in Bath zeigte und 1710 nach Covent Garden zog, und sein französischer Zeitgenosse François Brioché, der auf der Foire St. Germain ein Puppentheater hatte. Als er einmal die Schweiz besuchte, wurde er der Zauberei verdächtigt und verhaftet, doch Nicolas Boileau erwähnte ihn weiterhin, und schließlich wurde er zum *opérateur de la maison du roi* ernannt, sozusagen zum königlichen Hofscharlatan. Alle diejenigen, die ihren Standort an Orten wie der Piazza S. Marco in Venedig, der Piazza Navona in Rom oder auf dem Pont-Neuf in Paris hatten, gehörten zu den Aristokraten des Gewerbes. In Anbetracht der Größe dieser Städte hatten sie es nicht nötig, auf Wanderschaft zu gehen. Einige von ihnen gründeten Dynastien, wie die Familie Brioché, die Familie Bienfait, die ebenfalls ihren Standort auf der Foire St. Germain hatte und Puppenspiele vorführte oder die Familie Hilverding, die in Mitteleuropa auftrat. Die venezianischen Clowns Zan Polo und Zane Cimador waren ein erfolgreiches Team von Vater und Sohn. Diesen Männern könnte man einen neuen Typ von Unterhaltern zugesellen, der für die Nach-Gutenberg-Zeit charakteristisch wurde, nämlich der professionelle Balladenverfasser wie z. B. der Ex-Anwalt William Elderton oder der ehemalige Weber Thomas Deloney; auch Männer, die an der Grenze zwischen gelehrter und populärer Kultur standen, wie Elkanah Settle, ein Mann, der in Oxford studiert hatte und von Shaftesbury gefördert wurde, jedoch für Mrs. Mynn arbeitete, die Schaustellerin auf der Bartholomew Fair war. Von ihm sagte man sogar, daß er in einem Stück den Drachen darstellen mußte. In europäischen Randgebieten genossen die Volkssänger hohes Ansehen und den Schutz der Adelshäuser, wie z. B. Sebastyén Tinódi im sechzehnten Jahrhundert in Ungarn. Er wurde sogar geadelt. Auch John Parry, der im achtzehnten Jahrhundert in Wales lebte, könnte man zu ihnen rechnen.[10]

Eine Stufe unter dieser kleinen, angesehenen Gruppe stand die Masse derer, die ihr Leben auf Wanderschaft verbrachten. Die Bevölkerungsdichte war im frühneuzeitlichen Europa im Vergleich zum zwanzigsten Jahrhundert so gering, daß viele Dienstleistungen nicht ortsgebunden angeboten werden konnten. Die Unterhalter reisten wie Kesselflicker und Hausierer von Ort zu Ort. Es war leichter, ein neues Publikum aufzusuchen als das Repertoire zu ändern. Um neue Zuschauer zu finden, mußten die Unterhalter von Stadt zu Stadt, von Jahrmarkt zu Jahrmarkt ziehen, wobei sie auch in Dörfern haltmachten, die auf dem Wege lagen. Vor allem was Mitteleuropa anbelangt, kannten die Unterhalter keine politischen Grenzen. Ihnen kann man die Geschlossenheit der europäischen Volkskultur mit gleichem Recht zuschreiben wie den archaischen indo-europäischen Überlieferungen.* Der Puppenspieler J.B.Hilverding war 1698 in Prag, 1699 in Danzig, 1700 in Stockholm, 1701 in Nürnberg und 1702 in Basel.

Wandernde Unterhalter traten allein oder in Gruppen auf. Wenn man russischen Gemeindeältesten aus dem sechzehnten Jahrhundert Glauben schenken kann, so wanderten die *skomorochi* „in Gruppen von bis zu sechzig, siebzig oder gar einhundert Menschen" umher. Im achtzehnten Jahrhundert konnte man in England auf den Landstraßen umherziehende Schauspielertruppen sehen, von denen einige zu arm waren, um die Postkutsche zu benutzen. Doch waren sie immer modisch gekleidet, um die Aufmerksamkeit zu erregen. Gewöhnlich wurden zwei Schauspieler vorausgeschickt, die eine Auftrittsgenehmigung besorgen mußten. Sie waren meistens mit aus zweiter Hand gekauften Requisiten und Kostümen ausgestattet, die manchmal total abgenutzt waren, und traten in Gasthäusern und Scheunen auf. Daher stammt die im neunzehnten Jahrhundert gebräuchliche abfällige Redensart vom ‚Scheunenstürmen' *(barnstorming)*.[11]

Die französischen *bateleurs* und die spanischen *farsantes* führten ein ähnliches Leben. Einer von ihnen, Augustín de Rojas, hinterließ eine anschauliche Beschreibung des harten Lebens eines Wanderschauspielers. Er unterscheidet acht Arten von Truppen, je nach Größe, Repertoire, Wohlstand und der Anzahl der Tage, die an einem bestimmten Ort verbracht werden konnten, bevor man sich wieder auf den Weg machte. ‚Volkstümlich' waren wohl die untersten vier von ihm beschriebenen Gruppen. Die Größte von ihnen

---

* Man darf die Hoffnung aussprechen, daß ein Historiker einmal diese Wanderer quer durch Europa verfolgen wird (anhand der Auftrittsgenehmigungen, die noch in Stadtarchiven aufbewahrt werden), um so festzustellen, wie weit sie reisten, bevor sie den Heimweg antraten.

war der ‚cambaleo'. „Der ‚cambaleo' ist eine Frau, die singt und fünf Männer, die weinen". Sie konnten von vier bis zu sechs Tagen am gleichen Ort bleiben, da sie eine Komödie, zwei *autos* (religiöse Stücke) und drei oder vier komische Einakter auf die Beine stellen konnten. Weniger großartig war schon die ‚gangarilla', bestehend aus drei oder vier Männern, „einem, der den Narren spielen kann und einem Jungen, der die Frauenrollen spielt [...] sie essen gebratenes Fleisch, schlafen auf dem Boden, kriegen ihren Schluck Wein, reisen ununterbrochen und treten auf jedem Bauernhof auf". Als nächste kam der *ñaque*. „Der *ñaque* besteht aus zwei Männern [...] sie schlafen in ihren Sachen, gehen barfuß und essen sich nicht satt." Ihre einzigen Requisiten sind ein falscher Bart und ein Tamburin. Ganz unten in der Hierarchie steht der ‚bululú', „ein Schauspieler allein, der zu Fuß reist. Er kommt in ein Dorf, geht zum Pfarrer und erzählt ihm, daß er ein Stück oder eine oder zwei ‚loas' kennt". (Eine ‚loa' war ein gereimter Prolog zu einem *auto*.)[12]

Der *bululú* war nur einer von vielen allein umherreisenden Unterhaltern. Georges de la Tour hinterließ uns auf einem Gemälde, das jetzt im *Musée des Beaux Arts* in Nantes hängt, ein eindrucksvolles Portrait von einem von ihnen. Ein blinder alter Mann singt und begleitet seinen Gesang auf der *vielle*, einer kleinen, rustikalen Drehleier, die in England unter dem Namen ‚hurdy-gurdy' bekannt war. Solche Wandermusikanten kommen im sechzehnten Jahrhundert oft in kirchlichen Almosenabrechnungen im Languedoc vor. Einige von ihnen waren sogar Geistliche, was Schlüsse auf den Status und den Einkommensstand des niederen Klerus zu jener Zeit zuläßt. Einige spielten die *vielle*, andere das Schlangenhorn. Im achtzehnten Jahrhundert verschwand die Leier und wurde von der Fiedel ersetzt, aber die ‚chanteurs-chansonniers' wanderten immer noch durch Frankreich, wie die Handwerksburschen auf ihrer Tour de France. In Italien nannte man sie *cantastorie*, Geschichtensänger, die von Ort zu Ort wanderten und sich auf einem Instrument begleiteten, in aller Regel der *viola*. Die von ihnen vorgetragenen Epen waren manchmal so lang, daß sich der Gesang auf einige aufeinanderfolgende Tage ausdehnte. In Serbien nannte man solche Epensänger *guslari*, da sie sich auf der *gusle* begleiteten, einer Art Fiedel mit nur einer Saite. In Rußland nannte man sie *kobzari*, weil die *kobza* ihr Instrument war, eine weitere Variante der Leier. Ihre Rivalen waren die *kaleki*, die sich auf Lieder über Heilige spezialisiert hatten. In Wales und Irland war die Harfe das Lieblingsinstrument der Wanderunterhalter; in Spanien am Ende der von uns untersuchten Periode wurde die Gitarre bevorzugt. Auch Puppenspieler wie Meister Pedro im *Don Quixote* waren Einzelunterhalter.[13]

Berufsunterhalter unterschieden sich in mancher Hinsicht von der Masse der Bevölkerung. Sie trugen auffallende Kleidung, grelle und buntscheckige Sachen; die *skomorochi* trugen kurze Kittel westlicher Art; Tabarin war berühmt wegen der ungewöhnlichen Form seines Hutes. Sie hatten seltsame Spitznamen wie ‚Sauermilch‘, ein Lautenspieler, der 1511 in Ochsenfurt auftauchte, oder ‚Brûle-Maison‘, ein bekannter Sänger, der im achtzehnten Jahrhundert in Lille auftrat. Viele von ihnen waren Zigeuner, die als Musiker in Mitteleuropa sehr gefragt waren. Manche von ihnen wurden sogar berühmt, wie die Familie Czinka in Ungarn im achtzehnten Jahrhundert. Es gab unter ihnen eine große Zahl von Savoyarden, denn das Land war nicht fruchtbar genug, um die ganze Bevölkerung zu ernähren, und viele junge Männer mußten auf Wanderschaft gehen, vor allem in den Wintermonaten. Während die Schweizer sich als Landsknechte und Söldner anwerben ließen, wurden die Savoyarden Hausierer, Fiedler, Flötenspieler, Drehorgelmänner, Wahrsager oder Schausteller, mit einem Guckkasten auf dem Rücken oder einem dressierten Murmeltier an der Leine. Andere kamen aus Süditalien, z. B. aus der Basilicata, wo die Bauern ‚von Kindheit auf lernen, mit einer Hand die Hacke zu schwingen und mit der anderen das Fagott oder den Dudelsack zu spielen‘. Ihnen begegnete man in Italien, Frankreich und sogar in Spanien.[14]

Wie alle Fahrenden genossen diese Wanderunterhalter nicht immer einen guten Ruf bei der seßhaften Bevölkerung. Söhne deutscher Wanderschauspieler waren ‚unehrlich‘ und konnten ebensowenig in Zünfte aufgenommen werden wie Söhne von Henkern und Totengräbern. Auch warf man ihnen nicht selten Zauberei vor. Auch die *skomorochi* standen im Rufe, Zauberer zu sein, zweifellos wegen ihrer Taschenspielertricks.[15] Wanderunterhalter galten oft als Bettler. Manchmal war es sicher nicht leicht, die Grenze zu ziehen zwischen dem Berufssänger, der schlechte Tage sah und dem Bettler, der sang und spielte, weil er nicht ohne Gegenleistung um ein Almosen betteln konnte, ohne seine Selbstachtung zu verlieren. Für die Behörden war der Unterschied auf jeden Fall so gut wie bedeutungslos, denn an ihrer Spitze standen seßhafte Mitglieder der Oberschicht, die den Tugenden der Ordnung und der harten Arbeit huldigten. Ihre Haltung spiegelt sich deutlich im berüchtigten englischen Gesetz zur ‚Einschränkung des Vagabundierens‘ wider, das im Jahre 1572 erlassen wurde und „alle Fechter, Bärenführer, gemeine Schauspieler in Pantomimen und Spielleute […] alle Gaukler, Hausierer, Kesselflicker und Kolporteure“ zusammenfaßt und ihnen verbietet „umherzuwandern“ ohne eine von zwei Friedensrichtern ausgestellte Lizenz.[16]

Viele dieser umherwandernden Unterhalter scheinen blind gewesen zu sein. In Spanien war die gebräuchliche Bezeichnung für einen Straßensänger ‚ciego‘, der Blinde. Solche Bezeichnungen beziehen sich oft mehr auf Klischees als auf tatsächliche Gegebenheiten, aber in diesem Falle scheint doch manches für die Wirklichkeitsnähe des Begriffs zu sprechen. Im achtzehnten Jahrhundert hatten die blinden Straßensänger sowohl in Madrid als auch in

Palermo ihre eigene Bruderschaft und ihre eigenen Privilegien. Von den russischen *kobzari* und *kaleki* (letzteres bedeutet Krüppel) hörte man oft, sie seien blind. Vuk Stefanović Karadžić schrieb, daß zu seiner Zeit blinde Sänger für die Verbreitung der serbischen Heldenepen sorgten: „Die Blinden gehen durch das ganze Land bettelnd von Haus zu Haus. Vor jedem Haus singen sie ein Lied und bitten dann um eine Gabe; wenn man ihnen etwas gibt, singen sie weiter." Filip Višnjić erzählte Karadžić „er sei als junger Mann wegen der Pocken erblindet und dann durch den ganzen Paschalik von Bosnien bis nach Skadar hinuntergewandert, habe gebettelt und zur ‚gusle' gesungen". Višnjić, einer der größten der Guslaren, gelangte schließlich zu Reichtum, erwarb ein eigenes Pferd und einen Karren und wurde, so Karadžić, „ein richtiger Edelmann".[17] Außer ihm gab es im achtzehnten Jahrhundert noch mehr blinde Sänger, unter ihnen den walisischen Harfenspieler John Parry und die irischen Harfenisten Arthur O'Neill und Carolan.[18] Aus dem siebzehnten Jahrhundert ist der Balladensänger Philippot bekannt. Zu den berühmten blinden Sängern des sechzehnten Jahrhunderts gehören der Portugiese Balthasar Dias, der Ungar Sebastyén Tinòdi, der Italiener Niccolò d'Arezzo, der Deutsche Jörg Graff, ein ehemaliger Landsknecht. Hier wird sich der Leser wohl die Frage stellen, wie hoch der Anteil der Blinden an der Bevölkerung damals eigentlich war – wahrscheinlich beträchtlich höher als heute – oder warum gerade in Homers Beruf Blinde vorherrschten. Das mag daran liegen, daß ein begabter Mann ohne jede körperliche Behinderung wohl davor zurückschreckte, einen so wenig angesehenen Beruf zu ergreifen.

Nicht alles, was Reisende anboten, sollte in erster Linie der Unterhaltung dienen. Im von uns untersuchten Zeitraum machten sich gelegentlich auch Lehrer und Prediger auf die Wanderschaft. In Wales kannte man im achtzehnten Jahrhundert Wanderschullehrer, von denen manchmal gesagt wurde, sie seien bekehrte Harfen- und Geigenspieler. In Frankreich boten sie im selben Jahrhundert auf Jahrmärkten ihre Dienste an, wobei sie eine, zwei oder drei Federn am Hute trugen, je nachdem, ob sie Lesen, Lesen und Schreiben, oder noch zusätzlich Arithmetik lehrten. Dann gab es noch die Wanderheiligen – orthodox oder unorthodox – wie z. B. den Propheten, der sich ‚Missus a Deo' nannte, im Jahre 1517 in Bologna auftauchte und dort gegen die Klöster predigte, bis ihn die Obrigkeit aus der Stadt wies.[19]

Bei den Katholiken waren die Bettelmönche die berühmtesten Prediger. Der hl. Franziskus nannte seinen eigenen Orden ‚Gottes Spielleute' *(joculatores Domini)*, was tatsächlich in mancher Hinsicht ein gelungener Vergleich ist. Wie die Spielleute wanderten die Bettelmönche von Stadt zu Stadt und predigten oft auf dem Marktplatz – denn die Kirchen konnten oft nicht alle aufnehmen, die ihnen zuhören wollten. Zeitgenossen sprechen von Mengen in der Größenordnung von 15000–20000, und manche Leute kamen schon einen Abend vorher, um sicher zu sein, einen Platz zu bekommen. Die Mönche scheinen von den Spielleuten, in deren Fußstapfen sie traten, manche Schliche gelernt zu haben, denn es gibt kritische Hinweise auf Prediger, die ‚in der Art von Spaßmachern alberne Geschichten erzählen und die Menge in johlendes Gelächter ausbrechen lassen'. Bernardino de Feltre zog eine Sandale aus und warf sie nach einem Manne, der während seiner Predigt schlief. Einige Franziskaner waren auf der Kanzel wahre Schauspieler; sogar der hl. Bernardino war bekannt dafür, daß er in der Predigt den Ton einer Trompete oder das Summen einer Fliege nachahmte. Roberto Caracciolo, der zum Kreuzzug aufrief, soll mitten in der Predigt seine Kutte abgeworfen haben, um unter ihr eine Rüstung zu enthüllen. Barlettas Predigtnotizen weisen oft die Anmerkung ‚schreie' *(clama)* auf. Olivier Maillard schrieb sich folgende Bühnenanweisungen an den Rand einer Predigt: „Setz dich hin – steh auf – wisch dir die Stirn – ahem, ahem! – nun brülle wie der Teufel."[20]

Die Parallele – und die Konkurrenz – zwischen Predigern und Unterhaltern wurde von Zeitgenossen oft vermerkt, vor allem von Diderot, der Venedig als eine Stadt beschrieb, wo „auf einem einzigen Platz auf der einen Seite eine Bühne steht, auf der Possenreißer lustige, aber ungeheuer obszöne Farcen aufführen und auf der anderen Seite auf einer Bühne eine Farce ganz anderer Art von Geistlichen dargeboten wird, die schreien: ‚Beachtet diese Schelme nicht, ihr Herren, der Pulcinello, dem ihr zuströmt, ist nur ein schwacher Narr; hier (wobei sie das Kreuz hochheben) ist der wahre Pulcinello'."[21] Die Geschichte, daß der französische Jesuitenprediger Edmond Auger den weltlichen Beruf eines Bärenführers ausübte, ist, falls sie nicht wahr ist, auf jeden Fall gut erfunden.

Einige protestantische Prediger folgten dem Beispiel der Bettelmönche. Wiedertäufer-Laienprediger durchwanderten im sechzehnten Jahrhundert Deutschland und kalvinistische Prediger durchstreiften die Cévennen. Um die Mitte des siebzehnten Jahrhunderts war Vavasor Powell, ‚der Metropolitan der Vagabunden', wie seine Gegner ihn nannten, in Nordwales eine bekannte Figur; er predigte auf walisisch auf Marktplätzen und Jahrmärkten. Um die gleiche Zeit gab es in England viele ‚erleuchtete' sektiererische Laienprediger, die von einem Marktplatz oder einer Scheune zur anderen zogen, Predigten hielten und auch Krankheiten heilten, also ihre Techniken der Kirche und der Volksmedizin abschauten. Der größte dieser Prediger, John Bunyan, kannte das Leben auf Wanderschaft schon von seinem Beruf als Kesselflicker her. Daß ihre öffentlichen Auftritte recht eindrucksvoll waren, beweist die Beschreibung des typischen Sektenpredigers im siebzehnten Jahrhundert als eines Mannes, der „viel mit den Händen gestikuliert, sie gegeneinander oder an die Brust schlägt, oder die Arme in verzückter Weise hochwirft".[22]

Die Amateure

Die professionellen Überlieferungsträger sind nur die Spitze des Eisbergs, die anderen sind kaum sichtbar. Es gab Amateure und Halbprofessionelle, Teilzeitspezialisten, die einen anderen Beruf hatten, durch ihr Singen, Spielen oder Heilen aber ein zusätzliches Einkommen bezogen. Von ihnen hören wir nur, wenn sie in Gesellschaften organisiert sind oder aus irgendeinem Grund die Aufmerksamkeit der Oberschicht oder der Obrigkeit erregen, sei es, weil sie hervorragende Künstler waren oder weil man sie der Volksverhetzung, der Ketzerei oder der Hexerei bezichtigte.

In Südwesteuropa, wo Städte eine besondere kulturelle Bedeutung hatten, wurden Aufführungen und andere Festlichkeiten oft von städtischen Handwerkern auf die Beine gestellt, die in Zünften, Bruderschaften oder Clubs organisiert waren. Diese trugen phantastische Namen wie die ‚Abteien‘ der Narrheit und der Mißwirtschaft. Die englischen Mysterienspiele wurden von den Zünften aufgeführt, so etwa von den Metzgern und Zimmerleuten der Stadt York, den Scherern und Schneidern von Coventry, wobei manchmal Berufsschauspieler die Hauptrollen übernahmen. Spanische Zünfte organisierten die Fronleichnamsprozessionen. Die *Confrérie de la Passion* in Paris war eine Bruderschaft von Handwerkern und brachte im fünfzehnten und sechzehnten Jahrhundert viele Mysterienspiele zur Aufführung. 1542 werden sie verächtlich als „gens ignares, artisans mecaniques, ne sachant ni A ni B" bezeichnet. In Florenz spielen die Zünfte, bzw. auf die Zünfte zurückgehende Verbindungen, die sogenannten ‚Mächte‘ (‚*potenze*‘), eine wichtige Rolle bei Mysterienspielen und Prozessionen, vor allem anläßlich des Fests des hl. Johannes des Täufers, des Schutzpatrons der Stadt. In Siena wurden im sechzehnten Jahrhundert Theaterstücke von den Mitgliedern eines Vereins geschrieben, die sich die ‚Rustikalen‘ (*Rozzi*) nannten. Leute höheren Standes waren formell ausgeschlossen. Zu den führenden Mitgliedern der *Rozzi* gehörte ein Papierhändler namens Silvestro, der den Spitznamen ‚Fumoso‘ (der Rauchige) trug, ferner ein Schneider namens Gianbattista, mit dem Spitznamen ‚Falatico‘ (der Phantastische). Auch in deutschen Städten führten Handwerkergruppen Stücke auf und organisierten Umzüge, vor allem im Karneval. Besonders in Nürnberg sind Handwerker als Stückeschreiber berühmt geworden, so der Zinnschmied Hans Rosenplüt und der Barbier Hans Folz (beide im fünfzehnten Jahrhundert) und vor allem der Schuhmacher Hans Sachs, der an die 200 Stücke schrieb, abgesehen von ungefähr 2000 Einaktern. Man fragt sich, wann er eigentlich Zeit fand, Schuhe zu machen.[23]

Es gab auch die Möglichkeit, daß Stadtteile Feste organisierten, wie in Siena, wo die ‚*contrade*‘ das berühmte Rennen, ‚*il palio*‘, veranstalteten, das auch heute noch existiert. Einzelne Städte traten auch in Wettbewerb miteinander, um das beste Stück zu erstellen und aufzuführen. Diese Wettbewerbe waren besonders wichtig in Holland; 1539 nahmen neunzehn dramatische Gesellschaften oder ‚Rhetorikkammern‘ *(‚rederijkkamers‘)* am Wettbewerb teil. Vierzehn dieser Gesellschaften stammten aus Städten, die restlichen fünf vom platten Land. In Flandern scheinen ländliche Laienspielgruppen besonders wichtig – oder besonders gut dokumentiert – gewesen zu sein. Das mag daran liegen, daß die Gegend urbanisierter war als andere und daß es den Bewohnern leichter fiel, Städter nachzuahmen. Im achtzehnten Jahrhundert soll in Flandern jedes Dorf seinen Verein gehabt haben, der oft vom Schullehrer oder einem professionellen *liedzanger* geleitet wurde. Man trat am Sonntagabend oder auf Jahrmärkten auf. Englische Laienspieler scheinen diese Begeisterung nicht ganz aufgebracht zu haben. Auch sie führten im achtzehnten Jahrhundert Stücke auf, aber nur ein- oder zweimal im Jahr. Aus Archiven in Essex geht hervor, daß sie dies bereits im sechzehnten Jahrhundert getan haben.[24]

Die Handwerker in den niederländischen Rhetorikvereinen und in den französischen *‚puys‘* (‚Podien‘) schrieben und trugen nicht nur Stücke vor, sondern auch Gedichte. Es gab regelmäßige Wettbewerbe und Preise, wie die *‚jocs florals‘* (‚Blumenspiele‘) in Toulouse. In Deutschland war der Meistergesang im sechzehnten Jahrhundert in erster Linie eine Kunstform der Handwerker, vor allem der Schneider, Weber und Schuster; das komplizierte Versmaß muß ebenso schwierig zu handhaben gewesen sein wie die kunstvollen Goldschmiedearbeiten, die zu jener Zeit in den deutschen Städten üblich waren. Diese Organisationen stellten einerseits den Bürgersinn der Einwohner unter Beweis, waren sie doch auf kulturellem Gebiet das Äquivalent der Schützen und Bürgerwehren mit ihren Festen, andererseits sind sie ein Indiz dafür, wie wichtig in jenen Tagen die darstellenden und unterhaltenden Künste genommen wurden.[25]

Natürlich hatten Handwerker und Bauern kein Monopol auf das Veranstalten von Festen. Auch Edelleute gehörten zu einigen der Gesellschaften, die öffentliche Unterhaltungen organisierten. Das war der Fall bei der *Abbaye des Conards* im Rouen des sechzehnten Jahrhunderts oder in der *Infanterie* de la Mère Folle im Dijon des siebzehnten Jahrhunderts. Im Pariser Karneval waren einige der aufgeführten Farcen das Werk der *Basoche*, eines Vereins, dem die Kanzleischreiber der Advokaten angehörten. In Montpellier und anderen Universitätsstädten spielten Studenten bei diesen Unterhaltungen eine große Rolle, und auch heute noch, etwa vierhundert Jahre nach ihrer Entstehungszeit, haben sich einige dieser Stücke den Charakter einer Studentenrevue erhalten.[26]

In diesen Fällen (die bezeichnenderweise alle aus der ersten Hälfte unserer

Periode stammen) sehen wir, daß die Gebildeten, die Oberschichten, kollektiv an der Volkskultur teilnehmen. Daher kann es nicht überraschen, wenn einzelne, uns wohlbekannte Vertreter der Oberschichten mithalfen, sie zu schaffen. Unter den Autoren der französischen Mysterienspiele gibt es eine Prinzessin, Margarete von Navarra, während zu den Verfassern florentinischer Stücke ein Professor des Kirchenrechts in Pisa, Pierozzo Castellani, und der Herrscher von Florenz selbst, Lorenzo der Prächtige von Medici, gehören. Lorenzo schrieb auch Karnevalslieder, ebenso wie sein jüngerer Zeitgenosse, Niccolò Machiavelli. Gian Giorgio Alione, ein Edelmann aus dem sechzehnten Jahrhundert, schrieb Farcen im Dialekt von Asti. Unter den bekannten Verfassern von Flugblattballaden finden wir Fray Ambrosio Mentesino, den Beichtvater der Königin Isabella von Spanien, und in England neben weniger bekannten Persönlichkeiten die Parlamentsmitglieder Andrew Marvell und Thomas Warton, den Autor von *Lilliburlero*, und Jonathan Swift. In Schottland gehörte Mrs. Brown of Falkland, die Frau eines Professors, zu den Balladendichtern, wobei in ihrem Falle das Ungewöhnliche nicht die Tatsache war, daß sie dichtete, sondern daß sie es aus dem Stegreif und in volkstümlicher Form tat.[27]

Von den Amateuren aus der Oberschicht abgesehen, wissen wir am meisten über die Halbprofessionellen der Unterschicht. Von den französischen *chanteurs-chansonniers* des achtzehnten Jahrhunderts kennen wir Alexandre, einen Maurer, Hayez, einen *mulquinier*, und Bazolle ‚La Joie‘, der früher Soldat war. John Graeme aus Sowport in Cumberland wird von Walter Scott beschrieben als „von Beruf ein umherziehender Reiniger von Kirchturm- und Taschenuhren". Aller Wahrscheinlichkeit nach waren in unserer Epoche die Halbprofessionellen abseits der Hauptrouten tonangebend, wobei sie in erster Linie Wanderberufe ausübten. Zu ihnen gehörte auch das Schneiderhandwerk. Adam Ferguson schrieb einmal ein Heldenlied auf, das ein Wanderschneider rezitierte, der im Hause seines Vaters arbeitete. Der Deutsche Adam Puschmann, ein Meistersänger aus dem sechzehnten Jahrhundert, war ebenfalls Schneider, während im neunzehnten Jahrhundert in Rußland der Schneider Leontij Bogdanovič für den Sammler Rybnikov eine wichtige Gewährsperson für Bylinen war.[28] Einige dieser Künstler, die später Ruhm erlangten oder Professionelle wurden, hinterließen uns wichtige autobiographische Einzelheiten. Manche erlangten erst Bekanntheit, als sie bereits aufhörten, volkstümliche Dichter zu sein. Giovan Domenico Pèri war in seiner Jugend Schäfer, der Lieder dichtete, während er seine Schafe hütete, und der seine Kunst von Ariost und Tasso lernte. (Das gilt auch für Divizia, die analphabetische Bäuerin, die Montaigne in der Nähe von Lucca kennenlernte: Sie lernte das Versemachen, indem sie ihrem Onkel zuhörte, der Ariosts Werke vorlas.) Pèri erregte die Aufmerksamkeit des Erzherzogs Cosimo II.

von Toskana, konnte seine Gedichte veröffentlichen – und gab den volkstümlichen Stil auf. Ähnlich verlief es bei Stephan Duck, einem Drescher aus Wiltshire, der bei der Landarbeit Milton las und so das Handwerk des Dichters lernte, von Königin Caroline gefördert wurde und eine Ausbildung als Geistlicher erhielt. Pietro Fullone, ein Bergmann aus Palermo, der im siebzehnten Jahrhundert lebte, war schon zu seinen Lebzeiten eine Legende wegen der Leichtigkeit, mit der er Verse improvisierte – doch gibt es eine Diskrepanz zwischen der Legende und der ihm zugeschriebenen veröffentlichten Dichtung – sie ist nämlich überhaupt nicht populär. Andere Dichter scheinen allerdings die volkstümliche Dichtungsweise beibehalten zu haben, nachdem sie Berühmtheit erlangten, so John Taylor, der Themseschiffer, oder Giulio Cesare Croce, der in Bologna Schmied war, bevor er zum Berufsdichter wurde. Seiner Autobiographie können wir entnehmen, daß er durch die Lektüre eines zerfledderten Exemplars von Ovids Metamorphosen, das ihm ein Nachbar gegeben hatte, zum Schreiben von Gedichten angeregt wurde.[29]

Unbekannter sind die halbprofessionellen Geschichtenerzähler, Musiker, Prediger und Heiler, die nicht wie die Dichter von den Großen gefördert wurden. Wie viele Erzähler vom Range der Frau Viehmännin gab es vor 1800? War das Erzählen von traditionellen Geschichten überall in Europa gleich wichtig? Im Zeitraum zwischen der Mitte des siebzehnten Jahrhunderts, als die Engländer den alten irischen Adel und damit die Förderer der traditionellen Barden vernichteten, und der Mitte des neunzehnten Jahrhunderts, der Zeit der großen Hungersnot, scheinen in Irland die *seanchaidhthe* oder *shanachies* eine besonders wichtige Rolle gespielt zu haben. Ein *shanachie* war ein einfacher Landmann mit einer besonderen Begabung für das Geschichtenerzählen. Er erzählte auf irisch und erwarb sein Repertoire entweder in der eigenen Familie oder von umherwandernden Unterhaltern. Sein walisischer Gegenspieler, der *cyfarwydd*, war ebenfalls im achtzehnten Jahrhundert tätig. Am Ende dieses Jahrhunderts gewähren uns Italienreisende einige wertvolle Einblicke in das Wirken italienischer Geschichtenerzähler. Ein englischer Geistlicher erinnert sich – nicht ohne einen gewissen Abscheu –, „auf dem Kai von Neapel ein dünnes, ausgemergeltes Subjekt" gesehen zu haben, „das mit vielfältigen Gesten und starkem Nachdruck aus dem *Orlando Furioso* vorlas und den Text in den neapolitanischen Dialekt übersetzte". In Venedig sah Goethe am Kai einen Mann, der einem vorwiegend der Unterschicht zugehörigen Publikum im Dialekt Geschichten erzählte, und bewunderte die Vielfalt und die Ausdruckskraft seiner Gestik. War Straparola einer von diesen Geschichtenerzählern?[30]

Von Musikern hören wir nur, wenn die Behörden versuchten, sie zu reglementieren, wie es z. B. in Schweden und in der Schweiz der Fall war. Im siebzehnten und achtzehnten Jahrhundert waren in Schweden die Musiker einer bestimmten Hundertschaft oder Pfarrgemeinde zugeteilt und brauchten einen *garningsbrev* oder Arbeitserlaubnis, um ihre Tätigkeit auszuüben. Auch in der französischen Schweiz waren die *‚ménétriers‘* oder Musikanten der Aufsicht der kalvinistischen Konsistorien unterworfen. Aus den Akten geht hervor, daß sie nur selten Berufsmusiker waren und die Berufe des Dieners, Schusters, Schneiders, Maurers oder Zimmermanns ausübten. Sicher ist es nicht ohne Bedeutung, daß es sich jeweils um nicht seßhafte Berufe handelte. Aller Wahrscheinlichkeit nach übten auch die „Weiber, die man in Kalabrien mietet, damit sie auf Begräbnissen heulen", wie es ein englischer Reisender recht unfreundlich ausdrückte, und die in Irland, dem schottischen Hochland und in Rußland bekannten Klageweiber diese Tätigkeit nebenher aus, aber wir wissen viel zu wenig über alle diese Menschen.[31]

Mehr Kopfzerbrechen bereiteten den Behörden die Laienprediger, Propheten, Heiler und Wahrsager, denen sie selbstverständlich ihrerseits Schwierigkeiten machten. Trotzdem erlangten einige von ihnen Ruhm, bevor man ihnen den Mund stopfte, so z. B. Hans Böhm, ‚der Trommler von Niklashausen‘, ein Schäfer aus der Gegend von Würzburg, der an Festtagen Musik machte, und der sich 1476 berufen fühlte, das tausendjährige Reich zu verkünden, in dem alle Menschen gleich seien; oder Pietro Bernardo, ein Florentiner Goldschmied, der um das Jahr 1496 im Stile Savonarolas zu predigen und zu prophezeien begann und sechs Jahre später hingerichtet wurde; oder Gonzalo Anes Bandarra, ein portugiesischer Schuster, der, zum Dichter und Propheten geworden, in die Hände der Inquisition fiel.[32]

Weniger berühmt war die große Zahl der populären Heiler und Wahrsager, die man unter verschiedenen Bezeichnungen, aber mit ähnlichen Techniken in vielen Teilen Europas findet. In England waren sie unter dem Namen *‚cunning men‘* (kluge Männer) und *‚wise women‘* (weise Frauen) bekannt, ähnlich auch in Schweden, wo die Bezeichnung *‚kloka gubbarna‘* und *‚visa käringarna‘* lautet. In Polen nannte man sie *‚mądry‘* (die Weisen), in Spanien *‚saludadores‘* (Heiler), in Sizilien *‚giravoli‘* (Wanderer) usw. Sie behandelten ihre Patienten mit Kräutern oder, wie in Spanien, mit Brot, das im Munde des Heilers mit Speichel benetzt wurde, und nicht zuletzt mit einer Vielfalt von Zaubersprüchen, Gebeten und Heilbräuchen, in denen Kerzen und (in katholischen Ländern) sogar geweihte Hostien eine Rolle spielten. Einige spezialisierten sich auf bestimmte Krankheiten, wie die *‚giravoli‘* auf Schlangenbisse, andere behandelten alle Arten von Krankheiten. Einige betrieben auch ‚Wahrsagerei‘, fanden verlorenes Geld, entdeckten die Gesichter von Dieben in einer mit Wasser gefüllten Schüssel (die Kristallkugel ist ein verhältnismäßig modernes Requisit der Wahrsagerei) oder fanden ihre Namen heraus, indem sie ein Sieb benutzten, das auf zwei Schermessern balancierte und umkippte, sobald der Name des Schuldigen genannt wurde.

Die ‚weise Frau' war oft eine Hebamme, die den Frauen in Geburtswehen sowohl mit Zaubersprüchen als auch mit kirchlichen Gebeten half; der ‚kluge Mann' hatte nebenbei alle möglichen Beschäftigungen. Im sechzehnten Jahrhundert werden in Norditalien Heiler erwähnt, die Bauern, Priester, Schäfer, Maurer und Weber waren. In Schweden gab es unter den ‚kloka' Lappen, die von den Schweden als nicht ganz menschliche Wesen betrachtet wurden, sowie Geistliche, Schmiede, und Musiker, drei Berufszweige, die traditionell mit magischen Kräften in Verbindung gebracht wurden.* Einige Heiler rühmten sich der Tatsache, unter einem besonders günstigen Sternbild oder mit einer ‚Glückshaube' (einem Stück des Amnion, der Embryonalhülle) auf dem Kopf geboren zu sein. Wie sie sich die Geheimnisse ihrer Kunst aneigneten, ist weithin unbekannt geblieben; viel mag auf Familientradition beruhen, manches vielleicht auf Erinnerungen an einen städtischen Scharlatan, der das Gewerbe auf größerem Fuß betrieben hatte.[33]

Ein Berufsrisiko der Heilerzunft war es, der Zauberei bezichtigt zu werden, nach dem Grundsatz, daß ‚wer heilen kann, auch schaden kann' *(qui scit sanare scit destruere),* wie ein Zeuge bei einer Verhandlung in Modena im Jahre 1499 aussagte. In Frankreich nannte man die Heiler manchmal *‚conjureur'* oder *‚maige'* (Zauberer), während die weisen Frauen allgemein als Hexen bekannt waren. Dieser furchterregende Ruf ist kaum verwunderlich. Die Patienten begaben sich nur mit solchen Leiden zu ihnen, denen sie selbst nicht beikommen konnten, was übernatürliche Ursachen bedeuten mußte, und woher konnten die Heiler Kenntnis des Übernatürlichen erlangen, wenn nicht vom Teufel? Aus Finnland und Schweden sind uns Photographien von Heilern vom Anfang des zwanzigsten Jahrhunderts erhalten geblieben, aus einer Zeit, als sie ihren Wirkungskreis noch nicht verloren hatten. Sie starren uns mit großen leeren Augen an und können sogar einem Menschen Schrekken einjagen, der sie nur auf den Seiten eines Buches betrachtet. Es überrascht kaum, daß man sie machmal der Zauberei und des bösen Blicks beschuldigte.[34]

Wegen dieser Anklagen und der daraufhin angelegten Akten war es Historikern möglich, Fakten aus der Lebensgeschichte einzelner Heiler zu entdekken. Román Ramírez, ein moriskischer *‚curandero'* und Geschichtenerzähler, der 1595 von der Inquisition verhaftet wurde, konnte kaum lesen – die Inquisition überprüfte es – besaß aber trotzdem einige wenige Bücher, unter ihnen Dioskurides über die Medizin und den berühmten Ritterroman *Amadis de Gaule.* Ein besonders gut dokumentierter Fall ist der der Catharina

---

* Eine im achtzehnten Jahrhundert in Schottland gesammelte Ballade (Child 44) stellt den ‚kohlschwarzen Schmied' auch als Fachmann für magische Verwandlungen dar.

Fagerberg, der ‚weisen Jungfrau‘, einer Schneiderstochter aus Småland in Schweden, die 1732 wegen Zauberei vor Gericht stand und freigesprochen wurde. Catharina heilte Menschen von *trollskotter* (‚Zauberschüssen‘), wie man Leiden unbekannten Ursprungs zu nennen pflegte, und sie trieb böse Geister aus, auch sandte sie ihren eigenen Geist aus, um zu erfahren, was anderenorts geschah. Sie fragte ihre Patienten, ob sie Feinde hätten, und riet ihnen, sich mit ihnen zu versöhnen. Diese Einzelheiten lassen vermuten, daß Catharina im traditionellen Sinne eine Schamanin genannt werden könnte und im modernen ein Mittelding zwischen einem Medium und einem Psychiater. Dieser Eindruck wird verstärkt, wenn wir zeitgenössische Studien über volkstümliche Heiler, etwa aus Mexiko, zu Rate ziehen. Auch diese Heiler ermutigen wie Catharina ihre Patienten, ihre Probleme zu ‚beichten‘, und operieren mit der Erregung und darauffolgenden Aufhebung von Schuldgefühlen und Angst.[35]

Auch über Laienmaler gibt es einige Aufzeichnungen. Unter den norwegischen Kirchenmalern im siebzehnten Jahrhundert gab es mehrere Dorfgeistliche.[36]

Das kulturale Umfeld

Um eine kulturale Gegebenheit verstehen zu können, müssen wir sie in einen Zusammenhang einordnen, der die konkrete räumliche und die soziale, die öffentliche und private, die häusliche oder außerhäusliche Umgebung einschließt, denn dieses räumliche Umfeld gliedert und charakterisiert die in ihm stattfindenden Begebenheiten. Soweit die Volkskultur zu Hause, innerhalb der vier Wände, übermittelt wurde, entgeht sie praktisch der Aufmerksamkeit des Kulturhistorikers der frühen Neuzeit. Nur wenn wir ‚Erzählgelegenheiten‘, wie moderne Volkskundler sie beschreiben, in die Vergangenheit transponieren und einigen romanhaften Darstellungen aus dem sechzehnten und siebzehnten Jahrhundert vergleichend gegenüberstellen, können wir uns eine traditionelle Erzählszene ausmalen: der Erzähler oder die Erzählerin in einem Sessel – falls ein solcher vorhanden war – an einem Winterabend am Feuer; vielleicht auch die Frauengruppe, die in einem bestimmten Haus zum Spinnen zusammenkam, wobei Geschichten erzählt wurden. Auch die Scheune können wir anführen, die den Schauplatz bot für die Darbietungen von Wanderschauspielern und Predigern.[37]

Mehr zu sagen gibt es über öffentliche Schauplätze: die Kirche, die Schenke und den Marktplatz. Wie im Mittelalter wurde in unserer Periode die Kirche gegen den Protest der katholischen wie der protestantischen Geistlichkeit noch oft für weltliche Zwecke benutzt. Auf dem Kirchhof feierte und tanzte der ‚Herr der Mißwirtschaft‘ *(Lord of Misrule)* und seine Narren *(merry men)*. Die Kirche selbst diente der Gemeinde am Kirchweihabend als Aufenthaltsort (französisch *veille*, italienisch *veglia*). Am Vorabend des Patronatsfests herrschte an manchen Orten die Gewohnheit, daß die Gemeinde die Nacht in der Kirche verbrachte, aß und trank, sang und tanzte. Die Tatsache, daß dieser Brauch sich so lange hielt, läßt darauf schließen, daß es erstens auf den Dörfern kaum Gelegenheiten zu lockeren gesellschaftlichen Zusammenkünften gab und zweitens, daß in unserer Epoche die populäre Haltung dem Sakralen gegenüber intimer, vertraulicher war als in späteren Zeiten. Besonders wichtig war die Kirche als kulturelles Zentrum in Gegenden verstreuter Ansiedlungen, wie z. B. in Norwegen, wo sich die Menschen an anderen Orten nicht versammeln konnten.[38]

Ein noch wichtigeres Zentrum populärer Kultur sowohl in den Städten als auch auf dem Lande war das Gasthaus, die Schenke, das Bierhaus oder der Bierkeller. In England gibt es dafür in der Zeit zwischen 1500 und 1800 eine Fülle von Belegen. In den Gasthäusern beobachtete man Hahnenkämpfe, spielte Karten oder *backgammon*, würfelte oder machte ein Kegelspiel. Sänger und Harfenisten traten in Gasthäusern auf, es wurde getanzt, manchmal den *morris dance* mit Steckenpferden. Bierhäuser waren der Schauplatz volkstümlicher Kunst. „In diesen Häusern" hören wir, „kann man die Geschichte der Judith, der Susanna, den Daniel in der Löwengrube oder den Reichen mit Lazarus auf die Wand gemalt sehen". Flugblattballaden wurden manchmal an die Gasthauswände geklebt, damit sich mehr Gäste am Gesang beteiligen konnten. Wirt und Gäste tauschten Gerüchte und Klatsch aus, kritisierten die Behörden und führten in der Zeit der Reformation Streitgespräche über die Sakramente und die Neuerungen in der Religion. *Robin Goodfellow his mad pranks and merry jests* spielt in einer Bierschenke in Kent, und die Wirtin wird uns vorgestellt, als sei sie es, die die Geschichte ihren Gästen weitergibt. Sogar fromme Puritaner und Sektenanhänger trafen sich gelegentlich im Gasthaus, um über Religion zu sprechen, wobei sie sich, um ungestört zu bleiben, in ein Hinterzimmer zurückzogen.

Vor allem in London waren bestimmte Gasthäuser – und ihre Höfe – wichtige Kulturstätten, wobei man sich den Wirt als Impresario oder Animateur vorstellen muß. Wenn man am Ende des sechzehnten Jahrhunderts eine Bärenhatz, Clowns, Hahnenkämpfe, Schaufechten oder ein dressiertes Pferd sehen wollte – ganz zu schweigen von Theateraufführungen – dann waren *The Bell, The Cross Keys* und *The Bel Sauvage*, alle in *Gracechurch Street*, der richtige Ort. Führende Vertreter des Unterhaltungsgewerbes eröffneten Schenken, wie Richard Tarleton, der Clown, oder im achtzehnten Jahrhundert Daniel Mendoza der Faustkämpfer (der in Gasthöfen aufgetreten war), und Thomas Topham, der starke Mann. Gewisse Gasthäuser in der Nähe von Covent Garden, wie der *Harlequin* in Drury Lane, waren im achtzehnten

Jahrhundert Treffpunkte der Schauspieler, ob sie nun Rollen hatten oder nicht. Im Hof von *The Queen's Arms* in Southwark wurden noch im achtzehnten Jahrhundert Stücke aufgeführt.[39]

Über englische Gasthäuser gibt es mehr historische Arbeiten als über die entsprechenden Stätten auf dem europäischen Festland: das französische *cabaret* (im Languedoc *oustal*), die spanische *venta*, die polnische *gospoda* oder *karczma,* das deutsche Wirtshaus, usw. – daher ist es schwer zu sagen, ob das englische *pub* eine besondere kulturelle Bedeutung hatte. Wahrscheinlich nicht, denn auch der französische *cabaretier* ist kürzlich beschrieben worden als „Schlüsselfigur der Volkskultur, Informationsvermittler [...] und Veranstalter kollektiver Vergnügungen". Es ist auch vorgekommen, daß der Wirt nicht nur Feste, sondern auch Aufstände organisierte, wie es z. B. François Siméon, genannt ,der kleine Mohr', 1635 in Südwestfrankreich tat. Auch im deutschen Bauernkrieg von 1525 spielten Gastwirte eine große Rolle.[40] Die niederländische Malerei führt uns die Wichtigkeit der Schenke als Tanzplatz vor Augen – sei es nun innerhalb oder außerhalb des Hauses, und der ungarische Ausdruck *csárdas* ist von *csárda* abgeleitet, was Dorfgasthaus bedeutet. Auch auf dem europäischen Festland traten Schauspieler in Gasthäusern auf. Anspielungen auf Gastwirte in deutschen Fastnachtsschwänken lassen vermuten, daß die Stücke in Gasthäusern aufgeführt wurden: man muß sich vorstellen, daß die Truppe unvermutet hereinstürmte, um Aufmerksamkeit bat und mit der Vorstellung begann. Im achtzehnten Jahrhundert traten im französischen *cabaret* Sänger auf. Der *Tambour Royal* in Paris war ein bekannter Treffpunkt für Schauspieler. Wandernde Puppenspieler wie Meister Pedro im *Don Quixote* pflegten in Spanien in Gasthöfen aufzutreten. Als Macchiavelli auf seinen Landsitz verbannt wurde, pflegte er sich in der örtlichen *hosteria* zu entspannen und mit dem Müller und dem Bäcker *cricca* und *trichtrach* zu spielen.[41]

Es ist jedoch wahrscheinlich, daß die Schenke in Südeuropa weniger wichtig als Zentrum der Unterhaltung war als im Norden. In den Mittelmeerländern war die *piazza* der eigentliche Brennpunkt der Volkskultur. Im siebzehnten Jahrhundert gab es in Sevilla auf dem Marktplatz Puppenspieler. In Madrid konnte man auf der Plaza Mayor Theateraufführungen, Stierkämpfe, Rennen und Turniere sehen und den Balladensängern lauschen, wenn ihre Stimmen nicht von den Schreien der Messerschleifer und der Kastanienverkäuferinnen übertönt wurden. Auf der Piazza Navona in Rom sahen die Leute den Feuerfressern und Quacksalbern zu oder gingen zur antiken Statue des ,Pasquino' auf dem gleichnamigen Platz, um die letzten Spottgedichte (Pasquille) zu hören. In Florenz fanden die offiziellen Vorstellungen auf der Piazza Signoria statt, während es auf der Piazza S. Croce Büffelrennen, Stierkämpfe oder Fußball zu sehen gab und die Piazza S. Martino (in der Nähe von

Or San Michele) der Ort war, wo man den *cantastorie* zuhören konnte. In Venedig bauten die berühmtesten Scharlatane ihre Bühnen auf dem Markusplatz auf, wo sie ihre Possen rissen und ihre Tränklein verkauften.

Die Piazza-Kultur reichte bis nach Paris, denn die *Place de Grève* war Schauplatz öffentlicher Spektakel wie Hinrichtungen – der Räuber Cartouche wurde dort 1721 aufs Rad geflochten – oder Feuerwerken am Johannisabend. Selbst in einem so nördlichen Ort wie Lille finden wir eine Piazza-Kultur; dort traten Sänger auf der *Petite Place* auf. Außer Plätzen waren auch Brücken Kulturzentren. In Paris war der *Pont-Neuf* nach seiner Fertigstellung im Jahre 1606 der beliebteste Auftrittsort für Schauspieler und Puppenspieler, Scharlatane und Zahnreißer, Balladensänger und Verkäufer von Pamphleten, ganz zu schweigen von Werbern, Orangenverkäufern und Taschendieben. Ein Mann, dessen Spitzname ‚der Rheingraf‘ *(le Rhingrave)* war, verkaufte sowohl Lieddrucke als auch Zwiebeln. Die Sänger waren dort so wichtig, daß der Ausdruck *pont-neuf* sogar gleichbedeutend mit ‚Lied‘ wurde.[42]

Was auf dem *Pont-Neuf* jeden Tag passierte, geschah in vielen Teilen Europas an Markttagen oder bei Messen. Die ökonomische Bedeutung von Messen im vorindustriellen Europa ist erwiesen. Messen waren wandernde Warenangebote, das Gegenstück zum Hausierer, nur in viel größerem Maßstab. Messen fielen in manchen Gegenden mit dem Hauptkirchenfest zusammen, so in Venedig, wo das Himmelfahrtsfest mit einer vierzehntägigen Messe verbunden war, oder in Padua, wo gleichfalls zum Fest des hl. Antonius eine zweiwöchige Messe stattfand. Bei Messen hatten die Bauern Gelegenheit, Volksdrucke oder Tonfiguren zu kaufen, die sie sonst nicht zu Gesicht bekamen.

Was in unserem Zusammenhang interessiert, ist die nichtökonomische Seite der Institution. Märkte gaben nicht nur den Anlaß, Schafe und Pferde zu handeln und Dienstboten einzustellen, sondern sie boten auch jungen Leuten, wie noch heute in weniger entwickelten Ländern, die Gelegenheit, sich fern von der Aufsicht der Familie zu treffen und gaben jedermann die Chance, Wanderunterhalter zu sehen, zu tanzen und die neuesten Nachrichten zu hören.[43] Im sechzehnten Jahrhundert war Schweden als Land noch klein und überschaubar genug, um den König zu veranlassen, zu den ‚Markttreffen‘ *(marknadsmöten)* zu gehen, wo er den Leuten seine Politik auseinandersetzte und hörte, was sie darüber dachten. Um das Jahr 1600 pflegten englische und französische Schauspielertruppen zweimal jährlich zur Frühjahrs- und Herbstmesse nach Frankfurt zu reisen, um die Massen zu unterhalten.[44] Am Ende des siebzehnten Jahrhunderts entwickelte sich in Frankreich eine eigene Theaterform auf den Märkten von St. Germain und St. Laurent außerhalb von Paris, die vom 3. Februar bis Ostern bzw. von Ende Juni bis zum 1. Oktober dauerten. Hier führten italienische Schauspieler zwischen den

Kaffee- und Spielzeugbuden, den Akrobaten und den exotischen Tieren Stücke auf, oder (falls man sie verbot, weil sie gegen das Theatermonopol der Comédie française verstießen) sie wichen auf stumme Darbietungen, komische Opern und Pantomimen aus.[45]

In England waren die Bartholomew Fair und die Stourbridge Fair führende Zentren populärer Unterhaltung. Bartholomew Fair fand am 24. August, dem Fest des Heiligen, in Smithfield statt. Im siebzehnten Jahrhundert konnte man dort Auftritte von Schauspielern sehen, Puppenspieler, Clowns, Seiltänzer und kunstvolle Wachsfiguren bewundern, präsentiert von Schaustellern, die als Hanswurste oder wilde Männer verkleidet waren, während die Ohren dröhnten vom Lärm der Trommeln und dem Klang der Blechtrompeten und die Nase voll war von dem, was Ned Ward als „die wohlriechenden Dünste" beschrieb, „die sich beim Anrösten von Schweinen erhoben", denn Schwein am Spieß gehörte bei dieser Gelegenheit zu den festlichen Genüssen.

Der Markt von Stourbridge, in der Nähe von Cambridge, dauerte vom 8. September an drei Wochen. Als Jakob I. gegen die „keinen Nutzen bringenden Vergnügungen" *(unprofitable games)* in Stourbridge Verfügungen erließ, wurden ‚der Stierkampf, die Bärenhatz, gemeine Schauspiele, öffentliche Schaustellungen, Schwänke, Komödien und Tragödien in englischer Zunge, Kegel- und Neunlöcherspiele' erwähnt. Aus anderen Quellen des siebzehnten Jahrhunderts können wir Pferderennen, Auftritte von Akrobaten, Taschenspielern, Predigern, Marionettenspielern und Seiltänzern hinzufügen, wobei es sich vielleicht um dieselben Marionetten und Seiltänzer handelt, die man vor einigen Tagen auf der Bartholomew Fair hatte sehen können. Die Gelegenheit, mit vielen Menschen zusammenzukommen, war auf den Märkten so groß, daß sie auch auf die Frommen ihre Anziehungskraft ausübte. 1588 kamen die Presbyterianer anläßlich des Marktes in Stourbridge zu einer Synode zusammen, und 1678 trafen sich die Muggletonianer* dort.[46]

Tradition und Kreativität

Die wichtigste Frage im Hinblick auf diese Volkskünstler und Unterhalter, Professionelle oder Amateure, ist am schwersten zu beantworten: Wie groß war ihr persönlicher Beitrag? Seit den Zeiten der Brüder Grimm wurde der Träger der Volksüberlieferung zuweilen nur als Sprachrohr der Gemeinschaft, als die Stimme der volkstümlichen Überlieferung verstanden. Ande-

---

* Anhänger des Lodowick Muggleton (1609–1698), eines Sektierers und Visionärs (*The Divine Looking-Glass*, 1656), (Anm. d. Übers.).

rerseits hoben seit August Wilhelm Schlegel und Walter Scott andere Gelehrte und Kritiker die Wichtigkeit des einzelnen Traditionsträgers hervor, der sein Lied auf besondere Weise singt oder sein Märchen auf besondere Weise erzählt.[47] Welche Meinung ist die richtige? Es liegt etwas Paradoxes in dem Versuch, etwas Allgemeines über die Individualität aussagen zu wollen: Ganz sicher waren einige Sänger, Erzähler, Spaßmacher oder Maler kreativer als andere. Unser Wissen selbst über die berühmtesten Überlieferungsträger aus der Zeit zwischen 1500 und 1800 ist allerdings so gering, daß wir ohnehin keine eindeutige Aussage machen können. Allenfalls kann man zum gegenwärtigen Zeitpunkt Argumente gegen beide extremen Positionen vorbringen und den Leser ermutigen, einen gemäßigten Standpunkt einzunehmen.

Es ist nicht schwierig, die extreme Position, daß „das Volk dichtet", zu widerlegen. Wie wir gesehen haben, waren in den von uns untersuchten Jahrhunderten die Namen vieler individueller Unterhalter und einiger Volkskünstler bekannt. Einige von ihnen hatten einen hervorragenden Ruf. Von Richard Tarleton hat man z. B. gesagt, er sei „der erste Schauspieler gewesen, der zum Star wurde". Auch wissen wir von den poetischen Wettstreiten, die manchmal stattfanden und die ein Beweis dafür sind, daß einige Unterhalter ihre Fähigkeiten kannten und es liebten, ihre Kollegen auszustechen. John Parry hatte einen berühmten Wettstreit mit einem anderen Harfenspieler, Hugh Shon Prys, und Carolan hatte einen „heißen Wettkampf" mit MacCabe. Im siebzehnten Jahrhundert scheint die *sfida* oder die Herausforderung, die ein Volksdichter an den anderen ergehen ließ, wer die besten Verse improvisieren könne, sowohl in Sizilien als auch in Japan eine feste Einrichtung gewesen zu sein.[48]

Moderne Untersuchungen über Traditionsträger ergeben, daß einige von ihnen ‚bis zum Unverständnis treu' sind, d. h. Ausdrücke beibehalten, die sie nicht verstehen, während andere wieder von der Überlieferung nicht beherrscht werden und sich die Freiheit nehmen, sie im Einklang mit ihren persönlichen Neigungen neu zu interpretieren. In den meisten Fällen lernen sie ein Lied oder eine Geschichte nicht auswendig, sondern schaffen sie bei jedem Auftritt neu, was für Innovationen viel Raum schafft. Daraus folgt, in den Worten des amerikanischen Volkskundlers Philipps Barry, daß „es Texte gibt, aber keinen ‚Text'; Melodien, aber keine ‚Melodie'".[49]

Daß auch die Traditionsträger im frühneuzeitlichen Europa so vorgingen, läßt sich aus der Tatsache schließen, daß die in jener Zeit aufgezeichneten Balladen wie die später registrierten in mehreren Varianten vorkommen. ‚Otmar', ein Mann, der am Ende des achtzehnten Jahrhunderts sammelte, hob hervor, daß die ihm bekannten Sänger ihre Geschichten je nach Publikum und sogar je nach Wetter jedesmal anders vortrugen. Am Ende unserer

Periode ist es sogar möglich, bei einzelnen Sängern persönliche Eigenheiten und Innovationen im einzelnen zu untersuchen. Dies gilt z. B. für den Sänger Filip Višnjić, dessen Darbietungen Karadžić im Detail festgehalten hat. In anderen Fällen müssen wir uns mit ungenauen Angaben von Zeitgenossen oder mittelbaren Zeugen zufriedengeben. Dem italienischen Schauspieler Silvio Fiorillo schrieb man die Erfindung der Pulcinella-Figur zu. Obwohl Josef Anton Stranitzky in erster Linie vor einem höfischen Publikum auftrat, gilt er wegen seiner Umformung der traditionellen Hanswurst-Rollen – er spielte den Hanswurst in Salzburger Bauerntracht – als der Schöpfer des Wiener Volksstücks. Nicht selten werden der Text oder die Melodie eines Volksliedes einzelnen Autoren zugeschrieben, vor allem in der zweiten Hälfte unseres Untersuchungszeitraums. Dazu Beispiele aus Schottland: *The auld Man's mare's dead* rechnet man einem Geiger aus dem siebzehnten Jahrhundert, Patrick Birnie, zu, und *Macpherson's Rant* soll ebenfalls von einem Fiedler, James Macpherson, stammen. Letzterer soll das Lied vor seiner Hinrichtung auf dem Schafott komponiert und gespielt haben, als er 1700 wegen Raubes zum Tode verurteilt wurde. Was die bildenden Künste anbelangt, so hat man bedeutende Innovationen Bauernmalern und Schnitzern zugeschrieben, wie dem Maler Erik Eliasson aus Dalarna in Schweden und dem Schnitzer Jakob Klukstad aus Gudbrandsdal in Norwegen, beide tätig in der zweiten Hälfte des achtzehnten Jahrhunderts.[50]

Diese Tatsachen sprechen natürlich gegen die These der Brüder Grimm, doch sollten sie uns nicht zu dem vorschnellen Schluß verleiten, die individuelle ,Verfasserschaft' der Variante eines Volksliedes oder eines Volksmärchens sei dasselbe wie die Verfasserschaft eines literarischen Werkes aus jener Zeit. Einige städtische Volksdichter unterzeichneten ihre Werke mit ihrem Namen, als ob sie sicher sein wollten, für ihre Dichtkunst Anerkennung zu ernten:

> Daß aus dem Schwank kein Unrat wachs,
> bitt und begehrt mit Fleiß Hans Sachs.

Sachs bewegte sich jedoch, wie bereits gesagt wurde, am Rande der populären Kultur. Die traditionellere Haltung wird von Karadžić auf seinen Reisen durch Serbien beschrieben. Dort fand sich kein Sänger, der zugab, ein neues Lied komponiert zu haben. „Jedermann leugnet die Urheberschaft, sogar der wahre Komponist, und sagt, er habe es von einem anderen gehört."[51] Der Sänger ist sich seiner Abhängigkeit von der Überlieferung bewußt, daher rührt vielleicht auch die Unpersönlichkeit der Volkslieder und Märchen, die Tatsache, daß das ,Ich' des Erzählers überhaupt nie in Erscheinung tritt. Auch die Zuhörer wissen durchaus, daß der Erzähler oder Sänger im Bann der Überlieferung steht, also geben sie seinen Namen nicht mit seinen Liedern und Geschichten weiter, und die Volkslieder und Märchen bleiben anonym. Der einzelne schafft vielleicht Neues, aber in einer mündlichen Kultur trifft, wie Cecil Sharp es ausdrückt, „die Gemeinschaft die Auswahl". Wenn ein Individuum Neuerungen oder Varianten erfindet, die bei der Gemeinschaft ankommen, so werden sie nachgeahmt und in das gemeinsame Erbe der Überlieferungen aufgenommen. Wenn seine Neuerungen keine Billigung finden, so werden sie mit seiner Person verschwinden, wenn sie nicht schon zu seinen Lebzeiten in Vergessenheit geraten. So üben die aufeinanderfolgenden Gruppen von Zuhörern eine ‚vorbeugende Zensur' aus und entscheiden, ob ein bestimmtes Märchen oder ein bestimmtes Lied erhalten bleibt, und in welcher Form es weitergegeben wird. In diesem Sinne nimmt das Volk Anteil am Entstehen und an der Entwicklung der populären Kultur (abgesehen vom Beifall und der Zustimmung während des Vortrags selbst), so wie es Anteil nimmt an der Entwicklung und Veränderung seiner Muttersprache.[52]

Zusammenfassend bleibt zu sagen, daß der ausübende Volkskünstler nicht nur Sprachrohr der Überlieferung war, daß er aber auch nicht die Freiheit besaß, nach Belieben Neuerungen zu erfinden. Im Sinne des modernen Sprachgebrauchs war er weder ‚Rezitator' noch ‚Autor'. Er schuf seine eigenen Varianten, aber innerhalb des traditionell gegebenen Rahmens. Diesen Rahmen zu beschreiben, wird die Aufgabe des nächsten Kapitels sein.

5. Traditionelle Formen

Gattungen

Der Zugang zu diesem Kapitel ist morphologischer Art. Hier sollen die wichtigsten Erscheinungsformen der europäischen Volkskultur in ihren formalen Konventionen aufgeführt werden, sowohl als Artefakte als auch als Erzähl- und Rezitationsformen. In diesem Kapitel geht es um den Code und nicht um die Botschaft, denn die individuelle Botschaft bleibt unverständlich, solange der kulturale Code nicht beherrscht wird. Es soll hier der Versuch gemacht werden, ein Inventar der populären Kultur in ihren überlieferten Formen und Konventionen aufzustellen, ohne allerdings auf ihre Geschichte vor dem Jahre 1500 einzugehen, obwohl einige dieser Formen und Konventionen viel älter sind.

In der einzelnen Region waren Formenschatz und Erzählrepertoire recht begrenzt. Der Reichtum und die Vielseitigkeit der Volkskultur werden nur augenfällig, wenn man das Inventar auf Gesamteuropa ausdehnt; dann aber ist die Formenvielfalt so verwirrend, daß immer wiederkehrende Grundmuster dem Auge fast verborgen bleiben. Obwohl diese Grundmuster der Artefakte und der Auftrittsformen in zwei verschiedenen Gegenden nie ganz gleich anzutreffen sind, so reichen doch die Unterschiede nie sehr tief: Es handelt sich nur um einmalige Kombinationen wiederkehrender Grundelemente, um lokale Variationen gesamteuropäischer Themen.

Anhand des Tanzes läßt sich diese Tatsache besonders deutlich demonstrieren.[1] Die in unserer Periode vorkommenden Volkstänze haben so viele Namen, daß ein ganzes Kapitel nötig wäre, um sie einzeln aufzuführen, was für den Leser nur verwirrend wäre. Viele Tänze tragen den Namen der Gegend, in der sie entstanden sein sollen: Die italienische *forlana* ist nach Friaul benannt, die französische *gavotte* nach Gap im Dauphiné, der norwegische *halling* nach Hallingdal, der polnische *krakowiak* nach Krakau, und der schottische *strathspey* stammt aus dem Tal *(strath)* des Flusses Spey. Diese lokalen Formen sind jedoch Variationen einiger weniger Grundformen des Tanzes: langsamer oder schneller Tänze, mit oder ohne Drehungen und Sprünge, Liebes- oder Kriegstänze, Tänze für Einzelpersonen, für Paare oder für Gruppen.

Im frühneuzeitlichen Europa scheinen Gruppentänze vorherrschend gewesen zu sein, vor allem Rund- und Waffentänze. Ein italienischer Reisender vom Ende des achtzehnten Jahrhunderts beschreibt den dalmatinischen *kolo* (Rad) sehr lebhaft:

Alle Tänzer, Männer und Frauen, reichen sich die Hände, bilden einen Kreis und beginnen sich langsam im Kreise zu bewegen [...] der Kreis verändert ständig seine Form, wird, während der Tanz an Schnelligkeit zunimmt, zur Ellipse, zum Viereck; schließlich endet er mit großen Luftsprüngen.[2]

Der *kolo* (bulgarisch *horo,* rumänisch *hora*) kannte viele Unterformen und war überall auf dem Balkan verbreitet. Auch in Westeuropa waren Rundtänze, wenn sie auch nicht immer so wild getanzt wurden, geläufig; die Katalanen hatten ihre *sardana,* die Franzosen ihren *branle* oder, in den neunziger Jahren des achtzehnten Jahrhunderts, die *carmagnole,* die man bekanntlich um den Freiheitsbaum oder um die Guillotine tanzte. Die provenzalische *farandoulo,* bei der die Teilnehmer sich an den Händen halten und in einer Kette tanzen, könnte man als Anpassung des Rundtanzes an die langen, engen Straßen einer traditionellen städtischen Bauweise betrachten.

Der Rundtanz wurde von Männern und Frauen gemeinsam getanzt, aber ein zweiter, sehr häufiger Gruppentanz war nur für Männer bestimmt. Dies war der Waffentanz, der sich um die mimische Darstellung eines Zweikampfes rankte. Ihm ist der englische *morris* zuzurechnen, der in Namen und Form der spanischen *morisca* entlehnt ist, einer Darstellung der Kämpfe zwischen Christen und ‚Mohren‘, ferner der polnische *zbojnicki* oder ‚Brigantentanz‘, dessen Teilnehmer langstielige Äxte hielten, die sie während des Tanzes gegeneinanderschlugen, in die Luft warfen und wieder auffingen. Schwerttänze scheinen im sechzehnten und siebzehnten Jahrhundert in den Städten der deutschsprachigen Welt besonders häufig gewesen zu sein, wo sie mit bestimmten Zünften und Berufszweigen verknüpft waren. In Köln tanzten die Schmiede den Schwerttanz, in Lübeck die Bäcker und Soldaten, in Zwickau die Metzger, in Leipzig die Schuster, in Breslau die Gerber, während es in Danzig die Seeleute waren.[3]

Solotänze, wie der *hornpipe* und der norwegische *halling,* gaben oft Gelegenheit zu akrobatischen Kunststücken. Die norwegischen Tänzer schlugen einen Salto und schlugen die Füße gegen die Balken. Paartänze waren in der Regel ruhiger, wenigstens in der Anfangsphase. Oft stellten sie das Werben um das Mädchen dar: Der Mann näherte sich der Frau, sie ermutigte ihn zuerst, zog sich dann zurück, er folgte ihr weiterhin, schließlich gab sie nach. Die *furlana* war ein wilder Tanz dieses Typs, ebenso der bayerische Schuhplattler, in dem der Mann auf den Boden stampfte, sich an die Schenkel schlug, einen Überschlag machte, das Mädchen umkreiste und sogar über sie hinwegsprang, um ihre Aufmerksamkeit auf sich zu ziehen. Auch die *sarabande* war ein Tanz solcher Art. Sie wird von einem modernen Schriftsteller als ,,sexuelle Pantomime von unvergleichlich suggestiver Wirkung" beschrieben; sie kam in Spanien am Ende des sechzehnten Jahrhunderts auf und wurde möglicherweise aus der arabischen Welt übernommen, selbstverständlich war sie den Moralisten alsbald ein Dorn im Auge. Abgelöst wurde sie vom *fandango,* der um 1700 von Amerika nach Spanien kam und einen Zuschauer zu der Bemerkung veranlaßte, daß ‚es mir unmöglich erscheint, daß nach solch einem Tanz das Mädchen ihrem Partner noch irgend etwas abschlagen kann‘. Der Kommentator muß mit der Materie vertraut gewesen sein, denn sein Name war Casanova.[4] Beim *fandango* berührten sich die Paare nie. Im provenzalischen *volto,* den die Moralisten ebenfalls ablehnten, umschlangen sich die Paare, drehten sich im Kreise und machten zusammen einen Luftsprung. Andere Drehtänze, die gleichfalls verurteilt wurden, sind der Dreher und vor allem der Walzer, ein vom Adel und Bürgertum am Ende des achtzehnten Jahrhunderts übernommener Bauerntanz.

Wie bei den Tänzen gab es bei den Volksliedern eine reiche Vielfalt an lokalen Formen mit eigener Metrik, eigenem Reimschema und eigenen Namen. Italienische lyrische Volkslieder waren und sind in der Lombardei unter dem Namen *strambotti* bekannt, als *vilote* im Veneto, als *rispetti* oder *stornelli* (Ritornelle) in der Toskana, als *sunette* in Apulien und als *canzuni* oder *ciuri* (Blumen) in Sizilien. Doch können auch die Volkslieder wie die Tänze in vergleichsweise wenige Grundtypen aufgeteilt werden.

Einer der wichtigsten Typen ist das erzählende Lied, das man angemessenerweise, je nach Länge, ‚Ballade‘ oder ‚Epos‘ nennen könnte, obwohl die Sänger selbst wahrscheinlich einfachere Bezeichnungen dafür verwendeten wie ‚Lieder‘ (dänisch *viser,* serbisch *pjesme*), ‚Geschichten‘ (spanisch *romances*) oder ‚alte Dinge‘ (russisch *stariny*). Eine häufige nordwesteuropäische Balladenversform ist der einfache Vierzeiler *(common measure),* in dem sich Zeilen mit vier betonten Silben ohne Reim mit Zeilen abwechseln, die nur drei Tonsilben haben und sich reimen. Diese Form taucht überall da auf, wo germanische Sprachen gesprochen werden, in England, den Niederlanden, in Deutschland und Skandinavien:

Young Bekie was as brave a knight
As ever sailed the sea;
An he's doen him to the court of France,
To serve for meat and fee. (Child 53)

(Jung Bekie war ein so tapferer Herr / als jemals über See fuhr / Er begab sich an den Hof von Frankreich, / um zu dienen für Kost und Lohn.)

Es reit der Herr von Falkenstein
Wohl über ein breite Heide.
Was sieht er an dem Wege stehn?
Ein Mädel mit weißem Kleide.[5]

In Osteuropa, im Bereich der slawisch sprechenden Länder, steht das Heldenlied unter viel lockereren Formgesetzen, ohne regelmäßigen Reim oder regelmäßige Assonanzen. Die Norm war ein Vers mit ungefähr zehn Silben, mit einer Zäsur nach den ersten vier Silben:

> Vino pije / Kraljevicu Marko,
> Sa staricam / Jevrosimom majkam.

> (Wein trinkt Marko Kraljevic / mit der alten Mutter Euphrosina.)[6]

In den romanisch sprechenden Ländern gab es nicht einmal die relative Einheitlichkeit der germanisch und slawisch sprechenden Regionen. Die vorherrschende Form in Spanien war der achtsilbige Vers mit Assonanzen zwischen den geradzahligen Zeilen, also der zweiten, vierten usw.:

> Los vientos eran contrarios,
> la luna estaba crecida,
> los peces daban gemidos
> por el mal tempo que hacía.

> (Die Winde waren ungünstig, / der Mond war voll, / die Fische stöhnten / wegen des schlechten Wetters.)[7]

In Italien war die *ottava rima,* die geschlossenste aller dieser Versformen, die Standardform. Sie besteht aus einer achtzeiligen Strophe mit dem Reimschema a b a b a b c c, wobei jeder Vers aus zwölf Silben zusammengesetzt ist:

> O bona gente che avete ascoltato
> il bel contrasto del vivo e del morto
> Iddio vi guardi di male e peccato
> E diavi pace e ogni buon conforto.
> Christo del cielo re glorificato
> alla fin vi conduca nel buon porto
> nel paradiso in quella somma gloria
> al vostro onore è finita questa historia.

> (O gute Leute, die ihr gelauscht habt / dem schönen Streitgespräch zwischen dem Lebenden und dem Toten. / Gott bewahre euch vor dem Übel und der Sünde / und gebe euch Frieden und jeden guten Trost. / Christus, der verherrlichte König des Himmels, / führe euch am Ende in den guten Hafen, / ins Paradies, in jene höchste Herrlichkeit. / Euch zu Ehren ist diese Geschichte beendet.)[8]

Das erzählende Lied hatte keine bestimmte Länge – die Unterscheidung zwischen dem langen ‚epischen' Lied und der kurzen ‚Ballade' ist neu. Wahrscheinlich waren einige Lieder so lang, daß sie in Fortsetzungen gesungen werden mußten. Heute noch singen Sänger in Jugoslawien Lieder in Abschnitten; daß dies auch in manchen Teilen Europas zu Beginn der Neuzeit getan wurde, können wir aus der Tatsache schließen, daß uns populäre Lieder gedruckt erhalten geblieben sind, die in Cantos oder Abschnitte gegliedert

sind (englisch *fits*), so das englische *Gest of Robin Hood* (1824 Verse, 8 *fits*),
das ungarische *Die Belagerung von Eger* (1800 Verse, 4 Cantos) oder das italienische *I Reali di Francia* (fast 28 000 Verse, 94 Cantos).[9] Die einzelnen *fits*
scheinen mit jeweils neuen Auftritten des Sängers übereinzustimmen, denn
mehrere von ihnen beginnen mit „Lythe and listin, gentlemen" (Lauscht und
hört zu, ihr Herren). Der erste Gesang der *Reali di Francia* endet folgendermaßen:

> Per oggi son le mie imprese finite:
> Ritornate domani e hor partite.

> (Für heute sind meine Taten beendet / Kommt morgen wieder und geht nun heim.)

Der zweite Gesang beginnt „Io vi lasciai nel fin de l'altro canto" (ich verließ
euch am Ende des anderen Gesangs). Der Canto hat die Tendenz, in einem
spannungsgeladenen Augenblick zu schließen – in dieser Hinsicht standen
die Sänger den Verfassern moderner Fortsetzungsromane in nichts nach.

Das erzählende Lied habe ich wegen seiner Bedeutung für die populäre
Kultur in vielen Teilen Europas relativ detailliert behandelt; andere Liedtypen sollen in größerer Kürze beschrieben werden. Einzelne, immer wieder
vorkommende Liedtypen stellen sich als Produkt ihrer Funktion, ihrer besonderen Stimmung und ihrer Bildersprache als besondere Gattungen dar.
Das Preislied sei als Beispiel genannt, wobei es keine Rolle spielt, ob es an die
Geliebte des Sängers, an seinen Beruf, seinen König oder, wie im Falle des
italienischen *laude* oder der *alabanzas* aus Kastilien, an Gott und die Heiligen
gerichtet ist. Satirische Lieder waren ebenso weit verbreitet und ebenso typi-
siert, ob nun politische Führer oder die Nachbarn des Sängers als Zielscheibe
dienten:

> Braccio valente
> vince ogni gente.
> Papa Martino
> Non vale un quattrino.[10]

> (Ein starker Arm / besiegt jeden. / Papst Martin / ist keinen Heller wert.)

> Woe be unto Kendal that ever he was born,
> He keeps his wife so lustily she makes him wear a horn,
> But what is he the better or what is he the worse?
> She keeps him like a cuckold with money in his purse.[11]

> (Wehe über Kendal, daß er je geboren wurde, / Er hält sein Weib so munter, daß sie
> ihn Hörner tragen läßt, / Doch was macht es ihm eigentlich aus? / Sie hält ihn wie ei-
> nen Hahnrei mit Geld im Beutel.)[11]

Das Klagelied, die Moritat, die französische *complainte,* ist in der Form noch
stereotyper, gleichviel ob die Klage dem Leid des Verliebten, der unglück-

lichen Ehefrau, der Witwe oder der verspäteten Reue des Verbrechers gilt oder das harte Los des Webers oder des Seemannes ausdrückt:

Ah qu'il est lamentable, le sort des matelots,
Ils mangent des gourganes, ils boivent que de l'eau,
Ils font triste figure quand ils ont pas d'argent,
Ils couchent sur la dure, comme les pauvres gens.

(Wie traurig ist das Los der Matrosen, / Sie essen trockene Bohnen, sie trinken nur Wasser, / Sie bieten einen traurigen Anblick, wenn sie kein Geld haben, / Sie liegen auf dem harten Boden wie die armen Leute.)

Auch das Abschiedslied ist eine stereotype Gattung und schließt sowohl den Abschied des Verliebten von seiner Geliebten als den des Wandergesellen von seiner Heimatstadt ein:

Innsbruck, ich muß dich lassen
Ich fahr dahin mein Straßen
In fremde Land dahin.[12]

Volkstümliche Prosaformen bedürfen der sorgfältigen Klassifizierung nicht. Die wichtigste von ihnen war selbstverständlich die Erzählung; die berühmte Unterscheidung zwischen der „historischen" Sage und dem „poetischen" Märchen, die Jakob Grimm vornahm, wurde in der frühneuzeitlichen Epoche nie ausdrücklich gemacht. Eine andere Form des Prosavortrags, nämlich die Predigt, war zwar oft von Geschichten durchsetzt, doch folgte sie im ganzen gesehen anderen Gesetzen. Sowohl die Erzählung als auch die Predigt müssen als halbdramatische Formen verstanden werden; die uns erhalten gebliebenen Texte gehen oft spontan in die Dialogform über. Wie wir oben gesehen haben (S. 117), wird in Schilderungen dieser Darbietungen die Wichtigkeit der Gesten und der Mimik bei der Übermittlung der Botschaft oder einfach beim Versuch, die Aufmerksamkeit der Zuhörerschaft zu fesseln, hervorgehoben. So stehen Erzählungen und Predigten an der Grenze zum volkstümlichen Drama, das weithin, wie im Deutschen, einfach als ‚Spiel' bekannt (französisch *jeu,* spanisch *juego* etc.), gleichgültig, ob es ernst oder komisch war.[13]

Auftritte von zwei Personen nahmen oft die Form eines Dialogs zwischen einem Clown und seinem Stichwortgeber an – eine Gattung, die in Frankreich unter dem Namen *rencontre* bekannt war –, wenn sie nicht einfach Streitgespräche waren, z. B. zwischen Karneval und Fasten, Wasser und Wein, Sommer und Winter und so fort, was im Französischen *débat,* im Italienischen *contrasto* hieß.[14]

Drei oder mehr Schauspieler nahmen teil an komplizierteren komischen Formen (oft als Farcen bekannt), die sich um einige Standardcharaktere wie

Ehemänner, Ehefrauen, Eltern, Diener, Priester, Doktoren und Advokaten rankten. Die *commedia dell'arte* war einfach die berühmteste und kunstvollste der zahlreichen Varianten der europäischen Farce. Ernste Volksstücke hatten religiösen Charakter. Die Dreiteilung zwischen ‚Mysterien'-Spielen mit biblischen Themen, ‚Mirakel'-Spielen, die vom Leben der Heiligen handelten, und Allegorien (englisch ‚morality' plays) wurde zwar von den Zeitgenossen nicht gemacht, doch kann man für sie ins Feld führen, daß sie in den Stücken selbst angelegt ist, vorausgesetzt, daß man die Allegorien nicht auf das Gebiet der Moral beschränkt, sondern auch auf die Theologie ausdehnt, denn im Falle der spanischen *autos sacramentales* steht ein heiliges Sakrament oder andere religiöse Themen im Mittelpunkt des allegorischen Spiels.[15]

Jede Aufzählung populärer Gattungen wäre sehr unvollständig, wenn man die Parodie auslieẞe, vor allem die Parodie religiöser Formen. Predigtparodien gehörten traditionellerweise zum Repertoire eines Clowns. Einige wenige sind uns erhalten geblieben, so der *Sermon joyeux de M. Saint Hareng* (Lustige Predigt des heiligen Herrn Hering), des ‚glorreichen Märtyrers', der aus der See gefischt und nach Dieppe gebracht worden war, oder der *Sermon in praise of thieves* (Predigt zum Preis der Diebe), die ein gewisser Pfarrer Haberdyne ‚auf Bestellung einiger Diebe' gemacht haben soll, ‚nachdem sie ihn in der Nähe der Hartley Row in Hampshire ausgeraubt hatten'.[16] Es gab Parodien auf den Katechismus, die Gebote, das Glaubensbekenntnis, die Litaneien, die Psalmen und vor allem auf das Vaterunser, vom mittelalterlichen *Paternostre du vin* bis zu den politischen Parodien der Reformationszeit und der Religionskriege. Ein Einzelbeispiel soll hier für viele stehen. Die folgende Vaterunserparodie wurde 1633 von den Niederländern an den Marquis von Santa Cruz adressiert, der Befehlshaber der spanischen Streitkräfte war:

Onsen Vader die te Brussel sijt,
Uwen Name is hier vermalendijt,
Uwen Wille is nerghens van waerden,
Noch in den Hemel noch op der Aerden.[17]

(Vater unser, der du in Brüssel bist, / Dein Name sei vermaledeit, / Dein Wille geschehe nirgends, / weder im Himmel noch auf Erden.)

Parodien von Rechtsformen waren fast so häufig wie die kirchlicher Formen. Es gab Spottproklamationen, Parodien von Gerichtsverfahren, so der Prozeß gegen den Karneval oder in England *The whole trial and indictment of Sir John Barleycorn* (Die ganze Verhandlung und Anklage gegen Herrn Hans Gerstenkorn). Am häufigsten aber waren die Parodien auf Testamente: das Testament des Hahns, des Papstes, des Teufels, Philiipp II., Friedrich des

Großen und viele andere mehr.[18] Auch Parodien von Schlachten, Hochzeiten und Begräbnissen waren beliebt. Man führte sie auf, beschrieb sie oder bildete sie in der populären Druckgraphik ab. So gab es einen holländischen Druck, der das Begräbnis der Transsubstantiation darstellt (1613), einen englischen mit dem Leichenzug der Madam Wacholder *(Funeral Procession of Madam Geneva)*, der einen Kommentar zum *Gin Act* von 1736 darstellt, und einen russischen mit Mäusen, welche die Katze begraben, ein Hinweis auf die Erleichterung der Russen beim Tode Peters des Großen.[19]

Vielleicht ist der Ausdruck ‚Spott‘ in diesem Zusammenhang irreführend. In den meisten zeitgenössischen Kommentaren und Beschreibungen kommt er nicht vor, es wird nur von ‚Gerichtsverhandlungen‘, ‚Testamenten‘ usw. gesprochen. Wenn wir uns auf die Begriffe Parodie und Spott einlassen, sollten wir uns wenigstens ihrer Doppeldeutigkeit bewußt sein. Die Parodie eines Kampfes muß nicht mehr oder nicht weniger sein als ein Gefecht mit stumpfen Waffen, die Parodie eines Begräbnisses kann einfach die Darstellung eines Begräbnisses ohne Leiche sein. Die Nachahmung der Taufe bei den Einweihungszeremonien französischer Gesellen wurde von der Geistlichkeit als bewußte Blasphemie verstanden, aber sie interpretierte wahrscheinlich die Intentionen der Teilnehmer falsch. Im Falle der Parodien des Vaterunsers, der Litanei, der Gebote oder des Standardvorgehens bei Gerichtsverfahren oder Vermächtnissen scheint nicht die Verspottung religiöser oder juristischer Formen beabsichtigt gewesen zu sein, sondern die Übernahme dieser Formen für einen neuen Zweck. Claude Lévi-Strauss nannte einmal die mythische Denkweise ‚eine Art intellektueller Bastelei‘, eine Neukonstruktion aus vorgefundenen Elementen.[20] Seine Formulierung scheint im Hinblick auf die Parodie des Gerichtsverfahrens oder des Vaterunsers besonders zutreffend zu sein. Es hat den Anschein, als hätten die Schöpfer volkstümlicher Kultur bereits bestehende Formen der offiziellen Kultur der Kirche und des Rechts übernommen, da sie für gewisse Zwecke keine geeigneten eigenen Formen besaßen. Dieses Vorgehen veranschaulicht die Abhängigkeit der populären Kultur von der der herrschenden Minderheit und spricht auch beweiskräftig für die Theorie vom ‚sinkenden Kulturgut‘ (siehe oben, S. 71ff.). Kirchen und Rechtsformen hatten auch den großen Vorteil der Vertrautheit. Das Publikum kannte den Ablauf eines Gerichtsverfahrens oder der Litanei, es wußte in jedem Moment, was nun folgen würde und konnte sich so auf den Inhalt konzentrieren. Eine neue Form hätte die Aufmerksamkeit vom Inhalt abgelenkt und so weniger Eindruck gemacht.

Die Übernahme der Formen der offiziellen Kultur bedeutete jedoch nicht notwendigerweise die Übernahme der mit ihnen normalerweise verbundenen Inhalte. Die subversiven Möglichkeiten der Nachahmung blieben nicht unbeachtet; in einigen Fällen war es wirklich so, daß auch die Formen selbst verspottet und die offiziellen Werte auf den Kopf gestellt wurden. So sollten die *,causes grasses'*, Spottversionen von Gerichtsverhandlungen, die im Karneval von den Kanzleischreibern der französischen Advokaten aufgeführt wurden, sicherlich die Gerichtsverhandlungen lächerlich machen, in die ihre Vorgesetzten verwickelt waren, zumal die Rechtsprozeduren in der frühen Neuzeit wegen ihrer Unverständlichkeit häufig der Kritik ausgesetzt waren. In einigen literarischen und bildlichen Schilderungen des Kampfes zwischen Karneval und Fasten tragen die Widersacher Töpfe als Helme und kämpfen mit Gabeln und Löffeln; man kann schwerlich leugnen, daß der Ritterstand verspottet werden sollte. Weniger leicht zu interpretieren ist die Spottliturgie des Narrenfestes *(Feast of Fools)*. Einige Zeitgenossen betrachteten sie als blasphemisch (S. 224 unten), und man muß sich fragen, ob die Gemeinde sie nur als festliche Umkehrung des Alltäglichen oder auch als Kritik an der Tatsache empfand, daß die Liturgie für den Laien so wenig verständlich war. Wir wissen die Antwort nicht.

Wir haben auf den vorhergehenden Seiten versucht, eine Übersicht über die populären Gattungen zu geben, wobei der Begriff ,Gattung' nicht zu eng gefaßt werden sollte. Es gab für die verschiedenen Formen der populären Kultur nie so feste Regeln wie z. B. für die französische klassische Tragödie oder das literarische Epos der Renaissance. Einige Regeln existierten aber, und ihre Unkenntnis birgt die Gefahr, die Bedeutung vieler Bilder, Texte und Darbietungen mißzuverstehen.[21]

Themen und Variationen

Man kann die populäre Kultur als einen Schatz von Gattungen sehen, doch bei näherer Betrachtung entdeckt man auch einen Schatz von überlieferten Formen wie Reimschemata, Motive, Themen, Formeln. Diese Formen sind entweder nur einer bestimmten Gattung zuzuordnen, oder sie werden von mehreren Gattungen geteilt. In diesem Abschnitt wird die These vertreten, daß Volkslieder und Märchen, Volksstücke und Volksdrucke insgesamt als Kombinationen elementarer Formen gesehen werden müssen, die These, daß sie Abwandlungen aus mehr oder weniger vorgefertigten Bausteinen darstellen. Im Falle der Musik kann diese These am leichtesten erhärtet werden, denn die Musik ist das Medium, das der ,reinen' Form am nächsten kommt.

Im frühneuzeitlichen Europa wurde die Musik der herrschenden Minderheit niedergeschrieben und gedruckt. Die Volksmusik hingegen wurde mündlich überliefert. Die formalen Konsequenzen dieser Tatsache kann man in zwei Paradoxen zusammenfassen.

a) In der mündlichen Überlieferung ist die gleiche Melodie immer anders. In Kodálys Worten: „In der Volksmusik […] wird bei jeder Gelegenheit durch die Lippen des Sängers eine Variante geschaffen."[22] In Gesellschaften oder Subkulturen, wo man Musik nicht niederschreibt, behält der Sänger, Geiger oder Pfeifer die Melodie nicht Note für Note im Gedächtnis: Er improvisiert. Andererseits improvisiert er nicht ganz frei: Er spielt Variationen zu einem Thema. Er fügt der Grundmelodie Ornamente und Schnörkel hinzu, verziert sie mit Läufen, Wiederholungen und Trillern oder bringt auch kleine Veränderungen im Rhythmus oder der Tonart hervor. Daher gibt es so viele Fassungen oder ‚Varianten' der Volksmusik. Es gibt keine ‚korrekte' Fassung, denn die Vorstellung von einer korrekten Fassung hat keine Bedeutung, bevor man Melodien niederschreibt. In der mündlichen Überlieferung existiert eine Melodie nur in ihren Varianten.

b) Das zweite Paradoxon besagt, daß in der mündlichen Überlieferung verschiedene Melodien gleich sind. Genauer gesagt, verschiedene Melodien können die gleiche musikalische Phrase oder das gleiche Motiv enthalten, von der Dauer von vielleicht zwei oder drei Takten. Man kann sagen, daß Motive von einer Melodie zur anderen ‚wandern' oder ‚treiben'. Im Grunde sind Volksmelodien tatsächlich Kombinationen von ‚vorgefertigten' Motiven. Diese melodische Grundlage oder dieses melodische Skelett liefert den Rahmen für die Improvisation und die Ornamentation – aber auch die Ornamente sind stereotyp.[23] Melodien aus bereits bestehenden Elementen zusammenzusetzen, mag wie ein mechanisches Vorgehen erscheinen, doch die Praxis der ständigen Abwandlungen wirkt dem entgegen. Wenn zwei Melodien mehrere gleiche Motive enthalten, wird es unmöglich zu sagen, ob es sich um die gleiche Melodie handelt oder nicht. In einer bestimmten Gegend sind alle im Umlauf befindlichen Melodien voneinander abgewandelt, und daraus folgt, daß es unmöglich ist zu sagen, wie viele Melodien es exakt gibt.

Diese Aussagen sind viel leichter anhand der Volksmusik aus den Tagen Cecil Sharps und Zoltan Kodálys zu beweisen als anhand der Musik der frühen Neuzeit, doch weisen die bruchstückhaften Zeugnisse, die wir besitzen, in diese Richtung. So berichtete z. B. ein Engländer, der in Otranto am Ende des achtzehnten Jahrhunderts einigen Wandermusikanten zuhörte, daß sie „die Gewohnheit hatten, die geläufige Melodie durch Variationen aus ihrer eigenen Phantasie zu verschönern".[24] Zwei Handschriften mit Geigenmelodien aus der Slowakei, die aus den dreißiger Jahren des achtzehnten Jahrhunderts stammen, geben die Melodien in schematischer und gekürzter Form wieder, als seien sie nur ein Rahmen für die Improvisation. Die etwa 750 Melodien in diesen Sammlungen (von denen mehr als hundert Volkslieder sind) können in Variantengruppen aufgegliedert werden, wobei es nicht schwierig ist, wiederkehrende Motive zu erkennen.[25]

In der mündlichen Tradition gelten für Texte dieselben Regeln wie für Melodien; der gleiche Text ist immer anders, und verschiedene Texte sind gleich, wie auch das Komitee der *Highland Society* feststellte, als es die Echtheit von Macphersons *Ossian* nachprüfte und eine Fülle von ‚Kompositionen' fand, „die nie durch eine Veröffentlichung genau festgelegt worden waren, sondern [...] nur in der mündlichen Wiedergabe durch die *senachies* oder Barden eine unbestimmte Existenz hatten".[26] Es ist selbstverständlich unmöglich, dies im einzelnen für alle verschiedenen Regionen und Gattungen in einem Buche dieses Umfangs aufzuzeigen, deshalb möchte ich stellvertretend die britische Volksballade genauer untersuchen und andere Gegenden und andere Gattungen nur streifen. Die Gründe für diese Auswahl liegen auf der Hand. Der gesamte Schatz von etwa 300 Balladen ist in einer musterhaften Ausgabe zugänglich, die Francis Child, ein Harvard-Professor, im neunzehnten Jahrhundert besorgte; von den vielen wissenschaftlichen Untersuchungen, die es über die Balladen gibt, behandeln einige auch formale Gesichtspunkte. Viele Balladen sind nicht nur aus der mündlichen Überlieferung der jüngeren Vergangenheit bekannt, sondern auch aus gedruckten Flugblättern des siebzehnten und achtzehnten Jahrhunderts, in ihrem Falle wirken also mehrere Quellen zusammen, um uns der verlorenen mündlichen Kultur des frühneuzeitlichen Europa näherzubringen.

Daß die gleiche Ballade immer anders ist, wird jedermann klar, der Childs Sammlung durchblättert, in der die Varianten übersichtlich nebeneinander stehen. Worte kennen wie Melodien Schnörkel, Ornamentik, Erweiterungen, je nach Geschick des Vortragenden. Eine aus dem achtzehnten Jahrhundert stammende Version von *Barbara Allen* beginnt folgendermaßen:

It was in and about the Martinmas time,
When the green leaves were a-falling,
That Sir John Graeme, in the West Country,
Fell in love with Barbara Allen.

(Es war um die St.-Martins-Zeit, / Als die grünen Blätter fielen, / daß Sir John Graeme, im West Country, / sich verliebte in Barbara Allen.)

Der erste Vierzeiler einer anderen Version aus demselben Jahrhundert hat mit dem eben zitierten nur den Namen des Mädchens gemeinsam:

In Scarlet town, where I was bound,
There was a fair maid dwelling,
Whom I had chosen to be my own,
And her name it was Barbara Allen. (Child 84)

(In Scarlet town, wohin ich zog, / da wohnte ein schönes Mädchen, / das ich als die Meine auserkoren hatte, / und ihr Name war Barbara Allen.)

Doch kann man diese Varianten nicht unbesehen als Beispiele der schöpferischen Originalität einzelner Balladensänger deuten. Beide Anfänge sind stereotyp. Wenn eine Variante der *Barbara Allen* mit den Worten beginnt „It was in and about the Martinmas time", so beginnen andere Balladen in Childs Sammlung mit „It fell about the Martinmas" (Es fiel um den St.-Martins-Tag). Wir haben es hier mit Eröffnungsformeln zu tun, die von einer Ballade zur anderen wandern. Diese Tatsache blieb auch den frühen Herausgebern nicht verborgen. Scott machte einmal über Volkssänger die Bemerkung, daß „die Ansammlung von Reimen, die von den Begründern der Zunft angehäuft wurden, allem Anschein nach als ein gemeinsamer Fundus zum allgemeinen Gebrauch des Gewerbes betrachtet wurde". Pinkerton lenkte die Aufmerksamkeit auf „die häufige Wiederkehr der gleichen Sätze und auf die Beschreibungen, die in genau den gleichen Worten ausgedrückt werden", wie z. B. ‚das Überbringen von Botschaften, die Schilderung von Kampfszenen'. In jüngerer Zeit hat ein Wissenschaftler 150 formelhafte Wendungen in den etwa 300 Balladen der Childschen Sammlung festgestellt.[27]

Zum Beispiel gibt es einen besonderen Reichtum an Epitheta, an Adjektiven, die regelmäßig an bestimmte Hauptwörter gekoppelt werden, in einzelnen Balladen und ganz allgemein. So heißt es in Child 161 und 162 immer wieder *doughty Douglas* (tüchtiger, tapferer Douglas); Robin Hoods Leute sind immer seine *merry men* (lustigen Männer), der Sheriff von Nottingham ist der *proud sheriff* (der stolze Sheriff); viele Helden und Heldinnen haben *yellow hair* (gelbes Haar) oder ein ‚milchweißes Roß' *(milkwhite steed)*. In anderen Ländern ist es ähnlich. Schwedische Balladen sind voll von Ausdrücken wie *gular lockar* (goldene Locken), *fingrar små* (kleine Finger), *gangare grå* (graues Roß); in russischen Balladen sind die Hände ‚weiß', die Pferde ‚gut', die Flüsse ‚schnell'. Es gibt auch formelhafte Verbalausdrücke. Eine beliebte serbische Formel für die erste Zeilenhälfte ist *vino pije* (trinkt Wein), die zweite Zeilenhälfte bleibt offen für den entsprechenden Eigennamen, also *Vino pije / Kraljeviku Marko* oder *Vino pije / Aga Asanaga*. Beliebte dänische Formeln für die erste Zeilenhälfte sind *Ind kom* (herein kam), *Op stod* (es erhob sich) und *Det war* (es war). Diese Eröffnungsformeln können erweitert werden, wie z. B. *It fell about the Martinmas* oder *Lammas* oder *Midsummer* (es geschah um den Martinstag, den ersten August, um die Sommersonnenwende). Diese erweiterten Formeln stellen die Zeit der Handlung fest, andere fixieren den Ort der Handlung. Das serbische *Vino pije* wird weiterentwickelt zu einer Aussage, wer Wein trinkt, wo, mit wem, und warum die Handlung unterbrochen wird. Gelegentlich kommt in britischen Balladen eine ähnliche Aussage vor:

The king sits in Dumferling toune,
Drinking the blude-reid wine;
O whar will I get guid sailor,
To sail this schip of mine? (Child 58)

(Der König sitzt in der Stadt Dunfermline, / und trinkt den blutroten Wein; / O, wo bekomme ich einen guten Seemann, / der dieses mein Schiff segelt?)

Young Johnstone and the young Colnel
Sat drinking at the wine:
O gin ye wad marry my sister,
It's I wad marry thine. (Child 88)

(Der junge Johnstone und der junge Oberst / Saßen und tranken den Wein: / O, wenn du meine Schwester heiraten wolltest, / So wollte ich deine heiraten.)

Auch Schlußformeln kehren immer wieder, so die Beschreibung der Pflanzen, die aus zwei Gräbern wachsen. Sie beendet oft Balladen, die von unglücklichen Liebenden handeln:

Lord Thomas was buried without kirk-wa,
Fair Annet within the quiere,
And o the tane thair grew a birk,
The other a bonny briar.

(Lord Thomas wurde außerhalb der Kirchenmauer begraben, / Schön-Annet innerhalb des Chors, / und aus dem einen Grab wuchs eine Birke, / aus dem anderen eine schöne Heckenrose. Child 73)

Es gab auch britische Liebende, die ähnlich wie die Ungarn Kádár Kata und Gyula Márton endeten:

Egyiköt temették ótár eleibe
Másikot temették ótár háta mögi
A kettöböl kinöt két kápóna-virág
Az ótár tetejin esszekapcsolódtak.

(Der eine wurde vor dem Altar begraben, / Der andere wurde hinter dem Altar begraben / Aus beiden wuchsen zwei Narzissen / Und umrankten einander über dem Altar.)[28]

Diese Strophe mit ihren Variationen kommt einem Thema oder ‚Motiv‘ im musikalischen Sinne gleich; sie stellt eine Elementarform dar, die in zahlreiche Geschichten eingebaut wurde, weil sie einen Abschluß ermöglicht, der sowohl emotional als auch ästhetisch befriedigend ist. Nicht nur Ausdrücke oder Zeilen, sondern ganze Episoden und Szenen können also wandern und für verschiedene Geschichten frei verfügbar sein.

Sowohl in britischen als auch in kontinentalen Balladen gibt es eine ganze Reihe anderer immer wiederkehrender Motive. Das weibliche Gegenstück zur bereits beschriebenen Trinkszene finden wir im Motiv der Heldin, die in ihrem Gemach sitzt und näht; ferner gibt es den prophetischen Traum, den Zweikampf, das Festmahl (ein Lieblingsmotiv der russischen Balladensänger), weiter die Übermittlung oder den Erhalt eines Briefes oder einer anderen Botschaft, ein Motiv, das eine neue Wendung in der Handlung bewirkt. Den gleichen Zweck erfüllt das Ausschauhalten von einem hohen Turm, häufig in norwegischen und spanischen Balladen; schließlich darf das berühmte Motiv von der Wiederkehr des Helden nicht unerwähnt bleiben, das seit Homers Zeiten beliebt und auch heute noch populär ist und das gerne verstärkt wird durch die Verkleidung und Unkenntlichkeit des Helden.

Zwei Erkenntnisse müssen besonders festgehalten werden, wenn es um Formeln und Motive geht. Erstens muß man sich die Häufigkeit ihres Vorkommens vor Augen halten. Eine Analyse von 237 spanischen Volksballaden ergab, daß durchschnittlich 35 Prozent der vorkommenden Zeilen formelhaft waren, wobei der Anteil bei den einzelnen Balladen zwischen 2 Prozent und 68 Prozent schwankte.[29]

Motive, die sich auf ganze Passagen ausdehnen, sind schwieriger zu analysieren und zu zählen, doch findet man in Childs Sammlung kaum eine Ballade, die keine thematische Analogie entweder mit anderen Balladen der Sammlung oder mit anderen bekannten Balladen aufweist.

Wenn nun der Leser den Eindruck gewinnt, Balladensänger hätten nichts geleistet und seien ganz unschöpferisch gewesen, so sollte ihn die zweite wichtige Erkenntnis über Formeln und Motive eines Besseren belehren. Sie unterstreicht die außerordentliche Flexibilität und die Fähigkeit der Sänger, immer neue Umwandlungen vorzunehmen. Man sollte sich nicht der Vorstellung verschreiben, daß Phrasen, Zeilen, Strophen oder Episoden unverändert von einer Ballade zur anderen wandern – obwohl auch dies gelegentlich vorkommt –, sondern man sollte eher an variable Versatzstücke innerhalb eines gleichbleibenden formalen Rahmens denken. In einigen dänischen Volksballaden finden wir z.B. einen hohen Prozentsatz an formelhaften Halbzeilen:

Det var unge herr Marsk Stig
Det var Konning herr Erick
Det var Orm unger Svend, usw.

Ebenso finden wir

Op stod *unge herr Marsk Stig*
Høre i det *unge herr Marsk Stig,* usw.

Man könnte also sagen, daß die rein formelhaften Zeilen

in Wirklichkeit ‚gleiche' Zeilen sind, doch nur in dem Sinne ‚gleich', als ein Messer, das ich seit zehn Jahren besitze, und dessen Griff und Klinge ich im Laufe der Jahre immer wieder abwechselnd erneuert habe, immer noch das gleiche Messer ist. Wir müssen uns vor Augen halten, daß eine fast unbeschränkte Vielzahl verschiedener formelhafter Ausdrücke gleichsam als Münzen in den Schlitz des Formelautomaten paßten. Anhand eines etwas komplexeren Beispiels, eines Vergleichs folgender Zeilenpaare aus den Balladen Child 39 und Child 243, sei der Tatbestand noch einmal veranschaulicht:

She had na pu'd a double rose,
A rose but only twa…

(Sie hatte noch nicht gepflückt eine zweifache Rose, / Von Rosen nur erst zwei…)

They had not saild a league, a league
A league but barely three…

(Sie waren noch nicht gesegelt eine Meile, eine Meile / Von Meilen noch kaum drei…)

Die beiden Zweizeiler enthalten kaum ein gemeinsames Wort, und doch ist das Vorhandensein einer formelhaften Grundstruktur des Wortmaterials deutlich erkennbar.

Wenn ganze Episoden oder Szenen wandern, sind Abgrenzungen kaum mehr möglich. Wenn wir uns z. B. das Motiv von der Wiederkehr des Helden näher ansehen, so stellen wir fest, daß er verkleidet sein kann oder nicht; er kann die Geliebte wartend vorfinden oder im Begriffe, einen anderen zu nehmen, oder aber bereits verheiratet, mit mehreren Kindern (wie im Falle der französischen Ballade *Pauvre soldat revient de guerre*); und schließlich kann sie verschwunden sein, vielleicht von Piraten entführt. Suchen wir Belege für dieses Motiv unter den britischen Balladen, so wäre es nicht gerechtfertigt, Child 17, *Hind Horn,* in den Katalog aufzunehmen, wo der Held bei der Hochzeit der Geliebten auftaucht, und Child 53, *Young Beichan,* auszulassen, wo die Situation umgekehrt ist, und die Geliebte erscheint, als Young Beichan gerade dabei ist, eine andere zu heiraten. Wie aber sollen wir es mit wiederkehrenden Toten halten? In Child 74, *Fair Margaret and Sweet William,* kehrt die erste Liebe von den Toten zurück, um den Helden nach seiner Hochzeit zu besuchen. Wenn wir aber diese Ballade einbeziehen, warum nicht auch Child 47, deren Zentralmotiv ebenfalls die Wiederkehr eines Toten ist? Doch ist in diesem Falle der Besucher der stolzen Margaret ein Bruder und nicht der Geliebte. Claude Lévi-Strauss hat in vier Bänden ein Korpus amerikanischer Indianermythen als voneinander abhängige Transformationen untersucht.[30] Zweifellos wäre es möglich, eine ähnliche Studie über die Balladen in Childs Sammlung zu erstellen, vielleicht sogar über das gesamte europäische Balladenmaterial. Bei der Untersuchung von Balladen wie auch bei der von Volksmelodien ist es jedenfalls schwierig, festzustellen, wo ein Motiv beginnt und ein anderes aufhört, was als Thema zu bezeichnen ist und was als Variation.

Untersucht man die formale Struktur anderer Gattungen der Volksdichtung, so kann man ähnliche, wenn auch nicht ganz identische Feststellungen treffen. Im Falle der epischen Dichtung legt die Länge der Texte die Unterscheidung zweier Arten von wandernden Grundeinheiten, der begrenzten ‚Formel‘ und des weitergreifenden ‚Themas‘ oder ‚Motivs‘ besonders nahe. Wenn es sorgfältig erweitert und ausgeschmückt ist, kann ein Motiv als Szene oder Episode mehrere hundert Zeilen lang sein.[31] Child 117, *A Gest of Robin Hood,* hat 1824 Zeilen, ist also hinreichend lang, um ein episches Gedicht genannt zu werden. Das Motiv des Festmahles, in der Ballade nur formelhaft angedeutet, kann hier in aller Ausführlichkeit entwickelt werden. Im *Gest* werden nicht weniger als sechs Essen beschrieben, vier von ihnen finden im Walde statt, mit Robin Hood als Gastgeber. In der Art, wie sie beschrieben werden, unterscheiden sie sich wenig. Zwei dieser Essensepisoden, im ersten und vierten *fit* des Gedichts, sind in der Struktur besonders ähnlich. In beiden Fällen schlägt Little John der Bande vor, zu Tische zu gehen. Robin Hood schickt seine Leute nach Watling Street, um einen Gast zu suchen; der Gast kommt, ißt mit und wird gefragt, wieviel Geld er habe, während Little John seinen Umhang auf dem Boden ausbreitet, um das Geld zu zählen.

Im Falle des lyrischen Gedichts müssen wir auf eine der grundlegenden paradoxen Aussagen verzichten. Wir können nicht sagen, ‚das gleiche Gedicht ist anders‘, einfach deshalb, weil man nicht von zwei Varianten eines Gedichts spricht, sondern in diesem Falle von zwei Gedichten. Andererseits gibt es auch in lyrischen Gedichten viele formelhafte Wendungen, so daß ‚verschiedene Gedichte gleich sind‘. Eine Untersuchung der deutschen Volkslyrik im fünfzehnten und sechzehnten Jahrhundert führt reihenweise stereotype Wendungen an, die in mehreren Liedern vorkommen. Der Liebhaber beschreibt seinen Schatz als ‚hübsch und fein‘, den Zeitpunkt ihres Zusammentreffens nennt er ‚an einem abend spät‘, den Ort ‚so fern in grünem Walde‘ und seine Reaktion auf die Zurückweisung ‚mein hertz wil mir zerbrechen‘. Wie im Falle der Balladen kommen solche Formeln im lyrischen Gedicht so häufig vor, daß manche Strophen von vier oder sechs Zeilen praktisch nur aus Formeln bestehen. Aber auch diese Formeln sind, wie die der Balladen, flexibel. Die mechanische Wiederholung von ‚so fern in grünem walde' ist nicht die Regel, sondern eine ganze Reihe ähnlicher Ausdrücke lösen einander ab, wie z.B.:

> So fern auf grüner awen
> So fern auf jener heide
> So fern in gröner heide, usw.[32]

Im Falle des Märchens kehren wir zur Vielzahl der Varianten der ‚gleichen‘ Geschichte zurück. „Aschenputtel" ist ein naheliegendes Beispiel. Bevor die Brüder Grimm ihre Version des Märchens im Jahre 1812 veröffentlichten, kannte man bereits eine italienische, eine schwedische und zwei französische Versionen der Erzählung. Seither hat man hunderte von Varianten gefunden, in den Familien der romanischen, germanischen, slawischen und keltischen Sprachen. Allein im Französischen kennt man 38 Versionen.[33]

Was das zweite Paradoxon anlangt: ‚verschiedene Geschichten sind gleich‘, so muß gesagt werden, daß in der Prosaerzählung die stereotype Sprachwendung viel weniger wichtig ist als in der populären Dichtung; sie ist mehr oder weniger auf den Anfang und das Ende beschränkt und besteht aus einigen Standardausdrücken wie ‚Es war einmal‘ (*once upon a time, c'era 'na vota* etc.) oder ‚sie lebten glücklich bis an ihr Ende‘ *(they lived happily ever after)*. Ein Erzähler, der in Prosa spricht, ist im Verlaufe seiner Darbietung auf die Hilfe solcher Formeln nicht so sehr angewiesen; auch ist es möglich, daß formelhafte Wendungen in Märchen der frühen Neuzeit, die in Sammlungen wie in der von Giovan Francesco Straparola oder der von Juan Timoneda überliefert wurden, bei der Vorbereitung für den Druck gestrichen worden sind.[34]

Motive sind jedoch in Märchen besonders auffällig. Es ist schon lange festgestellt worden, daß Volksmärchen lose Kombinationen von Elementen sind, die eine halb unabhängige Existenz haben und von einer Erzählung zur anderen wandern bzw. treiben. Um diese Motive zu registrieren, hat der amerikanische Folklorist Stith Thompson einen umfangreichen Motivindex zusammengestellt, während sein russischer Kollege Vladimir Propp die These vertrat, daß sich das russische Volksmärchen aus einem Schatz von 39 Motiven konstituiert (Propp nennt sie ‚Funktionen‘), nicht mehr und nicht weniger. Sie reichen von ‚ein Familienmitglied verläßt das Haus‘ bis ‚der Held heiratet und besteigt den Thron‘.[35] Wenn wir uns die von Straparola 1550 veröffentlichten Erzählungen vornehmen und sie nach Thompsons Index aufschlüsseln, so finden wir bald heraus, daß sie viele bekannte Themen aufweisen. Zum Beispiel finden wir das Thema des hilfreichen Tieres, das oft die Gabe besitzt, zu sprechen; oder das Thema der Probe, die der Freier bestehen muß, bevor er die Braut heimführen darf, wobei er vielleicht wilde Pferde zähmen, einen Drachen töten oder das Wasser des Lebens beschaffen muß.[36]

Untersuchen wir aber ein einzelnes Märchen, wie z. B. das vom Aschenputtel, so zeigt sich, daß es in fünf Grundmotive A, B, C, D, E wie folgt zerlegt werden kann: A) Die Heldin wird von ihren Verwandten mißhandelt; B) sie erhält übernatürliche Hilfe; C) sie begegnet dem Helden; D) sie besteht eine Prüfung und wird als rechte Braut erkannt; E) sie heiratet den Helden. Jedes einzelne Motiv kommt in einer Reihe von Varianten vor, so z. B. D 1, nur ein Mädchen kann den Schuh tragen; D 2, nur ein Mädchen kann den Ring tragen; D 3, nur ein Mädchen kann den Apfel pflücken. Die Grimmsche Version könnte man folgendermaßen in Kürzeln ausdrücken: A 1, B 1, C 1, D 1, E. Sobald man das Märchen auf diese Weise in seine Einzelelemente zerlegt und auf seine Strukturelemente zurückgeführt hat, wird deutlich, daß es mit vielen anderen Märchen der Grimmschen Sammlung Gemeinsamkeiten teilt; so vor allem mit Nr. 65, *Allerleirauh* (A 2, C 1, D 2, E); mit Nr. 130, *Einäuglein, Zweiäuglein und Dreiäuglein* (A 1, B 1, B 3, B 4, D 3, E); und mit Nr. 179, *Die Gänsehirtin am Brunnen* (A 3, B 1, C 3, E). Wieder stoßen wir auf die Tatsache, daß ,verschiedene Texte gleich sind‘, oder vielmehr, daß sie gegenseitige Abwandlungen darstellen, verschiedene Umformungen der gleichen Grundelemente.[37]

Zu den professionellen Erzählern der frühen Neuzeit kann man auch viele Prediger zählen, die ihre Predigten mit Exempla oder moralischen Histörchen auflockerten. Ein Handbuch für Prediger empfiehlt eine Tierfabel als wirkungsvolles Mittel, eine schlafende Gemeinde zu erneuter Aufmerksamkeit zu bewegen. Man sollte wirklich die Predigt überhaupt als populäre Kunstform untersuchen, in dem Sinne ,populär‘, daß sie oft an ein Publikum von Handwerkern und Bauern gerichtet war und manchmal auch von einem Prediger aus dem Volke entworfen und vorgetragen wurde. Bestand auch die Predigt, wie die Ballade und das Märchen, aus Formeln oder Motiven? Meines Wissens gibt es keine Anhaltspunkte für den systematischen Gebrauch stereotyper Wendungen in frühneuzeitlichen Predigten. Natürlich besteht die Möglichkeit, daß sie existiert haben und beim Druck aus den Texten entfernt wurden, was ja auch im Falle des Märchens geschehen sein kann; aber es ist auch möglich, daß sie für eine Prosadarbietung einfach unnötig waren. Als kürzlich ein Volkskundler in den Vereinigten Staaten die Predigten schwarzer Volksprediger mit dem Tonbandgerät registrierte und untersuchte, stellte er fest, daß häufig Formeln wie ,*The Christ of the Bible*‘ (vierundzwanzigmal in einer Predigt) oder ,*Am I right about it?*‘ (Habe ich recht? fünfzehnmal) verwendet wurden, aber er untersuchte die rezitative, psalmodierte Predigt, die im frühneuzeitlichen Europa relativ selten gewesen zu sein scheint. In Großbritannien gab es sie allerdings; John Aubrey berichtet, „unser alter Vikar aus Kingston St Michael, Mr. Hynd, sang seine Predigten mehr als er sie las" und fügt hinzu: „In Herefordshire hat man eine gewisse Neigung zu diesem Gesang, alle unsere alten Geistlichen hatten das." Jenseits der Grenze in Wales hat sich die Tradition des *hwyl* bis heute erhalten. Am Ende des siebzehnten Jahrhunderts sagte man den *Dissenters* (Angehörige von außerhalb der anglikanischen Kirche stehenden Religionsgemeinschaften) nach, daß „sie denken, sie hören einen sehr starken Prediger, wenn seine Stimme scharf ist und vibriert und sich dem Gesang annähert; wenn er einige Worte in traurigem Tonfall vorbringt".[38]

Motive oder Themen waren auf der anderen Seite für Predigten unabkömmlich. Daß sie auch beim Aufbau der Predigt ganz bewußt eingesetzt wurden, geht aus der Existenz einer ganzen Anzahl von Handbüchern für den Prediger hervor, die zu dem Problem Stellung nehmen. Sie wenden sogar das Wort ‚Thema' im Sinne eines biblischen Textes an, der dazu dienen soll, die Predigt zusammenzuhalten. Der Prediger sollte damit beginnen, den Text einzuführen, *thematis propositio;* als nächstes folgte die Begrüßung der Gemeinde, *salutatio populi,* und die Bitte um Gottes Beistand, *divini auxilii imploratio* (Einleitungsformeln, die übrigens auch von den italienischen Cantastorie viel verwendet wurden); dann kamen die drei Hauptteile der Predigt, zuerst die *introductio thematis;* dann die *divisio thematis* bzw. die Erklärung der Bedeutung des Textes durch Zerlegung in seine Einzelabschnitte und deren Erläuterung Punkt für Punkt; schließlich folgte die *conclusio* oder die Anwendung der Botschaft des Textes auf die Gemeinde. Diese Grundstruktur ließ sich allen Predigten unterlegen, sie konnte aber auch leicht anhand eines speziellen biblischen Textes noch anschaulicher gemacht werden; oder, falls der Prediger träge oder einfallslos war, konnte er auch ein Buch zu Rate ziehen, das ganze Predigtentwürfe enthielt, wie die berühmten *Sermones Dormi Secure,* die ihm am Samstagabend einen ruhigen Schlaf garantierten, indem sie ihm eine vorgefertigte Predigt für den bevorstehenden Sonntagmorgen zur Verfügung stellten.[39]

Eine weitere geläufige Methode, die Predigt zu strukturieren und die Aufmerksamkeit der Gemeinde zu fesseln, war der Gebrauch eines weit ausholenden Vergleichs. John Flavel, der vor Seeleuten predigte, baute seine Predigten um das Bild von der Seefahrt der Seele auf (vgl. S. 58 oben), und George Whitefield hielt, ebenfalls vor Seeleuten, eine berühmte Predigt, die sich um die Metapher vom Schiffbruch der Seele rankte. John Bunyan benutzte in einer Predigt den Vergleich zwischen Christus und einem Strafverteidiger oder das Bild vom Wasser des Lebens. Zwei berühmte Predigten Hugh Latimers drehten sich um das Kartenspiel *(On the card)* ; er bezog dabei seine Vergleiche aus dem populären Spiel ‚triumph'. Nicht weniger berühmt wurde sein *Sermon of the plough* (Predigt vom Pflug), wobei er den Prediger mit Gottes Ackermann verglich. Amerikanische Volksprediger greifen immer wieder gerne auf diese beiden Standardmotive zurück. Die Metaphorik des ‚Geistlichen Kartenspiels' geht auf das vierzehnte Jahrhundert zurück, falls sie nicht sogar älter ist.[40]

Der Schritt vom Prediger, der auf seiner Kanzel gestikulierte, zum Volksschauspieler war nicht allzu groß – für manch einen Moralisten war er zu klein. Im Falle des Volksstücks geben die noch erhalten gebliebenen Texte zweifellos noch unzuverlässigere Hinweise auf die Realität der Darbietungen als im Falle der Balladen, Märchen oder Predigten, aber zumindest versetzen sie uns in die Lage, die Wichtigkeit von Varianten, Formeln und Motiven abzuschätzen. Das gleiche Stück war anders; die britischen Mummenschanzspieler scheinen nur drei Grundtypen von Stücken aufgeführt zu haben: den Zweikampf der Helden, die Zeremonie der Brautwerbung und den Schwerttanz, doch gibt es hierzu mehr als 900 erhaltene Varianten. Das in Rußland populärste Volksstück vom Zaren Maximilian ist uns in mehr als 200 Varianten überliefert. In Spanien und dem spanischen Lateinamerika gibt es noch viele Varianten eines Stückes über die Geburt Christi und die Anbetung der Hirten.[41]

Verschiedene Stücke sind gleich; das Drama hat seine Formeln und Motive, selbst wenn sie nicht ganz mit denen anderer Medien übereinstimmen. Stereotype Wendungen treten in großer Zahl auf, vom einfachen ‚Here comes I' der englischen Mummenschanzspieler bis zu den kunstvolleren feststehenden Sätzen der *Commedia dell'arte,* in der jeder Charakter seine eigene Bildersprache und seine eigene Rollenrhetorik besitzt. Der Capitano zum Beispiel hatte seine *bravure* oder Aufschneidereien, die offenbar aus einem System von Formeln bestanden; charakteristisch war dabei der häufige Gebrauch der Hyperbel und einiger weniger, sich wiederholender Bilder: Der Capitano sieht die Welt durch die Brille des Soldaten, und so besteht seine Lieblingssuppe aus Eisenspänen, sie wird statt mit Käse mit Schießpulver bestreut.[42]

Doch die Grundelemente, aus denen sich das Volksstück zusammensetzte, waren nicht Worte, sondern feststehende Typen und ihre Handlungen. Die englischen Spieler bauten ihre Stücke mit einigen wenigen Charakteren auf: dem hl. Georg, dem türkischen Ritter, dem Narren, dem Doktor. Die französischen Farcen des sechzehnten Jahrhunderts drehten sich um den Standardehemann, die Ehefrau, die Schwiegermutter, das Dienstmädchen und den Pfarrer. Die spanischen Krippenspiele hatten ihren faulen Schäfer und die sich zankenden Neuvermählten, und auch die komplexeren Strukturen der *Commedia dell'arte* gründeten auf ähnlichen Elementen: Da war der pompöse Pantalone, der pedantische Gratiano, der bramarbasierende Capitano und der dummschlaue und wendige Zanni. Ihre stereotypen Persönlichkeiten und ihre stereotypen Dialekte (venezianisch für Pantalone, bolognesisch für Gratiano usw.) genügten dem Publikum, sie zu identifizieren, ähnlich wie die

Epitheta der populären Ballade. Auch die Handlungselemente waren stereotyp. Die *Commedia dell'arte* hatte ihre *lazzi*, formelhafte Handlungsabläufe, die in den literarischen Quellen aufgeführt werden, wie z.B. den *lazzo* vom Rock, in dem Zanni dem wütenden Capitano entwischt, weil er seinen Rock in Capitanos Händen zurückläßt.[43] Es gab stereotype Szenen des Erkennens, des Mißverstehens, der Schlägerei und der Verkleidung und so weiter. Volksstücke aus vielen Teilen Europas enthalten solche immer wiederkehrenden Handlungsmotive wie Zweikämpfe, Brautwerbungen, Hochzeiten, Gerichtsverhandlungen, Vermächtnisse, Hinrichtungen und Begräbnisse, ob sie nun einzeln oder in Kombinationen vorkommen.

Ein kleiner Schritt nur führt von Harlekins akrobatischen Kunststücken zum Tanz. Vor 1800 besitzen wir keine Schilderungen von tänzerischen Darbietungen, die sorgfältig und detailliert genug sind, daß man heute erläutern könnte, in welcher Weise sich zum Beispiel ein Krakowiak vom andern unterschied. Es ist jedoch nicht schwierig, Volkstänze als Kombinationen von Motiven oder Elementarformen zu interpretieren, von Pausen und schnellen oder langsamen Bewegungen, von verschiedenen Schritten und so fort. Tschechische Volkstänzer klassifizierten ihre Schritte selbst als *obkročák* (Rundschritt), *skočná* (Hüpfer), *třasák* (Schüttelschritt), *vrták* (Bohrerschritt) und so fort.[44]

Vom Tanz, ja, von allen bisher besprochenen Kunstformen, ist der Sprung zu den bildenden Künsten beträchtlich. Sie sind nicht mündlicher Natur, sie nehmen nicht die Form von Darbietungen an, und sie entfalten sich, wie Lessing in einer berühmten Polemik gegen die Parallelen zwischen den Kunstformen hervorhob, im Raum und nicht in der Zeit.[45] Und doch gibt es zwischen dem volkstümlichen Malen, Schnitzen oder Weben und den soeben beschriebenen Kunstformen einige Ähnlichkeiten, die man nicht übersehen sollte. Die Variante finden wir in der bildenden wie auch in der darstellenden Kunst. Der volkstümliche Töpfer, Tischler oder Weber stellt nicht zwei Krüge, Truhen oder Bettdecken her, die genau gleich sind, und sie unterscheiden sich im Prinzip dadurch, daß sie verschiedene Kombinationen stereotyper Grundelemente sind. Es gibt ein visuelles Repertoire geometrischer Muster, wie z.B. der Rosetten; ebenso eines von stilisierten Pflanzen, Tieren, Vögeln oder Figuren. Dieses Repertoire entspricht dem Schatz an Formeln und Motiven der mündlichen Überlieferung. Der Heilige kann durch seine Attribute identifiziert werden wie der epische Held durch seine Epitheta: Die hl. Katharina hat ihr Rad, St. Georg seinen Drachen, St. Martin seinen Mantel, sein Schwert und seinen Bettler. Ebenso wie eine Geschichte von einem Helden zum anderen wanderte, konnte ein und derselbe Holzschnitt von einem Volksbuch zum anderen Verwendung finden, um Episoden in verschiedenen Geschichten zu illustrieren, was die Produktionskosten des Volksbuches senkte. In einer katalanischen Druckerei des achtzehnten Jahrhunderts diente das Bildnis des hl. Jakob auch als Konterfei des hl. Georg und des hl. Martin – schließlich waren sie alle Soldaten.[46] Hier finden wir ein Beispiel für den Gebrauch der strapazierten Metaphern ‚Cliché' und ‚Stereotype' in ihrer ursprünglichen Wortbedeutung. Andere Bilddarstellungen waren mehr oder weniger frei verfügbar. Die Darstellung eines auf seinem Throne sitzenden Königs, dem sich eine Person nähert, konnte zur Illustration vieler verschiedener Episoden verwendet werden. Eine Festmahlsszene war für Belsazars Bankett, die Hochzeit zu Kanaa oder für das letzte Abendmahl zu gebrauchen. Es machte in der Vorstellung der Menschen kaum einen Unterschied, ob sich eine Kampfszene im Alten Testament oder in einer Ritterromanze abspielte.[47] Wie wir bereits gesehen haben, konnte auch das Motiv des Leichenzugs in verschiedenen Zusammenhängen Verwendung finden (S. 135 oben).

Der Kompositionsprozeß

Formeln und Motive kann man als das Vokabular des Überlieferungsträgers betrachten, ob es sich nun um einen Volkssänger, Volksschauspieler oder Volkskünstler handelt. Können wir auch etwas über seine Grammatik und seine Syntax aussagen? Anders ausgedrückt: Gibt es Regeln, die das Zusammenstellen der wandernden Motive beherrschen? Nehmen sie ihren bestimmten Platz in einem zusammenhängenden System, in einer Struktur ein? Vom dänischen Volkskundler Axel Olrik und seinem Aufsatz *Epische Gesetze der Volkserzählung* von 1909 bis zu den modernen Strukturalisten haben einige Wissenschaftler immer wieder behauptet, daß diese Grammatik oder diese Regeln erforscht werden können; so erklärte zum Beispiel der russische Kritiker Viktor Šklovsky, daß „Volksmärchen sich ständig auflösen und auf der Grundlage besonderer, bislang unbekannter Gesetze des Handlungsaufbaus wieder zusammengesetzt werden". Wenn auch der Begriff ‚Grammatik' zu anspruchsvoll sein mag, um ihre Entdeckungen zu beschreiben, so kamen diese Forscher doch zu einigen ganz interessanten Schlußfolgerungen hinsichtlich des Gebrauchs vorgefertigter Motivkombinationen, die wir auch ‚Schemata' nennen könnten.[48]

In der bildenden Kunst entdecken wir das volkstümliche Schema, das Bild vertikal zu unterteilen. Eine Variante dieses Verfahrens besteht darin, zwei Bilder seitenverkehrt rechts und links der Mittelachse anzuordnen, so als sei eines die Spiegelung des anderen. So stehen sich zum Beispiel in der Darstellung von Holger Danske und König Karvel zwei Krieger mit gehobenen Schwertern gegenüber. Eine Weiterführung dieses Schemas ergibt den Kontrast statt der Parallele: Auf der einen Seite steht eine schöne Frau, auf der anderen zum Beispiel ein Knochengerippe. In der protestantischen Propaganda wurden Christus und der Papst (der natürlich als Antichrist verstanden wurde) häufig auf diese Art dargestellt, sowohl in Einzeldarstellungen als auch in Druckserien wie dem *Passional Christi und Anti-christi.* William Hogarths Drucke vom faulen und fleißigen Lehrling sind ein berühmtes Beispiel für diese Art der ‚Antithese‘.[49] Eine weitere Variante dieses Schemas besteht in der Darstellung einer Waage, wobei der Gegenstand, der die Billigung des Betrachters finden sollte, schwerer wog als sein Gegenstück; so zeigte man z. B., daß die Bibel gewichtiger ist als die Werke des Thomas von Aquin. Auch das Element der Zeit wurde gelegentlich in die Darstellung einbezogen, so daß das Bilderpaar den Zustand vor und nach einem bestimmten Ereignis veranschaulichte, bzw. ein Verbrechen und seine Bestrafung illustrierte.[50]

Wie zu erwarten, hat dieses Schema aus der bildenden Kunst seine literarischen Parallelen, schließlich handelt es sich bei der Antithese um eine rhetorische Figur. Auf der Ebene der Gattung gibt es den Kontrast (*debate, contrasto*, S. 133 oben). Auf Strophenebene finden wir den Vierzeiler, der entweder eine Parallele seines Vorgängers darstellt oder ihm entgegengesetzt ist. Diese Anordnung kann es auch innerhalb eines Vierzeilers selbst geben, wobei die ersten zwei Zeilen mit den beiden folgenden einen Kontrast bilden:

> Some pat on the gay green robes,
> And some pat on the brown;
> But Janet put on the scarlet robes,
> To shine foremost throw the town. (Child 64)

> (Einige legten die fröhlichen grünen Gewänder an, / Andere legten die braunen an; / Doch Janet zog an das scharlachrote Kleid, / Um in der Stadt am schönsten zu erstrahlen.)

Auf der Ebene der Erzählung lenkte Axel Olrik die Aufmerksamkeit auf Erscheinungen, die er als ‚das Gesetz von zweien je Szene‘ bezeichnete (nur zwei Personen treten auf einmal in der Volkserzählung auf) und als ‚das Gesetz des Kontrasts‘, die Gewohnheit nämlich, Gegensätze zu bilden und groß und klein, arm und reich, Goliath und David, Dives und Lazarus, St. Georg und den Drachen, Christus und den Teufel einander gegenüberzustellen.[51]

Die Antithese dient unter anderem dazu, die Wiederholungen zu strukturieren. In jedem Kunstwerk gibt es Wiederholungen, denn ohne die Wiederholung gäbe es überhaupt keine Struktur, aber in der Volkskultur ist sie entweder besonders vorherrschend oder besonders auffallend. Die drei Weisen aus dem Morgenland werden von einem schwedischen Volkskünstler im achtzehnten Jahrhundert als drei in einer Reihe einhergaloppierende Reiter dargestellt, während ein Renaissancekünstler zum Beispiel sie in eine komplexere, geschlossene Komposition einbezieht.[52] So gibt es auch in der mündlichen Überlieferung viel mehr Redundanz als in gedruckten, für die Lektüre bestimmten Werken. Innerhalb einer Zeile sind pleonastische Konstruktionen geläufig: ‚a loud laugh laughed he', ‚lythe and listen' oder ‚llorando de los sus ojos' (weinend mit seinen Augen). Nicht weniger auffällig ist die Wiederholung auf Strophenebene:

> He was a braw gallant,
> And he rid at the ring;
> And the bonny Earl of Murray
> Oh he might have been a king!
>
> He was a braw gallant,
> And he played at the ba;
> And the bonny Earl of Murray
> Was the flower amang them a'.
>
> He was a braw gallant,
> And he played at the glove;
> And the bonny Earl of Murray
> Oh he was the Queen's love! (Child 181)

(Er war ein tapferer Recke, / Und er ritt in den Ring; / Und der schöne Earl of Murray / Oh, er hätte ein König sein können.

Er war ein tapferer Recke, / Und er spielte mit dem Ball, / Und der schöne Earl of Murray / War die Blüte von ihnen allen.

Er war ein tapferer Recke, / Und er spielte mit dem Handschuh; / Und der schöne Earl of Murray, / Oh, er war der Geliebte der Königin!)

Diese dreigliedrige Struktur ist sehr verbreitet. Oft treten Strophen in Dreiereinheiten auf, und die zentrale Handlung der Ballade entwickelt sich häufig in Dreierschritten. Auch in vielen Volksmärchen kommt dieses Schema vor, zum Beispiel in den ersten drei Geschichten von Straparolas Sammlung, den *Piacevoli Notti*. In der ersten von ihnen wird ein Mann von seinem sterbenden Vater ermahnt, drei Gebote zu beachten; er bricht eines nach dem anderen. In der zweiten Geschichte wettet ein Vertreter der Obrigkeit, ein Dieb könne drei bestimmte Gegenstände nicht stehlen, doch dem Dieb gelingt es, die drei Aufgaben zu erfüllen. In der dritten Geschichte wird ein Priester von drei Schurken übers Ohr gehauen, doch er rächt sich an ihnen in drei Etappen. Alle diese Beispiele sind dazu geeignet, Axel Olriks ‚Dreiergesetz' zu untermauern, das er ebenfalls zu den ‚Gesetzen der Volkserzählung' zählt. Natürlich ist diese Dreierstruktur nicht nur auf die volkstümliche Literatur beschränkt, doch ist es interessant festzustellen, daß in einer spanischen Balladenfassung des biblischen Stoffes David dreimal auf Goliath schießt, bevor er ihn zu Fall bringt.[53]

Ausnahmen von dieser Regel in Volksliedern und Volkserzählungen signalisieren manchmal eine ungewöhnliche Wendung der Handlung. Sie stellen einen Fall von einer ‚sich steigernden Wiederholung' dar und führen zu einem unerwarteten Höhepunkt. In der Ballade *Lord Randal* (Child 12) wird der sterbende Held gefragt, was er seiner Mutter, seiner Schwester, seinem Bruder hinterlassen will – und schließlich, was seine Geliebte bekommen soll, die, wie sich nun herausstellt, ihn vergiftet hat. In einer der schönsten katalanischen Balladen, *Amalia sta malalta,* wird innerhalb des Motivs vom falschen Testament in ähnlicher Weise Gebrauch von der sich steigernden Wiederholung gemacht. Die sterbende Amalia hinterläßt etwas den Armen, ihrem Bruder, der Jungfrau Maria:

I a vós, la meva mare
us deixo el marit meu
perqué el tingeu en cambra
com fa molt temps que feu.

(Und Euch, meine Mutter, / hinterlasse ich meinen Mann, / damit Ihr ihn in Eurem Zimmer umarmen könnt, / wie Ihr es schon seit langem tut.)[54]

Wenn auch diese Feststellungen über Zweier- und Dreierstrukturen Aussagen darüber erlauben, was wahrscheinlich mit einem Motiv geschieht, wenn es in eine Volkserzählung übernommen wird, so erhellen sie doch nicht, *wie* Motive aneinandergereiht werden, und werfen kein Licht auf die ‚Gesetze der Handlungsbildung', wie Viktor Šklovsky sie nannte. Werden Motive nach bestimmten Regeln miteinander verbunden, oder erfolgt die Aneinanderreihung durch Gedankenassoziationen in der Vorstellung des Erzählers? Eine Anzahl von Wissenschaftlern, zu denen Claude Lévi-Strauss und der russische Folklorist Vladimir Propp gehören, sind überzeugt davon, daß bestimmte Regeln die Motivkombinationen beherrschen und daß die Grammatik oder die ‚Algebra' des russischen oder italienischen Märchens oder der amerikanischen Indianermythen entdeckt werden kann. Sie setzen sich mit Motiven auf einer hohen Abstraktionsebene auseinander: ‚A gibt X an B weiter' statt ‚Die Königin gibt Ivan einen Ring'. Sie haben häufig wiederkehrende Erzählschemata oder Motivsequenzen entdeckt, wie zum Beispiel Verbot/Übertretung/Folgen/versuchte Flucht oder Mangel/List/Aufhebung des Mangels. Schließlich beschäftigen sie sich auch mit ‚Transformationsgrammatik', d. h. mit den Regeln der Transformation von Erzählungen in andere Erzählungen, nicht nur durch den Austausch von Helden in den Rollen von A und B, sondern auch durch Veränderungen im Ablauf der Motivreihe selbst. Die Motivreihe kann verkürzt oder in einer anderen Folge zusammengestellt werden. Das Schema Liebe/Trennung/Glück kann sich verändern zu Liebe/Trennung/Unglück und so fort.[55]

Es gibt keinen Zweifel, daß solche Motivschemata (inbegriffen die soeben erwähnten) im frühneuzeitlichen Erzählgut vorkamen. Um zu Straparola und seinen *Piacevoli Notti* zurückzukehren: Die erste Geschichte läuft nach dem häufig vorkommenden Schema Verbot/Übertretung/Folgen ab; die zweite stellt die Umkehrung der ersten dar: Herausforderung/Annahme der Herausforderung/Folgen; die dritte folgt dem Schema Betrug/Rache; die vierte kehrt zum Verbot/Übertretungsschema der ersten zurück; und die fünfte nimmt schließlich das Schema Betrug/Rache wieder auf, das wir bereits aus der dritten kennen. Auch das italienische geistliche Drama enthält wiederkehrende Motivketten: Stücke, die von heiligen Frauen handeln, zeigen die Tendenz, das Schema von der verfolgten und belohnten Unschuld anzunehmen. Entweder wird die Heldin wegen ihres Glaubens verfolgt und im Himmel belohnt, wie im Falle der heiligen Barbara, Margherita, Orsola oder Teodora; oder sie wird, wie im Falle der heiligen Guglielma und Uliva, aus weltlicheren Gründen verfolgt und bereits auf Erden belohnt. Auch das französische Lustspiel weist einen stereotypen Aufbau auf. Die Handlung dreht sich oft um ein verheiratetes Paar, wobei die Ehefrau anspruchsvoll, halsstarrig oder untreu zu sein hat und das Stück dem populären Schema der Dreierkette der Motive Betrug/Entdeckung/Bestrafung folgt.[56] Will man vom Inhalt noch mehr abstrahieren, so könnte man den Inhalt der meisten Schwänke nach dem Schema ,der Held wird von Gegnern provoziert / der Held besiegt die Gegner' beschreiben.

Die Handlungsführung der *Commedia dell'arte* ist komplizierter. Sie ist so vielschichtig, daß der moderne Leser ihr wahrscheinlich nicht ohne Schwierigkeiten folgen kann. Wenn Schauspieler und Zuschauer es seinerzeit leichter damit hatten, so sicher deshalb, weil in allen Stücken der *Commedia dell'arte* die bereits vertrauten Handlungsschemata angewandt wurden. Wenn es eine Form der Volkskunst gibt, die die Strukturanalyse herausfordert, so ist es die des Stegreiftheaters. Das erste Szenario in Flaminio Scalas berühmter Sammlung ist so typisch, daß es als geeignetes Beispiel dienen mag: *Li due vecchi gemelli* (Die beiden alten Zwillinge). Das Stück besteht im wesentlichen aus einer Kette von vier Motiven, die in dieser Gattung häufig vorkommen: A liebt B / ein Hindernis stellt sich ein / das Hindernis wird beseitigt / A heiratet B. In diesem Falle liebt Orazio die Witwe Flaminia; Capitano tritt auf und stellt Flaminia nach; Capitano wird abgewimmelt, und Orazio heiratet Flaminia. Dieser Ablauf wird kompliziert durch Verdoppelung und zusätzliche Handlungselemente. Unter ,Verdoppelung' verstehe ich, daß der Dramatiker eine oder zwei Nebenhandlungen einführt, die motivgleich sind und parallel zur Haupthandlung laufen. So liebt in unserem Fall der Diener Pedrolino die Zofe Franceschina; Gratiano erscheint und stellt ihr nach; Gratiano wird zurückgewiesen, und Pedrolino heiratet Franceschina. Doch dies genügt noch nicht: Ein weiterer paralleler Handlungsstrang dreht sich um Orazios Vetter Flavio und eine zweite Witwe namens Isabella. Auch diese beiden verlieben sich und heiraten. Der Titel des Stückes jedoch bezieht sich auf ein zusätzliches Handlungsmotiv, auf das der ‚Rückkehr‘, die so häufig in Balladen, Volkserzählungen und auch in Volksstücken vorkommt. Die Väter von Orazio und Flavio sind Zwillinge, die gefangen und in die Sklaverei verkauft worden sind, jedoch rechtzeitig zurückkehren, um an den Hochzeiten teilzunehmen. Das einzige, was noch fehlt, um dieses Stück zum Prototyp der *Commedia dell'arte* zu machen, ist das beliebte Verkleidungsmotiv, denn in dieser Gattung stellt es sich immer wieder heraus, daß Diener, Wahrsager oder Wahnsinnige ganz andere Personen sind, als sie anfangs zu sein schienen.[57]

Ein weiteres Beispiel für eine kompliziertere Motivstruktur finden wir, wenn wir noch einmal einen Blick auf die britische Ballade werfen. Es handelt sich um den ‚Ring‘ oder ‚Rahmen‘, eine Strophe, eine Person oder ein Thema, die eine bestimmte Geschichte einführen und dann wieder abrunden. In seiner kunstvollsten Form ergibt sich aus diesem Schema eine chiastische, überkreuzte Struktur, nämlich das Muster a b c c b a. Eine Analyse der Ballade *The Lass of Roch Royal* kam zu dem Ergebnis, daß die Ballade aus einer Sequenz von drei Motiven besteht, die dann in umgekehrter Reihenfolge wiederholt werden: Klage/Reise/Ablehnung; Ablehnung wird entdeckt/Reise/Klage.[58]

Es ist wahrscheinlich zu hoch gegriffen, von allgemeinen ‚Gesetzen‘ zu sprechen, nach welchen die Motive zu Balladen, Volksstücken oder Märchen zusammengesetzt werden, doch beweisen die soeben erörterten Beispiele, daß es gewisse vorgegebene Kombinationsmuster gibt und daß es sich nicht um zufällige Assoziationen von einzelnen Elementen handelt.

So erhellend sie auch sein mögen, die Analysen der Strukturalisten laufen Gefahr, einen falschen Eindruck zu vermitteln: den Eindruck, daß ‚Motive‘ sich selbsttätig zusammenfinden, während es doch Männer und Frauen sind, Sänger, Geschichtenerzähler und Schauspieler, die diese Motive miteinander verknüpfen. Doch dank der Blickrichtung auf das nicht *ganz* freiverfügbare Motiv oder auf die nicht *ganz* herauszulösende Formel ist es leichter zu verstehen, wie Schauspieler, Erzähler und Sänger in einer mündlichen Kultur ihre Kunstwerke schaffen. Sie lernen, indem sie älteren Leuten zuhören und versuchen, sie nachzuahmen. Was sie lernen, sind nicht festgesetzte Texte, sondern eher ein Vokabular von Formeln und Motiven und dazu die Regeln ihrer Kombination, also eine Art von ‚poetischer Grammatik‘.[59] Diese Grammatik lernt man am besten, wenn man noch jung ist; kein Wunder, daß sich das Balladensingen vom Vater auf den Sohn vererbt. Die Sänger lernen auch, wie man die Grundstruktur ‚erweitert‘ oder ‚ausschmückt‘. Auf diese

Weise fällt es ihnen relativ leicht zu improvisieren: zum Erstaunen der wissenschaftlichen Beobachter, die aus einer schriftlichen Kultur kommen. In den dreißiger Jahren konnten zum Beispiel in Jugoslawien einige Sänger wie Avdo Medečović zehn bis zwanzig zehnsilbige Zeilen pro Minute während eines Zeitraums von zwei Stunden ohne Unterbrechung singen und eine Geschichte in Einzelabschnitten vortragen, die bis zu 13 000 Zeilen lang war. Daß er Lieder ohne Vorbereitung improvisieren konnte, bewies er durch ein Experiment, in dessen Verlauf man ihm einen Text vorlas und ihn bat, die darin enthaltene Geschichte auf seine Weise zu singen, wozu er ohne weiteres imstande war.[60]

Wie stand es um die Sänger der frühen Neuzeit? Ohne Zweifel improvisierten viele von ihnen, wenigstens in manchen Gegenden. Um mit einem Beispiel aus einer Region zu beginnen, die von Avdos Heimat nicht allzuweit entfernt ist: Alberto Fortis lauschte in der zweiten Hälfte des achtzehnten Jahrhunderts auf seiner Reise durch Dalmatien aufmerksam „den heroischen Gesängen der Morlaken" und schrieb, daß „es mehr als einen von ihnen gibt, der sein Lied vom Anfang bis zum Ende improvisiert" (che canta improvvisando). In einer ebenfalls abgelegenen, gebirgigen und pastoralen Landschaft am anderen Ende Europas – den westlichen Inseln Schottlands – bemerkte ein Reisender am Ende des siebzehnten Jahrhunderts die Tatsache, daß „mehrere Angehörige beiderlei Geschlechts die Gabe der Dichtung besitzen und in der Lage sind, eine Satire oder ein Lobgedicht aus dem Stegreif zu komponieren, ohne als Anregung ihrer Einbildungskraft eines stärkeren Getränks als des Wassers zu bedürfen". Im achtzehnten Jahrhundert muß ein Highlander Avdos Stehvermögen gehabt haben, wenn auch vielleicht nicht seine schöpferischen Gaben, denn ein schottischer Geistlicher berichtete dem Komitee der *Highland Society* von einem alten Mann, der „drei Tage hintereinander, und jeden Tag mehrere Stunden lang, fortfuhr, ohne Zögern und mit größter Geschwindigkeit [...] viele tausend Zeilen alter Dichtung vorzutragen". Das Komitee war der Auffassung, daß diese Leistung einem guten Gedächtnis zuzuschreiben sei, aber eine stichhaltigere Erklärung des Phänomens scheint die Fähigkeit zu sein, mit Leichtigkeit zu improvisieren. In Wales war im achtzehnten Jahrhundert eine extemporierte Versform namens ‚*pennyll*' bekannt.

> „Eine Person, die mit dieser Kunst vertraut ist, pflegt einen ‚*pennyll*' zu improvisieren, der sich dem zuletzt gesungenen annähert [...] wie bei Nachtigallen wird der Wettkampf die ganze Nacht durchgehalten [...] oft tritt eine Gemeinde gegen die andere an; von jedem Hügel erklingt der Refrain."

Zu Beginn des neunzehnten Jahrhunderts war es in Norwegen, in Telemark und Setesdal, Sitte, den *stev* zu improvisieren. Der *stev* ist eine vierzeilige

Strophe, bestehend aus zwei aufeinanderfolgenden Reimpaaren. Im *stevleik* standen zwei Sänger im Wettstreit miteinander, wobei jeder abwechselnd eine Strophe dichtete. Es ist wahrscheinlich, daß diese Sitte auf das Mittelalter zurückgeht, und es ist fast sicher, daß sie in der frühen Neuzeit praktiziert wurde.[61]

Der beste Beleg für improvisierte Dichtung in unserer Periode kommt jedoch aus Italien. Michel de Montaigne beschreibt, wie er in der Toskana eine analphabetische Bäuerin traf, die in der Lage war, Verse zu schmieden „avec une promptitude extraordinaire". Im siebzehnten Jahrhundert gab es in Sizilien Wettbewerbe im Stegreifdichten, die an den norwegischen *stevleik* oder die *haiku*-Wettbewerbe Japans im selben Jahrhundert erinnern.[62] ,*Provisanti*', Stegreifdichter, war eine geläufige Bezeichnung für Volksdichter. Einer der bekanntesten dieser *Provisanti* war um das Jahr 1500 in der Toskana Cristoforo, den man ,*Altissimo*' nannte (möglicherweise weil er für dieses Adjektiv in seiner poetischen Ausdrucksweise eine Vorliebe hatte). Als 1534 das erste Buch seiner *Reali di Francia* postum veröffentlicht wurde, stand auf dem Titelblatt zu lesen, das Gedicht sei „von ihm improvisiert worden" (cantato da lui all'improvviso), und der erste Gesang beginnt mit einer Entschuldigung für den Fall, daß diese Methode schlechte Reime hervorgebracht habe.

Ebenfalls in Italien finden wir die besten Beispiele für das improvisierte Drama in der *Commedia dell'arte,* die man in jener Zeit auch oft *Commedia all'improvviso* nannte. Ungeachtet der Tatsache, daß stereotype Formeln, Motive und Charaktere (abgesehen vom Szenario, das zum schnellen Nachschauen hinter der Bühne hing) ihnen ihre Arbeit erleichterten, ist es doch schwierig, sich vorzustellen, wie zehn oder zwölf Schauspieler es fertigbrachten, ihre Improvisation zu koordinieren. Daß sie es schafften, steht allerdings fest, und in manchen Teilen Asiens bringen Theatergruppen dieses Kunststück auch heute noch fertig. Es ist leichter, sich eine Solodarbietung dieser Art vorzustellen, wie sie von den Quacksalbern auf der Piazza S. Marco hervorgebracht wurde, die, so der englische Reisende Thomas Coryat, „ihre Geschichten mit einem ganz bewundernswerten Wortschwall und überzeugender Grazie erzählen, sogar extempore".[63]

Heute ist nur noch schwer festzustellen, ob Italiener größere Improvisationskünstler waren als Angehörige anderer Nationen oder ob es einfach mehr und sorgfältigere Berichte über die Darbietungen ihrer Volkskünstler gibt. Auch Clowns wie Tarleton oder Tabarin haben ihre Späße vielleicht improvisiert, aber wir wissen nichts Genaues. Was England anbetrifft, so existieren Zeugnisse für improvisierte Darbietungen vorrangig auf dem Gebiete der Predigt, was mit der Begeisterungsfähigkeit eines glaubensstarken Protestantismus zusammenhängen mag. Englische Sektenprediger des siebzehnten Jahrhunderts, auch Laien, ergriffen das Wort, wenn der Geist sie überkam. Da man sie wegen ihres ,abrupten' und ,unzusammenhängenden' Redestils kritisierte, liegt der Gedanke nahe, daß sie mit mangelndem Geschick improvisierten. John Bunyan schrieb offenbar seine Predigten nicht nieder, bevor er sie hielt, obwohl man von ihm sagte, „er habe die Gewohnheit, seine Predigten zu Papier zu bringen, nachdem er sie gehalten hatte". George Whitefield, ein Methodist aus dem achtzehnten Jahrhundert, predigte höchst erfolgreich extempore. Mrs. Brown of Falkland, die schottische Balladendichterin aus demselben Jahrhundert, ist auch als Beispiel für eine improvisierende Sängerin genannt worden.[64] Was Geschichtenerzähler anbetrifft, so gibt es kaum Aufzeichnungen über ihre Methoden, doch ein gewisser Román Ramírez, der öffentlich Ritterromanzen vortrug, sagte vor der Inquisition aus, er beherrsche seine Texte nicht auswendig, sondern kenne ,die Substanz', und er kürze und erweitere seine Geschichten je nach den Erfordernissen einer bestimmten Vorstellung.[65] War er ein typischer Fall?

Wenn man diese Frage bejahen kann, wenn also Sänger, Erzähler und Prediger der frühen Neuzeit regelmäßig ihre Darbietungen extemporierten, dann sollten wir viele der traditionellen Formen, von denen oben in diesem Kapitel die Rede war, als Hilfsmittel interpretieren, die den Volkskünstlern bei der Ausübung ihrer Kunst zu Gebote standen. Formelhafte Wendungen können (wie ein amerikanischer Volksprediger kürzlich zugestand) „ein Ausruhen auf dem Wege" bedeuten oder sogar, in den Worten eines anderen Predigers, „ein Spielen auf Zeit". Wiederholungen innerhalb einer extemporierten Ballade ermöglichten dem Sänger eine Atempause, eine Erholung von der Anstrengung des ununterbrochenen Erfindens, die Chance, darüber nachzudenken, was als nächstes kommen solle. In der britischen Ballade war die zweite Zeile der vierzeiligen Strophe, *the filler* genannt, der beliebteste Ort für so ein Ausruhen auf dem Wege, und in der *Commedia dell'arte* sorgten die *lazzi* dafür. Da Wortformeln oder Motive zusammenhingen, sei es nun durch freie Assoziation oder durch Schemata, gab es für den Rezitator keinen Zweifel, was an nächster Stelle stehen sollte: „Die Dinge kommen in meinen Kopf, als ob ich sie vor mir sähe, und bevor ein Wort zu Ende ist, schiebt sich schon das nächste an seine Stelle."[66]

Dem Volkskünstler standen noch andere Hilfsmittel zur Verfügung. Vuk Stefanović Karadžić machte bei einem Balladensänger die Beobachtung, daß „er die Balladen nicht ordentlich aufsagen konnte, er konnte sie nur singen. Und nicht nur das; ohne Alkohol sang er nicht einmal". Román Ramírez erzählte der Inquisition, daß er seine Geschichten von einem leeren Stück Papier ,herunterlas' oder daß er rezitierte „aus einem Buch, das nicht das gleiche war wie der Text, den er las, und daß er seine Augen auf ihm ruhen ließ, ohne die Seiten umzuwenden. Das tue er, um sein Gedächtnis nicht abzulenken und sich besser auf das zu konzentrieren, was er las." Auch ist es wahrscheinlich, daß Sänger, Schauspieler und Prediger sich der sogenannten ‚Kunst des Memorierens' bedienten, nämlich der Zugliederung von Wörtern oder Motiven zu den Teilen eines wirklichen oder imaginären Gebäudes.[67]

Ohne diese Hilfsmittel wäre das Improvisieren schwierig, aber der Gebrauch dieser Hilfsmittel beweist noch nicht, daß eine bestimmte Darbietung tatsächlich improvisiert war; denn sie waren nicht nur zum Nutzen des Vortragenden, sondern auch des Zuhörers gedacht. Häufige Wiederholungen zum Beispiel, die im Druck so schwerfällig wirken, können für Leute, die eine Stunde oder länger zugehört haben, eine willkommene Erholungspause bedeuten. Die klischeehaften Kampf- und Festmahlszenen müssen gleichermaßen willkommen gewesen sein, denn das Vertraute wirkt ermutigend und verlangt weniger Aufmerksamkeit als das Neue. Vielleicht kam es zum ‚Gesetz der Dreierschritte', weil ein Erzähler von seiner Zuhörerschaft nicht erwarten kann, daß sie mehr als drei Punkte im Gedächtnis behält. Was die *Commedia dell'arte* anbelangt, so bestand die Gefahr, daß sich die Zuschauer ohne die Standardcharaktere und die stereotypen Aktionen im Labyrinth der Handlungen einiger der komplizierteren Stücke verirrten. Sie genossen die *lazzi,* wie Varietébesucher heute noch, gerade weil sie wußten, was als nächstes passieren würde. Die Hilfsmittel konnten auch dazu dienen, Texte besser auswendig zu lernen, was in einigen Fällen (zum Beispiel bei den irischen Sängern) erwiesen ist. Die hier besprochenen Formen und Formeln sind unumgänglich für die Tradierung einer mündlichen Kultur, aber sie sagen noch nichts darüber aus, ob die Improvisation vorherrschte oder nicht.

Diese Frage wird für das frühneuzeitliche Europa kaum jemals befriedigend beantwortet werden können. Sogar der Ausdruck ‚extemporieren' ist nicht ganz eindeutig, denn es besteht kein eindeutiger Unterschied zwischen einem auswendig beherrschten und einem improvisierten Text. Jeder Redner weiß, daß es zwischen den Extremen eines im voraus auswendig gelernten und eines ad hoc improvisierten Texts ein ganzes Spektrum an Darbietungsmöglichkeiten gibt. Prediger des siebzehnten Jahrhunderts machten sich wie moderne Redner oft Notizen; der Dichter ‚Altissimo' soll seine Gedanken auf Papierfetzen notiert haben; und einige italienische Schauspieler besaßen Merkbücher mit Textmaterial, die sie bei ‚improvisierten' Aufführungen verwendeten, was sie aber so geschickt taten, daß ‚was lange vorher überlegt war, extemporiert zu sein schien'.[68] Volkskünstler, die sich keiner Notizen bedienten, können doch, durch häufig wiederholte Darbietungen, etwas vorgebracht haben, was weder vollkommen spontan noch ganz auswendig gelernt war, wobei der Grad des freien Improvisierens je nach Individuum oder Gattung schwankte. Das serbokroatische Epos eignete sich zum Beispiel durch seine variable Zeilenlänge und durch das Fehlen der Endreime mehr zum Improvisieren als die britische Ballade. Das Vorhandensein zahlreicher Varianten beweist, daß viele Künstler Balladen nicht wörtlich voneinander übernahmen, doch der Vortrag derselben Ballade bei verschiedenen Anlässen durch denselben Künstler unterschied sich vielleicht nur in unwesentlichen Einzelheiten, wie im Falle der Ingierd Gunnarsdotter, deren Version von *Essbiörn Prude och Ormen Stark* in den Jahren um 1670 mehrere Male aufgezeichnet worden ist. Bei einer Gelegenheit läßt diese schwedische Balladensängerin die Helden zu Beginn Wein in der Halle trinken, bei einer anderen Met.[69]

Nun sollte es vielleicht möglich sein, zur bereits gestellten Frage des Verhältnisses von individueller zur gemeinschaftlichen Dichtung zurückzukehren (S. 124 ff. oben). Vielleicht kann sie jetzt von einem anderen Blickwinkel aus betrachtet werden. Das Individuum ist schöpferisch in dem Sinne, daß jeder Kunstgegenstand oder jede Darbietung einen neuen Schöpfungsakt voraussetzt, der sich nicht ganz mit dem vorhergehenden deckt. Jeder Volkskünstler entwickelt seinen eigenen Stil, seinen Idiolekt, indem er bestimmte Formeln oder Themen auf Kosten anderer aus dem gemeinsamen Überlieferungsschatz vorzieht. In der volkstümlichen Kultur sollte man die individuellen wie die regionalen Abweichungen in erster Linie unter dem Gesichtspunkt der Selektion und der Neuzusammenstellung sehen. Formeln und Motive zu verbinden und sie einem neuen Zusammenhang anzupassen, ist kein mechanisches Vorgehen, sondern ,,jede gute Improvisation ist ein schöpferischer Akt".[70] Doch entstehen Varianten auch unbewußt und nicht nur als Ergebnis individueller Schöpfungsakte. Ein amerikanischer Volkskundler drückt es so aus: ,,Balladen gleichen Klatsch. Ihre Varianten entstehen auf ähnliche Weise wie die verschiedenen Versionen eines Gerüchts." Damit soll gesagt werden, daß Menschen ein selektives Gedächtnis haben und nur das weitergeben, was sie interessiert, dergestalt, daß ein Gerücht oder eine Ballade fortschreitend kürzer werden, wenn all das verlorengeht, was nicht interessant genug ist, um festgehalten zu werden.[71] Schließlich bleiben nach dem ,Zersingen' nur noch die wichtigsten Elemente übrig – daher der lakonische Stil, der abrupte Übergang von einer Episode zur anderen, oder die kommentarlose Gegenüberstellung zweier Bilder. Dieser elliptische Stil gehört zu den reizvollsten ästhetischen Wesenszügen von Volksliedern und Volkserzählungen, er ist weniger das Ergebnis individueller Entscheidungen als eines gewissen Abschleifungsprozesses im Verlaufe der mündlichen Überlieferung, also eine Art negativer Form der ,Gemeinschaftsdichtung'. Aus allen diesen Gründen hört man, wenn man einem Volkslied oder einem Märchen lauscht, nicht so sehr die Stimme eines mehr oder weniger begabten Individuums, sondern die der Überlieferung, die aus seinem Munde spricht.

Gegen die Thesen dieses Kapitels könnte der Einwand erhoben werden, daß sie auf alle Kunstformen anwendbar sind, nicht nur auf die populären. Alle Kunstwerke kann man unter dem Gesichtspunkt der Wiederholung, vorgebrachter Standardideen, der Motive, Schemata und Varianten interpretieren, wie Gelehrte wie Aby Warburg, Ernst Robert Curtius und Sir Ernst Gombrich (um nur diese Namen zu nennen) bewiesen haben.[72] Ohne weiteres läßt sich diese Behauptung anhand der europäischen Literatur des sechzehnten und siebzehnten Jahrhunderts erhärten. Im Petrarca-Sonett treten die formelhaften Züge offen zutage. Rhetorische Lehrbücher gaben Anweisungen im Gebrauch von Formeln und Schemata. Es ist nicht schwierig, in Cervantes' Erzählung *Die erlauchte Dienstmagd* ein Märchenmotiv zu entdecken oder in Molières Stücken Standardcharaktere zu identifizieren wie zum Beispiel die Zanni-Figur Sganarelle. Bis tief in das achtzehnte Jahrhundert hinein erwartete man von Sängern und Schauspielern, daß sie durch eigene Improvisationen die Kompositionen ausschmückten, welche ihnen in gedruckter Form vorlagen.

Wenn also auch zwischen den Formen der hohen und niederen Kultur kein wirklicher Wesensunterschied bestand, so gab es doch graduelle Unterschiede, die insbesondere dadurch begründet waren, daß die Volkskultur damals wie auch jetzt mündlich tradiert wurde. Zunächst einmal sind in der Volkskultur die vorgegebenen Elemente, die dem Individuum zur Verfügung stehen, begrenzt. Ferner werden diese Elemente auf stereotype Weise zusammengesetzt, mit relativ wenigen Modifikationsversuchen. Darin besteht das Prinzip des ‚bricolage‘. (Vielleicht ist es kein Zufall, daß mehrere Pioniere des Strukturalismus auf dem Gebiete der Volkskunde forschten, vor allem Roman Jakobson und Vladimir Propp.) Wenn man für das Auge und für ein anspruchsvolles Bildungspublikum schreibt, kann man auf das Gesetz von ‚Zwei Personen je Szene‘ verzichten, Formeln weniger oft verwenden, Beschreibungen ausweiten und Charaktere schaffen, die individuellere Züge tragen. Seit der Erfindung des Buchdrucks hat sich die europäische Literatur in diese Richtung hin entwickelt, obwohl immer noch etwas existiert, was als ‚mündlicher Bodensatz‘ bezeichnet wurde.[73] Die bewußte Innovation wurde einfacher, denn die Techniken mündlicher Komposition behinderten sie nicht mehr.

Natürlich kam es vor, daß neue Geschichten in das Repertoire der Erzähler oder Sänger übernommen wurden, aber die Verwendung von Formeln und stereotypen Motiven glich sie schnell dem alten Repertoire an. Es gibt eine spanische Volksballade über den König Juan von Navarra, die nicht älter sein kann als vom Anfang des sechzehnten Jahrhunderts, als Juan sein Königreich an Ferdinand den Katholischen verlor. Die Ballade erzählt von einem Traum des Königs: Die Dame Fortuna warnt ihn vor dem bevorstehenden Unglück.

Der prophetische Traum ist ein stereotypes Motiv, das in einer älteren Ballade auf König Rodrigo angewandt worden war, der sein Reich 800 Jahre vorher an die Mauren verloren hatte.[74] Dieses Beispiel zeigt uns, wie jüngere Ereignisse stilisiert werden und das Neue im Lichte des Alten erscheint. So wird auch Peter der Große in russischen Balladen Iwan dem Schrecklichen gleichgesetzt, ja sogar dem mittelalterlichen Helden Ilja von Murom. In Frankreich wurde im achtzehnten Jahrhundert ein Flugblatt über den berühmten Verbrecher Cartouche (S. 179 unten) an seinen Nachfolger Mandrin angepaßt. Für den Drucker bedeutete das vielleicht nur eine Kostenersparnis, aber dem Publikum half es, in einem Mann den anderen zu sehen.[75] Darum sollen im nächsten Kapitel typische Gestalten geschildert werden, nicht individuelle Helden, Schurken und Narren.

6. Helden, Schurken und Narren

Welche Grundhaltungen und Wertsetzungen sind den Handwerkern und Bauern im Europa der frühen Neuzeit eigen? Die Beantwortung dieser Frage muß ein Hauptanliegen dieses Buches sein und stellt gleichzeitig den schwierigsten und anspruchsvollsten Teil des Unternehmens dar; eine Antwort läßt sich nur finden, wenn es gelingt aufzudecken, was unter der Oberfläche der verschiedenen Formen populärer Kultur verborgen liegt. In diesem Kapitel wird der analytische Zugang über ihre Helden, Schurken und Narren gesucht, in der Annahme, daß diese Figuren das populäre Wertsystem erkennen lassen, denn die Helden erfüllen und überbieten die Normen, die Schurken stellen sie in Frage, und die Narren können ihnen nicht gerecht werden.[1]

Gewiß ist es, wie bereits angedeutet wurde (S. 48 f. oben), sehr gefährlich, die Volkskultur in diesem Zeitraum als einheitlichen Block zu sehen. Doch kann man in vielen verschiedenen Teilen Europas die gleichen Helden finden. Um 1500 war der Heiligenkult überall verbreitet, und einige Heilige hielten sich auch in protestantischen Gegenden lange nach der Reformation. Der hl. Georg zum Beipiel blieb der Schutzheilige von England und die Hauptfigur im englischen Mummenschanz *(mummers' plays)*; in den lutherischen Teilen Deutschlands blieb der Martinskult erhalten; und sogar in der offiziell kalvinistischen Republik der Niederlande füllte der hl. Nikolaus nach wie vor die Stiefel der Kinder mit Geschenken. Die Helden der Ritterromane waren fast in gleicher Weise internationale Figuren. Der Ritter, den wir in England unter dem Namen Bevis of Hampton kennen, war für die Italiener der Held Buovo d'Antona, und er läßt sich gerade noch unter seinem russischen Namen Bova Kořolević identifizieren. Die Geschichte des Pierre de Provence (und der schönen Magelone) war nicht nur in Frankreich bekannt, sondern auch in Portugal, den Niederlanden, Deutschland und Dänemark. Die Türken sahen in Roland einen Türken und schenkten sogar dem hl. Georg ihre Verehrung, den sie zum ,spahi', zum türkischen Ritter, ernannten.[2]

Im ersten Teil dieses Kapitels sei der Versuch gemacht, populäre Biographien der am meisten geliebten, gehaßten und verachteten Gestalten der Volkskultur im Zusammenhang zu sehen, während wir uns im zweiten, spekulativeren Teil bemühen werden, die Einstellungen zu interpretieren, welche in diesen oder durch diese Gestalten ausgedrückt werden.

Prototypen und ihre Abwandlungen

Da Erzählungen oftmals von einem populären Helden zum anderen wandern, scheint es nützlicher zu sein, eher von Typen als von Individuen zu sprechen. Die *Legenda aurea* des Jacobus von Voragine könnte man ebenso wie Childs *Balladen* als eine Sammlung von Erzählungen betrachten, die voneinander abhängige Transformationen darstellen. Es gibt vier Haupttypen des Helden: den Krieger, den Heiligen, den Herrscher und den Gesetzlosen, Geächteten. In vielen Fällen ist es nicht schwierig festzustellen, wie Späterkommende dem Prototyp angeglichen wurden. Der hl. Johannes der Täufer war zum Beispiel der typische Asket, der in der Wüste lebte, sich von Heuschrecken und wildem Honig ernährte und sich in ein „Kleid von Kamelhaaren" (Matth. 3, 1–4) hüllte. Andere Asketen, wie der hl. Antonius oder der hl. Onuphrius (der sein Haupthaar und seinen Bart besonders lang wachsen ließ), sind offenbar nach seinem Vorbild gezeichnet. Alexander der Große stellt den Prototyp des siegreichen Eroberers dar, während der König Salomo das Vorbild des Herrschers lieferte, der innerhalb der Grenzen seines Reiches weise regierte.[3]

Prototypen ließen sich auch neuen Bedürfnissen angleichen. Der mittelalterliche Ritter verwandelte sich, wie wir sehen werden, in einen General, einen Husaren, ja sogar in einen Banditen. Die Protestanten glaubten nicht an Heilige, aber sie übernahmen den Märtyrer und paßten ihn an: Das geschah bereits 1523, als Luther ein Flugblatt über zwei seiner Anhänger verfaßte, die man in Brüssel verbrannt hatte. Jean Crespins *Geschichte der Märtyrer* von 1554 feierte das Heldentum der Hugenotten; und das berühmte *Book of Martyrs* von John Foxe, das auf königlichen Befehl in Kirchen ausgestellt wurde, war ein wichtiger Beitrag zur Entstehung einer protestantischen Tradition in England. Die stereotype Figur des Märtyrers wurde auch im politischen Sinne genützt und Männern zugeschrieben, die von den ursprünglichen Gestalten weit entfernt waren, wie König Gustav Adolf von Schweden und Dr. Henry Sacheverell.[4]

Der Herrscher

Das Bild des Herrschers verdient ausführlichere Behandlung, weil es populäre Einstellungen gegenüber der Obrigkeit erhellt. Ein geläufiges Herrscherbild ist das des Eroberers. Der Herrscher wird oft durch Adjektive wie ‚siegreich', ‚triumphierend', ‚ruhmreich' oder ‚unbesiegbar' qualifiziert und als Alexandergestalt beritten dargestellt, wie er gerade eine Armee gegen den Feind führt, vor allem gegen einen ungläubigen oder ketzerischen Feind: die Sarazenen (Karl der Große, Richard I.), die Mauren (Sebastian von Portugal, eine Heldengestalt trotz seiner Niederlage), die Türken (Mátyás von

Ungarn), die Tataren (Iwan der Schreckliche, Eroberer von Kazan und Astrachan) oder die Papisten (Gustav Adolf, Wilhelm III.). Wilhelm III. galoppierte quer durch die Flugblätter – oder nordirische Häusergiebel –, während sich die begleitenden Verse in Schilderungen der Eroberung und des Sieges ergehen:

> Whilst conquering William with laurels is crowned
> His fame and his name through the world shall go round.

> The conquering sword does King William proclaim
> And crown him with trophies of honour and fame.

> (Während der erobernde Wilhelm mit Lorbeer gekrönt wird / soll sein Ruhm und sein Name um die Welt gehen.
> Das erobernde Schwert verkündet König Wilhelms Namen / und krönt ihn mit Trophäen der Ehre und des Ruhmes.)[5]

Im achtzehnten Jahrhundert wurde der Typ des Herrscher-Eroberers vor allem durch zwei berühmte Persönlichkeiten verkörpert. Eine von ihnen ist Karl XII., der ‚tapfere und berühmte‘ (brave and renowned) König von Schweden, wie ein englisches Volksbuch ihn nennt. Korporal Gustav Reuter schrieb unter ein Reiterportrait des Königs die Worte: ‚Ihr müßt euch an Carolus, den besten Soldaten der Welt, erinnern‘. Der zweite hervorragende Eroberer ist Friedrich der Große, den deutsche Flugblattballaden mit ähnlichen Ausdrücken anpreisen:

> Friederikus ist ein Held
> Allzeit siegreich in dem Feld.[6]

Die zweite geläufige Herrschergestalt könnte man die salomonische nennen. Sie wird dargestellt als ein auf seinem Stuhle sitzender Richter, als Vater des Volkes und wird mit Epitheta wie ‚gerecht‘, ‚weise‘ und ‚gnädig‘ beschrieben. Der hl. Ludwig von Frankreich (Louis IX.) war eine populäre Figur dieser Art; er wird traditionellerweise rechtsprechend dargestellt, unter einer Eiche sitzend. Sein Nachfolger Ludwig XII. scheint einen ähnlichen Ruf genossen zu haben. Man sagt ihm nach, daß er weinte, wenn er seinem Volk Steuern auferlegen mußte. Ein Manifest aus dem Bauernaufstand in der Normandie um 1639 erinnert sich nostalgisch an die Zeiten, als „Ludwig XII. ein goldenes Zeitalter regierte“ (alors que Louis XII menait un siècle d'or), und eines der *cahiers* des dritten Standes richtete sich im Jahre 1789 an König Ludwig XVI. als den ‚Erben des Szepters und der Tugenden Ludwigs IX., Ludwigs XII. und Heinrichs IV.‘. Andere *cahiers* enthalten die Aussage, daß „man den Namen Heinrich IV. auf dem Lande immer noch kennt und nie ohne Rührung erwähnt“, daß er anerkannte, als König Gott und dem Gesetz unterstellt zu sein, und daß er sich als Vater seines Volkes sah, aus dessen Unterdrückung er keinen Nutzen ziehen konnte.[7] Kaiser Maximilian wurde zu seinen Lebzeiten und nach seinem Tode als gerechter und milder Herrscher dargestellt, der immer ein offenes Ohr für die Bitten seiner Untertanen hatte. In Ungarn war die Gerechtigkeit des Königs Mátyás sprichwörtlich. Das Sprichwort lautete: *„Meghalt Mátyás király, oda az igazság"*, oder im Latein der Humanisten: *Matthias obiit, justitia periit,* „König Mátyás ist tot, die Gerechtigkeit ist verloren". In Norwegen war der hl. Olaf, der im elften Jahrhundert als König über Norwegen herrschte, während der ganzen frühneuzeitlichen Periode ein populärer Held, und Neuerungen, die den Bauern nicht gefielen, lehnten sie ab im Namen von ‚König Olafs Gesetz'.[8]

Der gute Herrscher wandert – als Held einer immer wieder vorkommenden Erzählung – inkognito durch sein Land. Man könnte von einem ‚Harun-al-Raschid-Topos' sprechen, nach den Erzählungen, die sich in Tausendundeiner Nacht um den Kalifen von Bagdad ranken. Der Motiv-Index nennt dieses Motiv ‚König verkleidet sich, um Untertanengeheimnisse zu erfahren' (K. 1812), was den unerfreulichen Eindruck der Schnüffelei erweckt. Doch erscheint der König gewöhnlich so, als wolle er sicherstellen, daß seinen Untertanen Gerechtigkeit widerfährt, oder als ob er das Leben des einfachen Mannes teilen wolle. Viele englische Balladen ranken sich um dieses Motiv und handeln vom Zusammentreffen König Edwards mit dem Gerber (Child 273), König Heinrichs mit dem Müller, König Wilhelms mit dem Heger oder König Richards mit Robin Hood (Child 151). Aus einem Volksbuch des siebzehnten Jahrhunderts, *The History of the King and the Cobbler* (Die Geschichte vom König und vom Schuhflicker), erfahren wir, daß ‚es die Gewohnheit König Heinrichs VIII. war, spätabends verkleidet in der City umherzuwandern, um zu sehen, wie die Büttel und die Wachen ihre Pflichten erfüllten'. In Schottland hieß es, Jakob V. habe die Gewohnheit gehabt, sich als Kesselflikker, Bettler oder als ‚der Freibauer von Ballengight' *(the gudeman of Ballengight)* zu verkleiden. In Rußland zirkulierten Geschichten vom Zaren (manchmal namentlich Iwan der Schreckliche oder Peter der Große genannt), der sich zu den Dieben gesellte:

Manchmal pflegte er sich in Verkleidung mit ihnen zusammenzutun, und einmal gab er ihnen den Rat, den kaiserlichen Schatz zu berauben; denn (so sagte er) ich weiß, wie man dahin gelangt; aber einer von den Burschen hob die Faust und gab ihm einen guten und festen Schlag ins Gesicht und sagte, du Spitzbub, willst du uns antragen, Seine Majestät zu berauben, die so gut zu uns ist; laß uns einen von den reichen Bojaren bestehlen, der Seine Majestät um hohe Summen beschwindelt hat. Darüber war Iwan hocherfreut.[9]

Die bekannteste Geschichte mit dem guten Herrscher als volkstümlichem Helden ist die, die ihn nicht wirklich tot sein läßt. Er schläft nur, meistens in einer Höhle, und eines Tages wird er wiederkommen, um seine Feinde zu besiegen, sein Volk von den Unterdrückern zu erlösen, die Gerechtigkeit wiederherzustellen und das goldene Zeitalter herbeizuführen (Motiv-Index A.570, D.1960.2). Zweifellos ist Christus der eigentliche Prototyp dieser Geschichte, und es ist sicher nicht ohne Bedeutung, daß der Herrscher mit ihm und seinem zweiten Kommen als Weltenrichter identifiziert wird. Im frühneuzeitlichen Europa war diese Sage weit verbreitet, wie vorher und nachher auch. Man brachte sie vor allem mit Kaiser Friedrich Barbarossa in Verbindung. Während des Bauernkrieges versammelten sich nach der Schlacht von Frankenhausen Tausende von Bauern auf dem Kyffhäuser, wo der Kaiser der Sage nach schlafen soll, und warteten darauf, daß er wiederkomme, um das unschuldig vergossene Blut zu rächen. Um König Arthur, den ,einstigen und zukünftigen König', *rex quondam rexque futurus,* rankte sich die gleiche Geschichte. Von ihm wurde gesagt, daß er im *hollow hill* (hohlen Hügel) schlafe. Ferner verband man sie mit Karl dem Großen, dem hl. Wenzel von Böhmen *(good king Wenceslas, svatý Václav),* König Mátyás von Ungarn und König Sebastian von Portugal. Die russische Variante der Geschichte stellte dem ,Bojarenzar', dem Zar, der gerade herrschte und der das Volk unterdrückte, den ,wahren Zaren' gegenüber, der im Verborgenen auf seine Stunde wartete, um sich seinem Volk zu offenbaren.[10]

Wie schon aus dem letzten Beispiel ersichtlich, bedeutet die Tatsache, daß es einige volkstümliche Herrscher gab, noch nicht, daß Handwerker und Bauern gegenüber den Fehlern der Herrscher blind waren und sie alle liebten. Der Held-König wird oft dem gerade herrschenden König entgegengesetzt: Ludwig XII. wurde mit Ludwig XIII., gegen den sich die Bauern in der Normandie 1639 erhoben, zu dessen Ungunsten verglichen, und ,König Olafs Gesetz' hielt man den dänischen Königen entgegen, die Norwegen zu Beginn der Neuzeit regierten.

Auf jeden Fall war man recht vertraut mit dem Bild des Tyrannen, für den es ja bekannte biblische Vorbilder gab. Im Alten Testament mußte Pharao herhalten, im Neuen war es Herodes, den man gut aus englischen, polnischen und russischen Mysterienspielen kannte. In England stellte man ihn traditionell als größenwahnsinnigen Aufschneider dar, der für sich den Anspruch erhob, Gott zu sein: „Denn ich bin es, der Himmel und Hölle machte / Und meine große Macht hält diesen Erdenkreis." (For I am even he that made heaven and hell / And of my mighty power holdeth up this world round.) In Kriegszeiten und Zeiten innerer Auseinandersetzungen wurden diese schlimmen Parallelen oft gezogen. In einem Hugenottenlied wird Heinrich II. von Frankreich als ,Pharao' dargestellt, ebenso wie Philipp II. in einem holländischen Lied während des Niederländischen Freiheitskampfes. Um das Jahr 1600 entstand in Sucevita an der Moldau ein Wandgemälde, das den

Zug durch das Rote Meer darstellt. Die Soldaten des Pharao tragen die Kleidung der polnischen Soldaten, denn Polen war damals der Hauptfeind des Landes. Die Prediger der Katholischen Liga in Frankreich nannten Heinrich III. einen ‚neuen Herodes‘, nachdem er den Herzog von Guise hatte ermorden lassen. In Rußland wurde das traditionelle Herodesspiel wahrscheinlich gegen Ende des siebzehnten Jahrhunderts in das vom ‚Zaren Maximilian‘ umgewandelt, der ein stolzer, grausamer und heidnischer König war und seinen christlichen Sohn verfolgte, bis er Gottes Rache anheimfiel. Mit ziemlicher Sicherheit stellt dieses Stück, wie auch der Volksdruck von den Mäusen, die die Katze begraben, eine versteckte Kritik an Peter dem Großen dar, der seinen Sohn Alexis einkerkern und vielleicht hinrichten ließ und der die Kirche dem Staat unterstellte. Es besteht auch die Möglichkeit, daß das Stück, falls es alt genug ist, auf das Schisma um die Mitte des siebzehnten Jahrhunderts oder auf Iwan den Schrecklichen anspielt, der seinen Sohn mit eigener Hand umgebracht hat.[11]

Offene Kritik an herrschenden Monarchen war die Ausnahme, obgleich man mindestens einige englische und französische Beispiele anführen kann. 1630 wurde in Dijon ein Portrait Ludwigs XIII. auf der Straße verbrannt, etwas Ähnliches geschah 1637 in Aix. Am Ende des siebzehnten Jahrhunderts zirkulierte ein politisches Vaterunser (S. 194, 195 oben), das auf Ludwig XIV. gemünzt war:

> Notre père qui êtes à Marly, votre nom n'est pas glorieux, votre règne est sur sa fin, votre volonté n'est plus fait ni sur la terre ni sur la mer...

Aus dem Jahre 1707 wird berichtet, daß ein Mann in Thouars gesagt hat, ‚Le roi est un bougre et un voleur‘ (Der König ist ein Ketzer und ein Dieb), während um 1530 ein Mann in Buckinghamshire folgende Meinung über Heinrich VIII. äußerte: „Der König ist ein Spitzbube und lebt im Ehebruch und ist ein Ketzer und lebt nicht nach den Gesetzen Gottes [...] Ich gebe nichts auf die Krone des Königs, und hätte ich sie hier, würde ich Fußball mit ihr spielen." *(The King is a knave and liveth in adultery, and is an heretic and liveth not after the laws of God ... I set not by the Kings's crown, and if I had it here I would play at football with it.)* 1750 wurde Georg II. in Walsall in effigie verbrannt, und 1779–80 stellte man Georg III. auf Volksdrucken als ‚Sultan‘ dar, als orientalischen Despoten im Turban.[12]

Es ist nur verständlich, daß feindselige Gefühle normalerweise auf Umwegen und Kritik nur indirekt ausgedrückt wurden. Das kann auch in Geschichten geschehen, die in der Vergangenheit spielen; in den Ritterromanzen, die wir in französischen Volksbüchern finden, lehnen sich die Helden – Huon von Bordeaux, Holger der Däne, die vier Haimonskinder – mit Recht gegen Karl den Großen auf, wenn auch der Kaiser selbst das Unrecht nicht verur-

sacht hat. Die Schuld trägt entweder sein Sohn Charlot oder sein Neffe Bertolais. Ähnlich liegen die Dinge bei Robin Hood. Sein Widerstand gegen die
Staatsgewalt ist berechtigt, aber die Schuld liegt nicht beim König, sondern
der Schurke ist ein Beamter, der Sheriff von Nottingham. Es scheint die Auffassung vorgeherrscht zu haben, der König selbst könne kein Unrecht tun,
wenn er auch von ‚bösen Ratgebern‘, wie der gängige Ausdruck lautete, umgeben sein kann. Hier stehen Berichte über Volksaufstände im Einklang mit
der populären Literatur. Die *Pilgrimage of Grace* richtete sich erklärterma-
ßen nicht gegen Heinrich VIII., sondern gegen Thomas Cromwell. Bauernaufstände in Frankreich im siebzehnten Jahrhundert gaben die Parole aus:
„Es lebe der König, nieder mit den Beamten" *(Vive le roi, fie aux élus)*.[13] Die
Aufständischen wollten nicht zur Kenntnis nehmen, daß der König die Steuern bewilligt hatte. Aus all dem kann man, wie ich meine, schließen, daß das
Volk den Königen eine beträchtliche Vorgabe an guten Absichten gewährte.
Man gestand ihnen zu, sie seien guten Willens, ja heldenhaft, und hielt an dieser Meinung fest, bis das Gegenteil bewiesen war. Der Kritik an den Königen
stand nicht allein die Angst vor Strafe, sondern auch eine verinnerlichte, vielleicht unbewußte Selbstzensur entgegen; wenn aber gewisse Ereignisse diese
Hemmungen beseitigten, schob sich anstelle des Stereotyps von Alexander
und Salomo das des Herodes und Pharao.

Wenn ein Blick auf den Herrscher als Volkshelden dazu dient, populäre
politische Haltungen zu verdeutlichen, so können uns die Bilder anderer
Helden, Schurken und Narren Auskunft geben über soziale Haltungen, nämlich Haltungen der verschiedenen Gruppen, aus denen sich die Gesellschaft
zusammensetzt: der Geistlichkeit, des Adels und des ‚dritten Standes‘, dem
auch die Bauern und Handwerker angehören. Auf Holz- und Kupferstichen
finden wir manchmal die Darstellung der drei Stände. Der Priester sagt: „Ich
bete für alle", der Adelige: „Ich kämpfe für alle" und der Bauer: „Ich arbeite
für alle."[14]

Die Geistlichkeit

Ein heroisches Bild der Männer des geistlichen Standes finden wir, wenn wir
Heiligenlegenden aufschlagen. Prototyp des Heiligen ist zum Beispiel der
Asket: Die Kasteiungen des hl. Hieronymus oder des hl. Antonius Eremita,
die fasteten, beteten und ihr Fleisch nicht schonten, scheinen die populäre
Einbildungskraft fasziniert zu haben. Ein weiterer Prototyp des geistlichen
Helden ist der gute Hirte, ein mildtätiger Mensch, dem das materielle wie das
seelische Wohlergehen des einfachen Mannes am Herzen liegt. Der hl. Mar-
tin, Bischof von Tours, teilte seinen Mantel mit dem Bettler. Der hl. Benedikt
half einem Bauern, dessen Axt in den Fluß gefallen war, indem er sie an die
Oberfläche steigen ließ. Der hl. Nikolaus, Bischof von Myra, einer der popu-

lärsten Heiligen überhaupt, half den Seeleuten, als das Schiff, auf dem er reiste, in einen Sturm geriet, und warf nachts Geld in das Haus eines armen Mannes, so daß dessen drei Töchter die Mitgift bekamen, die sie brauchten. Der hl. Franz von Assisi verband die Eigenschaften des Asketen mit denen des guten Hirten in einer Person, indem er einerseits in der Einöde fastete und betete und andererseits seine Kleider verschenkte, den menschenfressenden Wolf von Gubbio zähmte und die streitenden Parteien in Arezzo versöhnte. Natürlich glich man sein Bild dem Bild Christi möglichst an, nicht nur was seine Stigmata, sondern auch was seine Geburt in einer Krippe (so einige Fassungen seiner Legende) anbelangt.[15]

In anderen Quellen finden wir jedoch ein Bild der Geistlichkeit, das ganz anders aussieht. *Friar Tuck,* der lustige Klosterbruder, streitlustig und ein Verehrer guter Speisen, ist nur einer von vielen unheldischen aber sympathischen Geistlichen. Zwei Österreicher, der ‚Pfaffe Amis‘ und der ‚Pfaffe von Kahlenberg‘, waren mittelalterliche Schelmenfiguren, die noch im sechzehnten Jahrhundert Popularität genossen. Ihre Parallele aus der Toskana ist der ‚lustige Pfaffe‘ Mainardi aus dem florentinischen fünfzehnten Jahrhundert. Er nennt sich *il piovano Arlotto,* ‚den armen Landgeistlichen‘, und ist kaum fähig, sein Meßbuch zu lesen, dafür aber ein Freund des Weines und der Frauen, mit einer Vorliebe für Späße, sowohl auf Kosten der Geistlichkeit als auch der Laien.[16]

Nicht immer bringt die populäre Tradition den Schwächen der Geistlichkeit so viel Verständnis entgegen; oft erscheinen sie in der mündlichen Überlieferung als Schurken oder Narren, unwissend, geldgierig, faul und geil. Mit besonderem Nachdruck werden diese Anschuldigungen in der Literatur der deutschen Reformation vorgebracht. Pamphilius Gengenbachs *Totenfresser* (1521) zeigt den Papst, einen Bischof, einen Mönch und eine Nonne an einem Tisch sitzend und damit beschäftigt, eine Leiche zu tranchieren. Darin ist natürlich nicht nur ein Angriff auf die Geldgier der Geistlichkeit zu sehen, sondern auch auf die Doktrin vom Fegefeuer. Um den populären Antiklerikalismus in seiner normalen Ausprägung zu sehen, wie er sich in Anekdoten, Volksstücken oder sogar in der Volkskunst ausdrückt, sollte man eine weniger revolutionäre Dekade ins Auge fassen. So gibt es zum Beispiel eine aus dem achtzehnten Jahrhundert stammende Tonfigurengruppe aus Staffordshire, die den Pfarrer darstellt, wie er vor dem Zehntenschwein die Flucht ergreift. Das Motiv von geistlicher Raffgier ist sehr verbreitet; man denke an die Bestrafung des reichen und habsüchtigen Abtes durch Robin Hood (Child 117) oder an die Geschichte vom Priester, der den Toten nicht begraben will, wenn er nicht im voraus bezahlt wird (Motiv-Index Q.286.2), oder an die vom Priester, der ein kleines Bestechungsgeld zurückweist und dem Teufel seine Seele nur für eine große Summe verkaufen will (J.1263). Noch geläufiger ist die Vorstellung vom Geistlichen als Frauenheld. Es gibt russische Figuren aus Holz oder gebranntem Ton, die einen Mönch darstellen, der ein in einem Bündel verstecktes Mädchen auf dem Rücken trägt. Im sechzehnten Jahrhundert ist der geistliche Schürzenjäger eine häufige Zielscheibe des Spottes in französischen Farcen. In italienischen Geschichten von Boccaccio bis Bandello werden vor allem Bettelmönche gern auf diese Weise verspottet, wobei diese Geschichten wahrscheinlich literarische Versionen von Volkserzählungen sind, wie die vom Frate Alberto, der sich als Engel Gabriel verkleidet (Decamerone, 4. Tag, Nr. 2).[17]

Der Adel

Der Adel kommt in der populären Vorstellung besser weg, als man annehmen sollte. Der Ritter war ein volkstümlicher Held. Obwohl die mittelalterlichen Ritterepen ein eindeutiges Beispiel für eine Literatur sind, die, vom Adel handelnd, vom Adel und für den Adel produziert wurde, so kann kaum bezweifelt werden, daß in unserer Epoche diese Literatur für das Volk einen großen Reiz besaß, gekürzt in der Form von Balladen oder Volksbuchtexten oder als Vorlage für Volksstücke, auch für die Puppenbühne. Die Franzosen hatten ihren Roland (in Italien als Orlando bekannt), die Dänen ihren Holger (in Frankreich bekannt unter dem Namen Ogier), die Engländer ihren Guy of Warwick, die Spanier ihren Cid, die Russen ihren Ilja von Murom, die Serben ihren Marko Kraljević. Die Geschichte von den vier Haimonskindern (man stellte sie auf ihrem berühmten Roß Bayard reitend dar) war in Frankreich, den Niederlanden und Deutschland populär. Der älteste der vier Brüder, Renaud de Montauban, machte in Italien als Rinaldo noch eine ruhmreiche eigene Karriere.

Der Kriegsheld wird in allen Ritterromanzen mehr oder weniger gleich dargestellt. Selbstverständlich ist er sowohl tapfer als auch stark: Marko zum Beispiel wird abgebildet, wie er ,einen ausgewachsenen Ochsen am Schwanze gepackt über den Schultern trägt, ohne gebückt einherzuschreiten'. In der Nähe von Turin konnte man im sechzehnten und siebzehnten Jahrhundert einen großen, in der Mitte auseinandergebrochenen Felsen sehen, von dem ,die dummen Bauern' behaupteten, Orlando habe ihn ,mit seinem Schwert' zerhauen.[18] Der Ritter ist auch stolz. Das am häufigsten auf den Cid angewandte Beiwort in den spanischen Balladen der frühen Neuzeit ist *soberbio,* womit gemeint ist, daß er wirklichen oder eingebildeten Beleidigungen gegenüber höchst feinfühlig ist und sie augenblicklich rächt. In einer russischen Ballade gerät Ilja von Murom mit Vladimir, dem Prinzen von Kiew, in Streit, weil der Prinz ihn nicht zu einem Gastmahl einlud. In *Les quatre fils Aymon* tötet Renaud den Neffen Karls des Großen, Bertolais, weil dieser ihm in einem Streit bei einem Schachspiel einen Schlag versetzte. Mit der wichtigen

Ausnahme von Pierre de Provence werden die Ritter in der Regel als rauhe Gesellen dargestellt, mit ungeschliffenen Manieren, lediglich am Kampf und nicht an der Liebe interessiert. Der Cid und Guy of Warwick vernachlässigen ihre Frauen um ihrer Heldentaten willen; in den *Vier Haimonskindern* kommt das Thema Liebe gar nicht vor. In der Volksüberlieferung war die *chanson de geste* einflußreicher als der *roman courtois*.

Die Gestalt des Ritters war so volkstümlich, daß eine Reihe von Heiligen als Ritter dargestellt wurden, nicht nur der hl. Martin, der hl. Florian und der hl. Moritz (die ihrer Legende nach vor ihrer Bekehrung in der römischen Armee gedient haben sollen), sondern auch der hl. Georg, der hl. Jakob und sogar der Erzengel Michael. Dem hl. Georg und dem hl. Jakob stehen in den sieben christlichen Streitern (*The Seven Champions of Christendom*) noch die tapferen Ritter St. Denis, der hl. Antonius von Padua, St. Andreas, St. Patrick und St. David zur Seite.[19]

Militärisch gesehen war der Ritter in seiner Rüstung im Jahre 1500 bereits ein Anachronismus. Als im Laufe der Zeit der Krieg immer besser organisiert wurde, ersetzte man ihn auf den populären Darstellungen wie im Felde allmählich durch den Berufsoffizier, für den der ‚Held von Österreich‘, Prinz Eugen von Savoyen, ein leuchtendes Beispiel ist. Doch auch das Bild Prinz Eugens prägte man nach dem Vorbild Rolands oder des hl. Georg und feierte ihn auf Flugblättern als den ‚tapferen Helden, den edlen Ritter‘, der ‚wie ein Löwe‘ gegen die Türken kämpfte. Falls Wirtshausschilder ein Gradmesser für die Beliebtheit englischer Helden sein können, dann stehen im achtzehnten Jahrhundert der Herzog von Marlborough und der Marquis von Granby an hervorragender Stelle, wie auch vor allem Admiral Vernon, *„Brave Vernon, Britain's Hero"*, wie ihn die Balladen nannten, oder auch *„Admiral Vernon the scourge of Spain"* (Admiral Vernon, die Geißel Spaniens). Über hundert verschiedene Gedenkmünzen zu seinen Ehren sind uns erhalten geblieben, mit der Inschrift versehen *„he took Portobello with six ships only"* (Er nahm Portobello mit nur sechs Schiffen ein).[20]

Generäle und Admiräle waren nicht die einzigen Erben ritterlichen Ruhmes. Auch auf den einfachen Soldaten färbte etwas von der Glorie ab. Als es im achtzehnten Jahrhundert so weit war, daß der Soldat in Kasernen lebte, statt beim gemeinen Manne einquartiert zu werden, und nicht mehr wie im Dreißigjährigen Krieg uneingeschränkt raubte und vergewaltigte, konnte auch er in heroischem Lichte erscheinen, wenigstens in den Augen junger Männer – und junger Mädchen. Schließlich mußten Soldaten „nicht schwere Feldarbeit leisten; sie waren befreit von der elterlichen Aufsicht; sie trugen eine schöne Uniform; und sie bekamen etwas von der Welt zu sehen". Husaren, Dragoner und Gardesoldaten wurden auf Volksdrucken dargestellt, auf Kästen gemalt, figurierten als Tonstatuetten und Kerzenhalter. Vielleicht stellte es ein Zugeständnis an den populären Geschmack dar, St. Martin mit dem Bettler, wie in der Kathedrale von Preßburg, in einer Husarenuniform aus dem achtzehnten Jahrhundert abzubilden.[21]

Wie vom Priester gibt es auch vom Adeligen eine unheroische Vorstellung, aber sie ist relativ selten. In den Ritterepen finden wir die Gestalt des verräterischen Ritters, so Ganelon, Mordred oder Graf Amaury im *Huon von Bordeaux* oder die Grafen von Carrión in den Balladen vom Cid. In den Mysterienspielen von der Auferstehung war der großsprecherische Soldat, der zu den Grabwächtern gehörte, eine beliebte lustige Figur, ebenso in den florentinischen Umzügen, wo er als deutscher Landsknecht auftrat, und in der *Commedia dell'arte,* wo er als spanischer Hauptmann figurierte. Vielleicht hat die Erinnerung an den klassischen *miles gloriosus* zur Entstehung dieser Figur beigetragen, aber auch im Zeitalter der Söldnerheere war der Maulheld eine typische Gestalt. Was in der volkstümlichen Literatur fehlt, ist das Bild des Landedelmannes, des Gutsherren. Der Edelmann als Landbesitzer scheint, wie der König, davon profitiert zu haben, daß er vom täglichen Leben des Bauern weit entfernt war. Seine Missetaten wurden oft dem Müller oder dem Verwalter in die Schuhe geschoben. Ab und zu findet man eine italienische Volkserzählung, in der ein Edelmann ein armes Mädchen heiratet und es im Stich läßt, oder eine Geschichte, in der ein Armer mit vielen Schwierigkeiten gegen einen Unterdrücker Gerechtigkeit findet. In der katalanischen Ballade *El Compte Arnau* erklärt der Geist des Grafen, er sei in der Hölle, weil er seine Arbeiter unterbezahlt hatte – *„per pagar mal les soldades".* Ein berühmt gewordener französischer Druck aus dem Jahre 1789 zeigt den Adeligen auf dem Rücken des Bauern. Es ist sicher nicht müßig, darauf hinzuweisen, daß in Osteuropa, wo die Bauern gerade damals in die Leibeigenschaft gerieten, der Analphabetismus so verbreitet war, daß wir kaum Zeugnisse populärer Haltungen besitzen, daß aber 1525 Bauern in Ostdeutschland erklärten, der Adel von Keymen raube den Armen das Korn. Auch gibt es Erzählungen, die in Mecklenburg aus der mündlichen Überlieferung gesammelt wurden und welche von der Unterdrückung durch den adeligen Gutsherrn handeln.[22]

Der Mittelstand

Möglicherweise verlagerten die Bauern die aufgestaute Feindseligkeit gegenüber ihrem Gutsherren, wie die gegenüber dem Herrscher, auf eine andere soziale Klasse, den Mittelstand: auf Advokaten, Beamte, Kaufleute und Doktoren. In einem berühmten Volksdruck, der in Frankreich und Deutschland verbreitet war, ist der Advokat als Vertreter eines eigenen, des vierten Standes, dargestellt. „Ich esse alles" sind die Worte, die man ihm in den Mund legt. Eine deutsche Sage erzählt von einem geldgierigen Advokaten, der tatsächlich vom Teufel fortgetragen wird, als eines seiner Opfer ausruft: „Der Teufel soll dich holen"; die Geschichte war in unserer Epoche wohlbekannt. Ein Schwank handelt von einem Advokaten, der versucht, seinen Beruf auszuüben, ohne zu lügen, was ihm aber nicht gelingt. Die Figur des ‚Dottore' in der *Commedia dell'arte,* manchmal auch nach dem mittelalterlichen Kirchenrechtler, der in Bologna lehrte, *Dottor Grazian* genannt, zeichnet einen Doktor der Jurisprudenz als ignoranten, pedantischen und eingebildeten Narren. Eine Anzahl russischer Sprichwörter dreht sich um die Bestechlichkeit der Richter: „Das Gericht ist ehrlich, aber der Richter ist ein Schelm" oder „Mit leeren Händen kann man nicht zum Richter sprechen." Auch in England gibt es genug Belege für eine populäre Feindseligkeit gegenüber dem ‚doppelzüngigen Advokaten', insbesondere während des Bürgerkrieges im siebzehnten Jahrhundert. Der englische *Leveller* John Lilburne nannte Advokaten und Richter „Diebe *cum privilegio".* Gerrard Winstanley erklärte: „Das Gesetz ist der Fuchs, arme Leute sind die Gänse; er reißt ihnen die Federn aus und ernährt sich von ihnen"; und ein Lied der *Digger** enthält die Zeile „Gegen Advokaten und Priester, erhebt euch nun" *(Gainst Lawyers and gainst priests, stand up now).* Um diese Bitterkeit zu verstehen, muß man sich klarmachen, wie verbreitet in der frühneuzeitlichen Periode Streitigkeiten vor Gericht waren; in vielen Fällen hatten Handwerker und Bauern ihre persönlichen Erfahrungen mit Advokaten.[23]

Eine weitere mit Haß besetzte Figur war der Beamte, ob er nun als Ratgeber des Herrschers fungierte oder dessen Beschlüsse ausführte. Die Unbeliebtheit des Beamten, vor allem des Steuereintreibers, ist für das französische siebzehnte Jahrhundert besonders gut belegt, wo man Steuern ‚verpachtete', also das Recht, sie einzutreiben, gegen einen Nachlaß an Privatunternehmer abgab. Diese Unternehmer nannte man *partisans* oder *traitants, maltotiers* oder *gabeleurs* (nach der berüchtigten Salzsteuer, der *gabelle).* Diese *gabeleurs* wurden von den aufständischen Bauern als ‚Tyrannen', ‚Kannibalen' und ‚Blutsauger' bezeichnet, und es kam nicht selten vor, daß sie bei der Ausübung ihrer Tätigkeit tätlich angegriffen wurden, ein Brauch, der sich in Frankreich bis zu den Tagen Pierre Poujades erhalten zu haben scheint.[24]

Auch andere Geschäftsleute sah man als fast genauso große Schurken an, vor allem, wenn sie Geld gegen Zinsen ausliehen, Getreide horteten oder Monopole besaßen.

---

* Die *Digger* waren eine kleine Gruppe ländlicher Kommunisten, die sich zwischen 1649 und 1650 in England halten konnten. Winstanley war ihr Theoretiker (Anm. d. Übers.)

Thou Usurer with thy money bags,
That liveth so at ease:
By gaping after gold thou dost
Thy mighty God displease,
And for thy greedy usury
And thy great extortion:
Except thou dost repent thy sins,
Hell fire will be thy portion.

(Du Wucherer mit deinen Geldsäcken, / der du so im Wohlstand lebst: / Indem du
nur nach Gold verlangst, / mißfällst du deinem allmächtigen Gott, / und für deinen
geldgierigen Wucher / und das rücksichtslose Eintreiben / wird, falls du deine Sünden nicht bereust, / das Höllenfeuer dein Lohn sein.)

So lautet eine Flugblattballade aus dem Jahre 1612. In Zeiten der Knappheit
oder der Inflation, wie am Ende des sechzehnten und des achtzehnten Jahrhunderts, beschuldigte man die Kaufleute (besonders ‚die Blutegel von Ge-
nua‘ in Spanien) des ‚Hortens‘ und des ‚Hamsterns‘, man warf ihnen also vor,
sie erzeugten zu ihrem eigenen Vorteil einen künstlichen Mangel. Auf der
gleichen Stufe standen im populären Bewußtsein Inhaber von Monopolen, so
z. B. Sir Giles Mompesson, dessen Monopol auf die Lizenzvergabe an
Schankwirte ihn zu einem der bestgehaßten Männer Englands machte. 1621
griff ihn ein Volksdruck mit den folgenden Worten an:

For greedy gain he thrust the weak to wall
And thereby got himself the devil and all.

(Um des raffgierigen Gewinns willen drückte er den Armen an die Wand / und lud
sich dadurch den Teufel und alles Böse auf den Hals.)

Dives, dessen Geschichte man in Balladen besang (z. B. Child 56) und an die
Wände der Schenken malte, war der Prototyp des selbstsüchtigen reichen
Mannes, dessen Bild zum Beispiel in einem anonymen Brief über das Elend
der Armen aus dem Jahre 1795 beschworen wird. Doch gab es auch die Möglichkeit, den Geizkragen als komische Figur zu sehen, als Narren, den der
Verlust seines Geldes so aufregt, daß er daran stirbt, wie es *Reginald Mo-
ney-Bags* und *John Eye-of-the-Penny* in walisischen Volksstücken aus dem
achtzehnten Jahrhundert erging.[25]

Im Vergleich zum Kaufmann und zum Advokaten kam der Arzt verhältnismäßig glimpflich davon. In Volkserzählungen und Volksstücken Englands, Deutschlands und Italiens wird er als unwissend, pedantisch, listig und
geldgierig gezeichnet, aber im ganzen neigte man dazu, ihn mehr als Tölpel
denn als Schurken zu sehen, vielleicht deswegen, weil die meisten Handwerker und Bauern keine persönliche Erfahrung mit Ärzten und ihren Honora-
ren hatten.[26]

Nachdem diese Schar von Spitzbuben an ihm vorübergezogen ist, fragt sich der Leser vielleicht, wo denn der positive Mittelstandsheld geblieben sei. Er kommt selten genug vor; es gibt ein Beispiel für einen ehrlichen Advokaten – er wurde für seine Ehrlichkeit heilig gesprochen –, nämlich den Bretonen Ivo (Saint Yves), der gewöhnlich als Friedensstifter zwischen einem armen und einem reichen Mann dargestellt wird. Im frühneuzeitlichen Europa gab es den Idealtyp des neunzehnten Jahrhunderts – den tüchtigen Unternehmer – als volkstümlichen Helden so gut wie gar nicht, mit einer bedeutsamen Ausnahme: England im siebzehnten und achtzehnten Jahrhundert. Hier finden wir Helden wie ‚*Old Hobson the merry Londoner*‘ (einen reichen Kurzwarenhändler); den Tuchhändler aus Berkshire, Jack of Newbury; Simon Eyre, den Oberbürgermeister von London; und vor allen anderen den berühmten Dick Whittington. Dicks Beliebtheit in England und die Tatsache, daß es auf dem Kontinent keine populären Helden mit einer vergleichbaren Karriere gab, läßt doch darauf schließen, daß in England schon vor der industriellen Revolution eine ‚gewinnorientierte Gesellschaft‘ lebte.[27]

Die kleinen Leute

Wie sahen sich Handwerker und Bauern selbst? Oben (S. 49 f.) war bereits die Rede vom Selbstbild der Weber, Schuhmacher und anderer Handwerker. Viel schwerer ist es herauszufinden, welche Vorstellung der Bauer von sich hatte, Jacques Bonhomme, Karsthans oder Juan Labrador. Es liegt auf der Hand, daß gedruckte Texte, die vorgeben, dieses Bild zu vermitteln, mit Vorsicht zu behandeln sind. Dennoch gibt es einige Texte, die an dieser Stelle besprochen werden sollten, weil sie häufig nachgedruckt wurden und weil sie den Bauern als Helden darstellen.

Die Geschichte vom König Salomo und Markolf stammt aus dem Mittelalter und wurde lateinisch niedergeschrieben, aber im sechzehnten Jahrhundert zirkulierte sie in mehreren Ländern in der Landessprache, daher sollte man sie ruhig in die Betrachtung einbeziehen. Markolf, der manchmal mit einer Heugabel dargestellt wird, ist ein Bauer ‚von mißgebildetem und häßlichem Angesicht‘. Er mag wie ein Dummkopf aussehen, aber er schlägt den sprichwörtlich weisen Salomo mit Leichtigkeit und erweist sich als „recht gesprächig, redegewandt und weise". Der Italiener Campriano ist ebenfalls ein Bauer, der nicht auf den Kopf gefallen ist. In einer Folge von Episoden, die vom Rohen bis zum Sadistischen reichen, überlistet er eine Gruppe städtischer Kaufleute.[28]

Weitaus liebenswerter ist der französische Bauer Bonhomme Misère. Misère ist arm, aber gütig. Da er zwei Reisende, Peter und Paul, gastfreundlich behandelt, hat er einen Wunsch gut. Er wünscht sich, daß „jeder, der auf meinen Birnbaum klettert" (sein Birnbaum ist alles, was er auf der Welt besitzt) „nicht herunter kann, bevor ich es wünsche". Auf diese Weise fängt er einen Dieb und läßt ihn gegen das Versprechen laufen, den Baum nie wieder zu plündern. Später ist er schlau genug, selbst den Tod zu fangen. Der Tod kommt erst frei, nachdem er ihm sein Wort gegeben hat, daß Misère auf Erden bleiben kann „tant que le monde sera monde" (solange die Welt besteht). Misère wird arm gezeichnet, aber mit seinem Geschick zufrieden (‚content de sa destinée‘), einfältig, aber nicht so einfältig, wie er aussieht, großzügig und letztendlich nicht umzubringen. Es überrascht nicht, daß die Geschichte volkstümlich war.

Ein Gedicht aus Skandinavien, das aus dem achtzehnten Jahrhundert stammt, stellt ebenfalls die Weisheit dar, sich mit bescheidenen Gütern zu begnügen, *Bonde Lyckan,* das Glück des Bauern.

En 8te kiørs bonde
som haver en haest
Gudfrygtig og aer-lig,
god naboe dernaest.
Sin Gud og Kong troe
med hver mands attest.
Er lidet louv-halted,
got ven med sin Praest.
Ved inted af Laensmand
ej heller noen rest.
Boer langt op i skougen,
har skieldum nogen giaest.
Er frie for Herregaarden
krig hunger og paest.
Vel bruger sin ager,
eng, spade og laest.

Og slider sit vadmel,
skind-buxer og vaest.
forligt med sin Hustrue,
den han haver faest.
Samt glad i sit arbeid,
den lever aller-baest.

(Ein Bauer mit acht Kühen / der ein Pferd besitzt / gottesfürchtig und ehrlich, / auch ein guter Nachbar. / Seinem Gott und seinem König treu / wie jedermann bezeugen kann. / Er hinkt ein wenig, / gut Freund mit seinem Pfarrer. / Mit der Obrigkeit hat er nichts zu schaffen, / schuldet niemandem. / Wohnt hoch oben in den Wäldern, / hat selten einen Gast. / Untersteht dem Gutsherren nicht, / ist frei von Krieg, Hunger und Pest. / Er wirtschaftet gut mit seinem Acker, / seiner Wiese, seinem Spaten und allem. / Er trägt hausgemachtes Tuch, / lederne Hosen und Weste. / Lebt in Eintracht mit seiner Frau / und hält sie lieb. / Er ist glücklich mit seiner Arbeit, / die er über alles liebt.)[29]

Falls der Leser diese Schilderung zu idyllisch finden sollte, möge er bedenken, daß der Held die Herren wie die Pest flieht, daß er seine Freiheit der Tatsache verdankt, daß er ,hoch oben in den Wäldern' lebt, und seine Befreiung vom Militärdienst der Tatsache, daß er hinkt. Der unbekannte Verfasser dieser Zeilen ist – wie Markolf, Campriano und Misère – nicht so einfältig, wie er aussieht. Falls er sich in diesen Zeilen nicht selbst geschildert hat, so dürfte doch das Bild des Bauern, das sie schildern, den Beifall des Standes gefunden haben.

Die Handwerker besaßen vom Bauern ein viel weniger schmeichelhaftes Bild. In der frühen Neuzeit war die Feindschaft zwischen Stadt und Land in vielen Teilen Europas sehr ausgeprägt und wurde noch verstärkt durch die Tatsache, daß viele Stadtbewohner, einschließlich der Handwerker, auf dem Lande kleine Parzellen besaßen. Das scheint vor allem in Italien besonders häufig der Fall gewesen zu sein, und so ist es wohl kein Zufall, daß einige der lebhaftesten Schilderungen von spitzbübischen Bauern aus Italien stammen. Eine von ihnen ist das Gedicht *Le malizie dei villani* (Die Betrügereien der Bauern), in dem erklärt wird, die Bauern seien ,wie Tiere':

> In mal far si sono astuti
> Si li vecchi come i putti
> I me par ribaldi tutti
> Con lor non e da praticare
> De villani non te fidare.

> (Sie sind gewitzt im bösen Tun / Die Alten wie die Jungen / Mir kommen sie alle wie Spitzbuben vor / Mit ihnen ist nicht umzugehen / Trau den Bauern nicht.)

In einem Stück aus dem sechzehnten Jahrhundert kommt ein gewisser Biagio vor, ,ein schurkischer Bauer' (un perfido villano), der für seine Ware auf dem Markt zuviel verlangt und dafür von einer Gruppe von Städtern bestraft wird. Sogar das Wort *villano* bedeutete damals sowohl ,Spitzbube' als auch ,Bauer'; auch im Englischen besteht ein Zusammenhang zwischen *villain* und *villein*. Waren sie besserer Laune, so sahen die Städter und ihre Sprachrohre, vor allem Hans Sachs, den Bauern einfach als komische Figur. Sein ,Heinz in Nürnberg' ist die Verspottung eines einfachen Landmannes, der in die Stadt kommt, um die Bürgerrechte zu erwerben. In einem italienischen Lied wird das gleiche Thema behandelt: Ein Bauer will Bürger von Ferrara werden. Die Moral ist unmißverständlich: Bauer, bleib, wo du hingehörst![30]

Auch Frauen mußten wissen, wo sie hingehörten. Das wird nicht nur aus den populären (männlichen) Zerrbildern von der Frau deutlich, wie dem ,bösen Weib' und dem Hausdrachen, sondern auch aus den Bildern der Heldinnen. Die meisten populären Heldinnen waren eher Objekte als aktive Menschen; man bewunderte sie nicht, weil sie etwas taten, sondern weil sie viel erlitten. Für Frauen war das Martyrium praktisch der einzige Weg zur Heiligkeit. Es gab zahllose Legenden von jungfräulichen Märtyrerinnen, die sich kaum voneinander unterscheiden, wenn man von der Todesart und den Folterqualen absieht: Der hl. Agatha schnitt man die Brüste ab, die hl. Katharina flocht man auf das Rad, der hl. Lucia stach man die Augen aus und so fort. Besonders beliebt in den Niederlanden, Frankreich und Deutschland war die Geschichte der Genovefa von Brabant, die des Ehebruchs beschuldigt und verstoßen wurde und die in der Waldeinsamkeit überlebte, bis ihre Unschuld an den Tag kam. Ebenso passiv waren zwei Heldinnen, die oft in protestantischen Ländern die Rolle von Heiligen übernahmen: die keusche Susanne (verleumdet und rehabilitiert wie Genovefa) und die geduldige Griseldis. Beide waren Heldinnen deutscher Volksstücke, englischer Puppenspiele, schwedischer Balladen und dänischer Volksbücher. Das nicht weniger passive Aschenputtel ist keine Ausnahme unter den Märchenheldinnen; und die Jungfrau Maria selbst ist fast genauso passiv, sie verkörpert den Gehorsam (in der Verkündigung) und das geduldige Leiden (bei der Kreuzigung ihres Sohnes). Judith, die den Tyrannen Holofernes erschlug, scheint unter den Heldinnen eine Ausnahme gewesen zu sein.[31]

Auf der anderen Seite wird das böse Weib als unendlich aktiv dargestellt, ob sie nun zankt, verführt, schlechtes Wetter herbeihext, den Kühen des Nachbarn die Milch stiehlt oder den Ehemann verprügelt. Das beste Beweismittel für eine starke misogyne Tradition im populären Bewußtsein ist die Tatsache, daß bei den Hexenprozessen so viel mehr Frauen angeklagt wurden als Männer. Diese Aussage wird bekräftigt durch die vielen Anekdoten über böse Weiber; manche von ihnen sind in Volksbüchern zusammengetragen, die sich nur diesem einen Thema widmen. Alle diese Geschichten tendieren dazu, aufzuzeigen, daß es gefährlich ist, Frauen zu trauen: Eva, Dalilah und Potiphars Weib waren emotional starke Prototypen der falschen Frau.[32]

Die Außenseiter

Das Bild einer Gesellschaft ist niemals komplett, wenn es ihre Außenseiter ausklammert. Eine Figur aus der Gruppe der Außenseiter wurde oft als Held gesehen: der Geächtete. Ich benutze diesen Ausdruck mit Absicht, um durch ihn alle Menschen zu charakterisieren, die ein Leben im Widerstand gegen die Obrigkeit führten. Auf See war es der englische *pirate* oder der holländische *zeeroover*. Zu Lande war es der schottische *reiver*, der englische *highwayman*, der deutsche *Straßenräuber*, der italienische *bandito* (ursprünglich bedeutete das Wort ‚Verbannter‘, später ‚Bandit‘) und der spanische *bandolero*. Wenn man den Balladen Glauben schenken darf, so war der Gesetzlose in der Volkskultur Osteuropas eine noch wichtigere Figur als in der des Westens: der russische *razbojnik,* der tschechische *loupežník,* der kroatische *uskok,* der ungarische *bétyár* und der südosteuropäische *haiduk.* Eine geringe Bevölkerungsdichte und verhältnismäßig schwache Zentralregierungen erlaubten im Osten den Geächteten eine längere Wirkungsdauer als im Westen, und eine Bauernbevölkerung von Leibeigenen mußte ihnen der Lage der Dinge nach mehr Sympathien entgegenbringen als eine freie und wohlhabende Bauernschaft.[33]

Geächtete hatten mit Herrschern gemeinsam, daß sie nur in ihrem eigenen Lande populär waren. Robin Hoods Ruhm war auf England beschränkt, so wie der von Joan de Serrallonga auf Katalanien und der von Stenka Razin auf Rußland. Aus irgendeinem Grunde sind gerade im achtzehnten Jahrhundert sehr viele Geächtete als Helden zu neuem Ruhm gekommen; vielleicht hat die Verbreitung von Flugblättern und Volksbüchern Namen überliefert, die sonst vergessen, und Heldentaten festgehalten, die sonst auf andere übertragen worden wären. Im achtzehnten Jahrhundert finden wir in Rußland den kosakischen Rebellen Emilian Pugacev, in den Karpaten Oleks Dovbuš, in der Slowakei Iuraj Iánošik, in Andalusien Diego Corrientes, ,den freigiebigen Banditen', in Neapel Angiolillo, in Großbritannien Captain Kidd (der in Schottland geboren wurde), Rob Roy und Dick Turpin, der Straßenräuber, Einbrecher, Wilderer und Schmuggler war, und schließlich in Frankreich Cartouche, Anführer einer Pariser Diebesbande, und Mandrin, der im Dauphiné den Schmuggel organisierte.[34] Daß Geächtete und ihre Taten so stark legendenbildend wirkten, legt den Schluß nahe, daß sie unterdrückte Wünsche befriedigten, indem sie gewöhnlichen Menschen erlaubten, sich in der Phantasie an der Obrigkeit zu rächen, der sie im wirklichen Leben in der Regel untertan waren.

Das Zentralthema aller Legenden um den heldischen Gesetzlosen ist die Vorstellung, daß er Unrecht bereinigt und den Armen hilft. Robin Hood nahm es den Reichen und unterstützte die Armen, wie die Balladen berichten, vor allem *A Gest of Robyn Hood* (Child 117) und *A True Tale of Robin Hood* (Child 154). Diese Charakterisierung wurde ein Gemeinplatz aller Geächtetenbiographien der englisch sprechenden Welt. Rob Roy gab wie Robin einem armen Manne Geld, der bei einem Reichen Schulden hatte und stahl es letzterem bald darauf wieder. Dick Turpin warf einer armen Frau sechs Pfund ins Haus, eine Geste, die an die Mildtätigkeit des hl. Nikolaus erinnert. Auch in Spanien besingt eine Volksballade

Diego Corrientes, el ladrón de Andalucía,
Que a los ricos robaba y a los pobres socorría.

(Diego Corrientes, der Räuber aus Andalusien,
Der die Reichen beraubte und die Armen unterstützte.)

179

Das Thema wird auf der lokalen Ebene abgewandelt, entsprechend den örtlichen Bedürfnissen. Die Balladen über Stenka Razin schildern, wie er ungerechte Beamte bestraft und einen tyrannischen Gouverneur an seinem eigenen Galgen aufhängt. Angiolillo soll die Ehre der Jungfrauen verteidigt und in Hungerzeiten Getreide billig an die Armen verkauft haben.[35]

Nicht selten wird der Geächtete sogar mit Hilfe von Redewendungen geschildert, die dem Klischee des Ritters entstammen. Von Robin Hood heißt es, er sei ‚höflich‘ *(corteous)* gewesen: ‚Would he never do company harm / That any woman was in‘ (Nie tat er einer Gesellschaft etwas zuleide / In der eine Frau war). Stenka Razin stellte man in Balladen als *bogatyr*, als einen Kriegshelden der alten Zeiten vor. Serralonga schilderte man als *galán*, galant im wahrsten Sinne des Wortes. Mandrins ‚politesse … avec le beau sexe‘ wurde hervorgehoben, und in einer seiner Biographien wendet man das Wort *preux* (tapfer) auf ihn an, das in den Ritterepen Roland und die anderen Streiter Karls des Großen bezeichnete.

Doch wurde der Geächtete nicht in allen Fällen idealisiert. Serralonga mag ein volkstümlicher Held gewesen sein, doch die kleinen Diebe, die das gleiche Gewerbe ausübten, sah man in einem anderen Licht, wie einige katalanische Volksbücher aus dem sechzehnten Jahrhundert vermuten lassen. Reime über einen gewissen Ianot Poch zum Beispiel betonen die ‚Missetaten und Katastrophen‘, die er und seine Bande auf dem Gewissen haben, sprechen die Ansicht aus, er sei vom ‚Teufel besessen‘ (endiablado), und klagen ihn der Grausamkeit den einfachen Leuten gegenüber an:

La pobra gent robaves
Fins los claus de las parets.

(Die Armen hast du ausgeraubt, / bis zu den Nägeln in den Wänden.)

Das 1701 erschienene Flugblatt *Captain Kidd's Farewell to the Seas* schlägt ähnliche Töne an, indem es den Piraten als stolz und grausam beschreibt, und eine amerikanische Fassung aus dem achtzehnten Jahrhundert verstärkt diese Züge noch.[36]

Während die Haltungen gegenüber dem Geächteten zweideutig oder ambivalent sein können, ist das Bild anderer Außenseiter ganz eindeutig; sie sind böse und furchterregend ohne irgendeine Differenzierung. Das Bild des Türken, des Juden und der Hexe sind dafür die deutlichsten Beispiele.

In der populären Vorstellung war der Türke oder irgendein anderer Moslem nicht ein Mann, der eine andere Religion besaß, sondern vielmehr ein Gotteslästerer und Gottesleugner. Außerdem sagte man Türken nach, sie seien blutdürstig, grausam und verräterisch. Wenn christliche Soldaten Grausamkeiten begingen, sagte man, sie hätten sich ‚wie Türken‘ benommen. Scheibenschießen im elisabethanischen England war unter dem Namen ‚Schießen auf den Türken' bekannt, denn eine beliebte Zielscheibe für die Pfeile war das Bild eines Türken. Man betrachtete Türken kaum als Menschen; es war gang und gäbe, sie als Hunde oder Wölfe zu bezeichnen. In Spanien und Serbien, wo Mohammedaner nicht so sehr Außenseiter wie Nachbarn waren, schilderte man sie manchmal als ehrenhafte Gegner, aber auch nicht immer; der venezianische Gouverneur von Split beklagte sich 1574 darüber, daß die Ortsansässigen „verschiedene aufrührerische Balladen immer im Munde führen; vor allem eine, die den Türken mit einer alles verschlingenden Flut vergleicht; diese singen sie nachts, direkt unter unseren Palastfenstern."[37]

Doch noch verhaßter, falls dies überhaupt möglich war, war der Außenseiter innerhalb der Gemeinde selbst, der Verräter innerhalb der Mauern; zum Beispiel der Jude. Juden sah man wie Türken nicht als menschliche Wesen an, sondern als ‚Hunde' oder Schweine. Holzschnitte zeigten eine Jüdin, die Ferkel geboren hatte, oder eine Sau, die jüdische Babys säugte. Juden betrachtete man als Zauberer und Gotteslästerer und beschuldigte sie oft der Entweihung der Hostie oder heiliger Bilder. Eine volkstümliche Geschichte erzählt vom *Ewigen Juden,* einem Schuster, der Christus auf dem Wege zur Kreuzigung keine Rast gönnte und daher dazu verurteilt war, rastlos durch die Welt zu wandern. In den Juden sah man die Mörder Christi; sie trugen die Verantwortung für die Kreuzigung des Herrn, und oft klagte man sie der Ritualmorde an Kindern an, wie in der Ballade *Hugh of Lincoln* (Child 155). Die Klischeevorstellung vom grausamen und habgierigen Wucherer wurde oft auf sie angewandt. In den Mysterienspielen stellte man Judas als einen typischen jüdischen Wucherer dieser Art dar; und deutsche Drucke aus dem siebzehnten Jahrhundert schildern, wie Juden von Teuerungen und minderwertigem Geld profitieren. Volksbuchbiographien des Judas erzählen, er habe seinen Vater getötet und seine Mutter geheiratet; unterdrückte Wünsche wurden so auf den größten der menschlichen Schurken projiziert.[38]

Auch die Hexe war so eine Verräterin in den eigenen Reihen, die den christlichen Glauben lästerte, indem sie das Kreuz und die Hostie beschimpfte, die Nachbarn schädigte, kleine Kinder aß und mit Dämonen Orgien feierte. Auch in diesem Falle ist gesagt worden, daß die Menschen ihre ‚uneingestandenen angsterregenden Wünsche' auf die Hexe projizierten. Im sechzehnten Jahrhundert nahmen in vielen Teilen Europas die Hexenverfolgungen sprunghaft zu. Wieweit der Haß und die Furcht Hexen gegenüber spontan war, und wieweit er von der Geistlichkeit geschürt werden mußte, ist eine Frage, die Historiker nicht eindeutig beantworten können. Es ist wahrscheinlich, wenngleich schwer zu beweisen, daß die Vorstellung von der alten Frau mit übernatürlichen Kräften, welche sie dazu benutzen kann, anderen Menschen zu schaden, ein populärer Aberglaube war, der aus dem Mittelalter oder früheren Zeiten stammte. Das Klischee hingegen von der Hexe als Ketzerin oder Gotteslästerin, die sich mit dem Teufel verband, war wohl eine gelehrte These, die dem gemeinen Manne nur allmählich beigebracht werden konnte. Ein Grund für die Richtigkeit dieser Annahme stammt aus der komparatistischen Geschichtsforschung. Im orthodoxen Europa gab es im sechzehnten und siebzehnten Jahrhundert keine großen Hexenjagden. Rußland zum Beispiel war von ihnen gar nicht betroffen. Dennoch gab es in der russischen Volksüberlieferung eine Gestalt, die hexenähnliche Züge trägt: Baba Jaga, eine abstoßende alte Frau mit einer eisernen Nase, die in einem Mörser durch die Luft fliegt und kleine Kinder frißt. Dieser Gestalt fehlt zur Hexe lediglich das Bündnis mit dem Teufel.

Im Verlaufe der Reformation wurden zwei weitere populäre Feindbilder geprägt: das katholische Klischee vom bösen Protestanten und das protestantische vom schurkischen ‚Papisten'. Diese neuen Haßfiguren hatten viel mit den Stereotypen des Juden und der Hexe gemeinsam, die offensichtlich in Elementen an ihrer Entstehung beteiligt waren. In Frankreich wurden im sechzehnten Jahrhundert Protestanten von den Katholiken als Schweine, als Kirchenschänder und Gotteslästerer bezeichnet – warum sonst hätten sie gegen Reliquien und Heiligenbilder sein sollen? Offenbar waren sie ‚verhext' von der neuen Religion, sie waren Verräter, Leute, die Kindesmord, Kannibalismus und sexuelle Ausschweifungen begingen, hierin von ihren Geistlichen ermutigt. Die Protestanten wiederum sahen im siebzehnten Jahrhundert in England die Katholiken als Götzendiener, Teufelsanhänger und als Verschwörer an, als Verräter, welche die englische Freiheit zerstören und die päpstliche, französische oder spanische Tyrannei einführen wollten, von der Inquisition ganz zu schweigen.

Haßgefühle Außenseitern gegenüber waren so weit verbreitet, daß man sich fragen muß, ob nicht die meisten ganz gewöhnlichen Menschen im frühneuzeitlichen Europa ‚autoritäre Persönlichkeiten' waren, wie das die Psychologen heute nennen würden, Leute also, die Unterwürfigkeit gegenüber der Obrigkeit mit Aggressivität gegenüber Personen verbinden, die nicht zu ihrer Gruppe gehören.[39]

Volkstümliche Einstellungen und Werte

Die meisten der Helden – und Schurken –, die auf den letzten Seiten geschildert wurden, haben wirklich existiert. Warum wurden aber einige der Könige oder Bischöfe oder Banditen als Helden verehrt und andere nicht? Wenn man diese Frage zu beantworten sucht, muß man sich vor zwei entgegengesetzten Irrtümern in acht nehmen. Historiker neigen dazu, detailfixiert zu sein und machen zu große Anstrengungen, die Legende beispielsweise von Heinrich IV. von Frankreich anhand realer Eigenschaften dieses Königs und populärer Reaktionen auf seine Politik zu erklären. Diese Methode hat den Nachteil, außer acht zu lassen, daß Erzählungen von einem Helden-König zum andern wandern und daß es keine klare kausale Verknüpfung gibt zwischen der Macht und dem Prestige eines Herrschers zu seinen Lebzeiten und seinem Nachruhm, seinem Platz in der Überlieferung des Volkes. Kaiser Karl V. war ein mächtiger Herrscher, aber es gibt kaum Belege dafür, daß man ihn noch nach seinem Tode als Helden sah. Keine Mühe wurde gespart, um Ludwig XIV. zu seinen Lebzeiten als Helden darzustellen, doch waren diese Bemühungen umsonst; im Gegensatz zu seinem Großvater Heinrich scheint Ludwig XIV. in französischen Volkserzählungen keine Rolle zu spielen.[40] Relativ farblose Gestalten wie Sebastian von Portugal und Wilhelm III. von England wurden jedoch zu wirklich volkstümlichen Helden.

Im Gegensatz zu den Historikern sehen die Volkskundler auf der anderen Seite nur die großen Umrisse. Für sie ist von Bedeutung, daß es dieselben Geschichten über viele verschiedene Persönlichkeiten gibt, und sie stellen fest, daß sich bekannte Motive um ein bestimmtes Individuum ‚kristallisieren‘, ohne sich zu fragen, warum es gerade dieses Individuum sein mußte. Welcher Eigenschaft verdankt es diese Persönlichkeit, legendenbildend zu sein? Warum setzte der Kristallisationsprozeß gerade bei ihr ein und nicht bei einer anderen?[41]

In Einzelfällen lassen sich sicher verschiedene Antworten auf diese Frage finden, doch im allgemeinen muß die plausible Antwort wohl lauten, daß bestimmte Personen in mancher Hinsicht mit dem Heldenklischee zum Beispiel des gerechten Königs oder des edlen Geächteten übereinstimmen oder zumindest in den Augen des Volkes mit dem Klischee im Einklang stehen. Diese Übereinstimmung wirkt auf die Einbildungskraft der Sänger, Erzähler oder Maler, und Geschichten oder Bilder von dieser Persönlichkeit beginnen zu zirkulieren. Im Verlaufe des Verbreitungsprozesses wird die Übereinstimmung ausgeweitet, so daß sie sich noch auf andere Züge als die ursprünglich gemeinten ausdehnt. Dieser Assimilationsvorgang hat zum Teil technische Gründe, die oben erwähnt wurden (S. 154 f.). Es ist leichter, bereits bestehende verbale oder bildhafte Formeln auf einen neuen Helden anzuwenden, als neue Formeln zu schaffen. Auf jeden Fall entspricht das traditionelle Bild der Erwartungshaltung des Publikums.

Diese Theorie greift zu weit aus, um exakt beweisbar zu sein, aber einige Tatsachen, die für sie sprechen, sollen nicht unerwähnt bleiben. Trägt ein König denselben Namen wie ein Herrscher-Held, so trägt das dazu bei, die Übernahme seiner Person in die Volksüberlieferung zu erleichtern. Friedrich der Große konnte in mancher Beziehung das Erbe ‚Kaiser Friedrichs‘ antreten, einer Gestalt, die ihrerseits das Ergebnis eines Assimilationsprozesses von Friedrich II. mit Friedrich I. Barbarossa war. Wenn Ludwig XII. von Frankreich sich im siebzehnten und achtzehnten Jahrhundert des Rufes der Gerechtigkeit erfreute, so mag das zum Teil daran liegen, daß man seine Persönlichkeit mit der Figur Ludwigs IX., des Heiligen, verschmolzen hatte. ‚Conquering William', Wilhelm III. von England, ist vielleicht mit Wilhelm dem Eroberer assoziiert worden. Wenn man in Martin Luther einen protestantischen Heiligen sah, vor allem im berühmten Holzschnitt von Hans Baldung, so mag das zum Teil daran liegen, daß der heilige Martin bereits ein populärer Held war – und umgekehrt hat sich der Kult des Heiligen im evangelischen Deutschland wohl deshalb erhalten, weil man ihn mit Martin Luther in Verbindung brachte.

Natürlich konnten die Taten eines Herrschers dazu beitragen, ihn im Lichte des Stereotyps erscheinen zu lassen. Wilhelm III. und Karl XII. erfochten Siege, Heinrich IV. brachte den Frieden, Ludwig XII. und Kaiser Josef II. waren um Gerechtigkeit und Reformen bemüht, Sebastian kämpfte gegen die Ungläubigen. Wenn die Geschichte vom Herrscher, der nicht tot ist, sondern nur schläft, sich um Sebastian kristallisierte, so mag es daran liegen, daß niemand in Portugal ihn sterben sah und daß er tatsächlich nicht in Portugal starb. Wenn der ,,Harun-al-Raschid-Topos" mit Peter dem Großen in Verbindung gebracht wurde, so vielleicht deshalb, weil Peter wirklich inkognito reiste, wenn auch nicht in Rußland, sondern in England und Holland.

Schließlich werden einige Herrscher auch dadurch zu populären Helden, daß sich nach ihrem Tode historische Katastrophen ereignen, die die Menschen dazu veranlassen, auf die guten alten Zeiten ihrer Herrschaft zurückzublicken. Der Einfall der Türken in Ungarn im Jahre 1526 trug wahrscheinlich dazu bei, aus König Mátyás, der 1490 starb, einen populären Helden zu machen; der Anschluß Portugals an Spanien im Jahre 1580 hatte wahrscheinlich die gleiche Wirkung auf die populäre Vorstellung von Sebastian, der 1578 getötet worden war. Die „Zeit der Schrecken" in Rußland um 1600 milderte wohl in den Augen des Volkes die grausamen Züge der Regierungszeit Iwan des Schrecklichen, der 1584 starb.

Der Kristallisationsprozeß beschränkte sich natürlich nicht nur auf Herrscher, sondern erstreckte sich auch auf andere Arten populärer Helden oder Schurken. Britische Gesetzlose wurden Robin Hood angeglichen. Gabriel Ratsey, ein kleinerer englischer Bandit, soll einen Mann, den er eigentlich berauben wollte, mit vierzig Schilling beschenkt haben, sobald er herausfand, daß er arm war. Dabei soll er gesagt haben, er helfe den Armen, ‚denn die Reichen können sich selbst helfen'. Robin-Hood-ähnliche Geschichten wurden von Dick Turpin und auch von Rob Roy erzählt, dessen Name für die von ihm eingeschlagene Laufbahn zweifellos erfolgversprechend war. In Rußland wurde Pugačev mit Razin verschmolzen, dem er natürlich ähnelte, da auch er Kosak und Rebell war. Razins Geschichte wurde ihrerseits unter Gesichtspunkten der Laufbahn Pugačevs überliefert. Dick Whittington, über den wir einige zuverlässige biographische Angaben besitzen, ist ein beispielhafter Fall von Kristallisation. Er war ein reicher und freigiebiger Kaufmann, der Whittington College gründete. Also mußte man ihm zuschreiben, daß er aus armer Familie stammte (in Wahrheit entstammte er dem niedrigen Adel) und die Tochter seines Meisters heiratete (zufällig wissen wir, daß er dies nicht tat).[42]

Einer der bemerkenswertesten Fälle von Angleichung an ein Stereotyp ist der des Doktor Faust. Seine Geschichte, wie sie in der frühneuzeitlichen Periode in Puppenspielen und Volksbüchern erzählt wurde, stellt eine Kombination verschiedener traditioneller Themen dar: Da finden wir das Motiv vom Mann, der einen Pakt mit dem Teufel schließt wie Theophilus; das vom Zauberer, der zu den Mächten des Bösen einen gefährlich nahen Zugang hat wie *Friar Bacon;* und das des Schelms, des gewitzten Betrügers, wie Till Eulenspiegel. Im Faustbuch aus dem Jahre 1587 wurden diese Motive zusammengefaßt und einer relativ unwichtigen Figur auf den Leib geschrieben, einem gewissen Georgius Faustus aus Heidelberg, der zu Beginn des sechzehnten Jahrhunderts in Heidelberg studierte und sich mit Magie befaßte.[43]

Wesentlicher sind die Fragen, warum diese Klischees im frühneuzeitlichen Europa existierten, warum Helden gerade so dargestellt wurden und nicht anders, und was uns das über populäre Haltungen sagen kann. Hier beginnt das Dilemma des Historikers. Einerseits ist der Gegenstand für ihn so vage, so wenig fest umrissen, daß er nicht viel mehr tun kann, als Eindrücke und Spekulationen vorzubringen; andererseits ist das Thema so wichtig, daß es nicht übergangen werden kann. Auf kleinem Raum ist es wohl am besten, nur einige wenige Punkte vorzubringen.

Der erste Punkt betrifft das Wunderbare, das fast allgegenwärtig ist. Im Leben der Heiligen dominiert es von der Geburt bis zum Tode. Der hl. Georg kam mit einem roten Kreuzesmal auf der rechten Hand zur Welt. Als der hl. Nikolaus ein Baby war, weigerte er sich, an Freitagen die Brust zu nehmen, und Johannes der Täufer war schon im Mutterleib ein Prophet. Auch Erzählungen von Martyrien sind durchsetzt von übernatürlichen Ereignissen. Als man der hl. Agatha die Brüste abschnitt, wuchsen sie wieder nach; die hl. Lucia wurde unbeweglich und konnte von tausend Männern nicht fortbewegt werden. Wenn Heilige Wunder vollbringen, ist das nicht weiter überraschend, aber gelegentlich wirken auch Könige, Ritter und Geächtete Wunder. Ritter leisten Übermenschliches an Heldentaten. Friedrich dem Großen wurde nachgesagt, er sei unverwundbar und besitze zwei Zauberbücher, mit deren Hilfe er Schlachten gewinne. Von König Olaf glaubte man, er besitze wunderbare Fähigkeiten, Kranke zu heilen. In Frankreich und England wurde diese königliche thaumaturgische Kraft institutionalisiert und nahm die Form der Berührung von vielen Kranken durch den König an, was die Skrofulose *(the king's evil)* heilen sollte. Dieser Brauch erreichte seinen Höhepunkt im siebzehnten Jahrhundert. Während Ludwig XII. jährlich nur etwa 500 Menschen berührte, waren es bei Ludwig XIII. mehr als 3000, und Ludwig XIV. berührte bei einer Gelegenheit mehr als 2400 Menschen an einem Tage.[44]

Auch in den Geschichten über Geächtete spielen übermenschliche Fähigkeiten immer wieder eine Rolle. Robin Hoods Künste im Bogenschießen waren außergewöhnlich: Er traf immer ins Schwarze, ‚always he sliced the wand'. Dick Turpin ritt an einem einzigen Tage von London nach York, was so unmöglich schien, daß seine Ankunft in York ihm als Alibi diente. Diese Dinge sind jedoch kaum erwähnenswert im Vergleich zu den Heldentaten der russischen *razboiniki*. Gewehr- und Kanonenkugeln konnten Stenka Razin nicht verwunden, und einmal entfloh er aus dem Gefängnis, indem er ein Boot an die Gefängnismauer malte und mit ihm fortsegelte.[45] Auch Schurken schrieb man übermenschliche Kräfte zu, die ihnen ihr Verbündeter, der Teufel, verlieh. Türken und Juden brachte man regelmäßig in Versen und Volksdrucken mit dem Teufel in Verbindung. Hexen und Zauberer (so zum Beispiel Dr. Faust) hatten nach volkstümlicher Meinung einen Pakt mit dem Teufel geschlossen, was die Protestanten auch vom Papst annahmen, während die Katholiken es Martin Luther vorwarfen. Alles, was außerhalb des Erfahrungshorizontes des einfachen Mannes lag, fand seine Erklärung mit Hilfe des Wunderbaren. Gelehrt zu sein war nicht normal, also mußte ein gelehrter Mann ein Zauberer sein, er mußte (wie Friar Bacon) einen sprechenden Kopf in seinem Studierzimmer haben, der ihm seine Fragen beantwortete (Motiv-Index D 1311.7.1). Reich zu sein war auch nicht normal, also mußte ein reicher Mann entweder die Armen ausgebeutet und unterdrückt haben, falls er nicht einen vergrabenen Schatz gefunden hatte, oder, wie in *The History of Fortunatus,* im Besitze eines Säckels sein, das nie leer wurde.

Wie wir am Beispiel des Wunderbeutels sehen, konnten nicht nur Menschen, sondern auch Dinge magische Kräfte haben: Schwerter, Ringe und so fort. Das Bild eines Heiligen konnte ebenso Wunder wirken wie der Heilige selbst, und es reagierte wie ein lebender Mensch auf Überredungskünste, ja auf Drohungen. Die Einwohner von San Pedro de Usun drohten, ihr Bild vom hl. Petrus in den Fluß zu werfen, falls ihre Gebete nicht erhört würden, und die Leute von Villeneuve-St-Georges warfen tatsächlich ihre Georgsstatue im Jahre 1735 in die Seine, als der Heilige es versäumt hatte, ihre Weinberge zu schützen. Wundertätigen Heiligenbildern weihte man immer wieder Votivtafeln, und oft nahm man an, daß verschiedene Bilder desselben Heili-

gen miteinander im Wettstreit standen, wie z. B. die beiden Christophorus-
bilder in Tarragona.[46] Dieses ‚konkrete Denken‘, wie es manchmal genannt
wird, zeigt sich auch im Umgang mit Personifizierungen. Im achtzehnten
Jahrhundert stellte man sich in Serbien die Pest als ein altes Weib vor, das
man vom Dorfe fernhalten konnte, wenn man die richtigen Riten zelebrierte.
Den Karneval sah man als fetten Mann an, die Fastenzeit als dünne alte Frau
(S. 199 unten). In diesem Zusammenhang scheinen die Drohungen der bretonischen Bauern, die *gabelle* ‚wie einen tollen Hund‘ niederzuschießen (S. 88
oben), nicht mehr so unverständlich. Im siebzehnten Jahrhundert konnte
man in einem französischen Gasthaus nicht etwa einen Hinweis folgender Art
lesen: ‚Bitten Sie nicht um Kredit, eine Ablehnung könnte Sie verletzen‘,
sondern man sah die Abbildung eines Toten mit der Unterschrift *Crédit est
mort* (Kredit ist tot). Diese bildliche Sprache hat es zu allen Zeiten gegeben,
wie ein Blick auf einen Reklamezaun oder in eine Zeitung beweist, aber das
Beispiel der Bretonen läßt doch darauf schließen, daß man sie im siebzehnten
Jahrhundert ein wenig ernster nahm als heute. Falls die Bauern nicht direkt
glaubten, die *gabelle* sei eine Person, so waren sie doch vielleicht auch nicht
ganz vom Gegenteil überzeugt.[47] Vorgänge wurden personifiziert. Man
machte Menschen zu Sündenböcken für historische Abläufe. Nicht das System wurde angegriffen, sondern ein Individuum, nicht die Monarchie, sondern der König oder seine Ratgeber.

Unter anderen sind es diese Gründe, die uns erlauben, die populäre
Grundhaltung in dieser Epoche als ‚konservativ‘ zu bezeichnen oder besser
als ‚traditionell‘. Die Tatsache, daß Handwerker und Bauern Heilige, Herrscher und Ritter als ihre Helden akzeptierten, läßt die Annahme zu, sie identifizierten sich mit den Werten der Kirche, des Königs und des Adels, oder
läßt zumindest darauf schließen, daß sie ihre Erlebniswelt mit Hilfe der Mo-
delle erklären mußten, die ihnen die herrschende Klasse zur Verfügung stellte.[48] 1786 sagte man von den Bauern in Telemark in Norwegen, daß sie an einem Grundprinzip festhielten: „Halte dich an das gute Alte, lehne alle Neuerungen ab“ (Folg gammel Skik. Staae imod alle Anordninger). Eine Reihe
von Sprichwortweisheiten von der Art „*Don’t abandon old customs for new
ones*“ oder, wie es katalanisch heißt, „*No et deixis els costums vells pels no-
vells*“ drücken den gleichen Inhalt aus; richtig verstanden, kann man so die
Haltung des gemeinen Mannes in unserer Zeitspanne zusammenfassend wiedergeben.[49]

Das bedeutet nicht, daß Handwerker und Bauern mit der sozialen Ordnung, wie sie sie vorfanden, zufrieden waren. Sie sahen die Gesellschaft nicht
harmonisch, sondern konfliktbeladen. Sie klagten über Armut, Ungerechtig-
keit, Arbeitslosigkeit, Steuerlasten, den Zehnten, Pachtzinsen und Fronla-
sten. Oft sprechen sie von der Ausbeutung der Armen durch die Reichen

oder konkreter darüber, daß die Reichen die Armen verschlingen, ihnen die Haut abziehen. Auf Volksdrucken sind oft große Fische abgebildet, die kleine fressen. Der Schluß, daß die Menschen an Land genauso leben wie die Fische im Meer (in den Worten des Fischers in Shakespeares Perikles), ist schnell gezogen. Wie die bereits angeführten Zeugnisse volkstümlicher Meinungen über Richter und Advokaten beweisen, wußten Handwerker und Bauern genau, daß es schwierig ist, beim Gesetz Schutz gegen das Unrecht zu finden, das man ihnen antat.[50]

Was konnte oder sollte man ihrer Meinung nach tun, um diesen Übeln abzuhelfen? Stellt man Textzeugnisse – aus Liedern, Geschichten und Sprichwörtern – Berichten von Aktionen gegenüber – den vielen Aufständen und Revolten der Epoche –, so entdeckt man verschiedene Reaktionsweisen. Um der Klarheit willen ist es vielleicht nützlich, aus einem breiten Spektrum von Haltungen fünf hervorzuheben: die fatalistische, die moralistische, die traditionalistische, die radikale und schließlich die, welche ihre Hoffnungen auf das tausendjährige Reich gründete.

Die fatalistische Haltung schlug sich nicht in Aktionen nieder. Sie drückt sich in der resignierten Weisheit der Sprichwörter aus. Dinge können sich nicht ändern. In verschiedenen Sprachen beginnt so manches Sprichwort mit ‚man muß' ... (il faut, one has to, bisogna...). „Gott ist in der Höhe, und der Zar ist weit fort", sagen die Russen oder „Leben bedeutet, Schläge austeilen oder geschlagen werden". Die Holländer sagen „Arme sind arm dran" oder „Der Herr hat es gegeben, der Herr hat es genommen".[51] Alles, was man im Leben tun kann, ist leiden, aushalten, ertragen. Andere waren jedoch der Meinung: „Hilf dir selbst, dann hilft dir Gott", denn dieses Sprichwort gab es damals wie heute. Die fatalistische Haltung geht über in die moralistische, die die Ursache der Übel in der menschlichen Unzulänglichkeit und Verderbtheit sieht und nicht in der schlechten sozialen Ordnung. Diese Haltung ist nicht rein passiv, sie erlaubt es, gegen böse Menschen etwas zu unternehmen, wenn es nur irgend möglich ist. Diese Haltung drückt sich in der Gestalt des edlen Rächers aus, des ritterlichen Geächteten, der gegen die Ungerechten und Reichen kämpft und den Armen hilft, der allerdings nicht versucht, das soziale Gefüge zu verändern.[52]

Die moralistische Haltung wiederum geht über in die traditionalistische, die daraus besteht, im Namen der alten Ordnung (old order, stara pravda, das alte Recht, gammel skik etc.) neuen Entwicklungen entgegenzutreten. Diese Haltung kann sich gegen böse Einzelpersonen richten, die mit den Traditionen brechen, aber auch gegen neue Sitten, heute würden wir sagen, gegen neue ‚Trends'. Sie besteht nicht aus einem gedankenlosen Konservativismus, sondern sie drückt die bittere Erfahrung aus, daß alle Veränderungen sich gewöhnlich zu Lasten der kleinen Leute vollziehen, und sie wird verstärkt durch das Bedürfnis, Aufstände und Revolten zu legitimieren. So erklärten die deutschen Bauern, die sich 1525 erhoben, sie verteidigten ihre alten traditionellen Rechte; die normannischen Bauern, die 1639 revoltierten, stellten sich den Forderungen Ludwigs XIII. im Namen der Gesetze Ludwigs XII. entgegen. Als es in England im achtzehnten Jahrhundert Unruhen wegen der Lebensmittelpreise gab, wurden die alten Preise und die alten Preisbindungen für Profitmacher verlangt; und die Bauern aus Telemark lehnten 1786 neue Steuern im Namen von König Olafs Gesetz ab.[53]

Die traditionalistische Haltung kann in eine radikalere übergehen. 1675 verlangten einige der aufständischen bretonischen Bauern *„ordonnances nouvelles"*. Nicht alle Forderungen der deutschen Bauern im Jahre 1525 waren traditionalistisch, und nicht alle wurden mit dem Hinweis auf alte Bräuche gerechtfertigt. Einige verlangten die Abschaffung der Leibeigenschaft, weil „Gott jedermann frei geschaffen hat" oder weil Christus alle Menschen erlöst hat. Michael Gaismair, der den Aufstand in Tirol anführte, hatte die Vision einer *„ganzen Glaichhait im Lande"*. Stenka Razin verlautbarte, alle Menschen würden gleich werden. Wenn es sich hier um eine Rückkehr in die Vergangenheit handelt, dann nicht um eine historische Vergangenheit im Bereiche menschlicher Erinnerung, sondern um ein primitives goldenes Zeitalter.

> When Adam delved an Eve span
> who was then the gentleman?[54]

(Als Adam grub und Eva spann, / wer war da der Edelmann?)

Diese Haltung springt in die chiliastische über. Hans Böhm, ‚der Pfeifer von Niklashausen', der um 1470 in der Würzburger Gegend predigte, erklärte, daß ein Königreich nahe sei, in dem es keine Steuern, Pachtzinsen oder Frondienste geben werde und in dem alle Menschen gleich sein würden. „Die Fürsten, geistliche und weltliche, dürften nur so viel haben als das gemeine Volk, dann hätten alle genug; es müsse noch dahin kommen, daß Fürsten und Herren, Grafen und Ritter um den Taglohn arbeiteten." Eine ähnliche Utopie predigte Thomas Müntzer 1525 den Bauern und Bergleuten in Thüringen. 1534 kündigten die Wiedertäufer in Münster eine neue Ordnung an: „So alle ding gemein sin, gein eigendomb wesen und niemantz meher erbeiden, sondern sich allein up Got verlaeten solde." Das tausendjährige Reich sollte auf wunderbare Weise entstehen, durch göttliches Eingreifen, ohne menschliches Mitwirken. Es sollte zu den Menschen kommen wie die Geschenke des weißen Mannes in modernen Cargo-Kulten oder der Reichtum des Fortunatus. All dies erinnert an das im sechzehnten Jahrhundert wohlbekannte Bild vom Schlaraffenland, wo die gebratenen Ferkel mit einem Messer im Rücken nur darauf warteten, verspeist zu werden. Der Kreis schließt sich mit einer Rückkehr zur fatalistischen Haltung, wenn sie auch diesmal unter optimistischem Vorzeichen steht.[55]

In diesem Spektrum von Haltungen findet man sowohl radikale als auch aktivistische Ansätze, doch kommt es selten vor, daß beide zusammenfallen. Ein Landarbeiter im elisabethanischen Essex stellte einmal die Frage: „Was können die Reichen gegen die Armen ausrichten, wenn sich die Armen erheben und zusammenhalten?" Genau das aber taten die Armen fast nie. Klassenbewußtsein und ‚horizontale Solidarität‘ gab es so gut wie nicht. Zwischen Herr und Knecht, Beschützer und Abhängigem, Gutsherrn und Pächter entwickelten sich Bindungen, die einer ‚vertikalen Solidarität‘ gleichkamen und der horizontalen entgegenwirkten. In den Städten war es die Treue zum eigenen Handwerk, die Meister und Gesellen verband und sich gegen andere Zünfte und andere Städte richtete und so dem Klassenbewußtsein im Wege stand. Auf dem Lande nahm die Loyalität dem eigenen Dorf gegenüber den wichtigsten Platz ein. Sie stand einer Zusammenarbeit mit Ortsfremden im Weg, selbst wenn es sich um andere Bauern handelte.

Hand in Hand mit dieser Haltung des Mißtrauens gegenüber allen außer einem kleinen Kreis von Verwandten und Freunden ging die Vorstellung, die man in traditionellen Gesellschaften nicht selten antrifft, daß die Güter dieser Erde beschränkt sind und es nur erlauben, Wohlstand auf Kosten anderer Mitmenschen zu erwerben. (In einer Gesellschaft, die keine wirtschaftliche Expansion kennt, ist dieser Gedanke natürlich gar nicht so abwegig.) Das Ergebnis dieser Vorstellung war, daß Neid, der ‚böse Blick‘ und die Angst vor Neid sehr weit verbreitet waren. Viele Leute glaubten, daß Hexen die Macht hatten, ihre eigenen Kühe mehr Milch geben zu lassen, indem sie mit Hilfe übernatürlicher Kräfte den Kühen ihrer Nachbarn die Milch entzogen. Es gab Zaubersprüche zu dem Zwecke, das eigene Vieh zu beschützen, indem man das Böse auf die Tiere des Nachbarn übertrug. Offenbar waren die Menschen unfähig, sich eine Änderung des Systems selbst vorzustellen. Alles, was sie sich ausmalen konnten, war, daß einzelne Menschen innerhalb des Systems ihre Plätze wechselten. Diese Vorstellung drückt sich am deutlichsten im Bild von der verkehrten Welt aus (S. 199 ff. unten). Im Vivarais erklärten einige aufständische Bauern im Jahre 1670, nun sei es an der Zeit, daß die Adeligen an ihre Stelle träten und *sie* bedienten.[56]

Dieser Mangel an Einbildungskraft, diese Unfähigkeit, sich anders geartete soziale Welten auch nur auszudenken, ist sicher das Ergebnis enger Horizonte, begrenzter sozialer Erfahrungen. 1944 ergab eine Untersuchung bei türkischen Dorfbewohnern, daß sie sich eine Summe, die höher als 5000 Dollar war, einfach nicht vorstellen konnten. Auch Misère, den man nach seinem größten Wunsch fragt, denkt nicht an Land oder mehr Bäume, sondern wünscht sich nur größere Sicherheit für den einen Baum, den er bereits besitzt. In der Welt des Märchens handelte er weise; er wich der Nemesis aus, die den Fischer und seine Frau ereilte (Grimm 19). Der hatte zuviel verlangt, seinen übernatürlichen Gönner erzürnt und alles verloren, was er erhalten hatte. Ein russisches Sprichwort lautet: ‚Zu viel Glück ist gefährlich.'[57] Vielleicht waren die Menschen gar nicht unfähig, sich eine andere Welt vorzustellen. Vielleicht wollten sie es gar nicht. Sie hatten Angst.

Es gab gute Gründe für Ängste, wenn man sich die Gefahren der Kriege, der Hungersnöte und der Pest vor Augen hält. Eine versteckte Unsicherheit tritt häufig in Sprichwörtern zutage. Außerhalb der Familie, des Hauses und des Dorfes ist die Welt feindlich. „Es gibt drei Dinge, denen man nicht trauen kann: dem König, dem Wetter und der See." „Freunde und Maultiere lassen dich im Stich, wenn du sie brauchst." „Der Krug geht solange zum Brunnen, bis er bricht." Viele Bräuche und Symbole der populären Kultur scheinen die Funktion gehabt zu haben, gegen Gefahren zu schützen. So auch viele Heilige, darunter die Vierzehn Nothelfer, deren Kult im fünfzehnten Jahrhundert von Deutschland ausging. Der hl. Georg gewährte Schutz vor dem Krieg, der hl. Sebastian vor der Pest, die hl. Margarete vor Gefahren im Kindbett usw. Auch andere volkstümliche Heilige sah man als Beschützer an; Krieger und Soldaten, die man auf Schranktüren malte, waren als Wächter konzipiert. Unsicherheit bringt mit sich, daß man dem Althergebrachten folgt, denn „ein Spatz in der Hand ist besser als eine Taube auf dem Dach", oder jedenfalls ist er sicherer.[58]

Es war gefährlich, die ausgetretenen Pfade des guten Alten zu verlassen, und doch erzeugte die bestehende Ordnung mit ihren Ungerechtigkeiten und Entbehrungen Frustrationen massivster Art. Die Menschen brauchten Haßfiguren wie Hexen, Türken und Juden, sie mußten auf Außenseiter alle jene Haßgefühle übertragen, die sich aus Spannungen innerhalb der Gemeinschaft ergaben. Sie brauchten regelmäßige Gelegenheiten, diese Haßgefühle auszudrücken, diese Spannungen sich entladen zu lassen. Um welche Gelegenheiten es sich handelte, soll im nächsten Kapitel erläutert werden.

7. Die Welt des Karnevals

Mythen und Bräuche

Im letzten Kapitel versuchten wir, eine Annäherung an populäre Haltungen und Werte auf dem Umweg über volkstümliche Helden zu erzielen. Ein Nachteil dieses Zugangs bestand darin, daß die Helden von ihrem Handlungsschauplatz losgelöst werden mußten. Der wichtigste dieser Schauplätze im Bereich der traditionellen europäischen Volkskultur war das Fest; es gab Familienfeste wie Hochzeiten, Gemeindefeste wie das jährliche Kirchweihfest (franz. fête patronale) und Feste nach dem Verlauf des Kirchenjahres und der Jahreszeiten, die von den meisten Europäern gefeiert wurden: Ostern, Maifest, Sommersonnenwende, die zwölf Weihnachtstage, das Neujahrs- und das Dreikönigsfest und schließlich den Karneval. Bei diesen besonderen Gelegenheiten legten die Menschen die Arbeit nieder, aßen und tranken und gaben aus, was sie besaßen. Der italienische Geistliche Alberto Fortis äußerte sich mißbilligend über die Einwohner Dalmatiens: ,,Häusliche Sparsamkeit ist den Morlaken, einem Hirtenvolk der Gegend, gemeinhin unbekannt; in dieser Hinsicht gleichen sie den Hottentotten: Sie verbrauchen in einer Woche, was viele Monate hätte reichen sollen, einfach weil sich eine Gelegenheit bot, ein Fest zu feiern.''[1] Vielleicht war Dalmatien ein extremer Fall, doch um so deutlicher zeigt das Beispiel den Stellenwert der Feste in der traditionellen Gesellschaft. Das Fest stand in krassem Gegensatz zum Alltag, es war eine Zeit der Vergeudung, gerade weil der Alltag anhaltende und sorgfältige Sparsamkeit erforderte. Auch die Kleidung der Festteilnehmer symbolisierte den besonderen Rang des Anlasses: Jedermann trug nur sein Bestes. Ein englischer Besucher von Neapel stellte fest: ,,Sehr wenig reicht aus, um den *lazaro* (den Bettler, den Armen) zu kleiden, außer an Feiertagen; dann stattet er sich in der Tat marktschreierisch aus, mit spitzenbesetzter Jacke und feuerfarbenen Strümpfen; seine Schuhschnallen sind von außerordentlicher Größe.''[2] Die besonderen Kleider signalisierten, daß der Tag kein gewöhnlicher war.

Gewisse Darbietungen fanden nur an Festtagen statt; so die englischen Maispiele und die ihnen entsprechenden toskanischen *Maggi* oder *Bruscelli* oder das spanische *auto pastoril*, das zu Weihnachten, und das *auto sacramental*, das nur am Fronleichnamstag aufgeführt wurde – ganz abgesehen von den vielen Arten von Fastnachtsspielen. Innerhalb des Hauses wurden die am reichsten verzierten Schüsseln, Krüge und Teller oft nur an Festtagen benutzt, und nur aus diesem Grunde blieben sie erhalten, was dem Historiker, falls er sich nicht vorsieht, ein ganz falsches Bild vom Alltag vergangener Zeiten vermitteln kann. Es mochte so weit gehen, daß das halbe Haus festlichen Gelegenheiten vorbehalten blieb: In Schweden war im siebzehnten und achtzehnten Jahrhundert das *parstuga* der vorherrschende Haustyp, ein Haus, das aus zwei Hauptwohnräumen bestand, von denen der eine tagtäglich, der andere nur an Festtagen benutzt wurde. Falls das Haus nur einen Hauptraum besaß, konnte es für festliche Gelegenheiten verändert werden, indem bemalte Wandbehänge hervorgeholt wurden. Die populären Sujets dieser *bonadsmåleri,* wie die Hochzeit von Kana oder der Besuch der Königin von Saba bei König Salomon, paßten sich diesen besonderen Gelegenheiten gut an, denn sie spiegelten die Situation (Gastgeber und Gäste) in idealisierter Form wider.[3]

Ein französischer Soziologe machte die Bemerkung, daß in traditionellen Gesellschaften Menschen „von der Erinnerung an ein Fest zehren und in Erwartung des nächsten leben". Thomas Gray stellte dasselbe fest, als er 1739 aus Turin schrieb: „Dieser Karneval dauert nur von Weihnachten bis zur Fastenzeit; die eine Hälfte des restlichen Jahres wird damit verbracht, sich an den letzten zu erinnern, und die andere, den kommenden zu erwarten."[4] Die Menschen verfolgten den Ablauf der Zeit anhand größerer Feste, wie dem Michaels- oder dem Martinstag. Bei größeren städtischen Festen strömten die Bauern aus den Dörfern der Umgebung in die Stadt, um nichts von dem Spaß zu versäumen, und sorgten für großen Andrang. Einige englische Reisende, die sich anläßlich des Madonnenfests in Prato aufhielten, beobachteten die Menschenmenge auf der Piazza, „von der die Hälfte Strohhüte trug und ein Viertel barfüßig lief". Ein englischer Geistlicher, der 1787 während der Karwoche in Barcelona war, hob hervor, daß „bei solchen Gelegenheiten viele aus den nahegelegenen Dörfern nach Barcelona kommen und einige auch aus entfernten Provinzen". Pilgerfahrten an heilige Orte anläßlich der Hauptfesttage waren große Erlebnisse im Leben der Menschen. In der Provence war ein Mann, der den Schrein des hl. Claude im Jura besucht hatte, für den Rest seines Lebens als *Romieu* (Rompilger) bekannt, was an die heute noch bestehende Sitte erinnert, einem Mekkapilger den Ehrentitel eines Hadschi zu verleihen. Viele Bilder, die in Hütten aufgehängt waren, stellten Erinnerungen an Pilgerfahrten dar, denn am Wallfahrtsort wurden Holzschnitte des Gnadenbildes verkauft, wie in Mariazell in Österreich oder in Czenstochau in Polen. Sogar ein Möbelstück wie ein Kasten oder ein Bett, das im täglichen Gebrauch war, konnte mit dem festlichen Anlaß, für den es hergestellt worden war, in Zusammenhang gebracht werden, in aller Regel dem Hochzeitstag der ersten Besitzer. Oft trug es deren Initialen und das Datum des großen Ereignisses.

Wenn man über Feste spricht, muß man notwendigerweise auch von Festbräuchen reden. Das Wort ‚Brauch‘ ist in einer Definition schwer zu umreißen. Auf den folgenden Seiten soll mit diesem Wort ausgedrückt werden, daß Handlung dazu benutzt wird, etwas auszusagen, im Gegensatz zu Handlung aus Nützlichkeitserwägungen und im Gegensatz zu Worten und Bildern als Aussageträgern. Das alltägliche Leben im frühneuzeitlichen Europa war reich an Bräuchen, weltlichen oder religiösen, sie spielten auch beim Vortrag von Liedern und Geschichten eine Rolle. Italienische Erzähler begannen ihre Geschichten mit dem Zeichen des Kreuzes, und ein Bericht der Highland Society von Schottland aus dem achtzehnten Jahrhundert schildert „einen alten Burschen in der Gemeinde, der seine Kappe mit großer Feierlichkeit abnimmt, wenn er das Lied von Duon Dearmot singt [...] Er sagte mir, es geschehe aus Ehrfurcht vor dem Rufe dieses Helden."[6] Kompliziertere Bräuche wurden allerdings nur bei ganz besonderen Anlässen ausgeübt. Leider haben diese reichhaltigeren Bräuche zu wenig Spuren hinterlassen, als daß der Historiker sie mit einiger Genauigkeit rekonstruieren könnte. Der Versuch einer Wiederherstellung muß jedoch gemacht werden, denn die Schilderung der traditionellen Volkskultur ohne die Festbräuche wäre noch irreführender als die notwendigerweise fehlerhafte Rekonstruktion des Historikers. So kann zum Beispiel die Bedeutung eines populären Helden durch das Ritual, das seine öffentliche Darstellung begleitet, modifiziert werden.

Die Figur des Robin Hood kann als recht bekanntes Beispiel für eine solche Abweichung vom ursprünglichen Heldenbild dienen. Robin war nicht nur ein Balladenheld, sondern auch ein Held der Maispiele. Oft spielte er die Hauptrolle bei den englischen Frühlingsfesten mit ihrem Maikönig und ihrer Maikönigin. Robins Kleidung aus *Lincoln green* und die Tatsache, daß er im Walde beheimatet war, ließen ihn als Helden erscheinen, der als Frühlingssymbol geeignet war, doch wenn man ihn zum Maikönig machte, brauchte er auch seine Königin. Maid Marion wird im Zusammenhang mit Robin Hood nicht vor dem sechzehnten Jahrhundert erwähnt, Hunderte von Jahren, nachdem seine Geschichte zum ersten Mal erzählt worden war. Doch 1502 waren Robin Hood und Maid Marion in Reading Maikönig und Maikönigin, ebenso in Kingston-on-Thames im Jahre 1506, 1559 in London und in Abingdon im Jahre 1566. Es wäre irreführend, Robin Hood, wie James Frazer es tut, als ‚Vegetationsdämon‘ zu bezeichnen, denn damit leugnete man seine gesellschaftskritische Bedeutung, doch übernahm Robin der Geächtete vielleicht die Rolle eines Frühlingsgeistes, dessen Attribute er sich aneignete.[7]

Die Geschichte des hl. Johannes des Täufers ist besser belegt und weist interessanterweise Parallelen zu Robin Hood auf. Der Johannisabend fällt mit der Sommersonnenwende zusammen. Dieses Fest war im frühneuzeitlichen

Europa Anlaß vieler Festbräuche, zu denen das Anzünden eines großen Freudenfeuers, das Springen über die Flammen, das Baden in Flüssen und das Eintauchen von Zweigen in Wasser gehörte. Feuer und Wasser sind weitverbreitete Reinigungssymbole, so daß es plausibel erscheint, im Fest Erneuerung, Regeneration, aber auch Fruchtbarkeit zu erkennen, denn es gab auch Wahrsagebräuche, die den Ausgang der Ernte voraussagten und anzeigten, welches Mädchen im nächsten Jahr heiraten sollte. Was hat dies alles mit dem hl. Johannes zu tun? Es sieht so aus, als hätte die mittelalterliche Kirche ein vorchristliches Fest übernommen und sich zu eigen gemacht. So wie die Wintersonnenwende zum Fest von Christi Geburt umfunktioniert wurde, so feierte man die Sommersonnenwende als den Geburtstag des Vorläufers Christi. Das Bad im Fluß wurde neu interpretiert als Gedenken an die Taufe Christi im Jordan durch Johannes den Täufer. Wie Robin Hood scheint auch der hl. Johannes in die Fußstapfen einer Fruchtbarkeitsgottheit getreten zu sein. Manchmal wurde er mit einem Zweig abgebildet, und oft zeigte man ihn als Einsiedler, spärlich bekleidet und in der Einöde lebend (S. 163 oben). Also war es nicht schwierig, ihn als Waldmenschen oder wilden Waldgeist zu sehen. Der Waldmensch war in der mittelalterlichen Kunst eine vertraute Gestalt und scheint die Natur (im Gegensatz zur Kultur) versinnbildlicht zu haben.[8]

Im neunzehnten Jahrhundert gab es eine berühmte Theorie, die erklärte, Mythen seien dadurch entstanden, daß sie von Bräuchen abgeleitet wurden. Im Laufe der Zeit, so wurde argumentiert, habe man die Bedeutung der Bräuche vergessen, und Mythen seien erdacht worden, um die Rituale zu erklären. Diese Theorie ist zu simpel, und es gibt Beispiele, wo der Mythos vor dem Ritual steht, wie z. B. beim heiligen Abendmahl; aber die Beispiele von Robin Hood und Johannes dem Täufer beweisen, daß das Brauchtum manchmal die Legende beeinflußt. Noch eindeutiger sind die Beispiele des hl. Antonius und des hl. Martin. Warum hätte man den hl. Einsiedler Antonius mit einem Schwein darstellen sollen? Weil sein Festtag auf den 17. Januar fällt, also um die Zeit, da man Schweine hausschlachtete. Unter den Volksliedern über den hl. Martin gab es eines, dessen Anfang lautet:

Wann der heilige Sankt Martin
Will dem Bischof sehr entfliehn
Sitzt er in dem Gänse Stall...

In der Vita des Heiligen gibt es keinen Hinweis auf dieses Ereignis. Doch fällt der Martinstag, das Fest des Heiligen, auf den 11. November. Um diese Zeit schlachtete man die Gänse, und es war vor allem in Deutschland Brauch, an Martini Gänsebraten zu essen. Die Gans gehörte zum Festbrauch, also schlich sie sich in die Legende des Heiligen ein.[9]

Der Karneval

Der Karneval ist zweifellos das Fest par excellence, das Bilder und Texte inspirierte. Vor allem in Südeuropa war der Karneval das größte Volksfest des Jahres und zudem eine Zeit, wo einmal relativ ungestraft ausgesprochen werden konnte, was man des öfteren dachte. Während des Karnevals führte man häufig Schauspiele auf, und ohne die Kenntnis der Karnevalsbräuche, auf die sie oft anspielen, bliebe unser Verständnis dieser Stücke unvollständig.

Bevor der Versuch einer Interpretation unternommen werden kann, muß mit Hilfe der bruchstückhaften Dokumentation, die uns zur Verfügung steht, ein typischer Karneval nachgezeichnet werden. Das ist zweifellos ein gewagtes Unterfangen. Da die italienischen Belege die zahlreichsten sind, besteht die Gefahr, Europa in diesem Falle durch die italienische Brille zu sehen. Auch beziehen sich die meisten noch erhaltenen Belege auf Städte und klammern die Kultur der Bauern, der doch auch unser Interesse gilt, aus. Doch lebten manche Bauern in Städten, und andere kamen anläßlich des Fests wahrscheinlich in die Stadt. Viele Aufzeichnungen stammen von Außenseitern, die vielleicht mißverstanden, was sie sahen und hörten (S. 77ff. oben). Es gab keine zwei Karnevalsfeste, die in allen Einzelheiten übereinstimmten. Es gab Unterschiede regionaler Art, und es gab Unterschiede der Witterung, der politischen Lage, der Fleischpreise. Doch kann man diese Unterschiede nur dann richtig einschätzen, wenn man sie vor dem Hintergrund eines Normalablaufes sieht, wenn man sozusagen ein Standardbild des frühneuzeitlichen europäischen Karnevals besitzt.

Die Karnevalszeit begann im Januar oder sogar schon Ende Dezember. Das Festgefühl und die Aufregung steigerten sich, je näher die Fastenzeit rückte. Schauplatz des Karnevals war der Hauptplatz der Stadt unter freiem Himmel: Place Notre Dame in Montpellier, der Marktplatz um das Rathaus in Nürnberg, der Markusplatz in Venedig usw. Man kann den Karneval als riesiges Schauspiel sehen, dessen Schauplatz die Straßen und Plätze einer Stadt waren. Die Stadt hatte sich in ein offenes Theater verwandelt, ihre Einwohner waren Schauspieler und Zuschauer zugleich, die das Geschehen von ihren Balkonen aus beobachteten. Einen Trennungsstrich zwischen Zuschauern und Schauspielern kann man in der Tat nicht ziehen, denn die Damen auf den Balkonen warfen manchmal Eier in die Menge, und den Maskierten stand es oft frei, in Privathäuser einzudringen.[10]

Die Handlung dieses gigantischen Schauspiels bestand aus einer Abfolge mehr oder weniger formal gegliederter Ereignisse. Das weniger gegliederte Geschehen spielte sich immer wieder neu in allen Stadtteilen ab. Zunächst einmal wurden große Mengen an Fleisch, Pfannkuchen und (in den Niederlanden) Waffeln verzehrt. Am Fastnachtsdienstag erreichte die Fresserei ihren Höhepunkt. In England beschrieb man das Ende der Fastnacht im siebzehnten Jahrhundert als eine Zeit voll „solchem Brühen und Brutzeln, Bräunen und Rösten, Kochen und Brauen und solchem Backen, Braten, Schnitzeln und Schneiden, Zerlegen und Verschlingen und dickbäuchiger Schlemmerei, daß man meinen könnte, die Menschen stopften die Vorräte zweier Monate auf einmal in ihre Bäuche, oder sie packten ihren Magen voll mit Proviant für eine Reise nach Konstantinopel oder den westindischen Inseln". Nicht weniger wichtig war das Trinken. Wenn man einem englischen Besucher Glauben schenken darf, wurde in Rußland in der letzten Karnevalswoche getrunken, „als ob es nie wieder etwas zu trinken geben würde".[11] Die Leute sangen und tanzten auf den Straßen – für das Europa der frühen Neuzeit nichts Ungewöhnliches –, aber die freudig erregte Stimmung war nicht alltäglich, und einige der Lieder, Tänze und Musikinstrumente waren speziell für den Karneval bestimmt, wie der holländische *Rommelpott,* ein halb mit Wasser gefüllter Topf, über den man eine Schweinsblase gespannt hatte. „Wenn man durch die Mitte der Blase ein Schilfrohr steckt und es mit Daumen und Fingern auf- und abbewegt, erzeugt das Instrument ein Geräusch, das dem Quieken eines gestochenen Schweines gleicht."[12] Man trug Masken, von denen einige lange Nasen hatten, oder man verkleidete sich ganz. Männer verkleideten sich als Frauen, Frauen als Männer; andere beliebte Kostüme waren geistliche Gewänder, Teufels- und Narrenkleider, Verkleidungen als wilde Waldmenschen und wilde Tiere, z. B. Bären. Die Italiener liebten es, als Charaktere der Commedia dell'arte zu erscheinen, und Goethe berichtet, er habe auf dem römischen Corso Hunderte von Pulcinellen gesehen. 1786 schrieb ein Engländer aus Paris, daß sich im Karneval „Päpste, Kardinäle, Mönche, Teufel, Höflinge, Harlekine und Advokaten zu einer einzigen großen Menge vermischten".[13] Die Menschen trugen nicht nur ein Kostüm, sie versuchten auch, die angenommene Rolle darzustellen. „Einer spielt den Doktor der Jurisprudenz, stolziert mit seinem Buch durch die Straßen und fängt mit jedem, den er trifft, einen Disput an."[14] Narren und wilde Männer rannten durch die Straßen und versetzten den Zuschauern Hiebe mit Schweinsblasen und sogar mit Stöcken. Man bewarf sich mit Mehl, mit kandierten Pflaumen, mit Äpfeln oder Orangen, mit Steinen oder Eiern, die manchmal mit Rosenwasser gefüllt waren, manchmal aber auch nicht. Der allgegenwärtige englische Reisende berichtet aus Cadiz, daß die Damen von den Balkonen Eimer voll Wasser auf die Männer in den Straßen schütteten.[15] Tiere mußten oft als Opfer des Karnevalsübermutes herhalten: Hunde wurden in Decken hochgeschleudert, Hähne gesteinigt. Auch verbale Aggression fand statt: Man warf sich Beleidigungen zu und sang satirische Verse.[16]

Andere Ereignisse hatten einen formaleren Ablauf und spielten sich an den letzten Karnevalstagen auf den Plätzen im Stadtzentrum ab. Hier war auch der Abstand zwischen Darstellern und Zuschauern größer, und die Aufführungen wurden oft von Gesellschaften oder Bruderschaften inszeniert, an deren Spitze ‚Könige‘ oder ‚Äbte‘ der Mißwirtschaft standen und deren Mitglieder zum größten Teil, wenn auch nicht ausschließlich, junge Männer der Oberschicht waren. Dies war z.B. der Fall bei der Abbaye des Conards (Rouen), der Compagnie de la Mère Folle in Dijon, der Compagnia della Calza (Venedig) und bei den Schembartläufern (Nürnberg).[17] Die von ihnen organisierten Darbietungen waren ‚improvisiert‘ in dem Sinne, daß es kein Textbuch und (wahrscheinlich) keine Proben gab, aber sie waren in ihrem Ablauf geregelt insofern, als die Teilnehmer einander kannten und bei früheren Gelegenheiten schon Ähnliches hervorgebracht hatten. Die Aufführungen waren weder ganz vorausgeplant noch ganz improvisiert, noch waren sie ganz ernsthaft oder bloßer Scherz. Sie nahmen eine gewisse Mittelstellung ein. Oft setzten sie sich aus folgenden drei Elementen zusammen:

Erstens kam der Festzug, bestehend aus Karnevalswagen, auf denen sich in aller Regel Maskierte befanden, die Riesen, Göttinnen, Teufel usw. darstellten. In Nürnberg gab es eine Karnevalskonstruktion, die ‚Hölle‘ genannt und auf einem Schlitten bis zum Marktplatz durch die Straßen gezogen wurde. Oft stellte man diese ‚Hölle‘ in Schiffsform dar, was an die deutschen Schiffswagenumzüge erinnert, die gelegentlich in der Antike und im Mittelalter erwähnt werden. In Florenz waren die Karnevalswagen besonders zahlreich und besonders berühmt. Die Darsteller waren als Gärtner, Ammen, Degenfechter, Studenten, Türken, Landsknechte und andere gesellschaftliche Typen verkleidet und pflegten Lieder zu singen, die speziell für den Karneval geschaffen worden waren und an die Adresse der Damen gingen, welche den Umzug von ihren Balkonen aus verfolgten. In einigen französischen Städten war es Sitte, Ehemänner, die unter dem Pantoffel standen oder die eben erst geheiratet hatten, unter Aufsicht der Gefolgsleute des ‚großen Fürsten Mardi Gras‘ in der Prozession mitzuführen oder sie, verkehrt auf einem Esel sitzend, durch die Stadt zu geleiten.[18]

Verschiedene Wettkämpfe stellten einen zweiten, immer wiederkehrenden Bestandteil des Karnevals dar. Beliebt waren Wettläufe, Pferderennen und Ringelstechen. Im römischen Karneval war ein Rennen der jungen Männer, eines der Juden und eines der alten Männer üblich. Weiterhin gab es Lanzenstechen und Turniere zu Lande und zu Wasser als Wettspiele; in Lille standen im achtzehnten Jahrhundert die gegnerischen Mannschaften auf zwei Booten im Fluß. In Nordfrankreich und England waren am Fastnachtsdienstag Fußballwettkämpfe verbreitet. In Ludlow veranstaltete man ein Tauziehen; in Bologna bewarf man die Gegner mit Eiern, und diese versuchten, die Geschosse mit Stöcken abzuwehren.[19]

Der dritte konstituierende Bestandteil des Karnevalsprogramms war die

Aufführung eines Schauspiels, meistens eines Schwanks. Die Grenzen zwischen den informellen ‚Spielen' und dem formellen Schauspiel sind jedoch verschwommen. Es gab Belagerungsparodien, vor allem in Italien beliebt, bei denen ein auf dem Marktplatz errichtetes Schloß eingenommen wurde; man führte, besonders in Frankreich, Parodien von Gerichtsverhandlungen auf, die *causes grasses;* in Spanien waren Scherzpredigten populär; in Deutschland kannte man das scherzhafte Pflügen, bei dem unverheiratete Mädchen den Pflug zogen; dann gab es Scherzhochzeiten, mit einem Mann als Braut oder einem Bären als Bräutigam (cf. S. 134 oben, über die Parodie). Viele dieser populären Spiele drehten sich um die Figur von ‚Karneval' selbst. ‚Karneval' wurde gewöhnlich als dicker Mann dargestellt, mit einem Bierbauch und einem roten Gesicht, lustig, oft mit Lebensmitteln wie Würsten, Geflügel und Wild behängt, auf einem Faß sitzend, oder, wie 1572 in Venedig, von einem riesigen Kessel mit Makkaroni begleitet. Die ‚Fastenzeit' war im Gegensatz dazu eine magere alte Frau, schwarz gekleidet und mit Fisch behängt. Die englische Figur des *Jack a Lent* scheint eine Ausnahme gewesen zu sein. Im Zusammenhang mit dem Karnevalsbrauchtum können wir uns die Namen einiger berühmter Clownsgestalten der Epoche erklären: ‚Hans Wurst' war sicher eine Karnevalsfigur mit einer Wurst, während ‚Pickelherring' und ‚Steven Stockfish' ausgemergelte Fastenzeitstypen darstellen sollten.[20]

Es gibt Belege dafür, daß der Kampf zwischen Karneval und Fastenzeit nicht einfach der Einbildungskraft Brueghels, Boschs und anderer Maler entsprang, sondern sich tatsächlich in der Öffentlichkeit abspielte. In Bologna fand 1506 ein Lanzenstechen zwischen ‚Karneval' auf einem fetten Pferd und ‚Fastenzeit' auf einem mageren statt. Die Widersacher waren jeweils von ihren Gefolgsleuten umgeben. Der letzte Akt des Karnevals bestand oft aus einer Parodie, bei welcher dem ‚Karneval' der Prozeß gemacht wurde: Er legte ein Geständnis ab, machte sein Testament, ließ eine Hinrichtung über sich ergehen (er wurde normalerweise verbrannt) und bekam schließlich ein scherzhaftes Begräbnis. Es gab auch die Variante, feierlich ein Schwein zu köpfen, wie alljährlich in Venedig, oder eine Sardine mit allen Ehren zu begraben, wie es in Madrid Sitte war.[21]

Die verkehrte Welt

Was bedeutete der Karneval für die Menschen, die daran teilnahmen? Einerseits ist die Frage überflüssig. Der Karneval war ein Fest, ein Vergnügen, als solches wertvoll, und bedurfte keiner Erklärung oder Rechtfertigung. Die Karnevalszeit war eine Zeit der Ekstase, der Befreiung. Andererseits muß man die Frage in viele Einzelfragen unterteilen. Warum nahm das Spiel diese besonderen Formen an? Warum trugen die Menschen Masken mit langen Nasen, warum warfen sie mit Eiern, warum führten sie die Hinrichtung des ‚Karneval' auf? Zeitgenossen machten sich die Mühe nicht, aufzuzeichnen, was ihnen der Karneval bedeutete – es muß für sie auf der Hand gelegen haben –, also müssen wir die Antwort auf indirektem Weg suchen, indem wir wiederkehrende Themen aufgreifen und ihnen die geläufigsten Assoziationen zuordnen.[33]

Drei Hauptthemen prägten den Karneval, sowohl ganz real als auch symbolisch: Essen, Sexualität und Gewalt. An erster Stelle steht das Thema des Essens. Das *carne* in Karneval bedeutet Fleisch. Ein gesteigerter Verbrauch von Schweine- und Rindfleisch und anderen Fleischsorten fand tatsächlich statt und wurde auch symbolisch dargestellt. ‚Karnevals'-Kleider waren mit Hühnern und Hasen behängt. In München, Nürnberg und andernorts spielten die Metzger im Karnevalsbrauchtum eine wichtige Rolle. Sie tanzten, liefen durch die Straßen oder tauchten einen ihrer Lehrlinge ins Wasser. 1583 trug ein Zug von neunzig Metzgern eine Riesenwurst von 440 Pfund durch Königsberg.

Carne bezieht sich auch auf die Fleischeslust. Sexualität symbolisch darzustellen war, wie üblich, interessanter, als sich auf Essen zu beziehen, denn die Anspielungen mußten mehr oder weniger versteckt sein, wenn sie den wahren Kern auch nicht ganz verbargen. Der Karneval war eine Zeit besonders intensiver sexueller Aktivitäten, wie Historiker aufzeigen konnten, die mit Hilfe jahreszeitlicher Empfängnisstatistiken Untersuchungen über Frankreich im achtzehnten Jahrhundert anstellten. Der Höhepunkt der Kurve lag im Mai und im Juni, aber ein zweites Maximum gab es im Februar. Während der Karnevalszeit fanden häufig Hochzeiten statt, und die Parodie der Hochzeitsfeier war eine populäre Belustigung. Lieder zweideutiger Art wurden während dieser Zeitspanne nicht nur erlaubt, sondern waren praktisch obligatorisch. Typisch ist ein Lied, das in Florenz die ‚Schlüsselmacher' auf ihrem Karnevalswagen sangen. Sie priesen vor den auf ihren Balkonen zuschauenden Damen ihr ‚Werkzeug' mit folgenden Worten:

E bella e nuova ed util masserizia
Sempre con noi portiamo
D'ogni cosa dovizia,
E chi volesse il può toccar con mano.

(Unser Werkzeug ist schön, neu und nützlich, / Wir tragen es immer bei uns, / Es ist gut für alles, / Wer möchte, kann es mit der Hand anfassen.)

1664 wurde zum Entsetzen der Damen ein hölzerner Phallus, ‚groß wie der eines Pferdes', durch die Straßen von Neapel getragen.[23] Wenn man sich solche Vorkommnisse vergegenwärtigt, scheint es nicht zu weit hergeholt, die langnasigen oder gehörnten Masken als phallische Symbole zu interpretieren, ganz zu schweigen von der Riesenwurst, die den Königsberger Fastnachtszug zierte. Ebensowenig sollte man die sexuelle Bedeutung des ‚Pflügens' übersehen, an dem unverheiratete Mädchen teilnehmen mußten, oder die der Schweinsblase, mit der man Musik machte, Fußball spielte und nach Passanten schlug. Zu jener Zeit waren der Hahn und das Schwein Symbole der Fleischeslust, und die Waldmenschen und Bären, die häufig im Karneval auftauchten und manchmal Damen entführten, stellten sicherlich Symbole der Potenz dar.

Der Karneval war nicht nur ein Fest der Fleischeslust, sondern auch der Gewalt, der Zerstörung, der Entweihung. Man sollte sich vielleicht die Sexualität als Bindeglied vorstellen zwischen Schlemmerei und Aggressivität. Wie das Sexuelle war auch die Gewalt mehr oder weniger im Brauchtum sublimiert. Während des Karnevals waren Verbalaggressionen erlaubt; die Maskierten durften Passanten beschimpfen und Kritik an der Obrigkeit aussprechen. Der Karneval war der geeignete Zeitpunkt, den Nachbarn als Hahnrei oder als Pantoffelhelden anzuprangern. 1637 führte man im Madrider Karnevalszug eine Gestalt mit, der man offenbar die Haut abgezogen hatte und die ein Schild um den Hals trug:

Sisas, alcavalas y papel sellado
me tienen desollado.

(Die Akzise, die Verkaufssteuer und das gestempelte Papier / haben mir das Fell abgezogen.)[24]

Andere Figuren spielten auf den Handel mit militärischen Ehrentiteln an, trugen Uniformen verschiedener Rangordnungen mit der Aufschrift ‚zu verkaufen'. Oft wurde die Aggression in Scheingefechten ritualisiert, oder sie machte sich in Fußballwettkämpfen Luft, falls sie sich nicht gegen Lebewesen richtete, die sich schlecht wehren konnten, wie Hähne, Hunde, Katzen und – Juden, die man bei ihrem jährlichen Rennen durch Rom mit Steinen und Dreck bewarf. Nicht selten fanden auch schwere Gewalttätigkeiten statt, entweder, weil Beleidigungen zu weit gegangen waren oder weil der Zeitpunkt zu günstig war, um alte Rechnungen nicht zu begleichen. In Moskau wurden während der Karnevalszeit mehr Menschen als sonst auf den Straßen umgebracht. Am Ende des sechzehnten Jahrhunderts berichtet ein englischer Besucher aus Venedig: „Am Fastnachtssonntag wurden am Abend siebzehn erschlagen und sehr viele verwundet; außerdem wird berichtet, daß während der ganzen Karnevalszeit fast jede Nacht einer umgebracht wurde." In London waren am Fastnachtsdienstag Gewalttätigkeiten von seiten der Lehrlinge genauso an der Tagesordnung wie das Pfannkuchenessen: „Jugendliche, bewaffnet mit Stöcken, Steinen, Hämmern, Zollstöcken, Kellen und Handsägen, zertrümmerten Schauspielhäuser und schlugen Bordelle kaputt", die Taschen mit Steinen gefüllt, um die Polizeiwache, wenn sie auftauchte, mit einem Steinhagel zu begrüßen. Um 1800 hieß es, daß die „Durchschnittszahl tödlicher oder gefährlicher Verletzungen anläßlich jeder größeren Festlichkeit in Sevilla bei zwei oder drei" lag.[25]

Claude Lévi-Strauss hat uns gelehrt, bei der Interpretation von Mythen, Bräuchen und anderen Formen der Kultur nach Oppositionen Ausschau zu halten. Im Falle des Karnevals gab es zwei grundsätzliche Gegensatzpaare, die als Interpretationshilfe vieler Elemente des Karnevalsgeschehens dienen können und derer sich die Zeitgenossen auch wohl bewußt waren.

Der erste Gegensatz besteht zwischen Karneval und Fastenzeit, zwischen dem, was die Franzosen *jours gras* und *jours maigres* nannten, personifiziert im Kontrast zwischen einem dicken Mann und einer dünnen Frau. Nach dem Gesetz der Kirche war die Zeit nach dem Karneval eine Periode des Fastens und der Enthaltsamkeit – nicht nur vom Genuß des Fleisches, sondern auch von Eiern, Freuden der Liebe, Theaterbesuchen und anderen Vergnügungen. Daher war es ganz natürlich, die Fastenzeit als ausgemergelte Person darzustellen (im Englischen bedeutet das Wort ‚lent' Fastenzeit, ‚lean time' die magere Zeit), als Spaßverderberin, und sie mit den fischblütigen Lebewesen zu assoziieren, die als Fastenspeisen dienten. Auf der anderen Seite unterstrich man beim Karneval die Eigenschaften, die der Fastenzeit fehlten, so daß man den ‚Karneval' jung, fröhlich, dick, sexy darstellte, als starken Fresser und Säufer, als Gestalt in der Art des Gargantua oder des Falstaff. (Sicher lief die Verbindung anders, und man kann im ‚Karneval' ein Vorbild für Gargantua und Falstaff sehen.)

Der zweite grundsätzliche Gegensatz bedarf näherer Erklärung. Der Karneval bildete nicht nur einen Gegensatz zur Fastenzeit, sondern zum Alltag überhaupt, nicht nur zu den vierzig Tagen, die mit dem Aschermittwoch begannen, sondern zum ganzen übrigen Jahr. Der Karneval setzte die Vorstellung von der ‚verkehrten Welt' in die Wirklichkeit um: Ein Lieblingsthema der Volkskultur des frühneuzeitlichen Europa war *le monde renversé, il mondo alla rovescia, the world turned upside down*. Die verkehrte Welt bot sich als Thema bildlicher Darstellungen an, und von der Mitte des sechzehnten Jahrhunderts an war sie ein Lieblingsmotiv populärer Drucke. Es gab die rein körperliche, gegenständliche Umkehrung: Menschen standen auf dem Kopf, Städte waren in den Himmel gebaut, die Sonne und der Mond befanden sich auf der Erde, Fische flogen durch die Luft, oder, ein Lieblingsbestandteil der Karnevalszüge, ein Reiter saß verkehrt auf seinem Pferd, das rückwärts statt vorwärts geht. Dann kehrte man die Beziehungen zwischen Mensch und Tier um: Man sah das Pferd als Fuhrmann, das den Menschen beschlug; der Ochse wurde zum Metzger und zerlegte einen Menschen; der

Fisch aß den Angler; der Hase trug einen Menschen als Beute davon oder drehte ihn am Spieß. Weiterhin stellte man die ‚Verkehrtheit' der menschlichen Beziehungen dar, Umkehrungen alters- und geschlechtsspezifischer wie sozialer Rollen. Der Vater wird vom Sohn geschlagen, der Schüler prügelt den Lehrer, Diener geben ihren Herren Befehle, die Armen teilen Almosen an die Reichen aus, Laien zelebrieren die Messe oder predigen vor der Geistlichkeit, der König geht zu Fuß, während der Bauer reitet, der Mann spinnt und hält das Kind im Arm, während die Frau Pfeife raucht und ein Gewehr trägt.[26]

Was bedeuteten alle diese Bilder? Es gibt keine eindeutige Antwort auf diese Frage. Die Bilder waren vielschichtig und bedeuteten Verschiedenes für verschiedene Menschen, möglicherweise waren sie ambivalent und bedeuteten für dieselbe Person mehrere Dinge gleichzeitig. Am leichtesten zu belegen ist die Haltung der Oberschicht, für welche diese Bilder Chaos, Unordnung, Mißwirtschaft symbolisierten. In der frühneuzeitlichen Epoche bezeichneten Konservative diese Darstellungen im wahrsten Sinne des Wortes als ‚subversiv', als Versuch, die Welt umzustülpen. Sie gingen davon aus, daß die bestehende Ordnung die natürliche Ordnung sei, und daß jede Alternative zum Bestehenden einfach Unordnung bedeute. So beschuldigte man Luther, die Welt umzukehren, und er beschuldigte seinerseits im Jahre 1525 die aufständischen Bauern des gleichen Vergehens. Um die Mitte des siebzehnten Jahrhunderts wurden in England mit anderen religiösen Gruppen auch die Quäker von ihren Gegnern ‚Verkehrer der Welt' gescholten.[27]

Weniger klar ist, ob der gemeine Mann die auf den Kopf gestellte Welt tatsächlich als schlechte Sache sah. Als die aufständischen Bauern 1525 das Haus der Deutschmeister in Heilbronn erstürmten, zwangen sie die Deutschmeister dazu, mit ihnen die Rollen zu tauschen. Während die Bauern tafelten, mußten ihnen die Ritter mit dem Hute in der Hand bei Tisch aufwarten. „Heut, Junkerlein, syn wir Teutschmeister", sagte einer der Bauern zu einem der Ritter. Als sich 1549 in Ketts Aufstand die Gemeinen in Norfolk erhoben, erklärten sie, „daß früher die adeligen Herren regiert haben und nun sie regieren werden". Die gleiche Forderung erhoben die Bauern 1670 im Vivarais. „Die Zeit der Prophezeiung ist gekommen", sagten sie, „da die tönernen Töpfe die eisernen zerschmettern werden." Nach der Französischen Revolution waren zwei Volksdrucke im Umlauf: Auf dem einen saß der Edelmann rittlings auf dem Bauern, auf dem anderen mußte der Adelige den Bauern tragen, und die Unterschrift lautete: „Ich wußte wohl, daß auch wir an die Reihe kommen."[28] Die volkstümliche Utopie des Schlaraffenlandes enthielt ebenfalls Elemente der verkehrten Welt, im ‚Lubberland', im ‚pays de cocagne' oder ‚Land of Prester John' waren die Häuser mit Pfannkuchen gedeckt, in den Bächen floß Milch statt Wasser, geröstete Ferkel liefen mit Messern im Rücken umher, ganz zum Verzehr bereit, und im Rennen gewann derjenige, der den Zielpfosten zuletzt passierte. Ein französischer Volksdichter malte das beliebte Thema noch weiter aus:

> Pour dormir une heure
> De profond sommeille,
> Sans qu'on se réveille,
> On gagne six francs,
> Et à manger autant;
> Et pour bien boire
> On gagne une pistole;
> Ce pays est drôle,
> On gagne par jour
> Dix francs à faire l'amour.[29]

> (Wenn man eine Stunde tief schläft / Ohne aufzuwachen, / Verdient man sechs Franken / Und ebensoviel zum Essen; / Und für tüchtiges Trinken / Verdient man eine Pistole; / Dieses Land ist kurios, / Man verdient pro Tag / Zehn Franken fürs Liebemachen.)[29]

Das Schlaraffenland ist der Traum eines nie endenden Karnevals, und der Karneval ist ein zeitlich begrenztes Schlaraffenland, mit der gleichen Betonung der Schlemmerei und der Umkehrung normaler Verhältnisse. Während der Karnevalszeit führte man Komödien auf, die oft solche Umkehrsituationen darstellten: Der Richter wurde in den Stock gelegt, und die Ehefrau triumphierte über den Ehemann.[30] Die Karnevalskostümierung erlaubte Männern und Frauen, die Rollen zu vertauschen. Auch die Beziehungen zwischen Herr und Knecht konnten verändert werden; in England gab es am Fastnachtsdienstag eine traditionelle ‚Shrove Tuesday's liberty of servants‘. Aus Tabus, die normalerweise sexuellen und aggressiven Impulsen im Wege standen, wurden zur Karnevalszeit Ermutigungen. Kurz, der Karneval war eine Zeit der institutionalisierten Unordnung, der ritualisierten Umkehrungen. Kein Wunder, daß die Zeitgenossen ihn eine Zeit der ‚Verrücktheit‘ nannten, in der die Torheit und die Narretei an der Macht waren. Die Regeln des zivilisierten Zusammenlebens waren außer Kraft gesetzt; Vorbilder und Leitfiguren waren der wilde Mann, der Narr und ‚Karneval‘, Gestalten, die die Natur oder, in Freuds Terminologie, das Id symbolisieren. So konnte ein italienischer Dichter, Mantuanus, zu Beginn des sechzehnten Jahrhunderts schreiben:

> Per fora per vicos it personata libido
> Et censore carens subit omnia tecta voluptas.

> (Auf Straßen und Plätzen geht das verkörperte Verlangen, / Und in Abwesenheit des Überwachers kehrt die Lust unter jedes Dach ein.)

Diese Zeilen lassen an Freud denken. Natürlich erwecken die Ausdrücke *libido* und *censor* heute Assoziationen, die im sechzehnten Jahrhundert fehlten, aber der Dichter spricht deutlich aus, daß im Karneval sexuelle Begierden befriedigt werden konnten, die man normalerweise verdrängen mußte.[31]

Der doppelte Gegensatz zwischen Karneval und Fastenzeit einerseits, den tollen Tagen und der normalen Alltagszeit andererseits gibt selbstverständlich nicht alle Bedeutungsinhalte des Karnevals wieder. Ein weiteres wichtiges Karnevalsthema, das besonders im Nürnberger Karneval deutlich wird, ist das der Jugend. 1510 stellte dort ein Karnevalswagen den Jungbrunnen dar; 1514 gab es einen Wagen mit alten Frauen, die von einem Riesenteufel verschlungen wurden. Vielleicht kann man im Motiv der verkehrten Welt selbst schon ein gigantisches Symbol der Verjüngung sehen, der Wiederkehr zur Ausgelassenheit der Jahre vor dem Alter der Vernunft.[32]

Als Sir James Frazer in seinem *Golden Bough* über den Karneval schrieb, interpretierte er ihn als Fruchtbarkeitsritus, als Brauchtum zur Förderung des Wachstums. Für ihn waren nicht nur die Waldmenschen, sondern auch ‚Karneval‘ selbst Vegetationsgeister. Ganz abgesehen vom Ursprung der Karnevalsbräuche: Diesen Sinn scheinen die Bewohner der frühneuzeitlichen europäischen Städte dem Karneval nicht unterlegt zu haben. Trotzdem könnte es falsch sein, Frazers Deutung einfach beiseitezuschieben. Unter dem Überbegriff ‚Fruchtbarkeit‘ lassen sich verschiedene Elemente vereinigen, die alle im Karneval eine Rolle spielten, von den Eiern zu den Hochzeiten und den vielen phallischen Symbolen. Eine Wurst kann ein Phallussymbol sein, aber ein Phallus kann auch etwas anderes versinnbildlichen, ob es nun den Zeitgenossen bewußt war oder nicht. Unsere heutigen Aussagen können nur spekulativen Charakter haben.[33] Doch kann nicht bezweifelt werden, daß der Karneval eine Vielfalt von Bedeutungen hatte und verschiedenen Leuten Verschiedenes bedeutete. Christliche Sinngehalte wurden heidnischen aufgepfropft, ohne letztere ganz zum Verschwinden zu bringen, und das Ergebnis muß wie ein Palimpsest gelesen werden. Das Karnevalsritual vermittelt Simultanaussagen über Essen, Sexualität, Religion und Politik. Eine Schweinsblase hat z. B. eine Reihe von Bedeutungen. Als Blase erinnert sie an die Geschlechtsorgane; weil sie vom Schwein stammt, erinnert sie an das Karnevalstier par excellence; und weil sie von einem Narren getragen wird, assoziiert man mit ihrer Leerheit den Hohlkopf, den er darstellen soll.

Das Karnevaleske

Nicht in allen Teilen Europas war der Karneval gleich wichtig. In den mediterranen Ländern, in Italien, Spanien und Frankreich, war seine Bedeutung groß, auch in Mitteleuropa spielte er noch eine Rolle, doch seine Bedeutung nahm in den Randgebieten des Nordens, in Großbritannien und Skandinavien, ab, vielleicht begründet durch die ungünstige Witterung, die um diese Jahreszeit reichhaltige Straßenfeste verhinderte. Wo der Karneval nicht besonders ausgeprägt war, und sogar mancherorts, wo er lebhaft gefeiert wurde, gab es Feste, die seine Funktionen erfüllten und ähnliche Merkmale wie die Fastnacht aufwiesen. Wie Erzählmotive von einem Helden zum anderen wanderten, so wanderten Brauchtumselemente von einem Fest zum anderen. Ganz augenfällig ,karnevalesk' waren einige Feste, die im Dezember, Januar oder Februar stattfanden, also noch in die Karnevalszeit im weiteren Sinne fielen.

Für sie ist das Narrenfest ein berühmtes Beispiel. Es wurde am oder um den 28. Dezember gefeiert, dem Fest der Unschuldigen Kindlein, der Opfer des Herodes. Vor allem in Frankreich gibt es dafür zahlreiche Belege. Das Narrenfest wurde von jungen Klerikern organisiert, also von einer Gruppe, die den weltlichen, meistens aus jüngeren Männern zusammengesetzten Karnevalsgesellschaften im Bereiche der Kirche entsprach. Laien nahmen an diesen Festen teil wie an der Messe, als Gemeinde. Man wählte einen Bischof oder Abt der Narren, tanzte in der Kirche und auf den Straßen, es gab den üblichen Umzug und eine scherzhafte Messe, bei der die Geistlichkeit Masken oder Frauenkleider trug oder die Meßgewänder verkehrt herum anlegte. Das Meßbuch wurde auf den Kopf gestellt, man spielte Karten, aß Würste, sang unanständige Lieder und verfluchte im Scherz die Gemeinde, statt sie zu segnen. Hier als Beispiel eine ,Ablaßformel' aus Südfrankreich, occitanisch gesprochen und nicht, wie sonst üblich, lateinisch:

Mossehof, qu'es eissi presén,
Vos dona xx banastas de mal de dens,
Et a tôs vôs aoutres aoûssi,
Dona una cóa de Roussi.

(Mein Herr, der hier anwesend ist, / gibt euch zwanzig Körbe Zahnschmerzen, / und euch allen auch / gibt er einen roten Hintern.)

Hier wurde ganz drastisch ,Verkehrte Welt' gespielt. Man rechtfertigte dieses Fest mit einer Zeile aus dem Magnificat, *Deposuit potentes de sede et exaltavit humiles* (er stößt die Gewaltigen vom Stuhl und erhebt die Niedrigen). In anderen Ländern, so im vorreformatorischen England, feierte man das Fest in einer abgeschwächten Form als ,Childermass' oder Fest des ,Kinderbischofs' (boy bishop). Im Jahre 1541 verkündigte man die Abschaffung dieses Fests durch eine öffentliche Proklamation. In ihr wird aufgeführt, daß es Sitte war, „Kinder seltsam auszustaffieren und anzukleiden, daß sie Priestern, Bischöfen und Frauen gleichen, und sie so Lieder singend und tanzend von Haus zu Haus zu führen, wo sie die Leute segnen und Geld einsammeln, und Knaben lesen die Messe und predigen auf der Kanzel".[34] Am Gedenktag des bethlehemitischen Kindermordes erlaubte man den Kindern, die Herrschaft zu übernehmen.

Das Fest der Unschuldigen Kindlein fiel in die Zeit der zwölf Nächte nach dem Weihnachtsfest. Dieser ganze Zeitabschnitt hatte für die damaligen Menschen etwas Karnevaleskes. Vom christlichen Standpunkt aus gesehen war das eine angemessene Einstellung, denn die Geburt des Gottessohnes in einem Stall war ein hervorragendes Beispiel für die ‚Verkehrung‘ der Welt. Wie im Karneval wurde auch in dieser weihnachtlichen Zeit getafelt und gebechert, man führte Stücke auf und ließ verschiedene Formen der ‚Mißwirtschaft‘ zu. In England gab es am ersten Montag nach dem Dreikönigsfest die Sitte, sogenannte *Plough Plays* (Pflugspiele) aufzuführen, die manchmal mit Hochzeitsparodien verbunden waren. Es kam auch vor, daß am Neujahrstag ‚Männer und Frauen die Kleidung tauschten‘. Wie im Falle des ‚Karnevals‘ wurde die Jahreszeit personifiziert. In York war im sechzehnten Jahrhundert der Umzug (the riding) von *Yule* (dem ursprünglichen Weihnachtsmann) und seiner Frau ein großes Ereignis, das „große Menschenmengen anzog, die kamen, um zu gaffen", wie die Stadtväter zugeben mußten, als sie den Brauch 1572 abschafften. In Italien wurde die Epiphanie personifiziert als alte Frau, genannt *La Befana* oder *La Vecchia,* eine Art alter Hexe, der ‚Fastenzeit‘ ähnlich, die manchmal am Ende des Fests verbrannt wurde.[35]

In Rußland war es Sitte, wie im sechzehnten Jahrhundert ein englischer Reisender berichtet, daß zu Weihnachten „jeder Bischof in seiner Kathedrale ein Spiel mit den drei Jünglingen im Feuerofen aufführen läßt, wo der Engel zur großen Bewunderung der Zuschauer von der Decke der Kirche herabschwebt und die Chaldäer (wie sie genannt werden) mit Hilfe von Harz und Schießpulver viele fürchterliche Flammen auflodern lassen und die ganzen zwölf Tage in ihrer Schauspielverkleidung durch die Stadt laufen und zu Ehren der bischöflichen Festlichkeit solche lustigen Streiche spielen". Ein deutscher Bericht aus dem siebzehnten Jahrhundert hebt die karnevaleske Seite dieses Vorgehens noch stärker hervor, wenn er ausführt, diese ‚Chaldäer‘ – so genannt nach dem Volksstamm, der Nebukadnezar überredete, Sadrach, Mesach und Abed-Negos in den ‚Feuerofen‘ zu werfen (Daniel 3, 8–30) – seien

etliche gewisse Personen / welche jährlich vom Patriarchen Erlaub bekommen / daß Sie 8. Tage vor Weyhnachten / biß auff die H. Drey Könige in der Stadt auff den Gassen mit einem sonderlichen Feurwerck herumblauffen / den Leuten die Bärte anzünden / und sonderlich den Bawren molest seynd / . […] Wer aber von ihnen wil verschonet seyn / muß einen Copeck geben. Diese seynd als Fastnachts Brüder angethan / tragen auff den Köpffen höltzerne und gemahlte Hütte / […]

Noch während der Karnevalszeit, am 5. Februar, fand das Fest der hl. Agatha, in Spanien Santa Agueda, statt, das dort Anlaß bot für einen weiteren Umkehrbrauch: Die Frauen befahlen, und die Männer gehorchten, so als hätten die Folterknechte die hl. Agatha in eine Amazone verwandelt, als sie ihr die Brüste abschnitten.[36]

Außerhalb der Karnevalszeit gab es ebenfalls Feste, die die Themen der Erneuerung, des Schlemmens, der Sexualität, der Gewalt oder der Umkehrung in den Vordergrund stellten und deshalb karnevalesk genannt werden könnten. Zu diesen Festen gehörte in England der Osterdienstag oder *Hock Tuesday.* Die Frauen fingen die Männer ein und ließen sich für deren Freilassung ein Lösegeld zahlen. Auch das Maifest gehörte dazu, denn in England scheint ein lebhafter Maitag den relativ ruhigen Faschingsdienstag kompensiert zu haben. Der Maikönig und die Maikönigin organisierten ausgedehnte Maispiele, zu denen manchmal Stücke über den hl. Georg (der zeitlich gesehen ein Nachbar war, denn sein Fest fand eine Woche vorher statt) und Robin Hood (S. 194 oben) gehörten. Männer, Frauen und Kinder wanderten in die Wälder, wo sie, wie es ein Bericht vom Ende des sechzehnten Jahrhunderts ausdrückt, „die ganze Nacht mit angenehmem Zeitvertreib verbrachten", und kehrten mit Birkenzweigen und einem Maibaum zurück. In anderen Worten: Zu den Frühlingsbräuchen gehörte eine Lockerung der sexuellen Verbote. Im achtzehnten Jahrhundert staubten sich am Maifest die Londoner Schornsteinfeger mit Mehl ein, das Paradebeispiel eines Umkehrbrauchs. In Italien kannte man die Maibäume unter der Bezeichnung ‚Alberi della Cuccagna', Schlaraffenlandbäume, auch hier eine Verbindung zur Welt des Karnevals. In Spanien feierte man den Karneval wie den Maitag durch Scherzgefechte und Scherzhochzeiten, so z. B. durch „eine Art von Schauspiel, aufgeführt von jungen Männern und Mädchen, die einen kleinen Jungen und ein kleines Mädchen auf ein Ehebett legen, was Hochzeit bedeutet" (nach der Beschreibung von Covarrubias in seinem Wörterbuch).[37]

Auch im Sommer fanden karnevaleske Veranstaltungen statt, vor allem an Fronleichnam und beim Johannisfest. Das Fronleichnamsfest verbreitete sich in Europa vom dreizehnten Jahrhundert an, es war ein Tag der Prozessionen und Theateraufführungen. Anläßlich dieses Fests fanden im späten Mittelalter auf den Marktplätzen von Chester, Coventry, York und anderen Städten Mysterienspiele statt. Auch in Spanien waren an diesem Tag religiöse Theateraufführungen üblich, aber dort drängten sich karnevaleske Elemente in das Festbrauchtum. Kunstvoll dekorierte Festwagen wurden durch die Straßen gezogen, mit Figuren von Heiligen, Umgangsriesen und vor allem mit einem ungeheuren Drachen, den man christlich als apokalyptisches Tier interpretierte, wobei dann die Frau auf seinem Rücken die babylonische Hure sein mußte. In die Ohren der Menge schallten das Krachen der Feuerwerke, das

Pfeifen der Dudelsäcke, der Klang der Tamburine, Kastagnetten, Trommeln und Trompeten. Auch Teufel spielten eine wichtige Rolle. Sie führten akrobatische Kunststücke vor, sangen und fochten mit den Engeln Scheingefechte aus. Der Narr fand ebenfalls wieder Gelegenheit, mit seiner Schweinsblase Schläge an die Zuschauer auszuteilen.[38]

Auf die Bedeutung des Erneuerungsthemas in Verbindung mit dem Johannis- oder Sommersonnwendfest ist bereits hingewiesen worden (S. 194 f. oben). In einigen Gemeinden, deren Kirchenpatron Johannes der Täufer war, nahm das Fest karnevaleske Formen an. Das war z. B. in Chaumont in der Diözese von Langres der Fall. Man überließ die Wochen, die dem Fest vorausgingen, der Mißwirtschaft, die der Organisation oder besser Desorganisation von Teufeln anheimfiel. Diese bewarfen die Menge mit Feuerwerkskörpern, wodurch sie an die russischen ‚Chaldäer‘ erinnern, rannten am Sonntagabend durch die Straßen der Stadt, terrorisierten die Landbevölkerung und erhoben eine Marktsteuer. Diese Aktivitäten betrachtete man als eine Allegorie der Macht, die der Teufel auf die Welt ausübte und die mit dem Johannisfest endete. Der hl. Johannes war auch der Schutzheilige von Florenz. Bestandteile seines Fests waren nicht nur Mysterienspiele, Umzüge und Festwagen, sondern auch Johannisfeuer, Riesen, Feuerwerke, Wettrennen, Fußballspiele, Stierkämpfe und die *spiritelli,* Männer, die auf Stelzen liefen. In der frühen Neuzeit war in Nord- und Osteuropa das Johannisfest besonders wichtig, was man entweder damit erklären kann, daß sich dort heidnische Überlieferungen länger hielten, oder daß die öffentlichen Veranstaltungen, die in den Mittelmeerländern zur Karnevalszeit oder in England im Mai stattfinden konnten, wegen des kälteren Wetters auf den Juni verschoben werden mußten. In Estland war im sechzehnten Jahrhundert die Johannisnacht, wie der lutheranische Pastor Balthasar Russow in lateinischer Sprache berichtet, gekennzeichnet durch ‚‚Freudenfeuer im ganzen Land. Um diese Feuer tanzten, sangen und sprangen die Menschen mit größtem Vergnügen und schonten die großen Dudelsäcke nicht […] viele Ladungen Bier wurden angefahren […] welch eine Unordnung, Hurerei, Rauferei, Totstecherei und großer schrecklicher Götzendienst fanden da statt.‘‘ In der Umgebung von Riga erlebte ein Pastor am Ende des achtzehnten Jahrhunderts ebenfalls das Johannisfest und schilderte es mit etwas mehr Sympathie. Sein Name war J. G. Herder.[39]

Die im Karneval übliche Betonung des Essens und Trinkens scheint bei diesen sommerlichen Festen gefehlt zu haben, doch das wurde im Herbst nachgeholt. Essen und Trinken waren natürlich das Wichtigste bei den Erntedankfestessen, die man für das Gesinde ausrichtete, obwohl andere Vergnügungen nicht vergessen wurden. ‚‚Ein Fiedler mußte für sie aufspielen, wenn sie sich sattgegessen hatten und in die Scheune gingen, wo sie auf dem

Holzboden tanzten, bis sie vor Schweiß troffen, wobei eine große Kanne Bier für sie bereitstand und für jeden eine Ecke Kautabak." Das war 1760 in Cardiganshire. Einige Jahre später berichtet ein französischer Reisender aus Sizilien, daß „nach der Ernte die Bauern ein Volksfest, eine Art Orgie feiern". Sie tanzen zum Klang von Trommeln. „Eine junge Frau sitzt weißgekleidet auf einem Esel [...] sie ist umgeben von Männern, die zu Fuß sind und Weizengarben auf den Köpfen und in den Armen tragen und ihr damit ihre Ehrerbietung zu erweisen scheinen." In England kam es während der Erntefeste zu einer karnevalesken Aufhebung von sozialen Unterschieden. Beim Erntedankfestmahl, erzählt ein Beobachter aus dem achtzehnten Jahrhundert, „sind Herr und Knecht gleich, und alles wird mit gleicher Freizügigkeit getan. Sie sitzen am gleichen Tisch, sprechen frei miteinander und verbringen den Rest der Nacht in Tanz und Gesang usw. ohne Unterschiede oder Rangdifferenzen."[40]

Andere herbstliche Essens- und Trinkfeste waren der Bartholomäustag (25. August) und der Martinstag (11. November). Der hl. Bartholomäus, dem man bei lebendigem Leibe die Haut abgezogen haben soll, war ein passender, wenn auch grausiger Patron der Fleischerzunft. In London und in Bologna war sein Fest Anlaß zu karnevalesken Festlichkeiten. In Bologna hieß der Tag ‚Fest des Schweines'. Man trug das Tier im Triumphzug durch die Straßen, bevor es geschlachtet, gebraten und verteilt wurde. In London fand die berühmte Bartholomäusmesse in Smithfield, dem Mittelpunkt des Londoner Fleischhandels, statt. Ben Jonson beschreibt in seinem Stück genau, was alles zu diesem Fest gehörte: das Bartholomäusschwein (es wurde an Ständen verkauft, deren Wahrzeichen ein Schweinskopf war), Ingwerbrot, Puppenspiele und mehrere Tage geduldeten Durcheinanders und lockerer Sitten. In Frankreich, Deutschland und den Niederlanden war der Martinstag eine großartige Gelegenheit, der Aufforderung ‚trinck Martins wein und gens isz' nachzukommen. Sie wurde um so freudiger befolgt, als an einigen Orten die Sitte herrschte, daß die Wirte die gebratene Gans umsonst ausgaben, wie in Groningen zu Beginn des siebzehnten Jahrhunderts.[41]

Aus dem Repertoire öffentlichen Brauchtums wurde auch bei Gelegenheiten geschöpft, die nicht Teil des jährlichen Festzyklus waren. Öffentliche Hinrichtungen, der feierliche ‚Einzug' wichtiger Persönlichkeiten in eine Stadt, Siegesfeiern (auch Krönungen oder Geburten königlicher Nachkommenschaft) und, wenigstens in England im achtzehnten Jahrhundert, Parlamentswahlen, waren lauter karnevaleske Anlässe. Wahlen waren vor allem in Westminster ein Vorwand für Essen, Trinken, Singen und Raufereien auf den Straßen. Sie fanden ihren Abschluß mit einem Triumphritual, dem ‚chairing', zu Ehren des gewählten Kandidaten. Hogarth hat für uns die Ausschreitungen und die Gewalttätigkeiten solcher Anlässe festgehalten. Siege bedeuteten Festessen, Feuerwerke und Freudenfeuer; königliche Besuche und feierliche Einzüge waren mit der Errichtung von Triumphbögen, öffentlichen Ansprachen, Scheingefechten, Brunnen voll Wein und in die Menge geworfenen Münzen verbunden.

Ein viel gewöhnlicheres öffentliches Ritual stellte im frühneuzeitlichen Europa die Hinrichtung dar. Eine Hinrichtung war eine von den Obrigkeiten sorgfältig geplante dramatische Schau, die dem Volke beweisen sollte, daß sich das Verbrechen nicht lohnt. Daher Dr. Johnsons Einwand gegen die Abschaffung öffentlichen Hängens: „Sir, Hinrichtungen *sollen* Zuschauer anziehen. Wenn sie keine Zuschauer anlocken, erfüllen sie ihren Zweck nicht."

Das Schauspiel begann mit dem Zug der Verurteilten und ihrer Bewacher, z.B. mit der Fahrt nach Tyburn, wobei die Verurteilten auf Karren standen und den Strick um den Hals trugen. Dann stiegen sie auf das Schafott, die Bühne, auf der sie ihren letzten Auftritt hatten. Die Geistlichkeit stand ihnen bei. Manchmal wurde es dem Verurteilten erlaubt, das Wort an die Menge zu richten, um seine Reue zu beteuern, oder, wie 1554 in Montpellier, seine Verbrechen in Reimen vorzutragen. Wenn es dem Verbrecher gelungen war, zu entkommen, hängte man ihn manchmal in effigie, was die Zuschauer an den Karneval erinnert haben mag. Die nicht entsprungenen Verbrecher wurden geköpft, gehängt, verbrannt oder auf das Rad geflochten, und das grausige Ritual endete mit dem ‚Vierteilen' der Verbrecher oder damit, daß man ihre Köpfe auf den Stadttoren zur Schau stellte und natürlich damit, daß man Balladen verkaufte, die die letzten Augenblicke der Verbrecher schilderten. Falls der Verurteilte ein Priester war, wurde er vor seiner Hinrichtung feierlich seiner Priesterwürde entledigt und seiner Priestergewänder entkleidet, wie es 1498 mit Savonarola und zwei anderen Mönchen geschah, die auf dem Hauptplatz von Florenz verbrannt wurden. Sie standen auf dem Scheiterhaufen „mit all ihren priesterlichen Gewändern bekleidet, die ihnen einzeln abgenommen wurden, mit den für die Degradierung vorgesehenen Worten [...] dann wurden ihnen Hände und Gesichter rasiert, wie es bei dieser Zeremonie Brauch ist".

Auch geringere öffentliche Strafen wurden auf dramatische Weise vollzogen, so z.B. das öffentliche Auspeitschen, bei dem man hinter einem Karren durch die Hauptstraßen der Stadt geführt wurde, oder die Strafe, welche von allen am meisten an den Karneval erinnert, nämlich die Bestrafung für das Ausüben ärztlicher Dienste ohne anerkannte Qualifikationen: „Solche Leute setzt man verkehrt auf einen Esel, gibt ihnen den Schwanz in die Hände anstelle des Zügels, und führt sie auf solche Weise durch die Straßen."[42] Wie der Karneval verlangten alle diese öffentlichen Schauspiele die Teilnahme des Publikums, und auch sie boten die Gelegenheit zu sadistischen Handlungen. So bewarf man die vorüberziehenden Verbrecher mit Dreck und Steinen, ganz so, wie man es mit den Juden machte, die am Karnevalsrennen durch Rom teilnehmen mußten. Der Zweck des Prangers und des Stocks war zum einen, den Verbrecher öffentlich zu entehren, zum anderen, ihn der Gewalttätigkeit der Menge auszusetzen. Jedoch reagierte das Publikum nicht immer in der erwarteten oder gewünschten Weise, und die Menge sah die Vorgänge nicht immer mit den Augen der regieführenden Obrigkeit. Manchmal sympathisierte sie mit dem Verbrecher. Der Ablauf des Verfahrens erlaubte es ihr, diese Sympathie zu artikulieren. Dafür gibt es zwei berühmte englische Beispiele: Als man John Lilburne 1638 durch die Fleet Street nach Westminster führte und öffentlich auspeitschte, jubelte ihm die Menge zu, und als Daniel Defoe 1703 in Temple Bar am Pranger stand, bewarf man ihn mit Blumen statt mit den üblichen Steinen und Abfällen. Bei Hinrichtungen, vor allem in Tyburn im achtzehnten Jahrhundert, mußte sich das offizielle Ritual gegen ein gleichzeitig stattfindendes populäres behaupten, in dem der Henker als der Schurke figurierte und der Verbrecher der Held war. Auf den Stufen von St. Sepulchre's Church standen die Mädchen und warfen den vorbeifahrenden Verurteilten Blumen und Kußhände zu. Die ‚Karnevals'atmosphäre in Tyburn war oft Gegenstand von öffentlichen Diskussionen.[43]

Karnevalesk kann man auch manche Bräuche der Volksjustiz nennen, vor allem das Charivari. Wenn man sich an eine berühmte englische Definition aus dem siebzehnten Jahrhundert hält, so war das Charivari eine ‚öffentliche Diffamierung', insbesondere „eine infame (oder entehrende) Ballade, die von einer bewaffneten Horde unter dem Fenster eines alten verliebten Mannes gesungen wurde, welcher tags zuvor eine junge, leichtfertige Frau geheiratet hatte, um so die beiden zu verspotten". Normalerweise wurde dieser Gesang von Katzenmusik (holländisch *ketelmusik*) begleitet, die dadurch hervorgebracht wurde, daß man auf Töpfe und Pfannen hämmerte; in anderen Worten, es handelte sich um eine Spottserenade. Das Charivari war in ganz Europa von Portugal bis Ungarn verbreitet, obwohl Einzelheiten des Brauchs örtlich verschieden waren, ebenso wie die Auswahl der Opfer. Nicht nur der alte Mann und das junge Mädchen (oder umgekehrt) wurden verspottet, sondern überhaupt Leute, die zum zweiten Mal heirateten, oder auch ein Mädchen, das in ein anderes Dorf heiratete, oder ein Mann, der von seiner Frau verprügelt oder zum Hahnrei gemacht wurde. Manchmal verlegte man diese öffentliche Verspottung in die Karnevalszeit, denn dann war man gegenüber Beleidigungen nachsichtiger. Manchmal wurden Charivaris auch von speziellen Gesellschaften organisiert, wie von der Abbaye des Conards in Rouen oder der Badia degli Stolti in Turin, die ja im Karneval eine wichtige Rolle spielten. Das Opfer, auch sein Nachbar, oder eine Puppe, die das Opfer darstellte, wurden gelegentlich verkehrt auf einem Esel sitzend durch die

Straßen geführt, wahrscheinlich um auszudrücken, daß das anstößige Verhalten und der Verstoß gegen die Konventionen der Ehe die Welt auf den Kopf stellte – wie auch die begleitende Katzenmusik eine Umkehrung richtiger Musik darstellte. Der Brauch wandte sich aber auch gegen Leute, die sich nicht durch den Bruch der Ehekonventionen unbeliebt gemacht hatten, z.B. gegen Prediger und Grundbesitzer. In Frankreich trieb man im siebzehnten Jahrhundert Steuereinnehmer mit einem Charivari aus der Stadt. Auch kam es vor, daß man unpopuläre öffentliche Figuren nach dem Vorbild des ‚Karneval' in effigie hängte oder verbrannte. Eine Liste all der unpopulären Gestalten, die in Europa zwischen 1500 und 1800 öffentlich in effigie hingerichtet wurden, könnte uns viel über die Volkskultur im frühneuzeitlichen Europa sagen – wenn es möglich wäre, sie zu erstellen. Am Anfang dieser Liste stände Judas; Machiavelli, Guy Fawkes, Kardinal Mazarin, Tom Paine und natürlich der Papst hätten auf ihr Ehrenplätze.[44]

In gewissem Sinne war jedes Fest ein Miniaturkarneval, denn es diente als Vorwand für Unordnung, und es schöpfte aus einem gemeinsamen Schatz traditioneller Festformen, wie Festzügen, Wettrennen, Parodien von Hochzeiten, Gefechten und Hinrichtungen (S. 134 f.). Der Ausdruck ‚karnevalesk' soll keineswegs bedeuten, daß das Fastnachtsdienstagsbrauchtum als Vorbild für alle anderen diente, dieses Wort soll lediglich ausdrücken, daß die größeren Feste im Jahreszyklus gemeinsame Rituale hatten und daß im Karneval die Möglichkeit bestand, besonders viele dieser Bräuche umzusetzen. Will man sich die großen religiösen Feste der frühen Neuzeit vergegenwärtigen, so kommt man jedenfalls der Wahrheit näher, wenn man sie als Miniaturkarnevalsfeiern sieht, als wenn man sie als ernste, ruhige Festabläufe nach moderner Manier betrachtet.

Soziale Kontrolle oder sozialer Protest?

Bisher haben wir in erster Linie den Versuch gemacht, die Feste aus der Sicht der Teilnehmer zu interpretieren, doch kann man sie auch von einem anderen Standpunkt aus ins Auge fassen. Sozialanthropologen, die Mythen und Bräuche in vielen Teilen der Welt untersucht haben, betonen immer wieder, daß Mythen und Rituale soziale Funktionen ausüben, gleichgültig, ob dies den Teilnehmern bewußt ist oder nicht. Kann man für das frühneuzeitliche Europa das gleiche behaupten? Was bedeutete z.B. der Karneval aus sozialer Sicht? Einige der Funktionen der populären Feste scheinen auf der Hand zu liegen. Feste dienten der Unterhaltung, der willkommenen Unterbrechung des täglichen Kampfes ums Überleben; sie gaben den Menschen die Gelegenheit, sich auf etwas zu freuen. In ihnen feierte sich die Gemeinschaft selbst. Sie bewiesen die Fähigkeit der Gruppe, eine gute Schau auf die Beine zu stellen; und sie lieferten eine Gelegenheit, Außenseiter mit Spott zu überhäufen (die Juden im römischen, die Bauern im Nürnberger Karneval), was unter anderem der dramatische Ausdruck einer Gruppensolidarität war. Beim Johannisfest in Florenz gab es Bräuche, welche die Unterwerfung der von Florenz, der Hauptstadt eines kleinen Imperiums, abhängigen Städte darstellten. Auch waren Feste Gelegenheiten, Wettbewerbe zwischen Einzelgruppen innerhalb der Gemeinschaft auszutragen, was oft in Scherzgefechten ritualisiert wurde, wie im Falle der Schlachten auf den venezianischen und pisanischen Brücken oder der Fußballwettkämpfe in Florenz. Es gab aber auch Wettbewerbe, die darin bestanden, daß verschiedene Kirchsprengel oder Zünfte oder Stadtteile darin wetteiferten, eine bessere Schau auf die Beine zu bringen als die Konkurrenten. 1573 schrieb ein Priester aus Provins in der Champagne, daß die lokalen Umzüge „Wettbewerbe zwischen den Kirchen" *(envye d'une église sur l'aultre)* darstellten.[45]

Der Brauch des Charivari scheint die Funktion einer sozialen Kontrolle ausgeübt zu haben, in dem Sinne, daß er es einer Gruppe, einem Dorf oder einer städtischen Gemeinde, ermöglichte, ihre Feindseligkeiten Personen gegenüber auszudrücken, welche die Normen nicht beachteten. Auf diese Weise wurde weiteres Ausbrechen verhindert. Wenn man alte Jungfern dazu zwang, im Karneval einen Pflug durch die Straßen zu ziehen, setzte man sie unter Druck, zu heiraten. Auch der Brauch der öffentlichen Hinrichtung kann als eine Form sozialer Kontrolle betrachtet werden, in dem Sinne, daß die Gruppe in der Verurteilung des Verbrechens übereinstimmt. Über eine kleine Gruppe hinaus, in der jeder jeden kennt, wird der Begriff der ‚sozialen' Kontrolle allerdings mißverständlich, und man muß sich die Frage stellen, welche Gruppen Bräuche benutzen, um welche anderen Gruppen zu kontrollieren. Die herrschende Klasse, in voller Kenntnis der antiken Geschichte, war sich der Nützlichkeit von ‚Brot und Spielen' wohl bewußt. In der programmatischen Forderung von Valenzuela, einem Favoriten des spanischen Königs, hieß es 1674 „Brot, Stierkämpfe und Arbeit" *(pan, toros y trabajo)*.[46] Das offizielle Ritual in Tyburn war Ausdruck des Versuches der herrschenden Klasse, das Volk zu kontrollieren, während sich in der inoffiziellen Reaktion des Volkes der Protest gegen diesen Versuch ausdrückte. Die Rolle der Rituale in Fällen sozialen Konflikts tritt besonders deutlich in folgendem, aus Palermo stammendem Beispiel zutage: 1647 führte die Erhöhung des Brotpreises zu einer Konfliktsituation. Die Menge zog aus, um das Haus eines unbeliebten Beamten anzuzünden, und kam soweit, die Fenster einzuwerfen, eine Handlung, die man als Ausdruck der Wut, aber auch als Versuch, die Regierung unter Druck zu setzen, interpretieren könnte, und zwar in einer nicht legalen, aber gebräuchlichen Form. Zurückgedrängt wurde die Menge von einigen Karmelitern, die ihr mit erhobener Hostie entgegentraten, so daß jedermann auf die Knie fallen mußte. Hier sehen wir, wie ein religiöses Ritual dazu benutzt werden kann, eine Menschenmenge zu beherrschen.[47]

Diese Beispiele sind hinreichend deutlich. Interessanter wird die Funktionsanalyse, wenn sie paradoxer ist, d. h. wenn Bräuche, die scheinbar einen Protest gegen die soziale Ordnung ausdrücken, als Beitrag zu dieser Ordnung interpretiert werden können. Einige Sozialanthropologen, vor allem der verstorbene Professor Max Gluckman, haben Interpretationen hervorgebracht, die in diese Richtung weisen. In Zululand pflegten junge, unverheiratete Mädchen kurz vor der Ernte Männerkleidung anzulegen, Schilde und Assegai-Speere zu tragen, zweideutige Lieder zu singen und das Vieh auszutreiben; alles Aktivitäten, die normalerweise Männern zustanden. Die Suasi kritisierten und beleidigten ihren König anläßlich bestimmter Feste. Gluckman erklärt diesen ‚rituellen Freiraum‘ (license in ritual), wie er das Phänomen nennt, unter dem Gesichtspunkt seiner sozialen Funktion. „Die Aufhebung der normalen Tabus und Verbote dient offenbar dazu, sie zu verstärken." Handlungen, die oberflächlich gesehen wie Proteste gegen die soziale Ordnung aussehen, sind in der Tat dazu „ausersehen, die bestehende Ordnung zu erhalten und sogar zu stabilisieren". Gluckman geht so weit, zu behaupten, daß da, wo die soziale Ordnung ernsthaft in Frage gestellt ist, ‚Protestbräuche‘ nicht vorkommen. So argumentiert auch Victor Turner in einer komparatistischen Studie über Umkehrbräuche. Die Bräuche führen eine ‚ekstatische Erfahrung‘ herbei, verstärken das Zusammengehörigkeitsgefühl der Gemeinschaft und bewirken ‚eine nüchterne Rückkehr‘ zur normalen sozialen Ordnung. „Indem sie das Niedrige erhöhen und das Hohe erniedrigen, festigen sie das hierarchische Prinzip."[48]

Sind diese Analysen auf das frühneuzeitliche Europa anwendbar? Mit Sicherheit ja. Genau wie die Zulumädchen einmal im Jahr Männerkleidung anlegten, verkleideten sich die Venezianerinnen einmal im Jahr als Männer. Genau wie es den Suasis anläßlich bestimmter Feste erlaubt war, die Obrigkeiten zu kritisieren, so erhielten die Spanier gelegentlich diese Freiheit. Die verkehrte Welt wurde regelmäßig scherzhaft in Szene gesetzt. Warum erlaubten dies die herrschenden Schichten? Offenbar war ihnen klar, daß die Gesellschaft, in der sie lebten, mit all ihren Ungleichheiten an Besitz, Status und Macht, ohne ein Sicherheitsventil, ohne eine Möglichkeit für die Unterdrückten, ihren aufgestauten Neid und Haß auszudrücken und ihre Frustrationen zu kompensieren, nicht lebensfähig war. Natürlich benutzten sie nicht den Ausdruck ‚Sicherheitsventil‘, denn Kessel mit diesem nützlichen Zubehör gab es erst seit dem Beginn des neunzehnten Jahrhunderts, aber sie drückten dasselbe mit technisch einfacheren Vergleichen aus. So argumentierten im Jahre 1444 einige französische Geistliche zugunsten des Narrenfests:

Wir tun diese Dinge im Scherz und nicht im Ernst, wie es auch der alte Brauch will, so daß einmal im Jahre unsere angeborene Narrheit herauskommen und sich verflüchtigen kann. Bersten nicht Weinschläuche und Fässer sehr oft, wenn das Luftloch (spiraculum) nicht von Zeit zu Zeit geöffnet wird? Auch wir sind alte Weinfässer [...]

Auf ähnliche Weise interpretierte ein englischer Italienreisender um die Mitte des siebzehnten Jahrhunderts den römischen Karneval für seine eigenen Landsleute: „All dies ist den Italienern erlaubt, damit sie ihren Lebensgeistern ein wenig Spielraum geben können, denn diese wurden ein ganzes Jahr klein gehalten und würden sonst an Ernsthaftigkeit und Melancholie ersticken."[49] Die Theorie der Ventilfunktion hat als Erklärung von Volksfesten eine Menge für sich. Sie lenkt die Aufmerksamkeit auf einige Karnevalsphänomene, die auf den letzten Seiten nicht genug Beachtung fanden. So kann sie dazu beitragen, die Wichtigkeit der Gewalt zu erklären, die ja nicht, wie der Fleischverzehr und sexuelle Aktivitäten, in der Fastenzeit durch kirchliches Gebot eingeschränkt war. Auch konnten im Karneval junge Männer ihr Verlangen nach Damen einer höheren Schicht offen ausdrücken, und ehrbare Frauen konnten sich auf die Straße begeben. Die Menschen durften sich unter ihren Masken von ihrer alltäglichen Persönlichkeit befreien, denn die Verkleidung vermittelte ihnen ein Gefühl der Straflosigkeit, wie bei den Märchenfiguren, die eine Tarnkappe trugen.

Ein weiteres Argument für die Ventiltheorie ist die Tatsache, daß ja der abgelassene Dampf unter Kontrolle stand. Sexuelle und aggressive Impulse wurden auf stereotype Weise ausgedrückt und damit kanalisiert. Die Masken befreiten die Menschen nicht nur von ihren Alltagsrollen, sie riefen in ihnen ein neues, wenn auch anderes Rollenverhalten hervor. In Rom überwachten die Stadtpolizisten, die *sbirri*, das Verhalten der Menge und sorgten dafür, daß die Narren nicht zu weit gingen. Trotz des Sprichworts ‚Im Karneval ist alles erlaubt' gab es Einschränkungen. Daher entstand auch die Notwendigkeit, Dinge durch Symbole, durch Zweideutigkeiten auszudrücken, die Aggression in Ritualen zu sublimieren. Die Gerichtsverhandlung, Verurteilung, Hinrichtung und das Begräbnis ‚Karnevals' könnte man so interpretieren, daß damit der Menge signalisiert wurde, daß nun die Zeit der Ekstase, der Nachsicht vorüber war, und daß man sich einer ‚nüchternen Rückkehr' zur alltäglichen Wirklichkeit befleißigen mußte. Komödien, die auf Umkehrsituationen aufbauten, also z. B. den Richter im Stock darstellten und in der Karnevalszeit aufgeführt wurden, endeten oft mit einer Mahnung an das Publikum, daß es an der Zeit sei, die Welt wieder in die rechte Ordnung zu bringen.[50]

Obwohl die Theorie von der Ventilfunktion oder von der ‚sozialen Kontrolle' höchst wertvoll ist, darf man den Karneval und die anderen Feste der frühen Neuzeit sicher nicht nur unter diesem Gesichtspunkt sehen. Der Grund hierfür liegt vielleicht darin, daß Europa damals aus Gesellschaften mit viel reichhaltigeren Schichtungen bestand als sie das Afrika eines Max Gluckman und eines Victor Turner jemals hatte; vielleicht auch darin, daß bis zum Ende der sechziger Jahre die Anthropologen nur den sozialen Konsensus zu entdecken suchten, selbst auf die Gefahr hin, Konflikte zu übersehen. Wie dem auch sei, in Europa existierten jedenfalls zwischen 1500 und 1800 gleichzeitig Rituale des Aufruhrs und ein ernsthaftes Infragestellen der sozialen, politischen und religiösen Ordnung, und ein Phänomen schlug oft in das andere um. Oftmals wurde der Protest in brauchtümlicher Form ausgedrückt, manchmal aber war das Ritual nicht in der Lage, den Protest einzudämmen. Dann explodierte das Weinfaß eben.

Gelegentlich waren sich die Obrigkeiten des Problems bewußt, wie man aus den vielen Verfügungen gegen das Tragen von Waffen während des Karnevals ersehen kann. Dies wird noch deutlicher am Beispiel einer Kontroverse aus Palermo im Jahre 1648. Das Jahr 1647 war, wie wir gesehen haben, ein Jahr der Unruhen, die manchmal von modernen Historikern ‚Revolution‘ genannt werden. Der Vizekönig, der Sizilien für den König von Spanien regierte, ließ daher den Karneval im Jahre 1648 besonders prunkvoll ausrichten, um das Volk abzulenken. Einige Adelige stimmten jedoch mit dieser Politik nicht überein. Einer von ihnen gab der Befürchtung Ausdruck, daß „unter dem Vorwand der Volksaufläufe anläßlich dieser lächerlichen Schauspiele aufrührerische Geister [...] einen neuen Aufstand in die Wege leiten könnten". Aus ähnlichen Gründen hatte der Kardinalerzbischof von Neapel 1647 das Fest des hl. Johannes des Täufers abblasen lassen. Feste bedeuteten, daß Bauern in die Stadt kamen und daß jeder sich auf die Straßen begab. Viele Leute waren maskiert, einige trugen Waffen. Die übliche Hochstimmung bei Festen und der starke Genuß von Alkohol hatten zur Folge, daß die Hemmungen, Feindseliges über die Obrigkeit oder einzelne zu äußern, abgebaut wurden. Kam dann eine schlecht Ernte, eine Steuererhöhung oder der Versuch hinzu, die Reformation einzuführen oder zu verhindern, so war eine explosive Stimmung erreicht. Das konnte dazu führen, daß der Code ‚gewechselt‘ wurde und die Sprache des Brauchtums umschlug in die der Rebellion. Sieht man vom Standpunkt der Obrigkeiten ab und versucht, den weniger deutlichen Standpunkt des gemeinen Mannes zu umreißen, so kann man wohl sagen, daß einige Leute, die von Machtpositionen ausgeschlossen waren, im Karneval eine Gelegenheit sahen, ihre Ansichten an die Öffentlichkeit zu tragen und damit Veränderungen herbeizuführen.[51]

Den Aufstand kann man als eine unübliche, außergewöhnlichen Situationen vorbehaltene Form populären Rituals betrachten. Natürlich sind Aufstände und Rebellionen nicht einfach Brauchtum; sie stellen Versuche direkten, nicht lediglich symbolischen Handelns dar. Doch benutzten Rebellen und Aufständische Rituale und Symbole, um ihre Aktionen zu legitimieren. Wie schon der Name sagt, nahm 1536 die Rebellion der nördlichen Grafschaften Englands die Form einer Pilgerfahrt, genannt *Pilgrimage of Grace*, an, bei der die Rebellen hinter einem Banner her marschierten, das die fünf Wunden Christi darstellte. 1639 versammelten sich die Aufständischen in der Normandie um das Banner Johannes des Täufers. Gerade Aufstände bedienten sich vorzugsweise des Karnevalsrituals und des Charivari, weil das Brauchtum der Entthronisierung, Zerstörung und Verleumdung – z. B. das Verbrennen in effigie – dem Protest entgegenkam, den die Rebellen auszudrücken wünschten. Sie machten nicht beim Verbrennen von Puppen halt; 1585 wurde in Neapel ein unpopulärer Beamter gelyncht, vorher führte man ihn in einer Spottprozession durch die Straßen, ‚mit rückwärts gewandtem Gesicht und ohne Hut' (*con le spalle voltate e senza berretto*), als veranstalte man ein Charivari.[52]

Aufstände und Rebellionen entwickelten sich häufig aus größeren Festanlässen. In Basel erinnerte man sich noch lange an das Massaker, das am Fastnachtsdienstag 1376 stattgefunden hatte, die sogenannte ‚böse Fastnacht'; ebensowenig vergaßen die Londoner den ‚bösen Maitag' (*evil May Day*) 1517, der in einen Aufstand gegen Ausländer umschlug. 1513 war aus dem Karneval in Bern ein Bauernaufstand entstanden. In Frankreich war die Wahrscheinlichkeit, daß Feste in Gewalttätigkeiten ausarteten, besonders während der Religionskriege groß. In Romans im Dauphiné standen die Tänze und Maskeraden, die eines der ‚Königreiche' für den Karneval von 1580 organisiert hatte, unter dem Motto, daß ,,die Reichen der Stadt sich auf Kosten der Armen bereichert hatten". Das Fest endete in einem Massaker, das von der Stadt ausgehend um sich griff und damit endete, daß der lokale Adel ,,sich auf die Jagd durch die Dörfer machte und die Bauern wie Schweine abstach". Die Reihe der Beispiele kann ohne Schwierigkeiten fortgesetzt werden. 1630 entwickelte sich in Dijon im Anschluß an den Karneval ein Aufstand, in dem die Weinbauern die Führung übernahmen. Der große Aufstand in Katalonien (1640) begann am Tage eines der größten spanischen Feste, dem Fronleichnamstag. 1766 kam es in Madrid am Palmsonntag zu ernsthaften Unruhen. Daher überrascht es kaum, daß Mitglieder der herrschenden Schicht häufig den Vorschlag machten, bestimmte Feste abzuschaffen, bzw. die Ansicht äußerten, die Volkskultur im allgemeinen sei reformbedürftig. Diese Reformversuche sollen der Gegenstand des nächsten Kapitels sein.[53]

Dritter Teil
Wandlungen in der Volkskultur

8. Triumph der Fastenzeit: die Reform der Volkskultur

Die erste Phase der Reform, 1500–1650

Eines der berühmtesten Bilder Brueghels schildert den *Kampf zwischen dem Karneval und der Fastenzeit*: Ein fetter, rücklings auf einem Faß sitzender Mann versucht, eine dünne, alte Frau auf einem Stuhl mit der Lanze aus ihrem Sitz zu heben. Als realistische Darstellung verstanden, ist der Sinn des Bildes klar, waren doch scherzhafte Gefechte zwischen diesen beiden Persönlichkeiten ein allgemein üblicher Teil der Fastnachtsvergnügungen (S. 199 oben). Was eine tiefergehende Interpretation dieses Bildes anbelangt, so gibt es sicherlich verschiedene Meinungen. Ich persönlich neige dazu, den ‚Karneval‘, der auf der Wirtshausseite des Bildes agiert, als Symbol der überlieferten Volkskultur zu interpretieren, während die ‚Fastenzeit‘ auf der Bildseite mit der Kirche für die Geistlichkeit steht, die zur Entstehungszeit des Bildes versuchte (1559), viele volkstümliche Feste zu reformieren oder zu beseitigen. Im Verlauf dieses Kapitels werde ich die Gründe für diese Interpretation erläutern.[1]

Ich möchte hier den Begriff ‚Reform der Volkskultur‘ einführen und damit die systematischen Versuche bezeichnen, die von einigen Mitgliedern der gebildeten Klasse (im folgenden die ‚Erneuerer‘ oder die ‚Frommen‘ genannt) unternommen wurden, um die Einstellungen und Wertsetzungen der restlichen Bevölkerung zu verändern, oder, wie die Viktorianer zu sagen pflegten, sie zu ‚bessern‘. Es wäre freilich falsch, in den Handwerkern und Bauern nichts anderes zu sehen, als ‚passive Gefäße‘, die sich die Reformversuche eintrichtern ließen. Viele von ihnen suchten selbst den Weg der moralischen Besserung, und unter den Handwerkern gab es viele Fromme, wie die ‚Arbeiter-Prediger‘ (‚mechanic preachers‘) in England im siebzehnten Jahrhundert. An der Spitze der Bewegung standen jedoch die Gebildeten, in aller Regel die Geistlichkeit.[2]

Es handelt sich bei dieser Reformbewegung nicht um einheitliche Bestrebungen, denn sie nahmen in verschiedenen Gegenden und im Wechsel der Generationen unterschiedliche Formen an. Katholiken und Protestanten waren sich nicht immer einig im Widerstand gegen traditionelle Praktiken und stellten sie aus verschiedenen Gründen in Frage. Doch diese Unterschiede sollten uns nicht daran hindern, die Reformbewegung als Ganzes zu erfassen. Sie hatte zwei Seiten, eine positive und eine negative. Die negative, die im ersten und dritten Abschnitt dieses Kapitels beschrieben werden soll, war der Versuch, viele Phänomene der traditionellen Kultur zu beseitigen, oder zumindest zu ‚säubern‘. Man kann die Neuerer als ‚Puritaner‘ im wörtlichen Sinne des Begriffs bezeichnen, denn für ‚Reinigung‘ setzten sie sich mit Leidenschaft ein. Die positive Seite der Bewegung, die im zweiten Abschnitt abgehandelt werden soll, stellt den Versuch dar, die Inhalte der protestantischen und katholischen Reformation an Handwerker und Bauern weiterzugeben.

Wirft man einen Blick auf die außereuropäischen Kontinente, so erfaßt man beide Seiten der Bewegung auf einen Blick, denn die Missionare von China bis Peru standen vor dem Problem, das Christentum in einer fremden Kulturlandschaft zu predigen. Manche in Europa tätige Missionare sahen sich jedoch im ‚rückständigen Hinterland‘ mit Problemen konfrontiert, welche sie manchmal mit denen ihrer Kollegen im fernen Indien verglichen. So predigten Jesuiten am Ende des sechzehnten Jahrhunderts in Huelva, westlich von Sevilla und stellten fest, daß die Einheimischen „eher Indianern glichen als Spaniern“. 1628 erklärte Sir Benjamin Rudyerd im Unterhaus, es gebe Teile von Nordengland und Wales, „die schwach im Christentum seien, wo Gott kaum mehr bekannt sei als unter den Indianern“.[3]

Im besonderen wandten sich die Erneuerer gegen bestimmte Formen der populären Frömmigkeit, so gegen Mirakel- und Mysterienspiele, volkstümliche Predigten und vor allem gegen religiöse Feste wie Heiligenfeste und Pilgerfahrten. Auch viele Formen der weltlichen Volkskultur waren ihnen ein Dorn im Auge. Eine umfassende Liste ihrer Reformwünsche würde beträchtliche Ausmaße erreichen; selbst in einer kürzeren Aufzählung dürften Balladen, Bänkelsänger, Bärenhatz, Charivaris, Handlesen, Hexerei, Jahrmärkte, Karten, Märchen, Mummenschanz, Puppenspiele, Scharlatane, Schauspieler, Stierkämpfe, Tanzen, Volksbücher, Weissagungen, Wirtshäuser, Würfelspiel und Zauberei nicht fehlen. Eine bemerkenswerte Anzahl dieser anstößigen Dinge trat in Verbindung mit dem Karneval auf, und so ist es nicht verwunderlich, daß die Erneuerer ihre Angriffe auf diesen einen Punkt konzentrierten. Außerdem verbannten – oder verbrannten – sie Bücher, zerschlugen Bilder, schlossen Theater, fällten Maibäume und lösten die Abteien der Mißwirtschaft auf.

Diese Kulturreform beschränkte sich nicht auf das Volkstümliche, denn die Frommen lehnten Unterhaltung in jeder Form ab. Doch kann man sich des Eindrucks nicht erwehren, ihre Angriffe auf populäre Vergnügungen seien besonders heftig gewesen. Als der italienische Jesuit Ottonelli sein Mißfallen den Schauspielern gegenüber ausdrückte, machte er die Unterscheidung zwischen *comedianti*‘, die in Privathäusern für ein Oberklassenpublikum spielten, und *ciarlatani*‘, die auf dem Marktplatz auftraten, und letztere traf sein uneingeschränkter Zorn.[4] Das Tanzen allgemein war schlecht, aber einige überlieferte Tänze, die wir Volkstänze nennen würden, führte man einzeln an, um sie ganz besonders zu verdammen.

Was hatten die Erneuerer an der Volkskultur auszusetzen? Aus religiöser Sicht gab es zwei wesentliche Einwände. Erasmus faßt sie in einem Begriff zusammen, wenn er den Karneval, dem er 1509 in Siena beiwohnte, einfach ‚unchristlich‘ nennt. Er ist unchristlich in seinen Augen, weil er erstens „Spuren alten Heidentums“ enthält *(veteris paganismi vestigia)*, und zweitens gibt er dem Volk Gelegenheit, „der Sittenlosigkeit die Zügel schießen zu lassen“ *(populus [...] nimium indulget licentiae).*[5] Diese beiden Argumente führen die Erneuerer immer wieder im Munde, so daß man sie einer genaueren Prüfung unterziehen sollte.

Den ersten Einwand könnte man einen theologischen nennen. Die Reformer lehnten viele volkstümliche Bräuche ab, weil sie heidnischen Ursprungs waren, ‚Aberglaube‘ in der Grundbedeutung des Wortes. Wir neigen dazu, die Interpretation des Karnevals und anderer Hauptfeste als Relikte aus heidnischer Zeit Sir James Frazer zuzusprechen, doch ist sie in Wirklichkeit viel älter. Viele Erneuerer kannten ihre Klassiker gut und ließen sich über die Ähnlichkeit der antiken Feste mit den modernen aus. Der bayerische Lutheraner Thomas Naogeorgus, der hl. Karl Borromäus, Erzbischof von Mailand, und zahlreiche andere verglichen den modernen Karneval mit den antiken Bacchanalien. Jean Deslyons, Domherr von Senlis, sprach von den Festlichkeiten der zwölf Tage nach Weihnachten als von einem Wiederaufleben des Heidentums, wobei „Phoebus durch das Los-Ziehen und das Wahrsagen aus Bohnen angerufen“ wird. Der puritanische Theologe Thomas Hall zog die Parallele zwischen den englischen Maispielen und dem antiken Florafest. Heidnische Bräuche waren im theologischen Sinne nicht nur Irrtümer, sie waren teuflisch. Man sah in heidnischen Göttern und Göttinnen oft Dämonen. Als der hl. Karl Borromäus Theaterstücke als die Liturgie des Teufels denunzierte, hat er das vielleicht ganz wörtlich gemeint.[6]

Protestantische Erneuerer gingen noch weiter und nannten viele offizielle Praktiken der katholischen Kirche heidnische, vorchristliche Relikte. Sie verglichen die Verehrung der hl. Jungfrau mit dem Venuskult, und sahen in den Heiligen die Nachfolger der heidnischen Götter, hatten sie doch deren Aufgabe übernommen, Krankheiten zu heilen und vor Gefahren zu schützen. So identifizierte man den hl. Georg als neuen Perseus, den hl. Christophorus als zweiten Poliphem. Joshua Stepfords *Pagano-Papismus*, „oder eine exakte Parallele zwischen dem heidnischen und dem christlichen Rom in seiner Doktrin und seinen Zeremonien“ stellte einen ungewöhnlichen weitläufigen und gelehrten Vergleich dar, aber viele seiner Argumente waren Gemeingut, oder wurden es doch im Laufe der Zeit.[7]

Zauberei wurde ebenfalls als heidnisches Relikt angeprangert. Waren nicht Circe und Medea Zauberinnen gewesen? Die Protestanten warfen den Katholiken vor, eine Zauberreligion zu praktizieren, und katholische Reformer betrachteten es als ihre Aufgabe, die Volkskultur von Zaubersprüchen und Beschwörungsformeln zu säubern. Maximilian van Eynatten, ein Chorherr, der in Antwerpen die Funktionen eines Zensors ausübte, schrieb ein Buch über den Exorzismus und verbot eine Reihe von Volksbüchlein, da sie von Zauberei handelten. 1621 wurden die berühmten *Vier Haimonskinder* verboten, weil Malagis, der Onkel der vier Helden, in dem Buche Zauberwerk betreibt.[8] Der hl. Karl Borromäus sah in den Theatern eine Form gefährlicher Magie, und es war ein theologischer Gemeinplatz, den Teufel als Meister der Illusion, des falschen Scheins zu bezeichnen. Wenn man England ausnimmt, wurden Hexen in protestantischen wie in katholischen Ländern verfolgt, und zwar nicht so sehr, weil sie angeblich Schaden anrichteten, als weil sie Ketzerinnen waren, einer falschen Religion anhingen, heidnische Göttinnen wie Diana und Holde verehrten. Einige der Gedanken Margaret Murrays oder Sir James Frazers stützen sich auf die Argumente der Frommen in der frühen Neuzeit.

Einigen der populären Bräuche diente das christliche Ritual als Vorbild. Die Erneuerer erkannten dies, doch besänftigte es sie keineswegs. Solche Bräuche waren in ihren Augen ehrfurchtslos, blasphemisch, ein Sakrileg, anstoßerregend; sie beleidigten fromme Ohren und Augen, profanierten heilige Geheimnisse und verspotteten die Religion. Der traditionelle Brauch, Kinderbischöfe oder Narrenäbte zu wählen, wurde von den Frommen als Verunglimpfung der kirchlichen Hierarchie ausgelegt. In einer englischen Proklamation aus dem Jahre 1541, die sich gegen diese Sitte richtete, hieß es, die Predigt des Kinderbischofs gereiche „eher zur Verspottung denn zur wahren Ehre Gottes oder seiner Heiligen". In den Charivaris sah man eine Verhöhnung des Sakraments der Ehe. Zur Aufnahme in ihre Korporationen hatten Pariser Gesellen, Hutmacher, Schneider und Sattler, Rituale ausgebildet, die mit einer Nachahmung des Gottesdienstes und einer Wassertaufe verbunden waren. 1655 beschäftigte sich ein Komitee von Doktoren der Theologie mit diesen Praktiken und verurteilte sie, da sie „die hl. Messe und die hl. Taufe profanierten". Die Theologen konnten den Unterschied zwischen einer Taufparodie und der Verspottung der Taufe nicht wahrnehmen (S. 135 oben).[9]

Aus ähnlichen Gründen verurteilte man die volkstümliche Predigt. Erasmus erklärte einmal, ein guter Prediger solle die Gefühle seiner Zuhörer durch seine Worte aufwühlen, nicht durch skurrile Grimassen und Gesten *(non scurrili corporis gesticulatione)*, wie es manche italienische Bettelmönche zu tun pflegten. Man könnte in seinem Kommentar lediglich die Reaktion des Nordländers gegenüber der extravertierten, ausdrucksvolleren Körpersprache des Südens sehen, aber seine Kritik wurde im sechzehnten und siebzehnten Jahrhundert so oft wiederholt, daß man auf einen Haltungswandel innerhalb der gebildeten Kreise schließen kann. Gian Matteo Giberti, Bischof von Verona, wandte sich gegen Prediger, die „lächerliche Geschichten und Ammenmärchen in der Art der Narren *(more scurrarum)* erzählen und damit erreichen, daß sich die Gemeinde vor Lachen biegt". Viele Kirchenversammlungen machten sich seine Verurteilung zu eigen, oft sogar im Wortlaut. Die Protestanten stimmten zu. Der große puritanische Prediger William Perkins erklärte, es sei „nicht passend, angebracht oder löblich, wenn man in Predigten Anlaß für Gelächter liefere". Der Drucker Henri Estienne II., ein konvertierter Kalvinist, war in seiner Verurteilung des populären Predigtstils noch kompromißloser. Er lehnte Prediger ab, die ihre Zuhörer zum Lachen oder Weinen brachten, absurde oder phantastische Geschichten in ihre Predigten einflochten, sich vulgär oder volkstümlich ausdrückten, in einer Sprache, wie „sie sie höchstens im Bordell gebraucht haben könnten" und verachtete Prediger, die lächerliche oder blasphemische Vergleiche zogen, wie den zwischen dem Paradies und einem spanischen Wirtshaus.[10]

Oft wurde auch das religiöse Volkstheater aus ähnlichen Gründen angefeindet. So verbot 1534 der Bischof von Evora in Portugal das Aufführen von Stücken ohne Sondergenehmigung, „selbst wenn sie die Passion unseres Herrn Jesus Christus, oder seine Auferstehung, oder seine Geburt darstellen […], weil aus diesen Stücken vieles entsteht, was unpassend ist *(muitos inconvenientes)*, und weil sie oft bei jenen Anstoß erregen, die in unserem heiligen katholischen Glauben nicht sehr gefestigt sind, wenn sie die Ungereimtheiten und Übertreibungen dieser Stücke zu Gesicht bekommen". Häufig wurde gegen das professionale Drama das Argument vorgebracht, Schauspielern mit unmoralischem Lebenswandel komme es nicht zu, das Leben der Heiligen darzustellen. Prozessionen erregten Anstoß, wenn sie Tiere oder nackte Kinder (die Engel darstellen sollten) mitführten.[11]

Allen diesen Beispielen ist gemeinsam, daß sie zeigen, wie großen Wert die Erneuerer darauf legten, das Heilige und das Profane säuberlich zu trennen. Diese Trennung sollte von nun an viel deutlicher werden als im Mittelalter. In anderen Worten, die Reform der Volkskultur war mehr als nur eine von vielen Episoden im nie endenden Krieg zwischen den Frommen und den weltlich Gesinnten, sie ging Hand in Hand mit einem tiefen Wandel in der religiösen Mentalität oder Sensibilität. Die Frommen hatten sich die Aufgabe gestellt, die traditionelle Vertrautheit mit dem Sakralen abzuschaffen, weil sie der Meinung waren, familiäre Nähe habe Ehrfurchtlosigkeit zur Folge.[12]

Der zweite gewichtige Einwand gegen die überlieferte Volkskultur war moralischer Art. Feste wurden angeprangert als Vorwand zu sündigen; ins-

besondere die Sünden der Trunkenheit, der Schlemmerei und der Fleischeslust standen im Kreuzfeuer der Kritik, und ganz allgemein sah man im Feste-
feiern einen Anreiz, sich der Welt, dem Fleische und dem Teufel zuzuneigen
– vor allem dem Fleische. Den Frommen entging nicht, daß der Maibaum ein
phallisches Symbol ist. Theaterstücke, Lieder, und vor allem Tänze zogen
sich ihre Verdammnis zu, weil sie gefährliche Gemütsbewegungen hervorrie-
fen und sexuelle Begierden weckten. Phillip Stubbes, ein Puritaner aus eli-
sabethanischer Zeit, wandte sich gegen das, was er „das fürchterliche Laster
des verpesteten Tanzens" nannte, das den Partnern Gelegenheit gab zu
„schmutzigem Tätscheln und unsauberem Betasten" und mithin fungierte als
„Verführung zur Hurerei, als Vorbereitung zur Leichtfertigkeit, als Aufforderung zu Unsauberkeit, und als Vorspiel zu jeder Art von Lüsternheit". Einige Tänze sah man als besonders verwerflich an. Der spanische Jesuit Juan
de Mariana wandte sich mit großem Nachdruck gegen die *zarabanda*, und
François de Caulet, der Bischof von Pamiers im Languedoc, gegen *la volto*,
den ‚Dreher'. Was an *la volto* auszusetzen war, kann man aus einer Verord-
nung schließen, die der Seneschall von Limoux, ebenfalls im Languedoc, im
Jahre 1666 erließ. Sie verbot alle Tänze, bei denen Männer die Frauen in die
Luft warfen, „in solch einer schamlosen Weise, daß das, was die Schamhaf-
tigkeit uns zu verbergen zuvorderst gebietet, nackt vor den Augen derer erscheint, die teilnehmen, und derer, die vorbeigehen".[13]

Der gefährdete Anstand war nicht das einzige moralische Argument gegen
die Volkskultur. Man wandte auch ein, daß Spiele und Feste Gelegenheit zu
Gewalttakten boten. Thomas Hall zitierte ein bekanntes Wort, daß „es kein
richtiges Fest ist, wenn es nicht eine Rauferei gibt", und eine Untersuchung
insbesondere des Karnevals bestätigt dies (oben, S. 201). Stubbes griff in ähnlicher Weise den Fußball als „mörderisches Spiel" an und nannte ihn eine
„freundliche Art von Prügelei". Er argumentierte auch, daß die Bärenhatz
wegen ihrer Grausamkeit moralisch schlecht sei: „Man vergeht sich an Gott,
wenn man eines seiner Geschöpfe mißbraucht". Mariana verurteilte den
Stierkampf aus demselben Grunde: er ist grausam gegenüber dem Stier. Das
Argument, Volkslieder stellten Verbrecher zu oft als Helden dar, bewegt sich
schon im Randgebiet zwischen Moral und Politik. 1537 beklagte sich Robert
Crowley in einem Schreiben an Thomas Cromwell über Harfenspieler und
Reimschmiede (‚harpers and rhymers'), die Räubereien als ‚Heldenhaftig-
keit' (‚valiantness') preisen. Es war nicht schwer, eine Verbindung zwischen
Festlichkeiten und Aufständen zu ziehen (S. 216 ff. oben). So wurde zum Beispiel 1630 die berühmte Compagnie de la Mère Folle in Dijon abgeschafft, da
sie gegen die ‚Ruhe und Ordnung' der Stadt verstoßen hatte.[14]

Viele andere populäre Vergnügungen wurden abgelehnt, weil sie ‚eitel'
waren, gottungefällig durch Vergeudung von Zeit und Geld. Als der Straß-

burger Rechtsgelehrte Sebastian Brant die zweite, im Jahre 1495 erscheinende Ausgabe seiner berühmten Satire *Das Narrenschiff* um einen Angriff auf die Karnevals-‚Narrheit‘ erweiterte, bediente er sich dieses Arguments. Der englische Moralist Robert Crowley hegte ähnliche Ansichten, wenn er Bierhäuser als ‚Orte der Verschwendung und des Exzesses‘ bezeichnete und als ‚Hafen für Menschen, die im Müßiggang leben‘. Wenn die Geistlichkeit Wirtshäuser ablehnte, weil sie die Menschen aus der Kirche lockten, so sah die Regierung sie nicht gerne, weil die Männer ihretwegen das Bogenschießentraining vernachlässigten. Auch italienische Erneuerer hauten in die gleiche Kerbe. Der Erzbischof von Bologna, Gabriele Paleotti, lehnte Schauspiele zum Teil deswegen ab, weil sie Schulbuben und Lehrlinge dazu brachten, die Schule oder die Arbeit zu schwänzen; und ein anonymes italienisches Traktat, das 1607 unter dem Titel ‚Rede gegen den Karneval‘ veröffentlicht wurde, kritisiert „die überflüssigen Ausgaben“ der Karnevalszeit und bejammert den Mangel an „Sparsamkeit, Ordnung und weiser Voraussicht“.[15]

Während dieser Periode brach, kurz gesagt, ein offener Konflikt zwischen zwei entgegengesetzten Lebenshaltungen, zwei verschiedenen ethischen Einstellungen aus: Die Ethik der Erneuerer war die der Wohlanständigkeit, des Fleißes, der Ernsthaftigkeit, Bescheidenheit, Ordnung, Klugheit, Vernunft, Selbstkontrolle, Nüchternheit und Sparsamkeit. Max Weber beschrieb sie mit einem berühmt gewordenen Begriff als ‚innerweltliche Askese‘. Es ist allerdings ein wenig irreführend, daß er diese Haltung eine ‚protestantische Ethik‘ nannte, denn man konnte sie ebenso im katholischen Straßburg, München und Mailand finden wie im protestantischen London, Amsterdam und Genf. Man ist versucht, sie eine ‚kleinbürgerliche Ethik‘ zu nennen, da sie charakteristisch werden sollte für kleine Kaufleute und Handwerker. Diese Ethik stand im Konflikt mit der traditionellen Ethik, die schwerer zu definieren ist, da man sie weniger in Worte faßte, von der man aber sagen kann, daß sie mehr Wert legte auf Großzügigkeit und spontanes Verhalten und der Unordnung gegenüber mehr Toleranz bewies.[16]

Ich habe die Reform der Volkskultur als eine allgemeine europäische Bewegung bezeichnet, die sich über unterschiedliche religiöse Anschauungen hinwegsetzte. In der Mitte des siebzehnten Jahrhunderts wurden die Theater im katholischen Madrid ebenso geschlossen wie im protestantischen London, und zwar aus ganz ähnlichen Gründen. Natürlich kann ein westlicher Historiker Aussagen über den orthodoxen Osten nur mit Vorbehalten machen, aber es gibt einige Gründe, die dafür sprechen, daß auch in Rußland eine ähnliche Reform im Gange war.[17]

1551 fand in Rußland ein berühmtes Kirchenkonzil statt, das seine Beschlüsse im *Stoglav*, den hundert Kapiteln, zusammenfaßte. Hierin werden die „Spiele griechischen Ursprungs und teuflischer Erfindung“ angeprangert, die am Johannisabend und während der Weihnachtszeit stattfanden (oben, S. 207ff.). Ebenso verbietet es dem Volk, sich Heilern oder Zauberern anzuvertrauen. Eine besondere Rüge steckten die *skomorochi* ein, weil sich die Männer als Frauen und die Frauen als Männer verkleideten und weil sie Bären hielten, „um das einfache Volk zu verführen".[18]

Die russische Reformbewegung scheint in der Mitte des siebzehnten Jahrhunderts ihren Höhepunkt erreicht zu haben und steht in Verbindung mit den sogenannten ‚Philotheisten‘ oder ‚Zeloten‘, wie dem Protopopen Neronow und seinem Schüler, dem Protopopen Avvakum. Seine Autobiographie hat ihn zu einer der bekanntesten Gestalten des siebzehnten Jahrhunderts in Rußland gemacht. Zar Alexis gewährte den Zeloten seine Unterstützung und gab 1648 ein Edikt heraus „Über die Verbesserung der Moral und die Abschaffung des Aberglaubens", gerichtet gegen das Tanzen, die Fiedler, Zauberei, Mummenschanz, die Spielleute *(skomorochi)*, und die ‚teuflische Stute‘, womit das ‚Pferd‘ gemeint war, das während der zwölf Weihnachtsfesttage von Haus zu Haus ging.[19]

Wie groß waren die Ähnlichkeiten zwischen Ost- und Westeuropa? Der Vergleich zwischen folgenden Textproben bringt uns vielleicht der Beantwortung dieser Frage näher. Beide beschreiben die Folgen der Reform auf dörflicher Ebene.

> Ich erinnere mich daran, daß man mir an einem Festtag zutrug, Wanderschauspieler führten auf einer selbsterrichteten Bühne eine Posse auf. Ich suchte mit einigen Vertretern des Gesetzes den Ort auf. Ich stieg auf die Bühne, riß dem Hauptdarsteller die Maske vom Gesicht, nahm dem Mann, der spielte, die Fiedel weg und zerbrach sie, und jagte sie alle von der Bühne. Diese ließ ich von den Ordnungshütern umwerfen.

> In mein Dorf kamen Tanzbären mit Trommeln und Lauten, und ich, wenn auch ein elender Sünder, war eifrig im Dienste Christi und trieb sie fort und zerbrach die Maske des Narren und die Trommeln [...] und zwei große Bären nahm ich ihnen weg – einen schlug ich mit dem Knüppel bewußtlos, doch kam er wieder zu sich, den anderen jagte ich ins offene Feld.

Beide Texte entstanden um die Mitte des siebzehnten Jahrhunderts. Der erste wurde vom Pfarrer von Nanterre verfaßt, das in jenen Tagen noch ein ruhiges kleines Dorf war, der zweite stammt aus der Autobiographie des Protopopen Avvakum. Sie vermitteln uns den Eindruck, daß die Wandertruppen der *bateleurs* und der *skomorochi* einander recht ähnlich waren, genau wie die Erneuerer, die sie abzuschaffen suchten.[20]

Man sollte die Reformbewegung zwar als Ganzes sehen, jedoch in der Darstellung nicht so weit gehen, daß sie wie aus einem Guß erscheint. Daher ist es wohl an der Zeit, etwas über Unterschiede zu sagen. Avvakum war zu Beginn seiner Laufbahn ein Erneuerer, aber er unterstützte die Volksfrömmigkeit gegen die liturgischen Reformen, die sein ehemaliger Kampfgefährte Nikon einführte, nachdem er Patriarch von Moskau geworden war.[21] Katholische und protestantische Erneuerer standen der Volkskultur nicht in gleichem Maße feindlich gegenüber, und ihre Kritik hatte nicht immer die gleichen Gründe. Die katholische Reform gab sich oft mit Modifizierungen zufrieden, während die protestantische häufig der Abschaffung das Wort redete. Einige Argumente für die Notwendigkeit der Reform kommen allein aus dem protestantischen Lager, so der Gedanke, Feste seien ein Überbleibsel des Papismus. Die Protestanten wollten gewöhnlich nicht nur die Art des Feierns, sondern auch den Festtag selbst abschaffen, und einige wandten sich nicht nur gegen den Karneval, sondern auch gegen die darauffolgende Fastenzeit; Zwingli zum Beispiel eröffnete eine Kampagne gegen das Fasten. Einige von ihnen lehnten alle Feiertage außer dem Sonntag ab, andere sahen schon die Vorstellung von einem Festtag als falsch an, denn wie konnte ein Tag heiliger sein als ein anderer? Viele Protestanten nahmen die gleiche radikale Haltung Bildern gegenüber ein, Heiligenbilder waren in ihren Augen ,Idole', die zerstört werden mußten.[22] ,Zeremonien' gerieten wie ,Idole' als Formen einer rein äußerlichen Frömmigkeit ins Kreuzfeuer der Kritik. Sie schoben sich zwischen Gott und die Menschen und mußten daher abgeschafft werden. Sogar Volksbuchromane trugen den Geruch von Papismus an sich. Als Veit Warbeck, ein Schüler Luthers, *Pierre de Provence* ins Deutsche übersetzte, reinigte er den Text sorgfältig von allen Anspielungen auf Heilige.

Die Katholiken bestanden im Gegensatz zu den Protestanten zwar darauf, daß es Tage gibt, die heiliger sind als andere, aber gerade aus diesem Grunde protestierten sie gegen die Verweltlichung der geistlichen Feste, die sie als heilige Zeit ansahen. Katholische Erneuerer betrachteten die Neigung des Karnevals, sich in die Fastenzeit auszudehnen, mit Sorge. Carlo Bascapè, Bischof von Novara, wandte sich gegen die Theorie, Festzeiten dienten als Sicherheitsventil (oben, S. 215), denn er meinte, niemand könne mit hinreichender Frömmigkeit die Fasten einhalten, wenn er sich kurz vorher den Ausschweifungen des Karnevals hingegeben hatte.[23] Katholische Reformer verurteilten den Brauch, in der Kirche zu tanzen oder Stücke aufzuführen (und sie bezogen sogar den Kirchhof ein), denn die Kirche sei ein heiliger Ort. Aus dem gleichen Grunde verwahrten sie sich dagegen, daß Gläubige während der Messe in der Kirche hin- und hergingen oder daß man am Kirchenportal Verkaufsstände aufstellte. Sie untersagten den Laien, sich während des Karnevals als Geistliche zu verkleiden, denn das sei Blasphemie, war doch der geistliche Stand heilig. Deshalb wurde es auch den Geistlichen verboten, in traditioneller Weise an Volksfesten teilzunehmen, zu tanzen und wie das restliche Volk Masken zu tragen; auch verbot man ihnen den Besuch von Theateraufführungen oder Stierkämpfen, ja sogar das heftige Gestikulieren während der Predigt. Man hämmerte ihnen ein, den Ernst und den Anstand zu wahren, der ihrem heiligen Stande zukam. Die berühmten Geschichtensammlungen über Schelmen-Priester wie *Der Pfaffe von Kalenberg* und *Il Piovano Arlotto* (oben, S. 169) wurden nicht mehr aufgelegt, denn ihre Helden waren ein nur zu gutes (anders gesehen ein nur zu schlechtes) Beispiel des alten, unreformierten Dorfpfarrers.

Wie zu erwarten, verlangten die katholischen Erneuerer weniger radikale Reformen als die protestantischen. Sie wandten sich nicht gegen die Heiligenverehrung als solche, sondern nur gegen ,Ausschreitungen', wie den Kult apokrypher Heiliger, oder den Glauben gewisser Geschichten über Heilige, oder die Erwartung, von ihnen weltliche Gnadenerweise zu erhalten, zum Beispiel in Gestalt von Wunderheilungen oder besonderem Schutz. Sie wünschten eine Erneuerung der Feste, aber sie wollten sie nicht abschaffen. Im Prinzip waren sie für bildliche Darstellungen, wenn ihnen auch bestimmte konkrete Beispiele ein Dorn im Auge waren. Die Art, wie man mit dem hl. Georg umging, wirft ein Schlaglicht auf den Unterschied zwischen der protestantischen und der katholischen Haltung. 1621 wurde in Augsburg ein Volksbuch mit der Vita des hl. Georg veröffentlicht. Seine Geschichte und sein Martyrium werden dargestellt, ohne über den Drachen ein Wort zu verlieren, denn man betrachtete das Untier wohl als apokryph. Im spätmittelalterlichen England waren Prozessionen am Georgstag weit verbreitet; in Norwich wurden zum Beispiel der hl. Georg, die hl. Margareta und natürlich der Drache dargestellt. 1552 schaffte man die Heiligen ab, denn sie ,schmeckten nach Papismus'; doch der Drache, liebevoll ,Old Snap' genannt, überlebte bis ins Jahr 1835. So hatte die Reform der Volkskultur in Augsburg zur Folge, daß der Drache von der Seite des Heiligen verschwand, im protestantischen Norwich bewirkte sie, daß der Drache seinen Heiligen verlor, aber selbst weiterlebte.[24]

Doch wird man den Tatsachen auch nicht gerecht, wenn man die Reform nur in ein katholisches und ein protestantisches Lager spaltet. Die Lutheraner waren zum Beispiel der Volksüberlieferung gegenüber viel toleranter als die Zwinglianer und die Kalvinisten, und oft unterschieden sich auch die Generationen in der Beurteilung der Streitfragen. Um das Bild ein wenig differenzierter zu zeichnen, soll versucht werden, die Geschichte der Reformbewegung zwischen 1500 und 1650 in großen Zügen darzustellen.

Um 1500 gab es bereits einige berühmte Erneuerer, wie den bereits erwähnten Sebastian Brant, und seinen Freund Johann Geiler von Kaisersberg, einen Straßburger Prediger. Geiler polemisierte gegen das Essen, Trinken, Tanzen und Spielen anläßlich der Kirchenfeste und sah darin „des gemeinen Volks Verderbnis". Was er ganz besonders ablehnte, war der örtliche Brauch des ,Roraffens'. Zu Pfingsten versteckte sich ein Spaßmacher hinter einer

‚Roraffe" genannt Statue des Straßburger Münsters und sang und scherzte während des Gottesdienstes. Fast gleichzeitig versuchte Girolamo Savonarola in Florenz ähnliche Reformen durchzuführen. Einige Tage vor dem Karneval des Jahres 1496 hielt er eine Predigt, in der er vorschlug, daß „die Knaben Almosen für die anständigen Armen sammeln sollten, statt verrückte Streiche zu spielen, mit Steinen zu werfen und Karnevalswagen zu bauen".[25]

Auch im Jahre 1500 waren diese Angriffe auf populäres Festverhalten nicht gerade neu. Schon zu Beginn des Jahrhunderts hatte St. Bernardino von Siena die Sitte, den Weihnachtsmann einzuholen, verurteilt, während Jean Gerson das Narrenfest und Nicolas de Clamanges die Kirchweih tadelte: „sie halten Vigilien, aber sündhafte und schamlose. Einige tanzen mitten in den Kirchen und singen unanständige Lieder, andere [...] machen Würfelspiele." Man kann sogar noch weiter zurückgehen. Im dreizehnten Jahrhundert beklagte sich Robert Grosseteste über Priester, die „Stücke organisieren, die sie Mirakel und andere, die sie Mai- oder Herbsteinholen nennen". Im zwölften Jahrhundert wandte sich Gerhoh von Reichersberg gegen jede Art religiöser Stücke. Die russische Kritik an den *skomorochi* folgte byzantinischen Beispielen. Man kann die Polemik sogar bis zu den Kirchenvätern zurückverfolgen. So nahm Augustin Anstoß daran, daß sich das Volk am Neujahrstag in Tierhäute hüllte, und Tertullian kritisierte, daß die Christen an den *spectacula*, den Gladiatorenspielen, und an den Saturnalien teilnahmen. Im sechzehnten und siebzehnten Jahrhundert kannte man diese Urteile. Auch Gegner des Theaters beriefen sich daher auf Tertullian, indem sie *spectacula* fälschlich mit ,Theaterstücke' übersetzten.[26]

Zusammenfassend kann man sagen, daß die Männer der Kirche schon seit den Tagen des frühen Christentums die Volkskultur in recht ähnlichen Worten verurteilten. Diese über Jahrhunderte fortgesetzte Kritik läßt darauf schließen, daß die populäre Kultur über erhebliche Abwehrkräfte verfügt.[27] Gleichzeitig ergibt sich aus dieser Tatsache ein Einwand gegen die zentrale These dieses Kapitels, doch diesem Einwand kann man entgegentreten.

Die mittelalterlichen Erneuerungsversuche fanden sporadisch statt und wurden von Einzelnen unternommen. Schon wegen der mangelnden Kommunikationsmöglichkeiten im Mittelalter mußte ihr Einfluß zeitlich und örtlich begrenzt bleiben. Ein reformfreudiger Bischof hatte Schwierigkeiten, die Randgemeinden seiner Diözese so oft zu erreichen, daß seine Vorstellungen dort verwirklicht wurden, und noch schwieriger war es für ihn, dafür zu sorgen, daß seine Absichten nach seinem Tode nicht in Vergessenheit gerieten. So erklärt sich das Stehvermögen der Volkskultur und die Tatsache, daß die lange Reihe von Eiferern von Tertullian bis Savonarola im wesentlichen die gleiche Kritik immer neu vorbringen mußten. Im Verlaufe des sechzehnten Jahrhunderts wurden jedoch sporadische Anstrengungen durch eine konzentrierte Reformbewegung ersetzt. Die Angriffe auf die Volkskultur nahmen zu, und die Versuche, ‚Heidentum' und ‚Sittenlosigkeit' auszumerzen, wurden systematischer. Natürlich hängt die Bewegung eng mit Reformation und Gegenreformation zusammen, denn im Verständnis der Zeit hatte die Reform der Kirche notwendigerweise Konsequenzen für das, was wir Volkskultur nennen.

Luther selbst stand allerdings volkstümlichen Überlieferungen relativ verständnisvoll gegenüber. Bilder oder Heilige lehnte er nicht gänzlich ab, und er war auch kein Feind des Karnevals oder der Johannisnacht. Seine Haltung war es, ‚den Knaben auch ihre Spiele zu lassen' *(pueri etiam habeant suum lusum)*. Trotzdem hatte er Einwände gegen die Schwänke um den Pfaffen von Kalenberg oder Till Eulenspiegel, weil sie das ‚Schelmentum' glorifizieren. Und Luthers Nachfolger waren strenger als Luther selbst. Andreas Osiander, mit dessen Hilfe die Reformation in Nürnberg Fuß faßte, protestierte gegen den berühmten Schembartlauf. Es gelang ihm auch, ihn abzuschaffen. Auch das traditionelle Karfreitagspassionsspiel verschwand. In seinem Buch *Regnum Papisticum* griff der bayerische Lutheraner Thomas Naogeorgus ganz allgemein alle Volksfeste als papistische Überbleibsel an. Im lutheranischen Schweden standen die Bischöfe im Kampf gegen ‚Götzenanbetung und Aberglauben' *(avguderi och vidskapelse)* in erster Reihe, wobei sie der Zauberei und dem Quellenkult besondere Aufmerksamkeit schenkten.[28]

Zwingli, Calvin und ihre jeweiligen Nachfolger gingen in ihrer Ablehnung populärer Traditionen viel weiter als Luther. Zwingli ließ 1524 alle Bilder aus den Kirchen Zürichs entfernen, und nach seinem Tode 1531 wurden sie nicht wieder angebracht. Calvin war ein Gegner von Schauspielen und ‚unanständigen Liedern' *(chansons deshonnêtes)* und seine Jünger von Schottland bis Ungarn standen bei allen Angriffen gegen volkstümliche Feste in vorderster Linie. Auf der kalvinistischen Synode in Nîmes 1572 beschloß man, sogar Schauspiele mit biblischen Themen zu verbieten, mit der Begründung, daß „die heilige Schrift uns nicht gegeben wurde, um uns zur Unterhaltung zu dienen". In Schottland gab es von der Mitte des sechzehnten Jahrhunderts an immer wieder Angriffe auf das Feiern des Weihnachts- und Mitsommernachtsfests und anderer Feste, bei denen Singen, Tanzen, Feuerwerke und Theaterspielen üblich waren.[29]

Welche anhaltende Feindseligkeit die englischen Puritaner volkstümlichen Unterhaltungsformen entgegenbrachten, ist allgemein bekannt und gut dokumentiert. Phillip Stubbes verfaßte eine vollständige Anklageliste, auf der ‚Herren der Mißwirtschaft' *Lords of Misrule),* Maispiele, Weihnachtsfestlichkeiten, Kirchenumtrunk, Bärenhatz, Kirchweih, Hahnenkampf und Tanz figurierten. Durch eine Ironie des Schicksals, für die er kaum Verständnis aufgebracht hätte, wird sein Werk *Anatomy of Abuses* (wie das *Regnum Pa-*

pisticum) heute hauptsächlich von Leuten gelesen, die sich für die Festbräuche und Unterhaltungsformen interessieren, die er verurteilte. J. Northbrookes *Distraction of the Sabbath* und C. Fetherstones *Dialogue against Dancing* waren zeitgenössische Werke, die ähnliche Ziele verfolgten. Die Ansichten der Erneuerer fanden höherenorts volle Zustimmung, vor allem bei Edmund Grindal, dem Erzbischof von York. Als Folge des Drucks, den Grindal und andere ausübten, verschwand in der Regierungszeit Elisabeths I. das volkstümliche religiöse Drama von der Bildfläche. In Norwich gingen die *pageants*, wie man sie oft nannte, um das Jahr 1564 ein, in Worcester gegen 1566, in York um 1572, in Wakefield und Chester gegen 1575, in Chelmsford um 1576 und in Coventry um 1590.[30]

In den Niederlanden vertraten die Kalvinisten Ansichten von ähnlicher Strenge, und der Widerstand, den sie vorfanden, war noch schwächer. Die Synode von Edam (1586) verbot, Kirchenglocken und Orgeln dazu zu benutzen, „leichtfertige und weltliche Lieder" *(lichtveerdige ende weereltlycke gesangen)* zu spielen. Die Synode von Doccum (1591) verbot „Glockengeläut, um junge Leute zusammenzurufen, das Aufstellen von Maibäumen, das Aufhängen von Girlanden und das gemeinsame Singen von fleischlichen Liedern". Die Synode von Deventer (1602) prangerte unter anderen ‚Mißbräuchen' Fastnachtsdienstagsaufführungen und Schwerttänze an. Der Konflikt zwischen Karneval und Fasten war noch um die Mitte des siebzehnten Jahrhunderts in vollem Gange, als der Amsterdamer Prediger Petrus Wittewrongel gegen Schauspiele und Maibäume wetterte, während Walich Siewert, auch er ein holländischer Kalvinist, die Sitte aufs Korn nahm, zum Nikolausfest die Schuhe der Kinder „mit allerlei Süßigkeiten und Tand" *(met allerley snoeperie ende slickerdemick)* zu füllen.[31]

Auf der katholischen Seite hatten Geiler und Savonarola in der ersten Hälfte des sechzehnten Jahrhunderts Nachfolger gefunden. Hier wäre Erasmus zu nennen, welcher der Volkskultur gegenüber viel strenger war als Luther, und der Bischof von Verona, Gian Matteo Giberti, ein aktiver Erneuerer. Vor 1550 traten die Reformanstrengungen noch einzeln auf, aber nach dem tridentinischen Konzil, das seine letzten und entscheidenden Sitzungen 1562 und 1563 abhielt, sammelten sie sich in einer konzertierten Bewegung. In ihrer Bemühung, den Ketzereien Luthers und Calvins entgegenzutreten, gaben die in Trient versammelten Bischöfe eine Reihe von Dekreten heraus, welche die Reform der populären Kultur zum Inhalt hatten. Grundsätzlich verteidigten sie zwar die Übung, Bilder in Kirchen anzubringen, doch sie erklärten:

„Bei der Anrufung der Heiligen, der Verehrung von Reliquien, und dem heiligen Gebrauch von Bildern soll jeglicher Aberglaube beseitigt, jede schmutzige Gewinnsucht ausgemerzt und alle Sinnlichkeit vermieden werden, so daß die Bilder nicht gemalt oder ausgestattet werden mit verführerischen Reizen, oder das Feiern von Festen zu Ehren der Heiligen und der Besuch von Reliquien von Seiten des Volkes nicht in Trubel und Trunkenheit abgleite, als ob die Feste zu Ehren der Heiligen im Rausche und ohne Sinn für Anstand zu zelebrieren seien."[32]

Um die tridentinischen Beschlüsse vor Ort durchzusetzen, wurden um die Mitte der sechziger Jahre überall im katholischen Europa Synoden und Provinzialversammlungen abgehalten, in Reims und Prag, in Haarlem und Toledo. Solche Versammlungen hatten sich schon oft mit der Unmoral der Geistlichkeit oder Mißbräuchen beim Spenden der Sakramente befaßt; das Neue an den damaligen Konzilien war die Sorge um die Reform der Feste und die Frömmigkeit des ‚ungebildeten Volkes‘ *(indocta plebs)*. Am Ende des sechzehnten Jahrhunderts waren es nach wie vor theologische Werke in lateinischer Sprache, die den Index füllten, aber auch einige Volksbücher und Balladen erschienen auf der Liste, so vor allem *Till Eulenspiegel* und *Reineke Fuchs*. 1624 standen auf dem portugiesischen Index eine Reihe populärer religiöser Schriften wie *Jesu Christi Testament, Die Auferstehung des Lazarus* und Sondergebete an den hl. Christophorus und den hl. Martin, die angeblich jedem, der sie aufsagte, spezielle Hilfe verschafften, ob es sich nun um Rettung aus großer Gefahr oder um ‚Große Rache an seinen Feinden‘ *(grande vingança de inimigos)* handelte.[33]

Kurz, es gab von den sechziger Jahren des sechzehnten Jahrhunderts an innerhalb der katholischen Kiche eine organisierte Bewegung, die einzelne Reformwillige unterstützte. Wir kennen bereits einige von ihnen: den hl. Karl Borromäus, Erzbischof von Mailand, Gabriele Paleotti, Erzbischof von Bologna, und den Sekretär und Schüler des hl. Karl Borromäus, Carlo Bascapè, der Bischof von Novara wurde. Diese drei Männer waren sehr darauf bedacht, daß ihre geistlichen Untergebenen Würde und Anstand wahrten, außerdem waren sie erklärte Gegner von Wirtshäusern, Theateraufführungen und vor allem dem Karneval. Der hl. Franz von Sales, der sogenannte ‚Bischof von Genf‘ (realiter Bischof von Annecy) war in seinem Auftreten viel sanftmütiger, verfolgte aber die gleichen Ziele. Der Liste dieser Bischöfe sollte man den Namen wenigstens eines katholischen Laien zugesellen, des Herzogs von Bayern, Maximilian. Er setzte sich persönlich für den Sieg der katholischen Gegenreformation ein und verbot in seinen Ländern zu Beginn des siebzehnten Jahrhunderts unter anderem Zauberei, Maskeraden, kurze Kleider, gemeinsames Baden, Kartenlegen, übermäßiges Essen und Trinken und ‚schamloses‘ Reden bei Hochzeiten.[34]

Anhand der Geschichte des religiösen Volksschauspiels kann man die Wirkung der Reformbewegung auf die Volkskultur sowohl im protestantischen als auch im katholischen Europa ablesen. Um 1600 scheint es in Teilen Frankreichs und Italiens auszusterben. 1548 wurde in Paris der Bruderschaft von der Passion das Verbot erteilt, ihre traditionellen Mysterienspiele aufzuführen (obwohl hinzugefügt werden muß, daß das *Parlament* von Paris ihnen mehr als fünfundzwanzig Jahre später erlaubte, ihre Tätigkeit wieder aufzunehmen, nämlich im Jahre 1574, und diese Erlaubnis 1577 noch einmal wiederholte). Dem Zeugnis des Kunsthistorikers Giorgio Vasari zufolge hat es am Ende der vierziger Jahre des sechzehnten Jahrhunderts in Florenz praktisch keine Mysterienspiele mehr gegeben. Seltsamerweise wurden in Florenz noch bis zum Ende des sechzehnten Jahrhunderts Texte traditioneller religiöser Volksstücke gedruckt, aber um 1625 verschwinden auch sie vom Buchmarkt. In Mailand verbot ein Provinzialkonzil um 1566 religiöse Schauspiele; hinter diesem Verbot stand der hl. Karl Borromäus mit dem ganzen Gewicht seiner Autorität. 1578 prangerte der Erzbischof von Bologna Schauspiele an, und 1583 verbot das Konzil von Reims alle Arten von Aufführungen an Festtagen *(ludos theatrales [...] omnino prohibemus)*. 1601 erließ die Regierung der spanischen Niederlande ein Edikt gegen religiöse Volksstücke, da sie „viele unnütze Dinge" enthielten, „unehrenhaft und unerträglich, zu nichts dienlich, als alle guten Sitten zu verderben und zu korrumpieren *(te corrumperen ende bederven alle goede manieren),* vor allem die der einfachen und guten Leute, wodurch das gemeine Volk erschreckt oder verführt wird".[35] In England kam es zu einer bezeichnenden Konfrontation der alten und neuen Ansichten innerhalb der katholischen Geistlichkeit, die am Weihnachtsfest des Jahres 1594 im Schloß von Wisbech, Isle of Ely, stattfand, wo man unter Elisabeth die katholischen Priester gefangenhielt. Es gab unter den Priestern in Wisbech zwei Fraktionen, Weltgeistliche und Jesuiten, die jeweils den traditionellen und den gegenreformatorischen Katholizismus vertraten. Als Teil der Weihnachtsfestlichkeiten wurde ein Steckenpferd in die Halle von Wisbech gebracht. Der Jesuit William Weston, Anführer der Gegenreformationspartei, nahm daran und an anderen ‚groben Mißbräuchen' Anstoß und wollte das Brauchtum reformiert wissen. Der Anführer der Traditionalisten, Christopher Bagshaw, fand wiederum die Unduldsamkeit Westons erschreckend.[36]

Wenn schon selbst die Geistlichkeit manchmal den Reformen skeptisch gegenüberstand, kann man sich vorstellen, daß auch die Laien sie nicht immer mit Begeisterung aufnahmen. Der zweite Aufstand der Moriscos der Alpujarras in Spanien, der 1568 begann, war eine Reaktion auf den Versuch, die Volkskultur gewaltsam zu reformieren und ihre traditionellen Trachten, Tänze und Bräuche abzuschaffen. Andernorts fand der Widerstand gegen die Reformbestrebungen passenderweise Ausdruck in einer öffentlichen brauchtümlichen Verspottung der Erneuerer. In Nürnberg stand der Lutheranische Pastor Andreas Osiander an der Spitze derer, die den traditionellen Schembartlauf abschaffen wollten. 1539 rächten sich die Narren in einer wahrhaft karnevalesken Weise. Sie statteten ihren Karnevalswagen als Narrenschiff aus und stellten Osiander selbst, in seinem schwarzen Talar, auf dem Schiff als Führer der Narren dar. Auch griffen sie sein Haus an. Ihr Protest nahm also die Form eines etwas exzentrischen Charivari an. Der erste Bericht vom Verbrennen der ‚Vecchia‘, des alten Weibes, einer Allegorie der Fastenzeit, stammt aus dem Jahre 1578, demselben Jahr, in dem Erzbischof Paleotti die Volksschauspiele verurteilte. War es Paleotti selbst, der mit der ‚Alten‘ gemeint war, so wie man Osiander verspottet hatte? In Wells wandte sich 1607 ein puritanischer Tuchhändler namens John Hole gegen den Brauch des Kirchenumtrunks *(church ales)*. In jenem Jahr waren die Maispiele in Wells besonders aufwendig gestaltet, und eines von ihnen hieß *,the holing game‘*, eine Satire auf John Hole und seine Freunde. In allen diesen Scharmützeln zwischen Karneval und der Fastenzeit waren es jedoch im allgemeinen die Frommen, die das letzte Wort behielten. Zwischen 1550 und 1650 wurden viele alte Bräuche abgeschafft. Man kann die Mitte des siebzehnten Jahrhunderts als das Ende der ersten Phase der Reform der Volkskultur betrachten, einer Reform, die eng mit der Reformation und der Gegenreformation zusammenhing, in erster Linie von Geistlichen betrieben wurde und sich hauptsächlich durch theologische Argumente rechtfertigte.[37] In der folgenden zweiten Phase sollten vor allem die Laien initiativ werden.

Die Kultur der Frommen

Bisher stellten wir die Reform der Volkskultur unter negativem Vorzeichen dar. Doch die Erneuerer hatten natürlich auch positive Vorstellungen, und sie wußten auch, daß sie keine Erfolgsaussichten hatten, wenn sie dem Volk keinen Ersatz anboten für die traditionellen Feste, Lieder und Bilder, die sie ihm wegzunehmen trachteten. Also versuchten die Frommen, eine neue Volkskultur zu schaffen. Luther zum Beispiel schrieb eine Sammlung von geistlichen Liedern „nicht aus anderer ursach, denn das ich gerne wollte, die jugent, [...] ettwas hette, damit sie der bul lieder und fleyschlichen gesenge los werde und an derselben stat ettwas heylsames lernete“.[38] In diesem Abschnitt will ich den Versuch machen, sowohl die protestantischen als auch die katholischen Alternativen zu beschreiben. Was die reformierte orthodoxe Kultur anbelangt, so scheint es praktisch keine Belege zu geben, obwohl die Lücke, die durch das Verschwinden der *skomorochi* entstand, offenbar von den *kaleki* gefüllt wurde, wandernden Sängern mit einem Repertoire religiöser Lieder oder *stichi*.

Den Protestanten war vorrangig daran gelegen, dem Volke die Bibel in einer verständlichen Sprache zugänglich zu machen. Luther trat Angriffen auf seine Bibelübersetzung kraftvoll entgegen: „den man mus nicht die buchstaben inn der lateinischen sprachen fragen, wie man sol Deutsch reden, wie diese esel thun, sondern, man mus die mutter ihm hause, die kinder auff der gassen, den gemeinen man auff dem marckt drumb fragen, und den selbigen auff das maul sehen, wie sie reden, und darnach dolmetzschen."[39] Sein Neues Testament in deutscher Sprache hatte er 1522 veröffentlicht, und 1534 erschien die vollständige Bibel. Andere protestantische Länder folgten seinem Beispiel. 1535 veröffentlichte Tyndale sein Neues Testament, Laurentius Petri seine schwedische Version, bekannt unter dem Namen *Gustav Wasas Bibel,* im Jahre 1541; 1540 erschien die Genfer Bibel auf französisch, bekannter in ihrer überarbeiteten Fassung aus dem Jahre 1588; die tschechische Fassung der Bibel, die *Kralice Bibel,* kam zwischen 1579 und 1593 heraus, das Ergebnis der Zusammenarbeit eines Komitees von zehn Gelehrten, und umfaßte sechs Bände. 1590 wurde die ungarische kalvinistische Standardbibel herausgebracht; die walisische Fassung stammt von William Morgan, der 1604 starb, und die englische Fassung, wie die Kralice Bibel das Werk eines Übersetzerkollektivs, erschien 1611 als *Authorised Version.*[40]

Die Veröffentlichung der Bibel in den jeweiligen Landessprachen war ein bedeutendes Kulturereignis, das die Sprache und die Literatur der betreffenden Länder formte. In Frankreich ging das so weit, daß sich die hugenottische Minderheit einen eigenen Sprachstil zulegte, den man ‚le patois de Canaan‘ nannte, ein altertümliches Französisch, das der Sprache der Genfer Bibel ähnlicher war als der ihrer katholischen Landsleute. Im protestantischen Deutschland nannte man den Andachtswinkel des Hauses die Bibel-Ecke. Es wäre jedoch ganz falsch, sich vorzustellen, daß jede protestantische Handwerker- oder Bauernfamilie der frühen Neuzeit eine Bibel besaß oder sie lesen konnte. Richtig ist allerdings, daß im achtzehnten Jahrhundert, für das man erstmalig entsprechende Untersuchungen durchführen kann, die Kunst des Lesens im protestantischen Europa weiter verbreitet war als im katholischen oder orthodoxen (S. 264 unten). Ob dieser hohe Prozentsatz Ursache oder Folge der Reformation war, ist schwer zu sagen – wahrscheinlich ist beides richtig. Aber nicht jeder Protestant konnte lesen, und nicht jeder, der lesen konnte, konnte sich eine Bibel leisten. Luthers Neues Testament von 1522 kostete einen halben Gulden zu einer Zeit, als dies dem Wochenlohn eines Tischlergesellen gleichkam, und die komplette Lutherbibel kostete zwei Gulden und acht Groschen. Sogar in Schweden, wo in einigen Distrikten im achtzehnten Jahrhundert 90 Prozent der Erwachsenen lesen konnten, zeigen Nachlaßuntersuchungen, daß in nur einem von zwanzig Haushalten eine Bibel zu finden war.[41]

Protestantische Handwerker und Bauern müssen oft das, was sie an Bibelkenntnissen besaßen, durch Zuhören oder aus zweiter Hand erworben haben. Sowohl in lutheranischen als auch in kalvinistischen Gottesdiensten nahm die Bibellesung einen wichtigen Platz ein. Gewöhnliche Protestanten kannten in der Regel die Psalmen, denn man konnte sie singen, und sie waren ein Teil der reformierten Liturgie. Luthers berühmtestes Lied, *Ein' feste Burg ist unser Gott,* ist eine Bearbeitung von Psalm 46, „Gott ist unsre Zuversicht und Stärke". Die englische Standardversion der Psalmen, *Sternhold and Hopkins* genannt, erlebte zwischen 1550 und 1650 fast 300 Auflagen. Die hugenottische Standardversion war die von Marot und Beza, vertont von den Komponisten Louis Bourgeois und Claude Goudimel. Unter weiteren einflußreichen kalvinistischen Fassungen finden wir zwei in holländischer Sprache, von J. Utenhove (1566) und P. Marnix (1580), eine schottische, die mit den Wedderburns in Verbindung gebracht wird und vom Ende des sechzehnten Jahrhunderts stammt, und schließlich eine von A. Molnár in ungarischer Sprache (1607). Zweifellos verdankten die Psalmen ihre Beliebtheit der Tatsache, daß viele Protestanten sich mit dem Volk von Israel identifizierten, das sich ja auch im heiligen Krieg mit den Heiden befand. Um 1560 sangen bewaffnete hugenottische Handwerker die Psalmen auf der Straße und beim Ausheben der Erde zum Bau ihres Tempels. 1641 sangen in London Puritaner Psalmen, um die anglikanischen Gottesdienste zu übertönen. Hugenotten und Puritaner sangen Psalmen, wenn sie in die Schlacht zogen, insbesondere den 68. Psalm „Es stehe Gott auf, daß seine Feinde zerstreut werden". Cromwells Soldaten sangen einen Dankespsalm nach ihrem Sieg in der Schlacht von Marston Moor. Protestanten führten Psalmen in ihren Testamenten an, sie hörten sie von Engeln gesungen, sie sangen sie bei Begräbnissen, Hochzeiten, Festmählern, sogar in ihren Träumen. Ein schwedischer Bischof beklagte sich darüber, daß man in Bierhäusern Psalmen sang, und das Konsistorium von Lausanne war im Jahre 1667 betroffen und bestürzt, als ihm zu Ohren kam, daß die Leute Psalmen sangen, während sie tanzten. Sie waren in einigen kalvinistischen Gegenden so sehr ein Teil des täglichen Lebens geworden, daß man zum Beispiel in den Cévennen keine Volkslieder entdecken konnte, als man sich im neunzehnten Jahrhundert aufmachte, sie zu sammeln. In der traditionellen hugenottischen Kultur der Cévennen hatten sie die Funktion der Volkslieder übernommen, und man sang sie sogar den Kindern an der Wiege.[42]

Einen zentralen Platz in der protestantischen Volkskultur nahm auch der Katechismus ein, ein Büchlein, das alles Grundsätzliche enthielt, was der Fromme über die religiöse Lehre wissen mußte. Katechismen gab es auch vor der Reformation: Was neu war, war allerdings die Tatsache, daß der Stoff in Fragen und Antworten dargeboten wurde, was die Verbreitung der Doktrin – und auch ihr Abfragen – erleichterte. Berühmt geworden sind Luthers *Kleiner Katechismus* aus dem Jahre 1529, Calvins Katechismus (vor allem in der überarbeiteten Form von 1542) und der Heidelberger Katechismus von 1563. Luther hatte seinen Kleinen Katechismus als Hilfe für ungebildete Pastoren geplant, aber das Büchlein spielte schließlich eine unmittelbare Rolle im Leben der Laien. Wie der schwedische Bischof Laurentius Paulinus es ausdrückte, wurde er zur ‚Bibel des gemeinen Mannes', denn er enthielt „eine kurze Zusammenfassung der gesamten Heiligen Schrift". In Schweden gab es Predigten nach Katechismustexten und Lesungen aus dem Katechismus bei Gottesdiensten, während der gedruckte Text in den Gesangbüchern stand. Im siebzehnten Jahrhundert begannen die schwedischen Geistlichen von Haus zu Haus zu gehen, um bei den Gemeindemitgliedern Lesekenntnisse und Katechismuswissen zu überprüfen, Besuche, die man als *husförhör* bezeichnete. Andernorts wurde man zum Abendmahl, dem zentralen Ritus der protestantischen Kirchen, nur zugelassen, wenn man die Fragen aus dem Katechismus korrekt beantworten konnte. Es gab auch gereimte Fassungen des Katechismus, um das Auswendiglernen zu erleichtern, so die von Martin Rinckart 1645 in Leipzig veröffentlichten *Catechismus-Lieder*. Es überrascht auch nicht, daß mancherorts der Katechismus weiter verbreitet war als die Bibel; in Schweden gab es im achtzehnten Jahrhundert in jedem fünften oder sechsten Haus einen Katechismus oder ein Gesangbuch, das den Katechismus enthielt, während in nur einem von zwanzig Haushalten die Bibel zu finden war.[43]

Die Gläubigen wurden noch auf andere Weisen mit der Botschaft des Katechismus und der Psalmen vertraut gemacht. Die protestantische Kultur war eine Predigtkultur. Die Predigt dauerte manchmal stundenlang und konnte für die Gemeindemitglieder ein großes Gefühlserlebnis sein. Manchmal erweckte sie die direkte Teilnahme der Zuhörerschaft in Gestalt von Ausrufen, Seufzern oder Tränenergüssen. Die Tatsache, daß es in England und in den Cévennen ungebildete Laienprediger (‚*mechanick preachers*') gab, ist ein Anzeichen dafür, daß einfache Menschen nicht nur die Botschaft der Predigt, sondern auch die Sprache und den Vortragsstil des Predigers in sich aufnahmen; ihre Kultur hatte sie in der Tat in die Lage versetzt, mündliche Darbietungen (von Predigern, Balladensängern oder Geschichtenerzählern) mit mehr Kennerschaft zu beurteilen, als wir es heute könnten. Eine wichtige Rolle konnten die Gemeindemitglieder bei den ‚*prophesyings*' spielen, öffentlichen Diskussionen über die Auslegung von Schriftzitaten. Des Lesens kundige Laien fanden theologische Streitschriften oder Andachtsbücher vor. Calvin bestimmte einige seiner französisch geschriebenen Traktate für Handwerker, welche zu seiner Zeit die größte soziale Gruppe unter den Anhängern der reformierten Kirche bildeten; in der Einleitung seiner Schrift gegen die Wiedertäufer erklärt er, er wolle denjenigen seiner Gläubigen, die „rudes et sans lettres" seien (womit er wahrscheinlich eher Menschen mit geringer Bildung als Analphabeten meint), die Gefährlichkeit der Wiedertäufer vor Augen führen.⁴⁴ Einige Andachtsbücher entwickelten sich zu Bestsellern. *The Plain Man's Pathway to Heaven* von Arthur Dent (1601) erlebte in vierzig Jahren fünfundzwanzig Auflagen, was beweist, daß dieses lebhaft in Dialogform geschriebene Buch tatsächlich Anklang beim gemeinen Manne fand. Wir wissen, daß auch John Bunyan es liebte, der Mann, dessen *Pilgrim's Progress* (1678) nicht nur bis 1699 zweiundzwanzig Auflagen hatte, sondern auch in anderen Teilen Europas gelesen wurde. Im Bereiche der Lutheranischen Kirche waren Johann Arndts Werke *Paradiesgärtlein* und *Das wahre Christentum* Andachtsbücher von großem Erfolg. Sie wurden bis zum Beginn des neunzehnten Jahrhunderts immer wieder neu aufgelegt.

Musik, religiöses Brauchtum und bildliche Darstellungen spielten in der protestantischen Volkskultur immer noch eine Rolle, unabhängig von der skeptischen Einstellung der Reformatoren. Luther hatte nichts dagegen, daß außer den Psalmen während des Gottesdienstes geistliche Lieder gesungen wurden, und schrieb selbst siebenunddreißig Lieder. Seinem Beispiel folgten weitere Pastoren, von denen Johannes Mathesius, Paul Gerhardt und Johannes Rist am bekanntesten wurden. Beim Schreiben wandten sie oft die Methode der ,Contrafaktur' an, um Luthers Ausdruck zu gebrauchen, was ganz einfach heißt, daß sie ummodelten, transponierten und ersetzten. So benutzten sie Volksweisen und unterlegten ihnen einen neuen Text. Diese Methode wurde nicht von allen Erneuerern gebilligt, aber Luther praktizierte sie bedenkenlos. Sein Weihnachtslied *Vom Himmel hoch da komm ich her* wandelt in der ersten Strophe ein weltliches Volkslied ab, und das Kirchenlied *Sie ist mir lieb, die werte Magd* wurde durch ein Liebeslied angeregt, wobei Luther den Inhalt ins Religiöse transponierte und in der Magd die Kirche sah. Eines der berühmtesten Beispiele für die Umfunktionierung eines weltlichen in ein religiöses Lied ist die Neufassung von *Innsbruck ich muß dich lassen* von Johann Hesse (S. 133 oben):

O Welt ich muß dich lassen
Ich fahr dahin mein Straßen
Ins ewig Vaterland […].⁴⁵

Bachs religiöse Musik wurzelt in der Volkskultur des Luthertums.

Bei kalvinistischen Gottesdiensten durften nur Psalmen gesungen werden, aber das hinderte Kalvinisten nicht daran, religiöse Lieder zu schreiben, die außerhalb der Kirche gesungen wurden. In einer schottischen Sammlung vom Ende des sechzehnten Jahrhunderts ist die ,Contrafaktur' nicht besonders gut gelungen, und die ursprünglich weltlichen Lieder sind nur notdürftig übertüncht, was uns nicht nur einen Einblick in die Technik der Erneuerer verschafft, sondern uns auch erlaubt, einen Blick auf die (leider sehr schlecht dokumentierte) schottische Volkskultur aus den Tagen vor John Knox zu werfen. Es folgen drei Beispiele:

For lufe of one I mak my mone,
Richt secreitly,
To Christ Jesu […]

(Aus Liebe zu einem erhebe ich meine Klage / Recht insgeheim, / Zu Jesus Christus…)

Quho is at my windo? quho, quho?
Go from my windo, go, go!
Lord, I am heir, ane wretchit mortall…

(Wer ist an meinem Fenster? Wer, wer? / Geh von meinem Fenster, geh, geh! / Herr, ich bin hier, ein elender Sterblicher.)

Johne cum kis me now,
Johne cum kis me now […]
The lord thy God I am,
That Johne dois the call,
Johne representit man,
Be grace celestial […]

(John, komm, küß mich jetzt, / John, komm, küß mich jetzt… / Der Herr dein Gott bin ich, / Der dich John ruft, / John bedeutet den Menschen, / durch die himmlische Gnade.)

Wie wir gesehen haben, bestand ein bedeutender Teil der Volkskultur aus spielerischen Parodien der offiziellen Kulturformen, wie zum Beispiel Scherzbegräbnissen und Parodien von Gerichtsverhandlungen. Hier nun schließt sich der Kreis mit der frommen ‚Parodie‘ des Profanen.[46]

In den Anfangsjahren der Reformation wurden das Brauchtum und das Drama in den Dienst des Protestantismus gepreßt. 1521 nahm man in Wittenberg den Karneval zum Anlaß, um den Papst und seine geistliche Gefolgschaft zu verspotten. Das gleiche geschah 1523 in Bern, 1525 in Stralsund und auch andernorts. In den zwanziger und dreißiger Jahren des sechzehnten Jahrhunderts entstanden viele satirische Stücke. 1521 konnten die Bürger von Basel Gengenbachs *Totenfresser* sehen (S. 169 oben). 1523 trat in der *Farce von Theologastres,* der Nachahmung eines Mirakelspiels, die ‚Dame Glauben‘ auf, an einer schweren Krankheit leidend. Kirchendekrete und Predigten können ihr nicht helfen, aber der Text der Hl. Schrift heilt sie auf der Stelle. 1525 hatten die Berner Gelegenheit, den *Ablaßkrämer* zu sehen, eine propagandistische Satire, die von dem Maler-Poeten Niklas Manuel stammte. Thomas Naogeorgus paßte das traditionelle Mysterienspiel protestantischen Thesen an, als er 1538 seinen *Pammachius* schrieb, die Geschichte eines vom Machthunger irregeleiteten Papstes. 1539 wurde in Middelburgh in den Niederlanden ein Stück aufgeführt, das den Titel *Der Baum der Hl. Schrift* trug und sich gegen die Geistlichkeit und gegen den ‚Aberglauben' wandte. Die erste Generation der Erneuerer war sich im klaren darüber, daß „Dinge eher durch das Auge als durch das Ohr des gemeinen Mannes eingehen: Denn er erinnert sich besser an das, was er sieht, als an das, was er hört". Dieses Argument wurde in der Regierungszeit Heinrichs VIII. von einem Engländer vorgebracht, der vorschlug, zum Gedenken an den Bruch mit Rom ein jährliches Fest einzurichten.[47]

Im Laufe der Zeit verlor das Drama jedoch für die Protestanten an Bedeutung, entweder, weil es seine Indoktrinierungsaufgabe erfüllt hatte, oder weil das Volk lesekundiger wurde, oder aber, weil sich die strengeren Frommen, die das Drama auf jeden Fall für schlecht hielten, gegenüber den Gemäßigten durchsetzten. Ähnlich verläuft auch die Geschichte des religiösen Bildes in der protestantischen Volkskultur. In der ersten Generation war der Bild- und Buchdruck ein wichtiges Propagandamittel, man denke an die Werkstatt Lucas Cranachs und an das *Passional Christi und Anti-christi* (S. 150 oben), doch gab es noch viele andere Beispiele. Nach den Anfangsjahren der Reformation verloren die Drucke viel von ihrer ursprünglichen Bedeutung. Im lutheranischen Europa blieb immer noch eine Nische für das Andachtsbild: Lutherdarstellungen, Darstellungen von biblischen Szenen (vor allem aus dem Neuen Testament) oder Embleme, wie die Illustrationen in Arndts *Wahrem Christentum* und seinem *Paradiesgärtlein* (welche so mancher Wandmalerei in deutschen und schwedischen Kirchen als Vorbild dienten), oder sogar Darstellungen des Jüngsten Gerichts und der Höllenstrafen. Im kalvinistischen Europa blieben die Kirchenwände jedoch weiß und kahl. Die Decke, die Kanzel oder Grabdenkmäler waren gelegentlich dekoriert, aber das Repertoire der Bildmotive beschränkte sich auf einige wenige Sujets: Blumen, Cherubinen, Sterblichkeitssymbole wie Stundenglas und Totenkopf oder moralische Embleme wie den Kranich mit einem Stein in der Kralle, der die Wachsamkeit versinnbildlichte. Sowohl Lutheraner als auch Kalvinisten pflegten ihre Kirchen und Tempel mit Texten auszuschmücken. Luther empfahl, an Friedhofswände keine bildlichen Darstellungen, sondern Texte zu malen, so zum Beispiel „Ich weiß, daß mein Erlöser lebet". Oft brachte man die Zehn Gebote auf zwei Tafeln links und rechts am Chorgewölbe an. Die ‚Katechismusaltartafel' war mit den Zehn Geboten, dem Vaterunser und dem Credo beschrieben. Auf der Kanzel oder auf den Balken unter der Kirchendecke figurierten Bibeltexte, denn „Himmel und Erde werden vergehen, aber meine Worte vergehen nicht" (Lukas 21). In viel höherem Ausmaß als die katholische war die protestantische Volkskultur eine Kultur des Wortes.[48]

Über die reformierte katholische Volkskultur ist weniger zu sagen, da sie sich weniger von der traditionellen Volkskultur unterschied, die von den Erneuerern bekämpft wurde. Nicht nur die protestantischen, sondern auch die katholischen Kirchenführer waren Freunde der ‚Contrafaktur' – bei den Katholiken war sie schon seit Jahrhunderten eingeführt. Bereits im Jahre 601 hatte Papst Gregor der Große dem Bischof Augustinus, der im rückständigen England als Missionar tätig war, den Rat gegeben, daß „auf keinen Fall die Tempel der Götzen in jenem Lande zu zerstören seien". Die Götzen könne man zerstören, die Tempel jedoch in Kirchen verwandeln, „und da sie einen Brauch haben, den Teufeln mehrere Ochsen zu opfern, solle eine andere Festlichkeit die Stelle dieses Opfers einnehmen". Gregors Wahlspruch war, daß „es sicherlich unmöglich ist, alle Irrtümer auf einen Schlag aus eigensinnigen Köpfen zu verbannen, und jeder, der einen Berggipfel erklimmen will, klettert schrittweise und nicht in einem Sprung". Dies war die berühmte Doktrin der ‚Anpassung', die verständlich macht, wie sich ein heidnisches Wintersonnwendfest als Weihnachten und die Sommersonnenwende als Geburtstag Johannes des Täufers erhalten konnte. Nach dieser Doktrin handelten auch die katholischen Missionare in Indien im sechzehnten und siebzehnten Jahrhundert, wie der Jesuit Roberto de Nobili, der katholische Rituale an die Brahmanenkultur Südindiens anglich. Auf diesbezügliche Vorwürfe reagierte er, indem er Papst Gregor zitierte.[49]

Auch im frühneuzeitlichen Europa verfolgte die Kirche diese Taktik. Als man die Moslems in Granada am Ende des fünfzehnten Jahrhunderts (mit Gewalt) bekehrte, erlaubte der erste Erzbischof von Granada diesen ‚neuen Christen', im Gottesdienst ihre traditionellen Lieder zu singen. Auch am Ende des siebzehnten Jahrhunderts ging man noch nach dieser Devise vor. Bossuet, der nicht nur Hofprediger Ludwigs XIV., sondern auch Bischof von Meaux war, instruierte seine Pfarrer hinsichtlich ihrer Haltung Johannisfeuern gegenüber folgendermaßen:

> „Beteiligt sich die Kirche an diesen Feuern? Ja, denn in einigen Diözesen, insbesondere in der unseren, zünden einige Gemeinden ein Feuer an, das sie ‚geistlich' nennen. Welchen Grund gibt es, ein Feuer in einer geistlichen Weise zu entfachen? Um die abergläubischen Bräuche zu verbannen, die am Johannisabend am Feuer praktiziert werden."

Bossuet macht nicht ganz klar, wo der Unterschied zwischen einem geistlichen und einem gewöhnlichen Johannisfeuer liegt, aber die Anpassungstechnik zeigt sich recht deutlich.[50]

Die katholischen Erneuerer kämpften, was die Situation noch komplizierter macht, in einem Zweifrontenkrieg: einmal gegen die Protestanten, die zu viel reformieren wollten, und einmal gegen die Unmoral und gegen den ‚Aberglauben'. Die Kultur der Gegenreformation ist von diesem beidseitigen Kampf gezeichnet. Vielleicht ist es sinnvoll, drei Kulturelemente einzeln zu behandeln: reformierte Bräuche, reformierte Bilddarstellungen und reformierte Texte.

Katholische Erneuerer kannten den Sinn und Nutzen der Rituale. Sie benutzten das Brauchtum, um das gemeine Volk davon zu überzeugen, daß die Protestanten im Unrecht oder böse, wenn nicht beides zugleich, seien. 1523 wurde Zwingli beim Karneval in Luzern in effigie verbrannt, im katholischen Deutschland geschah das regelmäßig am Johannisabend mit Luther, und zwar bis zum Beginn des neunzehnten Jahrhunderts. Ketzer mußten öffentlich widerrufen oder wurden öffentlich verbrannt, wie bei den berüchtigten *autos-da-fé* in Valladolid und Sevilla zu Beginn der Regierung Philipps II. Auch ketzerische Bücher verbrannte man in der Öffentlichkeit, von Montpellier bis Wilna. Savonarola machte aus seinem Angriff auf den Karneval eine Art Karneval. Sein berühmter Scheiterhaufen der ,Eitelkeiten' in Florenz war ganz bewußt der Ersatz für den Brauch, zur Fastnacht Freudenfeuer anzuzünden und die Karnevalswagen zu verbrennen, und wenigstens bei einer Gelegenheit ließ er den ,Karneval' selbst verbrennen, ,,in Gestalt eines schmutzigen und abstoßenden Ungeheuers", was einer Hinrichtungsparodie im traditionellen Stil, doch mit neuer Bedeutung, gleichkam. In Mailand beschränkte sich der hl. Karl Borromäus nicht darauf, die Theateraufführungen zu verbieten, sondern er ersetzte sie durch Prozessionen. In der zweiten Hälfte des sechzehnten Jahrhunderts gewann die ,Vierzig-Stunden'-Andacht an Boden. Sie war oft mit prachtvollen Licht- und Toneffekten verbunden, die man bei weltlichen Festen entlehnt hatte. So versuchte man, die Herzen der Frommen von den letzteren abzuwenden und sie statt dessen der Andacht zuzuführen.[51]

Man konnte das neue Brauchtum in seiner dramatischsten Form bei den Missionen der Jesuiten beobachten, die sie im siebzehnten Jahrhundert überall in den Städten und auf dem Lande veranstalteten. In der Bretagne zum Beispiel inszenierten sie Zwiegespräche zwischen den Lebenden und den Verdammten und organisierten Prozessionen, bei denen die Kreuzwegstationen dargestellt wurden. Noch theatralischer verliefen die Missionen im Königreich Neapel um das Jahr 1650. Natürlich spielten Predigten bei diesen Volksmissionen eine wichtige Rolle. Sie fanden in der Dämmerung oder am Abend statt, damit auch Werktätige zuhören konnten. Oft handelte es sich um Buß- und Schreckenspredigten, bei denen das höllische Feuer eine wichtige Rolle spielte. Der Pater hielt seinen Zuhörern einen Totenschädel vor die Augen, um sie gebührend zu beeindrucken. ,,Oft mußte sich der Prediger fast eine Viertelstunde lang unterbrechen, so seufzten und weinten seine Zuhörer." Noch wichtiger waren die Prozessionen, an denen hauptsächlich Männer – denn wir sind im Süden – oft als Büßer teilnahmen, ,,mit Dornenkronen auf dem Kopf, Stricken um den Hals, in den Händen Totenknochen oder Schädel oder kleine Kruzifixe". So zogen sie barfuß und halbnackt durch die Straßen. Manche von ihnen trugen schwere Kreuze oder geißelten sich im Voranschreiten. Auch Reliquien und Statuen wurden in der Prozession mitgeführt, gefolgt von den Gläubigen, während die Geistlichkeit meistens das Ende des Zuges bildete. Ganze Behälter voll verbotener Bücher, Liebeslieder und Zaubermittel wurden mitgeschleppt, um dem Feuer der Eitelkeiten als Nahrung zu dienen.[52]

Einige Missionsprediger, wie Le Nobletz oder Maunoir in der Bretagne, bedienten sich visueller Hilfsmittel, Bilder, die z. B. das Leben des hl. Martin, das Vaterunser, die Sakramente oder die Strafen der Hölle darstellen sollten.[53] Bossuet empfahl den Pfarrern seiner Diözese, Bilder an die Kanzel zu heften, um bei der Predigt die Aufmerksamkeit der Gemeinde zu fesseln. Die Katholiken der Gegenreformation unterschieden sich von den reformierten Protestanten durch die Tatsache, daß ihre Religion weiterhin eher eine Religion der Bilder als der Schrift war, Ursache oder Folge des höheren Anteils von Analphabeten in katholischen Gegenden. Das Wort Gregors des Großen, daß Bilder die Bücher der Ungebildeten seien, hatte nichts von seiner Wahrheit eingebüßt. Katholische Erneuerer waren nicht willens, auf Bilder zu verzichten, obwohl sie Einwände gegen spezifische Bilddarstellungen der Volksfrömmigkeit hatten.

Anstelle dessen, was sie abschaffte und säuberte, bot die Kirche den Gläubigen neue Heilige und neue Bilder an. Der hl. Ignatius von Loyola, 1622 heiliggesprochen, wurde in der Regel als bärtiger Mann dargestellt, der ein offenes Buch in den Händen hält, welches die Regel seines Ordens darstellt. Auf seiner Brust waren die Buchstaben IHS zu lesen: Jesus Hominum Salvator oder: Jesus, Heiland, Seligmacher. Die hl. Theresa von Avila, deren Heiligsprechung im gleichen Jahr erfolgte, stellte man oft in Ekstase dar, wie im Falle von Berninis berühmter Statue, wo ein Engel das Herz der Heiligen mit einem Pfeil durchbohrt. In Mitteleuropa verbreitete sich der Kult des Johann Nepomuk bereits im siebzehnten Jahrhundert, obwohl er erst 1729 zum Heiligen erhoben wurde.[54] Es gab wichtige Verlagerungen bei der Heiligenverehrung. Die hl. Maria Magdalena wurde in der Gegenreformation aufgewertet, und auch der hl. Josef wurde in einem neuen Licht dargestellt. Im späten Mittelalter war Josef eine Art komische Figur gewesen, ,Josef der Einfältige' (Joseph le rassoté), der heilige Hahnrei. Im siebzehnten Jahrhundert scheint die Geistlichkeit den Versuch gemacht zu haben, ihn den Gläubigen nahezubringen. Man gründete ihm zu Ehren Bruderschaften; Szenen der hl. Familie, die ihn einschlossen, ersetzten wenigstens teilweise die traditionelle Darstellungsform der Madonna mit dem Kinde. Die Verehrung des Altarsakraments wurde stärker betont als im Mittelalter, wie etwa das Aufkommen der ,vierzigstündigen' Anbetung der Allerheiligsten Eucharistie zeigt.[55]

Man kann diese Verlagerungen wohl einer offiziellen Politik der katholischen Kirche zuschreiben. Der Kult der hl. Familie wie auch der Kult des hl. Isidor des Pflügers (1622 gleichzeitig mit dem hl. Ignatius und der hl. Theresa kanonisiert) erweckt den Anschein, als habe man versucht, den ganz gewöhnlichen Laien zu erreichen. Durch die Heiligsprechung des Ignatius, der Theresa und des Karl Borromäus werden die Errungenschaften der Gegenreformation hervorgehoben. Der Kult der Eucharistie war eine Antwort auf den protestantischen Angriff auf die Transsubstantiation, die Messe und die besondere Stellung der Geistlichkeit. Die neue Bedeutung der Maria Magdalena (gewöhnlich als weinende Büßerin dargestellt) und der Kult des Johannes Nepomuk (der ermordet wurde, weil er sich geweigert hatte, das Beichtgeheimnis preiszugeben) waren eine Reaktion auf die protestantische Kritik an der Einrichtung der Beichte und am Sakrament der Buße. In einem berühmt gewordenen Aufsatz spricht der Anthropologe Bronislav Malinowski über Mythen der Vergangenheit als Funktionsträger in der Gegenwart. Er sieht in ihnen die ‚Gründungsurkunden‘ der gegenwärtigen Institutionen, durch die diese legitimiert und gerechtfertigt werden. Es hat wirklich den Anschein, als hätten Legenden, Bräuche und Bilddarstellungen der gegenreformatorischen Kirche solche Dienste geleistet.[56]

Selbstverständlich wandte man sich nicht nur an das Auge, sondern auch an das Ohr. Schon im späten Mittelalter waren Kirchenlieder in der Volkssprache ein wichtiges Element der religiösen Volkskultur, das vor allem in Verbindung mit den Bruderschaften eine Rolle spielte. In Italien sangen die Bruderschaften im dreizehnten Jahrhundert *laude,* religiöse Lieder, die oft fromme Varianten der zeitgenössischen Volkslieder waren. In einem italienischen Mirakelspiel über die hl. Margareta singt die Heldin eine *lauda,* die folgendermaßen beginnt:

O vaghe di Gesu, o verginelle
Ove n'andate si leggiadre e belle?

(O ihr lieblichen Jungfräulein Christi, / Wohin geht ihr, so leichtfüßig und schön?)

Als Melodie wird die des Liedes *O vaghe montanine e pastorelle* (O reizende Bergbewohnerinnen und Schäferinnen) angegeben; hier werden (wie bei den ‚geistlichen Liedern‘ der Wedderburn-Sammlung) keine Versuche unternommen, den ursprünglichen weltlichen Text zu verbergen. In Spanien schrieb um 1500 der Franziskaner Amborio Montesino Kirchenlieder, die er ‚in geistlicher Weise bearbeitet‘ nennt *(contrahechos a lo divino).* Da sich die Liebeslyrik der religiösen Sprache bedient hatte, war es nicht schwierig, sie wieder ins Religiöse zu wenden und anstelle der weltlichen Liebe die Jungfrau Maria zu preisen. Diese Tradition frommer Bearbeitung von weltlichen

Liedern wurde auch nach dem tridentinischen Konzil beibehalten. Der Jesuitenmissionar Julien Mounoir komponierte ,geistliche Gesänge' zu Ehren der Jungfrau sowie andere Lieder, „die alle Prinzipien des Glaubens enthielten", um sie bei seiner Bekehrungsarbeit in der Bretagne zu verwenden.[57]

Schließlich und wahrscheinlich in der Tat an letzter Stelle in der katholischen Kultur kam der Versuch, die lesekundigen Gläubigen durch die Bibel und weitere Andachtsliteratur zu erreichen. Bibelübersetzungen wurden natürlich auch in katholischen Ländern veröffentlicht – die erste Bibel in deutscher Sprache erschien schon im Jahre 1466. Katholische Katechismen folgten dem Vorbild der protestantischen (S. 238 oben). Die der Jesuiten Petrus Canisius (1555) und Robert Bellarminius (1597) wurden oft neu aufgelegt; der ,Canisi' hatte vor dem Jahr 1800 mehr als siebzig deutsche Auflagen, während Bellarminius in viele europäische Sprachen und Dialekte übersetzt wurde, zu denen das Baskische, Bosnische, Kroatische, Friaulische, Sizilianische, Ungarische, Irische und Maltesische gehörten. Diese Katechismen waren in einfacher Sprache geschrieben und oft bebildert, woraus man schließen kann, daß sie den Gläubigen und nicht den Geistlichen als Handbücher dienen sollten. Im siebzehnten Jahrhundert wurde in Frankreich den Kindern in den Grundschulen (petites écoles) regelmäßig der Katechismus eingetrichtert, und zwar an Sonn- und Feiertagen. Trotzdem entsteht der Eindruck, daß der Katechismus im religiösen Leben Frankreichs eine unwichtigere Rolle spielte als in dem des protestantischen Schweden.[58]

Das dürfte in noch höherem Maße auf Andachtsbücher zutreffen, obwohl es auch diese gab. Die Nachfolge Christi des Thomas a Kempis wurde zu Beginn der Neuzeit häufig neu aufgelegt. Der Combat spirituel, ein anonymes Werk, das dem italienischen Geistlichen Lorenzo Scupoli zugeschrieben wird, hatte in den Jahren zwischen 1609 und 1788 allein in Frankreich wenigstens dreiundzwanzig Neuauflagen. Um die Mitte des siebzehnten Jahrhunderts, als Bücher billiger wurden, erwähnte man auf der Synode von Châlons-sur-Marne drei Bücher, die man den Gläubigen zur Lektüre und zum Kauf empfehlen sollte. Diese Bücher sollten auch vorgelesen werden, „im Vorhof der Kirche oder an der Kirchentür, jeden Sonn- und Feiertag nach dem Abendgebet". Es handelte sich um den Katechismus, den ,Christlichen Pädagogen', und um ein Buch, das den Titel trug Pensez-y-bien (Denkt daran). Worum ging es bei diesem berühmten Pensez-y-bien? Es war eine Abhandlung über die Kunst des guten Sterbens. Der Leser ist aufgerufen, sich die Stunde seines Todes vorzustellen; nachzudenken über alle Dinge, die getan zu haben er bedauern würde, wenn seine Stunde käme; sich zu überlegen, was er noch gern in seinem Leben getan hätte, wenn er jetzt nicht sterben müßte. Am Ende eines jeden Abschnitts findet man, wie einen Refrain, die hervorgehobenen Worte: Pensez-y-bien.[59]

Die zweite Phase der Reform, 1650–1800

Den Inhalt der letzten beiden Abschnitte kann man in die Aussage zusammenfassen, daß im späten sechzehnten und frühen siebzehnten Jahrhundert von den Mitgliedern der Elite, meistens Angehörigen der katholischen und protestantischen Geistlichkeit, der systematische Versuch gemacht wurde, die Kultur des einfachen Volkes zu erneuern. Auch im Mittelalter hatte es Reformbestrebungen gegeben, aber im frühneuzeitlichen Europa waren sie wirkungsvoller, da nun die Kommunikationsmöglichkeiten, von Straßen bis zu Büchern, viel besser waren. Die Frommen traten nicht mehr auf der Stelle, wie sie es in den Tagen des hl. Augustinus und sogar noch des hl. Bernardino tun mußten, sondern sie konnten ihre Bemühungen konzertieren und aufeinander aufbauen. Die Widerstände von seiten der Volkskultur begannen zusammenzubrechen, und wichtige Veränderungen zeichneten sich ab. Wie weit diese Veränderungen reichten, in welchem Zeitraum sie sich genau abspielten und wie schnell die kleinen Leute die neuen Formen der protestantischen und katholischen Kultur übernahmen, sind Fragen, die auf befriedigende Weise nicht beantwortet werden können, bevor mehr regionale Untersuchungen abgeschlossen sind. Aus der auf den letzten Seiten zusammengetragenen fragmentarischen Dokumentation entsteht für mich der Eindruck, daß um 1650 eine Reihe von wichtigen Veränderungen bereits stattgefunden hat, vor allem im protestantischen Europa und in den urbanisierteren Gegenden. Im Umkreis von Bern und Zürich vollzog sich die Reform gegen 1530, in Nürnberg waren um 1540 wichtige Impulse von den Erneuerern ausgegangen, und in den reformierten Niederlanden hatten sie den Sieg schon vor 1600 errungen.[60]

Doch in großen Teilen des katholischen Europa und in abgelegeneren Regionen des Kontinents, in denen es keine größeren Städte und Straßen gab und in denen keine der großen, überregionalen Sprachen gesprochen wurde, gelang es den Erneuerern erst nach 1650, sich durchzusetzen: im protestantischen Wales und Norwegen, im katholischen Bayern, Sizilien, in der Bretagne und im Languedoc, von Osteuropa ganz zu schweigen. Doch geht es in diesem Kapitel nicht nur um die allmähliche Verbreitung unveränderter Ideale. In jenen Jahren fand eine ‚Reformation innerhalb der Reformation‘ statt, sowohl im protestantischen als auch im katholischen Lager, und eine Gruppe von nichtgeistlichen Erneuerern gewann an Einfluß. Sie wünschten nicht immer die gleichen Veränderungen in der Volkskultur wie ihre geistlichen Kollegen, oder sie wünschten sie unter anderem Vorzeichen.

Das Überleben des ‚vor-reformatorischen‘ Katholizismus in abgelegenen Gegenden ist nicht schwer zu belegen. In einigen dieser Regionen kamen Mysterienspiele spät auf und hielten sich noch lange. In den bayerischen Alpen (wie in Oberammergau oder anderen Dörfern) gab es Passionsspiele erst ab 1634. Obwohl einige Geistliche an ihnen Anstoß nahmen – der Erzbischof von Salzburg erklärte z. B. im Jahre 1779, man könne sich eine seltsamere Mischung von Religiösem und Profanem als die sogenannten Passionsspiele gar nicht vorstellen –, schaffte man sie erst um 1800 ab, und die Spiele in Oberammergau wurden 1810 in gereinigter Form wieder eingeführt. In Sizilien kamen Mysterienspiele erst um die Mitte des siebzehnten Jahrhunderts auf und erfreuten sich noch zu Beginn des neunzehnten großer Beliebtheit. Auch in der Bretagne gab es noch im neunzehnten Jahrhundert Aufführungen solcher religiöser Stücke. Gegen das Jahr 1765 berichtet ein Besucher des Finistère, er habe Leute auf einem Friedhof und in einer Kapelle nicht weit von Brest tanzen sehen.[61]

Vielleicht sollte man eine dieser abgelegenen Regionen paradigmatisch gründlicher ins Auge fassen: das Languedoc. Am Ende des siebzehnten Jahrhunderts gab es da zwei energische Reformbischöfe, Nicolas Pavillon, Bischof von Alet, der dem Vorbild des hl. Karl Borromäus nachstrebte, und François-Etienne Caulet, Bischof von Pamiers, der Pavillons Nachfolger wurde. Aus den Schriften dieser beiden Männer geht deutlich hervor, daß in den Bergen des Languedoc die Reformarbeit noch zu leisten war. Die beiden Bischöfe halten in ihren Aufzeichnungen fest an ihrem Abscheu vor Charivaris, unanständigen Tänzen an Feiertagen, Wahrsagern, Wanderschauspielern und einer allgemeinen Unkenntnis in Glaubensdingen. Caulet mußte seinen Geistlichen immer noch verbieten, Theaterstücke, Tänze und Maskeraden zu besuchen, so als hätte die Gegenreformation nie stattgefunden. Nicht nur die Berge schnitten die Einwohner von Pamiers und Alet von äußeren Einflüssen ab; Pavillon stellte fest, daß seine Schäfchen einen Katechismus „in der Volkssprache" brauchten, denn sie verstanden die französische Sprache nicht. Aus diesem Grunde veröffentlichte zweifellos Bartholomé Amilha, ein von Caulet zum Domherrn von Pamiers ernannter Geistlicher, sein *Abbild vom Leben eines vollkommenen Christen* (1673) in okzitanischer Sprache. Seine Verse sind ein lebhaftes Beispiel für das Gedankengut der Erneuerer. Er warnt Leser und Zuhörer vor den Gefahren des Tanzens, Spielens und vor dem Besuch jener „Häuser des Lasters", der Wirtshäuser. Ganz obenan steht die Warnung vor dem Karneval:

Chrestias, pensen à la counsciença
Duran aqueste Carnabal
Soungen que cal fa penitenço
Quiten la taberno é la bal,
La mort es touto preparado
A fa calqu'autro mascarado.

Christen, denkt an euer Gewissen,
Während dieses Karnevals,
Denkt daran, daß jeder Buße tue,
Verlaßt die Schenke und den Ball,
Der Tod steht schon bereit
Für eine ganz andere Maskerade.

Amilha betrachtet auch die Verbreitung des Protestantismus mit Sorgen. Hast du vielleicht, fragt er, Autoren gelesen, die ,nach Scheiterhaufen riechen', Calvins Bücher oder Marots Psalmenübersetzung?

Aurios legit d'auteurs que sentan le fagot,
les libres de Calbin, o Salmes de Marot?

Er unterstellt seinen Lesern auch, daß sie an Zauberei glauben:

As legit o gardat de libres de magio,
As foundat toun salut dessu l'astralougio...
As counsoultat Sourcie, Magicien, Debinaire,
Per la santat del fil, de la sor, o del fraire,
Per sabe le passat, o recouba toun be,
O couneisse l'partit que tu dibes abe? [...]

(Hast du gelesen oder besessen Bücher über Zauberei? / Hast du dein Heil auf die Astrologie gegründet? / Hast du eine Hexe, einen Zauberer oder einen Wahrsager zu Rate gezogen / Wegen der Gesundheit des Sohnes, der Schwester oder des Bruders? / Um das Vergangene zu erfahren, dein Gut wiederzuerlangen, / Oder um zu wissen, welche Partie du machen wirst? [...])[62]

Wir können nicht beurteilen, ob die Reformanstrengungen Pavillons und Caulets auch nach ihrem Tode Früchte trugen. An anderen Orten im Languedoc hatten die Frommen noch fast hundert Jahre später ihre Probleme. 1746 beklagte sich der Bischof von Lodève über einen ,Abt der Mißwirtschaft'. Sein Freund, der Pfarrer von Montpeyroux, der sich zur Regel gemacht hatte, das Sakrament denen zu verweigern, die an Tanzvergnügungen teilgenommen hatten, wurde 1740 die Zielscheibe einer brauchtümlichen Verspottung. Maskierte trugen eine als Pfarrer ausstaffierte Puppe durch die Straßen, schlugen und verbrannten sie. Die Schlacht zwischen Karneval und Fastenzeit war noch nicht entschieden.[63]

Doch hatte sich der Charakter dieses Kampfes geändert. Einige der Erneuerer gingen über das tridentinische Konzil hinaus oder schlugen einen anderen Weg ein. Sie kritisierten die Verehrung der Muttergottes und den Heiligenkult, redeten einem biblischeren Christentum das Wort, das gesäubert sein sollte von allem ,Aberglauben'. Diese Bewegung wurde vor allem, wenn auch nicht ausschließlich, von jansenistischen Kreisen unterstützt. Am Ende des achtzehnten Jahrhunderts versuchten einige ihrer Führer, weitreichende

Veränderungen in der Volksfrömmigkeit in Österreich und der Toskana durchzusetzen. In Österreich wurde das Kirchenritual vereinfacht, Statuen entfernt und einige Wallfahrtskirchen einfach geschlossen. Scipione Ricci, 1780 Bischof von Pistoia und Prato geworden, hielt eine Synode ab, auf der er vorschlug, bestimmte religiöse Feste auf den Sonntag zu verlegen. Er empfahl den Gläubigen die Lektüre der Bibel und äußerte sich kritisch über die Herz-Jesu-Verehrung. Sowohl in Österreich als auch in der Toskana hatten diese Angriffe auf die traditionelle Volksfrömmigkeit Bauernaufstände zur Folge, die zwischen den Jahren 1788 und 1791 stattfanden. Ricci sah sich gezwungen, sein Amt niederzulegen.[64]

Der Sinneswandel der katholischen Erneuerer wird sehr deutlich anhand ihrer Einstellungen bildlichen Darstellungen gegenüber. 1570 veröffentlichte Johannes Molanus, ein Theologe aus Löwen, eine Abhandlung über religiöse Bilder, die den kirchlichen Standpunkt am Ende des tridentinischen Konzils wiedergibt. Obwohl Molanus von der Notwendigkeit spricht, ,Aberglauben' zu vermeiden, hat er keine Einwände gegen traditionelle Darstellungen vom hl. Martin mit dem Bettler oder vom hl. Antonius mit dem Schwein (S. 168 u. 195 oben). Als jedoch 1673 der Erzdiakon von Paris anläßlich eines Besuches der Diözese in einer Dorfkirche einen traditionellen hl. Martin entdeckte, gab er dem Kirchendiener den Befehl, ,,den hl. Martin über dem Altar zu entfernen, da er als Reiter dargestellt ist, und aus ihm einen Bischof zu machen, damit der Anstand gewahrt bleibt". Also war die traditionelle Darstellung des berittenen Martin mit dem Bettler in den Augen eines Klerikers der Gegenreformation nicht mehr wohlanständig; er hatte sich dem Standpunkt angenähert, das Klerikale mit dem Heiligen gleichzusetzen. Ein noch durchschlagenderes Beispiel für die katholische Bilderreform und den sich öffnenden Abgrund zwischen klerikaler und populärer Kultur stammt aus der Diözese von Orléans im Jahre 1682. Bei einer Visitation fand der Bischof in einem Dorf die traditionelle Darstellung des hl. Antonius mit seinem Schwein vor. Er gab sofort den Befehl, das Bild zu vergraben – die Katholiken waren keine Ikonoklasten – da er es als ,,lächerlich und dieses großen Heiligen unwürdig" ansah. Die Pfarrkinder wollten ihr Bild nicht verlieren, und einige der Frauen machten die Bemerkung, daß der Bischof ,,die Heiligen nicht liebt, weil er aus einer Hugenottenfamilie stammt". 1786 auf der Synode von Pistoia wurde der Bilderkult ganz allgemein kritisiert, und im besonderen der Brauch, verschiedenen Bildern derselben Person verschiedene Namen zu geben, so als gäbe es mehr als eine Jungfrau Maria.[65]

Man findet nicht ganz so leicht protestantische Landstriche, die noch nach 1650 von der Reform der Volkskultur relativ unberührt geblieben sind, aber es gab sie, vor allem in gebirgigen Gegenden. In Norwegen existierten zum

Beispiel katholische oder sogar heidnische Glaubensvorstellungen noch im achtzehnten Jahrhundert. Man konnte noch Kruzifixe vorfinden, und der Glaube an die wunderwirkende Macht des hl. Olaf war ungebrochen. Man brachte den Heiligen mit einer Anzahl von Quellen in Verbindung. Auch im schottischen Hochland scheint der Kampf der Geistlichkeit gegen Volkslieder, Tänze und Balladen erst im achtzehnten Jahrhundert Erfolge gebracht zu haben; um das Jahr 1700 konnte ein ansässiger Landedelmann, Martin Martin, auf den westlichen Inseln noch viele Überreste katholischen und sogar vorchristlichen Brauchtums beobachten.[66]

Auch in Wales standen die Erneuerer nach 1700 noch vor vielen ungelösten Problemen. Dort feierten viele Menschen nach wie vor fröhlich die Festtage der Heiligen, trugen Reliquien in Prozessionen umher, hielten Rennen, Fußballkämpfe und Hahnenkämpfe ab. Jahrmärkte, Fiedler, Volksheiler, Harfenisten, lustige Zwischenspiele und Farcen, Geschichtenerzähler und Kirchweihfeste erfreuten sich immer noch großer Beliebtheit. Diese Zustände bedeuteten natürlich eine Herausforderung für die Frommen. Einer der energischsten von ihnen war Griffith Jones, ein nonkonformistischer Prediger und unermüdlicher Gegner der Kirmes und der Jahrmärkte. Statt dieser Mißbräuche befürwortete er das Bibellesen, Predigten, geistliche Lieder und die Schulerziehung auf dem Lande. Sie wurde von umherziehenden Schulmeistern erteilt, ein System, das man damals ‚Wanderschulen' (circulating schools) nannte. Noch berühmter war Howell Harris, der Führer der walisischen Methodisten in Wesleys Generation (wenn er sich auch nicht Methodist nannte), der, wie Whitefield berichtete,

es sich zur Aufgabe machte, Kirchweihfeste usw. zu besuchen, um die Menschen von solchen verlogenen Eitelkeiten abzubringen. Viele Schankwirte, Fiedler, Harfenspieler etc. stimmen (wie Demetrius) ein Wehgeschrei gegen ihn an, weil er ihnen das Geschäft verdirbt.

Harris war auch ein überzeugter Gegner des Hahnenkampfs. 1738 schrieb ein Freund anerkennend an ihn: „Ein Kapitän der Hahnenkämpfe, der Euch in Bettws hörte, gibt das Versprechen ab, sich nie mehr an diesem sündhaften Spiel zu beteiligen." Wie im Falle des Languedoc kann man auch von Wales nicht genau sagen, wie groß der Einfluß der Frommen innerhalb einer bestimmten Generation war. 1802 erklärte ein Autor, der Verfall „der nationalen Sängerschaft und der walisischen Bräuche" habe plötzlich und erst kürzlich stattgefunden und sei das Werk ‚fanatischer' Prediger, wie er sich ausdrückte.

Im Verlauf meiner Wanderschaft durch das Fürstentum habe ich mehrere Harfenspieler und Sänger kennengelernt, die wirklich von diesen umherirrenden Wander-

252

predigern überredet wurden, ihren Beruf aufzugeben, aus dem Gedanken heraus, daß er sündhaft sei.

Volksmärchen und Bergmannslieder verschwanden praktisch ganz. Dank der Anstrengungen der Kalvinisten und Methodisten im Norden und der Baptisten und Kongregationalisten im Süden wurde die walisische Volkskultur größtenteils eine Kultur des Gebetshauses und der geistlichen Lieder, der Predigt und des mahnenden ‚Du sollst nicht‘ an der Wand.[67]

Auch im protestantischen Europa entstand eine Reformation innerhalb der Reformation, analog zum Jansenismus bei den Katholiken: der Pietismus. In Deutschland berief sich die Bewegung, deren geistiger Führer Philipp Jakob Spener war, auf Luther, aber sie beinhaltete eine wichtige Verlagerung der Schwerpunkte: Luthers Hauptanliegen war die Reform der Liturgie und des Glaubens, während die Pietisten nach einer individuellen moralischen Erneuerung strebten. Die Skandinavier nahmen direkt an der pietistischen Bewegung teil, und die walisische Erneuerungsbewegung *(Welsh revival)* verlief parallel, wenn auch unabhängig. In den neunziger Jahren des siebzehnten Jahrhunderts wurden in England Gesellschaften gegründet, die sich die sogenannte ‚Reform der Sitten‘ zum Ziele setzten. Diese Gesellschaften leiteten Maßnahmen gegen Jahrmärkte, das Würfelspiel, Maskeraden, Schauspiele, Schänken, Huren und ‚obszöne‘ Balladen in die Wege. Ihre Besorgnisse wegen der ‚Profanierung des Tages des Herrn‘ brachten sie in die Nähe der Puritaner einer bereits vergangenen Generation, aber davon abgesehen waren die Beweggründe der Bewegung eher moralischer als theologischer Art. Sie wandte sich in erster Linie gegen die ‚Unmoral‘ und nicht gegen den ‚Aberglauben‘. Die Ethik der Wohlanständigkeit tritt deutlicher zutage als früher. Die Kampagne, welche die sogenannten Evangelisatoren *(Evangelicals)* um die Mitte des achtzehnten Jahrhunderts gegen die englischen volkstümlichen Freizeitvergnügungen veranstalteten, ist ein Teil dieser Bewegung. In Frankreich gründete man eine Gesellschaft des hl. Sakraments, mit Tochtergesellschaften in Paris, Marseille, Toulouse und andernorts, die sich ebenfalls um die Förderung der Moral bemühte und einen Krieg gegen den Karneval führte oder Nachforschungen über das Vorleben und die Lebensweise von Wahrsagern oder Seiltänzern anstellte.

Was an dieser zweiten Reformphase auffällt, ist die ständig wachsende Bedeutung der Laien. So war die Gesellschaft des hl. Sakraments sowohl aus Geistlichen als auch aus Laien zusammengesetzt. In England waren viele Laien, von Wilhelm III. bis zu Friedensrichtern auf dem Lande, an der Seite der Geistlichkeit an den Anstrengungen beteiligt, die Sittlichkeit anzuheben. Sie schlossen sich den zu diesem Zwecke am Ort gegründeten Gesellschaften an oder verschafften im Gerichtssaal den Idealen der Frommen Gehör.

Laienprediger spielten bei den religiösen Erneuerungsbewegungen in Großbritannien und Skandinavien eine große Rolle. Ein norwegischer Laienprediger namens Hans Hauge verbrannte nicht nur Fiedeln und wetterte gegen
Volkslieder, Märchen und Tänze, sondern sagte seinen Hörern auch, sie sollten sich über die Religion ihre eigenen Gedanken machen und nicht nur dem
Pfarrer lauschen.[68]

Ein weiterer Unterschied zwischen der ersten und zweiten Reformphase
war das wachsende Gewicht weltlicher Argumente, einschließlich solcher
ästhetischer Art. Johann Christoph Gottsched, Professor der Poetik in Leipzig, eröffnete einen Feldzug gegen das populäre Theater seiner Tage, das
Theater des Hans Wurst und des Harlekin. Er führte ihn nicht im Namen der
Wohlanständigkeit, sondern des guten Geschmacks. Er beklagte sich, daß
das gemeine Volk immer mehr Vergnügen finde an „Narrenpossen und gar-
stigen Schimpfreden" als an ernsthaften Dingen. Er lehnte auch Stücke ab,
die gegen die Regeln des Aristoteles verstießen, und verurteilte Schauspieler,
die mit dem Text frei umsprangen – also in der traditionellen Art extemporierten –, denn das ergebe Stücke, die nur zur Unterhaltung „des untersten
Pöbels" gut seien. Es gelang Gottsched auch tatsächlich, Harlekin im Jahre
1737 von der Bühne weisen zu lassen. In Österreich spielte Josef von Sonnenfels Gottscheds Rolle. Seine Briefe zum Wiener Theater aus den sechziger
Jahren des achtzehnten Jahrhunderts lösten eine lebhafte Kontroverse aus,
die als ‚Hanswurst-Streit' bekannt wurde. Wie Gottsched fand auch Sonnenfels das Volkstheater zu grotesk – er hätte neben den Texten am liebsten auch
die Gestik zensiert – und auch sein Ideal war ein Theater, das die Einheit der
Zeit, des Ortes und der Handlung in der Art des antiken griechischen oder
des französischen klassischen Dramas einhielt.[69]

Auch in der Einstellung dem Übernatürlichen gegenüber zeigt sich ein wesentlicher Unterschied zwischen den beiden Reformphasen. Die ersten Reformatoren wie Calvin und Karl Borromäus glaubten noch an die Zauberei
und hielten sie für teuflisch; man könnte sogar den Standpunkt vertreten, daß
die großen Hexenverfolgungen, die ihren Höhepunkt am Ende des sechzehnten und zu Anfang des siebzehnten Jahrhunderts fanden, ein Teil dieser Reformbewegung waren. In der zweiten Reformphase nahm ein großer Teil der
Erneuerer die Hexerei gar nicht mehr ernst. In der Diözese Alet kletterte Pavillon auf einen Berg, um Einheimische daran zu hindern, einige Frauen zu
verbrennen, die sie der Hexerei beschuldigten. In den Niederlanden schrieb
der kalvinistische Pastor Balthasar Bekker ein Buch, um die Unhaltbarkeit
des Hexenglaubens zu beweisen.[70]

Aus einem Bedeutungswandel bei Wörtern kann man oft exakte Schlüsse
auf einen umfassenderen Wandel der Einstellungen ziehen. In unserem Falle
ist der Begriff ‚Aberglaube' *(Superstition)* ein interessantes Schlüsselwort.

Sowohl im Englischen als auch in den romanischen Sprachen besaß das Wort in der frühen Neuzeit zwei Grundbedeutungen. Vor 1650 scheint die Hauptbedeutung ‚falsche Religion, Irrglauben, Ketzerei' gewesen zu sein, so in dem Ausdruck ‚der mohammedanische Aberglaube'. Der Begriff wird oft auf Zauber- und Hexenkünste in dem Sinne angewandt, daß diese Praktiken zwar wirkungsvoll, aber sündhaft seien. Nach 1650 wandelte sich die Hauptbedeutung jedoch, und das Wort bezeichnete in erster Linie ‚irrationale Ängste'. Bräuche, Glaubenshaltungen und Praktiken, die dem Aberglauben entsprangen, wurden allmählich als zwar töricht aber harmlos angesehen, da sie überhaupt keine Wirkung besaßen.[71] Wie schnell sich diese Veränderung vollzog und in welcher sozialen Gruppe sie stattfand, ist nicht leicht festzustellen. In England und Frankreich ging am Ende des siebzehnten Jahrhunderts die Zahl der Hexenprozesse zurück, weil die Beamten die Hexerei nicht mehr ernst nahmen; doch in den kleinen Städten Südwestdeutschlands scheinen sie nur deswegen weniger zahlreich geworden zu sein, weil die Justiz sich nicht mehr für fähig hielt, die Hexen zu überführen, und in Polen kam es erst im achtzehnten Jahrhundert zum Rückgang. Ob es vor 1800 beim Volke selbst einen ‚Verfall der Zauberei' gab, ist natürlich eine andere Frage. Die ‚weisen Leute' scheinen im neunzehnten und in einigen Teilen Europas sogar noch zu Beginn des zwanzigsten Jahrhunderts immer noch recht aktiv gewesen zu sein und schafften es, die Skepsis der Gebildeten ebenso zu überleben, wie sie die Hexenjäger überlebt hatten. Man sollte die Widerstandskraft der Volkskultur nicht unterschätzen.[72]

In Spanien kann man im achtzehnten Jahrhundert die zweite Reformphase besonders gut beobachten, vielleicht deshalb, weil die spanische Volkskultur von der ersten Phase relativ unberührt blieb, ungeachtet der Anstrengungen Marianas und Alcoçers. Die Bewegung begann mit dem Benediktinermönch Benito Feijoó, der unter dem Titel „Das universelle kritische Theater" eine Sammlung von Essays herausgab, die eine systematische Kritik geläufiger Irrtümer enthielten, insbesondere Irrtümer des gemeinen Volkes *(la plebe, la multitud,* oder *el vulgo,* wie er es nennt). In seiner ruhigen, gemäßigten, vorsichtigen und rationellen Art handelt Feijoó der Reihe nach das Wahrsagen, ‚vermeintliche Prophezeiungen', Zauberei, Volksheiler, ‚vermeintliche Wunder' und ‚populäre Überlieferungen' ab. All diesen Aberglauben behandelt er als Ausgeburten der Unvernunft, der Leichtgläubigkeit, als ‚Extravaganzen'.[73]

In der nächsten Generation brachte eine Gruppe spanischer Erneuerer Argumente – weltlicher Art – gegen den Stierkampf, gegen Straßenballaden und gegen die Zauberdramen Calderóns vor. Schon früher hatte man Calderóns Stücke kritisiert, denn angeblich „vermischten und verwechselten sie das Heilige mit dem Profanen", aber nunmehr, im Jahre 1762, rügte sie der spanische Edelmann Nicolas Fernandez de Moratín mehr aus ästhetischen Gründen, nach Manier der Gottsched und Sonnenfels. Er warf ihnen vor, gegen die Regeln der Vernunft und des guten Geschmacks zu verstoßen, also die klassischen drei Einheiten zu verletzen. Die Dramen seien regellos, kapriziös und extravagant. Auch Lope de Vega konnte seine Zustimmung nicht finden. In Moratíns Augen hatte er das Theater verdorben, indem er „barbarisch, dem Volke zu Gefallen" schrieb *(barbaramente, por dar gusto al pueblo)*. 1780 verbot Karl III. offiziell das Aufführen von *autos* anläßlich des Fronleichnamsfestes.[74]

Gaspar de Jovellanos und Juan Meléndez Valdés brachten weitere politische und moralische Argumente vor. Nach Ansicht Jovellanos gab das Theater dem Volk ein schlechtes Beispiel, indem es Verbrechen als erfolgreich darstellte, statt dem Volke Beispiele der „Liebe zum Vaterland, zum Herrscherhaus, zur Verfassung" vor Augen zu führen. Auf ähnliche Weise begründete Meléndez Valdés in einer Rede 1798 seine Angriffe auf die Straßenballaden: Banditen, die morden, vergewaltigen und den Gesetzeshütern Widerstand leisten, werden in diesen Balladen in heroischem Lichte gezeigt und erwecken so „in der Vorstellungskraft der Schwachen das Verlangen, sie nachzuahmen". Andere Balladen sind unanständig und obszön; andere wieder schädigen die Vernunft mit ihren Geschichten von „angeblichen Wundern und falscher Frömmigkeit". Man solle sie verbieten, sagte er, und sie durch „wahrhaft nationale Lieder" ersetzen, die in der Lage seien, das gemeine Volk zu erziehen, wie die alten Balladen zu Ehren des hl. Jakob und des Cid.[75]

Nun gibt es freilich eine Reihe von Belegen, daß die Stierkämpfe (gegen die sich Jovellanos ebenfalls wandte), die Mysterienspiele und Straßenballaden nicht am Ende des achtzehnten Jahrhunderts aus Spanien verschwanden. Auch dort erreichten die Erneuerer viel weniger, als sie wollten. Andererseits erreichten sie auch mehr, als sie wollten, in dem Sinne, daß die Reformbewegung wichtige Folgen hatte, die sie weder beabsichtigten noch voraussahen. Eine der augenfälligsten Konsequenzen ihrer Bemühungen war wohl die Vergrößerung der Kluft zwischen der hohen und der niederen Kulturtradition. Es war keineswegs die Absicht der Erneuerer, eine eigene, losgelöste Reformkultur zu schaffen; sie wollten das ganze Volk erreichen, in ihrer Bewegung sollten alle mitgerissen werden. Praktisch verlief die Entwicklung anders. Die Reformen beeinflußten die gebildete Minderheit schneller und gründlicher als die restliche Bevölkerung und errichteten so immer höhere Barrieren zwischen den Gebildeten und den populären Überlieferungen. Der Gegenstand des nächsten und letzten Kapitels soll, neben anderen ungewollten Veränderungen in der Volkskultur, dieser Trennungsprozeß sein.

9. Volkskultur und sozialer Wandel

Die kommerzielle Revolution

Wir schilderten im letzten Kapitel, wie einige Mitglieder der gebildeten Minderheit eine Vielzahl teilweise erfolgreicher Versuche unternahmen, die Kultur der Handwerker und Bauern zu reformieren. Doch spielen sich geschichtliche Prozesse natürlich nicht nur dann ab, wenn jemand sie betreibt. So ergaben sich zwischen 1500 und 1800 Veränderungen in der europäischen Volkskultur, die niemand beabsichtigt hatte und die auch keiner der Zeitgenossen voraussehen konnte – wie auch die Zeitgenossen nur in geringem Maße fähig waren, die Veränderungen wahrzunehmen, während sie sich abspielten. Die wichtigsten ökonomischen, sozialen und politischen Entwicklungen unserer Untersuchungsperiode hatten ihre Auswirkungen auf die Kultur und müssen deshalb hier aufgeführt werden, wenn auch nur verkürzt und vereinfacht.

Eine der wichtigsten Neuentwicklungen war der Bevölkerungszuwachs. Um 1500 gab es in Europa etwa 80 Millionen Menschen. Diese Zahl hatte sich um 1800 mehr als verdoppelt und erreichte fast 190 Millionen. Der Bevölkerungszuwachs hatte eine zunehmende Urbanisation zur Folge, denn es gab weniger Platz auf dem Lande, und Teile der Landbevölkerung sahen sich gezwungen, auf Arbeitssuche in die Städte zu gehen. Um 1500 gab es nur vier Städte in Europa*, deren Einwohnerzahl 100000 überschritt, aber um 1800 waren es schon dreiundzwanzig. Eine von ihnen, London, hatte mehr als eine Million Einwohner.[1]

Weniger auffallend für den oberflächlichen Betrachter als das Aufkommen der Großstädte, aber von noch größerer Bedeutung war eine Reihe ökonomischer Veränderungen, die man zusammenfassend die ‚kommerzielle Revolution‘ oder den ‚Aufstieg des kommerziellen Kapitalismus‘ nennen könnte. Der innereuropäische Handel und ebenso der Handel zwischen Europa und den restlichen bekannten Kontinenten erlebte einen großen Aufschwung. Es kam zu einer deutlichen internationalen Arbeitsteilung, mit Westeuropa als Zentrum der Manufaktur (Schwert- und Messerschmieden, Papier, Glas und vor allem Textilien), deren Produkte nach Osteuropa, Asien, Afrika und Amerika exportiert wurden, im Austausch gegen den Import von Lebensmitteln und Rohstoffen wie Eisen, Häuten und Baumwolle. Gewisse Städte und

---

* Istanbul, Neapel, Paris und Venedig.

ihre Umgebung spezialisierten sich auf ganz bestimmte Produkte: Leiden auf wollenes Tuch, Lyon auf Seide, Bologna auf die Herstellung von Papier usw. Diese Industrien, die anfangs nur einer lokalen Nachfrage gedient hatten, entwickelten sich langsam zu Zulieferern eines nationalen oder sogar internationalen Marktes.

Hand in Hand mit dieser wirtschaftlichen Revolution ging eine Revolution der Kommunikationssysteme. Man baute mehr Schiffe, grub Kanäle, verbesserte Straßen; Postdienste wurden üblicher, und das Geld- und Kreditsystem wurde erweitert und vereinfacht. Auch die Landwirtschaft machte einen Expansionsprozeß durch, wenigstens in der Nähe großer Städte: Sie tat den Schritt von der Selbstversorgungswirtschaft zur Belieferung eines wachsenden städtischen Marktes.

Man sollte die Reichweite dieser ökonomischen Veränderungen nicht überschätzen. 1800 lebten immer noch weniger als 3 % der europäischen Bevölkerung in Städten von mehr als 100 000 Einwohnern. Die vorherrschende Produktionseinheit war der kleine Handwerksbetrieb, nicht die Fabrik, und die Produktion wurde erst vom Ende des achtzehnten Jahrhunderts an allmählich mechanisiert. Aber die Veränderungen waren bedeutend genug, um ernsthafte soziale Folgen zu zeitigen.[2]

Mit der Zunahme der Bevölkerung stiegen die Preise, vor allem die Preise für Lebensmittel. Die Preise zeigten die Tendenz, schneller zu steigen als die Löhne, denn Lohnerhöhungen mußten ausgehandelt werden, und dies bedeutete eine ökonomische Polarisation; einige der Reichen wurden noch reicher, während so mancher Arme noch ärmer wurde. Nutznießer waren die Arbeitgeber, die Lohnarbeiter beschäftigten: Kaufleute, Landbesitzer, die ihre Güter selbst bewirtschafteten, und besser gestellte Bauern und Handwerker. Andererseits ging es Tagelöhnern und Gesellen, die Lohn empfingen, schlechter als früher, und manche Kleinbauern, die ihr Einkommen durch Lohnarbeit ergänzen mußten, verloren ihre Unabhängigkeit.

Die Volkskultur war, wie wir gesehen haben, eng mit ihrem Umfeld verbunden und hatte sich an die verschiedenen regionalen und beruflichen Lebensformen angepaßt. Sie mußte sich verändern, wenn sich ihre Umgebung veränderte. In welcher Weise das geschah, ist eine Frage, die sich die historische Wissenschaft erst zu stellen beginnt. Mit Sicherheit wird die Geschichte dieses Wandels, wenn sie einmal geschrieben ist, recht kompliziert sein, da die verschiedenen Teile Europas nicht im gleichen Rhythmus an der ökonomischen Entwicklung beteiligt waren. Auch an dieser Stelle werde ich also, wie schon öfter in diesem Buch, das einfache Modell eines komplizierten Vorgangs entwerfen müssen. Ich stelle die These auf, daß die kommerzielle Revolution ein goldenes Zeitalter der traditionellen Volkskultur herbeiführte (wenigstens in materieller Hinsicht), bevor das Zusammenwirken von kommerzieller und industrieller Revolution die populäre Kultur zerstörte.

In verschiedenen Teilen Westeuropas hatten zeitgenössische Beobachter den Eindruck (der von den zuverlässigen Nachlaßinventaren bestätigt wird), daß die Bauern mehr und qualitativ besseren materiellen Besitz erwerben konnten. In England scheint sich diese Veränderung relativ früh angebahnt zu haben, schon unter der Regierung Elisabeths I. Früher schliefen ein Bauer und seine Familie auf dem Boden, und „sein ganzes Geschirr bestand aus einem hölzernen Napf und einer oder zwei flachen Schüsseln", aber am Ende des sechzehnten Jahrhunderts konnte ein Bauer schon „einen anständigen Satz Zinngeschirr in seinem Küchenschrank" haben und „drei oder vier Federbetten, gleich viele Decken und Wandbehänge, einen silbernen Salzstreuer, einen Trinknapf für Wein (wenn nicht gar einen ganzen Satz) und ein Dutzend Löffel, um das Tafelzeug komplett zu machen". Am auffälligsten ist, daß fast das ganze ländliche England am Ende des sechzehnten und zu Beginn des siebzehnten Jahrhunderts neu aufgebaut wurde. Auch im Elsaß waren das sechzehnte und das siebzehnte Jahrhundert die große Zeit des ländlichen Bauhandwerks: Fachwerkhäuser wurden neu gebaut und eingerichtet.[3]

In anderen Teilen Europas scheint sich der entscheidende Wandel im achtzehnten Jahrhundert abgespielt zu haben. In Friesland kauften die Bauern *schoorsteen kleden* (Ziertücher für den Kaminsims) und silberne Löffel. Im Artois ersetzte man Schüsseln und Töpfe aus Holz und grobem Ton durch Zinngeschirr und bessere Keramik. Das Verzeichnis der Besitztümer von Edmé Restif, einem burgundischen Bauern (und Vater von Restif de la Bretonne) zeigt, daß er 1764 unter anderem zwölf Stühle, zwei breite Betten, Silberzeug und einen Gebetsschemel besaß. In Norwegen und Schweden kann man verhältnismäßig leicht geschnitzte und bemalte Truhen, Kästen, Schüsseln und Teller aus dem achtzehnten Jahrhundert finden, aber es ist schwierig, einen älteren Gegenstand dieser Art aufzutreiben, der aus einem Bauernhaus stammt. Die norwegische Rosenmalerei und die schwedischen bemalten Wandbehänge stammen aus dem achtzehnten Jahrhundert, als man das offene Feuer (mit dem Rauchabzug durch eine offene Stelle im Dach) durch Öfen ersetzte. Sowohl in Schweden als auch in Wales tauchen im achtzehnten Jahrhundert Standuhren in Bauernhäusern auf.[4]

Dieser quantitative (und vielleicht auch qualitative) Zuwachs an Einrichtung und Gerät der damaligen Bauernhäuser fand aus zwei Gründen statt. In einigen Gegenden ging es den Bauern besser, und dieser Wohlstand schlug sich in einem erhöhten Lebensstandard nieder. In England war es die Klasse der freien Mittelstandsbauern *(yeoman class)*, die aus der Kommerzialisierung der Landwirtschaft Nutzen zog, sich neue Häuser baute und „einen anständigen Satz Zinngeschirr" erwarb. Im Elsaß erschlossen sich den Weinbauern zu jener Zeit neue Märkte, was ihnen erlaubte, neue Häuser zu bauen und sie einzurichten. Es ist anzunehmen, daß in Frankreich das Ende der Kriege Ludwigs XIV. und in Schweden das der Kriege Karls XII. eine Anhebung des Wohlstands bedeuteten. Im ländlichen Norwegen hatte die Ausweitung des Holzexports (unter anderem nach Großbritannien) die gleichen Folgen. Im allgemeinen kann man sagen, daß die bäuerliche Aristokratie, Männer wie Edmé Restif, nun in der Lage waren, Gegenstände zu kaufen, die sie früher selbst gemacht hatten.[5]

Ein zweiter Grund für die Veränderungen in der Sachkultur ist in den sich wandelnden Produktionsbedingungen zu finden. In dem Maße, wie der Exportmarkt wuchs, konnten sich bestimmte handwerkliche Produktionszweige in bestimmten Gegenden mehr spezialisieren als früher. In Staffordshire und in Nevers entstanden zum Beispiel bedeutende Töpferindustrien. Die Herstellung von gebrannten Kacheln in Leeuwarden, Haarlem, Amsterdam, Dordrecht und anderen niederländischen Produktionszentren erreichte zwischen 1600 und 1800 einen Höhepunkt: Die Kacheln, mit Schiffen, Windmühlen, Tulpen, Soldaten und vielen anderen Motiven bemalt, waren in England und Deutschland ebenso beliebt wie im eigenen Land. Im achtzehnten Jahrhundert wurde Dalarna in Schweden ein bedeutender Mittelpunkt für die Herstellung von bemalten Möbeln, zum Verkauf auf dem Markt von Mora bestimmt. Auch der Distrikt von Gudbrandsdal in Norwegen wurde, wie Dalarna, wegen seiner bemalten Möbel berühmt; 1782 wies er die stattliche Zahl von 484 als Handwerker beschäftigten Einwohnern auf. Die populäre Kunst war mehr Menschen zugänglich geworden als je zuvor.[6]

Die Erweiterung des Marktes bedeutete erhöhte Nachfrage; um ihr zu genügen, mußte der Produktionsprozeß standardisiert werden. Nun war es nicht mehr möglich, Gegenstände für die besonderen Bedürfnisse eines einzelnen Kunden herzustellen, wie das früher geschehen war. Im Verlaufe des achtzehnten Jahrhunderts gerieten die Malereien auf den holländischen Kacheln zu Mustern aus ein paar schnell hingeworfenen Pinselstrichen, und man wandte halbmechanische Methoden wie den Gebrauch von Schablonen an. Es war nur eine Frage von einer oder zwei Generationen, bevor der handwerklich hergestellte Einzelgegenstand zum standardisierten, von der Maschine gemachten Massenprodukt wurde. Die aufkommende Marktwirtschaft untergrub auch die ortsansässige materielle Kultur. Am Ende des achtzehnten Jahrhunderts kauften die wohlhabenderen Bauern (oder ,gudemen‘) aus der Umgebung von Edinburgh Wedgwood-Keramik und in Manchester gefertigte Kleidung, ganz zu schweigen von Kohleschaufeln und gemusterten Kattunvorhängen. Hier sind bereits die ersten zerstörerischen Kräfte der kommerziellen Revolution am Werk – bevor sie aber ihr Zerstörungswerk vollendeten, ermöglichte die Kommerzialisierung einige der besten Leistungen der traditionellen Volkskultur.[7]

Osteuropa blieb währenddessen von vielen dieser Entwicklungen ausgeschlossen. In vielen Gegenden waren dort die Bauern erst im Verlaufe des sechzehnten Jahrhunderts zu Leibeigenen geworden und konnten so aus den steigenden Lebensmittelpreisen keinen Nutzen ziehen. Auf dem Balkan blieb das kaminlose Einraumhaus vorherrschend und machte jeden gemalten Schmuck unmöglich. Die Menschen besaßen relativ wenige materielle Besitztümer. Sogar um 1830 hieß es noch, ein serbischer ländlicher Haushalt bestehe nur aus etwa fünfzig Einrichtungs- und Gebrauchsgegenständen, durchschnittlich zehn pro Kopf.[8]

Die Entstehung und die Ausdehnung des Marktes beeinflußten nicht nur die traditionelle Sachkultur, sondern auch die Darbietungen. Sicherlich war der Rückgang der Jahrmärkte ein harter Schlag für die Schausteller, die auf ihnen aufgetreten waren, doch konnten sie wohl in die wachsenden Städte ausweichen. Es ist schwer feststellbar, wie sich das städtische Freizeitangebot zwischen 1500 und 1800 veränderte. In jüngster Zeit wurde die These vertreten, daß England im achtzehnten Jahrhundert eine ‚Kommerzialisierung der Freizeit‘ durchmachte, in dem Sinne, daß Geschäftsleute Freizeitaktivitäten als gute Gewinnmöglichkeiten zu betrachten begannen und sich das Freizeitangebot auch vermehrte. Ob es nun in London im achtzehnten Jahrhundert mehr Puppentheater gab als früher, ist nicht mit Sicherheit zu sagen, da ein so formlos auftretendes Unterhaltungsunternehmen wenig dokumentarische Spuren hinterläßt. Sicher ist aber, daß neuartige Unterhaltungszweige aufkamen, und zwar solche, die einen höheren Organisationsgrad aufwiesen als früher, und daß sie auch einen wachsenden Gebrauch von der Reklame machten, um der Öffentlichkeit anzukündigen, was es zu sehen gab. Thomas Topham, der ‚starke Mann‘, stellte in den dreißiger und vierziger Jahren des achtzehnten Jahrhunderts seine Fähigkeiten in London und andernorts zur Schau: Er hob Gewichte, verbog eiserne Feuerhaken und stemmte sich gegen ein anziehendes Pferd. 1743 eröffnete Jack Broughton seinen Boxkampfring in der Oxford Street. Er nahm Eintrittsgeld und ließ ankündigen, wann Wettkämpfe stattfanden. Schon um 1720 wurden Pferderennen in den Zeitungen bekanntgegeben, und gegen 1800 waren, wie uns J.H.Plumb versichert, „Rennveranstaltungen ein komplizierter Wirtschaftszweig, der Tausende von Arbeitern beschäftigte und Investitionen voraussetzte, die Hunderttausende von Pfund betrugen". Der Zirkus, der auf die zweite Hälfte des achtzehnten Jahrhunderts zurückgeht, ist ein gutes Beispiel für die Kommerzialisierung der populären Kultur; Philip Astley gründete seinen Zirkus an der Westminster Bridge im Jahre 1770. In seinen Nummern, Darbietungen von Clowns und Akrobaten besteht der Zirkus, wie wir gesehen haben, durchaus aus Traditionellem; neu waren der Organisationsrahmen, die Benutzung eines Gebäudes für die Vorstellung statt einer Straße oder eines Platzes, und die Rolle des Unternehmers. Hier verdrängten, wie auch in anderen Wirtschaftszweigen des achtzehnten Jahrhunderts, Großunternehmer die kleineren.[9]

Man könnte die Engländer bei dieser Umwälzung der Unterhaltungsindustrie für Vorreiter halten, doch gibt es auf dem Kontinent einige Parallelen. In Spanien tauchten die ersten professionellen Stierkämpfer zur gleichen Zeit auf wie die ersten Berufsboxer in England. So beliebt wie Daniel Mendoza in England war, so bekannt wurden Pedro Romero oder Pepe Hillo oder Romeros großer Rivale Costillares in Spanien. Es hieß um 1780, ganz Madrid sei in zwei Parteien gespalten: die *Romeristas* und die *Costillaristas*. Im achtzehnten Jahrhundert kam eine neue Spielart des populären Helden auf: das Sportidol. Es gibt zwar zu wenig beweiskräftige Belege, aber man kann wohl davon ausgehen, daß in Italien die Volksfeste zwischen 1500 und 1800 zunehmend kommerzialisiert wurden. Als Michel de Montaigne 1581 Loreto besuchte, fand er das kleine Dorf (und den großen Wallfahrtsort) voll von Läden vor, die ,reich ausgestattet' waren mit Kerzen, Rosenkränzen und Heiligenbildchen, ganz so, wie sich heute Lourdes und Assisi darstellen. Montaigne war vom römischen Karneval enttäuscht, aber der Karneval blieb weiterhin für fremde Reisende anziehend. Man könnte die These wagen, daß der Karneval im siebzehnten und achtzehnten Jahrhundert in Rom und Venedig ebenso für Besucher, Pilger und Touristen bestimmt war wie für die Einwohnerschaft. Feste bedeuteten auf jeden Fall einen notwendigen Beitrag zum Budget dieser beiden Städte. Ein Zeitgenosse schätzte, daß im Jahre 1687 30000 Menschen Venedig wegen des Karnevals besuchten.[10] Kurzum, langsam verlagerte sich das Festgeschehen von spontanen und teilnehmerorientierten Unterhaltungsformen auf organisierte, zuschauerorientierte und kommerzialisierte Vergnügungen; ein Wandel, der sich selbstverständlich nach 1800 fortsetzte und seinem Höhepunkt zustrebte.

In den größeren Städten haben die gesellschaftlichen Veränderungen offenbar die Volkskultur bereichert. Auf dem Lande, besonders in abgelegenen Gegenden, führten sie zu kultureller Verarmung. Am Ende des achtzehnten Jahrhunderts stellte ein Komitee der schottischen Highland Society eine Untersuchung der Volksdichtung an, um sich ein Bild von der Echtheit des Ossian zu machen (S. 31 oben). Diese Untersuchungen ergaben, daß die traditionelle Volksdichtung im Aussterben begriffen war, als Folge eines „Wandels der Sitten im Hochland, wo nun die Gewöhnung an produktive Tätigkeiten an die Stelle des Vergnügens getreten ist, sagenhaften Erzählungen oder Heldenballaden zu lauschen". Aus diesem Satz geht nicht hervor, ob die Männer des Komitees diese Veränderung begrüßten oder bedauerten, aber einer ihrer Gewährsleute hielt mit seiner Meinung nicht hinter dem Berge. Hugh M'Donald, ein Pachtbauer von der Insel Uist, kommentierte den

Kommerzialisierungsprozeß und den ‚Wandel der Sitten' folgendermaßen:

> Die edelsten Tugenden sind zerstört oder des Landes verwiesen, seit die Liebe zum Geld sich bei uns einschlich, und seit Falschheit und Scheinheiligkeit die käufliche Politik und den sklavischen, schmutzigen Geiz in unser Land gebracht haben.[11]

Die Vermarktung des Lesens und die Folgen der Alphabetisierung

Das beste Beispiel für die Kommerzialisierung der Volkskultur ist noch nicht erwähnt worden: das gedruckte Buch. Um 1500 gab es in mehr als 250 Orten Druckerpressen, und etwa 40000 Bücher waren bereits herausgekommen, was über zwanzig Millionen Einzelexemplaren gleichkam, zu einer Zeit, als die Bevölkerung ganz Europas wenig mehr als achtzig Millionen betrug. Zwischen 1500 und 1800 wuchs die Buchproduktion stetig. In Frankreich wurde zum Beispiel im sechzehnten Jahrhundert jährlich fast die Höchstgrenze von 1000 Titeln mit etwa einer Million Einzelexemplaren erreicht, im siebzehnten Jahrhundert wurde diese Zahl überschritten, und im achtzehnten Jahrhundert gab es einen kontinuierlichen sehr bedeutenden Zuwachs, bis man die Zahl von 4000 Titeln jährlich erreicht hatte.[12]

Welchen Einfluß hatte diese Flut von gedruckten Büchern auf Handwerker und Bauern? Konnten sie sie lesen? Es ist nicht einfach, den Anteil der Lesekundigen zu schätzen, bevor es um die Mitte des neunzehnten Jahrhunderts (relativ) zuverlässige Regierungsstatistiken zu diesem Thema gab. Schweden und Finnland machen da allerdings eine Ausnahme, denn dort führte die Kirche sorgfältige Befragungen durch und fertigte Niederschriften über sie an.* Die Historiker mußten sich im allgemeinen damit begnügen, das Verhältnis abzuwägen zwischen Unterschriften und den drei Kreuzen der Analphabeten, die sie unter Testamenten, Heiratsurkunden, Ehekontrakten oder anderen offiziellen Dokumenten wie Steuerschätzungen oder dem Treueeid dem englischen Parlament gegenüber aus dem Jahre 1642 (Protestation Oath) vorfanden. Natürlich darf man die Fähigkeit, seinen Namen zu schreiben, nicht gleichsetzen mit der Fähigkeit, zu lesen, doch gibt es Anzeichen dafür, daß zwischen beiden Fertigkeiten ein enger Zusammenhang bestand und daß „das Niveau der Unterschriften zwar unterhalb der Lesefähigkeit liegt, mit ihr aber parallel verläuft"...[13]

Indem sie sich dieser Zeugnisse bedienten, kamen die Historiker zu dem

---

* Während des *husförhor* pflegte man die Menschen auf ihre Lesefähigkeit zu testen und gab ihnen eine von drei möglichen Noten: sie konnten ‚korrekt', ‚in gewissem Umfang' oder ‚überhaupt nicht' lesen.

Schluß, daß im frühneuzeitlichen Europa eine nicht unerhebliche Minderheit einfacher Menschen tatsächlich das Lesen beherrschte, und daß im Jahre 1800 erheblich mehr Menschen lesen konnten als um 1500, daß im allgemeinen unter Bauern mehr Analphabeten zu finden waren als unter Handwerkern, mehr Männer lesen konnten als Frauen, mehr Protestanten als Katholiken, mehr Westeuropäer als Osteuropäer. Für alle diese Thesen sind präzise, aber fragmentarische Belege vorhanden. Eine detailliertere Aufschlüsselung dieser Angaben bringt etwa Folgendes zutage: Am Ende des sechzehnten Jahrhunderts waren in Narbonne und seiner ländlichen Umgebung etwa 65 Prozent der Handwerker alphabetisiert, im Gegensatz zu nur 20 Prozent der Bauern. Eine Durchschnittsstatistik, die sich auf ganz Frankreich bezieht, ergibt für das Ende des siebzehnten Jahrhunderts, daß nicht ganz 14 Prozent der Bräute das Heiratsregister namentlich unterzeichneten, während die Prozentzahl bei den Bräutigamen 29 betrug. Die Skandinavier, die Holländer und die Engländer – alle westeuropäischen Protestanten – konnten die höchste Alphabetisierungsrate aufweisen. Noch im Jahre 1850 gab es in Rußland 90 Prozent erwachsene Analphabeten, verglichen mit 75 Prozent in Italien und Spanien, 50 Prozent in Deutschland, 30 Prozent in England, 20 Prozent in Schottland und nur 10 Prozent in Schweden.[14]

Was die zeitliche Aufschlüsselung anbelangt, so zeigt es sich, daß schon in der ersten Hälfte unserer Periode, in den Jahren 1500–1650, die Lesefähigkeit stark zunimmt, zum Beispiel in städtischen Zonen Italiens und Englands. Um 1450 konnten in Venedig 51 Prozent der Zeugen ihren Namen unter Dokumente setzen, während es 1650 schon 98 Prozent waren. Um 1570 unterzeichneten in Durham 20 Prozent der Laien, die als Zeugen vor dem bischöflichen Konsistorialgericht aussagten, mit ihrem Namen (von den Handwerkern waren es allerdings weniger als 20 Prozent und praktisch keine Bauern), während es im Jahre 1630 schon 47 Prozent waren. In anderen Teilen Europas erfolgte der Sprung nach vorn erst in der zweiten Hälfte unserer Epoche, in den Jahren zwischen 1650 und 1800. Die Durchschnittsrate der Lesefähigkeit für ganz Frankreich stieg für Männer von 29 Prozent um 1690 auf 47 Prozent um 1790; in England stieg die Anzahl der Alphabetisierten von 1642 bis zur zweiten Hälfte des achtzehnten Jahrhunderts von 30 auf 60 Prozent. Begrenztere Regionalstudien zeigen die Unterschiede manchmal noch deutlicher. In Amsterdam betrug die Alphabetisierungsquote im Jahre 1630 57 Prozent, um 1780 bewegte sie sich schon um 85 Prozent. In Marseille betrug sie zwischen 1700 und 1730 fünfzig Prozent, stieg aber bis zum Jahre 1790 auf 69 Prozent an. In der Normandie wuchs die Zahl der Lesefähigen im Verlaufe des achtzehnten Jahrhunderts von 10 Prozent auf 80 Prozent. In Teilen Schwedens, für das es ja die besten und vollständigsten Statistiken gibt, ist der Anstieg am frappantesten. So konnten in der Gemeinde Möklinta im

Jahre 1614 21 Prozent der Männer und Frauen lesen, doch 1685–94 waren es bereits 89 Prozent; in der Gemeinde Skelleftea waren im Jahre 1724 43 Prozent der Männer und Frauen, die 1644 oder früher geboren waren, des Lesens mächtig, aber von denen, welche 1705 oder später geboren waren, erreichte der Anteil schon 98 Prozent. In der Diözese Härnösand betrug die Alphabetisierungsrate 1645 50 Prozent, 1714 jedoch schon 98 Prozent.[15]

Dieser bedeutende Anstieg in der Zahl der Lesekundigen war das Ergebnis eines breiteren Bildungsangebots, und dieses wiederum eine Folge der im vorhergehenden Kapitel beschriebenen Reformbewegung. Die weltlichen Erneuerer, die Aufklärer, hatten der populären Alphabetisierung gegenüber eine recht ambivalente Haltung. Wie wir gesehen haben, standen sie der traditionellen mündlichen Kultur größtenteils skeptisch gegenüber, aber sie fürchteten auch, daß Bildung die Armen veranlassen könnte, mit ihrer Stellung im Leben unzufrieden zu sein und die Bauern dazu ermutigen könne, das Land zu verlassen. So waren einige von ihnen mit Voltaire der Meinung, daß der Großteil der Kinder überhaupt nicht lesen und schreiben lernen sollte; andere, wie Jovellanos, vertraten den Standpunkt, daß man Bauern nur mit den Grundbegriffen des Schreibens, Lesens und Rechnens vertraut machen sollte.[16]

Die Frommen sahen dies anders. Sie glaubten an das Lesen, denn für sie war es eine Voraussetzung, das Seelenheil zu erringen. John Knox zum Beispiel wünschte sich für jede Gemeinde in Schottland eine Schule (obwohl es sogar in den Lowlands lange dauerte, bevor sein Wunsch verwirklicht werden konnte). Zwischen 1560 und 1640 war in England (nach der These von Lawrence Stone) eine ‚Bildungsrevolution‘ im Gange, die dem Bildungseifer und den Schulgründungen der Frommen zu verdanken war, und am Ende des achtzehnten Jahrhunderts war die Alphabetisierung der ländlichen Bevölkerung zum Teil das Werk der zahlreicheren Sonntagsschulen. Die Puritaner sorgten dafür, daß in den walisischen Marktstädten Schulen gegründet wurden, gemäß dem ‚Gesetz zur Verbreitung des Evangeliums‘ *(Act for the Propagation of the Gospel)*, und die ‚Wanderschulen‘ *(circulating schools)* der nonkonformistischen Sekten trugen im achtzehnten Jahrhundert die Lesefertigkeit aufs flache Land. In Schweden war es die Kirche, die den Feldzug gegen den Analphabetismus anführte, dergestalt, daß um 1700 bereits die Mehrheit der Bevölkerung Schwedens lesen konnte. In Frankreich ist das erweiterte Bildungsangebot, das sich seit dem Ende des siebzehnten Jahrhunderts auswirkte, ohne die Mithilfe der Frommen (der Compagnie du Saint Sacrement, Jean-Baptiste de la Salles und der Frères Chrétiens) nicht denkbar.[17]

Die Folgen der Alphabetisierung waren jedoch nicht immer die, welche die Frommen beabsichtigt oder vorausgesehen hatten. Was las der lesekundige

Handwerker und Bauer in der frühneuzeitlichen Epoche? Fand er überhaupt Zugang zu Büchern? Wenigstens drei Probleme verbergen sich hinter diesem scheinbar einfachen Wort ‚Zugang‘, und sie müssen der Reihe nach behandelt werden.

Das erste Problem ist das des rein räumlichen Zugangs: Konnten Handwerker und Bauern Bücher zu Gesicht bekommen? Für Stadtbewohner gab es in dieser Hinsicht kein Problem. Sie fanden Bücher an bestimmten Orten zum Verkauf ausgestellt: in London war es St. Paul's Churchyard, in Paris der Pont-Neuf, in Madrid die Puerta del Sol, um nur die bekanntesten zu nennen. Oft hängte man die Bücher beim Straßenverkauf an einer Schnur auf (weshalb populäre Literatur im Spanischen immer noch *literatura de cordel*, ‚Schnurliteratur‘, genannt wird). Die Masse der Bevölkerung, die auf dem Lande lebte, hatte es nicht so leicht, doch war auch sie nicht von Gedrucktem abgeschnitten. Bücher und andere gedruckte Ware, wie populäre Flugblätter, konnten auf Jahrmärkten, von wandernden Balladensängern und von Hausierern erstanden werden. 1611 gibt ein Engländer folgende Beschreibung eines Kolporteurs: Er ist „ein kleiner Hausierer, der in einem langen Paket oder Weidenkorb (den er meist offen um den Hals gehängt vor sich herträgt) Kalender, Neueste Nachrichten oder anderen Ramsch verkauft".[18] Wegen dieses um den Hals hängenden Bauchladens nannten die Franzosen die Hausierer *colporteurs* (Halsträger). Die Kolporteure deckten sich in den Städten bei den Druckern und Buchhändlern mit Material ein und machten sich dann von Dorf zu Dorf auf den Weg. Vor dem Beginn des neunzehnten Jahrhunderts weiß man wenig von ihnen. Damals wurden französische Dörfer von Kolporteuren besucht, die größtenteils aus dem Haut Comminges in den Pyrenäen stammten, in kleinen Gruppen arbeiteten und sich entweder auf Sommer- oder Wintertouren spezialisierten.[19] Verständlicherweise mußten so transportierte Bücher klein sein, eher Heftchen als richtige Bücher im heutigen Sinne. Oft waren sie nicht umfangreicher als 32, 24 oder sogar nur acht Seiten. Solche Büchlein wurden in Italien und Spanien bereits zu Beginn des sechzehnten Jahrhunderts hergestellt, und im achtzehnten kann man sie fast überall in Europa finden.[20]

Das zweite Problem ist ökonomischer Art: Konnten sich Arbeiter, Handwerker und Bauern Gedrucktes überhaupt leisten? Damals bestanden die Produktionskosten zu einem viel höheren Prozentsatz als heute aus den Kosten für das Papier, also waren kleine Bücher billige Bücher. In Frankreich druckte man sie im siebzehnten und achtzehnten Jahrhundert auf minderwertiges Papier und band sie in das grobe, blaue Papier ein, in welches man auch die Zuckerhüte verpackte (daher der Name ‚*Bibliothèque bleue*‘). Sie kosteten einen oder zwei Sous. Ein städtischer Arbeiter verdiente damals durchschnittlich fünfzehn bis zwanzig Sous in der Woche, und das Brot kostete normalerweise zwei Sous pro Pfund. Kalender kosteten um 1710 drei Sous. In Schweden nannte man die Volksbüchlein *skillingtryck,* ,Schillingsdrucke', denn am Ende des achtzehnten Jahrhunderts kosteten sie einen schwedischen *skilling*, der die kleinste im Umlauf befindliche Münze war. Im siebzehnten Jahrhundert kosteten in England Kalender zwei Pence und Flugblätter einen Penny. Als im achtzehnten Jahrhundert das Standard-Volksbüchlein mit 24 Seiten regelmäßig auf den Markt kam, kostete es ebenfalls einen Penny. Es hat also tatsächlich den Anschein, als seien Flugblattdrucke und Volksbüchlein innerhalb der finanziellen Möglichkeiten einiger Handwerker und Bauern gelegen. Aus Inventaren kann man entnehmen, daß in Lyon und Grenoble im achtzehnten Jahrhundert eine Minderheit von Handwerkern sogar einige wenige gewichtige Bücher besaß.[21]

Ein weiteres Problem ist das des sprachlichen Zugangs: Waren Flugblätter und Volksbüchlein einfach genug geschrieben für Männer und Frauen, die im Lesen und Schreiben wenig mehr als Grundkenntnisse besaßen? Wenn man sich die Mühe macht, heute eines dieser Büchlein durchzulesen, so stellt man fest, daß die Sprache in der Regel einfach, der Wortschatz relativ klein und der Satzbau unkompliziert war. Selbst Menschen, die langsam und mit Mühe lasen, dürften mit diesen Büchlein relativ problemlos zurechtgekommen sein. Schwerwiegende Sprachprobleme traten aller Wahrscheinlichkeit nach nur in Gegenden auf, die weitab von der Volksbuchproduktion lagen, wie Osteuropa oder Süditalien, ohnehin im allgemeinen Gegenden mit hoher Analphabetenzahl. In der Bretagne oder im Languedoc, wo Französisch noch eine Fremdsprache war, kann die Bibliothèque bleue ebenfalls keine große Rolle gespielt haben.

Kurz, die gedruckte Ware erreicht eine nicht unbeträchtliche Anzahl von Handwerkern und Bauern der frühen Neuzeit, selbst wenn wir diese Zahl nicht genau benennen können und nicht wissen, ob mehr oder weniger als die Hälfte der Bevölkerung dazuzurechnen ist. Wenn man die Verschleißquote der Flugblätter und Volksbüchlein in Betracht zieht, kann man nicht davon ausgehen, daß eine zuverlässige Schätzung der Auflagenzahl möglich ist. Man schätzt, daß nur 0,013 Prozent der englischen Zeitungen aus dem siebzehnten Jahrhundert erhalten geblieben sind (diese waren nicht nur höchst verschleißanfällig, sondern auch numeriert).[22] Aus der Zeit zwischen 1500 und 1800 haben immerhin Tausende von Flugblattdrucken und Volksbüchlein überlebt. Dies legt den Schluß nahe, daß ihre Zahl sehr bedeutend gewesen sein muß. Die Frage der Größenordnung ist schwierig zu beantworten. Noch schwieriger ist es allerdings festzustellen, welchen Einfluß diese Literatur auf die populäre Kultur hatte. In anderen Worten: Welche Folgen hatte die Verbreitung des Lesens?

Ein moderner Leser wird wahrscheinlich die Parallele ziehen zwischen den damaligen Flugblättern oder Volksbüchlein und der ‚Massenkultur‘ unserer Tage. Ihm fällt sicherlich die zunehmende Standardisierung des Formats auf, und er stellt Ähnlichkeiten in der Art fest, wie Käufer angelockt werden, nämlich mit sensationellen Titeln oder dem (häufig falschen) Anspruch, eine Schilderung sei ‚vollständig‘, ‚getreu‘, ‚wahr‘ oder ‚neu‘. Die Tatsache, daß Berichte von Hinrichtungen oder königlichen Besuchen manchmal im Druck vorlagen, bevor sie überhaupt stattgefunden hatten, erinnert an das moderne, von der Presse kreierte ‚Pseudo-Ereignis‘. Auch die Figur des Presseunternehmers war bereits bekannt (so zum Beispiel die Familie Bindoni im Venedig des sechzehnten Jahrhunderts, die Familie Oudot in Troyes im siebzehnten Jahrhundert, die Familie Dicey im London des achtzehnten Jahrhunderts), in Gestalt des Geschäftsmannes, welcher die populäre Literatur zu einem Gegenstand des täglichen Gebrauchs machte.[23] Wo allerdings die Konsequenzen dieses Wandels für die traditionellen Volksunterhalter und ihr Publikum lagen, ist nicht einfach zu erfassen.

Für den professionellen Sänger und Geschichtenerzähler konnte der gedruckte Text eine willkommene Bereicherung seines Repertoires bedeuten, auch bezog er zuweilen ein zusätzliches Einkommen aus dem Verkauf von Texten. Schon im Jahre 1483 kaufte ‚Bernardino der Scharlatan‘ auf einmal fünfundzwanzig Exemplare einer Verserzählung mit dem Titel *La Sala di Malagigi* (Der Saal des Zauberers Maugis) von einem Florentiner Drucker, wahrscheinlich, um sie nach seiner Vorstellung zu verkaufen.[24] Auf die Dauer gesehen war das Buch jedoch sowohl ein gefährlicher Konkurrent als auch ein verräterischer Bundesgenosse. Ein gefährlicher Konkurrent deshalb, weil der Käufer des Textes natürlich ganz auf die Vorstellung verzichten konnte; der Anreiz, eine Stunde lang auf dem Platz zu stehen und einem Wandersänger zuzuhören, ging verloren. Alphabetisierung und Verfall des epischen Singens gingen in Westeuropa Hand in Hand, und mit dem Analphabetentum erhielt sich in Sizilien, Bosnien und Rußland das epische Gedicht. Ein schlechter Bundesgenosse war das Buch, weil ein im Druck fixierter Text die Natur der Darbietung beeinflußte und die gleichförmige Wiederholung eines Liedes oder einer Geschichte auf Kosten der Neuschöpfung förderte. Es ist sogar die Vermutung geäußert worden, das Lesen beeinträchtige die Kunst der Improvisation und schwäche auch die Motivation, das Stegreif-Dichten zu versuchen. Diese Hypothese kann in der Gegenwart kaum nachgeprüft werden, und für die Vergangenheit sind wir ganz auf Vermutungen angewiesen. Falls sie jedoch richtig sein sollte, könnte sie erklären, warum der blinde Balladensänger so wichtig war: Seine Unfähigkeit, zu lesen, bewahrte ihm seine schöpferischen Kräfte. Aller Wahrscheinlichkeit nach entstand durch den Buchdruck eine Arbeitsteilung zwischen dem Darbieter, der also nur das sang, was er vom Verleger vorgesetzt bekam, und dem

Autor neuer Lieder und Geschichten. Der Autor, der das Publikum vielleicht nie zu Gesicht bekam und der auch nicht vortragen mußte, was er geschrieben hatte, war nun ganz von der mündlichen Tradition und den Bedürfnissen der Zuhörerschaft abgeschnitten und konnte erfinden oder plagiieren, was immer er nur wollte. Aber diese seine neue Freiheit war nur für die Begabtesten ein ungefährliches Geschenk. Für die meisten von uns läuft doch der sicherere Weg über die Tradition. Es überrascht daher nicht, daß neue Flugblatt-balladen nur selten das Niveau ihrer traditionellen Vorgänger erreichen.[25]

Wie war es um das wachsende Lesepublikum bestellt? Veränderte das gedruckte Buch seine Einstellungen und Werte? Diese Frage ist heute in der dritten Welt, wo die Alphabetisierung noch nicht abgeschlossen ist, besonders aktuell und wird von Soziologen oft positiv beantwortet. In Nigeria entstand in den fünfziger Jahren eine populäre Literatur in englischer Sprache, eine Bibliothèque bleue für schwarze Menschen, mit der Stadt Onitsha als Zentrum der Produktion. Sie bemühte sich oft, ihren Lesern neue Wertsetzungen zu vermitteln: harte Arbeit, Sparsamkeit, Leistung, Weltklugheit und Fortschritt. Ein amerikanischer Soziologe stellte im Mittleren Osten auf der Grundlage von Befragungen die Behauptung auf, Zugang zu Lesestoff (in Verbindung mit anderen Massenmedien und grundlegenden Veränderungen in der Sozialstruktur, vor allem Urbanisierung) bringe eine neue Art von Persönlichkeit hervor, die er die ‚mobile Persönlichkeit' nennt. Dieser neue Menschentyp zeichne sich durch ein hohes Einfühlungsvermögen aus (als Ergebnis der durch die Medienvermittlung gemachten Erfahrungen), ferner durch die Bereitwilligkeit, Veränderungen zu akzeptieren, von einem Ort zum andern zu ziehen oder eine eigene Meinung über die Gesellschaft zu äußern; in einem Wort, das sei der moderne Mensch.[26]

In der frühen Neuzeit sind solche auffallenden Veränderungen nicht feststellbar. Damals fand die Urbanisierung nicht in dem Tempo statt wie in Nigeria oder im Mittleren Osten heute, und die Welt, die sich dem Leser im Buche erschloß, zeigte ihm nicht das Vorbild industrieller Gesellschaften. Wir können die Toten nicht interviewen und auch nicht ihre empathischen Fähigkeiten testen, aber die Haltungen Türken, Juden oder Hexen gegenüber legen den Schluß nahe, daß das Einfühlungsvermögen recht unbedeutend war (S. 180 f. oben). Ein Historiker wandte eine scharfsinnige Methode an, um die Hypothese von der Modernisierung mit Hilfe eines Vergleichs zu verifizieren. Er stellte die Testamente analphabetischer Neuengländer denen von lesekundigen gegenüber. Er fand heraus, daß beide Gruppen den gleichen Anteil ihres Vermögens für wohltätige Zwecke stifteten, daß beide es vorzogen, ihre Familien oder ihre Dorfnachbarn und nicht Außenstehende zu bedenken, und daß sie eher den Armen oder der Kirche etwas hinterließen als Schulen. Kurz, auch die Haltungen der Alphabetisierten waren traditionsbestimmt.[27] Auch der Inhalt der populären Druckerzeugnisse läßt nicht auf einen Traditionsbruch schließen. Viel von dem Gedruckten hatte bereits zum Repertoire der Darbieter gehört, als noch die mündliche Tradition vorherrschte, und läßt diesen Ursprung deutlich erkennen: Balladen und Zwiegespräche, Spottpredigten und Mysterienspiele. Vielleicht sind die Gesetze der Trägheit für diesen Mangel an Veränderung verantwortlich, vielleicht diente der Lesestoff damals aber auch in erster Linie dem Vorlesen im Kreise der Nachbarn und Verwandten und nicht der privaten Lektüre. Liest ein Historiker heute eine Reihe von Volksbüchlein, die zwischen 1500 und 1800 erschienen sind, so wird er wohl überrascht sein von der überragenden Rolle, welche die Tradition in ihnen spielt: die gleichen Gattungen, die gleichen Texte. Diese Erfahrung machten auch Beamte, welche Kolporteure verhaften ließen, um ihre Ware zu überprüfen. Noch im Jahre 1812 wurden bei einem deutschen Kolporteur, der sechsunddreißig Büchlein mit sich führte, ein Traumbüchlein, die *Genovefa von Brabant,* die *Vier Haimonskinder* und die Schwänke Till Eulenspiegels gefunden. 1825 wurde ein französischer Kolporteur verhaftet, der in seiner Kollektion von fünfundzwanzig Büchern ein Traumbuch, *Les quatre Fils Aymon, Pierre de Provence* und *Le chat botté* mitführte.[28] Kalender, die in der frühen Neuzeit zu den beliebtesten Buchformen gehörten, veränderten sich von Jahr zu Jahr kaum, ja nicht einmal von Jahrhundert zu Jahrhundert, sondern boten immer wieder die gleichen astrologischen, medizinischen, landwirtschaftlichen und religiösen Unterweisungen an.[29] Man kann sich des Eindrucks nicht erwehren, daß der Buchdruck die traditionelle Volkskultur am Leben erhielt und verbreitete, statt sie zu zerstören. Wie viele Balladen hätten die Sammler denn nach ‚mündlicher Überlieferung' im neunzehnten Jahrhundert aufzeichnen können, wenn es die Volksdrucke nicht gegeben hätte?[30]

Dieser erste Eindruck bewahrheitet sich bei genauerem Hinsehen, wenn er auch differenziert werden muß. So blieben einerseits alte Themen zwischen 1500 und 1800 erhalten, doch tauchten andererseits auch neue Themen auf. Kulturale Veränderungen waren auch in diesem Falle nicht von der Art, daß sie Altes verdrängten, sondern daß Neues hinzukam. Neben den traditionellen Heiligen, Ritter, Herrscher und Gesetzlosen traten neue Helden. Der Husar war eine neue Form des Ritters, der Schmuggler ein neuer Typ des Geächteten und der Unternehmer eine ganz neue positive Figur. Unterweisungsbücher religiöser, moralischer und praktischer Art *(conduct books)* tauchten im achtzehnten Jahrhundert in Volksbuchform auf und errangen große Beliebtheit. Sie sagten dem Leser (wie die populäre Literatur in Nigeria heute), wie man einen guten Brief schreibt oder wie man sich dem anderen Geschlecht nähert, und sie führten beispielhaft passende Komplimente an, wie „Ich schätze Ihre keusche Liebe höher ein als den Reichtum Indiens".[31]

Noch bedeutsamer sind Anzeichen von zwei allmählich auftretenden, jedoch wichtigen Veränderungen in der populären Einstellung, die man in Volksbüchlein und anderen Quellen entdecken kann, jedenfalls was Westeuropa anbelangt. Verallgemeinernd und sicher verkürzt kann man sie in den beiden recht handlichen Begriffen Säkularisierung und Politisierung zusammenfassen.

,Säkularisierung' ist nicht leichter zu definieren als ,Religion'. Vielleicht sollten wir einen Unterschied machen zwischen der radikalen und der abgeschwächten Bedeutung des Begriffs. Radikal kann man unter Säkularisierung Abwendung von der Religion verstehen. Spricht der Historiker von diesem Vorgang, so muß er natürlich als Bezugspunkt ein Zeitalter des Glaubens vorweisen, mit dessen Ablauf der Säkularisierungsprozeß beginnt. Französische Historiker widmeten jüngst dem Problem der *déchristianisation*, wie sie den Vorgang nennen, viel Aufmerksamkeit. Da es im siebzehnten Jahrhundert Bretonen gab, die angeblich nicht wußten, wie viele Götter es gibt, und man 1685 die Protestanten zwang, zum Katholizismus überzutreten oder das Land zu verlassen, kann man den Höhepunkt der katholischen Orthodoxie erst spät ansetzen, vielleicht um die Jahre 1720–50. Und doch hörte schon 1790, als das Revolutionsregime den Druck lockerte, ein nicht unwesentlicher Teil der Bevölkerung auf, seiner Osterpflicht nachzukommen, vor allem in Paris und in den größeren Städten. Heute können wir nicht mehr beurteilen, ob dieses Nachlassen in den kirchlichen Praktiken spontan erfolgte und was es für die Handwerker und Bauern bedeutete. Vielleicht lehnten sie einfach die organisierte Religion ab und praktizierten einen volkstümlichen Deismus wie die freidenkerischen Handwerker in London und Wien in den neunziger Jahren des achtzehnten Jahrhunderts. Vielleicht handelte es sich auch um eine Ablehnung des offiziellen Katholizismus durch die Familien früherer Protestanten oder durch Menschen, die der Kirche wegen der Angriffe des Klerus auf die traditionelle Volksfrömmigkeit und die populären Glaubenspraktiken feindselig gegenüberstanden.[32]

Säkularisierung im abgeschwächten Sinne könnte man definieren als die Gewohnheit, Hoffnungen und Ängste zunehmend in weltliche Begriffe zu fassen und das Übernatürliche zurückzudrängen, einen Prozeß, den Max Weber als ,Entzauberung der Welt' beschrieb. Dieser Wandel läßt sich auch an den Volksbüchlein ablesen. In England klingen einige Erzählungen wie ein weltlicher Ersatz für Andachtslektüre. Defoes *Moll Flanders* und *Robinson Crusoe,* beide in gekürzten und billigen Ausgaben im achtzehnten Jahrhundert weit verbreitet, kann man als weltliche Pilgerreisen betrachten, an deren Ende als Zeichen der Erlösung oder sogar anstelle der himmlischen Seligkeit der Erwerb von Reichtum und Ansehen steht. Ein anderes oft aufgelegtes Volksbüchlein, *Hocus Pocus*, legte die Tricks der Gaukler und Zauberer offen und machte klar, daß ihnen keine übernatürlichen Kräfte zur Verfügung stehen, sondern nur geschmeidige Finger. Solche Beispiele zeigen deutlich, daß Veränderungen in der Kultur der Gebildeten – vor allem die komplexen Veränderungen, die man im Begriff der ‚naturwissenschaftlichen Revolution‘ zusammenfaßt – Auswirkungen auf die Volkskultur hatten.[33] Eine kürzlich veröffentlichte Untersuchung der französischen Kalender aus dem achtzehnten Jahrhundert bringt an den Tag, daß sie dem Übernatürlichen weniger Raum gaben als die des siebzehnten Jahrhunderts. In einem Volksbüchlein des achtzehnten Jahrhunderts erweckt die Geschichte des Bonhomme Misère den Eindruck, als habe man recht ungeschickt versucht, alle Hinweise auf das Übernatürliche auszumerzen. Misères Wunsch wird erfüllt nach dem Besuch von „zwei Personen namens Peter und Paul" („deux particuliers nommés Pierre et Paul"), und nie werden sie als die Heiligen benannt, die sie ursprünglich waren.[34]

Hoffnungen und Ängste, die man früher mit Hilfe religiöser Begriffe artikuliert hatte, suchten nun nach neuen Ausdrucksformen und fanden sie mehr und mehr im politischen Bereiche.

Die Politik und das Volk

Eine weitere wichtige Veränderung in den Jahrhunderten zwischen 1500 und 1800 könnte man in der wachsenden ‚Politisierung‘ der populären Kultur sehen oder in der Herausbildung eines politischen Bewußtseins bei einer wachsenden Zahl von Handwerkern und Bauern. Wie können wir feststellen, ob die kleinen Leute ein politisches Bewußtsein besaßen oder nicht? Hier sehen wir uns mit zwei Problemen konfrontiert; eines von ihnen ist begrifflicher Art und eines empirischer Art. Was ist Politik? Für die frühe Neuzeit kann man Politik als ‚Staatsangelegenheiten‘ definieren, Fragen also, die nicht mehr lokaler Art sind, sondern auf der Ebene der Herrscher behandelt werden, wie Erbfolge, Kriege, Besteuerung und ökonomische und religiöse Probleme, insoweit, als sie Lösungen auf höchster Ebene verlangen. Politisches Bewußtsein könnte man dann definieren als Einsicht in diese Probleme und ihre Lösungsmöglichkeiten. Dies setzt eine ‚öffentliche Meinung‘ voraus und eine kritische (wenn auch nicht notwendigerweise feindselige) Haltung der Regierung gegenüber. Das empirische Problem besteht darin, daß der Historiker ja keine Meinungsumfrage mehr anstellen kann und immer Gefahr läuft, Argumente aus dem Nichts aufzubauen, da so wenig über die Handwerker und Bauern der damaligen Zeit bekannt ist. Zum Beispiel wissen wir nicht, worüber sie im Gasthaus, auf dem Marktplatz oder zu Hause gesprochen haben. Wir können wieder nur versuchen, das Quellenmaterial aus der Volksliteratur historischem Material über populäre Bewegungen gegenüberzustellen, um in all dem eine Struktur aufzuspüren. Viele Indizien erlauben den Schluß, daß sich ein politisches Bewußtsein bildete und erweiterte. Wenigstens in Westeuropa nahmen Handwerker und Bauern in stärkerem Maße Anteil an den Maßnahmen der Regierenden und fühlten sich mehr als früher einbezogen in das politische Geschehen in ihrem Lande.

Als Luther sich an die Fürsten und den Adel der „deutschen Nation" wandte, wurde eine theologische Streitfrage zum Politikum. Die Regierenden mußten sich entscheiden, welche Haltung sie der Reformation gegenüber einnahmen. Luther appellierte auch an den „Herrn Omnes", wie er ihn nannte, also an den gemeinen Mann, und dies mußten nun auch seine Gegner tun. Um 1520, zu Beginn der Reformationszeit, wurden viele Pamphlete in Umlauf gebracht, um gewöhnliche Leute davon zu überzeugen, daß Luther recht hatte oder im Unrecht war. Satirische Drucke versuchten, Argumente noch überzeugender und deutlicher zu machen. Luther kannte den propagandistischen Wert des Buchdrucks genau und registriert auch seine Wirkung. So schreibt er in einem Brief an den Erzbischof von Mainz: „Zum andern, das auch der gemeyn man so weyt bericht und in verstandt kummen ist, wie der geystlich nichts sey, wie das wol und all zu vil beweysen so mancherley lieder, sprüch, spöterey, da man alle wende, auff allerley zettel, zu letzt auch auff den karten spilen pfaffen und münich malet, und gleych eyn eckel worden ist." Die Reaktion der deutschen Bauern auf diese Auseinandersetzung ist bekannt. 1525 rebellierten sie. Luther hatte nie einen Bauernaufstand gewünscht und verurteilte ihn, aber die Kampagnen um den Religionsstreit hatten sicher den Haß der Bauern gegen ihre geistlichen Herren angestachelt, und die Bauern sahen wohl Luthers ‚Freiheit des Christenmenschen' nicht so sehr als geistliche Freiheit, denn als Freiheit von der Leibeigenschaft. Viele ihrer Beschwerden waren traditionell, aber die ideologische Begründung ihrer Revolte war neu. Sie erlaubte es ihnen, Fronherren und Fürsten im Namen einer höheren Autorität anzugreifen. In einem populären Lied des Jahres 1546 sagte „das teutsche land" dem Kaiser ins Gesicht, „untrew und falsch" habe ihn besessen, da er sich untersteht, „mit mord und brand / zu wüsten gar das teutsche land" (in anderen Worten, Krieg gegen die Protestanten zu führen), statt, wie es seine Aufgabe gewesen wäre, „den Türken" hinauszutreiben.[35]

In Deutschland schwächte sich der Streit um die Reformation um die Mitte des sechzehnten Jahrhunderts ab, aber seine Konsequenzen für die populäre Kultur waren auch andernorts weiterhin zu spüren. In den sechziger und siebziger Jahren lehnten sich in Frankreich und in den Niederlanden Adelige im Namen der Freiheit und der wahren Religion (wobei es sich um die kalvinistische handelte) gegen ihre jeweiligen Herrscher auf. Auch sie wandten sich ans Volk, wie Luther es getan hatte.

In den Niederlanden übernahmen die aufständischen Edelleute den Spitznamen ‚Geusen' (Bettler), mit dem man sie verächtlich machen wollte. Sie inszenierten eine Art politisches Happening, ein Bankett, bei dem sie Bettelschalen mit sich führten. In den Straßen von Antwerpen und Brüssel wurde der Ruf „Es leben die Geusen" *(Vive le Geus)* ein populärer Slogan. Bettlerlieder zirkulierten bald auf Flugblättern. Sie griffen König Philipp und seinen Statthalter, den Herzog von Alba, als Tyrannen an und nannten den Papst den Antichrist. Ferner kommentierten sie den Verlauf des Befreiungskrieges, wie die Eroberung von Briel, die Belagerung und den Entsatz von Leyden und die Ermordung des Führers der Geusen, Wilhelms des Schweigsamen. Nicht nur Lieder kamen in Umlauf, auch Pamphlete, Flugblätter, Medaillen (so der berühmte Geusenpfennig) und Abzeichen wie der Halbmond, auf dem zu lesen war *Liever Turcx dan Paus,* „Lieber Türke als Papst".[36]

Auch in Frankreich sorgten Lieder und Flugblätter dafür, daß der einfache Mann erfuhr, was im Bürgerkrieg auf dem Spiel stand und welche drei Parteien in den Konflikt verwickelt waren: die militanten Hugenotten, die in der Liga zusammengeschlossenen militanten Katholiken und die Partei der Mitte, die sich um Katharina von Medici und ihren Sohn Heinrich III. scharte. Wie die Geusen brachten auch die Hugenotten Lieder und Drucke unter das Volk, mit denen sie für ihre Sache warben, so das Flugblatt *Le Renversement de la Grande Marmite,* wobei es sich beim umgestoßenen Suppenkessel um die römische Kirche handelt und Kardinäle, Bischöfe und so weiter aus ihm herauspurzeln. Die katholische Liga schlug zurück mit Flugblättern, auf denen die Hugenotten als Affen dargestellt sind und Heinrich III. als Teufel oder als Hermaphrodit erscheint.[37]

Wie in Deutschland, so waren auch in Frankreich die Wirkungen weitreichender, als die politischen Führer beabsichtigt hatten. Die neuen Gedanken stießen nicht auf ein teilnahmsloses und passives Volk; die kleinen Leute glichen die Ideen der Gebildeten ihren Erfahrungen an und machten sie sich zu eigen. Um 1570 wurde in Gent mit der Unterstützung der Zünfte ein aus achtzehn Männern bestehendes Komitee gebildet, das die sofortige Einführung der kalvinistischen Reformation forderte. Im März 1579 kam es zu Unruhen, man belagerte die Häuser der Reichen, und die Menge sang: *Papen blot, ryckemans goet,* „Papstblut, reichen Mannes Gut". Zehn Jahre später errichteten Anhänger der Liga in Paris Barrikaden, vertrieben Heinrich III. und setzten ein Komitee von dreizehn Männern ein, das wie in Gent den Anspruch erhob, für Handwerker und Kaufleute zu sprechen. Die adeligen Führer der Bürgerkriegsparteien sahen diese städtischen politischen Bewegungen mit Besorgnis. Wilhelm der Schweigsame verbot das Komitee in Gent, der Herzog von Mayenne das in Paris.[38] Auch die Haltungen der Bauern änderten sich. Schon 1562 beschwerten sich einige Adelige auf der kalvinistischen Synode in Nîmes über die gleichmacherischen Parolen ihrer Bauern. 1578 taten sich in der Provence katholische und protestantische Bauern zusammen, um Schlösser anzuzünden und Aristokraten zu massakrieren. 1594 beendeten aufständische Bauern in Bergerac eine Versammlung mit der Parole ‚Liberté‘ und „Vive le Tiers Etat!“.[39]

In Frankreich endeten die Religionskriege 1590, in den Niederlanden wurde im Jahre 1609 ein Waffenstillstand mit Spanien geschlossen, aber Mitteleuropa stand kurz vor dem Dreißigjährigen Krieg (1618–1648). Wirren und Schlachten dieses Krieges gaben Anlaß für eine Flut von politischen Pamphleten, Flugblättern und Liedern. Sie verspotteten oder priesen die Fürsten, ihre Berater und ihre Heerführer. Katholische Drucke zeigten den Kalvinisten Friedrich von der Pfalz, den Winterkönig, wie er heimatlos von Land zu Land irrte, nachdem er aus Böhmen vertrieben worden war. Protestantische Drucke verspotteten Kardinal Klesl, den Berater Ferdinands II. Man ließ ihn nach der Melodie von *O du armer Judas* „O ich armer Khlesl/ Was hab ich getan“ singen oder parodierte *O Welt, ich muß dich lassen* (S. 240 oben) mit den auf Klesl gemünzten Zeilen „O Wien, ich muß dich lassen“. Überlieferte Prophezeiungen über den ‚Löwen aus dem Norden‘ wurden auf Gustav Adolf bezogen und fanden in Flugblättern große Verbreitung.[40]

Der Ausbruch des Dreißigjährigen Krieges fällt auch zusammen mit dem Aufkommen eines neuen Mediums, das politische Haltungen artikulieren und bilden sollte: des *coranto* oder der Neuen Zeitung. Man kann dieses Medium wohl korrekt definieren als einen oder mehrere Druckbogen, die über aktuelle Ereignisse berichten und die (darin bestand das Neue) in kürzeren Zeiträumen regelmäßig erscheinen. Das erste europäische Pressezentrum war Amsterdam. Dort kamen Zeitungsblätter auf holländisch, deutsch, französisch und englisch heraus. Sie erschienen im allgemeinen ein- oder zweimal wöchentlich. Der ‚hinkende Bote‘ (damals ein geläufiger Titel für Blätter mit Neuigkeiten) fing an, schneller zu laufen.[41]

Man kann wohl mit Recht behaupten, daß sich zwischen 1618 und 1648 mehr Westeuropäer als jemals zuvor für Politik interessierten. Die Machenschaften der Regierenden hatten immer einschneidendere Wirkungen auf das Leben der einfachen Menschen, und nun gelangten auch mehr politische Informationen unters Volk. In den Niederlanden erschien eine Fülle von Pamphleten, Flugblättern und Liedern, die Tagesereignisse wie zum Beispiel den Konflikt zwischen dem Prinzen Moritz, dem Sohn und Nachfolger Wilhelms des Schweigsamen, und Jan van Oldenbarnevelt kommentierten, der im Jahre 1618 wegen ‚Verrats‘ hingerichtet wurde. 1621 hörte man aus Italien, daß „sogar Barbiere und die anderen noch bescheideneren Handwerker *(gli altri più vili artefici)* in ihren Werkstätten und Treffpunkten Fragen der hohen Politik diskutierten“, und diese Beobachtung klingt glaubwürdig, wenn man bedenkt, daß zwischen 1636 und 1646 Wochenzeitungen in nicht weniger als sechs italienischen Städten gegründet wurden.[42]

In den Jahren um 1640 kann man in England und Frankreich nicht mehr von einem Strom von Flugblättern sprechen, sondern von einer wahren Flut. Die Fronde, eine Adelsverschwörung gegen die Herrschaft des Kardinals Mazarin, brachte die Veröffentlichung von etwa 5000 *mazarinades* mit sich. Einige von ihnen meldeten Nachrichten, andere enthielten Satiren. Manche waren in kraftvollen und einfachen Reimen geschrieben, die für jedermann verständlich waren. Jedes Blatt kostete einen Viertel- oder einen halben Sou, womit sie noch weit unterhalb der Volksbüchlein der Bibliothèque bleue lagen, weshalb auch der in einer von ihnen vorgebrachte Anspruch, jedermann sei gegen Mazarin, gar nicht so unbegründet sein mag:

Il n'est de trou ni de taverne
Où chaque artisan ne le berne,
Chaque compagnon de métier,
Gagne-petit et savetier
Jusque aux vendeuses de morues
En font des comptes dans les rues.

(Es gibt keinen Unterschlupf und keine Schenke / wo nicht jeder Handwerker ihn verspottet, / Jeder Handwerksbursche, / Jeder Hungerleider und Flickschuster / Sogar die Fischweiber / Rechnen mit ihm auf den Straßen ab.)[43]

Im englischen Bürgerkrieg ist das allgemeine politische Bewußtsein noch augenfälliger. Daß englische Handwerker und Bauern schon früher an politischen Ereignissen teilnahmen, kann man aus der *Pilgrimage of Grace,* der elisabethanischen puritanischen Bewegung oder aus den Flugblättern ersehen, die die spanische Armada kommentierten. Als aber die Gegner Karls I. sich nach dem Vorbild der Widersacher Philipps und Heinrichs III. an das Volk wandten, war doch das Echo größer als jemals in der Vergangenheit. Riesige Unterschriften- und Petitionsaktionen wurden in die Wege geleitet – 15 000 Menschen unterzeichneten die *Root and Branch Petition,* 30 000 die Petition mit der Forderung, Strafford vor Gericht zu stellen. Der Begriff ‚Demonstration' im politischen Sinne kam in England erst zu Beginn des neunzehnten Jahrhunderts auf, aber anders als mit diesem Wort läßt sich das Verhalten der Menge, die Burton, Bastwick und Prynne nach ihrer Entlassung aus dem Gefängnis 1640 im Triumph nach London eskortierte, kaum beschreiben. Eine Demonstration war es auch, als sich die Massen im Jahre 1641 während der drei ‚Dezembertage' in Westminster versammelten und skandierten: ,,Keine Bischöfe!" oder ,,Keine papistischen Herren!" Ein Zeitgenosse, der den Bestrebungen kritisch gegenüberstand, beschreibt das Benehmen der Menge so: ,,Es gab eine Art Disziplin in der Unordnung, auf einen Befehl hin, auf ein gegebenes Stichwort, konnten sofort Krawalle entstehen." Die politische Berichterstattung nahm nie gekannte Ausmaße an. Während der Jahre zwischen 1640 und 1663 sammelte der Buchhändler George Thomason fast 15 000 Pamphlete und über 7000 Zeitungen, inklusive Predigten, Reden im Unterhaus, Traktate zur Durchsetzung sozialer Reformen, Traktate gegen soziale Reformen, und Sensationsberichte, ob nun unter dem Titel „Freudige Nachricht aus Shrewsbury" oder „Schreckliche Nachricht aus Hull". Politische Lieder und Prophezeiungen gab es in großer Zahl; aus dem Jahre 1641 allein sind uns um 150 politische Flugblattdrucke erhalten geblieben.[44]

Wie im sechzehnten Jahrhundert in den Niederlanden und Frankreich, kamen im Verlaufe des Bürgerkrieges radikalere Ansichten auf. Die *Levellers** vertraten die Meinung, daß „die Gesetze gleich sein sollten" und daß ‚das Volk' (damit meinten sie die unterste Klasse der Selbständigen, die kleinen Handwerker und Freibauern) das Parlament wählen sollte, mit der Begründung, daß „alle Macht ursprünglich und grundsätzlich im ganzen Volk verankert ist". Es ist heute schwer festzustellen, wieviel Unterstützung die *Levellers* damals im Volk fanden. Wir wissen nicht einmal, wie weit ihre Ansichten bekannt waren, aber wir können nicht umhin, die Behauptung aufzustellen, daß um die Mitte des siebzehnten Jahrhunderts in England die politisch bewußteste Gesellschaft Europas lebte.[45]

In der zweiten Hälfte der Epoche gehörten politische Texte und Bilder immer zum Alltagsleben und tauchten nicht mehr nur in historischen Ausnahmesituationen wie in Bürgerkriegen auf. Die Restauration Karls II. konnte das neugeweckte Interesse an politischen Fragen nicht mehr unterdrücken. Die Whigs starteten eine Kampagne, weil sie erreichen wollten, daß Jakob, der Herzog von York, von der Thronfolge ausgeschlossen würde. Im Verlaufe dieser Kampagne organisierten sie Petitionen, ließen Balladen und Flugblätter drucken und stellten Umzüge auf die Beine, die der Prozession zu Ehren des Bürgermeisters von London in nichts nachstanden. Die Tatsache, daß der Ausdruck ‚mob' am Ende des siebzehnten Jahrhunderts üblich wurde, gibt einen Anhaltspunkt dafür, daß die herrschende Schicht das politische Bewußtsein des Volkes registrierte – und zu fürchten begann.

Im England des achtzehnten Jahrhunderts blieben Balladen und Pamphlete wichtige politische Medien. Von einer Streitschrift des wackeren Tory-Theologen Henry Sacheverell wurden in wenigen Tagen 40 000 Stück verkauft (das Zehnfache der Absatzzahl, die Luthers Flugblatt *An den Christlichen Adel deutscher Nation* fast zweihundert Jahre zuvor in Deutschland er-

---

* Republikanische Splittergruppe in Cromwells neuer Armee, ca. 1646–49. (Anm. d. Übers.)

reicht hatte). Populäres politisches Verhalten und politische Anteilnahme erreichte am Ende der sechziger Jahre des achtzehnten Jahrhunderts einen Höhepunkt in den öffentlichen Sympathiekundgebungen für John Wilkes. Sacheverell hatte man in Staffordshire-Keramik portraitiert, Admiral Vernon wurde auf Medaillen dargestellt; doch das häßliche Gesicht von Wilkes tauchte auf Löffeln, Krügen, Pfeifen und Knöpfen auf. Flugblätter erschienen nun so oft, daß eine Druckerei eine Institution von politischer Bedeutung wurde, vor deren Fenstern sich die Menge drängelte, um den neuesten Kommentar zu den Tagesereignissen zu lesen, von der geplatzten Südseespekulation *(South Sea Bubble**) bis zur amerikanischen Revolution. Ein Flugblatt mit dem Titel *The Funeral Procession of Miss Americ Stamp* (der Leichenzug von Frl. Amerikasteuer**) erreichte eine Verkaufszahl von 16 000 Exemplaren.[46]

Wenn irgend etwas dazu beigetragen hat, aus der Politik ein Stück Alltag für einfache Leute zu machen, wenigstens in den Städten, so war es sicherlich die Zeitung. Das Medium nahm durch den *Licensing Act* des Jahres 1695 einen beträchtlichen Aufschwung, denn dieses Gesetz schaffte die Zensur vor der Drucklegung ab. Bald konnte man zwischen verschiedenen Zeitungen wählen. *The Observator,* eine Whig-Zeitung, erschien ab 1702 zweimal wöchentlich; *The Rehearsal,* eine Tory-Zeitung, wurde 1704 von Charles Leslie gegründet, und zwischen 1704 und 1713 erschien zwei- oder dreimal wöchentlich *The Review,* deren Herausgeber Daniel Defoe war. Wie im Falle der Volksbüchlein müssen wir uns fragen, ob diese Zeitungen den Handwerkern und anderen Arbeitern zugänglich waren, doch kann man die Frage wohl bejahen. Eine recht ernstzunehmende Aussage diesbezüglich stammt von Leslie selbst. „Der größte Teil des Volkes [...] kann überhaupt nicht lesen", meinte er, doch „pflegen sie sich um jemand zu scharen, der lesen kann, und hören dem *Observator* oder der *Review* zu (wie ich es selbst auf den Straßen gesehen habe)." Was die Kostenfrage anbelangt – eine Zeitung kostete damals zwei Pence –, so konnte das Problem so gelöst werden, wie es ein Schweizer Besucher von London 1726 schildert:

Die meisten Handwerker beginnen den Tag damit, daß sie ins Kaffeehaus gehen, um dort die Zeitung zu lesen. Ich habe oft Schuhputzer und andere Leute dieser Art gesehen, die sich zusammentaten, um für einen *liard* täglich eine Zeitung zu kaufen und sie gemeinsam zu lesen.

---

* Am Ende des Jahres 1720 gab es nach einer Hausse einen Kursverfall der Aktien der South Sea Company.
** Die im Stamp-Act beschlossene Sonderbesteuerung der amerikanischen Kolonien mußte 1766 rückgängig gemacht werden. (Anm. d. Übers.)

1726 hatten die kleinen Leute guten Grund, interessiert zu sein, denn damals begann der *Craftsman,* eine Oppositionszeitung, sein Erscheinen. Drei Jahre später stellte der *Craftsman* lapidar fest: „Wir sind eine Nation von Staatsmännern geworden." Falls dem so war, fällt es dem Historiker allerdings schwer, die englische Nation im Jahre 1760 zu charakterisieren, als noch mehr Zeitungen verkauft wurden.[47]

Auch die Holländer konnten durchaus den Anspruch erheben, ‚Staatsmänner' geworden zu sein. Amsterdam blieb noch lange das große Nachrichten- und Zeitungszentrum, das es um 1620 geworden war. 1656 wurde in Haarlem der *Oprechte Haarlemsche Courant* gegründet, eine Zeitung, die noch lange fortbestehen sollte. Die in den Befreiungskämpfen begründete Tradition der politischen Streitschriften und Flugblätter wurde nicht aufgegeben. Während des Krieges mit Frankreich verspottete man Ludwig XIV. als Betbruder und Tyrannen genauso wie seinerzeit Philipp II. Als 1672 die Brüder de Witt gelyncht wurden und 1720 die ‚Seifenblase' der Südsee-Spekulationen platzte, erschienen zu den Ereignissen zahlreiche Flugblattkommentare. Unter den Künstlern, die für Flugblätter arbeiteten, war der begabte Romeyn de Hooghe. Obwohl die städtische Bevölkerung in Skandinavien nicht besonders zahlreich war, konnte man dort von der Mitte des achtzehnten Jahrhunderts an regierungsunabhängige Zeitungen finden. In Dänemark war es die *Kobenbavske Post-Tidener* (1749), die E. H. Berling gegründet hatte und die noch heute unter dem Namen *Berlingske Tidende* herauskommt; in Schweden die *Tidningar* (1758) und in Norwegen die *Efterretninger* (1765). In Schweden besaß das Volk von alters her politische Rechte, da die Bauern im Riksdag vertreten waren. Zu Beginn des achtzehnten Jahrhunderts gelang es ihnen, ihren Einfluß zu vergrößern unter der Führung von Per Larsson und Olof Håkansson, die um 1720 und um 1730 die Sprecher der Bauern waren. Balladen und Flugblätter über politische Ereignisse im Lande waren in Umlauf. Als Baron Görtz gestürzt wurde (ein Deutscher, der für die Kriege Karls XII. Gelder eingetrieben hatte), brachte ein Flugblatt die allgemeine Genugtuung darüber zum Ausdruck:

> Du har allt ont påfunnit
> Det du betala skall...
> Mästerligt har du jagat
> Efter silver och gull.

> (Du hast alles mögliche Schlechte getan / Das du bezahlen sollst... / Meisterlich hast du / Dem Silber und Gold nachgejagt.)

Dänemark und Norwegen hatten ihren Görtz am Ende des achtzehnten Jahrhunderts in Gestalt des J. F. Struensee. Als Leibarzt König Christians VII. und als Geliebter der Königin war er der wirkliche Herrscher über beide

Königreiche, bis er 1772 in Ungnade fiel. Ein paar Jahre später entdeckte ein englischer Reisender in Setran in Norwegen in einer Bauernhütte „einen Flugblattdruck von dem unglücklichen Struensee im Gefängnis, vom Teufel gepeinigt: diese Flugblätter wurden, wie ich annehme, bei seinem Sturz in Umlauf gebracht und vom Volke begierig aufgenommen". Am Ende des achtzehnten Jahrhunderts erhoben sich die Bauern in Norwegen zweimal, ein deutliches Zeichen für ihr gestärktes politisches Bewußtsein. 1765 protestierten sie in der Umgebung von Bergen, im sogenannten *Strilekrig,* gegen eine neue Steuer, und 1786 im Lofthus-Aufstand griffen sie anfänglich einen Fabrikbesitzer an, der Löhne herabgesetzt hatte, aber dann dehnte sich die Rebellion auf mehrere Provinzen aus. So konnten nicht nur in Großbritannien, sondern auch in Skandinavien und in den Niederlanden die späteren liberal-demokratischen Systeme des neunzehnten Jahrhunderts auf Vorläufer in der populären politischen Kultur des vorhergehenden Jahrhunderts zurückgreifen.[48]

In anderen europäischen Ländern ist es nicht so einfach, Zeugnisse für das politische Bewußtsein von Handwerkern und Bauern vor den Jahren der französischen Revolution zu finden, wenn sich auch nach den Ereignissen in Frankreich die Situation plötzlich änderte. In Frankreich selbst hatte das Tauwetter schon früher eingesetzt, oder zumindest hatten sich im Eis Risse gezeigt. Bereits um 1780 hatte ein Reisender in Paris beobachtet, daß Flugblätter mit Attacken gegen Minister offen auf den Straßen gehandelt wurden und daß sich die Leute in den Cafés meistens über Politik unterhielten. Nach 1789 wurde die französische Volkskultur politisiert. Populäre Zeitungen erschienen, und eine von ihnen, Héberts *Père Duchesne,* in kraftvoll volkstümlicher Sprache geschrieben, soll eine Verbreitung von einer Million Exemplaren erreicht haben. Auch Katechismen und Kalender wurden politisch. 1791 kommentierte der *Almanach de Père Duchesne,* nach eigenem Zeugnis ein „ouvrage bougrement patriotique" (ein mächtig patriotisches Werk), die Ereignisse des vergangenen Jahres; 1792 setzten die Verfasser des *Almanach de la Mère Gérard* die Menschen- und Bürgerrechte in *vaudevilles* um, in volkstümliche Reime.[49]

Die Analphabeten konnten dem Geschehen nicht nur dadurch folgen, daß sie bei Reden oder beim Vorlesen von Zeitungen zuhörten, sondern auch dadurch, daß sie Bilder betrachteten. Politische Flugblätter wie das berühmte Blatt vom Bauern mit einem Priester und einem Adeligen auf dem Rücken kamen nun zu den Andachtsbildern hinzu, die bereits in Epinal und andernorts hergestellt wurden. Auch Teller und Fächer mit politischen Motiven wurden produziert. Das Geschirr stammte meist aus Nevers und war mit Inschriften versehen wie *Vive la Liberté* oder *Vive le Tiers Etat* (Abb. 18); auf Fächern konnte man zum Beispiel den Fall der Bastille oder ein Portrait von

General Lafayette dargestellt finden. Neue Bräuche wurden geschaffen, von denen manche sich an altes Brauchtum anlehnten. Das Errichten des Freiheitsbaumes war die politische Version des Maibaum-Aufstellens. Am 14. Juli 1794 wurde in Reims der Fall der Bastille in karnevalesker und parodistischer Form gefeiert, wobei eine mit Strohpuppen vollgestopfte Burg belagert und eingenommen wurde.[50]

Wie in England um die Mitte des vorhergehenden Jahrhunderts, förderte auch in Frankreich in den auf die Revolution folgenden Jahren die öffentliche Beteiligung des Volkes an der politischen Diskussion das Aufkommen radikaler Ansichten. Die Sansculottes hatten mit den Levellers vieles gemeinsam. Beide Gruppen glaubten an den Herrschaftsanspruch des ‚Volkes‘, worunter die kleinen Eigentümer und Selbständigen zu verstehen sind, beide Gruppen glaubten an die Gleichheit der Rechte; beide fanden ihre Anhängerschaft unter den kleinen Handwerkern, und beiden gelang es nicht, ihre Ansichten bei der Revolutionsführung durchzusetzen. Doch besteht zwischen ihnen auch ein bezeichnender Unterschied: Die militanten Sansculottes waren besser organisiert und versuchten eifriger, ihre Anhänger in populären Gesellschaften und allgemeinen Versammlungen politisch zu bilden. Was die französischen Bauern anbelangt, so machte sie die Revolution ebenfalls politisch bewußter. Ihre Feindseligkeit den Grundbesitzern gegenüber, besonders den Leuten aus den Städten, wurde jetzt offener artikuliert: „Il y a assez longtemps que ces bougres de bourgeois nous menaient" (Diese Schufte von Städtern haben uns lange genug zum Narren gehalten).[51]

Die Nachricht von der Französischen Revolution erschütterte ganz Europa. Überall begannen die Bürger sich auszumalen, daß auch in ihrem Lande die Mißstände abgeschafft werden könnten. In der Republik der Niederlande und in England, wo bereits eine lebhafte politische Kultur existierte, überrascht diese Wirkung kaum. In die Niederlande wurden aus Frankreich Flugblätter eingeschmuggelt, und es entstanden Gesellschaften, die sich mit ihrer Lektüre befaßten. Die alte Republik wurde gestürzt; Befürworter der Revolution trugen nach französischem Vorbild die phrygische Mütze, sie errichteten Freiheitsbäume und tanzten um sie herum. In England wurde Tom Paines Kommentar zur französischen Revolution, *The Rights of Man,* schnell zum Verkaufsschlager, von dem wahrscheinlich allein im Jahr 1793 200 000 Exemplare unter die Leute gebracht wurden. Radikale Gesellschaften bildeten sich, die das Parlament reformieren und jedem erwachsenen Mann das Stimmrecht verschaffen wollten.[52]

Bezeichnender, weil unerwarteter, war der Einfluß der Französischen Revolution auf Länder wie Österreich, Italien und Spanien. Im Jahre 1790 stellte der Polizeiminister Österreichs kummervoll fest, daß unpassendes Material in verschiedenen Zeitungen, die so billig seien, daß auch die niedrigsten

Klassen sie kauften, eine sehr unheilvolle Wirkung auf die Leser habe. Sogar die Bauern hatten ihre eigene Zeitung, die *Bauernzeitung,* mit dem Erscheinungsort Graz. Die Bauern hörten von der Abschaffung des Feudalsystems in Frankreich und verlangten das Verschwinden ihrer eigenen Fronabgaben. Ein Gastwirt aus Graz namens Franz Haas führte eine Kampagne zur Erweiterung der politischen Mitspracherechte, was vielleicht einen steirischen Edelmann dazu veranlaßte, 1792 in einem Brief zu bemerken, der gemeine Mann hier spreche jetzt ganz laut ... 1792 fand unter dem Einfluß der Revolution in Wien ein Aufstand der arbeitslosen Handwerksburschen statt.[53]

In Spanien und in Italien war die Situation komplizierter, da sich dort, wie im Westen Frankreichs, kleine Leute gegen die Französische Revolution und ihre örtlichen Verfechter erhoben. Die Hinrichtung Ludwigs XVI. hatte in Barcelona antifranzösische Demonstrationen zur Folge. Sie waren Teil eines Kreuzzuges gegen die Revolution, den Mönche organisierten, welche sich den traditionellen Fremdenhaß zunutze machten. Doch folgte die Menge nicht nur dem Aufruf der Mönche. Ein Brief aus Madrid von 1795 berichtet von der Anteilnahme des Volkes an den Ereignissen in Frankreich: „Gewöhnliche Lastenträger kaufen sich Zeitungen." Durch ihren Widerstand gegen Revolution bezeugten die spanischen Bauern, genau wie die westfranzösischen, ihre Feindschaft gegenüber dem eigenen Bürgertum, das der Revolution Beifall zollte. So kann man auch die Ereignisse in Italien 1799 interpretieren. In der Toskana kam es zu Aufständen gegen die französische Besatzungsarmee, wobei auch Freiheitsbäume umgestürzt wurden, und auch in Kalabrien kam es zu antifranzösischen Demonstrationen und zu Angriffen auf die ‚Jakobiner', die ortsansässigen Befürworter der Revolution. In beiden Fällen, wie auch in Spanien und der Vendée, war es die lokale Geistlichkeit, die die Unruhen organisatorisch unterstützte, denn sie faßte sie als Verteidigung des Glaubens auf; aber die Aufständischen sahen in diesen Krawallen nicht nur einen Anlaß, ihre Anhänglichkeit an die Kirche unter Beweis zu stellen, sondern sie drückten auch ihren Haß auf die Fremden und die Reichen aus.[54] Die frühneuzeitliche Epoche endete sicherlich nicht in Frieden und Stille.

Die auf den letzten Seiten geschilderten Vorgänge sind wohlbekannt, doch sieht man sie normalerweise nicht im Zusammenhang. Betrachtet man sie aber im ganzen, so bietet sich das Bild einer übergreifenden, großen Bewegung, nämlich der politischen Erziehung des gemeinen Mannes. Zugunsten dieser Interpretation kann man eine Reihe guter Gründe anführen. Ich möchte nicht den Eindruck erwecken, als habe sich das politische Bewußtsein gleichmäßig während der ganzen Epoche ausgebildet oder als handele es sich um eine Art Staffellauf, bei dem die Deutschen den Stab an die Holländer weitergaben, diese an die Briten und die Engländer schließlich an die Franzosen. Die politische Erziehung des kleinen Mannes war eine informelle Erziehung aufgrund von historischen Ereignissen und daher notwendigerweise zeitweise unterbrochen; so sahen sich zum Beispiel die Franzosen, die als Zeitgenossen die Religionskriege miterlebten, gezwungen, ein politisches Bewußtsein in einer Form zu entwickeln, welches den beiden folgenden Generationen notwendigerweise fremd sein mußte. Doch handelte es sich bei der wachsenden Zentralisierung des Staates und dem ständigen Anwachsen der Armeen um allgemein europäische Tendenzen, die verhäitnismäßig gleichförmig verliefen und überall bewirkten, daß die Politik das Leben der kleinen Leute direkter und auch offenkundiger beeinflußte als vorher. Die Regierungen der einzelnen europäischen Staaten stellten zwischen den Jahren 1500 und 1800 immer höhere Anforderungen an ihre Untertanen, sowohl hinsichtlich der Steuersummen als auch hinsichtlich der Zahl der wehrfähigen Männer, die zum Kriegsdienst eingezogen wurden. Im sechzehnten Jahrhundert gingen die Armeestärken allenfalls in die Zehntausende, doch zwischen 1700 und 1763 durchliefen zwei Millionen Menschen die französische Armee, und in Rußland stand 1796 fast eine halbe Million Mann unter Waffen.[55] Die Regierenden belegten ihre Untertanen mit höheren Steuern, um für diese Heere Mittel aufzutreiben, was auch bedeutet, daß sie mehr Beamte einstellen mußten, zum Teil auch, um diese Summen eintreiben zu lassen. Handwerker und Bauern hatten also gute Gründe, am Ende des achtzehnten Jahrhunderts vom Staat mehr Notiz zu nehmen als zu Beginn des sechzehnten.

Ein weiterer Faktor, der die anhaltenden, um sich greifenden Veränderungen begünstigte, war die Presse. Die Flugblätter und Pamphlete jeder einzelnen Generation schöpften aus den Druck-Erzeugnissen der vorhergehenden. Zeitungen machten den Leuten klar, daß sie nicht alleine waren, daß Menschen anderer Regionen und sogar anderer Nationen den gleichen Kampf ausfochten. Lofthus, der norwegische Bauernführer, vielleicht der erste, dessen Ausstrahlung über die Grenzen einer einzelnen Provinz hinausreichte, war unter seinen Zeitgenossen als der ‚zweite Washington‘ bekannt. Wenn das Jahr 1648 wie das Jahr 1848 ein Jahr gesamteuropäischer Revolutionen (oder wenigstens Aufstände) geworden ist, so lag das zum Teil vielleicht daran, daß die verschiedenen Rebellen voneinander hörten. In der zweiten Hälfte der frühneuzeitlichen Periode wurden Zeitungen und politische Flugblätter zu bleibenden Einrichtungen und erlaubten wenigstens einigen Handwerkern den Zugang zu einer kontinuierlichen politischen Bildung. Zeitgenossen sahen das auch deutlich, ob sie es nun begrüßten oder mißbilligten. Unter der Regierung Karls II. sprach der amtliche Zensor, Sir Roger L'Estrange, sein Mißfallen an Zeitungen aus eben diesem Grunde aus. Er stellte fest, daß das Lesen von Zeitungen „die Massen mit den Handlungen und den Beweggründen ihrer Oberen zu vertraut, zu erfahren und kritisch macht, und daß es ihnen nicht nur den Wunsch vermittelt, sich in die Regierung einzumischen, sondern diesem Wunsche auch den Anschein des Rechtmäßigen und Zulässigen verleiht". Die Konservativen befanden sich in einer Zwickmühle. Um ihre radikalen Gegner daran zu hindern, die Medien zu monopolisieren, mußten sie ebenfalls Zeitungen produzieren – so wie L'Estrange den *Observator* herausbrachte –, und indem sie dies taten, trugen sie bei zu den Veränderungen, die sie ablehnten. Auf lange Sicht hatte wohl auch das Organisieren von Demonstrationen und Krawallen gegen die Französische Revolution (wie sie in England, Spanien und Italien stattfanden) die gleiche unbeabsichtigte Wirkung.[56]

Die Oberschichten sondern sich ab[57]

Um 1500 (wie im zweiten Kapitel erörtert) war die populäre Kultur die Kultur von jedermann: für die Gebildeten eine zusätzliche, für den Rest der Bevölkerung die einzige. Um 1800 war es jedoch dazu gekommen, daß in den meisten Teilen Europas der Klerus, die Aristokratie, die Kaufleute und die Vertreter freier Berufe – und ihre Frauen – die populäre Kultur den unteren Klassen überlassen hatten. Sie waren nun von den unteren Schichten wie niemals zuvor in der Geschichte durch eine tiefe weltanschauliche Kluft getrennt. Auch aus dem Bedeutungswandel des Begriffs ,Volk' läßt sich dieser Rückzug ablesen. Das Wort wurde nun weniger häufig gebraucht, um ,jedermann' oder ,die anständigen Leute' zu bezeichnen, sondern wurde auf das ,einfache Volk' angewandt.[58] Die wenigen Seiten, die nun folgen, sind dem Versuch gewidmet, die These von der Absonderung zu erhellen und folgende Fragen zu beantworten: Wer sonderte sich ab? Wovon zog man sich zurück? In welchen Teilen Europas fand der Rückzug statt und aus welchen Gründen?

Der Klerus, die Aristokratie und die Bourgeoisie hatten jeweils verschiedene Gründe, die populäre Kultur aufzugeben. Im Falle der Geistlichkeit gehörte die Distanzierung von der volkstümlichen Kultur zum Programm der Reformation bzw. der Gegenreformation. Um 1500 stand die Mehrheit der Gemeindepfarrer sozial und kulturell auf einem Niveau, das sich kaum von dem ihrer Pfarrkinder unterschied. Mit dieser Lage der Dinge waren die Erneuerer nicht zufrieden. Sie verlangten eine gebildete Geistlichkeit. In protestantischen Gegenden ergab sich der Brauch, aus Universitätsabsolventen Pfarrer zu machen, und in katholischen Regionen bildete man nach dem tridentinischen Konzil die Priester auf Seminaren aus. In orthodoxen Gegenden kam es zu keinen auffallenden Veränderungen. Weiterhin verliehen die katholischen Reformer dem Gedanken von der Würde des Priesterstandes neues Gewicht; der hl. Karl Borromäus schärfte seinen Geistlichen ein, überall das Ansehen und die Würde ihres Standes zu wahren. Der einstige Gemeindpfaffe, der sich maskierte, bei Festen in der Kirche tanzte und auf der Kanzel Scherze machte, wurde verdrängt durch den neuen Typ des Priesters, der eine umfassendere Bildung besaß, ein höheres gesellschaftliches Ansehen genoß, von seiner Gemeinde aber auch viel weiter entfernt war.[59]

Für den Adel und die Bourgeoisie war die Renaissance von größerer Wichtigkeit als die Reformation. Die Aristokratie bemühte sich um ‚feinere‘ Manieren, um ein neues und selbstbewußteres Auftreten. Man richtete sich nach den Regeln der Anstandsbücher, von denen Baldassare Castigliones *Il Cortigiano* das berühmteste war. Edelleute lernten Selbstkontrolle, bewegten sich mit einstudierter Lässigkeit, kultivierten einen Sinn für Stil und übten sich in gravitätischen Bewegungen, so als führten sie Schritte eines höfischen Tanzes aus. Zahlreiche Abhandlungen über den Tanz erschienen, und der Tanz am Hofe hatte mit dem Volkstanz wenig gemein. Landedelmänner ließen die Sitte fallen, mit ihren Pächtern und Abhängigen gemeinsam in einer großen Halle zu essen und zogen sich in abgesonderte Eßzimmer zurück (um nicht vom *drawing-room* zu sprechen, der ein *withdrawing-room* war: ein Raum, in den man sich zurückzog). Auch hörten sie auf, sich mit ihren Bauern in Ringkämpfen zu messen, wie sie es früher in der Lombardei getan hatten, und in Spanien töteten sie auch keine Stiere mehr in der Öffentlichkeit, wie es der Brauch gewesen war. Der Edelmann lernte es, ‚korrekt‘, nach formalen, feststehenden Regeln zu sprechen und zu schreiben und die Fachausdrücke und Dialektwörter der Handwerker und Bauern zu meiden.[60]

Diese Veränderungen hatten ihre gesellschaftliche Funktion. Mit dem Verfall ihrer sozialen Rolle als Kriegerkaste mußte die Aristokratie andere Wege finden, um ihre Privilegien zu rechtfertigen: Man mußte nach außen manifestieren, daß man sich von anderen Menschen unterschied. Die verfeinerten Manieren des Adels wurden von der Beamtenschaft, den Juristen und den Kaufleuten nachgeahmt, welche gerne zur Aristokratie gerechnet werden wollten. Der Rückzug aller dieser Gruppen von der Volkskultur wurde noch dadurch verschärft, daß sich Frauen und Töchter daran beteiligten, hatten doch adelige Frauen lange Zeit als Vermittlerinnen gedient (S. 40 oben). Es ist schwierig, die Entwicklung der weiblichen Erziehung zwischen 1500 und 1800 zu ermessen, da so viel an ihr weder öffentlich noch formal war und sich zu Hause und nicht in Schulen abspielte. Doch erschienen in vermehrter Zahl Abhandlungen über die Erziehung von Damen, von Juan Luis Vives' *Über die Erziehung der christlichen Frau* (1529) bis zu Francesco Algarottis *Neutonianismo per le dame* (1737), was den Schluß nahelegt, daß immer mehr Frauen der Oberschicht die Kultur ihrer Ehemänner teilten.[61]

Die Spaltung in Oberschicht- und Unterschichtkultur tritt in jenen Teilen Europas am deutlichsten zutage, wo es die Nachahmung des Hofes mit sich brachte, daß der lokale Adel ganz wörtlich eine andere Sprache sprach als das gemeine Volk. Zum Beispiel übernahmen im Languedoc der Adel und die Bourgeoisie das Französische, was sie von den nur okzitanisch sprechenden Handwerkern und Bauern trennte (oder ihre Absonderung sichtbar machte). In Wales begann der Landadel englisch zu sprechen und hörte auf, die lokalen Volkssänger zu unterstützen und zu fördern, was das Ende dieses Berufsstandes bedeutete. Im schottischen Hochland entwickelte sich zu Lebzeiten Adam Fergusons das Gälische nach seinen eigenen Worten zu „einer Sprache, die in der Hütte, aber nicht im Salon oder am Tisch eines Gentleman gesprochen wurde". In Böhmen waren die Mitglieder des Hochadels hauptsächlich Deutsche, die 1620 nach der Schlacht am Weißen Berg in den Besitz ihrer Güter gelangt waren. Zusammen mit dem Hof in Wien gaben sie in Böhmen den Ton an. Um 1670 kommentierte der Jesuit Bohuslav Balbín bitter, daß „man von jemand, der in Böhmen öffentlich tschechisch spricht, denkt, er habe seinem Ruf geschadet". Mit ‚jemand' ist nur der gemeint, der etwas darstellte; für die Bauern war tschechisch gut genug. In Norwegen sprachen im achtzehnten Jahrhundert die Gebildeten dänisch, denn das Dänische war die Sprache des Hofes in Kopenhagen; Holberg, ein Mann aus Bergen, schrieb seine Stücke auf dänisch. Auch in Finnland überließen die Gebildeten ihre eigene Sprache den Handwerkern und Bauern und sprachen statt dessen schwedisch; zwei Sprachen für zwei verschiedene Kulturen.[62]

Die Oberschichten lehnten nicht nur die Sprache des einfachen Volkes ab, sondern seine Kultur überhaupt. Der Haltungswandel, der sich auch darin ausdrückte, daß sie an Volksfesten nicht mehr teilnahmen, ist im einzelnen im achten Kapitel besprochen worden. Der Klerus, der Adel und das Bürgertum internalisierten nach und nach gemeinsam das Ethos der Selbstkontrolle und der Ordnung. So – um zwei Beispiele anzuführen, die sich fast zufällig anbieten – verwendete ein holländischer Dichter zur Beschreibung einer ländlichen Jahrmarktszene parodistisch die Form des Versepos, um damit zu demonstrieren, daß er dem Geschehen amüsiert und distanziert gegenüberstand, und ein französischer Autor fand es gegen Ende des achtzehnten Jahrhunderts schon peinlich, dem Pariser Karneval auch nur zuzusehen, denn „alle diese Zerstreuungen lassen eine solche Torheit und Roheit zutage treten, daß man den Geschmack an ihnen dem von Schweinen gleichsetzen kann".[63] Die Oberschicht lehnte aber nicht nur die populären Feste, sondern die populäre Weltsicht insgesamt ab, wie aus einer Untersuchung der sich wandelnden Haltung gegenüber der Medizin, den Prophezeiungen und der Zauberei ersichtlich wird.

Im Zeitalter der naturwissenschaftlichen Revolution nahm die alte Rivalität zwischen dem auf der Universität ausgebildeten Arzt und dem inoffiziellen Heiler neue intellektuelle Dimensionen an, wie einige wenige Beispiele erhellen mögen. Im Jahre 1603 veröffentlichte ein italienischer Arzt, Scipione Mercurio, ein Buch über ,volkstümliche Irrtümer' auf dem Gebiet der Medizin, in dem er eine scharfe Trennungslinie zog zwischen gebildeten Leuten, die wirkliche Ärzte wie ihn selbst aufsuchten, und dem ,gemeinen Volk' *(persone volgari),* das zur Piazza rennt (schon allein das Rennen war ein Verstoß gegen die Wohlanständigkeit), um den Rat von Scharlatanen und Kurpfuschern einzuholen, oder auch von ,,Missetäterinnen, welche im Volke als Hexen bekannt sind". Einen Angriff ähnlicher Art richtete 1619 ein französischer Arzt, der Sieur de Courval, gegen Scharlatane, was kein geringeres Mitglied der Zunft als Tabarin (S. 107 oben) zu einer Entgegnung veranlaßte. Einen weiteren Beitrag zu dieser Diskussion stellt Sir Thomas Browns *Pseudodoxia Epidemica* dar, eine Studie der ,,Vorurteile und gemeinhin für wahr gehaltenen Meinungen, die sich bei Nachprüfung als vulgäre und verbreitete Irrtümer erweisen". Sir Thomas war Arzt, und seine medizinische Praxis gab ihm Gelegenheit, die ,,irrigen Neigungen des Volkes" zu beobachten, dessen ,,ungebildeter Verstand" es zur Leichtgläubigkeit verführte und es ,,Marktschreiern, Quacksalbern und Scharlatanen" ebenso wie ,,Wahrsagern, Gauklern und Geomanten" ermöglichte, dieses Volk mühelos zu täuschen. Zu diesem historischen Zeitpunkt scheinen die Ausdrücke ,Scharlatan', ,Kurpfuscher' und ,Quacksalber' ihren pejorativen Beigeschmack bekommen zu haben, der ihnen noch heute anhaftet.[64]

Vor nicht allzu langer Zeit bemerkte ein Kenner der Materie, daß ,,das Mittelalter in Wahrheit erst dann sein Ende fand, als intelligente und gebildete Menschen aufhörten, Prophezeiungen ernst zu nehmen". Wie aber kann man diesen Zeitpunkt festlegen? Das hängt auch von der Art der Prophezeiungen ab. Während des siebzehnten Jahrhunderts klafften die Haltungen der Gebildeten und des Volkes bereits auseinander. Im sechzehnten Jahrhundert hatte man die Prophezeiungen, die im Namen des ,wunderbaren Merlin' verbreitet wurden, immerhin so ernst genommen, daß sie in Frankreich und Italien neu aufgelegt wurden; nach 1600 jedoch wurden ,,Merlins im Trunke gemachten Prophezeiungen", wie sie der Puritaner William Perkins nannte, der Vergessenheit anheim gegeben. Auch der Abt Joachim von Fiore geriet wie Merlin in Vergessenheit, obwohl ein ernsthafter Gelehrter wie der Jesuit Papebroch noch im späten siebzehnten Jahrhundert für ihn Interesse aufbrachte. Auch andere Formen der Zukunftsvorhersage wurden allmählich in Zweifel gezogen. In seinem Brief zum Kometen verwarf Pierre Bayle die Vorstellung, ein Komet bedeute zukünftiges Mißgeschick als populären Aberglauben; er stellte die These auf, Kometen seien Naturerscheinungen und nichts anderes. Der holländische Gelehrte van Dale und sein französischer populärwissenschaftlicher Interpret Fontenelle untergruben die Glaubwürdigkeit der antiken Orakel. Nur die biblischen Prophezeiungen wurden von den Gelehrten weiterhin ernstgenommen. So könnte man auch von einer ‚Reform der Prophezeiungen' im siebzehnten Jahrhundert sprechen; gemeint ist, daß gebildete Menschen den nicht-biblischen Weissagungen gegenüber immer skeptischer wurden und, wie Newton, versuchten, die Beschäftigung mit den biblischen Prophetien auf eine festere naturwissenschaftliche Basis zu stellen. Seit dem Ende des siebzehnten Jahrhunderts gibt es Anzeichen dafür, daß man sich immer weniger für Weissagungen interessierte und eine größere Bereitschaft zeigte, sie ins Lächerliche zu ziehen. Als 1679 ein Geistlicher in Lydgate, Yorkshire, das Thema des tausendjährigen Reiches anklingen ließ, erbat sich seine Gemeinde die Behandlung „ergiebigerer Stoffe"; als 1688 der holländische Staatsmann Coenraad van Beuningen seine Geschäfte vernachlässigte, um die Apokalypse zu interpretieren, behandelte man dies als Anzeichen dafür, daß er seinen Verstand verloren hatte. Um 1800 war es für Gebildete fast genauso natürlich, sich über Prophezeiungen lustig zu machen, wie es dreihundert Jahre vorher selbstverständlich gewesen war, sie ernst zu nehmen. Doch gleichzeitig wurden in Volksbüchern Prophezeiungen neu gedruckt, als ob nichts geschehen sei, so die Weissagungen der Mutter Shipton; und volkstümliche Propheten erstanden wie eh und je; noch 1801 wurden Joanna Southcotts *Strange Effects of Faith* (Seltsame Wirkungen des Glaubens) veröffentlicht.[65]

Im Falle der Hexen zeigt sich die wachsende Kluft zwischen der gebildeten und der populären Kultur noch deutlicher. In der ersten Hälfte der frühneuzeitlichen Periode scheint der Glaube an die Macht und die verbrecherischen Missetaten der Hexen von fast jedermann geteilt worden zu sein. Die Jahrzehnte um die Wende vom sechzehnten zum siebzehnten Jahrhundert stellten ja den Höhepunkt des europäischen ‚Hexenwahns' dar. Damals gab es mehr Hexenprozesse und mehr Hinrichtungen von Menschen, die der Hexerei beschuldigt wurden, als je zuvor. Mit dem Jahr 1650 begann jedoch die Anzahl der Prozesse zurückzugehen, wenigstens in Westeuropa. Das lag nicht daran, daß die kleinen Leute aufhörten, einander der Hexerei zu beschuldigen, sondern daran, daß die Gebildeten aufhörten, den Beschuldigungen Glauben zu schenken. Wenn sie vielleicht auch nicht die Hexerei als solche in Zweifel zogen, so wurden sie doch spezifischen Anschuldigungen gegenüber immer skeptischer. Um 1640 hörten die Beamten des Pariser *Parlement* auf, Anzeigen wegen Hexerei ernst zu nehmen, und die Provinzgerichte folgten nach. Die adeligen Mitglieder der *Grand Jury* von Essex wiesen es im siebzehnten Jahrhundert zurück, Fälle von Hexerei zu behandeln, indem sie sich für inkompetent erklärten, obwohl die Dorfbewohner von Essex Hexen immer noch ins Wasser tauchten. Der Klerus und die gebildete Laienschaft änderten ihre Ansichten. 1650 schrieb zum Beispiel Kardinal Barberini bezüglich eines Zaubereiprozesses an den Inquisitor von Aquileia, daß der Fall „sehr lückenhaft" sei (molto diffectuoso), „denn praktisch nichts, was er gestanden hat, ist nachgeprüft worden". Gesichtspunkte dieser Art bereiteten Richtern in früheren Prozessen schwerlich Kopfzerbrechen. Die unterschiedliche Haltung, die in solchen Fragen einerseits ein Pastor und andererseits seine Gemeinde einnahmen, läßt sich anhand von einer von Boswells Anekdoten belegen. Als er mit Dr. Johnson die Hebriden besuchte, erzählte ihm ein Landpfarrer, daß

> der Glaube an Hexerei oder Zaubersprüche sehr verbreitet gewesen sei, weshalb er viele Anklagen bei seinen Gerichtssitzungen entgegennehmen mußte [...] gegen Frauen, die durch diese Mittel den Kühen der Leute die Milch weggenommen hätten. Er habe solche Klagen übergangen, und nun finde sich nicht die geringste Anzeichen dieses Aberglaubens mehr. Er predige dagegen, und um dem Volke einen überzeugenden Beweis zu liefern, daß der Aberglaube unbegründet sei, verkündete er von der Kanzel aus, jede Frau im Sprengel könne mit seiner Einwilligung seinen Kühen die Milch abnehmen, vorausgesetzt, sie berühre die Tiere nicht.[66]

Die Oberschichten zogen sich nicht gemeinsam und innerhalb einer Generation von der populären Kultur zurück. Der Rückzug fand in verschiedenen Teilen Europas zu verschiedenen Zeiten statt. Der Prozeß hat nie eine so detaillierte Darstellung gefunden, wie es eigentlich nötig wäre, und auch hier kann er nur anhand von Einzeleindrücken beispielhaft skizziert werden, wobei wir den Blick sowohl auf einige Gegenden richten, wo sich die Oberschichten früh absonderten, als auch auf andere, wo der Rückzug relativ spät stattfand.

In Italien bewirkten die literarischen und gesellschaftlichen Ideale, welche von Pietro Bembo und Baldassare Castiglione um das Jahr 1520 herum postuliert worden waren, eine Ablehnung der populären Kultur. Es gibt Belege für die sich erweiternde Kluft zwischen den Vergnügungen der Armen und denen der Reichen in Florenz und Rom am Ende des sechzehnten Jahrhunderts. Im ganzen gesehen war der Prozeß des Rückzugs in Italien jedoch viel weniger radikal und ausgeprägt als in Frankreich oder England. Noch im achtzehnten Jahrhundert teilten viele gebildete Italiener weiterhin die volkstümlichen Glaubenshaltungen über Magie und Zauberei.[67]

In Frankreich scheint zwischen den Jahren 1500 und 1800 ein allmählicher aber unaufhaltsamer Absonderungsprozeß stattgefunden zu haben. Zu Beginn des sechzehnten Jahrhunderts verließen die Laienschauspieler der *Basoche* die Straßen und Plätze und hielten Vorstellungen in geschlossenen Räumen innerhalb des *Parlement* vor einem exklusiveren Publikum. Um die Mitte des sechzehnten Jahrhunderts lehnten die Dichter der Plejade volkstümliche literarische Formen wie *rondeaux, ballades* und *virelais* zugunsten von Gattungen ab, die den klassischen Normen besser entsprachen. Zu Beginn des siebzehnten Jahrhunderts setzte sich ein neues aristokratisches Idealbild durch: der ‚Mann von Ehre‘, der honnête homme, beeinflußt von Castigliones ‚Höfling‘. Dieses Vorbild ließ die alten Ritterromane als überholt erscheinen. Helden wie Holger der Däne und Reinhold von Montauban waren schließlich Persönlichkeiten mit einem ziemlich ungehobelten Benehmen, und das feine Auftreten, das den neuen Edelmann auszeichnete, fehlte ihnen ganz. Man überließ die alten Ritter der Bibliothèque bleue und ersetzte sie durch einen neuen Typ, der weniger impulsiv war, mehr Selbstkontrolle besaß und schließlich seinen Platz in Racines Tragödien und in den Romanen der Mme de Lafayette fand. Als Vaugelas und Boileau die sprachlichen und literarischen Ideale des französischen Klassizismus in Regeln faßten, hatte dies die Ablehnung der meisten traditionellen Volkslieder als unregelmäßiger und barbarischer Stücke zur Folge; Boileau benutzt den Pont Neuf, wo die Balladensänger auftraten, als Symbol alles dessen, was die gute Dichtung vermeiden sollte. Die Tatsache, daß Ludwig XIV. Paris verließ, um sich nach Versailles zurückzuziehen, trug dazu bei, den Abgrund zwischen höfischer und populärer Kultur zu vertiefen; im Gegensatz zu seinem Vater besuchte Ludwig nicht mehr die Volksfeste in Paris, wie zum Beispiel das traditionelle Johannisfeuer. Die italienischen Schauspieler, die einst am Hofe wohlgelitten waren, galten nun als ungeschliffen; sie beleidigten kultivierte Augen, man schob sie auf die Jahrmärkte ab. Am Ende des siebzehnten Jahrhunderts verbreitete sich auch der Jansenismus unter dem Pariser Klerus, der nun mehr und mehr auf Priesterseminaren ausgebildet wurde, und die Geistlichen begannen, sich vom ‚Aberglauben‘ ihrer Pfarrkinder zu distanzieren. Zur selben Zeit fingen auch die Justizbeamten der parlements an, die Zauberei nicht mehr ernst zu nehmen. Im achtzehnten Jahrhundert vergrößerte sich der Abstand zur Volkskultur weiterhin. Früher hatte der Adel gewöhnlich auf seinen Landgütern gelebt und an Arbeit und Vergnügen der Dorfgemeinschaft teilgenommen; im achtzehnten Jahrhundert verließ eine immer größer werdende Anzahl der Aristokraten das Land und zog in die Stadt, was sie zu Außenseitern in ihrer Herkunftsprovinz machte. Gebildete Okzitanier gaben nicht nur ihre Heimatsprache zugunsten des Französischen auf, sie lernten es auch, französisch ohne regionale Eigenheiten zu sprechen, falls man Schlüsse aus dem Erfolg des Buches Les Gasconismes corrigés (1766) ziehen darf. Dieses Buch unterwies sie, nicht ‚Carnaval‘, sondern ‚Mardi Gras‘ zu sagen, nicht ‚montagnols‘, sondern ‚montagnards‘, nicht ‚soir‘, sondern ‚nuit‘ und so weiter. Am Ende des achtzehnten Jahrhunderts konnte sich Rousseau über die Vorstellung lustig machen, daß „Man sich anders kleiden muß als das Volk, anders denken, handeln und leben muß als das Volk".[68]

Auch in England setzte der Rückzug der Oberschichten ziemlich früh ein.

Schon in Elisabeths Regierungszeit wuchs die Herablassung, mit der sich gebildete Menschen über Sänger und ihre Balladen äußerten, in dem Maße, als sich die literarischen Ideale der Renaissance durchsetzten. Sir Philipp Sidney fand *Chevy Chase* zwar rührend, bedauerte aber den, wie er sich ausdrückte, „ungehobelten Stil". In Puttenhams *Art of English Poesie* (1581) wird ausdrücklich ein Unterschied gemacht zwischen *„vulgar poesie"*, volkstümlicher Dichtung, entstanden aus dem „Instinkt der Natur" (worunter alles subsumiert wird, von den Liedern der peruanischen Indianer bis zu den englischen Volksballaden), und zwischen *„artificial poesie"*, der Kunstdichtung, die ein Werk der Gebildeten ist. Es besteht kein Zweifel, daß Puttenham die letztere vorzieht; damals war ,*artificial'* noch ein Ausdruck des Lobes. Der Edelmann und Essayist Sir William Cornwallis äußerte sich über die populäre Kultur mit einer Mischung aus Neugier, Distanz und Verachtung:

> Flugblätter und erlogene Geschichten und Neuigkeiten, auch Pfennigpoeten möchte ich wohl kennenlernen, aber mich davor hüten, mit ihnen vertrauten Umgang zu pflegen: Meine Gewohnheit ist es, sie zu lesen, und sie auch alsbald zu benutzen, denn sie liegen in meinem Lokus [...] Ich habe keine Skrupel, meine Ohren einem Balladensänger zu leihen [...], zu sehen, wie sich Erdenwürmer mit solch grobem Zeug begnügen [...], zu sehen, wie tief die Zuhörer beeindruckt sind, welch seltsame Gesten sie machen, welch ungelenkes Zeug von ihrem Dichter kommt.

Zu Beginn des siebzehnten Jahrhunderts waren die öffentlichen Theater, wo Edelleute und Lehrlinge Shakespeares Stücken gelauscht hatten, nicht mehr gut genug für die Oberklassen. Man gründete geschlossene Privattheater, wo der Eintritt Sixpence kostete. Die elisabethanische *jig,* ein satirischer Akt mit Tanz und Gesang, war allgemein beliebt gewesen, doch für die Autoren, welche für die neuen Privattheater schrieben, bedeutete nun der Begriff ,jig' etwas Minderwertiges, eine Bezeichnung für eine ,vulgäre' Kunstform. Sowohl in England als auch in Frankreich besuchten die Oberschichten immer häufiger Tanzlehrer, um würdevollere Tänze zu lernen. Der englische Landadel wurde gebildeter; am Ende des sechzehnten und zu Beginn des siebzehnten Jahrhunderts besuchte eine größere Anzahl seiner Söhne Oxford und Cambridge. Adelige Familien verbrachten mehr Zeit in London, wo sie den Lebensstil des Hofes vor Augen hatten, oder in Provinzhauptstädten wie York und Norwich, was sie in kultureller Hinsicht nicht weniger als ihre Universitätsausbildung von ihren Pächtern absonderte. Auf ihren Gütern gaben sie die Sitte auf, die Pächter in der großen Halle zu bewirten. Anläßlich dieser Gastmähler waren traditionellerweise Sänger und Spaßmacher aufgetreten. Spaßmacher und Narren wurden unmodern; Karl I. war der letzte englische König, der einen Hofnarren hielt. Wie die französische Aristokratie überließ auch der englische Adel die Ritterromane den Unterschichten: Von der

Mitte des siebzehnten Jahrhunderts an wurden *Guy of Warwick* und *Bevis of Hampton* nur noch in Volksbuchform aufgelegt. Gegen Ende des siebzehnten Jahrhunderts fanden gebildete Leute allmählich, daß der Glaube an Hexen charakteristisch sei für „solche Menschen, die die schwächste Urteilskraft und den geringsten Verstand besitzen, wie Frauen, Kinder und unwissende und abergläubische Personen". Im achtzehnten Jahrhundert empfahl Lord Chesterfield seinem Sohn, „geläufige Sprichwörter" zu meiden, da sie nichts anderes seien als „Beweise, in schlechter und unfeiner Gesellschaft verkehrt zu haben".[69]

In den nördlichen und östlichen Teilen Europas vollzog sich die Rückzugsbewegung der Oberschichten offenbar später als in Frankreich und England. So scheinen zum Beispiel in Dänemark Balladen und Volksbücher bis zum Ende des siebzehnten Jahrhunderts ein Teil der adeligen Kultur geblieben zu sein. Dann ließ man sie fallen, weil man zunehmend von französischen Verhaltensidealen beeinflußt wurde. Der dänische Boileau, T. C. Reenberg, beschrieb den Vorgang in seiner *Ars poetica:*

Det der nu er
Fordömt til Borgestuer
Er fordum bleven läst og hört
Med Lyst af ädle Fruer.

(Was nun / Verbannt ist in die Gesindestube / Wurde früher gelesen und gehört / Mit Vergnügen von adeligen Frauen.)

Die neuen Ideale wurden mit Nachdruck und Witz von Ludvig Holberg verfochten, der gleichfalls ein Bewunderer Boileaus und des französischen Klassizismus war. In seinen Gedichten und Theaterstücken machte er sich oft lustig über die Literatur und den Glauben des Volkes. Sein Stück *Heexerie eller Blind Alarm* verspottet den Hexenaberglauben, und sein burleskes Epos *Peder Paars* unterhält das Publikum durch eine Satire auf die Schwärmerei für *Holger den Dänen* und andere Rittergeschichten.[70]

Im Osten spielte sich der Wandel wohl noch später ab. Der polnische Adel las weiterhin Volksbücher wie die *Melusine* und die *Magelone* bis zur Mitte des achtzehnten Jahrhunderts. Dann verdrängten westliche Romane wie die von Richardson und Fielding, Lesage und Prévost diese Art Lektüre. In Polen erreichte der Hexenwahn seinen Höhepunkt, als er in Westeuropa schon abklang, und endete erst tief im achtzehnten Jahrhundert. Auch in Ungarn scheint sich die Aristokratie nicht vor dem achtzehnten Jahrhundert von der Volkskultur zurückgezogen zu haben. Erst dann begann man in den Oberschichten, Rousseau und Richardson zu lesen und die moderne deutsche und italienische Musik der der traditionellen Dudelsackbläser vorzuziehen, die noch im siebzehnten Jahrhundert in den adeligen Haushalten einen Ehrenplatz eingenommen hatten. Welchen Grad diese Absonderung schon am Ende der frühneuzeitlichen Epoche erreicht hatte, illustriert eine Geschichte, die Zoltan Kodály erzählt. Im Jahre 1803 hörte der Dichter Benedek Virág eines Tages jemand vor seinem Fenster ein Volkslied singen. Virág konnte das Ende nicht verstehen, also fragte er seinen Freund Kazinczy nach dem Schluß des Liedes. Er kam gar nicht auf die Idee, den Bauern selbst zu fragen. „Kazinczy wohnte sieben Tagereisen weit weg von ihm, dennoch bat ihn Virág, ihm die Worte eines Liedes mitzuteilen, die er ganz leicht selbst hätte herausfinden können, wenn er vor seine eigene Haustür getreten wäre."[71]

Auch in Schottland scheint das achtzehnte Jahrhundert der Zeitpunkt gewesen zu sein, als sich der Adel von der Volkskultur zurückzog. Scott beschreibt den Prozeß in ähnlichen Worten wie Reenberg. Er erklärte, die Dichtung der fahrenden Sänger werde verdrängt „aus den Höfen der Fürsten und den Hallen des Adels" und finde Zuflucht bei „denen, die auf den ländlichen Bierhausbänken sitzen". In Edinburgh besuchten angesehene Bürger die Schenken nicht mehr, in denen sie früher ihr Bier Seite an Seite mit Handwerkern und kleinen Ladenbesitzern getrunken hatten. Auf dem Lande in der Umgebung von Edinburgh wurden die Mummenschanzspieler beim Adel unbeliebt, wie sich ein Edelmann erinnert:

Da ihre Verse nur sinnloses Galimathias waren und ihr Auftreten überaus anmaßend erschien, wurde die Sitte unerträglich, so daß [...] sie überall ausgebuht wurden, ihr Auftreten in jeder anständigen Familie untersagt wurde und sie sich schließlich in nichts auflösten; obgleich sie in einigen wenigen Ausnahmefällen noch bis zum Jahr 1800 oder später gesehen werden konnten.

Nunmehr lehnte man den lokalen Dialekt als provinziell und unkorrekt ab. Schottische Spracheigenheiten wurden ebenso korrigiert wie die ‚Gasconismes'. James Beattie schrieb ein Buch zum Thema und warnte seine Leser davor, ‚clattering' zu sagen, wenn sie ‚chattering' (schwatzend) meinten, oder ‚dubiety' an Stelle von ‚doubt' (Zweifel). Man kann sich unschwer vorstellen, wie Gebildete nun auf Dudelsackmusik und Volksballaden reagierten. Adam Smith kann man als Vertreter der neuen Haltung sehen, die allerdings um 1780 bald historisch überholt sein sollte. Als man ihn nach seinen literarischen Vorlieben befragte, nahm Smith kein Blatt vor den Mund:

Es ist die Pflicht eines Dichters, wie ein Gentleman zu schreiben. Ich lehne diesen primitiven Stil ab, den manche nicht umhin können, die Sprache der Natur und der Einfachheit und so weiter zu nennen. In Percys *Reliques* [...] sind einige wenige erträgliche Stücke unter einem Haufen Unrat begraben.[72]

Es ist wahrscheinlich, daß die russischen Aristokraten in Europa zu den letzten gehörten, die ihre populären Traditionen aufgaben, trotz der Versuche

Peters des Großen, sie zu ‚verwestlichen'. (Seine Vorliebe für Narren und ihre Späße läßt vermuten, daß er selbst nicht ganz verwestlicht war.) Man hat vorgebracht, daß das *lubok,* das illustrierte Volksbuch, bereits im siebzehnten Jahrhundert sein aristokratisches Publikum verlor, und der Gebrauch des Französischen durch den Hochadel legt eine bewußte Absonderung von der Volkskultur nahe. Es ist jedoch unwahrscheinlich, daß diese Absonderung bereits um 1800 vollzogen war. Wer mit *Krieg und Frieden* und anderen russischen Romanen vertraut ist, wird sich daran erinnern, daß Adelige Zwerge und Narren in ihren Häusern hielten und daß adelige Frauen genau wie die Bauern Ikonen und heilige Narren verehrten. In seinen Memoiren berichtet der Edelmann Aksakov, daß sich sein Großvater vor dem Einschlafen von der leibeigenen Haushälterin *skazki,* Volksmärchen, erzählen ließ. Was Kaufleute und Beamte anbelangt, so trafen sie sich um 1800 immer noch an den Abenden, um den traditionellen Balladen zu lauschen.[73]

Der Rückzug von der populären Kultur fand in verschiedenen Teilen Europas zu unterschiedlichen Zeiten und nicht mit der gleichen Schnelligkeit statt, doch der Haupttrend zeichnet sich überall ziemlich deutlich ab. Es wäre sicher interessant, lokale Nuancen im einzelnen herauszuarbeiten, aber die generelle Erklärung tritt auch ohne sie klar hervor: Sie liegt in der großen Geschwindigkeit, mit der sich die Kultur der Gebildeten zwischen 1500 und 1800, dem Zeitalter der Renaissance, der Reformation und der Gegenreformation, der naturwissenschaftlichen Revolution und der Aufklärung, veränderte (wobei jede dieser Bezeichnungen nur ein Kürzel ist für eine Bewegung, die nicht nur höchst komplex war, sondern sich ihrerseits in einem ständigen Wandel befand). Selbstverständlich blieb die europäische Volkskultur während dieser dreihundert Jahre auch nicht stehen, aber so schnell veränderte sie sich nicht, dazu war sie gar nicht in der Lage. Es gab zwar, wie wir bereits gesehen haben, eine Reihe von Berührungspunkten zwischen der hohen und der niederen, der gebildeten und der populären Kultur. Kolporteure brachten Bücher und Streitschriften von Luther und Calvin, Voltaire und Rousseau unters Volk; Bauernmaler ahmten mit Hilfe von Kupferstichvorlagen den Barock- und Rokokostil nach. Dies reichte jedoch nicht aus, um zu verhindern, daß sich die Kluft zwischen hoher und niederer Kultur vertiefte, denn die orale und visuelle Tradition konnte einen schnellen Wandel nicht verkraften. Man kann es auch anders ausdrücken und sagen, sie entwickelte den Veränderungen gegenüber Abwehrkräfte, da sie die Fähigkeit besaß, das Neue zu absorbieren und es dem Vertrauten, Alten anzugleichen (S. 160 oben). Eine sich schnell verändernde populäre Kultur wäre selbst dann, wenn sie wirklich jemand gewünscht hätte, im Europa der frühen Neuzeit unmöglich gewesen, denn es fehlten die ökonomischen und institutionellen Voraussetzungen. Selbst wenn man die nötigen Schulen gegründet und die Lehrer bezahlt hätte, hätten doch viele Handwerker und Bauern nicht ohne den Beitrag auskommen können, den ihre Kinder durch ihre Mitarbeit leisteten. Im neunzehnten Jahrhundert waren es dann die Neugründungen von Schulen, der Ausbau des Eisenbahnnetzes und das Anwachsen der Städte, welche gemeinsam mit anderen Faktoren eine schnelle Veränderung der Volkskultur ermöglichten, ja, sie sogar unumgänglich machen. Aus diesem Grunde endet die hier vorliegende Untersuchung der europäischen Volkskultur um das Jahr 1800.

Vom Rückzug zur Neuentdeckung

Je größer der Abstand zwischen den beiden Kulturen allmählich wurde, desto stärker betrachteten einige Gebildete Volkslieder, Volksfrömmigkeit und Volksfeste als etwas Exotisches, Seltsames, Faszinierendes, das zu sammeln und aufzuzeichnen sich lohnte.

Die älteren Sammler besaßen noch eine Haltung, die man die ‚Mentalität vor der Trennung‘ nennen könnte. Sie betrachteten die Balladen und Sprichwörter, die sie transkribierten und veröffentlichten, als Erbe der ganzen Nation, nicht nur des einfachen Volkes. Das war zum Beispiel die Haltung von Heinrich Bebel und Sebastian Franck. Bebel war der Sohn eines schwäbischen Bauern und wurde ein bekannter Humanist und Professor an der Universität Tübingen. Im Jahre 1508 veröffentlichte er eine Sammlung deutscher Sprichwörter und eine Anthologie von Schwänken, beides in lateinischer Sprache. Er schöpfte auch aus der mündlichen Überlieferung, und viele seiner Geschichten spielen im heimatlichen Schwaben. Man hat ihn deshalb einen ‚Volkskundler‘ der Renaissance genannt, eine Charakterisierung, die einigermaßen irreführend ist. Bebel bietet seine Sprichwörter an als überlieferte deutsche Weisheit, ohne zu unterstellen, sie sei im besonderen ein Erbteil der Bauern. Sein Schwankbuch enthält zwar Formen, die wir ‚Volkserzählungen‘ nennen würden, aber für Bebel waren es einfach ‚Geschichten‘. Dasselbe könnte man über Sebastian Franck sagen, der ebenfalls eine Sammlung deutscher Sprichwörter veröffentlichte (sogar in deutscher Sprache), sowie ein *Weltbuch*, eine Beschreibung der Völker der Erde und ihrer Glaubenshaltungen, Sitten und Gebräuche. Auch Franck hat man einen Volkskundler genannt, doch unterscheidet er ebensowenig wie Bebel zwischen gebildeter und populärer Kultur. Er glaubte daran, daß seine Sprichwörter die Weisheit des Menschengeschlechts ausdrücken, und sein *Weltbuch* beschreibt die verschiedenen Nationen, ohne sie in soziale Gruppen aufzuschlüsseln. In den deutschsprachigen Ländern läßt sich das Interesse an der Volkskultur als einer von der gebildeten Kultur abgehobenen Angelegenheit wahrscheinlich nicht weiter zurückverfolgen als bis zu Friedrich Friese, der 1703 eine Studie mit dem Titel *Historische Nachricht von den Merkwürdigen Ceremonien der Altenburgischen Bauern* verfaßte.[74]

Ebensowenig wie Bebel und Franck waren sich die skandinavischen ‚Vorläufer' der Volkskundler einer Spaltung zwischen gebildeter und populärer Kultur bewußt, zweifellos, weil sie im Norden spät stattfand. Anders Vedel zum Beispiel, der Lehrer des großen Astronomen Tycho Brahe, veröffentlichte 1591 eine Sammlung von hundert dänischen Balladen. Das an Königin Sophia gerichtete Vorwort empfiehlt die Balladen als „historische Altertümer", wertvolle „Dokumente", die von „früheren Königen und Schlachten" berichten. Mit keinem Wort wird erwähnt, daß diese Lieder dem gemeinen Volk angehören; Vedel nennt sie „dänische Lieder" *(Danske viser)* und nicht ‚Volkslieder' *(folkeviser),* ein Begriff, der erst im neunzehnten Jahrhundert eingeführt wurde. Auch König Gustav Adolf von Schweden hat man nachgesagt, er habe eine ‚Volkskundekommission' eingesetzt. In der Tat setzte Gustav Adolf auf den Rat seines ehemaligen Erziehers, Johan Bure, eines bedeutenden Altertumsforschers, eine Kommission mit der Aufgabe ein, Schweden zu bereisen und nach Runen, Balladen, alten Münzen, Bräuchen, Werkzeugen und Methoden des Landbaus und des Fischfanges zu forschen. Die Tatsache, daß Münzen und Runen auf der Liste standen, läßt aber darauf schließen, daß Bure und sein Nachfolger Johan Hadorph mehr an schwedischen Altertümern als an Zeugnissen der Volkskultur interessiert waren. Sie standen in der Nachfolge Flavio Biondos und William Camdens und waren nicht die Vorläufer Herders. Schwieriger einzuordnen ist der Fall des Geistlichen und Gelehrten Peder Syv, der Vedels Balladensammlung im Jahre 1695 mit einer historischen Einführung neu herausbrachte und ihr hundert neue Texte hinzufügte. Er schrieb auch eine Abhandlung *Über die Irrtümer des Volkes,* in die er zum Beispiel den Glauben an Zaubersprüche aufnahm. Offenbar distanzierte er sich wie sein Zeitgenosse Holberg kritisch von der Volkskultur, er rechnete die alten Balladen nicht zu ihr.[75]

Das Jahr 1650 stellt einen Wendepunkt dar. Nach diesem Jahr ist es möglich, in England, Frankreich und Italien Gelehrte zu finden, die zwischen populärer und gelehrter Kultur einen Unterschied machen, die volkstümlichen Glaubenshaltungen ablehnen, aber in ihnen ein faszinierendes Studienobjekt sehen. Hier bietet sich John Aubreys Person als Beispiel an. Er vertritt den Standpunkt, daß „alte Bräuche und alte Ammenmärchen ungehobelte Dinge sind: doch sollte man sie nicht ganz ablehnen: aus ihnen könnte man etwas Wahres und etwas Nützliches herauskristallisieren: außerdem bereitet es Vergnügen, die Irrtümer zu betrachten, die frühere Zeitalter verdunkelten: ebenso wie solche, welche die Gegenwart betreffen".[76] Der gebildete Klerus um die Wende des siebzehnten zum achtzehnten Jahrhundert sah die Volkskultur in einem ähnlichen Licht. Sie sammelten Daten über Bräuche und ‚Aberglauben‘, mißbilligten das meiste, was sie sammelten, fuhren aber mit ihrer Tätigkeit fort. Ein Schulbeispiel dieser Einstellung finden wir bei Jean-Baptiste Thiers, dem Sohn eines Gastwirts, der Landpfarrer wurde und versuchte, die Volksfrömmigkeit zu reformieren. Er schrieb einen Aufsatz, in dem er für die Verminderung der Festtage plädiert, einen weiteren gegen fliegende Händler, die sich unter Kirchenportalen breitmachen und die Kirchen profanieren und einen dritten, seinen berühmtesten, über den populären Aberglauben. Dieser enthält viel mehr Einzelheiten, als eine simple Verurteilung verlangt hätte. Von Henry Bourne kann man das gleiche sagen. Er war Kurat an der Allerheiligenkirche in Newcastle und schrieb 1725 in englischer Sprache ein Buch mit dem Titel *Antiquitates Vulgares,* populäre Altertümer, das von den „Bräuchen und Meinungen, an denen das gemeine Volk festhält" handelt. Sein Ton ist kritisch, und er unterscheidet zwischen dem, „was beibehalten werden kann und dem, was beiseite gelegt werden sollte"; aber das Buch ist so reich an Daten über Feen und Geister, Maitage, Kirchweihfeste, Erntedankessen und vieles mehr, daß Generationen späterer Volkskundler, die Bournes Reformeifer nicht teilten, von ihm profitieren konnten. Aus gesamteuropäischer Sicht war der bedeutendste dieser gelehrten Geistlichen Ludovico Antonio Muratori, ein Altertumskundler und ein Priester mit rigoristischen Ansichten. Seine Berufung als Bibliothekar des Herzogs von Modena verschaffte ihm Muße und den Zugang zu den nötigen Büchern. Er schrieb eine faszinierende Untersuchung über die Macht der Phantasie, in der er die Vermutung äußert, daß sowohl die Hexen als auch ihre Opfer an einem Übermaß an Phantasie litten. Sein Hauptwerk ist eine Sammlung von Aufsätzen über italienische Altertümer, unter ihnen *Die Wurzeln des Aberglaubens in Italiens dunklen Zeitaltern,* wo weder das Gottesurteil noch der Brauch des Weihnachtsscheits fehlt. Einerseits betrachtete er es als seine Aufgabe, mit den „lächerlichen Überlieferungen des unwissenden Volkes" aufzuräumen, andererseits lag ihm auch daran, sie zu rekonstruieren.[77]

Während diese Geistlichen die Geschichte der Volksfrömmigkeit zu erforschen suchten, waren einige Laien an der Dichtung des Volkes interessiert. Auch Montaigne unterschied wie Puttenham (S. 291 oben) zwischen Volksdichtung und Kunstdichtung, doch im Gegensatz zu diesem schätzte er beide Formen hoch:

> Dichtung, die volkstümlich und ganz natürlich ist, hat eine Unschuld und eine Grazie, die sich mit den größten Schönheiten der Kunstdichtung messen kann, wie man an den *villanelles* der Gascogne sehen kann und an den Liedern, die man uns von Völkern überbracht hat, denen jede Form von Wissenschaft und selbst die Schrift unbekannt sind.

Montaigne sah in populären Liedern Schönheiten, die Du Bellay zum Beispiel nicht entdecken konnte. Während seines Aufenthalts in Italien interessierte sich Montaigne sehr für eine analphabetische Bäuerin, die Verse extemporierte (S. 116 oben); er verteidigte Wanderschauspieler gegen ihre Kritiker und machte den Vorschlag, sie öffentlich zu unterstützen. Seine Haltung steht natürlich im Zusammenhang mit seiner Kritik an der ‚Zivilisation‘ seiner Zeit. Im Falle Malherbes ist es schwieriger, eine Erklärung zu finden. Malherbe war kein Befürworter des Unzivilisierten; er war ein Hofdichter, dessen Hauptanliegen in der Reinigung der literarischen Sprache bestand und darin, ausgefeilte und korrekte Verse zu schreiben. Doch eines Tages besuchte ihn ein Freund und fand ihn auf dem Bette liegend vor, wie er das Volkslied *D'où venez-vous Jeanne?* summte. Malherbe sagte zu ihm: „Lieber hätte ich dieses eine Lied geschrieben als alle Werke Ronsards." Oft fragte man Malherbe nach seiner Meinung in strittigen Punkten des guten französischen Sprachgebrauchs. Dann pflegte er die Ratsuchenden zu seinen ‚Meistern‘ in der Sprache zu schicken, den Lastträgern vom Port-au-Foin. Sein Ideal in Sprache und Literatur war eine natürliche Einfachheit; eine Einfachheit, vor deren Erringung allerdings im allgemeinen harte Arbeit steht, wie vor dem lässigen Auftreten von Castigliones ‚Höfling‘. Wenn ein Volkslied zufällig sein Ideal veranschaulichte, lobte er es; doch das Volkstümliche an sich interessierte Malherbe nicht. Man kann sich auch schwer vorstellen, was ein Volkssänger – oder die Lastträger vom Port-au-Foin – mit Malherbes Gedichten angefangen hätten.[78]

Volkserzählungen und Volkslieder übten auf manche französische Intellektuelle des siebzehnten Jahrhunderts einen besonderen Reiz aus. Am Hofe Ludwigs XIV. waren Märchen beliebt. Manche Autoren veröffentlichten sogar ihre eigenen Fassungen: Mme D'Aulnoy, Mlle Lheritier und der höhere Staatsbeamte Charles Perrault (wenn er seinen Namen auch nicht auf das Titelblatt der Erstausgabe setzte). In der kommenden Generation setzte der Graf von Caylus diese Tradition fort. Er gründete die ‚Bauchladenakademie‘ und veröffentlichte Geschichten, wie sie Frauen beim Erbsenentschoten erzählten. Perrault und die ihm Gleichgesinnten nahmen Märchen nicht ganz ernst oder gaben es wenigstens nicht zu; doch fanden sie die Geschichten faszinierend. Man hat den Eindruck, daß gebildete Menschen schon damals nach einem Fluchtweg zu suchen begannen, der sie aus der entzauberten Welt, dem rationalen kartesianischen Universum, herausführen konnte. Es war gerade das Unwissenschaftliche, das Wunderbare, das sie an den Volksmärchen reizte, ebenso wie jene, die den ‚Aberglauben‘ untersuchten.[79]

Die Haltung Joseph Addisons der Volksliteratur gegenüber ist in der Mitte anzusiedeln zwischen der eines Malherbe und der eines Perrault. In drei Essays im *Spectator* des Jahres 1711 überraschte er seine Leser mit der Abhandlung zweier Balladen, *Chevy Chase* und *The Two Children in the Wood*. Wie seine Zeitgenossen glaubte auch Addison daran, daß gute Literatur allgemeinen Regeln gehorchen müsse, und so behandelt er *Chevy Chase* als ein ‚heroisches Gedicht‘ und vergleicht die Ballade mit der Aeneis. Was ihn ganz besonders beeindruckt, ist die „majestätische Einfachheit" des Gedichts, im Gegensatz zu dem, was er die „gotische Schreibmanier" nennt, also den barocken und den manierierten Stil; es fehlte nicht viel, und er hätte diese Balladen als Beispiele des Klassizismus vorgestellt. Gleichzeitig bekennt er sich, gleichsam um Entschuldigung bittend, zu einem allgemeinen Interesse an populärer Literatur:

> Wenn ich reiste, hörte ich mit besonderem Vergnügen die Lieder und Fabeln, die vom Vater dem Sohne weitergegeben werden und die beim einfachen Volk der Länder, die ich bereiste, am beliebtesten sind; denn es ist schlechthin unmöglich, daß etwas allgemein genossen wird und Beifall bei der großen Masse findet, selbst wenn es sich nur um den Bodensatz einer Nation handelt, ohne daß es eine besondere Eignung besäße, zu gefallen und den menschlichen Geist zu beglücken.

Es ist dieses „besondere Vergnügen", das am Ende des achtzehnten Jahrhundert so in Mode kommen sollte, Hand in Hand mit der Einsicht, die hier noch ein wenig zögernd vorgebracht wird, daß man die Werte des einfachen Mannes nicht einfach zurückweisen sollte. Die Zivilisation hatte ihren Preis. So erklärte auch Thomas Blackwell 1735 in einem Aufsatz über Homer, daß der Dichter das Glück hatte, in Zeiten gelebt zu haben, als die Sitten „ungeziert und einfach" (unaffected and simple) waren und die Sprache nicht „gründlich verfeinert im modernen Sinne" (thoroughly polished in the modern sense). Robert Lowth hielt Vorträge über die sakrale Dichtung der Hebräer, in denen er die Ansicht vertrat, daß sie sowohl weniger verfeinert als auch erhabener war als die Poesie der Griechen.[80]

Herder waren einige dieser Vorläufer nicht unbekannt, und er lernte von ihnen. Als Motto für seine *Volkslieder* benutzte er Zitate aus Werken Addisons, Sidneys und Montaignes. Dennoch scheint der Haltungswandel bei den Gebildeten recht bemerkenswert, wenn wir auf den in diesem Buch behandelten dreihundertjährigen Zeitraum zurückblicken. Um 1500 verachteten die Gebildeten das gemeine Volk, doch sie teilten seine Kultur. Um 1800 beteiligten sich ihre Nachkommen nicht mehr spontan an der populären Kultur, aber allmählich entdeckten sie diese neu als etwas Exotisches und daher Interessantes. Sie fingen sogar an, das ‚Volk‘ zu bewundern, das diese seltsame und so andere Kultur hervorgebracht hatte.

Anmerkungen

Vorwort

[1] Zu Definitionen des Begriffs Kultur, A. L. Kroeber und C. Kluckhohn, *Culture: a critical review of concepts and definitions*, (1952), neue Ausg., New York, 1963.

[2] A. Gramsci, *Osservazioni sul folclore* in *Opere*, 6, Turin, 1950, S. 215 ff.

[2] Siehe Bibliographie bei G. Cocchiara, A. Dundes, A. van Gennep, G. Ortutay, usw.

[4] Siehe Bibliographie unter M. Bachtin, C. Baskervill, D. Fowler, A. Friedman, V. Kolve, M. Lüthi, usw.

[5] Besonders aufschlußreich hinsichtlich der in diesem Buch behandelten Probleme waren die Arbeiten von G. Foster, C. Geertz, M. Gluckman, C. Lévi-Strauss, R. Redfield, V. Turner, E. Wolf.

[6] Besonders gelungene Beispiele eines quantitativen Forschungsansatzes auf diesem Gebiet stellen die Werke Bollèmes (1969) und Svärdströms (1949) dar, die sich mit französischen Almanachen bzw. schwedischer Bauernmalerei befassen.

1. Die Entdeckung des Volkes

[1] Die aufschlußreichste Einzelstudie über die Entdeckung des Volkes ist die von Cocchiara (1952). Was den Terminus Volkslied und verwandte Begriffe anbelangt, ist es nur naheliegend, das *Deutsche Wörterbuch* selbst zu konsultieren, hg. von Jakob und Wilhelm Grimm, Leipzig, 1852, usw.

[2] Johann Gottfried Herder, *Über die Wirkung der Dichtkunst auf die Sitten der Völker* (1778), in *Sämtliche Werke*, hg. B. Suphan, 8, Hildesheim, 1967. Über Herder, R. T. Clark, *Herder*, Berkeley und Los Angeles, 1955, insbes. Kap. 8.

[3] Jakob Grimm, Kleinere Schriften, 4, Hildesheim, 1965, S. 4 ff.

[4] Zu Percy, Friedman (1961a), Kap. 7; zur Rezeption der *Reliques* in Deutschland, H. Lohre, *Von Percy zum Wunderhorn*, Berlin, 1902, Teil 1.

[5] A. A. Afzelius und E. G. Geijer (Hg.), *Svenska Folkviser*, Stockholm, 1814, S. X. Zu Afzelius, Jonsson, S. 400 ff. zu Geijer, J. Landqvist, *Geijer*, Stockholm, 1954; über beide, E. Dal, *Nordisk Folkeviseforskning siden 1800*, Kopenhagen, 1956, Kap. 10.

[6] C. Fauriel (Hg.), *Chants populaires de la Grèce moderne*, 1, Paris, 1824, S. XXV, S. CXXVI; (*Neugriechische Volkslieder*, übersetzt von Wilhelm Müller, Leipzig, 1825); zu Fauriel, M. Ibrovac, *C. Fauriel*, Paris, 1966, insbes. Teil 1.

[7] V. Knox, *Essays Moral and Literary*, 2. Aufl., London, 1779, Aufsatz 47.

[8] Ludwig Tieck, Werke, 28 Bde., 1828–54, 15, S. 21; über ihn, B. Steiner, *L. Tieck und die Volksbücher*, Berlin, 1893, insbes. S. 76 ff.

[9] Vor allem die von J. K. A. Musäus (Hg.), *Volksmärchen der Deutschen* (1782), und ‚Otmar' (Hg.), *Volkssagen*, Bremen, 1800.

[10] G. von Gaal (Hg.), *Märchen der Magyaren*, Wien, 1822; über ihn, L. Dégh (Hg.), *Folktales of Hungary*, London, 1965, S. XXVI.

[11] W. Hone, *Ancient Mysteries Described*, London, 1823; F. J. Mone, (Hg.), *Altdeutsche Schauspiele*, Quedlinburg/Leipzig, 1841.

[12] Arnim, zit. in H. U. Lenz, *Das Volkserlebnis bei L. A. von Arnim*, Berlin, 1938,

S. 123; zu Chateaubriand siehe sein *Génie du Christianisme*, Paris, 1802, Teil 3, Kap. 6.

13 Clark (Anmerk. 2), S. 51 ff.
14 J. W. von Goethe, *Italienische Reise*, hg. von H. von Einem, Hamburg, 1951, S. 484 ff.
15 J. Strutt, *Sports and Pastimes of the People of England*, London 1801; G. Renier Michiel, *Origine delle feste veneziane*, Venedig 1817; I. M. Snegirov, *Ruskie prostonarodnye prazdniki*, Moskau 1838. Zur Entdeckung des Volkes in Rußland, P. Pascal, *Civilisation paysanne en Russie*, Lausanne 1969, S. 14 ff.
16 Zu Trutovsky, G. Seaman, *History of Russian Music*, 1, Oxford, 1967, S. 88 ff.; Grove's, Artikel ,Folk Music: Austrian'; K. Lipiński, *Piesni polskie i ruskie ludu galicyjskiego*, Lwów 1833.
17 E. G. Geijer, *Svenska Folkets Historia*, Stockholm 1832 ff.; Palacký veröffentlichte den ersten Band seines Werkes 1836 in deutscher Sprache als *Geschichte von Böhmen*, setzte es aber tschechisch unter dem Titel *Dějiny národu českého* (Geschichte des tschechischen Volkes) fort. Zu Michelet und seinem Interesse am Volk siehe Boas, S. 65 ff. und C. Rearick, *Beyond the Enlightenment: Historians and Folklore in Nineteenth-Century France*, Bloomington/London 1974, S. 82 ff.
18 1860 veröffentlichte I. J. Kraszewski *Sztuka u Stowian;* 1861 gründete William Morris die Firma Morris, Marshall, Faulkner und Co.; 1867 veröffentlichte Eilert Sundt eine Untersuchung zur Heimindustrie in Norwegen, und auf einem Grundstück außerhalb von Oslo wurden einige Bauernhäuser wiederaufgebaut. Der Gedanke eines Freilichtmuseums mit bäuerlichen Gebäuden stammt von dem schweizerischen Gelehrten C. V. de Bonstetten, der ihn bereits 1799 äußerte.
19 A. Fortis, *Viaggio in Dalmazia*, 2 Bde., Venedig 1774, insbesondere 1, S. 43 ff.; über ihn G. F. Torcellan, ,Profilo di A. Fortis', in seinem *Settecento Veneto*, Turin 1969, S. 273 ff.; S. Johnson, *A Journey to the Western Islands of Scotland* (1775), und J. Boswell, *Journal of a Tour to the Hebrides* (1785), beide hg. von R. W. Chapman, Neudruck Oxford 1970, insbes. Johnson, S. 27 ff., 90, und Boswell, S. 250 ff.
20 Zum spanischen ,Populismus' s. C. Clavería, *Estudios sobre los gitanismos del Español*, Madrid 1951, S. 282 ff.; aber Ortegas Annahme, daß diese aristokratische Begeisterung speziell spanisch sei, hält einer komparatistischen Nachprüfung nicht stand. Das Zitat stammt aus Blanco White, *Letters from Spain*, 2. Aufl., London 1825, S. 237.
21 J. G. Herder, *Ideen zur Philosophie der Geschichte*, 4 Bde., Riga/Leipzig 1784–91, Teil 3; ,Sitten, Bräuche…' zit. nach W. Thoms, der den 1846 eben erst von ihm geschaffenen Begriff ,folklore' definiert, abgedruckt in A. Dundes (Hg.), *The Study of Folklore*, Englewood Cliffs 1965, S. 4 ff.; über das Erfinden statt Wiederfinden von Volksliedern s. Bausinger S. 14.
22 ,Chodakowski', in *Grove's*, Artikel ,Folk Music: Polish'.
23 T. Percy (Hg.), Hau Kiou Choaan, 4, London, 1761, S. 200. Percy fertigte die Übersetzungen für diesen Band selbst an – aus dem Portugiesischen.
24 H. Honour, *Neoclassicism*, Harmondsworth, 1968, schildert, wie Künstler und Schriftsteller des ausgehenden achtzehnten Jahrhunderts den Barock- und Rokokostil im Namen des Klassizismus verurteilten. Dies war sicherlich der Fall, doch wurden in derselben Epoche und manchmal auch von denselben Menschen gleichermaßen die Regeln des Klassizismus abgelehnt.
25 Zu Gottsched s. S. 240 unten; zu Bodmer s. M. Wehrli, *J. J. Bodmer und die Geschichte der Literatur*, Frauenfeld/ Leipzig 1936; Goethe s. R. Pascal, *The German Sturm und Drang*, Manchester 1953, S. 242.

[26] Zu Ossian s. J. S. Smart, *James Macpherson,* London 1905 und D. S. Thomson (1952).

[27] H. Blair, *A Critical Dissertation on the Poems of Ossian,* (1763), 2. Aufl. London 1765, insbes. S. 2, 21, 63; zu Herder als Sammler s. L. Arbusow, ‚Herder und die Begründung der Volksliedforschung‘, in E. Keyser (Hg.), *Im Geiste Herders,* Kitzingen 1953.

[28] Zu Rousseau in diesem Zusammenhang s. Cocchiara (1952), S. 135 ff.; im Kunstindustri-Museet, Bergen, befinden sich Beispiele von norwegischen Bauern als Porzellanfigurinen von Claus Rasmussen Tvede.

[29] J. Horák, ‚Jacob Grimm und die slawische Volkskunde‘, in *Deutsches Jahrbuch für Volkskunde,* 9 (1963).

[30] Cocchiara (1952), S. 213 ff.; L. L. Snyder, *German Nationalism* (1952), 2. Aufl., Port Washington, 1969, Kap. 2 u. 3.

[31] J. Lundqvist, *Geijer,* Stockholm, 1954, Kap. 6.

[32] Zu Porthan, M. G. Schybergson, *H. G. Porthan,* Helsinki 1908 (in schwedischer Sprache), insbes. Kap. 4; der ‚finnische Intellektuelle‘ (Söderhjelm) bei Wuorinen, S. 69.

[33] Zu Lönnrot, J. Hautala, *Finnish Folklore Research 1828–1918,* Helsinki, 1969, Kap. 2, und M. Haavio, ‚Lönnrot‘ in *Arv,* 1969–70.

[34] Über Polen, H. Kapeluś / J. Krzyzanowski (Hg.), *Dzieje folklorystyki polskiej,* Wrocław, etc., 1970; zu Willems, J. E. F. Crick, *J. F. Willems,* Antwerpen c. 1946; Scott, 1, S. 175.

[35] Arnim/Brentano, S. 886; s. R. Linton, ‚*Nativistic Movements*‘ in *American Anthropologist,* 45 (1943), und J. W. Fernandez, ‚Folklore as an Agent of Nationalism‘, abgedr. in I. Wallerstein (Hg.), *Social Change: the Colonial Situation,* New York 1966.

[36] Wilson.

[37] Über Frankreich s. P. Bénichou, *Nerval et la chanson folklorique,* Paris 1970, insbes. Kap. 1; F. Gourvil, *T. C. H. Hersart de la Villemarqué,* Rennes 1959.

[38] Über Grégoire s. M. de Certeau et al., *Une Politique de la langue,* Paris, 1975, insbes. S. 12 und 141 ff.; zu Finistère s. J. de Cambry, *Voyage dans le Finistère, 3 Bde,* Paris 1799.

[39] H. Mackenzie (Hg.) *Report of the Committee ... appointed to Inquire into the ... Authenticity of ... Ossian,* Edinburgh 1805; zur Celtic Academy, s. Durry; der Fragebogen der Akademie ist abgedruckt in Van Gennep, 3, S. 12 ff., ebenso in de Certeau, S. 264 ff., ferner s. S. Moravia, *La Scienza dell'uomo nel '700,* Bari, 1970, S. 187 ff.

[40] Zum italienischen Fragebogen s. G. Tassoni (Hg.) *Arti e Tradizioni popolari: le inchieste napoleoniche sui costumi e le tradizioni nel Regno Italico,* Bellinzona 1973; M. Placucci, *Usi e Pregiudizi dei Contadini di Romagna* (1818), abgedr. in P. Toschi (Hg.), *Romagna Tradizionale,* Bologna 1952; über Placucci, G. Cocchiara, *Popolo e Letteratura in Italia,* Turin 1959, S. 118 ff.

[41] ‚Otmar‘ war J. Nachtigall; ‚Chodakowski‘ war A. Czarnocki; ‚Merton‘ war W. Thoms; ‚Kazak Lugansky‘ war V. I. Dal; ‚Saintyves‘ war der Verleger E. Nourri; hinter ‚Davenson‘ verbirgt sich der Altphilologe H. I. Marrou.

[42] ‚Otmar‘ (Anmerkung 9), S. 22.

[43] Scott 1, S. 175; Arnim, S. 861.

[44] M. B. Landstad, zit. von O. J. Falnes, *National Romanticism in Norway,* New York 1933, S. 255.

[45] Mackenzie (Anm. 39), S. 152; siehe auch D. S. Thomson (1952).

[46] Lönnrot zit. von I. P. Magoun (Hg.) *The Kalevala,* Cambridge, Mass. 1963, Vorwort.

302

Siehe auch Jonsson, über Fälschungen S. 675 ff., über Balladenausgaben in Schweden S. 801 ff.

[47] Wilson, S. 76.

[48] Percy, 1, S. 11; Fowler, S. 249.

[49] Pinkerton wurde 1784 von dem scharfsinnigen und streitbaren Gelehrten Joseph Ritson entlarvt. Zu ihm s. B. H. Bronson, *J. Ritson, Scholar at Arms,* 2 Bde., Berkeley 1938. Zu Arnim und Brentano, F. Rieser, *Des Knaben Wunderhorn und seine Quellen,* Dortmund 1908, insbes. S. 45 ff.

[50] Schoof; s. auch A. David/M. E. David, ‚A Literary Approach to the Brothers Grimm', in *Journal of the Folklore Institute,* 1 (1964).

[51] Seaman (Anm. 16), S. 88; über das Sammeln von Volksmusik in Schweden, s. Jonsson, S. 323 ff.

[52] Simpson (1966), S. XVI; W. Chappell, (Hg.) *A Collection of National English Airs,* 1, London 1838, Vorwort.

[53] Zur Wiedereinführung des Kölner Karnevals in der Romantik durch F. F. Wallraf siehe Klersch, S. 84 ff.; zu Nürnberg s. Sumberg, S. 180; zu Nizza s. Agulhon (1970), S. 153 ff.

[54] S. Piggott, *The Druids,* London 1968, Kap. 4; T. Parry, *A History of Welsh Literature,* Oxford 1955, S. 301 ff. Prys Morgan vom University College von Swansea hielt 1977 auf dem *Past and Present* Kongreß einen Vortrag zum Thema des Wiederfindens bzw. Erfindens der walisischen Vergangenheit.

[55] H. N. Fairchild, *The Noble Savage,* New York 1928, Kap. 13.

[56] Boswell (Anm. 19 oben), S. 246.

[57] Kapitel 8 und 9 stellen den Versuch dar, die wichtigsten dieser Veränderungen zu beschreiben.

[58] Coirault, 5. Exposé; Boas, Kap. 4; ein scharfsinniges Plädoyer für die Vorstellung vom kollektiven Schöpfungsakt findet sich bei Jakobson/Bogatyrev.

[59] J. G. Herder, *Sämtliche Werke,* hg. v. B. Suphan, 25, Hildesheim, 1967, S. 323.

2. Einheit und Vielfalt in der Volkskultur

[1] Über die Tiv, P. Bohannan, ‚Artist and Critic in a Tribal Society', in M. W. Smith (Hg.) *The Artist in Tribal Society,* London, 1961.

[2] Zur ‚Balladengemeinschaft' in Teilen Europas, Entwistle, S. 7 ff.; im Nordosten Schottlands, Buchan (1972), S. 18 ff.

[3] Redfield, S. 41–42.

[4] Zu Ferrara s. E. Welsford, *The Court Masque,* Cambridge, 1927, S. 100; zu Paris, P. de L'Estoile, *Mémoires-Journaux,* 12 Bde., Paris, 1875–92, 2, S. 106; zu Nürnberg, Sumberg S. 59. Beerli (1956) bemerkt, daß Bern im 16. Jahrhundert zwei getrennte Karnevalsfeste für Adel und Bürgerschaft feierte, die eine Woche auseinanderlagen. Doch scheint dies die Ausnahme von der Regel gewesen zu sein.

[5] Zu Frankreich s. Davis (1975), S. 99 ff., 111 ff.

[6] Über Poliziano und Pontano, G. Cocchiara, *Le Origini della poesia popolare,* Turin, 1966, S. 29 ff.; zu Malherbe, S. 298 unten; zu Hooft, Wirth, S. 164; zu Königin Isabella, Entwistle S. 28; zu Iwan und Sophia, Anm. 8 und 12 unten.

[7] Zu den *visböcker* (von denen einige in Noreen/Schück abgedruckt sind) s. Jonsson, S. 31 ff., und E. Dal, *Nordisk folkeviseforskning siden 1800,* Kopenhagen, 1956, Kap. 26.

[8] Über Zan Polo s. Lea, 1, S. 247 ff.; zu Tarleton, Baskervill (1929), S. 95 ff.; zu Taba-

rin, Bowen, S. 185 ff.; zu Iwan, G. Fletcher, *The Russe Commonwealth* (1591), hg. v. A. J. Schmidt, Ithaca 1966, S. 147 (vgl. Jakobson [1944], S. 63).

⁹ Zu Gouberville, E. Le Roy Ladurie, *Le Territoire de l'historien,* Paris 1973, S. 218; über deutsche Flugblätter, Coupe, S. 19; über französische Almanache, Bollème (1969), S. 15, 27; über schwedische Heiler, Tillhagen (1962), S. 1; über finnische *kåsor,* N. Cleve, ,Till Bielkekåsornas Genealogi' in *Fataburen* 1964. Für diesen Hinweis bin ich Maj Nodermann zu Dank verpflichtet.

¹⁰ Grazzini zit. bei R. J. Rodini, *A. F. Grazzini,* Madison etc., 1970, S. 148; J. Aubrey, *Brief Lives,* Oxford 1898, ,Corbet'; *Fataburen* 1969 (Sonderheft über schwedische Hochzeitsbräuche), S. 142, 152.

¹¹ Zu englischen Ansichten vom ,vielköpfigen Ungeheuer' s. Hill (1974), Kap. 8.

¹² Über die Gegend von Krakau s. Wyczański; zu den von adeligen Damen zusammengestellten und in Noreen/Schück abgedruckten *visböcker* gehören solche von Barbro Banér und Königin Sophia (die schwedische Frau des dänischen Königs am Ende des 16. Jahrhunderts).

¹³ E. Obiechnina, *Culture, Tradition and Society in the West African Novel,* Cambridge 1975, S. 35 ff.

¹⁴ A. Gramsci, *Osservazioni sul folclore,* in *Opere,* 6, Turin 1950, S. 215 ff.

¹⁵ Kodály, S. 20.

¹⁶ Über Schichtungen innerhalb der Bauernschaft s. Lefebvre (1924), S. 321 ff.; P. Goubert, *Beauvais et le Beauvaisis de 1600 à 1730,* Paris 1960; Blickle, S. 84 ff.

¹⁷ P. Jeannin, ,Attitudes culturelles et stratifications sociales' in L. Bergeron (Hg.), *Niveaux de culture et groupes sociaux,* Paris/Den Haag 1967, S. 67 ff.

¹⁸ Bødker, Artikel ,drängvisor', ,pigvisor'.

¹⁹ Johnson (Kap. 1, Anm. 19), S. 38 ff.

²⁰ Barley (1967), S. 746 ff. (vgl. C. Fox, *The Personality of Britain,* Cardiff 1932); zu den Alpujarras, F. Braudel, *The Mediterranean,* 1, engl. Übersetz. London, 1972, S. 35, (La Méditerranée et le monde méditerranéen à l'époque de Phillippe II, Paris, 1949).

²¹ Grove's, Artikel ,Folk Music: Norway', etc.

²² J. Hansen, Zauberwahn, Inquisition und Hexenprozeß..., München/Leipzig 1900, S. 400 ff., Trevor-Rooper schließt sich ihm an, S. 30 ff.; Cohn (1975), S. 225 vertritt eine andere Meinung.

²³ Cipolla, S. 73 ff.; J. J. Darmon, *Le Colportage de librairie en France sous le Second Empire,* Paris 1972, S. 30 ff.; Vovelle (1975).

²⁴ Über Schäferkultur in Frankreich, Louis, S. 151 ff.; in Mitteleuropa, Jacobeit; in Ungarn, Fél/Hofer, S. 23 ff.; in Polen, W. Sobisiak in *Burszta,* 2, S. 186 ff.; über Schäfermusik, Grove's, Artikel ,bagpipe'; über Schäferlieder, Erk/Böhme, Nr. 1471–1596.

²⁵ S. Paolucci, *Missioni de' Padri della Compagnia di Gesù nel Regno di Napoli,* Neapel, 1651, S. 21 ff.

²⁶ Beispiele iberischer Schäferkunst des 18. Jahrhunderts in Hansen, S. 138, 150.

²⁷ Zum Sprichwort s. Amades (1950–1), S. 1030 (vgl. Hornberger, S. 16); zur Zauberei, Jacobeit, S. 367 ff.

²⁸ Hornberger, S. 85 ff.; Jacobeit, S. 328 ff.; über *autos del nacimiento* in Spanien, Rael, Kap. 1.

²⁹ Hornberger, S. 38 ff.; Jacobeit S. 173 ff.; über die Brie, Mandrou (1968), S. 500 ff.

³⁰ Über Waldleute, M. Devèze, *La Vie de la forêt française au 16e siècle,* 1, Paris, 1961, S. 130 ff.; zu Rußland, J. H. Billington, *The Icon and the Axe,* New York 1966, S. 16 ff.; zum Balkan, Stoianovich.

[31] Karadžić, zit. b. Wilson, S. 33, 24; über Kosakenlieder, Stief (Kap. 4) und Ralston, S. 41 ff.

[32] Zur Kultur der Bergleute, Heilfurth (1959, 1967), Schreiber (1962), Sébillot (1894); zu ihrer Sprache, Avé-Lallemant, 3, S. 113 ff.

[33] T. C. Smout, *A History of the Scottish People 1560–1830,* neue Ausg., London 1972, S. 169; F. Rodriguez Marín, *Cantos Populares Españoles,* 5 Bde., Sevilla 1882–3, Nr. 7581; die Darstellung stammt aus einem Wiener Manuskript und ist zu finden bei J. Delumeau, *Civilisation de la Renaissance,* Paris 1967, gegenüber S. 20.

[34] Über Zunftehre und soziale Randgruppen s. Danckert.

[35] Zur Kultur der Handwerker s. Krebs; G. Fischer, *Volk und Geschichte,* Kulmbach 1962; E. P. Thompson (1963), S. 830 ff. Deutsche Zunftbräuche beschreibt F. Friese, *Der vornehmsten Künstler und Handwercker Ceremonial-Politica…,* Leipzig, 1708–16. Zur Kleidung, P. Cunnigton/C. Lucas, *Occupational Costume in England from the Eleventh Century to 1914,* London 1967, S. 82, 111.

[36] Über die Kultur der englischen Weber, s. G. C. Homans, ,The Puritans and the Clothing Industry in England' in *Sentiments and Activities,* London 1962; T. Deloney, *Jack of Newbury,* London 1596; J. Collinges, *The Weavers' Pocket-Book,* London, 1675; R. C., *The Triumphant Weaver,* London, 1682; E. P. Thompson (1963), Kap. 9; M. Vicinus, ,Literary Voices in an Industrial Town' in H. J. Dyos/M. Wolff (Hg.) *The Victorian City,* London 1973. Zu den Lyoner Seidenarbeitern, M. Garden, *Lyon et le Lyonnais au 18e siècle,* Paris, 1970, S. 242 ff.; deutsche Weberlieder in Schade, S. 79 ff.; holländische werden in Wirth, S. 316 ff. besprochen.

[37] Über die Kultur der Schuhmacher, s. Garden, (Anm. 36), S. 244 ff.; Schade, S. 75 ff.; Friese (Anm. 35), S. 341 ff.; Bødker, S. 278; T. Deloney, *The Gentle Craft,* London 1597–8.

[38] Zu Portugal, D'Azevedo, S. 19 f., 27 f., 36 f.; über die Cévennes, E. Le Roy Ladurie (1966), S. 349; über Wien, E. Wangermann, *From Joseph II to the Jacobin Trials,* 2. Aufl., Oxford 1969, S. 17 ff.

[39] M. H. Dodds und R. Dodds, *The Pilgrimage of Grace,* 1, Cambridge 1915, S. 92; Soboul (1966), S. 49.

[40] Über die Kultur der Handwerksgesellen, Hobsbawm (1959), Kap. 9; M. Crubellier, *Histoire culturale de la France, 19e–20e siècles,* Paris, 1974, S. 91 ff.; Hauser (1899), Kap. 3; E. Coornaert, *Les Compagnonnages en France,* Paris, 1966, insbes. S. 35 ff., 178 ff.; über die Griffarins, Davis (1975), S. 4 ff.

[41] T. Gent, *The Life of Mr. T. Gent,* London 1832, S. 16; Krebs, S. 42, 68 ff.; deutsche Lieder in Schade, S. 135 ff., S. 247; das ungarische Lied in T. Klaniczay (Hg.), *Hét Evszázad Magyar Versei,* 1, 2. Aufl., Budapest, 1966, S. 68.

[42] G. Tassoni, ,II Gergo dei Muratori di Viadana' in *Lares,* 20 (1954); D. Knoop/G. P. Jones, *The Genesis of Freemasonry,* Manchester 1947; J. M. Roberts, *The Mythology of the Secret Societies,* London, 1972, Kap. 2; zu Manole dem Zimmermann, Amzulescu, Nr. 164, und Ortutay (1968), S. 107 ff.

[43] Hauser (1899), Kap. 2; S. R. Smith, ,The London Apprentices as Seventeenth Century Adolescents' in *P&P,* 61 (1973); *The Honour of the Taylors,* London 1687.

[44] Über volkstümliche Vorstellungen in London, D. M. Bergeron, *English Civic Pageantry 1558–1642,* London, 1971, Kap. 2; zu Pasquino, R. Silenzi/F. Silenzi, *Pasquino,* Mailand, 1932.

[45] J. M. Yinger, ,Contra-Culture and Sub-Culture' in *American Sociological Review,* 25 (1960); M. Clarke, ,On the Concept of Sub-Culture' in *British Journal of Sociology,* 25 (1974).

[46] Zur Kultur der englischen Nichtseßhaften, Hill (1972), Kap. 3.

[47] Zur Kultur der Soldaten, Rehnberg, und A. Corvisier, *L'Armée française*, Paris, 1964, Teil 4, Kap. 5; zur Soldatensprache, Avé-Lallemant, 3, S. 119 ff.; zum Begriff der ‚totalen Institution‘, E. Goffman, *Asylums*, New York, 1961; Lieder zitiert nach Kohlschmidt, Nr. 17 u. 30 (vgl. Erk-Böhme, Nr. 1279–1433); zu Arnim und ‚Das heiße Afrika‘ (das Lied stammt von dem Dichter Schubart) s. F. Rieser, *Des Knaben Wunderhorn und seine Quellen*, Dortmund 1908, S. 197.

[48] Grove's, Artikel ‚Shanty‘; Davids – den Hinweis verdanke ich Prof. C. R. Boxer; J. Leyden (Hg.) *The Complaynt of Scotland*, Edinburgh, 1801, S. 62; Braga (1867 b), S. 145; K. Weibust, *Deep Sea Sailors*, Stockholm, 1969; R. D. Abrahams, *Deep the Water, Shallow the Shore: Essays on Shantying in the West Indies*, Austin/London 1974, S. XIII, 10.

[49] Zur Kleidung: Cunnington/Lucas (Anm. 35), S. 58; Seemannsausdrücke in neun europäischen Sprachen, J. H. Röding, *Allgemeines Wörterbuch der Marine*, 4 Bde., Hamburg/Leipzig, 1794–8; E. Ward, *The London Spy*, 1, London 1706, S. 281 ff.

[50] Bräuche bei Henningsen passim; Hasluck, S. 342 ff.; zur Kunst: H. J. Hansen (Hg.) *Art and the Seafarer*, engl. Übersetzung, London 1968, Zum Lesen: Vovelle (1973), S. 378 ff. Über Seemannskultur im 15. und 16. Jahrhundert, J. Bernard, Kunstgeschichte der Seefahrt, Oldenburg/Hamburg 1966; insb. Kap. 3 und 4. Diesen Hinweis verdanke ich Peter Lewis.

[51] Sébillot (1901); F. Alziator, ‚Gli Ex-Voto del Santuario di Nostra Signora di Bonario‘, in seinem *Picaro e Folklore,* Florenz, 1959; Schrijnen, 2, S. 125 ff.; S. Klonowicz, The Boatman, engl. Übers., Cambridge Springs 1958, Z. 1021 ff.

[52] Pulcis Glossar in Camporesi, S. 179 ff.; zum elisabethanischen England, Salgado, S. 62 ff., 210 ff., zu Frankreich, Sainéan; zu Spanien, Salillas; zu Deutschland, Avé-Lallemant, 3 und 4.

[53] C. García, *La desordenada codicia de los bienes agenos,* Paris 1619, K. 7, 8, 13; zu Paris, F. de Calvi, *Histoire générale des larrons,* Paris, 1631, Buch 1, K. 17; zu London, Aydelotte, S. 95 ff.; über literarische Stereotypen, E. von Kraemer, *Le Type du faux mendiant dans les littératures romanes,* Helsinki 1944.

[54] Zur ‚Gegenkultur‘, Yinger (Anm. 45); Grove's, Artikel ‚Folk Music: Jewish‘; P. Bénichou, *Romancéro judeo-español* de Marruecos Madrid, 1968; Wilson, S. 399.

[55] J. Caro Baroja, *Los Moriscos del Reino de Granada,* Madrid, 1957, S. 108 ff.; Gallego, S. 59 ff.; M. Ladero Quesada, *Granada,* Madrid 1969, S. 68 ff., 163 ff.

[56] J. P. Clébert, *The Gypsies,* engl. Übers. London, 1963, insbes. S. 96 ff., frz. Original: *Les Tziganes,* Paris, 1961; C. Clavería, *Estudios sobre los gitanismos del Español,* Madrid, 1951, S. 7 ff.; das Zitat aus J. de Quinones, *Discurso contra los Gitanos,* Madrid 1631,f. 11.

[57] S. Ardener (Hg.), *Perceiving Women,* London 1975 (insbes. die Beiträge des Ehepaars Ardener und C. Hardmans); *Journal of American Folklore,* Sonderheft über ‚Woman and Folklore‘, 1975; über Galizien, K. Lipiński (Hg.), Pieśni polskie…, 1833; über Serbien, Karadžić (1824–33), Buch 1, Einleitung; über Frauenarbeitslieder in Schottland, Collinson, S. 67 ff.; über Alphabetisierung in Amsterdam, Hart; in Frankreich, Fleury/Valmary; über Bücher für Frauen, L. B. Wright, S. 109 ff., und Schotel (1873–74), 2, Kap. 7; über Frauen und ekstatische Frömmigkeit, Bost (1921), S. 25, und K. V. Thomas, ‚Women in the Civil War Sects‘ in *P&P,* 13 (1958), (vgl. I. M. Lewis, *Ecstatic Religion,* Harmondsworth 1971, S. 75 ff.).

[58] C. Sauvageon (so hieß der Ortspfarrer), zit. von Bouchard, S. 352.

[59] P. Smith in J. Thirsk (Hg.) *Agrarian History of England and Wales,* 4, Cambridge 1967, S. 767 ff.; Bernard (Anm. 50), S. 753, über bretonische Schiffsnamen; zu Skandinavien, C. Nordmann, *Grandeur et Liberté de la Suède,* Paris/Löwen 1971,

S. 12 odd.; über Litauen, M. Mosvidius, *Catechismus* (1547), Faksimile Ausgabe, Heidelberg 1923, Vorwort; S. Herberstein, *Description of Moscow* (1557), engl. Übers., London 1969, S. 36, dt.: *Beschreibung Moskaus... 1557,* Graz, Wien, Köln, 1966, und *Reise zu den Moskowitern 1526, hg. v. T. Seifert, München 1966.*

60 Zu regionalen Varianten (mit Beispielen aus Jugoslawien), Bosković-Stulli; zu den schottischen Grenzballaden, Reed.

61 C. von Sydow, *Selected Papers on Folklore,* Kopenhagen 1948, insbes. S. 11 und 44 ff.

62 Svärdström (1957), S. 3; P. Bogatyrev, *The Functions of Folk Costume in Moravian Slovakia,* engl. Übers., Den Haag/Paris 1971, S. 54.

63 K. Liestol, S. 15; S. Resnikow, ‚The Cultural History of a Democratic Proverb‘, in *Journal of English and Germanic Philology,* 36 (1937).

64 Motif-Index, J. 1700 f.; Christensen.

65 Nygard (vgl. Vargyas, S. 129 ff.); Child 95, Motif-Index D. 1855.2.

66 A. Fortis, *Viaggio in Dalmazia, 1, Venedig 1774, S. 66; Hansen S. 158.*

67 Zum ‚Traditionsgebiet‘, Motif-Index, Einleitung; N. N. Martinovitch, *The Turkish Theatre,* New York, 1933; M. Marriott, ‚The Feast of Love‘, in M. Singer (Hg.), *Krishna,* Honolulu, 1966; zum Begriff des ‚Indo-Europäischen‘, S. Poliakov, *The Aryan Myth,* engl. Übers., London, 1974, S. 194 ff.

68 R. Dorson (Hg.) *Studies in Japanese Folklore,* Bloomington, 1963, vermittelt einen ersten Eindruck; G. P. Murdock, ‚World Ethnographic Sample‘, in *American Anthropologist,* 59 (1957); vgl. C. Kluckhohn, ‚Recurrent Themes in Myth‘, in H. A. Murray (Hg.), *Myth,* New York, 1960.

69 S. Erixon (Hg.), *Atlas över Svensk Folkkultur* 1, Uddevalla,1957; über Balladenprovinzen s. Seemann *et al.,* S. XVIII (vgl. Entwistle, S. 21 ff., der vier Balladengebiete unterscheidet, das nordische, romanische, das Balkangebiet und das russische); M. J. Herskovits, *The Human Factor in Changing Africa,* New York, 1962, S. 56 ff.

70 Über Siedlungsformen, C. T. Smith, *A Historical Geography of Western Europe before 1800,* London 1967, Kap. 5; über Häuser, F. Braudel, *Capitalism and Material Life,* 1, London, Ausg. v. 1974, S. 192 ff. Zum Alphabetismus, Fleury/Valmary und Cipolla, insbes. S. 113 ff.

71 Über Grenzkulturen, Angyal; Reed; J. Mavrogordato (Hg./Übers.), *Digenes Akritas,* Oxford 1956; H. Inalcik, *The Ottoman Empire,* London 1973, S. 6 ff.

72 P. Chaunu, ‚Le Bâtiment dans L'économie traditionelle‘ in J. P. Bardet (Hg.), *Le Bâtiment,* 1, Paris/Den Haag, 1971, S. 9 ff.; J. C. Peristiany (Hg.), *Honour and Shame,* London 1965; vgl. Agulhon (1966), und Bennassar.

73 J. Swift, ‚An Argument against Abolishing Christianity in England‘ in *Prose Works,* hg. v. H. Davis, 2, Oxford 1939, S. 27.

74 J. Meier, *Kunstlied und Volkslied in Deutschland,* Halle 1906; H. Neumann, *Primitive Gemeinschaftskultur,* Jena 1921.

75 Redfield, S. 42: weitere Bemerkungen zur Theorie der wechselseitigen Befruchtung bei Baskervill (1920), Haan (1950), Entwistle Kap. 7 u. 8, und Crubellier (Anm. 40), S. 125 ff.

76 Hoskins (1963); Hauglid; Svärdström (1949, 1957).

77 J. Addison, *Remarks on Several Parts of Italy,* London 1705, S. 104; A. F. Grazzini, *Rime burlesche,* hg. v. C. Verzone, Florenz 1882, S. 240.

78 Chambers (1933), S. 82, 149; E. Warner, ‚Pushkin in the Russian Folk-Plays‘, in J. J. Duggan (Hg.), *Oral Literature,* Edinburgh/London 1975; Straeten, S. 169 ff.

79 Zu Sizilien, Pitrè (1889), 1, S. 121 ff.; zu Frankreich, Mandrou (1964), S. 40, 131 ff.

[80] E. P. Thompson, ‚Anthropology and the Discipline of Historical Context', in *Midland History*, 1 (1971–72), S. 52.

[81] E. Welsford, *The Court Masque*, Cambridge 1927, S. 20 ff.; vgl. F. Sieber, *Volk und volkstümliche Motive im Festwerk des Barocks*, Berlin 1960.

[82] T. Klaniczay, *Zrínyi Miklós*, Budapest 1964, S. 124 ff.; J. Playford, *The Dancing Master*, London 1652.

[83] Zu Gay, F. Kidson, *The Beggars' Opera*, Cambridge 1922; zu Perrault, Soriano, S. 479 ff.; Friedman (1961a) untersucht ‚den Einfluß der volkstümlichen Dichtung auf die Kunstpoesie' in England zwischen 1600 und 1800.

[84] Sébillot (1883), insbes. die Einleitung.

[85] G. Bronzini, *Tradizione di stile aedico dai Cantari al Furioso*, Florenz 1966, behandelt den Einfluß der Volksüberlieferung auf Ariost; eine Volksbuchversion des Ariost in der British Library 1071. c. 63. (32); über Schäfer und pastorale Tradition, Hornberger, S. 207.

[86] Ginzburg (1966); Cohn (1975); Kieckhefer.

[87] P. Goubert, *L'ancien Régime*, Paris 1968, engl. Übers. London 1973, S. 261 ff.; D. Macdonald, *Against the American Grain*, New York 1972, S. 3 ff.

[88] Zu Croce, Guerrini; zu Sachs, Balzer; zu Deloney, Roberts; J. Timoneda, *El Sobremesa y Alivio de Caminantes*, Valencia 1564 (vgl. auch Kap. 5, Anm. 34).

3. Ein scheues Wild

[1] Erhellende Kommentare zu diesen Problemen bei Hobsbawm (1959), S. 2, Samuel, und M. de Certeau, *L'Ecriture de l'histoire*, Paris 1975, insbes. Kap. 5.

[2] Zu Guadix, Gallego; zu South Kyme, N. J. O'Conor, *Godes Peace and the Queenes*, Cambridge 1934.

[3] R. Tarleton, *Jests* (posthum, London, 1611); F. Andreini, *Bravure*, Venedig 1607; C. dell'Altissimo, *I Reali di Francia* (posthum, Venedig 1534); S. Tinódi, *Cronica*, 1554; O. Maillard, *Sermones de Adventu*, Lyon 1503; G. Barletta, *Sermones*, Brescia 1497.

[4] Fuller kann Tarleton nicht selbst gesehen haben, sondern bezieht sich auf seine Grabschrift, die bei W. Camden, *Remains*, London 1605, Teil 2, S. 58, zitiert wird: ‚Hic situs est cuius vox, vultus, actio possit/Ex Heraclito reddere Democritum'.

[5] F. Flamini, *La Lirica Toscana del Rinascimento*, Pisa, 1891, S. 187 Anm.

[6] Über Predigten siehe auch S. 132 ff. unten.

[7] Über Villon, Ziwès; P. Guiraud, *Le Jargon de Villon*, Paris, 1968.

[8] Bachtin; Sébillot (1883); M. Beaujour, *Le Jeu de Rabelais*, Paris, 1969, S. 18 ff.; J. Paris, *Rabelais au futur*, Paris, 1970, S. 45.

[9] C. García, *La Desordenada Codicia de los Bienes Agenos*, Paris, 1619; über G. B. Basile, B. Croce, *Saggi sulla letteratura italiana del 1600*, Bari 1911, vgl. K. Ranke (Hg.), *Enzyklopädie des Märchens*, Bd. 1, Berlin/New York, 1977, Artikel Basile; vgl. R. M. Dorson, ‚The Identification of Folklore in American Literature' in *Journal of American Folklore, 70* (1957).

[10] Zu den beschädigten Dächern, J. Huizinga, *Herbst des Mittelalters*, Stuttgart, 8. Aufl., 1961.

[11] Moser-Rath (1964, 1968); M. Michael, *Die Volkssage bei Abraham a Sancta Clara*, Leipzig 1933; W. Brückner, *Volkserzählung und Reformation*; Berlin 1974; E. H. Rehermann, *Das Predigtexempel bei protestantischen Theologen des 16. und 17. Jahrhunderts*, Göttingen 1977.

[12] J. W. Blench, *Preaching in England*, Oxford 1964, Kap. 3.

[13] A. P. Moore, *The Genre Poissard and the French Stage of the Eighteenth Century*, New York, 1935.

[14] Über Eulenspiegel, J. Lefebvre (1968), Kap. 5.

[15] Zu den Balladen aus dem Bauernkrieg, Liliencron, Nr. 374 ff., insbes. Nr. 380, 383 und 384; das *London Magazine* zit. bei Brewer, S. 159.

[16] Zur Bibliothèque bleue , Mandrou (1964), der die These vertritt, die Volksbücher spiegelten die Werte des bäuerlichen Lesepublikums wider. Einige Zweifel bezüglich des Publikums werden von Bollème (1965) und H. J. Martin, *Livre, pouvoirs et société*, Paris 1969, S. 955 ff. vorgebracht, während Ginzburg (1966), S. XI ff., die These von der Widerspiegelung in Zweifel zieht. Vgl. auch Schenda (1970).

[17] B. H. Bronson, ,Folksong and Live Recordings', abgedr. in Bronson (1969); Lord, S. 19, 23, 79, 109 und 136.

[18] Zweifel werden vorgebracht von B. H. Bronson, ,Mrs Brown and the Ballad', in Bronson, 1969, neu gedr.; Buchan (1972), Kap. 19, betont ihre Zuverlässigkeit; über die Frau Viehmännin, Schoof, S. 62 ff.; H. V. Velten, ,Perrault's influence on German Folklore' in *Germanic Review*, 5 (1930); Friedman (1961a), S. 53.

[19] Zur Beweiskraft von Geständnissen, Ginzburg (1966), S. XI; Trevor-Roper, S. 42 ff.; Thomas (1971), S. 516 ff.

[20] Gegensätzliche Interpretationen der Aufstände des 17. Jahrhunderts in Frankreich in Porchnev, Mousnier, und R. Mandrou, ,Vingt ans après', in *Revue Historique*, 242 (1969), S. 29 ff.

[21] Zum Text des Code Paysanne, A. de la Borderie, *La Révolte du Papier Timbré*, Saint-Brieuc 1884, S. 93 ff.; dazu Weiteres in Mousnier, S. 141 ff.; E. B. Bax, *German Society at the close of the Middle Ages*, London, 1894, S. 54 ff.

[22] Blickle, insbes. S. 37, 157; Franz (1963), S. 73 ff.

[23] P. Goubert/M. Denis (Hg.), *1789: Les Français ont la parole*, Paris 1964, S. 29 ff., S. 225.

[24] Ginzburg (1966), S. 9; Thomas (1971), insbes. Kap. 17; Macfarlane, Kap. 10–16.

[25] Zur Vorstellung kultureller ,Mittler', E. Wolf, ,Aspects of Group Relations in a Complex Societiy', in *American Anthropologist*, 58 (1956); zum Sheale MS., T. Wright (Hg.) *Songs and Ballads, London 1860*.

[26] B. Cellini, *Das Leben des Benvenuto Cellini*, übersetzt v. J. W. v. Goethe, Neuausg. Frankfurt/Main, 1965; G. C. Croce, *Descrizione della Vita*, Bologna 1600; J. Bunyan, *Grace Abounding*, London, 1966, dt. *Die überschwängliche Gnade an dem größten der Sünder*, übers. v. A. Henrich, Hamburg, 1864; S. Bamford, *Early Days*, Neuausg., London, 1893.

[27] E. Panofsky, *Sinn und Deutung in der bildenden Kunst*, Köln 1975, Kap. 1.

[28] Zur Kleidung, P. Bogatyrev, *Functions of Folk Costumes in Moravian Slovakia*, engl. Übers., Den Haag/Paris 1971, und H. Kuper, ,Costume and Identity' in *Comparative Studies in Society and History*, 15 (1973); über Häuser, P. Bourdieu, ,The Berber House', in M. Douglas (Hg.), *Rules and Meanings*, Harmondsworth 1973, S. 98 ff.; D. II. Kerblay, *L'Izba*, Lausanne 1973, insbes. S. 42 ff.

[29] M. Bloch, *Les Caractères originaux de l'histoire rurale française*, Paris, Ausg. v. 1964, S. XII.

[30] Zu den bildenden Künsten, Adhémar und Hansen, passim.

[31] Wossidlo 139 b ist eine 1919 von einem 75 jährigen Gewährsmann aufgenommene Geschichte, der sie von seinem im Jahre 1793 geborenen Vater hatte. Zur Verläßlichkeit der mündlichen Überlieferung siehe J. Vansina, *Oral Tradition* engl. Übers., Chicago 1965.

[32] Ein weiterer Pionier war Nils Andersson (1864–1921) in Schweden. Über ihn s. O.

Anderson, *Spel opp i Spelmänner,* Stockholm 1958. Einige Sammler des neunzehnten Jahrhunderts hatten sich für Volksmusik durchaus ernsthaft interessiert, wie z. B. Ludwig Lindeman in Norwegen, doch war es vor dem Jahr 1900 ein Problem, sie korrekt aufzuzeichnen.

33 Zu Rybnikov und den russischen Bylinen, s. Chadwick, Einleitung; zu Parry, Lord; B. A. Rosenberg, *The Art of the American Folk Preacher,* New York, 1970; zu französischen Wahrsagern, M. Bouteiller, *Sorciers et jeteurs de sort,* Paris 1958; zu jugoslawischen Heilern, Kemp; über Skandinavien, s. *Arv,* 18–19 (1962–63).

34 Vgl. W. C. Sturtevant, ‚Anthropology, History and Ethno-History', in *Ethno-History,* 13 (1966); was Bloch die ‚regressive Methode' nennt, nennt Sturtevant ‚stromaufwärts' – Forschung. Vgl. J. Vansina, *Oral Tradition,* Chicago, 1965, und Phythian-Adams (1975).

35 Zur Kontinuität auf Dorfebene, s. Bouchard; P. Goubert, *The Ancien Régime,* engl. Übers., London, 1973, S. 42 ff.; E. R. Cregeen, ‚Oral Tradition and Agrarian History in the West Highlands' in *Oral History,* 2, Nr. 1. Neuere Untersuchungen von Alan Macfarlane, Peter Clark und Margaret Spufford legen den Schluß nahe, daß es im 16. und 17. Jahrhundert in Essex, Kent und Cambridgeshire eine beträchtliche geographische Mobilität gab; ich nehme aber an, daß dies nicht typisch und auf die Nähe Londons zurückzuführen ist. I. Opie/P. Opie, *The Lore and Language of Schoolchildren,* Oxford, 1959, S. 2.

36 Chambers (1933); Brody. Weitere Beispiele zum Problem der Abstriche, Davis (1975), S. 104 ff. (zum Charivari in Frankreich), und Soriano, S. 148 ff.

37 R. M. Dawkins, ‚The Modern Carnival in Thrace', in *Journal of Hellenic Studies,* 6 (1906); zu deutschen Schauspielen, Keller.

38 M. Bloch, ‚Pour une histoire comparée des sociétés européennes', engl. Übers. in seinem *Land and Work in Medieval Europe,* London 1967; Nygard.

39 E. E. Evans-Pritchard, *Witchcraft, Oracles and Magic among the Azande,* Oxford 1937, ein Werk, das Thomas (1971) inspirierte; M. Marwick, *Sorcery in its Social Setting,* Manchester 1965.

40 Zu Umkehrbräuchen s. M. Gluckman, *Customs and Conflict in Africa,* Oxford, 1956, und M. Marriott (Kap. 2, Anm. 67); zum Berberhaus, Bourdieu (Anm. 28 oben).

41 Foster (1960): G. Balandier, *Daily Life in the Kingdom of the Kongo,* engl. Übers., London 1968. Vgl. N. Wachtel, *La Vision des Vaincus,* Paris 1971, über Peru (engl. Übers., *The Vision of the Vanquished,* Hassocks 1977).

4. Das Tradieren der populären Kultur

Informationen, die aus allgemein zugänglichen biographischen Nachschlagewerken stammen, sind nicht nachgewiesen.

1 Schoof, S. 62 ff.

2 C. von Sydow, *Selected Papers on Folklore,* Kopenhagen, 1948, S. 12–16.

3 Duchartre/Saulnier, S. 44 ff., 88 ff.; Mistler (insbes. der Beitrag von Blaudez).

4 Über norwegische Handwerker, Anker, insbes. Kap. 6 u. 8; über die Männer von Dalarna, Svärdström (1949, 1957); in allen diesen Fragen waren die Unterhaltungen mit Peter Anker und Maj Nodermann für mich von großem Nutzen.

5 Über Schmiede, Hansen, S. 18, 106, 118–119.

6 Über Spielleute, Salmen; in Frankreich, Petit de Julleville; in Spanien, Menéndez Pidal (1924); in England, Fowler, S. 96 ff.; in Ungarn, Leader, Kap. 2; in Rußland, Zguta.

7 V. Turner, *The Forest of Symbols,* Ithaka/London 1967, insbes. Kap. 6 u. 10.

8 Über Scharlatane, T. Garzoni, *La Piazza universale,* Venedig 1585, Kap. 103–104; In *Volpone* imitiert Ben Jonson die Tiraden der Scharlatane (Akt 2, Szene 1).

9 Zu den *skomorochi* siehe Zguta.

10 Über englische Nachrichtenschreiber, Shaaber, Kap. 10; F. C. Brown, *Elkanah Settle,* 1910; über walisische Barden, T. Parry, *A History of Welsh Literature,* Oxford 1955, S. 133ff., und D. S. Thomson (1974), Kap. 1.

11 Rosenfeld (1939), Kap. 1. In ,Vagrants and Vagrancy in England', *Economic History Review, 27* (1974) zählt P. Slack unter den in Salisbury zu Beginn des 17. Jahrhunderts aufgeführten Fahrenden einen Wahrsager, einen Spielmann, einen Moriskentänzer und zwei Zauberkünstler.

12 A. de Rojas, *El viaje entretenido* (1603) Madrid, Ausg. v. 1901, S. 149ff.; vgl. A. D. Shergold, *A History of the Spanish Stage,* Oxford 1967, Kap. 6.

13 Über das Languedoc, Le Roy Ladurie (1966), S. 130; zu Frankreich, P. Coirault, *Formation de nos chansons folkloriques,* 1, Paris, 1953, S. 63ff.; zu Italien, Levi, S. 6ff.; Buttitta, S. 149ff.; über Serbien, Lord (vgl. Cronia, Einleitung); zu Rußland, A. Rambaud, *La Russie épique,* Paris 1876, S. 435ff.; über Spanien, Caro Baroja (1969), S. 46ff., 179ff.; Varey, S. 109ff.; zu Deutschland, Riedel.

14 Salmen, S. 52 u. 55; E. Munhall, ,Savoyards in French Eighteenth-Century Art' in *Apollo, 87* (1968). Diesen Hinweis verdanke ich Erica Langmuir; das Zitat stammt aus H. Swinburne, *Travels in the Two Sicilies,* 1, London 1783, S. 377.

15 Danckert, S. 221ff.

16 Zu Bettlern in England, Aydelotte, S. 43ff.; in Frankreich, J. P. Gutton, *La Société et les pauvres,* Paris 1971, S. 184ff.

17 Über Palermo, L, Vigo (Hg.), *Canti popolari siciliani,* Catania, 1857, S. 56ff.; C. E. Kany, *Life and Manners in Madrid 1750–1800,* Berkeley 1932, S. 62ff.; Karadžić zit. b. Wilson, S. 24, 111.

18 D. O'Sullivan, *Carolan,* London, 1958.

19 Über Lehrer in Frankreich s. Vovelle (1975), S. 127; zu Missus a Deo, A. Battistella, *Il S. Officio e la riforma religiosa in Bologna,* Bologna 1905, S. 13.

20 Hefele, insbes. S. 19ff.; zu Caracciolo, Erasmus, *Opera,* V, Leiden 1704 (Nachdr. Hildesheim 1962), Spalte 985–6; Maillard zit. bei H. Lasswell/N. Leites, *Studies in Rhetoric,* New York 1925, S. 4.

21 Diderot an Sophie Volland, 5. Sept. 1762, in P. France (Hg. und Übers.) *Diderot's Letters,* London 1972, S. 119.

22 J. F. V. Nicholson, *Vavasor Powell,* London 1961 (vgl. Hill [1974], S. 34ff.); über England, insbes. Bunyan, Tindall; zu Frankreich, Bost (1921), S. 16ff.

23 Über England, Chambers (1903); über französische ,Abteien', Davis (1975), Kap. 4; zu Spanien, Very; zu Florenz, D'Ancona (1891), 1, S. 400ff.; zu Siena, Mazzi; zu Nürnberg, Sumberg.

24 Über die Niederlande, Straeten.

25 Zum Meistergesang, A. Taylor (1937) und G. Strauss, *Nuremberg in the Sixteenth Century,* New York 1966, S. 264ff.

26 Davis (1975), Kap. 4; Tilliot; H. G. Harvey.

27 Zu Mrs. Brown, Buchan (1972), Kap. 7; zu Frankreich, L. Petit de Julleville, *Les Mystères,* 1, Nachdr. Genf 1968, Kap. 9; zu Italien, D'Ancona (1891) 1, S. 258ff.

28 Coirault, S. 63ff. behandelt acht *chanteurs* des 18. Jahrhunderts.

29 Zu Pèri, Lazzareschi; zu Fullone, Pitrè (1872); zu Croce, Guerrini.

30 Über die ,shanachie', Jackson (1936); zu Wales, T. G. Jones, S. 218; zu Neapel, J. J. Blunt, *Vestiges of Ancient Manners ...,* London 1823, S. 290; J. W. von Goethe, *Ita-*

311

lienische Reise (hg. v. H. von Einem, Hamburg 1951), 3. Oktober 1786.

[31] O. Andersson, ‚Folk-Musik‘, in S. Erixon/A. Campbell (Hg.), *Svensk bygd och folk-kultur,* 1, Stockholm 1946, S. 108 ff.; Burdet, S. 108 ff.; zu Kalabrien, H. Swinburne, *Travels in the Two Sicilies,* 1, London 1783, S. 114; über Schottland, Collinson, S. 113 ff.; zu Rußland, H. M. Chadwick/N. Chadwick, *The Growth of Literature,* 3 Bde., Cambridge 1932–40, 2, S. 286 ff.

[32] Zu Böhm, Cohn (1957), S. 226 ff.; zu Bernardo, D. Weinstein, *Savonarola and Florence,* Princeton 1970, S. 324 ff.; zu Bandarra, D'Azevedo, S. 7 ff.; vgl. Manning, S. 38 ff. über London um 1640.

[33] Über England, Thomas (1971), Kap. 8, und Macfarlane, Kap. 8; zu Schweden, Tillhagen (1962, 1969); zu Spanien, S. de Covarrubias, *Tesoro de la Lengua Castellana* (1611), Neudr., Barcelona, 1943, s. v. Saludadores, über Sizilien, Blunt (Anm. 30), S. 165; zu Frankreich, F. Lebrun, *Les Hommes et la mort en Anjou aux 17e et 18e siècles,* Paris/Den Haag 1971, S. 405 n.; zu Luzern, Schacher, S. 98 ff.

[34] Zu Norditalien (Friaul), Ginzburg (1966), S. 45 ff.; 56 ff., 82 ff., 96, 151, 123 ff.; zu Schweden, Tillhagen (1962, 1969).

[35] Zu Ramírez, L. P. Harvey; zu Fagerberg, Edsman; zu den volkstümlichen Heilern heute, A. Kiev, *Curanderismo,* New York/London 1968, insbes. Kap. 8.

[36] Christie, S. 178.

[37] Zu ‚Erzählgelegenheiten‘, L. Dégh, *Folktales and Society,* Bloomington/London, 1969, Kap. 6; G. Massignon, *Contes traditionnels des teilleurs de lin du Trégar,* Paris, 1965, Einleitung. N. Du Fail, *Propos rustiques* (1547), Paris, Ausg. v. 1928, Kap. 5.

[38] Feiern am Kirchweihvorabend (‚wakes‘) und Kirchenbier (‚church-ales‘) sind am bekanntesten geworden durch die Versuche, sie abzuschaffen; dazu s. S. 217 unten.

[39] Zur kulturellen Funktion des englischen Gasthauses, F. G. Emmison, *Elizabethan Life: Disorder,* Chelmsford 1970, Kap. 18 (über Essex); E. K. Chambers, *The Elizabethan Stage,* 2, Oxford, 1923, S. 379 ff. (über London); S. Rosenfeld (1960), S. 76 (über das *Queen's Arms* in Southwark); D. Lupton, *London and the County Carbonadoed* (1632), zit. b. J. Thirsk/J. P. Cooper (Hg.), *Seventeenth-Century Economic Documents,* Oxford 1972, S. 348 (über Gemälde); Spufford, S. 231 u. 246 (über die Frommen in Gasthäusern).

[40] Zu Polen, J. Burszta, *Wieś i Karczma,* Warschau 1950, ein Hinweis, für den ich Keith Wrightson zu Dank verpflichtet bin; über den französischen *cabaretier,* Bercé (1974 a), S. 297 ff.; über Wirte im deutschen Bauernkrieg, E. B. Bax, *The Peasant War in Germany,* London 1899, S. 77, 111, 113, 116 (vgl. S. 268 unten über die Rolle des Gastwirts Franz Haas aus Graz während der Aufstände im Jahre 1790).

[41] G. F. Lussky, ‚The Structure of Hans Sachs‘ Fastnachtspiele in *Journal of English and Germanic Philology,* 26 (1927); zum Tanzen in schweizerischen Gasthäusern s. Burdet, S. 65 ff. über Frankreich, A. P. Moore, *The Genre Poissard and the French Stage of the Eighteenth Century,* New York 1935, S. 284 ff.; Don Quixote, 2, Kap. 25–26 (vgl. Varey, S. 232 ff.); Machiavelli an Vettori, 10. Dez. 1513.

[42] Über den Markusplatz in Venedig, s. T. Coryate, *Crudities,* 1, Glasgow, Ausg. v. 1905, S. 409 ff. (Coryate, der 1608 dort war, gibt eine lebhafte Schilderung); zum Pont-Neuf, F. Boucher, *Le Pont-Neuf,* 2, Paris 1926, S. 149 ff.

[43] Vgl. P. Bohannan/G. Dalton (Hg.), *Markets in Africa,* Evanston 1962, S. 15 ff.

[44] N. Staf, *Marknad och Möte,* Stockholm, 1935; E. Mentzel, *Geschichte der Schauspielkunst in Frankfurt,* Frankfurt 1882, S. 48 ff.

[45] Brockett; M. Lister, *A Journey to Paris,* London 1699, S. 175 ff.

[46] C. Walford, *Fairs Past and Present,* London 1883; H. Morley, *Memoirs of Bartholo-*

mew Fair, London 1859; S. Rosenfeld (1960); über die Teilnahme der Frommen an Märkten, Spufford, S. 261.

[47] Zur Individualität in der mündlichen Überlieferung, Lord, S. 63 ff., und M. Azadovski, Natalja Osipovna, *Eine sibirische Märchenerzählerin,* Helsinki 1926.

[48] Über Tarleton, Bradbrook; über Carolan, O'Sullivan (Anmerk. 18), S. 74 ff.; zur sizilianischen *sfida,* Pitrè (1872), S. 109 ff.

[49] P. Barry in M. Leach/T. Coffin (Hg.), *The Critics and the Ballad,* Carbondale 1961.

[50] ,Otmar', *Volkssagen,* Bremen, 1800, S. 42 ff.; M. Panić-Surep, *Filip Višnjić,* Belgrad 1956 (in serbokroat. Sprache); zu Fiorillo, Lea, S. 91 u. 93: über Stranitzky, Rommel, S. 206 ff.; die schottischen Beispiele aus Collinson, S. 208 ff.; über die bildende Kunst, Svärdström (1949), S. 12 und Hauglid, S. 17.

[51] Vuk zit. bei Wilson, S. 396.

[52] Sharp, S. 13 ff.; über die ,Vorzensur', Jakobson/Bogatyrev.

5. Traditionelle Formen

[1] Zum Tanz, siehe insbes. Guilcher, Louis, Sachs, und die entsprechenden Artikel zur Musik der einzelnen Völker bei *Grove's.*

[2] A. Fortis, *Viaggio in Dalmazia,* 1, Venedig 1774, S. 93 ff.

[3] Zu Schwerttänzen, Louis, S. 275 ff.

[4] Sachs, S. 367, S. 99.

[5] Diesen aus dem 18. Jahrhundert stammenden Text entnahm ich L. W. Forster (Hg.), *Penguin Book of German Verse,* 1957, S. 56.

[6] Cronia, S. 114.

[7] Menéndez Pidal (1938) S. 44.

[8] *Io son lo Gran Capitano della Morte:* italien. Volksbuch des 16. Jahrhunderts, British Library, C. 57. i. 7. (36).

[9] Child 117; S. Tinódi, *Cronica* (1554), Neudr. Budapest 1881; Cristoforo ,Altissimo', *I Reali di Francia,* Venedig 1534.

[10] F. Flamini, *La lirica toscana del Rinascimento,* Pisa 1891, S. 72.

[11] F. G. Emmison, *Elizabethan Life: Disorder,* Chelmsford 1970, Kap. 4.

[12] Forster (Anmerk. 5), S. 76.

[13] Zur Vorstellung vom ,Spiel', Kolve, S. 12 ff.

[14] Zu italienischen Beispielen, s. das in Anmerk. 8 angegebene Buch; zu französischen, Viollet-le-Duc, Nr. 49 u. 62; deutsche in H. Sachs, *Werke,* 2 Bde., Weimar 1960, 1, S. 323 ff., 368 ff.

[15] Die italienische Bezeichnung für alle drei Arten von Schauspielen war einfach *rappresentazioni sacre* ,heilige Schauspiele'.

[16] *Saint Hareng,* Neudr. Paris 1830 (vgl. Viollet-le-Duc, Nr. 23 u. 37); Haberdynes Predigt in Salgado, S. 381 ff.

[17] Kuiper, Nr. 239; zur Gattung, Werner, Mehring.

[18] Zu dieser Gattung, García de Diego.

[19] Coupe, S. 126; George, S. 85; Ovsyannikov (1968), Abb. 31.

[20] Coupe, S. 214 ff.; C. Lévi-Strauss, *La Pensée sauvage,* Paris 1962, S. 26, dt. *Das wilde Denken* (Übers. H. Naumann), Frankfurt/M. 1968.

[21] Zum Verhältnis von Gattung und Bedeutung, E. D. Hirsch, jr. *Validity in Interpretation,* New Haven/London 1967.

[22] Kodály, zit. b. Szabolcsi, S. 173.

[23] Zum Wandern s. W. Tappert, *Wandernde Melodien* (1865), 2. Aufl., Leipzig, 1890; über die Stereotypisierung der Varianten, Collinson, S. 174 ff.

[24] H. Swinburne, *Travels in the Two Sicilies,* 1, London 1783, S. 379.

[25] Elschek.

[26] H. Mackenzie (Hg.), *Report of the Committee ... appointed to inquire into the ... Authenticity of ... Ossian,* Edinburgh 1805, S. 19.

[27] Scott 1, S. 8; *Scottish Tragic Ballads* (anonym erschienen), London 1781, S. XX; J. H. Jones.

[28] Ortutay (1968), S. 125; vgl. Motif-Index E. 631. O. 1., ,twining branches grow from graves of lovers', (,verschlungene Zweige wachsen aus dem Grab der Liebenden').

[29] Webber, Anhang 2.

[30] C. Lévi-Strauss, *Mythologiques,* 4 Bde., Paris 1964–70; dt *Mythologica,* (Übers. E. Moldenhauer) Frankfurt/Main 1971–75.

[31] Lord, S. 4.

[32] Daur, passim.

[33] Bolte/Polívka, 1, S. 165 ff.; P. Delarue, M. L. Tenèze (Hg.), *Le Conte populaire français,* 2, Paris, 1964, S. 245 ff.

[34] G. F. Straparola, *Le Piacevoli Notti,* 2 Bde., Venedig 1550–55; J. Timoneda, *El sobremesa y alivio de caminantes,* Valencia, 1564 (vgl. J. W. Childers, *Motif-Index of the Cuentos of Juan Timoneda,* Bloomington 1948).

[35] Propp, S. 31 ff.; Motif-Index, passim.

[36] Der Helfer: Straparola (Anm. 34), 3.1, 3.2, 3.3, 4.3, 5.1, 7.5, 11.1; die Probe: Straparola, 3.2, 3.4, 5.1, 10.3.

[37] Bolte, 1, S. 165 ff.

[38] J. U. Surgant, *Manuale Curatorum* (Ausg. v. 1503, o. O.), Teil 1, Kap. 16; J. Aubrey, *Brief Lives,* Oxford 1898, ,Charles Cavendish'; W. Nicholls, *A Defence of the Doctrine and Discipline of the Church of England,* London 1725, Teil 2, Kap. 14; B. A. Rosenberg, *The Art of the American Folk Preacher,* New York 1970, S. 48, S. 53 ff.

[39] Surgant (Anm. 38), Teil 1, Kap. 8; *Sermones Dormi Secure,* Rutlingen, 1484 (die ältere, vermutlich aus d. J. 1483 stammende Ausgabe hat die korrekte Ortsangabe Reutlingen). Allein in der British Library finden sich bis zum Jahre 1520 25 Ausgaben.

[40] Über die Spielkarte, Rosenberg (Anm. 38), S. 29, S. 91–93, und G. R. Owst, *Literature and Pulpit in Medieval England,* 2. Aufl., Oxford 1961, S. 99; J. Eachard, *Works,* 11. Aufl., London 1705, S. 38 ff. kritisiert weit hergeholte Vergleiche in Predigten.

[41] E. C. Cawte, A. Helm und N. Peacock, *English Ritual Drama,* London, 1967, Sokolov, S. 499 ff.; Rael, Kap. 1.

[42] F. Andreini, *Le Bravure del Capitano Spavento,* Venedig, 1607, vgl. Spezzani.

[43] Zu *lazzi,* Petraccone, S. 63 ff.; 191 ff., 263 ff.

[44] O. Szentpál, ,Formanalyse der ungarischen Volkstänze', in *Acta Ethnographica,* 7 (1958); *Grove's,* Artikel ,Folk Music: Czech'.

[45] G. E. Lessing, *Laokoon,* 1766.

[46] Amades (1947), 2, S. 150.

[47] Über die Kampfszene, Landsverk; Marta Hoffmann gab mir freundlicherweise diesen Hinweis.

[48] Olrik (1908); Sklovsky zit. b. Oinas/Soudakoff, S. 156.

[49] Luther gebrauchte in einem Brief vom 7. März 1521 den Ausdruck ,Antithese' für das *Passional;* vgl. Coupe, S. 204 ff. und G. Fleming, ,On the Origin of the *Passional Christi und Antichristi*' in *Gutenberg Jahrbuch* (1973).

[50] George, S. 4 u. 25; Kunzle, S. 3.

[51] Buchan (1972), S. 88 ff., Olrik (1908), S. 135 ff.

[52] Man stelle z. B. Clemet Håkanssons hl. drei Könige (nun im Nordiska Museet, Stockholm) denen des Gentile da Fabriano (nun in den Uffizien, Florenz) gegenüber.

[53] P. Bénichou, *Romancéro judeo-español de Marruecos,* Madrid 1968, S. 111.

[54] Diese Variante der Ballade aufgenommen von J. M. Serrat, *Chansons traditionnelles* (in katalanischer Sprache gesungen), Samml. ,Le Chant du Monde‘, LDX 74491.

[55] Propp; Lévi-Strauss (Anm. 30); vgl. A. Dundes, *The Morphology of North American Indian Folktales,* Helsinki, 1964; Schenda (1965–66); und T. Todorov, *Grammaire du Décaméron,* Den Haag/Paris 1969.

[56] D'Ancona (1872) enthält 43 Stücke. Acht von ihnen befassen sich mit heiligen Frauen, von denen sechs besagte Form annehmen; Viollet-le-Duc enthält 64 Stücke, von denen 24 Ehepaare als Hauptakteure vorweisen.

[57] F. Scala, *Il Teatro delle favole rappresentative,* Venedig 1611, Nr. 1.

[58] Buchan (1972), S. 121.

[59] Lord, S. 36.

[60] Lord, S. 78; vgl. Gesemann (1926), S. 65 ff.

[61] A. Fortis, *Viaggio in Dalmazia,* 1, Venedig 1774, S. 92; M. Martin, *A Description of the Western Islands of Scotland,* (1703), hg. v. D. J. Macleod, Stirling, 1934, S. 95; Mackenzie (Anm. 26), S. 148; T. Pennant, *A Tour in Wales,* 2, London 1781, S. 92; R. Steffen (Hg.), *Norska Stev,* Oslo 1899.

[62] M. de Montaigne, *Journal de voyage en Italie,* Paris Ausg. v. 1955, S. 175; Pitrè (1872), S. 109 ff.

[63] ,Altissimo‘ (Anm. 9); über die *commedia,* Nicoll, S. 24 ff., Petraccone, S. 52 ff., 69 ff.; über Asien heute, J. R. Brandon, *Theatre in Southeast Asia,* Cambridge, Mass. 1967, Kap. 7; J. L. Peacock, *Rites of Modernisation,* Chicago/London 1968, S. 61 ff. T. Coryat, *Crudities,* Glasgow, Ausg. v. 1905, I, S. 409 ff.

[64] Nicholls (Anm. 38), S. 333; J. Bunyan, *Works,* 1, London, 1692, Vorwort von E. Chandler und J. Wilson; vgl. Tindall, Kap. 8, und J. Downey, *The Eighteenth-Century Pulpit,* Oxford 1969, S. 164 ff. Zu Mrs. Brown, Buchan (1972), Kap. 7.

[65] L. P. Harvey.

[66] Rosenberg (Anm. 38), S. 55 ff.; über eine Erzählerin des 19. Jahrhunderts, Pitrè (1889), 1, S. 203.

[67] Karadžić zit. b. Wilson, S. 169; Román zit. b. L. P. Harvey, S. 96; F. Yates, *The Art of Memory,* London 1966; ein Beispiel für die Anwendung dieser Kunst durch einen italien. Sänger im Jahre 1435 in O. Bacci, *Prosa e Prosatori,* Mailand, o. J. (c. 1907), S. 99 ff.

[68] Das Zitat, aus Perrucci (1699), in Petraccone, S. 94; zum Begriff der ,Improvisation‘ s. Astakhova; Diskussionen mit Ruth Finnegan zu diesem Thema waren für mich sehr wertvoll.

[69] Zur britischen Ballade, J. H. Jones; Friedman (1961b); und Buchan (1972), Kap. 7. Zu einer ähnlichen Kontroverse über die spanische Ballade, s. Webber; Beattie; und Norton/Wilson, S. 55 ff. Zu Schweden und Ingierd Gunnarsdotter, s. Jonsson, S. 278 ff. (vgl. A. Noreen (Hg.), *K. Bibliotekets Visbok i 4:o,* Uppsala 1915, Nr. 42, 46 u. 51). Über unklare Grenzen zwischen Memorisieren und Erfinden in Frankreich, s. Coirault, S. 621 ff.

[70] Gesemann (1926), S. 96.

[71] T. Coffin in M. Leach/T. Coffin (Hg.), *The Critics and the Ballad,* Carbondale 1961, S. 247; G. Allport/L. Postman, ,The Basic Psychology of Rumour‘ in W. Schramm (Hg.), *Mass Communications,* 2. Aufl., Urbana 1960.

[72] A. Warburg, *Gesammelte Schriften,* 2 Bde., Leipzig/Berlin, 1932 (s. Index, ,Antike:

Bildmotive'); E. R. Curtius, *Europäische Literatur und lateinisches Mittelalter*, Bern, 1948; E. H. Gombrich, *Art and Illusion*, London 1960, insbes. Kap. 2 und 5, dt. Übers.: *Kunst und Illusion: zur Psychologie d. bildl. Darst.*, Stuttgart 1978.

73 W. J. Ong, ‚Oral Residue in Tudor Prose Style' in *Proceedings of the Modern Language Association*, 80 (1965).

74 Wolf/Hofmann, Nr. 5 a und Nr. 98 und S. 327; A. N. Rambaud, *La Russie épique*, Paris 1876, S. 292.

75 F. Fleuret (Hg.), *Cartouche et Mandrin*, Paris 1932, Abb. II, VI.

6. Helden, Schurken und Narren

1 O. E. Klapp, *Heroes, Villains and Fools: The changing American Character*, Englewood Cliffs 1962, S. 17.

2 Über den hl. Martin, Jürgensen; über den hl. Nikolaus, Meisen (1931); über Bevis, Greve; über die Türken, P. Belon, *Observations*, Paris 1553, Buch 3, Kap. 42, und C. de Bruin, *Reizen*, Delft, 1668, S. 125.

3 Über die Heiligen, H. Delehaye, *Les Légendes hagiographiques*, Brüssel, 1905; über Alexander, G. Cary, *The Medieval Alexander*, Cambridge 1956.

4 M. Luther, *Works*, 53, hg. v. U. S. Leupold, Philadelphia, 1965, S. 214 ff.; J. Crespin, *Histoire des Martyrs*, 3 Bde., Toulouse, 1885–89; W. Haller, *Foxe's Book of Martyrs and the Elect Nation*, London 1963, insbes. Kap. 4; zu Sacheverell, unten S. 277.

5 Zitate aus Flugblattballaden in der British Library, C. 40. m. 10 (172) und C. 22 f. 6 (168).

6 Ditfurth (1869), Nr. 24 (vgl. Nr. 10, 12 usw.); zum König als Eroberer und Richter, P. Goubert, *L'Ancien Régime*, 2, Paris 1973, S. 27 ff.

7 Bercé (1974 a), S. 391, 492, 608, 636; P. Goubert/M. Denis (Hg.), *1789: Les Français ont la parole*, Paris 1964, S. 41–42, 48, 204, 217; über Heinrich IV. von Frankreich, Reinhard.

8 Zu Maximilian, Waas, S. 89, 136–37, 150; zu Mátyás, Komorovský, S. 69 ff.; zu Olaf, Bø, Kap. 6.

9 Über Jakob V., Percy, 2, S. 67; Dr. David Stevenson von der Universität Aberdeen teilte mir mit, daß man im 17. Jahrhundert mit dem Ausdruck ‚der Freibauer von Ballengight' *(the gudeman of Ballengight)* in verschlüsselter Form den König von Schottland bezeichnete. Die Geschichte über Iwan stammt aus S. Collins, *The Present State of Russia*, London, 1671, S. 52 ff. A. Veselovsky, *Skazki od Ivane Groznom*, Leningrad 1938, hatte ich nicht vorliegen.

10 Zur Schlacht von Frankenhausen, Eberhardt, S. 97 ff.; über den russischen ‚wahren Zar', J. Billington, *The Icon and the Axe*, New York 1966, S. 198 ff.

11 Über Philipp II. als Pharao, Kuiper, Nr. 145; zu Henri II, Bordier, S. 209; zu Henri III. als Herodes, Blum, S. 250 ff.; über Zar Maximilian, Sokolov, S. 499 ff.; und Billington (Anm. 10), S. 97, 665.

12 Über Ludwig XIII., Porchnev, S. 135 ff., 279; über Ludwig XIV., F. Gaiffe, *L'Envers du Grand Siècle*, Paris, 1924, S. 12, und Bercé (1974 a), S. 609; über Heinrich VIII., M. H. Dodds/R. Dodds, *The Pilgrimage of Grace*, 1, Cambridge 1915, S. 69; über Georg II., Wearmouth, S. 24; zu Georg III., George, Kap. 7.

13 Bercé (1974 a) S. 300 ff.; vgl. Koht (1926), Kap. 12, zu Norwegen, und A. Giraffi, *Le Rivolutioni di Napoli*, Venedig 1647, S. 16, 19, zu Neapel.

14 Beispiele aus Norwegen in Koht (1926), S. 226 ff., und Anker, S. 209.

15 Bildliche Darstellungen dieser Ereignisse bei L. Réau, *Iconographie de l'art chrétien*, Bd. 3, 3 Teile, Paris 1958–59, unter den jeweiligen Heiligen.

[16] I. Meiners, *Schelm und Dümmling in Erzählungen des deutschen Mittelalters,* München 1967; G. Folena (Hg.) *Motti e Facezie del Piovano Arlotto,* Mailand 1953.

[17] Zur Staffordshire Keramik, C. Lambert und E. Marx, *English Popular Art,* London, 1951, S.75; über russische Statuetten, Ovsyannikov (1970), S.31 u. 33; zur französischen Farce, Viollet-le-Duc, Nr.18–22, 24, 26, 32; italienische Geschichten bei Rotunda, K.1354.2.2, K. 2111.3, Q. 424.3; vgl. Koht (1926), Kap. 10 und S.251 ff., über Norwegen.

[18] Zu Marko, Karadžić, bei Djurić, S.315; über Orlando, G. Lippomano im Jahr 1577, bei D'Ancona (1913), S.35.

[19] R. Johnson, *The Seven Champions of Christendom,* London 1596 (bis zum Jahre 1770 war dieses Werk mindestens fünfundzwanzigmal wiederaufgelegt worden).

[20] Ditfurth (1874), Nr. 6, 8, 13–15; ,Larwood and Hotten', *The History of Signboards,* London 1866, S.54 ff.; zu Vernon, Perceval, Nr.54, 68–69.

[21] Das Zitat stammt von Fél/Hofer, S.367; ein Husar auf einem Flugblatt bei Arnim/Brentano, S.253 ff.; Beispiele von Soldaten in der Kunst, Hauglid, S.48, Uldall, Abb.21; Untersuchung in A. Corvisier, *L'Armée française,* Paris 1964, S.98 ff.

[22] D. Boughner, *The Braggart in Renaissance Comedy,* Minneapolis 1954, insbes. Kap.1; die italienischen Erzählungen in Rotunda, T.72, U.34; über 1525, Zins, S.186; über Mecklenburg, Wossidlo.

[23] ,Ich fresse alles' in W. Brückner (Hg.), *Populäre Druckgraphik Europas,* München 1969, Abb.104; A. Taylor (1921); Motif-Index, X.310–19; Guershoon, Nr.40, 132; Hill (1972), im Register unter ,lawyers'.

[24] Mousnier, S.115f.; Bercé (1974 a), S.484, 625 ff.; vgl. die norwegischen Belege in Koht (1926), S.167 ff., 238 ff.

[25] Der Wucherer in H. E. Rollins, *A Pepysian Garland,* Cambridge 1922, Nr.5; Mompesson in George, S.12; über Frankreich und England im 18.Jahrhundert, Cobb, S.246 ff., Rudé (1964), Kap. 1 u. 7, und E. P. Thompson (1971, 1975); über Wales, T. Parry, *A History of Welsh Literature,* Oxford 1955, S.267 ff.

[26] Motif-Index X. 372; Chambers (1933), Register unter ,doctor'; Keller, Nr. 6, 48, 82, 85 etc.; D'Ancona (1891), 1, S.578.

[27] Zum Unternehmer, T. Deloney, *Jack of Newbury,* London 1596 (bis zum Ende des 17.Jahrhunderts mindestens fünfzehn Auflagen); T. Deloney, *The Gentle Craft,* London 1597 (mehr als zwanzig Auflagen bis zum Ende des 18.Jahrhunderts); H. B. Wheatley (Hg.), *The History of Dick Whittington,* London 1885, Einleitung; D. Piper, ,Dick Whittington and the Middle-Class Dream of Success', in R. Browne/M. Fishwick, *Heroes of Popular Culture,* Bowling Green 1972.

[28] E. Gordon Duff (Hg.), *The Dialogue... between the Wise King Solomon and Marcolphus,* London 1892; A. Zenatti (Hg.), *Storia di Campriano Contadino,* Bologna 1884.

[29] ,Champfleury', *De la Littérature populaire en France,* Paris, 1861: es gibt von dieser Erzählung vor 1800 vierzehn bekannte Auflagen. Zu *Bonde Lyckan,* s. ein bemaltes Brett, das aus einem norwegischen Bauernhaus des 18. Jahrhunderts stammt (jetzt in Oslo, Norsk Folkemuseum Nr.81), Landsverk, S. 52, und Koht (1926), S.261 ff.

[30] D. Merlini, *Saggio di ricerche sulla satira contra il villano,* Turin 1894; *Rappresentazione di Biagio Contadino,* Florenz, 1558; H. Sachs, *Heinz in Nürnberg; Frottola d'un villan dal Bonden che se voleva far cittadin in Ferrara,* (Venedig, o. J. aber aus dem 16. Jahrhundert).

[31] Zu den Heiligen, Réau (Anm. 15); ein Stück über Susanna in Keller, Nr.129, und Balladen in Noreen/Schück; ein dänisches Volksbuch über Griseldis erlebte zwischen 1528 und 1799 mindestens 13 Auflagen.

317

32 Über Frauen als Hexen, Thomas (1971), S. 568 ff., Midelfort, S. 182 ff., Monter, S. 118 ff.; über die Falschheit der Frauen, Motif-Index f.585.1, K.443.9 (vgl. *Le malizie delle donne,* Venedig c.1520, und andere Werke dieser Art).

33 Hobsbawm (1959, 1969) schrieb die klassischen Untersuchungen über die Geächteten; vgl. Domokos, Eeckaute, Fuster, und Y. Castellan, *La Culture serbe au seuil de l'indépendance,* Paris 1967, S. 125 ff.

34 Zu Pugačev, Avrich, Kap. 4, und Pascal (1971); zu Jánošík, Melicherčik; zu Diego Corrientes, Caro Baroja (1969), Kap. 17, und C. Bernaldo de Quiros/L. Ardila, *El Bandolerismo,* Madrid, 1931; zu Angiolillo, B. Croce, *La Rivoluzione napoletana del 1799,* Bari 1912, Anhang; zu Kidd, Bonner.

35 Zu Rob Roy, *The Highland Rogue,* London 1743, S. 20 ff.; zu Turpin, *The Genuine History of the Life of Richard Turpin,* London 1739; zu Diego Corrientes, Caro Baroja (1969), S. 368; zu Angiolillo, Croce (Anm. 34).

36 In der British Library das Volksbuch über Ianot Poch: 11450.e.25 (3); zu Kidd, Bonner, S. 86 ff.; zu ablehnender Haltung des Volkes Geächteten gegenüber, A. Blok, ,The Peasant and the Brigand', in *Comparative Studies in Society and History,* 14 (1972).

37 R. Schwoebel, *The Shadow of the Crescent,* Nieuwkoop, 1967, S. 19 ff., 166 ff., 213; Hartmann, 2, Nr. 110–114; J. Caro Baroja, *Los Moriscos del Reino de Granada,* Madrid 1957, S. 131 ff., 176; J. G. Wilkinson, *Dalmatia and Montenegro,* London 1848, S. 337.

38 J. Trachtenberg, *The Devil and the Jews,* New Haven 1943; C. Schwoebel, *La Légende du juif errant,* Paris 1877; Coupe, S. 132; V. Newall, ,The Jew as a Witch Figure' in V. Newall (Hg.), *The Witch Figure,* London/Boston 1973; Liliencron, Nr. 439–443; zu Judas, *The Lost and Undone Son of Perdition,* Wotton-under-Edge, o. J. (vgl. Bollème 1971), S. 224.

39 Trevor-Roper; Cohn (1975), S. 259 erörtert das Projizieren von Wünschen; über Baba Yaga, s. Ralston, S. 161 ff.; über französische Protestanten, J. Estèbe, *Tocsin pour un massacre,* Paris 1968, S. 190 ff., und Davis (1975), Kap. 6; über englische Katholiken, C. Wiener, ,The Beleaguered Isle' in *P&P,* 51 (1971, und R. Clifton, ,The Popular Fear of Catholics during the English Revolution' in *P&P,* 52 (1971); T. Adorno et al., *The Authoritarian Personality,* New York 1950, dt. T. W. Adorno, *Studien zum autoritären Charakter* (übers. v. M. Weinbrenner), Frankfurt/M. 1972.

40 Zu Karl V. und Heinrich IV von Frankreich in Volkserzählungen, Bercé (1976), S. 36, 62, und Bercé (1974 a), S. 608.

41 Zum Ausdruck ,Kristallisation', Schmidt, (1963), S. 306 ff.; vgl. K. L. Steckmesser, ,Robin Hood and the American Outlaw', in *Journal of American Folklore,* 79 (1966).

42 Zu Ratsey (hingerichtet 1605), S. H. Atkins (Hg.), *The Life and Death of Gamaliel Ratsey,* London 1935, Einleitung; zu Whittington, Anm. 27 oben.

43 E. M. Butler, *The Fortunes of Faust,* Cambridge 1952, S. 7 ff.; C. Dédéyan, *Le Thème de Faust dans la littérature européenne,* 1, Paris 1954.

44 M. Bloch, *The Royal Touch,* engl. Übers., London 1973; zu König Olaf, Bø, Kap. 4.

45 Zu Razin, Avrich, S. 121; A. N. Lozonova, *Narodnye pesni o Stepane Razine,* Saratov 1928, hatte ich nicht vorliegen.

46 Über St. Peter, Martin von Arles, *De superstitionibus,* Paris Ausg. v. 1517; über den hl. Georg, Ferté, S. 340; vgl. T. Naogeorgus, Regnum papisticum, 1553, S. 156, wo der hl. Urban ins Wasser getaucht wird; über den hl. Christoph, Amades (1952), S. 22.

47 Zur Pest, Wilson, S. 22, nach Karadžić; zur Inschrift *Crédit est mort* in einem Gast-

haus in Lyon, T. Coryat, *Crudities* (1611), Glasgow, Ausg. v. 1905, 1, S. 213.
[48] Ardener (Kap. 2, Anm. 57).
[49] Pastor F. J. Wille, zit. b. Koht (1926), S. 52; Amades (1950–51), S. 1135.
[50] Strobach, Nr. 1–3, 16–19; Coupe, S. 144; Pericles, Act 2, Szene 1.
[51] Lüthi (1970), S. 11 ff.; Guershoon, Nr. 88 u. 1143; Jente, Nr. 72 u. 353.
[52] Hobsbawm (1959), S. 24; dazu im Gegensatz Melicherčík und andere osteuropäische Wissenschaftler, die die Geächteten als Rebellen gegen den ‚Feudalismus‘ darstellen.
[53] Franz (1933), S. 157 ff.; Mousnier, S. 117; Thompson (1971) Bø, Kap. 6.
[54] Zum Jahr 1525, Blickle, S. 127 ff., 135 ff., 186 ff.; zu Gaismair, F. Seibt, *Utopica,* Düsseldorf 1972, S. 82 ff.; Gaismairs Plan abgedr. in Franz (1963), S. 285 ff.; ‚Als Adam grub‘ als Schlagwort in Deutschland im Jahre 1525, s. Zins, S. 186.
[55] Böhm und Bockelson bei Cohn (1957), S. 228 u. 265; Seibt (Anm. 53), S. 182 ff.; zum Fatalismus, s. Kaplow, S. 166. Er vergleicht Pariser Arme im 18. Jahrhundert mit der ‚Kultur der Armut‘, die der Anthropologe Oscar Lewis beschrieben hat.
[56] Zu Essex s. Samaha, S. 73; über Klassenbewußtsein (und Mangel an Klassenbewußtsein) s. Hobsbawm (1971), S. 9; zur ‚Begrenztheit der Güter‘, Foster (1965); über Hexen s. unten S. 288 ff.; zum Vivarais, Le Roy Ladurie (1966), S. 607 ff.
[57] Über Dorfbewohner in der Türkei, D. Lerner, *The Passing of Traditional Society,* Glencoe 1958, S. 132; das Sprichwort bei Guershoon, Nr. 149.
[58] Zur materiellen Unsicherheit, Galarneau, sowie Thomas (1971), S. 5 ff.; G. Correas, *Vocabulario de refranes,* Madrid Ausg. v. 1924, S. 44 u. 300; Jente, Nr. 42; zu den vierzehn Nothelfern, Schreiber (1959).

7. Die Welt des Karnevals

[1] A. Fortis, *Viaggio in Dalmazia,* 1, Venedig 1774, S. 57.
[2] H. Swinburne, Travels in the Two Sicilies, 1, London 1783, S. 67.
[3] Bringéus, *Arbete och redskap,* Lund 1973, S. 250 ff., 265, 287.
[4] R. Caillois, *L'Homme et le sacré,* Paris, Ausg. v. 1963, S. 125; T. Gray, *Correspondence,* hg. v. P. Toynbee/L. Whibley, 1, Oxford 1935, S. 127 (Gray hatte sich allerdings nicht ein ganzes Jahr in Turin aufgehalten.)
[5] Zu Prato s. R. Dallington, *A Survey of Tuscany,* London 1605, S. 16; zu Barcelona, J. Townsend, *A Journey through Spain,* 1, London 1791, S. 106 ff.; zur Provence, C. de Ribbe, *La Société provençale a la fin du Moyen Age,* Paris 1898, S. 165 ff.
[6] Zu entgegengesetzten Definitionen s. E. R. Leach, ‚Ritual‘ in D. Sills (Hg.), *International Encyclopaedia of the Social Sciences,* 13, New York 1968, S. 521 ff. Der schottische Sänger in Mackenzie (Kap. 1, Anm. 39), S. 54.
[7] Chambers (1903), 1, S. 174 ff.; über den Mai (nicht Robin) vgl. J. Frazer, *The Magic Art,* 2, London 1911, S. 52 ff.
[8] Über den hl. Johannes, Lanternari; zu den Wildmenschen s. Bernheimer.
[9] C. Kluckhohn, ‚Myths and Rituals‘ in *Harvard Theological Review,* 35 (1942); G. S. Kirk, *Myth,* Cambridge 1970, Kap. 1; über das Schwein, Gaignebet (1974), S. 57 ff.; zur Gans, Arnim/Brentano, S. 608.
[10] Zu den ‚verschwimmenden Übergängen‘ vgl. Bachtin, S. 7 ff.
[11] J. Taylor, ‚Jack a Lent‘ in seinen *Works,* London 1630, S. 115; S. Collins, *The Present State of Russia,* London 1671 S. 22.
[12] S. Slive, Frans Hals, 1, London 1970, S. 37; für diese Information gibt er keine Quelle an.

[13] J. W. von Goethe, *Italienische Reise*, hg. v. H. von Einem, Hamburg 1951, S.492; Townsend (Anm.5), S.39ff.

[14] R. Lassels, *The Voyage of Italy*, Paris 1670, S.195.

[15] H. Swinburne, *Travels through Spain*, London 1779, S.228.

[16] Caro Baroja (1965), S.53ff.,83ff.

[17] Davis (1975), S.114ff.; Sumberg, S.59.

[18] Sumberg, passim; Singleton; C. Noirot, *L'Origine des masques* (1609), abgedr. in Leber, S.50ff.; vgl. Vaultier (1946), S.60ff.

[19] Zu Rom, Clementi; zu Lille, Cottignies, Nr.40; zu Großbritannien, F. P. Magoun, *History of Football*, Bochum 1938, Kap.9; zu Frankreich, Vaultier (1965), S.45ff.; C. M. Ady, *The Bentivoglio of Bologna*, London 1937, S.172.

[20] Über Belagerungsparodien, Pitrè (1889), 1, S.23ff.; über Parodien von Gerichtsverhandlungen, H. G. Harvey, S.19ff., und Vaultier (1946), S.68 und 75; über Predigtparodien s. Caro Baroja (1965), S.35; zum scherzhaften Pflügen s. Keller, Nr.30, Coupe, S.176; zu Hochzeitsparodien Caro Baroja (1965), S.90ff.

[21] Über scherzhafte und parodistische Kämpfe s. Gaignebet (1972); Toschi (1955), zu Bologna; B. T. Mazzarotto, *Le Feste veneziane*, Florenz 1961, S.31ff. zu Venedig; zu Madrid, Caro Baroja (1965), S.110.

[22] Zwei geistreiche aber fragwürdige Versuche, den Karneval zu interpretieren bei Bachtin (insb. S.197ff.) und Gaignebet (1974).

[23] Die Königsberger Wurst bei Bachtin, S.184 Anm.; über Empfängniszeiten s. J. Dupâquiers Tabelle in J. Le Goff/P. Nora (Hg.) *Faire de l'histoire*, 2, Paris 1974, S.86 (doch bezieht er das bewegliche Fest des Karnevals nicht in seine Überlegungen ein). Das Lied stammt aus A. F. Grazzini, *Rime burlesche*, hg. v. C. Verzone, Florenz 1882, S.164ff.; der Phallus wird von I. Fuidoro in *Giornali di Napoli*, 1, Neapel 1934, auf S.209 erwähnt.

[24] Caro Baroja (1966), S.84.

[25] Über Venedig, Dallington (Anm.5), S.65; zu London, Taylor (Anm.11); zu Sevilla, Blanco White, *Letters from Spain;* 2. Aufl., London, 1822, S.237.

[26] O. Odenius ‚Mundus inversus' in *Arv*, 10 (1954) macht auf brauchbare Weise mit der reichen Literatur zum Thema vertraut; vgl. Cocchiara (1963) und Grant.

[27] Hill (1972), S.186

[28] Zu Heilbronn, H. W. Bensen, *Geschichte des Bauernkriegs in Ostfranken*, Erlangen 1840, S.158. Für diesen Hinweis bin ich Henry Cohn von der Universität Warwick zu Dank verpflichtet. Zu Norfalk s. Hill, ‚Many-headed monster' (1965), abgedr. in Hill (1974); über das Vivarais, Le Roy Ladurie (1966), S.607ff.

[29] Über das Schlaraffenland s. Cocchiara (1956) und Tassy (in Ungarn); der franz. Text bei Cottignies, Nr.55. E.M.Ackermann, *Schlaraffenland*, Chicago, 1944, lag mir nicht vor.

[30] I. Donaldson, *The World Upside Down: Comedy from Jonson to Fielding*, Oxford 1970.

[31] G. B. Spagnuoli, ‚Mantuanus', *Fasti*, Straßburg 1518, Buch 2.

[32] Sumberg, S.159,162 und Abb.45.

[33] Der Fruchtbarkeitsinterpretation neigen (neben Wilhelm Mannhardt und Sir James Frazer) Rudwin (1920) und Toschi (1955), S.166ff. zu. Dagegen sind van Gennep, von Sydow (Kap.4, Anm.2), und Caro Baroja (1965).

[34] Die Zitate aus Tilliot, S.29, und J. Chandos, *In God's Name*, London 1971, S.39ff. Vgl. Chambers (1903), 1, S.274ff. und Kolve, S.135.

[35] Zu den Zwölf Tagen nach Weihnachten in England s. H. Bourne, *Antiquitates Vulgares*, Newcastle 1725, S.147ff.; zum Ritt des Yule, A. G. Dickens, ‚Tudor York' in

P. M. Tillott (Hg.), *Victoria County History: the City of York,* London 1961 S. 152; zur Befana, Pola, S. 87.

[36] Über Rußland, G. Fletcher, *Of the Russe Commonwealth* (1591), hg. v. A. J. Schmidt, Ithaca 1966, S. 142, und A. Olearius, *Offt begehrte Beschreibung der Newen orientalischen Reise,* Schleswig 1647, S. 183; über Spanien, Caro Baroja (1965), S. 139 ff.

[37] Zum *Hock Tuesday* in Coventry s. Pythian Adams (1972), S. 66 ff.; zu den Maispielen, Chambers (1903), 1, S. 174 ff., und P. Stubbes, *Anatomy of Abuses,* London 1583, S. 94 ff., zu London, P. J. Grosley, *Londres,* Lausanne 1770, S. 321; über Italien, Pola, 3, S. 334 ff., und Toschi (1955), S. 16 ff., 44 ff.; Covarrubias zit. bei Palencia/Mele, S. 45.

[38] Über England, Kolve; über Spanien, Very und Varey/Shergold.

[39] E. Jolibois, *La Diablerie de Chaumont,* Chaumont, 1838; über Florenz, Guasti; zu Estland, Baltasar Russow zit. bei I. Paulson, *The Old Estonian Folk Religion,* Den Haag 1971, S. 103 ff.; vgl. Kohler, S. 130 ff. über Deutschland.

[40] Lewis Morris zit. bei T. G. Jones, S. 155; J. Houel, *Voyage pittoresque,* 4 Bde., Paris 1782–87, S. 17; Bourne (Anm. 35), S. 229.

[41] Zu Bologna, L. Frati, *La vita privata di Bologna dal secolo 13 al 17,* Bologna 1900, S. 161 ff.; zu London, H. Morley, *Memoirs of Bartholomew Fair,* London 1885; zum Martinstag, Jürgensen, Kohler, S. 141 ff., Schotel (1868), und in Groningen E. H. Waterbolk, ‚Deux poèmes inconnus de Rodolphe Agricola‘ in *Humanistica Lovaniensia* (1972), S. 47 (Hier möchte ich mich bei Prof. Waterbolk für die Übersendung seines Aufsatzes bedanken).

[42] J. Boswell, *Life of Johnson,* hg. v. G. B. Hill/L. F. Powell, 4, Oxford 1934, S. 188; über Savonarola, L. Landucci, *Diario,* Florenz 1883, S. 176 ff.; ‚Verkehrt auf dem Esel sitzen‘, Thomas Platter der Jüngere, *Beschreibung der Reisen durch Frankreich, Spanien, England und die Niederlande 1595–1600,* Basel 1968, Bd. 1, S. 71.

[43] Zu den nichtoffziellen Hinrichtungsriten s. P. Linebaugh, ‚The Tyburn Riot‘ in Hay, S. 66 ff., und M. Foucault, *Surveiller et punir,* Paris 1975, S. 61 ff., deutsche Übers. v. W. Seitter: *Überwachen und Strafen. Die Geburt des Gefängnisses,* Frankfurt/M. 1976; J. R. Moore, *Defoe in the Pillory* New York, Ausg. v. 1973, S. 3 ff.

[44] Die Definition stammt von R. Cotgrave, *A Dictionary of the French and English Tongues,* London, 1611. Zu den neueren Untersuchungen des Charivari gehören Pinon; Davis (1975), Kap. 4 über Frankreich; über England E. P. Thompson (1972). Zum Steuereintreiber s. Bercé (1974a), S. 180.

[45] C. Haton, *Mémoires,* 2, Paris 1857, S. 722; vgl. Heers (1971).

[46] Bennassar, S. 124, mit einer guten Erörterung der Funktionen von Festen.

[47] Hay, S. 62 lehnt den Begriff der ‚sozialen Kontrolle‘ ab; zu Palermo s. A. Pocili, *Delle rivoluzioni della città di Palermo,* Verona 1648, S. 16.

[48] M. Gluckman, ‚Rituals of Rebellion in South-East Africa‘ abgedr. in seinem *Order and Rebellion in Tribal Africa,* London 1963; M. Gluckman, *Custom and Conflict in Africa,* Oxford 1956, Kap. 5; V. Turner, *The Ritual Process,* London, 1969, Kap. 5.

[49] Das Oxford English Dictionary, Artikel ‚safety-valve‘ führt an, daß William Hone sich im Jahre 1825 im Zusammenhang mit Volksfesten dieser Metapher bediente; der Text von 1444 (auf den Bachtin aufmerksam machte) ist übersetzt aus H. Denifle (Hg.), *Chartularium universitatis parisiensis,* 4, Paris 1897, S. 652 ff.; zu Rom s. Lassels (Anm. 14), S. 188.

[50] Donaldson (Anm. 30).

[51] Zu Palermo, V. Avria, zit. bei Pitrè (1889), 1, S. 10; ich verdanke den Ausdruck ‚Code-Wechsel‘ Ranajit Guha von der Universität Sussex; zu Neapel, A. Giraffi, *Le*

rivolutioni di Napoli, Venedig 1647, S. 7; zu Festen und Aufständen, Bercé (1976), Cobb, S. 18ff., Davis (1975), S. 97, S. 131, und P. Weidkuhn, ‚Fastnacht, Revolte, Revolution‘ in *Zeitschrift für Religions- und Geistesgeschichte,* 21 (1969).

52 M. H., Dodds und R. Dodds, *The Pilgrimage of Grace,* 1, Cambridge 1915, S. 129 u. 213; über die Normandie, Mousnier, S. 111; zu Neapel, R. Villari, *La rivolta antispagnuola a Napoli,* Bari 1967, S. 42 ff.
53 Zu Bern, Beerli (1953), S. 369; über die Religionskriege, Davis (1975), Kap. 6; über Romans, Le Roy Ladurie (1966), S. 393 ff.; vgl. auch Bercé (1976), S. 75 ff.; die Zitate aus E. Piemond, *Mémoires,* hg. v. J. Brun-Durand, Valence 1885, S. 88 ff.; über Dijon, Porchnev, S. 135 ff.

8. Der Triumph der Fastenzeit

1 Zu dem Gemälde, Gaignebet (1972), und O. Stridbeck, ‚The Combat of Carnival and Lent‘ in *JWCI* (1956).
2 Davis (1974), S. 309, wendet sich gegen die Vorstellung von den ‚passiven Aufnahmegefäßen‘. Dieses Kapitel folgt dem Beispiel von Delumeau und Bercé (1976), doch wird der Schwerpunkt von der Reform des populären Katholizismus auf die Reform der Volkskultur überhaupt verlegt.
3 Zu Huelva, A. Domínguez Ortiz, *The Golden Age of Spain,* engl. Übers. London 1971, S. 323 n.; Rudyerd zitiert bei Hill (1974), S. 19.
4 Ottonelli zit. bei Lea, 1, S. 311.
5 Erasmus, ‚Supputatio errorum in censuris Beddae‘ in seinen *Opera,* IX, Leiden 1706 (Repr. Hildesheim 1962), Spalte 516.
6 J. Deslyons, *Discours contre le paganisme des rois,* Paris 1664, S. 41; T. Hall, *Funebria Florae,* London 1660, S. 7; über den hl. Karl Borromäus s. Taviani, S. 13, 17, 24 ff.
7 J. Stopford, *Pagano-Papismus, London, 1675.*
8 Zu Eynatten, van Heurck, S. 5 ff.
9 Die Verurteilung von 1655 abgedruckt in Leber, S. 472 ff.
10 Erasmus, ‚Ecclesiastes‘ in seinen *Opera,* 5, Leiden 1704 (Repr. Hildesheim 1962) Spalte 985; Giberti zit. b. A. Grazioli, *G. M. Giberti,* Verona 1955; vgl. Schannat, Reg. unter ‚fabulosa et vana non immiscenda concionibus‘; W. Perkins, *The Whole Treatise of the Cases of Conscience,* London 1632, S. 344; H. Estienne, *Apologie pour Hérodote* (1566) Kap. 34–36.
11 Der Bischof von Evora zit. b. Braga (1867a), S. 48.
12 Zur älteren Mentalität s. J. Huizinga, *The Waning of the Middle Ages,* Ausg. v. 1965 Harmondsworth, S. 151 ff., dt. *Herbst des Mittelalters,* 8. Auflage., Stuttgart 1961.
13 P. Stubbes, Anatomy of Abuses, London 1583, S. 98 ff.; vgl. Perkins (Anm. 10); Doublet (1895a), S. 369 ff.; Dejean S. 32 n.
14 Hall (Anm. 6), S. 10; zur Mère folle, Tilliot S. 111 ff.
15 S. Brant, Das Narrenschiff (2. Aufl., Straßburg 1495), Sektion 110 b; R. Crowley, *Select Works,* London 1872, S. 8; P. Prodi, *Il Cardinale G. Paleotti,* 2, Rom 1967, S. 210; der *Discorso* abgedr. bei Taviani, S. 65 ff.
16 M. Weber, *Die protestantische Ethik,* 2 Bde., Hamburg/Gütersloh, 1975–78; vgl. Hill (1964) und E. P. Thompson (1963, S. 350 ff.; 1967).
17 Über die Volksfrömmigkeit im orthodoxen Europa ist, wie auch Wiertz bemerkt, bisher wenig gearbeitet worden. Bei ihm findet man Hinweise auf erschienene Veröffentlichungen.

[18] E. Duchesne (Hg.) *Le Stoglav,* Paris 1920, S. 242 ff. vgl. Zguta, S. 302.

[19] Pascal (1938), S. 35 ff., 54 ff., 49 ff.; vgl. Zguta, S. 306 ff.

[20] Aus den unveröffentlichten Memoiren von Beurrier, ab 1637 Pfarrer von Nanterre, zit. b. Ferté, S. 292; Avvakum, *Autobiography,* engl. Übers., London 1963, S. 47–48, sich beziehend auf Ereignisse der vierziger Jahre des 17. Jahrh., dt. Übers. v. R. Jagoditsch, *Das Leben des Protopopen Awwakum von ihm selbst niederge-schrieben,* Berlin/Königsberg 1930.

[21] R. O. Crummey, *The Old Believers and the World of Antichrist,* Madison 1970, S. 8 ff., sieht das russische Schisma unter dem Aspekt einer Spaltung zwischen Ober-schicht und Volk.

[22] Eine Fallstudie des englischen Ikonoklasmus bei Phillips; es ist sehr bedauernswert, daß David Freedbergs Untersuchung des holländischen Ikonoklasmus unveröffent-licht bleibt.

[23] Bascapè abgedr. in Taviani, S. 45 ff.

[24] *Rueff von dem Heyligen Ritter S. Gergen,* Augsburg 1621; C. Hole, English Folk Heroes, London 1947, S. 27 ff.

[25] Zu Geiler, L. Dacheux, *Un Réformateur catholique à la fin du 15e siècle,* Paris/Straß-bourg 1876, S. 67 n.; zu Savonarola, L. Landucci, *Diario,* hg. v. J. Del Badia, Florenz 1883, S. 124.

[26] I. Origo, *The World of St Bernardino,* London 1963, S. 166; über Gerson und Cla-manges, P. Adam, *La Vie paroissiale en France au 14e siècle,* Paris, 1964, S. 264 ff.; Grosseteste zit. bei Baskervill (1920), S. 43; frühere Beispiele in Chambers (1903), 2, Appendix N.

[27] Ich übernehme den Ausdruck ‚resilience' (Abwehrkräfte) von R. Hoggart, *The Uses of Literacy,* Ausg. Harmondsworth 1958, S. 264.

[28] Ein bibliographischer Aufsatz über Protestantismus und Volkskultur bei Brückner (1974), S. 23 ff.; zu Luther, Clemen (1938), Klinger, Kohler. Zu Osiander s. Roller, S. 140 ff., und Sumberg, S. 176 ff. T. Naogeorgus, *Regnum papisticum,* o. O. 1553. Zum lutherischen Schweden s. Granberg.

[29] Zu Zwingli und der Volkskultur s. Trümpy (vgl. C. Garside, *Zwingli and the Arts,* New Haven/London 1966). Zum holländischen Kalvinismus, Wirth, S. 120 ff., 173 ff.; zum schottischen Kalvinismus, T. C. Smout, *A History of the Scot-tish People,* London Ausg. v. 1972, S. 78 ff.

[30] Dickens (Kap. 7, Anm. 32); Gardiner; E. Grindal, *Remains,* Cambridge 1843, S. 141 ff.

[31] Wirth, S. 174 ff.; R. D. Evenhuis, *Ook dat was Amsterdam,* 2, Amsterdam 1967, S. 116 ff.

[32] Konzil von Trient, 25. Sitzung, in E. C. Holt (Hg.), *A Documentary History of Art,* 2, New York 1958, S. 64 ff.

[33] Zu den Dekreten deutscher Konzilien s. Schannat; zu spanischen Konzilien, Saenz; zu den Konzilien des Hl. Karl Borromäus s. P. Galesinus (Hg.), *Acta ecclesiae medio-lanensis,* Mailand 1582; Beispiele französischer Konzilien bei T. Gousset (Hg.), *Les Actes de la province ecclésiasique de Reims,* 4 Bde., Reims, 1842–44, insbes. die Bände 3 und 4; zur Zensur, F. H. Reusch (Hg.), *Die Indices librorum prohibitorum des 16. Jahrhunderts,* Tübingen 1886, insbes. S. 242, 315, 384; zu Eulenspiegel, C. Sepp, *Verboden Lectuur,* Leiden 1889, S. 261; zum Index von 1624 s. Braga (1867a), S. 107 ff.

[34] Delumeau, S. 256 ff.; zu Bayern s. F. Stieve, *Das kirchliche Polizeiregiment in Bayern unter Maximilian I.,* München 1876.

[35] In Cionis Bibliographie werden zwischen 1600 und 1625 über 200 Ausgaben religiö-

ser Dramen aufgeführt, nach 1625 sind es nur noch ganz wenige. Das Edikt von 1601 zit. b. Straeten, S. 67.

[36] C. Bagshaw, *A True Relation* (1601), abgedr. in T. G. Law, *A Historical Sketch of the Conflict between Jesuits and Seculars,* London 1889, insbes. S. 18. Diesen Hinweis verdanke ich John Bossy.

[37] Über den Aufstand der Alpujarras, J. Elliott, *Imperial Spain,* London 1964, S. 228 ff.; über Nürnberg, Roller, S. 140 ff.; Sumberg, S. 176 ff.; zu Bologna, Toschi (1955), S. 143; zu Wells, Sisson, S. 157 ff.

[38] Martin Luther, Vorwort zum Wittenberger Gesangsbuch von 1524, WA Bd. 35, Weimar 1923, S. 474.

[39] Martin Luther, Sendbrief vom Dolmetschen, WA Bd. 30, Teil 2, Weimar 1909, S. 632–645.

[40] S. L. Greenslade (Hg.), *The Cambridge History of the Bible,* Cambridge, 1963, Kap. 3 und 4.

[41] Über die Kosten s. Greenslade (Anm. 40), S. 95; zu Schweden, Pleijel (1955), S. 9 ff., 16 ff.

[42] Zwischen 1547 und 1640 gab es mindestens 288 Ausgaben von Sternhold und Hopkins. Über die Psalmen in der Kultur der Hugenotten s. Bost (1912), Douen, Le Roy Ladurie (1966), engl. Übers., S. 271, und Davis (1975), S. 4; in der puritanischen Kultur, Manning, S. 32, 244 ff.; in der schwedischen Kultur, Olsson.

[43] Zum Begriff ‚Katechismus‘ (von Augustinus auf mündliche Unterweisung angewandt, seit Luther auch auf ein Buch) s. J. Geffcken, *Der Bildercatechismus des 15. Jahrhunderts,* Leipzig 1855; über Deutschland, Strauss, S. 38 ff.; zu Schweden, Pleijel (1955, S. 17 ff.; 1965, S. 64 ff.) und Johansson (1969), S. 42 ff., in England waren vor 1640 zwei der am häufigsten wiederaufgelegten Bücher Nowells Katechismus und Egertons Katechismus.

[44] Über Kalvins Leser s. F. M. Higman, *The Style of John Calvin,* Oxford 1967, Appendix A.

[45] Zu Luthers Kirchenliedern s. seine Werke (Anm. 38), S. 411 ff.; zu den lutheranischen Liedern, Wackernagel, insbes. Bd. 3–5.

[46] ‚Go from my window‘ wird in Beaumonts *Knight of the Burning Pestle* (1613) von Merrythought gesungen (Akt 3, Sz. 5). Die schottische Sammlung: D. Laing (Hg.), *A Compendious Book of Psalms and Spiritual Songs,* Edinburgh 1868; Zu kalvinistischen Schlachtliedern s. Bordier, Kuiper, und H. J. van Lummel (Hg.), *Nieuw geuzenlied-Boeck,* neue Aufl., Utrecht 1892.

[47] ‚An Englishman‘, aller Wahrscheinlichkeit nach Richard Morison; S. Anglo, ‚An Early Tudor Programme for Plays and other Demonstrations against the Pope‘, in *JWCI* 20 (1957).

[48] Zu lutherischer Ikonographie s. Christie, Haebler, Lieske, Scharfe (1967; 1968), und Svärdström (1949), S. 93 ff. In kalvinistischen Gotteshäusern scheint nichts Vergleichbares zu existieren, doch gibt es ein schönes Beispiel einer Kanzel mit floralen Dekorationen im Gotteshaus von Kolozsvár (Cluj) in Siebenbürgen und von einer mit Emblemen verzierten Kirchendecke (darunter auch der Kranich) in der nahegelegenen Dorfkirche von Körösfö.

[49] Gregor zit. bei Beda, *Ecclesiastical History,* engl. Übersetzung, Harmondsworth 1955, Buch 1, Kap. 30; R. de Nobili, *Première apologie* (1610), franz. Übers., Paris 1931, insbes. S. 67.

[50] Zu Granada, Domínguez Ortiz (Anm. 3), S. 323; J. B. Bossuet, *Catéchisme du diocèse de Meaux,* Paris 1690, S. 363 ff.; vgl. Lanternari.

[51] Zu Savonarola, Landucci (Anm. 25), S. 124, 163; vgl. Manzoni, S. 216. Über die vierzig Stunden s. Anm. 55, unten.

[52] S. Paolucci, *Missioni de'padri della Compagnia di Gesù nel Regno di Napoli*, Neapel 1651, S. 19 ff., 23, 42 ff.

[53] H. Le Gouvello, *Le vénérable Michel Le Nobletz*, Paris 1898, S. 187 ff.

[54] E. Mâle, *L'Art réligieux ... après le Concile de Trente*, Paris 1951, S. 100 ff.; vgl. Amades (1947), 2, Abb. 218–219.

[55] Zum hl. Josef, Huizinga (Anm. 12), S. 164, und Mâle (Anm. 54, S. 309 ff.; über die vierzig Stunden, M. S. Weil ,The Devotion of the Forty Hours and Roman Baroque Illusions' in *JWCI 37* (1974).

[56] Vgl. Mâles Beispiele mit B. Malinowski, *Magic, Science and Religion*, New York 1954, S. 101, 107, 144.

[57] D'Ancona (1872), 2, S. 129; Wardropper, S. XXVI; A. Boschet, *Le parfait Missionaire, ou la vie du R. P. Julien Maunoir*, Paris 1697, insbes. S. 96.

[58] C. Sommervogel, *Bibliothèque de la Compagnie de Jésus*, Bd. 1 u. 2, Brüssel/Paris 1890–91, Artikel ,Bellarmine' und ,Canisius'; zum Katechismus in Frankreich, Dhotel, und J. R. Armogathe in *Images du peuple*.

[59] Die Kataloge der British Library und der Bibliothèque nationale weisen zusammen 23 Auflagen von Scupoli auf. Über die Synode von Chalons und Pariser Drucker s. H. J. Martin, *Livre, pouvoirs et société*, Paris 1969, S. 956 ff., 706.

[60] Über die Gegend von Bern s. Trümpy, über Holland, Wirth; über Nürnberg, Sumberg. Strauss sieht das lutherische Deutschland skeptischer.

[61] Zu Bayern, L. G. Séguin, *The Country of the Passion Play*, London 1880, S. 175; zu Sizilien, Pitrè (1876), S. 7 ff.; zur Bretagne, F. M. Luzel (Hg.), *Sainte Tryphine*, Quimperlé 1863, S. VII; zu Finistrè, J. de Cambry, *Voyage dans le Finistere*, 3 Bde., Paris 1799, 3, S. 176.

[62] Zum Languedoc, Dejean und Doublet (1895 a, b); B. Amilha, *Le Tableu de la bido del parfet crestia*, Toulouse 1673, insbes. S. 231 ff.

[63] Fabre/Lacroix, S. 161, 168.

[64] Über Österreich, E. Wangermann, *From Joseph II to the Jacobin Trials*, 2. Aufl., Oxford 1969, S. 31; zu Italien, J. Carreyre, ,Synode de Pistoie' in *Dictionnaire de théologie* catholique, 12, Paris 1935; zur populären Reaktion, Turi, S. 7 ff.; zu einem süditalienischen jansenistischem Reformer vgl. de Rosa, S. 34 ff., 49, 73, 126. Über die Verbindung mit dem Jansenismus s. aber auch A. Adam, *Du Mysticisme à la révolte*, Paris 1968, S. 285 ff. und im Gegensatz dazu E. Appoli, *Le tiers Parti catholique au 18e siècle*, Paris 1960, S. 330 ff.

[65] J. Molanus, *De picturibus et imaginibus sacris*, Löwen 1570, insbes. Kap. 1, 16, 26, 59 (Antonius) und 71 (Martin); der Erzdiakon zit. b. Ferté, S. 104 Anm.; zum Bischof von Orléans in Sennely, Bouchard, S. 299.

[66] Zu Norwegen, Bø, Kap. 4; zu Schottland, T. C. Smout, *A History of the Scottish People 1560–1830*, London Ausg. v. 1972, S. 80; vgl. M. Martin, *A. Description of the Western Islands of Scotland* (1703), hg. v. D. J. Macleod, Stirling 1934.

[67] E. Saunders, *A View of the State of Religion in the Diocese* of St. David's, London 1721, insbes. S. 36; T. Rees, *History of Protestant Nonconformity in Wales*, 2. Aufl., London 1883, insbes. S. 313 ff., 348; über Howell Harris s. G. Whitefield zit. bei Walsh, S. 220; der Kommentator 1802 war E. Jones, *The Bardic Museum;* zum Verschwinden der walisischen Folklore s. T. G. Jones, S. 161, 218.

[68] Über die Reform der Sitten in England s. Bahlmann (aber vgl. auch Malcolmson, Kap. 6 u. 7, der die Ansicht vertritt, daß ein ,systematischer und anhaltender Angriff' auf volkstümliche Unterhaltungsformen nicht vor der Mitte des 18. Jahrhunderts

einsetzte); zu Skandinavien, Pleijel (1965), S. 19 ff. und (zu Hauge) Koht (1926), Kap. 23; zu Frankreich, Allier (1909, 1914).

[69] J. C. Gottsched, *Versuch einer critischen Dichtkunst* (1730) in seinen *Werken*, Berlin/New York 1973, insbes. Teil 2, Kap. 11; J. von Sonnenfels, ,Briefe über die wienerische Schaubühne', in seinen *Gesammelten Schriften,* 10 Bde., Wien 1783–87, 5, S. 189 ff.; Rommel, S. 384 ff.

[70] Zu Pavillon, Dejean, insbes. S. 31 Anm.; zu Bekker, W. P. C. Knuttel, *B. Bekker,* Den Haag 1906.

[71] Über England, *O. E. D.*, Artikel ,superstition'; zu Italien, G. Cocchiara, *Sul concetto di superstizione,* Palermo 1945; über Frankreich, J. B. Thiers, *Traité des superstitions,* Paris 1704, insbes. Kap. 9; zum spätklassischen Hintergrund, A. Momigliano, ,Popular Religious Beliefs and the Late Roman Historians' in Cuming/Baker.

[72] Über Frankreich s. Mandrou (1968), Teil 3; über England, Thomas (1971) insbes. S. 570; zu Deutschland, Midelfort; zu Polen, Baranowski.

[73] B. G. Feijoó, *Teatro critico universal,* 8 Bde., Madrid 1733, insbes. 1, Aufsatz 1; 2, Aufsätze 3–5; 3, Aufsätze 1 u. 6; 5, Aufsatz 16.

[74] ,Vermischen und Verwechseln' zit. b. A. A. Parker, *The Allegorical Drama of Calderón,* Oxford/London 1943, S. 20; N. Fernández de Moratín, *Desengaños al teatro español,* Madrid 1762, S. 10 ff., 21; Very, S. 106 ff.

[75] G. de Jovellanos, ,Memoria para el arreglo de la policía de los espectáculos' (1790) in seinen *Obras escogidas,* Madrid 1955, 2, S. 29; J. Meléndez Valdés, *Discursos forenses,* Madrid 1821, S. 167 ff. (vgl. A. Gonzales Palencia, ,Meléndez Valdés y la literatur de cordel', abgedr. in seinem *Entre dos siglos,* Madrid 1943).

9. Volkskultur und sozialer Wandel

[1] R. Mols, ,Population in Europe' in C. Cipolla (Hg.), *The Fontana Economic History of Europe,* 2, London 1973; F. Braudel, *Capitalism and Material Life,* engl. Übers., London 1973, Kap. 1, Orig. *Civilisation matérielle et capitalisme,* Paris 1967 ff..

[2] Braudel (Anm. 1), passim; vgl. C. T. Smith, *A Historical Geography of Western Europe,* London 1967, Kap. 10.

[3] Zu England, Harrison (1577) zit. b. Hoskins; vgl. Barley (1961, 1967); zum Elsaß s. Riff (1945), S. 4 ff.

[4] Zu Friesland, de Vries (der den Anfang dieser Entwicklungen im 17. Jahrhundert notiert); zum Artois, Le Roy Ladurie (1975), S. 415; N. Rétif de la Bretonne, *La Vie de mon père,* hg. v. G. Rouger, Paris 1970, S. XXX–XXXI; über Norwegen, Anker, Kap. 8; zu Schweden, Svärdström (1949).

[5] Zu England, Hoskins (1963), zum Elsaß, Riff (1945); zu Norwegen, Koht (1926), S. 205 ff.

[6] Zu den Niederlanden, Korf; zu Schweden, E. Heckscher, *An Economic History of Sweden,* engl. Übers., Cambridge, Mass. 1954, S. 189 ff.; zu Norwegen, Kloster.

[7] Über die Niederlande, Korf; zu Lothian, G. Robertson, *Rural Recollections,* Irvine, 1829, S. 102 ff.

[8] Stoianovich.

[9] Plumb (1973); P. Egan, *Boxiana,* London 1812, S. 48 ff. (über Broughton).

[10] J. M. Cossio, *Los Toros,* 1, Madrid 1945, S. 584 ff.; Montaigne, *Journal,* Paris, Ausg. v. 1955, S. 141; über Venedig, M. Misson, *Nouveau Voyage d'Italie,* Den Haag 1691, 1, S. 193 ff.

[11] Mackenzie (Kap. 1, Anm. 39), S. 10; ibid., Anhang, S. 47.

[12] H. J. Martin in J. Cain et al., *Le Livre français,* Paris 1972, insbes. S. 48 ff., 59; zum Buchdruck und dem Volk, Davis, (1975), Kap. 7.

[13] Ein allgemeines Standardwerk zur europäischen Alphabetisierung ist Cipolla. Die wichtigsten Beiträge zum Thema seither sind Furet/Sachs, Johansson (1969, 1973), Lockridge, Neuburg, Schofield (1973), Vovelle (1975). Zitat aus Lockridge, S. 7; vgl. Schofield (1973), und Furet/Sachs, S. 715 ff.; dagegen Neuburg, S. 96.

[14] Über Narbonne, Le Roy Ladurie (1966), S. 333; zu Frankreich, Fleury/Valmary; die Zahlen von 1850 in Cipolla, Tafel 24.

[15] Über Venedig, Cipolla, S. 58 ff.; zu Durham, M. James, *Family Lineage and Civil Society,* Oxford 1975, S. 105 ff.; über Frankreich, Fleury/Valmary; zu England, Stone (1969) und Schofield (1973); zu Amsterdam, Hart; zu Marseilles, Vovelle (1973), S. 378 ff.; zu Schweden, Johansson (1969, 1973).

[16] G. de Jovellanos, *Obras Escogidas,* Madrid 1955, 1, S. 71.

[17] Stone (1964); Hill (1974); T. Parry, *A History of Welsh Literature,* Oxford 1955, S. 257 ff.; Johansson (1969, 1973); Poutet; Laget.

[18] R. Cotgrave, *A Dictionary of the French and English Tongues,* London 1611, Artikel ‚Bissouart'.

[19] Über Kolporteure, Neuburg, Kap. 5; Schenda (1970), Kap. 4; J. J. Darmon, *Le Colportage de librairie en France sous le Second Empire,* Paris 1972, S. 30 ff.

[20] Über England, J. Ashton; zu Frankreich, Bollème (1969, 1971) und Mandrou (1964); über den Norden der Niederlande, Schotel (1873–74); über den Süden der Niederlande, van Heurck; über Dänemark, Jacobsen, 13; über Spanien, Caro Baroja (1969); über Rußland, Ovsyannikow (1968).

[21] Zu den Preisen in Frankreich, Mandrou (1964), S. 18; zu Preisen in England, J. Ashton, S. VIII; ein schwedischer *skilling* war der 48. Teil eines *riksdaler,* s. Heckscher (Anm. 6), S. 198. Über Lyon, Garden (Kap. 2, Anm. 36), S. 459 ff.; zu Grenoble, Solé.

[22] Dahl (1946), S. 23.

[23] Fehr; Shaaber; zum ‚Pseudo-Ereignis', D. Boorstin, *The Image,* New York 1962, Kap. 1–2 (ein elisabethanisches Beispiel in Shaaber, S. 294). Über die Familie Oudot s. Mandrou (1964), S. 30 ff.; über die Familie Dicey, Shepard (1973) S. 28 ff.

[24] E. Nesi (Hg.), *Il diario della stamperia di Ripoli,* Florenz 1903, S. 97, 114.

[25] Über die Lähmung der Improvisationsgabe durch die Fähigkeit, zu lesen und zu schreiben, Lord, Kap. 6.

[26] Über Nigeria, E. Obiechnina, *An African Popular Literature,* überarb. Ausg., Cambridge 1973; über den Mittleren Osten, D. Lerner, *The Passing of Traditional Society,* Glencoe 1958.

[27] Lockridge, insbes. S. 33 ff.; Margaret Spuffords Kritik dieser Argumentation bleibt unveröffentlicht.

[28] Schenda (1970), S. 250, 253.

[29] Bollème (1969), Bosanquet (1917, 1930) und Svensson (1967).

[30] Shepard (1973), S. 45.

[31] *The Academy of Compliments* (London, Aldermary Churchyard, o. J.), S. 10–11.

[32] Le Bras, 1, S. 267 ff.; Delumeau, S. 293 ff.; B. Plongeron, *Conscience religieuse en Révolution,* Paris 1969, Kap. 2; Vovelle (1973).

[33] Genauigkeit ist nicht einfach, da es schwerfällt, die häufig undatierten Volksbücher (mit Ausnahme der Almanache) als zeitliche Serie zu behandeln.

[34] Bollème (1969); Champfleury, *De la littérature populaire en France,* Paris 1861.

[35] Luther (Brief v. 2. Juni 1525) zit. b. George, S. 3; das Lied aus dem Jahre 1546 in Li-

liencron, Nr. 522; vgl. Erk-Böhme, Nr. 262–97; Blickle, S. 127 ff.; Gravier, S. 175 ff.; Schottenloher, S. 59 ff., 81 ff.

[36] Die Lieder bei Kuiper, Lummel (Kap. 8, Anm. 46); die Pamphlete bei Knuttel; das Abzeichen wiedergegeben in K. Haley, *The Dutch in the Seventeenth Century*, London 1972, Abb. 20.

[37] Die Lieder bei Bordier; die Drucke bei Adhémar, Blum.

[38] H. G. Koenigsberger, ‚The Organisation of Revolutionary Parties in France and the Netherlands', in seinen *Estates and Revolutions*, Ithaca/London 1971; T. Wittman, *Quelques problèmes relatifs à la dictature révolutionnaire des grandes villes de Flandre*, Budapest 1960; J. H. Salmon, ‚The Paris 16' in *Journal of Modern History*, 44 (1972); Salmon weist nach, daß die Sechzehn anfänglich von der Oberschicht beherrscht wurde, die sich aber dann zurückzog.

[39] J. H. Salmon, *French Society in Crisis*, London 1975, S. 139, 209, 287; Le Roy Ladurie (1966), S. 393.

[40] Zu den Flugblättern, Coupe; zu den Liedern, Erk-Böhme, Nr. 303–316 und Ditfurth (1882), Nr. 3, 4 (über Khlesl); zu den Prophezeiungen, R. Haase, *Das Problem des Chiliasmus und der Dreißigjährige Krieg*, Leipzig 1933.

[41] Dahl (1939, 1946).

[42] L. Zuccoli (1621), in B. Croce/S. Caramella (Hg.), *Politici e moralisti del '600*, Bari 1930, S. 25.

[43] M. N. Grand-Mesnil, *Mazarin, la Fronde et la presse*, Paris 1967; Le Pernonisme Berné, Paris?, c. 1650, S. 2 (British Library 1492 m 17 (10)).

[44] Manning, insbes. Kap. 1, 4; der Kommentar von D. Digges bei Manning, S. 91; über Drucke, George, S. 14 ff.; zu Pamphleten und Zeitungen, *A Catalogue of the Pamphlets ... collected by G. Thomason*, London 1908, und J. Frank, *The Beginnings of the English Newspaper, 1620–1660*, Cambridge Mass., 1961.

[45] Zu den Levellers s. Hill (1972), Kap. 7.

[46] Über Balladen, Rollins (1929–32) und Perceval; zu Wilkes, Rudé (1974), S. 222 ff. und Brewer, Kap. 9; zu Drucken, George, S. 65 ff.

[47] Plumb (1968); Brewer, Kap. 8; der schweizerische Besucher war C. de Saussure, *Lettres et Voyages*, Lausanne, etc., Ausg. v. 1903, S. 167. Ein *liard* entsprach dem Viertel von einem *sou* und bezieht sich wohl auf den Anteil, den jeder zu zahlen hatte und nicht auf den Preis der Zeitung.

[48] Über holländische Drucke, J. van Kuyk, *Oude politieke spotprenten*, Den Haag 1940, S. 21 ff.; über schwedische Bauernführer, E. Ingen, *Bonden i svensk historie*, 2, Stockholm 1948, S. 24 ff.; die Görtz Ballade findet sich bei Hildeman, S. 80 ff.; über Struensee, W. Coxe, *Travels into Poland, Russia, Sweden*, 3, London 1790, S. 168; die Aufstände schildert Koht (1926), Kap. 21, 22.

[49] Der Beobachter ist S. Mercier, *Tableau de Paris*, 1, Paris 1782, S. 68 ff., 90; zu Père Duchesne, J. Godechot, in C. Bellanger et al. (Hg.), *Histoire générale de la presse française*, 1, Paris 1969, S. 456 ff., über politische Almanache s. Soboul (1966), S. 217 ff.

[50] Zum Geschirr, ‚Champfleury', *Histoire des faïences patriotiques sous la Révolution*, Paris 1867; ein Franzose, der 1790 in Bilbao die Fächer verkaufte bei R. Herr, *The Eighteenth-Century Revolution in Spain*, Princeton 1958, S. 251; zu Reims, M. Crubellier, *Histoire culturelle de la France*, Paris 1974, S. 43 (vgl. Ozouf [1976, insbes. Kap. 9] und Tiersot).

[51] Soboul (1958); P. Bois, *Paysans de l'Ouest*, Le Mans 1960, S. 594 ff.

[52] P. J. Blok, History of the People of the Netherlands, 5, engl. Übers., New York/London 1912, Kap. 12–16; E. P. Thompson (1963), S. 89 ff., 104 ff.

[53] E. Wangermann, *From Joseph II to the Jacobin Trials,* 2. Aufl., Oxford 1969, S. 32, 47, 77ff., 81; L. Schmidt (1971), Nr. 31.

[54] Godechot; Herr (Anm. 50), S. 294; Turi; G. Cingari, *Giacobini e Sanfedisti in Calabria nel 1799,* Messina/Florenz 1957, insbes. S. 283ff.

[55] A. Corvisier, *L'Armée française,* Paris 1964, S. 151; G. Rudé, *Europe in the Eighteenth Century,* London 1972, S. 216.

[56] L'Estrange zit. im Artikel über ihn im *Dictionary of National Biography.* Die von ihm gegründete Zeitung ist nicht identisch mit dem Whig *Observator* des frühen 18. Jahrhunderts.

[57] Diese Rückzugsthese ist mehrere Male im Zusammenhang mit verschiedenen Nationen verfochten worden, doch meines Wissens wurde sie nie ernsthaft und ausführlich auf komparatistischer Grundlage diskutiert. Vgl. zu Spanien Juan Valera, abgehandelt in Caro Baroja (1969), S. 24ff.; zu England s. F. R. Leavis, *The Common Pursuit,* Harmondsworth Ausg. v. 1962, S. 188; zu Deutschland s. E. Cohn, *Gesellschaftsideale und Gesellschaftsroman,* Berlin 1921, S. 98; zu Dänemark, R. Paulli in Jacobsen, 13, S. 171ff.; zu Rußland, R. Jakobson (1944); zu Frankreich, Davis (1975), S. 265.

[58] Zum französischen Sprachgebrauch, C. Faure de Vaugelas, *Remarques sur la langue française,* Paris 1647, Vorwort; W. Bahner, ‚Le Mot et la notion du „peuple" dans l'oeuvre de Rousseau', in *Studies on Voltaire,* 55 (1967); *Images du peuple,* Teil 1; und vgl. auch H. Payne, *The Philosophes and the People,* New Haven 1976. Zu England, *O. E. D.,* Artikel ‚vulgar': zu den alten Bedeutungen ‚volkssprachlich' *(vernacular)* und ‚ungebildet' *(ill-educated)* gesellt sich die neue Bedeutung ‚ungehobelt, rüpelhaft' *(ill-bred).* Zum Deutschen s. Stielers Definition aus dem Jahre 1691, zit. b. W. Conze, in H. U. Wehler (Hg.), *Moderne deutsche Sozialgeschichte,* Köln/Berlin 1966, S. 113.

[59] Zur katholischen Geistlichkeit s. Delumeau, S. 72ff., 271ff.

[60] Zum Ringkampf, B. Castiglione, *Il Cortegiano* (1528); zur Selbstbeherrschung, N. Elias, *Über den Prozeß der Zivilisation,* 1, Basel 1939, vgl. R. zur Lippe, *Naturbeherrschung am Menschen,* 2 Bde., Frankfurt/M. 1974 (insbes. über den Tanz).

[61] R. Kelso, *Doctrine for the Lady of the Renaissance,* Urbana 1956, führt 891 Abhandlungen zum Thema auf.

[62] Zum Languedoc, P. Wolff, *Histoire de Toulouse,* Toulouse 1958, S. 212ff., 236; zu Wales, T. Parry, *A History of Welsh Literature,* Oxford 1955; zu Schottland, A. Ferguson bei Mackenzie (Kap. 1, Anm. 39), S. 65; zu Böhmen, R. J. Kerner, *Bohemia in the Eighteenth Century,* New York 1932, S. 344ff.; B. Balbín, *Dissertatio apologetica,* Prag 1775, S. 7; zu Norwegen, O. J. Falnes, *National Romanticism in Norway,* New York 1933; zu Finnland, Wuorinen, insbes. S. 44.

[63] L. Rotgans, *Boerekermis,* Amsterdam 1708, insbes. S. 10–11, 29; S. Mercier, *Tableau de Paris,* 8 Bde., Paris 1782–84, 5, Kap. 431.

[64] P. Talpa, *Empiricus sive indoctus medicus,* Antwerpen 1563, S. 9; S. Mercurio, *De gli errori popolari d'Italia,* Venedig 1603, insbes. Buch 4; Browne, *Pseudodoxia epidemica,* London 1646, insbes. Kap. 3; Courval *Les Tromperies des charlatans découvertes* abgedr. in Tabarin, *Oeuvres,* 2, Paris 1858, mit Tabarins Antwort. Vgl. Davis (1975), S. 258ff.

[65] M. Reeves, *The Influence of Prophecy in the Later Middle Ages,* Oxford 1969, S. 508; P. Hazard, *La Crise de la conscience européenne,* Paris 1935, Teil 2, Kap. 2; Haase (Anm. 40); C. W. Roldanus, *C. van Beuningen,* Den Haag 1931; E. Labrousse, *P. Bayle,* 2, Den Haag 1964; und über England, Thomas (1971), S. 427ff.; B. Capp, *The Fifth Monarchy Men,* London 1972 (insbes. Schlußkapitel); F. Manuel,

Isaac Newton Historian, Cambridge 1963, S. 144 ff.; und zu Joanna Southcott, E. P. Thompson (1963), S. 382 ff.

[66] Trevor-Roper, S. 97 ff.; Caro Baroja (1961), Kap. 4; Mandrou (1968), Kap. 7–9; Macfarlane, S. 57, 58; Thomas (1971), Kap. 18, 22; Midelfort, Kap. 6. Barberini bei Ginzburg (1966), S. 137; der Geistliche zit. bei Boswell (Kap. 1, Anm. 19) S. 266.

[67] Zu Beispielen aus Florenz s. Guasti, S. 72; Beispiele aus Rom bei J. Delumeau, *L'Italie de Botticelli à Bonaparte,* Paris 1974, S. 328; über das 18. Jahrhundert, F. Venturi, ‚Enlightenment versus the Powers of Darkness‘ in seinem *Italy and the Enlightenment,* London 1972; L. Parinetto, *Magia e ragione,* Florenz 1974.

[68] J. Du Belley, *Défense et illustration de la langue française,* (1549), insbes. Buch 2, Kap. 4; über Sprache, J. Lough, *An Introduction to Seventeenth-Century France,* London 1954, S. 244 ff.; über die Geistlichkeit, M. De Certeau, *L'Ecriture de l'histoire,* Paris 1975, S. 207 ff.; M. Desgrouais, *Les Gasconismes corrigés,* Toulouse 1766; Rousseau zit. bei Bahner (Anm. 58), S. 122.

[69] Friedman (1961a), Kap. 1–2; W. Cornwallis, *Essays,* London 1600, ‚Of the Observation and Use of Things‘; zum Gesangs- und Tanzakt *jig* s. Baskervill (1929), S. 111; zu den Narren, Welsford, Kap. 7; R. S. Crane, ‚The Vogue of Guy of Warwick‘, *in Proceedings of the Modern Language Association,* 30 (1915), insbes. S. 167 ff.; J. Webster, *The Displaying of Supposed Witchcraft,* London 1677, S. 323; Chesterfield an seinen Sohn, 25. Juli 1741.

[70] Reenberg zit. u. übers. von R. C. Prior, *Ancient Danish Ballads,* 3 Bde., London 1860, 1, S. VIII; vgl. R. Paulli in Jacobsen 13, S. 228 ff.

[71] P. Cazin, *Le Prince-Evêque de Varmie,* Paris 1940, S. 131, über Volksbücher in Polen; über Hexen s. Baranowski. B. Szabolcsi, *A Concise History of Hungarian Music,* London 1964, S. 37, 43; Kodály, S. 16.

[72] Scott, 1, S. 13; über Mummenschanzspieler, Robertson (Anm. 7), S. 118 ff.; J. Beattie, *Scotticisms,* 1787; J. Rae, *Life of Adam Smith* (1895), Repr. New York 1965, S. 369; eine allgemeine Erörterung in D. Craig, *Scottish Literature and the Scottish People 1680–1830,* London 1961, Kap. 1–2.

[73] Über die ‚Entfremdung‘ des russischen Adels von der traditionellen Volkskultur s. M. Raeff, *Origins of the Russian Intelligentsia,* New York 1966, S. 74 ff.; über die Narren Peter des Großen, Welsford, S. 182 ff.; über das Publikum für das *lubok,* Ovsyannikov (1968), S. 17; über das Fortbestehen der traditionellen Kultur, R. Pipes, *Russia under the Old Regime,* London 1975, S. 187; S. T. Aksakov, *A Russian Gentleman,* engl. Übers., London 1917, S. 289, und Chadwick, S. XIII.

[74] Bei E. Schmidt die Ansicht, der ich entgegentrete; H. Bebel, *Proverbia germanica,* hg. v. W. H. D. Suringar, Leiden 1879; H. Bebel, *Facetien,* hg. v. G. Bebermayer, Leipzig 1931; S. Franck, *Weltbuch,* 2 Bde., Frankfurt 1567; S. Franck, *Sprichwörter,* 2 Bde., Frankfurt 1541; F. Friese, *Historische Nachricht von den merkwürdigen Ceremonien der Altenburgischen Bauern* (1703), Neudr. Schmölln 1887; zu Friese, G. Fischer, *Volk und Geschichte,* Kulmbach 1962.

[75] S. Hustvedt zur Ansicht, der ich entgegentrete; P. Syv (Hg.), *Udvalde danske viser,* Kopenhagen 1695, druckt Vedels Vorwort ab und fügt ein eigenes hinzu; über Schweden, Jonsson S. 35 ff.; und Svensson (1955).

[76] J. Aubry, ‚Remains‘ in *Three Prose Works,* Fontwell 1972, S. 132; über ihn, R. Dorson, *The British Folklorists,* London 1968, S. 4 ff.

[77] J. B. Thiers, *Traité des superstitions,* Paris 1704; H. Bourne, *Antiquitates vulgares,* Newcastle 1725; (über ihn, Dorson [Anm. 76], S. 10 ff.); L. A. Muratori, *Dissertazioni sopra le antichità italiane,* 3 Bde., Mailand 1751; über ihn, S. Bertelli, *Erudizione e storia in L. A. Muratori,* Neapel 1960.

330

[78] Montaigne, *Essais,* 1, Kap. 54; über Malherbe, G. Tallemant des Réaux, *Historiettes,* hg. v. A. Adam, 1, Paris 1960, S. 119.

[79] Über diese Mode, M. E. Storer, *La Mode des contes de fées, (1685–1700),* Paris 1928; zu Caylus, A. P. Moore, *The Genre Poissard and the French Stage of the Eighteenth Century,* New York 1935, S. 96 ff.

[80] *The Spectator,* Nr. 70; Friedman (1961a), Kap. 4; T. Blackwell, *An Enquiry into the Life and Writings of Homer,* London 1735; R. Lowth, *De sacra poesia Hebraeorum,* Oxford 1753.

Ausgewählte Bibliographie

Diese Bibliographie enthält zum einen moderne Sammlungen von Quellenmaterial (durch ein Sternchen gekennzeichnet) und zum anderen eine Auswahl von Büchern und Artikeln über Volkskultur, die vor Oktober 1976 veröffentlicht wurden. Jedes in abgekürzter Form in den Anmerkungen aufgeführte Werk wird hier vollständig zitiert, während manche vollständig in den Anmerkungen zitierte Titel in der Bibliographie nicht erscheinen und einige in der Bibliographie angegebenen Bücher in den Anmerkungen unerwähnt bleiben. Eine wichtige Quelle taucht in dieser Bibliographie nicht auf: die in der British Library vorhandene Sammlung westeuropäischer Flugblätter und Volksbüchlein, die zwar in Bände gebunden, aber nach dem Titel der einzelnen Drucke katalogisiert sind.

Abkürzungen

AESC   *Annales: Economies, Sociétés, Civilisations*

Child   F.J.Child (ed.), *The English and Scottish Popular Ballads* (1882), neue Ausg., 5 Bde., New York, 1965

FFC   *Folklore Fellows Communications*, Helsinki

Funk and Wagnall   *Funk and Wagnall's Standard Dictionary of Folklore, Mythology and Legend*, hg. v. M.Leach, 2 Bde., New York, 1949–50

JWCI   *Journal of the Warburg and Courtauld Institutes*

Motif-Index   S.Thompson (Hg.), *Motif-Index of Folk Literature*, durchges. Aufl., 6 Bde., Kopenhagen, 1955–8

P&P   *Past and Present*

A.Ademollo, *Il Carnevale di Roma nei secoli 17 e 18*, Rom, 1883
J.Adhémar et al., *Populäre Druckgraphik Europas: Frankreich*, München, 1968
*A.N.Afanas'ev (Hg.), *Narodnye russkie skazki*, 8 Bde., 1855–63; eine Auswahl übersetzt als *Russian Fairy Tales*, London, 1946
M.Agulhon (1966), *La Sociabilité méridionale*, Aix
M.Agulhon (1970), *La République au village*, Paris
*R.Allier (1909) (ed.), *La Compagnie du Très Saint Sacrement à Marseille*, Paris
R.Allier (1914), *La Compagnie du Très Saint Sacrement à Toulouse*, Paris
J.Amades (1934), *Gegants, nans i altres entremesos*, Barcelona
J.Amades (1947), *Xilografies Gironines*, 2 Bde., Girona
*J.Amades (1950–1) (ed.), *Folklore de Catalunya*, 2 Bde., Barcelona
J.Amades (1952), *Els Ex-Vots*, Barcelona
J.Amades (1966), *Danzas de Moros y Christianos*, Valencia
*A.I.Amzulescu (Hg.), *Balade populare romînești*, 3 Bde., Bukarest, 1964

*A. D'Ancona (1872) (Hg.), *Sacre rappresentazioni*, 3 Bde., Florenz

A. D'Ancona (1891), *Origini del teatro italiano*, 2 Bde., Turin

A. D'Ancona (1913), *Saggi di letteratura popolare*, Livorno

W. Anderson, *Kaiser und Abt*, Helsinki, 1923

A. Angyal, ‚Die Welt der Grenzfestungen' in *Süd-Ost-Forschungen*, 16 (1957). (Zur Grenze zwischen Türkei und Habsburger Reich)

P. Anker, *Folkekunst i Norge*, Oslo, 1975

*A. von Arnim/C. Brentano (Hg.), *Des Knaben Wunderhorn* (1806). (Zitiert nach der Münchner Ausgabe von 1957)

*J. Ashton (Hg.), *Chap-books of the Eighteenth Century*, London, 1882

J. W. Ashton, ‚Folklore in the Literature of Elizabethan England' in *Journal of American Folklore*, 70 (1957)

A. M. Astakhova, ‚Improvisation in Russian Folklore' (1966), übers. in Oinas/Soudakoff

H. M. Atherton, *Political Prints in the Age of Hogarth*, Oxford, 1974

F. C. B. Avé-Lallemant, *Das deutsche Gaunerthum*, 4 Bde., Leipzig, 1858–62

P. Avrich, *Russian Rebels*, London, 1973

R. Axton, *European Drama of the Early Middle Ages*, London, 1974. (900–1400)

F. Aydelotte, *Elizabethan Rogues and Vagabonds*, Oxford, 1913, Neudr. London, 1967

J. Lucio D'Azevedo, *A evolução do Sebastianismo*, Lisbon, 1918

*K. Badecki (Hg.), *Polska Komedja Rybałtowska*, Lwów, 1931

D. W. R. Bahlman, *The Moral Revolution of 1688*, New Haven, 1957

M. Bachtin, *Rabelais and His World* (1965), engl. Übers., Cambridge, Mass., and London, 1968

J. Balys, ‚Estonian Folklore and Mythology' in *Funk and Wagnall*

J. Balys, ‚Latvian Folklore and Mythology' in *Funk and Wagnall*

J. Balys, ‚Lithuanian Folklore and Mythology' in *Funk and Wagnall*

B. Balzer, *Bürgerliche Reformationspropaganda*, Stuttgart, 1973. (über H. Sachs)

B. Baranowski, *Procesy czarownie w Polsce w 17 i 18 wieku*, Łodz, 1952

M. Barbeau, ‚French Folklore' in *Funk and Wagnall*

M. W. Barley (1961), *The English Farmhouse and Cottage*, London

M. W. Barley (1967), ‚Rural Housing in England' in J. Thirsk (Hg.), *Agrarian History of England and Wales*, 4, Cambridge

P. Barry, ‚The Part of the Folk Singer in the Making of Folk Ballads' in M. Leach/T. Coffin (Hg.), *The Critics and the Ballad*, Carbondale, 1961

B. Bartók, *Hungarian Folk Music* (1924), engl. Übers., Oxford, 1931

C. R. Baskervill (1920), ‚Dramatic Aspects of Medieval Folk Festivals in England' in *Studies in Philology*, 17

C. R. Baskervill (1923–4), ‚Mummers' Wooing Plays in England' in *Modern Philology*, 21

C. R. Baskervill (1929), *The Elizabethan Jig*, Chicago, Neudr. New York, 1965

H. Bausinger (1967) (Hg.), *Masken zwischen Spiel und Ernst*, Tübingen (Volksleben, Bd. 18)

H. Bausinger (1968), *Formen der ‚Volkspoesie'*, Berlin, 2. Aufl. Berlin 1980

B. Beattie, ‚Oral-Traditional Composition in the Spanish *Romanceros* of the Sixteenth Century' in *Journal of the Folklore Institute*, 1 (1964)

C. A. Beerli (1953), *Le Peintre poète Nicolas Manuel*, Genf

C. A. Beerli (1956), ‚Quelques Aspects des jeux, danses et fêtes à Berne pendant la première moitié du 16e siècle' in J. Jacquot (Hg.), *Les Fêtes de la Renaissance,* 1, Paris

N. Belmont, *Mythes et croyances dans l'ancienne France,* Paris, 1973

B. Bennassar, *L'Homme espagnol,* Paris, 1975

Y. M. Bercé (1974 a), *Histoire des Croquants,* 2 Bde., Genf/Paris

*Y. M. Bercé (1974 b) (Hg.), *Croquants et Nu-Pieds,* Paris

Y. M. Bercé (1976), *Fête et révolte,* Paris

*A. E. Berger (Hg.), *Lied-, Spruch- und Fabeldichtung im Dienste der Reformation,* Leipzig, 1938

D. M. Bergeron, *English Civic Pageantry, 1558–1642,* London, 1971

R. Bernheimer, *Wild Men in the Middle Ages,* Cambridge, Mass., 1952

P. Blickle, *Die Revolution von 1525,* München/Wien, 1975

A. Blum, *L'Estampe satirique en France pendant les Guerres de Religion,* Paris, o. J.

O. Bø, *Heilag-Olav i Norsk Folketradisjon,* Oslo, 1955

G. Boas, *Vox Populi,* Baltimore, 1969

L. Bødker, *Folk Literature (Germanic),* Kopenhagen, 1965

G. Bollème (1965), ‚Littérature populaire et littérature de colportage au 18e siècle' in F. Furet (Hg.), *Livre et Société,* 1, Paris

G. Bollème (1969), *Les Almanacs populaires au 17e et 18e siècles,* Paris/Den Haag

*G. Bollème (1971) (Hg.), *La Bibliothèque Bleue,* Paris

J. Bolte/G. Polívka, *Anmerkungen zu den Kinder- und Hausmärchen der Brüder Grimm,* 5 Bde., Leipzig, 1913–32

W. H. Bonner, *Pirate Laureate: the Life and Legends of Captain Kidd,* New Brunswick, 1947

*H. L. Bordier (Hg.), *Le Chansonnier huguenot du 16e siècle,* Paris, 1870

E. F. Bosanquet (1917), *English Printed Almanacs ... to the year 1600,* London

E. F. Bosanquet (1930), ‚English 17th-Century Almanacs' in *The Library*

M. Bošković-Stulli, ‚Regional Variations in Folktales' in *Journal of the Folklore Institute,* 3 (1966)

J. Bossy, ‚The Counter-Reformation and the People of Catholic Europe' in *P&P* 47 (1970)

C. Bost (1912), *Les Prédicants protestants des Cévennes,* 2 Bde., Paris

C. Bost (1921), ‚Les prophètes du Languedoc en 1701 et 1702' in *Revue historique* 136–7

G. Bouchard, *Le Village immobile: Sennely-en-Sologne au 18e siècle,* Paris, 1972

B. C. Bowen, *Les Caractéristiques essentielles de la farce française,* Urbana, 1964

M. C. Bradbrook, *The Rise of the Common Player,* London, 1962. (England 1300–1600)

T. Braga (1867 a), *Historia da Poesia Popular Portugueza,* Porto

*T. Braga (1867 b) (Hg.), *Cancioneiro popular,* Coimbra

T. Braga (1886), *O Povo portuguez,* 2 Bde., Lissabon

*T. Braga (1906–9) (ed.), *Romanceiro geral portuguez,* 3 Bde., 2. Aufl., Lissabon

J. Brewer, *Party Ideology and Popular Politics at the Accession of George III,* Cambridge, 1976

K. M. Briggs, *The Anatomy of Puck,* London, 1959

O. G. Brockett, ‚The Fair Theatres of Paris in the 18th Century' in M. J. Anderson (Hg.), *Classical Drama and its Influence,* London, 1965

A. Brody, *The English Mummers and Their Plays,* London, 1970

B. H. Bronson (1959), *The Traditional Tunes of the Child Ballads,* 3 Bde., Princeton

B. H. Bronson (1969), *The Ballad as Song,* Berkeley and Los Angeles

W. Brückner (1958), *Die Verehrung des heiligen Blutes in Walldürn*, Frankfurt/M.

W. Brückner (1966), *Bildnis und Brauch*, Berlin

W. Brückner (1968), ‚Popular Piety in Central Europe' in *Journal of the Folklore Institute*, 5

W. Brückner (1974) (Hg.), *Volkserzählung und Reformation*, Berlin

D. Buchan (1968), ‚History and Harlaw', in *Journal of the Folklore Institute*, 5

D. Buchan (1972), *The Ballad and the Folk*, London

*D. Buchan (1973) (ed.), *A Scottish Ballad Book*, London

J. Burdet, *La Danse populaire dans le Pays de Vaud*, Basel, 1958

J. Burszta (Hg.), *Kultura Ludowa Wielkopolska*, 3 Bde., Poznań, 1960–7

E. M. Butler, *The Fortunes of Faust*, Cambridge, 1952

A. Buttitta, ‚Cantastorie in Sicilia' in *Annali del Museo Pitrè*, 8–10 (1957–9)

*P. Camporesi (ed.), *Il Libro dei Vagabondi*, Turin, 1973

J. Caro Baroja (1961), *The World of the Witches*, engl. Übers., London, 1964

J. Caro Baroja (1965), *El Carnaval*, Madrid

*J. Caro Baroja (1966) (Hg.), *Romances de Ciego*, Madrid

J. Caro Baroja (1969), *Ensayo sobre la literatura de cordel*, Madrid

*V. Castañeda/A. Huarte (Hg.), *Colección de pliegos sueltos*, Madrid, 1929

*V. Castañeda (Hg.), *Nueva colección de pliegos sueltos*, Madrid, 1933

E. Catholy, *Fastnachtspiel*, Stuttgart, 1966

*N. K. Chadwick (Hg.), *Russian Heroic Poetry*, Cambridge, 1932

E. K. Chambers (1903), *The Medieval Stage*, 2 Bde., Oxford

E. K. Chambers (1933), *The English Folk-Play*, Oxford

M. Cherniavsky (1961), *Tsar and People: Studies in Russian Myths*, New Haven

M. Cherniavsky (1966), ‚The Old Believers and the New Religion' in *Slavic Review*, 25

*A. Christensen (Hg.), *Molboernes Vise Gerninger*, Kopenhagen, 1939

S. Christie, *Den Lutherske ikonografi i Norge inntil 1800*, 2 vols, Oslo, 1973

A. Cioni (ed.), *Bibliografia delle sacre rappresentazioni*, Florenz, 1961

C. M. Cipolla, *Literacy and Development in the West*, Harmondsworth, 1969

S. Cirac Estapáñán, *Los procesos de hechicerías en la inquisición de Castilla la Nueva*, Madrid, 1942

V. E. Clausen, *Det folkelige Danske traesnit i etbladstryk, 1650–1870*, Odense, 1971

O. Clemen (1937), *Die Volksfrömmigkeit des ausgehenden Mittelalters*, Dresden/Leipzig

O. Clemen (1938), *Luther und die Volksfrömmigkeit seiner Zeit*, Dresden/Leipzig

F. Clementi, *Il Carnevale romano*, Rome, 1899

R. Cobb, *The Police and the People: French Popular Protest 1789–1820*, Oxford, 1970

G. Cocchiara (1952), *Storia del folklore in Europa*, Turin

G. Cocchiara (1956), *Il Paese di Cuccagna*, Turin

G. Cocchiara (1963), *Il Mondo alla rovescia*, Turin

N. Cohn (1957), *The Pursuit of the Millennium*, Neuaufl., London, 1970

N. Cohn (1975), *Europe's Inner Demons*, London

P. Coirault, *Recherches sur notre ancienne chanson populaire traditionnelle*, 5 Teile, Paris, 1933

F. Collinson, *The Traditional and National Music of Scotland*, London, 1966

F. Cottignies, *Chansons et pasquilles*, hg. v. F. Carton, Arras, 1965

W. A. Coupe, *The German Illustrated Broadsheet in the Seventeenth Century*, 2 Bde., Baden-Baden, 1966

D. Cressy, ‚Literacy in Preindustrial England' in *Societas*, 4 (1974)

*A. Cronia (Hg.), *Poesia popolare serbo-croata*, Padua, 1949

G. J. Cuming/D. Baker (Hg.), *Popular Beliefs and Practice*, Cambridge, 1972

F. Dahl (1939), ‚Amsterdam – Earliest Newspaper Centre of Western Europe‘ in *Het Boek*, 25

F. Dahl (1946), *Dutch Corantos, 1618–1650*, Den Haag

W. Danckert, *Unehrliche Leute*, Bern/München, 1963

A. Daur, *Das Alte Deutsche Volkslied*, Leipzig, 1909

*H. Davenson (Hg.), *Le Livre des chansons*, Neuchâtel, 1946

C. A. Davids, ‚Het Nederlandse Zeemanslied in de 17de en 18de Eeuw‘ in *Mededelingen van de Nederlandse Vereniging voor Zeegeschiedenis* 23 (1974)

N. Z. Davis (1974), ‚Some Tasks and Themes in the Study of Popular Religion‘ in C. Trinkaus/H. Oberman (Hg.), *The Pursuit of Holiness*, Leiden

N. Z. Davis (1975), *Society and Culture in Early Modern France*, London

E. Dejean, *Un Prélat indépendant au 17e siècle: Nicolas Pavillon*, Paris, 1909

J. Delumeau, *Le Catholicisme entre Luther et Voltaire*, Paris, 1971

J. C. Dhotel, *Les Origines du catéchisme moderne*, Paris, 1967

L. M. van Dis, *Reformatorische Rederijkersspelen*, Haarlem, o. J.

*F. W. von Ditfurth (1869) (Hg.), *Einhundert historische Volkslieder des preußischen Heeres von 1675 bis 1866*, Berlin

*F. W. von Ditfurth (1874) (Hg.), *Die historischen Volkslieder des oestreichischen Heeres*, Wien

*F. W. von Ditfurth (1882) (Hg.), *Die historisch-politischen Volkslieder des Dreißigjährigen Krieges*, Heidelberg

V. Djurić, ‘Prince Marko in Epic Poetry’ in *Journal of the Folklore Institute*, 3 (1966)

S. Domokos, ‚Zur Geschichte der Räuberballaden‘ in *Acta Litteraria*, 3 (1960)

*G. Doncieux (Hg.), *Le Romancéro populaire de la France*, Paris, 1904

G. Doublet (1895 a), ‚Un diocèse pyrénéen sous Louis XIV‘ in *Revue des Pyrénées*, 7

G. Doublet (1895 b), *Un Prélat janséniste, F. de Caulet*, Paris/Foix

O. Douen, *Clement Marot et le psautier huguenot*, 2 Bde., Paris, 1878–9

O. Driesen, *Der Ursprung des Harlekin*, Berlin, 1904

P. L. Duchartre, *L’Imagerie populaire russe et les livrets gravés, 1629–1885*, Paris, 1961

P. L. Duchartre/R. Saulnier, *L’Imagerie populaire*, Paris, 1925

L. Dumont, *La Tarasque*, Paris, 1951

A. Dundes/A. Falassi, *La Terra in Piazza: an Interpretation of the Palio of Siena*, Berkeley and Los Angeles, 1975

M. J. Durry, ‚L’Académie celtique et la chanson populaire‘, in *Revue de littérature comparée*, 9 (1929)

P. van Duyse, *De Rederijkkamers in Nederland*, 2 Bde., Gent, 1900–2

H. Eberhardt, ‚Der Kyffhäuserberg in Geschichte und Sage‘ in *Blätter für deutsche Landesgeschichte*, 96 (1960)

C. M. Edsman (1967), ‚A Swedish female folk healer‘, in Edsman (Hg.), *Studies in Shamanism*, Stockholm

D. Eeckaute (1965), ‚Les Brigands en Russie au 17e et 19e siècles‘, in *Revue d’histoire moderne*, 12

O. Elschek, ‚The Problem of Variation in 18th-Century Slovak Folk Music‘, in *Studia Musicologica*, 7 (1965)

W. J. Entwistle, *European Balladry*, Oxford, 1939

S. Erixon (1938), *Folklig Möbelkultur i Svenske Bygder*, Stockholm

S. Erixon (1939), ‚Turmwächter und Prangerfiguren‘ in *Folk-Liv,* 3

*L. Erk/F. M. Böhme (Hg.), *Deutscher Liederhort,* 3 Bde., Leipzig, 1893–4

A. Espinosa, ‚Spanish Folklore‘, in *Funk and Wagnall*

D. Fabre/J. Lacroix, *La Vie quotidienne des paysans de Languedoc au 19e siècle,* Paris, 1973

H. Fehr, *Massenkunst im 16. Jahrhundert,* Berlin, 1924

E. Fél/T. Hofer/K. Csilléry, *Hungarian Peasant Art,* Budapest, 1958

E. Fél/T. Hofer, *Saints, Soldiers, Shepherds,* Budapest, 1966

R. de Felice, ‚Paura e religiosità popolare nello stato della Chiesa alla fine del 18 secolo‘ in his *Italia Giacobina,* Neapel, 1965

J. Ferté, *La Vie religieuse dans les Campagnes parisiennes 1622–96,* Paris, 1962

R. Finnegan, ‚Literacy v. Non-Literacy: the Great Divide?‘ in R. Horton/R. Finnegan (Hg.), *Modes of Thought,* London, 1973

M. Fleury/P. Valmary, ‚Les Progrès de l'instruction élémentaire de Louis XIV à Napoleon III‘, in *Population,* 1 (1957)

G. M. Foster (1960), *Culture and Conquest: America's Spanish Heritage,* Chicago

G. M. Foster (1965), ‚Peasant Society and the Image of Limited Good‘ in *American Anthropologist,* 67

J. Fournée, *Enquête sur le culte populaire de St Martin en Normandie,* Nogent, 1963

D. C. Fowler, *A Literary History of the Popular Ballad,* Durham, N.C., 1968

G. Franz (1933), *Der deutsche Bauernkrieg,* München/Berlin, 7. Aufl., 1965

*G. Franz (1963) (Hg.), *Quellen zur Geschichte des Bauernkrieges,* München

A. B. Friedman (1961a), *The Ballad Revival,* Chicago, 1961

A. B. Friedman (1961b), ‚The Formulaic Improvisation Theory of Ballad Tradition‘, in *Journal of American Folklore,* 74

Funk and Wagnall's Standard Dictionary of Folklore, Mythology and Legend, ed. M. Leach, 2 Bde., New York, 1949–50

F. Furet/W. Sachs, ‚La Croissance de l'alphabétisation en France‘ in *AESC,* 29 (1974)

J. Fuster, *El bandolerisme Català:* Bd. 2, *La Llegenda,* Barcelona, 1963

C. Gaignebet (1972), ‚Le Combat de carnaval et de carême‘ in *AESC,* 27

C. Gaignebet (1974), *Le Carnaval,* Paris

C. Gaignebet (1975), ‚Le Cycle annuel des fêtes à Rouen au milieu du 16e siècle‘ in J. Jacquot (Hg.), *Les Fêtes de la Renaissance,* 3, Paris

C. Galarneau, ‚La Mentalité paysanne en France sous l'Ancien Régime‘ in *Revue de L'histoire de l'Amérique française,* 14 (1960)

A. Gallego y Burín/A. Gámir Sandoval, *Los moriscos del Reino de Granada,* Granada, 1968

A. N. Galpern, ‚Late Medieval Piety in Sixteenth-Century Champagne‘, in C. Trinkaus/H. Oberman (Hg.), *The Pursuit of Holiness,* Leiden, 1974

P. García de Diego, ‚El Testamento en la Tradición‘ in *Revista de dialectología y tradiciónes populares,* 9–10 (1953–4)

H. C. Gardiner, *Mysteries' End,* New Haven, 1946

A. van Gennep, *Manuel de folklore français,* 3 Bde., Paris, 1937–43

M. D. George, *English Political Caricature,* Bd. 1, Oxford, 1959

*G. Gesemann (1925) (Hg.), *Erlangenski rukopis,* Sremski Karlovci (Carlowitz)

G. Gesemann (1926), ‚Kompositionsschema und heroisch-epische Stilisierung‘ in seinen *Studien zur Südslawischen Volksepik,* Reichenberg

C. Ginzburg (1966), *I Benandanti,* Turin

337

C. Ginzburg (1972), ‚Folklore, Magia, Religione' in R. Romano/C. Vivanti (Hg.), *Storia d'Italia,* 1, Turin

C. Ginzburg (1976), *Il formaggio e le vermi,* Turin

J. Godechot, ‚Caractères généraux des soulèvements contre-révolutionnaires' in *Homenaje a J. Vicens Vives,* 2, Barcelona, 1967

A. González Palencia/E. Mele, *La Maya,* Madrid, 1944

G. Granberg, ‚Kyrkan och Folktron' (1948) abgedr. in A. B. Rooth (Hg.), *Folkdikt och Folktro,* Lund, 1971

H. Grant, ‚El Mundo al Reves' in *Hispanic Studies in Honour of J. Manson,* Oxford, 1972 (In English)

M. Gravier, *Luther et L'opinion publique,* Paris, 1942

R. Greve, *Studien über den Roman Buovo d'Antona in Rußland,* Berlin, 1956

*J. Grimm/W. Grimm (Hg.), *Kinder- und Hausmärchen* (1812)

Grove's Dictionary of Music and Musicians, 5. Aufl., hg. v. E. Blom, 9 Bde., London, 1954

*S. Grundtvig (Hg.), *Danmarks Folkeviser i Udvalg,* Kopenhagen, 1882

*C. Guasti (Hg.), *Le Feste di S. Giovanni Battista in Firenze,* Florenz, 1884

O. Guerrini, *G. C. Croce,* Bologna, 1879

A. Guershoon, *Certain Aspects of Russian Proverbs,* London, 1941

J. M. Guilcher, *La Tradition populaire de danse en Basse-Bretagne,* Paris/Den Haag, 1963

T. W. R. de Haan (1950), *Volk en Dichterschaap,* Assen

T. W. R. de Haan (1965) (Hg.), *Volkskunst der Lage Landen,* 3 Bde., Amsterdam/Brüssel

H. C. von Haebler, *Das Bild in der evangelischen Kirche,* Berlin, 1957

T. Hampe, *Die Fahrenden Leute in der deutschen Vergangenheit,* Leipzig, 1902

M. Harmon/G. Cocchiara/A. M. Marabotti, ‚Folk Art' in *Encyclopaedia of World Art,* 5, London, 1971

H. J. Hansen (ed.), *European Folk Art,* engl. Übers., London, 1968

S. Hart, ‚Enige Statistische Gegeuens inzake Analfabetisme te Amsterdam in de 17e en 18e eeuw' in *Amstelodanum,* 55 (1968)

*A. Hartmann (1880) (Hg.), *Das Oberammergauer Passionsspiel,* Leipzig

*A. Hartmann (1907–13) (Hg.), *Historische Volkslieder,* München

H. G. Harvey, *The Theatre of the Basoche,* Cambridge, Mass., 1941

L. P. Harvey, ‚Oral Composition and the Performance of Novels of Chivalry in Spain' in J. J. Duggan (Hg.), *Oral Literature,* Edinburgh/London, 1975

F. W. Hasluck, *Christianity and Islam under the Sultans,* 2 Bde., Oxford, 1929

R. Hauglid (Hg.), *Native Art of Norway,* Oslo, 1965

H. Hauser (1899), *Ouvriers du temps passé,* Paris

H. Hauser (1909), *Etudes sur la réforme française,* Paris

D. Hay (1975) (Hg.), *Albion's Fatal Tree: Crime and Society in 18th-Century England,* London

J. Heers (1971), *Fêtes, jeux et joutes dans les sociétés d'Occident à la fin du Moyen Age,* Montreal

J. Heers (1973), ‚Les Métiers et les fêtes médiévales en France du Nord et en Angleterre' in *Revue du Nord,* 55

H. Hefele, *Der hl. Bernardin von Siena und die franziskanische Wanderpredigt in Italien,* Freiburg, 1912

*G. Heilfurth (1959) (Hg.), *Bergreihen,* Tübingen

G. Heilfurth (1967), *Bergbau und Bergmann in den deutschsprachigen Sagenüberliefe-rungen Mitteleuropas,* Marburg

H. Henningsen, *Crossing the Equator,* Kopenhagen, 1961

E. van Heurck, *Les Livres populaires flamands,* Antwerpen, o. J. (c. 1931)

*K. I. Hildeman *et al.* (Hg.), *Politisk rimdans,* Stockholm, 1960

C. Hill (1958), *Puritanism and Revolution,* London

C. Hill (1964), *Society and Puritanism in Pre-Revolutionary England,* London

C. Hill (1965), ‚The Many-Headed Monster in Late Tudor and Early Stuart Political Thinking', neu abgedr. in Hill (1974)

C. Hill (1972), *The World Turned Upside Down: Radical Ideas during the English Re-volution,* London

C. Hill (1974), *Change and Continuity in Seventeenth-Century England,* London

E. J. Hobsbawm (1959), *Primitive Rebels,* Neuausgabe, Manchester, 1971; dt.: Sozial-rebellen, Archaische Sozialbewegungen im 19. und 20. Jahrhundert, Neuwied 1962

E. J. Hobsbawm (1969), *Bandits,* London; dt.: Die Banditen, Frankfurt/M., 1972

E. J. Hobsbawm (1971), ‚Class Consciousness in History' in I. Mészaros (Hg.), *Aspects of History and Class Consciousness,* London

M. Hodgart (1950), *The Ballads,* Neuaufl., London, 1962

*M. Hodgart (Hg.), *The Faber Book of Ballads,* London

M. Hoffmann, *En gruppe vevstoler på Vestlandet,* Oslo, 1958

*J. Horák (Hg.), *Slovenske ľudove balady,* Bratislava, 1956

T. Hornberger, *Der Schäfer,* Stuttgart, 1955

W. G. Hoskins, ‚The Rebuilding of Rural England', abgedr. in seinem *Provincial Eng-land,* London, 1963

W. G. Hoskins, *The Midland Peasant,* London, 1957 (Exkurs über Bauernhäuser 1400–1800)

*J. Hrabák (Hg.), *Staročeské Drama,* Prag, 1950

S. B. Hustvedt, *Ballad Criticism in Scandinavia and Great Britain during the Eighteenth Century,* New York, 1916

*G. O. Hyltén-Cavallius/G. Stephens (Hg.), *Sveriges Historiska och Politiska Visor,* 1, Örebro, 1853

K. Jackson (1936), ‚The International Folktale in Ireland', in *Folklore,* 47

K. Jackson (1961), *The International Popular Tale and Early Welsh Tradition,* Cardiff

W. Jacobeit, *Schafhaltung und Schäfer,* Berlin, 1961

*J. P. Jacobsen *et al.* (Hg.), *Danske Folkebøger,* 14 Bde., Kopenhagen, 1915–36

R. Jakobson (1944), ‚On Russian Fairy Tales', abgedr. in Jakobson, *Selected Writings,* 1966

R. Jakobson, *Selected Writings,* 4, Den Haag/Paris, 1966

R. Jakobson/P. Bogatyrev, ‚Die Folklore als eine besondere Form des Schaffens', ab-gedr. ibid

S. P. Jakobson, ‚Slavic Folktales', in *Funk and Wagnall*

*R. Jente (Hg.), *Proverbia Communia,* Bloomington, 1947. (803 holländische Sprich-wörter aus einer Sammlung des 15. Jahrhunderts)

A. Jobst, *Evangelische Kirche und Volkstum,* Stuttgart, 1938

E. Johansson (1969), *Kvantitativa Studier av Alphabetiseringen i Sverige,* Umeå

E. Johansson (1973), *Literacy and Society in a Historical Perspective,* Umeå

E. Jolibois, *La Diablerie de Chaumont,* Chaumont, 1838

J. H. Jones, ‚Commonplace and Memorisation in the Oral Tradition of the English and Scottish Popular Ballads' in *Journal of American Folklore,* 74 (1961)

T.G.Jones, *Welsh Folklore and Folk-Custom,* London, 1930

B.R.Jonsson, *Svensk Balladtradition,* 1, Stockholm, 1967

W.Jürgensen (1910), *Martinslieder*

J.Kaplow, *The Names of Kings: the Parisian Labouring Poor in the Eighteenth Century,* New York, 1972

R.Kapp, *Heilige und Heiligenlegenden in England,* Halle/Saale, 1934

V.S.Karadžić (Hg.), *Srpske Narodne Pjesme,* 4 Bde. (1824–33)

*V.S.Karadžić (Hg.), *Srpske Narodne Prilovetke* (1853), engl. Übers. als *Hero Tales and Legends of the Serbians,* London, 1914

I.Katona, *Historische Schichten der ungarischen Volksdichtung,* Helsinki, 1964 (*FFC* no.194)

M.Keen, *The Outlaws of Medieval Legend,* London, 1961

*A.Keller (Hg.), *Fastnachtspiele,* 3 Bde., Stuttgart, 1853–8

P.Kemp, *Healing Ritual,* London, 1935 (Über Jugoslawien)

R.Kieckhefer, *European Witch-Trials: their Foundations in Popular and Learned Culture, 1300–1500,* London, 1976

J.Klersch, *Die kölnische Fastnacht,* Köln, 1961

E.Klingner, *Luther und der deutsche Volksaberglaube,* Berlin, 1912

R.Kloster, ‚Handverksbygden og bygdehandverkeren', abgedr. in Svensson (1968)

W.P.C.Knuttel (Hg.), *Catalogus van de pamfletten verzameling berustende in de Koninklijke Bibliotheek,* 9 Bde., Den Haag, 1889–1920

Z.Kodály, *Folk Music of Hungary* (1952), engl. Übers., London, 1971

E.Kohler, *Martin Luther und der Festbrauch,* Köln/Graz, 1959

*W.Kohlschmidt (Hg.), *Das deutsche Soldatenlied,* Berlin, 1935

H.Koht (1926), *Norsk Bondereising,* Neudr. Oslo, 1975. (Die franz. Übers., *Les Luttes des Paysans en Norvège,* Paris, 1929, ist stark gekürzt)

H.Koht (1929), ‚The Importance of the Class Struggle in Modern History', in *Journal of Modern History*

V.Kolve, *The Play called Corpus Christi,* Stanford, 1966

J.Komorovský, *Král Matej Korvín v l'udovej prozaickej slovesnosti,* Bratislava, 1957

D.Korf, *Dutch Tiles,* engl. Übers., London, 1963

K.-S.Kramer, *Bauern und Bürger im nachmittelalterlichen Unterfranken. Eine Volkskunde auf Grund archivalischer Quellen,* Würzburg, 1957

K.-S.Kramer, *Volksleben im Fürstentum Ansbach und seinen Nachbargebieten* (1500–1800), Würzburg, 1961

K.-S.Kramer, *Volksleben im Hochstift Bamberg und im Fürstentum Coburg* (1500–1800), Würzburg, 1967

W.Krebs, *Alte Handwerksbräuche,* Basel, 1933

H.Kügler, ‚Friedrich der Große' in L. Mackensen (Hg.), *Handwörterbuch des deutschen Märchens,* 2, Berlin, 1940

*E.T.Kuiper (Hg.), *Het Geuzenliedboek,* 2 Bde., Zutphen, 1924

D.Kunzle, *The Early Comic Strip,* Berkeley and Los Angeles, 1973

M.Laget, ‚Petites écoles en Languedoc au 18e Siècle' in *AESC,* 26 (1971)

H.Landsverk, ‚Frau biletverda i folkekunsten' in *By og Bygd,* 18 (1952–3)

V.Lanternari, ‚La politica culturale della Chiesa nelle campagne: la festa di S. Giovanni' in *Società,* 11 (1955)

P.Laslett, *The World We have Lost,* London, 1965

M.W.Latham, *The Elizabethan Fairies,* New York, 1930

E. Lazzareschi, *Un contadino poeta: Giovan Domenico Pèri d'Arcidosso*, 2 Bde., Rome, 1909–11

K. M. Lea, *Italian Popular Comedy*, 2 Bde., Oxford, 1934

N. A. M. Leader, *Hungarian Classical Ballads and their Folklore*, Cambridge, 1967

*C. Leber (Hg.), *Collection des meilleures dissertations*, 9, Paris, 1826

G. Le Bras, *Etudes de sociologie religieuse*, 2 Bde., Paris, 1955–6

F. Lebrun, *Les Hommes et la mort en Anjou aux 17e et 18e Siècles*, Paris/Den Haag, 1971

G. Lefebvre (1924), *Les Paysans du Nord pendant la Révolution française*, Neudr. Bari, 1959

G. Lefebvre (1932), ‚La Révolution française et les paysans', abgedr. in seinen *Etudes sur la Révolution française*, Paris, 1954

G. Lefebvre (1934), ‚Foules révolutionnaires', abgedr. ibid

J. Lefebvre (1964), ‚Le Jeu de carnaval de Nuremberg' in J. Jacquot (Hg.), *Le Lieu théâtral à la Renaissance*, Paris

J. Lefebvre (1968), *Les Fols et la folie*, Paris

J. Lefebvre (1975), ‚Vie et Mort du Jeu de Carnaval à Nuremberg' in J. Jacquot (Hg.), *Les Fêtes de la Renaissance*, 3, Paris

E. Le Roy Ladurie (1966), *Les Paysans du Languedoc*, 2 Bde, Paris; gekürzte engl. Übers., Urbana, 1974

E. Le Roy Ladurie (1971), ‚*Mélusine ruralisée'* in *AESC*, 26

E. Le Roy Ladurie (1975), ‚De la Crise ultime à la vraie croissance' in G. Duby/A. Wallon (Hg.), *Histoire de la France rurale*, Paris

E. Levi, *I Cantari leggendari del popolo italiano*, Turin, 1914

R. Lieske, *Protestantische Frömmigkeit im Spiegel der kirchlichen Kunst des Herzogtums Württemberg*, München/Berlin, 1973

*A. Liestol (Hg.), *Norske folkeviser*, Oslo, 1964

K. Liestol, *Scottish and Norwegian Ballads*, Oslo, 1946

*R. von Liliencron (Hg.), *Die historischen Volkslieder der Deutschen vom 13. bis 16. Jahrhundert*, 4 Bde., Leipzig, 1865–9

A. L. Lloyd, *Folksong in England* (1967), 2. Aufl., London, 1969

K. A. Lockridge, *Literacy in Colonial New England*, New York, 1974

C. G. Loomis, *White Magic: an Introduction to the Folklore of Christian Legend*, Cambridge, Mass., 1948

R. S. Loomis, ‚Celtic Folklore' in Funk and Wagnall

A. B. Lord, *The Singer of Tales* (1960), 2. Aufl., New York, 1966

A. Lottin, *Vie et mentalité d'un Lillois sous Louis XIV*, Lille, 1968

M. Louis, *Le Folklore et la danse*, Paris, 1963

*D. S. Low (Hg.), *The Ballads of Marko Kraljević*, Cambridge, 1922

L. Lowenthal, *Literature, Popular Culture and Society*, Englewood Cliffs, 1961

M. Lüthi (1947), *Das europäische Volksmärchen*, Neuaufl., Bern, 1960

M. Lüthi (1970), *Volksliteratur und Hochliteratur*, Bern/München

D. Macdonald, ‚Masscult and Midcult', in seinem *Against the American Grain*, New York, 1962

A. Macfarlane, *Witchcraft in Tudor and Stuart England*, London, 1970

R. W. Malcolmson, *Popular Recreations in English Society 1700–1850*, Cambridge, 1973

R. Mandrou (1964), *De la Culture populaire au 17e et 18e siècles*, Paris

R. Mandrou (1968), *Magistrats et sorciers en France au 17e siècle*, Paris

B. Manning, *The English People and the English Revolution, 1640–1649,* London, 1976

*L. Manzoni (Hg.), *Libro di Carnevale,* Bologna, 1881

C. Mazzi, *La Congrega dei Rozzi di Siena nel secolo 16,* Florenz, 1882

*A. Medin/L. Frati (Hg.), *Lamenti storici,* 4 Bde., Bologna, 1887–94

G. Mehring, ,Das Vaterunser als politisches Kampfmittel' in *Zeitschrift des Vereins für Volkskunde,* 19 (1909)

J. Meier, *Kunstlied und Volkslied in Deutschland,* Halle, 1906

K. Meisen (1931), *Nikolauskult und Nikolausbrauch im Abendlande,* Düsseldorf

K. Meisen (1962–3) ,St Michael in der volkstümlichen Verehrung des Abendlandes' in *Rheinisches Jahrbuch für Volkskunde,* 13–14

A. Melicherčík, *Jánošíkovská Tradícia na Slovensku,* Bratislava, 1952

R. Menéndenz Pidal (1924), *Poesia juglaresca y juglares,* Madrid

R. Menéndez Pidal (1938) (Hg.), *Flor nueva de romances viejos,* Buenos Aires, 1967

H. C. E. Midelfort, *Witch Hunting in Southwestern Germany 1562–1684.* Stanford, 1972

*M. Milá y Fontanals (Hg.), ,Romancerillo catalan', in seinen *Observaciones sobre la poesia popular,* Barcelona, 1853

J. Mistler *et al., Epinal et l'imagerie populaire,* Paris, 1961

E. W. Monter, *Witchcraft in France and Switzerland,* Ithaca/London, 1976

H. Moser, Gedanken zur heutigen Volkskunde. Ihre Situation, ihre Problematik, ihre Aufgaben. In: Bayerisches Jahrbuch für Volkskunde 1954, S. 208–234

H. Moser, Vom Folklorismus in unserer Zeit. In: Zeitschrift für Volkskunde 58 (1962), S. 177–209

H. Moser, Der Folklorismus als Forschungsproblem der Volkskunde. In: Hessische Blätter für Volkskunde 55 (1964), S. 9–57

H. Moser, Städtische Fasnacht des Mittelalters, In: Masken zwischen Spiel und Ernst. (Volksleben. Untersuchungen des Ludwig-Uhland-Instituts der Universität Tübingen, Bd. 18). Tübingen 1967, S. 135–202.

H. Moser, Variationen um ein Thema vermeintlicher Brauchgeschichte: Das ,Weberschiff von Saint Trond'. In: Volkskultur und Geschichte. Festgabe für Josef Dünninger, Berlin 1970, S. 236–266

H. Moser, Fasnacht, Faßnacht, Faschang. In: Schweizerisches Archiv für Volkskunde 68/69 (1972/73), S. 433–453

*E. Moser-Rath (1964) (Hg.), *Predigtmärlein der Barockzeit,* Berlin

E. Moser-Rath (1968), ,Literature and Folk Tradition', in *Journal of the Folklore Institute,* 5

R. Mousnier, *Fureurs paysannes,* Paris, 1967. engl. Übers. als *Peasant Uprisings,* London, 1971

R. Muchembled, ,Sorcellerie, culture populaire et christianisme au 16e siècle' in *AESC,* 28 (1973)

V. E. Neuburg, *Popular Education in 18th-Century, England,* London, 1971

A. Nicoll, *The World of Harlequin,* Cambridge, 1963

*H. G. Nielsen (Hg.), *Danske viser fra adelsvisebøger og flyveblader, 1530–1630,* Kopenhagen, 1912

M. Nodermann, *Nordisk folkkonst,* Stockholm, 1968

*A. Noreen/H. Schück (Hg.), *1500- och 1600-talens visböcker,* 12 Teile, Stockholm/Uppsala, 1884–1927

*F. J. Norton/E. M. Wilson (Hg.), *Two Spanish Verse Chap-Books,* Cambridge, 1969

H. O. Nygard, *The Ballad of Heer Halewijn,* Helsinki/Knoxville, 1958 (*FFC* Nr. 169)

F. J. Oinas/S. Soudakoff (Hg.) *The Study of Russian Folklore,* Den Haag/Paris, 1975
A. Olrik (1908), ‚Epic Laws of Folk Narrative', übers. in A. Dundes (Hg.), *The Study of Folklore,* Englewood Cliffs, 1965
*A. Olrik (1939) (Hg.), *A Book of Danish Ballads,* Princeton/New York
B. Olsson, ‚Psalmboken som Folkbok' (1942), abgedr. in Pleijel (1967)
G. Ortutay (1959a), ‚Principles of Oral Transmission in Folk Culture' in *Acta Ethnographica,* 8
G. Ortutay (1959b), ‚Das ungarische Volksmärchen' in *Acta Litteraria,* 2
*G. Ortutay (1968) (Hg.), *Magyar Népballadák,* Budapest
Y. Ovsyannikov (1968), *The Lubok: 17th–18th Century Russian Broadsides,* Moskau
Y. Ovsyannikov (1970), *Russian Folk Arts and Crafts,* Moskau
M. Ozouf (1971, ‚Les Cortèges révolutionnaires et la Ville' in *AESC,* 26
M. Ozouf (1975), ‚Space and Time in the Festivals of the French Revolution' in *Comparative Studies in Society and History,* 17 (1975)
M. Ozouf (1976), *La Fête revolutionnaire,* Paris

*V. Pandolfi (Hg.), *La Commedia dell'Arte,* 6 Bde., Florenz, 1957–61
P. Pascal (1938), *Avvakum et les débuts du Raskol,* Paris
*P. Pascal (1971), *La Révolte de Pougatchëv,* Paris
*M. Perceval (Hg.), *Political Ballads Illustrating the Administration of Sir Robert Walpole,* Oxford, 1916
*T. Percy (Hg.), *Reliques of Ancient Poetry* (1765), Neue Ausg., 3 Bde., London, 1891
L Petit de Julleville, *Les Comédiens en France au Moyen Age,* Paris , 1885
*E. Petraccone (Hg.), *La Commedia dell'Arte,* Neapel, 1927
R. Petrović, ‚*The Oldest Notation of Folk Tunes in Yugoslavia',* in *Studia Musicologica,* 7 (1965)
H. G. Pfander, *The Popular Sermon of the Medieval Friar in England,* New York, 1937
J. Phillips, *The Reformation of Images: Destruction of Art in England 1535–1660,* Berkeley and Los Angeles, 1973
C. Phythian-Adams (1972), ‚Ceremony and the Citizen: the Communal Year at Coventry 1450–1550' in P. Clark/P. Slack (Hg.), *Crisis and Order in English Towns,* London
C. Phythian-Adams (1975), *History and Folklore,* London
*E. Picot (Hg.), *Recueil général des Sotties,* 3 Bde, Paris, 1902–12
R. Pinon, ‚Qu'est-ce qu'un Charivari?' in *Festschrift für G. Heilfurth,* Göttingen, 1969
G. Pitrè (1872), *Studi di poesia popolare,* Neudr. Florenz, 1957
G. Pitrè (1876), *Delle sacre rappresentazioni popolari in Sicilia,* Palermo
G. Pitrè (1889), *Usi e costumi del popolo siciliano,* 4 Bde., Palermo
H. Pleijel (1955), *The Devotional Literature of the Swedish People,* Lund
H. Pleijel (1958), *Das Luthertum im schwedischen Volksleben,* Lund
H. Pleijel (1965), *Husandakt, Husaga, Husförhör,* Stockholm
H. Pleijel et al. *(1967), Våra äldsta folkböcker,* Lund
J. H. Plumb (1968), ‚Political Man' in J. L. Clifford (Hg.), *Man versus Society in 18th-Century England,* Cambridge
J. H. Plumb (1973), *The Commercialisation of Leisure in 18th-Century England,* Reading
G. C. Pola Falletti-Villafalletto, *Associazioni giovanili e feste antichi,* 4 Bde., Turin, 1939–42

B. Porchnev, *Les Soulèvements populaires en France de 1623 à 1648* (1948), franz. Übers., Paris, 1963

Y. Poutet, ‚L'Enseignement des pauvres dans la France du 17e siècle', in *Dix-Septième Siècle*, 90–1 (1971)

V. Propp, *Morphologie du conte* (1928), franz. Übers., Paris, 1970

J. B. Real, *The Sources and Diffusion of the Mexican Shepherd's Plays*, Guadalajara, 1965

W. Ralston, *The Songs of the Russian People*, London, 1872

R. Redfield, *Peasant Society and Culture*, Chicago, 1956

J. Reed, *Border Ballads*, London 1973

J. Reglà, *El bandolerisme catalá: 1, La Historia*, Barcelona, 1962

M. Rehnberg, *Vad skall vi göra med de blanke gevär*, Stockholm, 1967

M. Reinhard, *La Légende de Henri IV*, Paris, 1936

K. V. Riedel, *Der Bänkelsang*, Hamburg, 1963

A. Riff (1945), *L'Art Populaire et l'artisanat rural en Alsace*, Strasbourg

A. Riff (1963) (Hg.), *Art populaire d'Alsace*, Strasbourg/Paris

A. Rigoli (Hg.), *Scibilia nobili et altre storie*, Parma, 1965

W. E. Roberts, ‚Folklore in the Novels of Thomas Deloney' in W. E. Richmond (Hg.), *Studies in Folklore*, Bloomington, 1957

A. Rodríguez-Moñino (Hg.), *Diccionario bibliográfico de pliegos sueltos poeticos (Siglo XVI)*, Madrid, 1970

H. U. Roller, *Der Nürnberger Schembartlauf*, Tübingen, 1965 (Volksleben)

H. E. Rollins (1919), ‚The Black-Letter Broadside Ballad' in *Proceedings of the Modern Language Association*

*H. E. Rollins (1929–32) (Hg.), *The Pepys Ballads*, 8 Bde., Cambridge, Mass.

J. Romeu (1948), *El mito de ‚El Conte Arnau'*, Barcelona

*J. Romeu (1957) (Hg.), *Teatre Hagiográfic*, Barcelona

O. Rommel, *Die Alt-Wiener Volkskomödie*, Wien, 1952

H. F. Rosenfeld, *Der hl. Christophorus*, Leipzig, 1937.

S. Rosenfeld (1939), *Strolling Players and Drama in the Provinces 1660–1765*, Cambridge

S. Rosenfeld (1960), *The Theatre of the London Fairs in the Eighteenth Century*, Cambridge

V. Rossi, ‚Un cantastorie ferrarese del secolo 16' in *Rassegna emiliana*, 2 (1889–90)

D. P. Rotunda, *Motif-Index of the Italian Novella in Prose*, Bloomington, 1942

*L. Rouanet (Hg.), *Colección de Autos, Farsas y Coloquios del Siglo 16*, 4 Bde., Barcelona/Madrid, 1901

G. Rudé (1959), *The Crowd in the French Revolution*, Oxford

G. Rudé (1964), *The Crowd in History, 1730–1848*, New York

G. Rudé (1974), *Paris und London in the Eighteenth Century*, London

M. Rudwin (1920), *The Origin of the German Carnival Comedy*, London

M. Rudwin 1931), *The Devil in Legend and Literature*, Chicago/London

C. Sachs, *A World History of the Dance*, Eng. trans., London, 1938

*J. Saenz (Hg.), *Collectio maxima conciliorum omnium Hispaniae*, Rom, 1755, Bd. 5 und 6

*J. Sahlgren (Hg.), *Svenska Folkböcker*, 8 Bde., Stockholm, 1946–56

M. Sahlin, *Etudes sur la Carole médiévale*, Uppsala, 1940

L. Sainéan, *L'Argot ancien, 1455–1850*, Paris, 1907

*G. Salgádo (Hg.), *Cony-Catchers and Bawdy Baskets,* Harmondsworth, 1972

P. Salies, ‚Imagerie populaire et Confréries toulousaines‘ in *Gazette des Beaux-Arts,* 1962

R. Salillas, *El Delincuente español,* 2 Bde., Madrid, 1896–8

W. Salmen, *Der fahrende Musiker im europäischen Mittelalter,* Kassel, 1960

*S. Salomone-Marino (1875) (Hg.), *Storie popolari in poesia siciliana,* Bologna

S. Salomone-Marino (1924), *Costumi ed Usanze dei Contadini di Sicilia,* Palermo

J. Samaha, ‚Sedition amongst the „inarticulate“ in Elizabethan England‘, in *Journal of Social History* 8 (1975)

R. Samuel, ‚People’s History‘ in seinem *Village Life and Labour,* London, 1975

R. Saulnier/A. Aynaud, ‚Prototypes de L’imagerie populaire‘ in *Arts et traditions populaires,* 1 (1953)

J. Schacher, *Das Hexenwesen im Kanton Luzern,* Luzern, 1947

*O. Schade (Hg.), *Handwerkslieder,* Leipzig, 1864

*J. F. Schannat (Hg.), *Concilia Germaniae,* 11 Bde., Köln, 1759–90 (insbes. Bd. 5–10)

G. Schanz, *Zur Geschichte der Deutschen Gesellen-Verbände,* Leipzig, 1877

M. Scharfe (1967), ‚Bildzeugnisse evangelischer Frömmigkeit‘ in M. Scharfe, R. Schenda, H. Schwedt, *Volksfrömmigkeit,* Stuttgart

M. Scharfe (1968), *Evangelische Andachtsbilder,* Stuttgart

E. Schaumkell, *Der Kultus der hl. Anna am Ausgang des Mittelalters,* Freiburg/Leipzig, 1893

R. Schenda (1965–6), ‚Italienische Volkslesestoffe im 19. Jahrhundert‘ in *Archiv für Geschichte des Buchwesens,* 7

R. Schenda (1970), *Volk ohne Buch,* Studien zur Sozialgeschichte der populären Lesestoffe 1770–1910, Frankfurt, 2. Aufl. München 1977

D. F. Scheurleer (Hg.), *Van Varen en van Vechten,* 3 Bde., Den Haag, 1914

E. Schmidt, *Deutsche Volkskunde im Zeitalter des Humanismus,* Berlin, 1904

L. Schmidt (1955) (Hg.), *Masken in Mitteleuropa,* Wien

L. Schmidt (1963), *Die Volkserzählung,* Berlin

*L. Schmidt (1965) (Hg.), *Le Théâtre populaire européen,* Paris

*L. Schmidt (1971) (Hg.), *Historische Volkslieder aus Österreich,* Wien

G. Schochet, ‚Patriarchalism, Politics and Mass Attitudes in Stuart England‘, in *Historical Journal,* 12 (1969)

C. Schoebel, *La Légende du Juif errant,* Paris, 1877

R. Schofield (1968), ‚The Measurement of Literacy in Pre-Industrial England‘ in J. Goody (Hg.), *Literacy in Traditional Societies,* Cambridge

R. Schofield (1973), *Illiteracy in Pre-Industrial England‘ in Johansson (1973)*

W. Schoof, *Zur Entstehungsgeschichte der Grimmschen Märchen,* Hamburg, 1959

G. D. J. Schotel (1862–4), *Geschiedenis der Rederijkers in Nederland,* 2 Bde., Amsterdam

G. D. J. Schotel (1868), *Het oud-hollandsch huisgezin der 17e eeuw,* Haarlem

G. D. J. Schotel (1873–4), *Vaderlandsche volksboeken, 2 Bde,* Haarlem

K. Schottenloher, *Flugblatt und Zeitung,* Berlin, 1922

G. Schreiber et al. (1959), *Die Vierzehn Nothelfer,* Innsbruck

G. Schreiber (1962), *Der Bergbau in Geschichte, Ethos und Sakralkultur,* Berlin/Opladen

J. Schrijnen, *Nederlandsche Volkskunde,* 2. Aufl., 2 Bde., Zutphen, 1930

W. Scott, *Minstrelsy of the Scottish Border,* hg. v. T. F. Henderson, 3 Bde., Edinburgh, 1902

P. Sébillot (1883), *Gargantua dans les traditions populaires,* Paris

P. Sébillot (1894), *Les Travaux publics et les mines dans les traditions et les superstitions de tous les pays*, Paris

P. Sébillot (1901), *Le Folklore des pêcheurs*, Paris

*E. Seemann et al. (Hg.), *European Folk Ballads*, Kopenhagen, 1967

J. P. Seguin, *L'Information en France de Louis XII á Henri II*, Genf, 1961

M. A. Shaaber, *Some Forerunners of the Newspaper in England*, Philadelphia, 1929

C. Sharp, *English Folksong: some Conclusions*, London, 1907

L. Shepard (1969), *John Pitts*, London

L. Shepard (1973), *The History of Street Literature*, Newton Abbot

C. M. Simpson (1941–2), ‚Tudor Popular Music' in *Huntington Library Quarterly*, 5

C. M. Simpson (1966), *The British Broadside Ballad and its Music*, New Brunswick

*C. S. Singleton (Hg.), *Canti carnascialeschi del rinascimento*, Bari 1936

C. Sisson, *Lost Plays of Shakespeare's Age*, (1936), Neudr. London, 1970

A. Soboul (1958), *Les Sans-culottes parisiens en l'an II*, Paris, gekürzte engl. Übers., Oxford, 1964

A. Soboul (1966), ‚Classes populaires et Rousseauisme', abgedr. in seinem *Paysans, Sans-Culottes et Jacobins*, Paris

A. Soboul (1970), *La Civilisation et la Révolution française*, Paris

Y. M. Sokolov, *Russian Folklore* (1938), engl. Übers. Detroit, 1971

J. Solé, ‚Lecture et classes populaires à Grenoble' in *Images du peuple*

*F. L. von Soltau (Hg.), *Ein Hundert Deutsche Historische Volkslieder*, Leipzig, 1836

M. Soriano, *Les Contes de Perrault: Culture savante et traditions populaires*, Paris, 1968

A. Spamer (Hg.), Die deutsche Volkskunde, 2 Bde, Leipzig/Berlin, 1934–5

P. Spezzani, ‚L' arte rappresentativa di Andrea Perrucci e la lingua della Commedia dell'Arte' in G. Folena (Hg.), *Lingua e strutture del teatro italiano del Rinascimento*, Padua, 1970

M. Spufford, *Contrasting Communities*, Cambridge, 1974

C. Stief, *Studies in the Russian Historical Song*, Kopenhagen, 1953

T. Stoianovich, ‚Material Foundations of Pre-Industrial Civilisation in the Balkans', in *Journal of Social History*, 4 (1970–1)

L. Stone (1964), ‚The Educational Revolution in England, 1560–1640' in *P & P*, no. 28

L. Stone (1969), ‚Literacy and Education in England, 1640–1900' in *P & P*, no. 42

E. van der Straeten, *Le Théâtre villageois en Flandre*, 2 Bde, Brüssel 1881

G. Strauss, ‚Success and Failure in the German Reformation' in *P & P*, no. 67 (1975)

*H. Strobach, *Bauernklagen: Untersuchungen zum sozialkritischen deutschen Volkslied*, Berlin (DDR), 1964

D. Subotić, *Yugoslaw Popular Ballads*, Cambridge, 1932

S. L. Sumberg, *The Nuremberg Schembart Carnival*, New York, 1941

S. Svärdström (1949), *Dalmålningarna och deres förlagor*, Stockholm

S. Svärdström (1957), *Masterpieces of Dala Peasant Painting*, Stockholm

S. Svensson (1955), ‚Gustaf Adolf und die schwedische Volkskunde' in *Festschrift für W. E. Peuckert*, Berlin

S. Svensson (1967), ‚Almanackan', in H. Pleijel (1967)

S. Svensson (1968) (ed.), *Nordisk Folkkunst*, Stockholm

B. Szabolcsi, ‚Folk Music, Art Music, History of Music', in *Studia Musicologica*, 7 (1965)

J. Szöverffy, ‚History and Folk Tradition in East Europe' in *Journal of the Folklore Institute*, 5 (1968)

F. Tassy, ‚Il Paese di Cuccagna', in *Acta Litteraria*, 2 (1959)

*F. Taviani (Hg.), *La Commedia dell' Arte e la società barocca*, Rome, 1970

A. Taylor (1921), ‚The Devil and the Advocate', in *Proceedings of the Modern Language Association*, 36

A. Taylor (1931), *‚Edward' and ‚Sven i Rosengård'*, Chicago

A. Taylor (1937), *The Literary History of Meistergesang*, New York/London

A. Taylor (1949), ‚Germanic Folklore', in *Funk and Wagnall*

R. Taylor, *The Political Prophecy in England*, New York, 1911

J. Tazbir, ‚Die gesellschaftliche Funktion des Kultus des heiligen Isidor des Pflügers in Polen', in *Acta polonica historica*, 20 (1969)

K. V. Thomas (1964), ‚Work and Leisure in Pre-Industrial Society' in *P & P*, no. 29

K. V. Thomas (1971), *Religion and the Decline of Magic*, London

E. P. Thompson (1963), *The Making of the English Working Class*, London

E. P. Thompson (1967), ‚Time, Work-Discipline and Industrial Capitalism', in *P & P*, no. 38

E. P. Thompson (1971), ‚The Moral Economy of the English Crowd', in *P & P*, no. 50

E. P. Thompson (1972, ‚Rough Music', in *AESC*, 27

E. P. Thompson (1973–4), ‚Patrician Society, Plebeian Culture', in *Journal of Social History*, 7

E. P. Thompson (1975), ‚The Crime of Anonymity', in D. Hay *et al.* (Hg.), *Albion's Fatal Tree*, London

R. Thompson, ‚Popular Reading and Humour in Restoration England' in *Journal of Popular Culture* (1976)

D. S. Thomson (1952), *The Gaelic Sources of Macpherson's Ossian*, Edinburgh

D. S. Thomson (1974), *An Introduction of Gaelic Poetry*, London

*R. J. E. Tiddy, *The Mummer's Play*, Oxford, 1923

J. Tiersot *Les fêtes et les chants de la Révolution Française*, Paris, 1908

C. H. Tillhagen (1962), *Folklig Läkekonst*, 2. Aufl., Stockholm

C. H. Tillhagen (1969), ‚Finnen und Lappen als Zauberkundige' in *Festschrift für G. Heilfurth*, Göttingen

J. B. du Tilliot, *Mémoires pur servir à l'histoire de la Fête des Fous*, Lausanne, 1741

W. Y. Tindall, *John Bunyan, Mechanick Preacher*, New York, 1934

K. Togeby, *Ogier le Danois dans les littératures européennes*, Kopenhagen, 1969

P. Toschi (1935),*La Poesia popolare religiosa in Italia*, Florenz

P. Toschi (1955), *Origini del teatro italiano*, Turin

P. Toschi (1964), *La Leggenda di S. Giorgio nei canti popolari italiani*, Rom

J. Trachtenberg, *The Devil and the Jews*, New Haven, 1943

H. R. Trevor-Roper, *The European Witch-Craze*, Harmondsworth, 1969

R. C. Trexler (1972), ‚Florentine Religious Experience: the Sacred Image', in *Studies in the Renaissance*, 19

R. C. Trexler (1974), ,Ritual in Florence: Adolescence and Salvation in the Renaissance', in C. Trinkaus/H. A. Oberman, (Hg.), *The Pursuit of Holiness*, Leiden

T. F. Troels-Lund, *Dagligt Liv i Norden i det Sekstende Aarhundrede*, 14 Bde., Kopenhagen/Oslo, 1908–10

H. Trümpy, ‚Die Reformation als volkskundliches Problem' in *Festschrift für G. Heilfurth*, Göttingen, 1969

G. Turi, *Viva Maria: la Reazione alle riforme leopoldine, 1790–99*, Florenz, 1969

P. D. Ukhov, ‚Fixed Epithets in the Byliny', in Oinas/Soudakoff

K. Uldall, *Dansk folkekunst*, Kopenhagen, 1963

J. E. Varey, *Historia de los Títeres en España,* Madrid, 1957

J. E. Varey/N. D. Shergold, ‚La Tarasca de Madrid', in *Clavileño,* 4 (1953)

L. Vargyas, *Researches into the Medieval History of Folk Ballad,* Budapest, 1967

R. Vaultier (1946), *Les Fêtes populaires à Paris,* Paris

R. Vaultier (1965), *Le Folklore pendant la Guerre de Cent Ans,* Paris

A. Vecchi, *Il culto delle immagine nelle stampe popolari,* Florenz, 1968

F. G. Very, *The Spanish Corpus Christi Procession,* Valencia, 1962

*M. Viollet-le-Duc (Hg.), *Ancien théâtre français,* 3 Bde., Paris, 1854

B. Vogler, ‚La Législation sur les sepultures dans l'Allemagne protestante', in *Revue d'Histoire moderne et contemporaine,* 22 (1975)

M. Vovelle (1973), *Piété baroque et déchristianisation en Provence au 18e siècle,* Paris

M. Vovelle (1975), ‚Y a-t-il eu une révolution culturelle au 18e siècle? L'Education populaire en Provence', in *Revue d'histoire moderne et contemporaine,* 22

J. de Vries, ‚Peasant Demand Patterns and Economic Development: Friesland 1550–1750' in W. N. Parker/ E. L. Jones (Hg.), *European Peasants and their Markets,* Princeton, 1975

G. E. Waas, *The Legendary Character of the Emperor Maximilian,* New York, 1941

*P. Wackernagel (Hg.), *Das deutsche Kirchenlied,* 5 Bde., Leipzig, 1864–7

J. Walsh, ‚Methodism and the Mob in the 18th Century' in Cuming/Baker

*B. W. Wardropper (Hg.), *Cancionero Espiritual,* Oxford, 1954

R. F. Wearmouth, *Methodism and the Common People,* London, 1945

R. H. Webber, *Formulistic Diction in the Spanish Ballad,* Berkeley, 1951

E. Welsford, *The Fool (1935),* Neudr. London 1968

R. M. Werner, ‚*Das Vaterunser als gottesdienstliche Zeitlyrik'* in Vierteljahrschrift für Litteraturgeschichte, 5 (1892)

B. Widén, ‚Literacy in the Ecclesiastical Context' in Johansson (1973)

P. Wiertz, ‚Zur religiösen Volkskultur der orientalischen und orthodoxen Kirchen' in E. von Ivánka, *et al.* (Hg.), *Handbuch der Ostkirchenkunde,* Düsseldorf, 1971

D. Wilson, *The Life and Times of Vuk Stefanović Karadžić,* Oxford, 1970

L. C. Wimberley, *Folklore in the English and Scottish Ballads,* Chicago, 1928

S. Windakiewicz, *Teatr ludowy w dawnej Polsce,* Krakau, 1904

H. F. Wirth, *Der Untergang des niederländischen Volksliedes,* Den Haag, 1911

R. Wohlfeil (Hg.), *Reformation oder frühbürgerliche Revolution,* München, 1972

*F. J. Wolf/C. Hofmann (Hg.), *Primavera y Flor de Romances,* 2 Bde., Berlin, 1856

*R. Wossidlo (Hg.), *Herr und Knecht: Anti-feudale Sagen aus Mecklenburg,* Berlin, 1960

L. B. Wright, *Middle-Class Culture in Elizabethan England,* Chapel Hill, 1935

*T. Wright (Hg.), *Songs and Ballads,* London, 1860

J. H. Wuorinen, *Nationalism in Modern Finland,* New York, 1931

*D. Wuttke (Hg.), *Fastnachtspiele des 15. und 16. Jahrhunderts,* Stuttgart, 1973

A. Wyczański, ‚Alphabétisation et structure sociale en Pologne au 16e siècle' in *AESC,* 29 (1974)

R. Zguta, ‚Skomorokhi' in *Slavic Review,* 31 (1972)

H. Zins, ‚Aspects of the Peasant Rising in East Prussia in 1525', in *Slavonic and East European Review,* 38 (1959–60)

A. Ziwès, *Le Jargon de Maître François Villon,* Paris, 1960

Register

Aarne, Antti 14
Abadal, Familie 104
Abed-Negos 207
Abraham a Sancta Clara 82f.
Addison, Joseph 71f., 298f.
Afzelius 25
Afanas'ev, A. N. 20
Hl. Agatha 178, 185
Aksakov, Sergej Timofejewitsch 294
Alba, Fernando 274
Alcoçer 255
Alémann, Mateo 59, 81
Alexander der Große 163
Alexandre 116
Alexis, russ. Zar 167, 228
Algarotti, Francesco 285
Alione, Giorgio 116
Altissimo, Cristofano dell' 78f., 156, 158
Amaury, Graf 172
Amilha, Bartholomé 249f.
Amis s. Pfaffe Amis
Hl. Andreas 171
Andreini, Francesco 78f.
Angiolillo 179f.
Hl. Antonius Eremita 168, 195, 251
Hl. Antonius von Padua 163, 171
Ariosto, Ludovico 75f., 116
Aristoteles 23, 81, 254
Armin, Achim von 8, 18, 20, 25f., 28, 30, 32, 56
Arndt, Johann 240, 242
Arras, Jean d' 85
Arthur, König der keltischen Briten 166
Asbjørnsen, P. C. 20
Astley, Philip 261
Aubrey, John 145, 296
Aubry, Etienne 39
Auger, Edmond 113
Hl. Augustinus 231, 243, 248
D'Aulnoy, Mme 298
Avvakum 228

Bach, Johann Sebastian 240
Bachtin, Michail 81
Bacon, Friar 185f.
Bagshaw, Christopher 235
Balandier, Georges 99
Balbin, Bohuslaw 286
Baldung, Hans 184
Ball, John 66
Bamford, Samuel 91

Bandarra, Gonçalo Anes 51, 118
Bandello, Matteo 170
Barberini, Francesco 289
Barletta, Gabriele 78f., 113
Baroja, Julio Caro 14
Barry, Philipps 125
Hl. Bartholomäus 210
Bascapè, Carlo 229, 234
Basile, Gianbattista 81
Basset, Familie 104
Bastwick, John 276
Báthory, András 38
Bauthumley, Jacob 51
Bayle, Pierre 287
Beattie, James 293
Bebel, Heinrich 295f.
Becker, Rudolf Zacharias 9
Beda 79
Bekker, Balthasar 254
Bellarminius, Robert 247
Bellay, Guillaume du 298
Bembo, Pietro 289
Hl. Benedikt 168
Berling, E. H. 279
Bernardino de Feltre 113
Bernardino der Scharlatan 268
Hl. Bernardino von Siena 91, 231, 248
Bernardo, Pietro 118
Bernini, Gian Lorenzo 245
Berry, Jean Herzog von 85
Bertolais, Neffe Karls d. Großen 168, 170
Beuningen, Conradin van 288
Bevis of Hampton 162
Beza, Theodor 238
Biagio 177
Bienfait, Familie 108
Bindoni, Familie 268
Biondo, Flavio 296
Birnie, Patrick 126
Blackwell, Thomas 299
Blair, Hugh 24, 30
Bloch, Marc 94, 96, 98
Boccaccio, Giovanni 170
Bodmer, Johann Jakob 23
Böhm, Hans 118, 189
Böhme, Jakob 51
Bogdanovič, Leontij 116
Boileau, Nicolas 108, 290, 292
Bonhomme, Jacques 175
Bosch, Hieronymus 199
Bossuet, Jacques 243, 245

Boswell, James 21f., 24, 34, 289
Bote, Hermann 84
Bourdieu, Pierre 99
Bourgeois, Louis 238
Bourne, Henry 297
Bova, Korolević 162
Braga, Teófilo 14
Brahe, Per 38
Brahe, Tycho 296
Brant, Sebastian 227, 230
Brentano, Clemens 8, 18, 32
Brioché, François und Familie 108
Broughton, Jack 261
Brown, Mrs. (of Falkland) 86, 116, 157
Brown, Thomas 287
Brückner, Wolfgang 14
Brueghel, Pieter 199, 221
Bruscambille 75
Bunyan, John 91, 113, 146, 157, 240
Buovo d' Antona 162
Burckhardt, Jacob 12
Bure, Johan 296
Buridan, Jean 81
Burton 276

Calderón de la Barca, Pedro 76, 255
Calvin, Johann 91, 232f., 238, 250, 254, 294
Cambry, J. de 28
Camdens, William 296
Campriano 177
Canisius, Petrus 247
Caracciolo, Roberto 113
Cardano, Girolamo 87
Carolan 112, 125
Caroline, Königin 117
Carrión, Graf von 172
Cartouche (d.i. Louis-Dominique Bourgi-
    gnon) 123, 161, 179
Casanova, Giacomo Girolamo 130
Castellani, Pierozzo 116
Castiglione, Baldassare 285, 289f., 298
Caulet, François-Etienne de 226, 249f.
Caylus, Graf von 298
Cecil, William 60
Cellini, Benvenuto 91
Cervantes, Miguel de 59, 81, 160
Chappell, William 33
Charlot, Sohn Karls d. Großen 168
Chateaubriand, François René Vicomte de 20,
    24
Chaunu, Pierre 70
Chesterfield, Philip Dormer Stanhope 292
Child, Francis 86, 138f., 141, 143, 163
›Chodokowski‹ (Pseudonym) 29

Christian VII. 279
Hl. Christophorus 223, 234
Cid (d.i. Rodrigo Ruy Diaz de Vivar 170ff.,
    256
Cimador, Zane 108
Clamanges, Nicolas de 231
Hl. Claude 193
Clemen, Otto 14
Collinges, John 50
Collins, Samuel 78
Congreve, William 72
Corbet, Richard 39
Corneille, Pierre 76
Cornwall, William 291
Corrientes, Diego 179
Coryat, Thomas 156
Cosimo II. von Toskana 116f.
Costillares 262
Courbet, Gustave 21
Courval, Sieur de 287
Covarrubias 208
Cranach, Lucas 242
Crespin, Jean 163
Croce, Giulio Cesare 76, 91, 117
Cromwell, Oliver 97, 226, 238, 277
Cromwell, Thomas 168
Crowley, Robert 226f.
Curtius, Ernst Robert 160
Czarnocki, Adam 23
Czinka 111

Dale, van 287
Dalilah 178
Danilow, Kirša 18
Dante Alighieri 34, 72
›Davenson‹ (Pseudonym) 29
Hl. David 171
Davis, Natalie 14
Dearmot, Duon 194
Defoe, Daniel 212, 271, 278
Dekker, Thomas 51
Delonay, Thomas 50f., 76, 108
Demetrius 252
St. Denis 171
Dent, Arthur 240
Deslyons, Jean 223
Diana 224
Dias, Balthasar 112
Dias, Luis 51
Dicey, Familie 268
Diderot, Denis 113
Didier, Jean-Charles und Familie 104
Dioskurides, Pedanios 119
Dives 174

Divizia 116
M'Donald, Hugh 262
Dovbuš, Oleks 179
Duck, Stephan 117
Dürer, Albrecht 104
Dulaure, J. A. 28

Edward, König von England 165
Elias, Norbert 10
Eliasson, Erik 105, 126
Elisabeth I., Königin von England 38, 54, 233, 235, 259, 291
Elderton, William 108
Erasmus von Rotterdam 223, 233
L'Estrange, Roger 283f.
Eulenspiegel, Till 185
Eusebius 79
Eva 178
Evelyn, John 78
Eynatten, Maximilian van 224
Eyre, Simon 175

Fabri, Felix 56
Fagerberg, Catharina. 119f.
Falstaff, John 202
Fauriel, Claude 19, 26, 34
Faust 185f.
Fawkes, Guy 213
Ferdinand II., Erzherzog 275
Ferdinand der Katholische 160
Ferguson, Adam 116, 286
Fetherstone, C. 233
Fielding, Henry 292
Fiore, Joachim von 287
Fiorillo, Silvio 126
Flavel, John 58, 146
Fleetwood, Londoner Stadtrichter 60
Fletcher, Andrew 84
Hl. Florian 171
Folz, Hans 114
Fontenelle, Bernhard 288
Fortis, Alberto 21, 24, 155, 192
Fortunatus 189
Foster, George 99
Fox, George 51
Foxe, John 163
Franck, Sebastian 295f.
Hl. Franz von Sales 234
Hl. Franziskus von Assisi 112, 169
Frazer, James 96, 194, 205, 223f.
Freud, Sigmund 204f.
Friedrich I. Barbarossa 166, 184
Friedrich II. 184
Friedrich der Große 134f., 164, 183, 185

Friedrich von der Pfalz 275
Fuller, Thomas 78
Fullone, Pietro 117

Gaal, Georg von 20
Gaismair, Michael 189
Ganelon 172
García, Carlos 59, 81
Gargantua 202
Garrett, Almeida 30
Gay, John 74
Geijer, Erik Gustav 19, 21, 23, 25, 30, 35
Geiler von Kaisersberg, Johann 230, 233
Gengenbach, Pamphilius 169, 241
Genovefa von Brabant 178
Gent, Thomas 52
Hl. Georg 162, 171, 185, 191, 208, 223, 230
Georg II. 167
Georg III. 167
Gerhardt, Paul 240
Gerhoh von Reichersberg 231
Gerson, Jean 231
Giberti, Gian Matteo 225, 233
Gillray, James 104
Ginzburg, Carlo 14
Glinka, Michail 21
Gluckman, Max 215
Görres, Joseph 8, 17, 19
Görtz, Baron 279
Goethe, Johann Wolfgang von 20, 23f., 74, 78, 117, 197
Golebiowski 26
Gombrich, Ernst 160
Gomes, Simão 51
O'Gordon, Edom 32
Gottsched, Johann Christoph 23, 254, 256
Gouberville, Sieur de 39
Goudimel, Claude 238
Goya, Francisco José de 22
Graeme, John 116
Graff, Jörg 112
Gramsci, Antonio 11, 42
Granby, Marquis von 171
Gray, Thomas 193
Grazian, Dottor 173
Grazzini, Anton Francesco 72
Grégoire, Abbé 28
Gregor der Große 243, 245
Grimm, Jacob 32, 68, 75, 133
Grimm, Jacob und Wilhelm 8, 18ff., 22, 24f., 31–34, 59, 71, 81, 86, 103, 124, 126, 144f.
Grindal, Edmund 233
Griseldis 178
Grosseteste, Robert 231

Guicciardini, Francesco 40
Guillot-Gorju, Bertrand Harduin de Saint-Jacques 107
Guise, Herzog von 167
Gunnarsdotter, Ingierd 159
Gustav Adolf von Schweden 163f., 275, 296

Haas, Franz 282
Haberdyne, Pfarrer 134
Hadorph, Johan 296
Händel, Georg Friedrich 74
Håkansson, Clemet 104f.
Håkansson, Olof 279
Hall, Thomas 223, 226
Hansen, Joseph 75
Hansson, Ola 104
Harris, Howell 252
Hauge, Hans 254
Haydn, Joseph 20, 32
Hayez 116
Hébert, Jacques 280
Heinrich II. 166
Heinrich III., König von England 37, 167, 274, 276
Heinrich IV. (Henri IV.) 164, 183f.
Heinrich VIII., König von England 38, 96, 165, 167f., 242
Henri Estienne II. 225
Herberstein 64
Herder, Johann Gottfried 17–25, 27f., 34f., 37, 42, 71, 99, 209, 296, 299
Herodes 166ff., 206
Herkomer, Hubert 34
Hesse, Johann 240
Hl. Hieronymus 168
Hilverding, Familie 108
Old Hobson 175
Hogarth, William 104, 150, 210
Holberg, Ludvig 286, 292, 296
Holde 224
Hole, John 236
Holger der Däne 149, 167, 290
Holofernes 178
Homer 24, 32, 34, 95, 112, 141, 299
Hooft, C.P. 38
Hooghe, Pieter de 104
Hooghe, Romeyn de 104, 279
Hone, William 20, 22
How, Samuel 51
Hugo, Victor 21
Huizinga, Johann 12
Huon von Bordeaux 167

Hl. Ignatius von Loyola 245f.
Isabella von Spanien 38, 116

Hl. Isidor 246
Ivo (Saint Yves) 175
Iwan der Schreckliche 38, 161, 164f., 167, 184

Jacobus von Voragine 163
Jaga, Baba 182
Hl. Jakob 171, 256
Jakob, Herzog von York 277
Jakob I. 124
Jakob V. 165
Jakobson, Roman 160
James, Richard 78
Jánošik, Juraj 179
Janssen, Johannes 7
Johannes Nepomuk 246
Hl. Johannes der Täufer 163, 185, 194f., 209, 217f., 243
Johnson, Samuel 21f., 24, 31, 34, 44, 211, 289
Jolain, Familie 104
Jones, Griffith 252
Jonson, Ben 210
Hl. Josef 245
Joseph II. 184
Jovellanos, Gaspar de 256, 265
Juan von Navarra 160
Judith 178
Judas 181, 213

Kahlenberg s. Pfaffe von Kahlenberg
Karadžić, Vuk Stefanović 18, 22, 26f., 31f., 61f., 86, 112, 126, 157
Hl. Karl Borromäus 223f., 234f., 244, 246, 249, 254, 285
Karl der Große 72, 163, 166f., 170, 180, 291
Karl II. 277, 283
Karl III. 256
Karl V. 183
Karl XII., König von Schweden 164, 184, 260, 279
Karsthans 175
Karvel, König 149
Kata, Kádár 140
Hl. Katharina 178
Kazinczy 293
Kett 203
Kidd, Captain 179
Klesl, Melchior 275
Klukstad, Jakob 104, 126
Knox, John 241, 265
Kodály, Zoltan 42f., 137, 293
Koht, Halvdan 14
Kołłataj, Hugo 26
Kopitar, Jernej 26

Kraljević, Marko 32, 170
Kramer, Karl-S. 8
Krohn, Kaarle 14

Labrador, Juan 175
Lafayette, Marie-Joseph de 281
Lafayette, Marie-Madelaine de 290
Larsson, Per 279
Latimers, Hugh 146
Laurentius Paulinus 239
Le Nobletz 245
Lermontov, Michail Jurgewitsch 72
Lesage, Alain-René 292
Leslie, Charles 278
Lessing, Gotthold Ephraim 20, 148
Lévi-Strauss, Claude 135, 143, 152, 202
Lheritier, Mlle 298
Lilburne, John 173, 212
Lincoln, Graf von 78
Livius 79
Lönnrot, Elias 18, 22, 25f., 31f.
Lofthus, Christian Jensen 280, 283
Lope de Vega 76, 256
Lotzer, Sebastian 89
Lowth, Robert 299
Hl. Lucia 178, 185
Hl. Ludwig (Louis IX.), König von Frankreich 164, 184
Ludwig XII. (Louis XII.), König von Frankreich 164, 166, 186, 189
Ludwig XIII. (Louis XIII.), König von Frankreich 166f., 186, 189
Ludwig XIV. (Louis XIV.), König von Frankreich 183, 186, 243, 260, 279, 290, 298
Ludwig XVI. (Louis XVI.), König von Frankreich 164, 167, 282
Lugansky, Kazak 29
Lukian 51
Luther, Martin 71, 83, 163, 184, 186, 203, 229, 232f., 236–240, 242, 244, 253, 273, 277, 294

Macaulay, Thomas 21
MacCabe 125
Macchiavelli, Niccolò 37, 116, 122, 213
Macdonald, Dwight 76
Mac-Gregor, James 38
Macpherson, James 24, 31f., 126, 138
Magelone 162
Maillard, Olivier 78f., 82, 113
Mainardi, der ›lustige Pfaffe‹ aus der Toskana 169
Malherbe, François 38, 298
Malinowski, Bronislav 246

Mandrin, Louis 161, 179
Mandrou, Robert 14
Mangourit, M.A. 28
Mannhardt, Wilhelm 96
Mantuanus 204
Manuel, Niklas 241
Hl. Margarete 191, 230, 246
Margarete von Navarra 116
Maria von Frankreich 38
Hl. Maria Magdalena 245f.
Mariana, Juan de 226, 255
Mariette, Familie 104
Marino, Giambattista 81
Marion, Maid 194
Markolf 175, 177
Marlborough, Herzog von 171
Marlowe, Christopher 87
Marnix, P. 238
Marot, Clément 238, 250
Hl. Martin, Bischof von Tours 168, 171f., 184, 195, 234, 245, 251
Martin, Martin 252
Márton, Gyula 140
Marvell, Andrew 116
Mathesius, Johannes 48, 240
Mátyás, König von Ungarn 163–166, 184
Maximilian, deutscher Kaiser 165
Maximilian, Herzog von Bayern 234
Maximilian, russ. Zar 147, 167
Mayenne, Charles de Lorraine 274
Mazarin, Jules 213, 276
Mededović, Avdo 155
Medici, Katharina von 274
Medici, Lorenzo de' 37, 74, 116
Melton, Nicholas 52
Menckenius, J.B. 107
Mendelssohn-Bartholdy, Felix 24
Mendoza, Daniel 121, 262
Mentesino, Ambrosio 116
Mercurio, Scipione 287
Merlin 287
›Merton‹ (Pseudonym) 29
Mesach 207
Metternich, Klemens Wenzel Fürst von 27
Michael, Erzengel 171
Michelet, Jules 21
Michels, Giustina Renier 20
Milton, John 117
Misère, Bonhomme 175ff., 191
Modena, Herzog von 297
Moe, J. 20, 22
Molanus, Johannes 251
Molière 160
Molnár, A. 238

Mompesson, Giles 174
Mone, F. J. 20
Montaigne, Michel de 78, 116, 156, 262, 297 ff.
Montauban, Renaud de (Reinhold von) 170, 290
Montesino, Amborio 246
Moratín, Fernandez de 256
Mordred 172
Morgan, William 237
Hl. Moritz 171
Moritz, Sohn Wilhelms des Schweigsamen 275
Moser, Hans 8, 14
Moses 34
Mounoir, Julien 245, 247
Müntzer, Thomas 189
Muggleton, Lodowick 124
Muratori, Antonio 297
Murdock, George Peter 68
Murner, Thomas 83
Murom, Ilja von 161, 170
Murray, Margaret 224

Nádasdy, Tamás 38
Naogeorgus, Thomas 223, 232, 241
Napoleon 24 f.
Naumann, Hans 71
Nebukadnezar 207
Nepomuk, Johann 245
Neronow, Ivan 228
Newbury, Jack of 175
Newton, Isaac 288
Niccolò d'Arezzo 112
Hl. Nikolaus, Bischof von Myra 162, 168, 179, 185
Nikon, Patriarch von Moskau 229
Nilsson, Per 105
Nobili, Roberto de 243
Northbrooke, J. 233

Ogier s. Roland
Hl. Olaf, König von Norwegen 165 f., 185, 189, 252
Oldenbarnevelt, Jan van 275
Olrik, Axel 149 f.
O'Neill, Arthur 112
Hl. Onuphrius 163
Opie, J. und P. 96
Orlando s. Roland
Osiander, Andreas 232, 235 f.
Ossian (d. i. Oiséan MacFinn) 24, 31, 86, 262
›Otmar‹ (Pseudonym) 29, 44, 125
Ottonelli 222
Oudot, Familie 268
Ovid 117

Paine, Tom 213, 281
Palacký, František 21
Paleotti, Gabriele 227, 234, 236
Panofsky, Erwin 91 f.
Papebroch (d. i. Daniel van Papenbroeck) 287
Parry, John 109, 112, 125
Parry, Milman 95
Paston, John 97
Hl. Patrick 171
Pavillon, Nicolas 249 f., 254
Pedro, Meister 110
Pellerin, Familie 104
Percy, Thomas 18, 31 f., 34, 86, 106, 293
Pèri, Giovan Domenico 116
Perkins, William 225, 287
Perrault, Charles 74, 86, 298
Peter der Große, russ. Zar 135, 161, 165, 167, 184, 294
Petöfi, Sándor 21
Petri, Laurentius 237
Hl. Petrus 186
Pfaffe Amis 169
Pfaffe von Kahlenberg 169
Philipp II. 134, 166, 244, 274, 279
Philipp IV. 38
Philippot 112
Pickering, John 82
Pierre de Provence 162, 171
Pinkerton, John 32, 139
Pitrè, Giuseppe 8, 14
Placucci, Michele 29
Playford, John 74
Plumb, J. H. 261
Poch, Janot 180
Poliziano, Angelo 38
Pontano, Giovanni 38
Porthan, H. G. 25
Potiphar 178
Poujade, Pierre 173
Powell, Martin 108
Prévost, L'Abbé 292
Propp, Vladimir 144, 152, 160
Prynne, William 276
Prys, Hugh Shon 125
Ptolemäus 82
Pugacev, Emilian 179, 185
Pulci, Luigi 59, 74
Puschkin, Alexander 21, 72
Puschmann, Adam 116
Puttenham, George 291, 297

Quevedo y Villegas, Francisco Gómez de 81

Rabelais, François 75, 80 f.
Racine, Jean 290

Ramírez, Román 119, 157
Ratsey, Gabriel 184
Razin, Stenka 179f., 185f., 189
Redfield, Robert 9, 36f., 42, 71, 75
Reenberg, T. C. 292f.
Restif, Edmé 259
Restif de la Bretonne 259
Reuter, Gustaf 104f., 164
Ricci, Scipione 251
Richard I., König von England 163, 165
Richardson, Samuel 292
Riehl, Wilhelm Heinrich 7
Rinaldo 72, 170
Rinckart, Martin 239
Rist, Johannes 240
Robin Hood 139, 143, 165, 168f., 179f., 184,
    186, 194f., 208
Rodrigo, König 161
Rojas, Augustín de 109
Roland 72, 162, 170f., 180
Romero, Pedro 262
Ronsard, Pierre de 298
Rosenplüt, Hans 114
Rousseau, Jean-Jacques 24, 76, 290, 292, 294
Rowley, William 51
Roy, Rob 179, 184
Rudyerd, Benjamin 222
Russow, Balthasar 209
Rybnikov 116
Rygg, Kittil 104
Ryther, John 58

Saba, Königin von 193
Sacheverell, Henry 163, 277f.
Sachs, Hans 52, 76, 114, 126, 177
Sadrach 207
›Saintyves‹ (Pseudonym) 29
Salomo, König von Israel und Juda 163, 168,
    175, 193
Santa Cruz, Marquis von 134
Savonarola, Girolamo 82, 118, 211, 231, 233,
    244
Savoyen, Prinz Eugen von 171
Scala, Flaminio 153
Schappeler, Christoph 89
Schiller, Friedrich 20
Schlegel, Wilhelm 125
Schubert, Franz 33
Schumann, Robert 33
Scott, Walter 21, 29–32, 116, 125, 139, 293
Scupoli, Lorenzo 247
Hl. Sebastian von Portugal 163, 166, 183f.,
    191
Séguier, Pierre 88

Serrallonga, Joan de 179f.
Settle, Elkanah 108
Shaftesbury, Antony 108
Shakespeare, William 23, 96, 108, 188, 291
Sharp, Cecil 127, 137
Sheale, Richard 91, 106
Shipton, Mutter 288
Sidney, Philipp 291, 299
Siewert, Walich 233
Siméon, François 122
Šklovsky, Victor 149, 152
Smith, Adam 293
Smith, Nicolas 51
Snegirov, I. M. 20
Soboul, Albert 52
Sonnenfels, Josef von 254, 256
Sophia, Königin von Dänemark 38, 296
Soria, Alonso Alvarez do 74
Southcott, Joanna 288
Spener, Jakob 253
Stein, Karl Reichsfreiherr vom und zum 25
Stepford, Joshua 223
Stone, Lawrence 265
Strafford, Thomas Wentworth 276
Stranitzky, Josef Anton 107, 126
Straparola, Francesco 117, 144, 151
Struensee, Johann Friedrich 279f.
Strutt, Joseph 20
Stubbes, Phillip 226, 232
Swift, Jonathan 71, 116
Sydow, Carl von 64, 68, 103
Syv, Peder 296

Tabarin (d.i. Antoine Girard) 38, 75, 107f.,
    110, 156, 287
Tacitus 96
Tarleton, Richard 38, 78, 108, 121, 125, 156
Tasso, Torquato 72, 74, 116
Taylor, John 117
Tertullian 231
Theophilus 185
Hl. Theresa von Avila 245f.
Thiers, Jean-Baptiste 297
Thomas, Keith 14
Hl. Thomas von Aquin 150
Thomas a Kempis 247
Thomason, George 277
Thompson, Edward 14, 73
Thompson, Stith 144
Tieck, Ludwig 22f.
Timoneda, Juan 76, 144
Tommaseo, Niccolò 26, 28, 30
Tinódi, Sebastyén 38, 78, 108, 112
Topham, Thomas 121, 261

Tour, Georges de la 110
Toynbee, Arnold Joseph 42, 65
Trutovsky, V. F. 20, 33
Turner, Victor 215
Turpin, Dick 179, 184, 186
Tyndale, William 237

Utenhove, J. 238

Valdés, Juan Meléndez 256
Valenzuela 214
Vasari, Giorgio 235
Vaugelas, Claude Favre de 290
Vedel, Anders Sørensen 296
Vegetius 81
Vernon, Admiral 97, 171, 278
Vicente, Gil 108
Viehmännin, Frau 86, 103, 117
Villemarqué 28
Villon, François 74, 80f., 83
Virág, Benedek 293
Višnjić, Filip 112, 126
Vives, Juan Luis 285
Vladimir, Prinz von Kiew 170
Voltaire, François-Marie Arouet 24, 265, 294
Vovelle, Michel 14

Walton, Izaak 86
Warbeck, Veit 229

Warburg, Aby 12, 160
Ward, Ned 57, 124
Warton, Thomas 116
Warwick, Guy of 170f.
Weber, Max 227, 271
Wedderburn 238
Hl. Wenzel, König von Böhmen 166
Wesley, John 252
Weston, William 235
White, John 51
Whitefield, George 146, 157, 252
Whittington, Dick 175, 185
Wilhelm, König von England 165
Wilhelm III. 164, 183f., 253
Wilhelm der Eroberer 184
Wilhelm der Schweigsame 274f.
Wilkes, John 278
Willems, Jan-Frans 26, 30
Williams, Edward 34
Winstanley, Gerrard 173
de Witt, Brüder 279
Wittewrongel, Petrus 233
Wolf, F. A. 32
Wynne, Watkin Williams 38

Zan Polo 38, 108
Zrínyi, Miklós 74f.
Zwingli, Ulrich 229, 232, 244

Daten zur
Literatur und Geschichte

Herbert A. u.
Elisabeth Frenzel:
Daten deutscher
Dichtung
Chronologischer
Abriß der deutschen
Literaturgeschichte
Band 1: Von den
Anfängen bis zum
Jungen Deutschland
Band 2: Vom Realis-
mus bis zur
Gegenwart
dtv 3003/3004

Jochen
Schmidt-Liebich:
Daten der englischen
Geschichte
Von den Anfängen
bis zur Gegenwart
dtv 3134

Klaus Engelhardt /
Volker Roloff:
Daten der franzö-
sischen Literatur
Band 1: Von den
Anfängen bis 1800
Band 2: Von 1800 bis
zur Gegenwart
dtv 3192/3193

Deutsche
Geschichte in Daten
Band 1:
Andrea van Dülmen:
Von den Anfängen
bis 1770
Band 2:
Jochen
Schmidt-Liebich:
1770 – 1918
dtv 3194/3195

Wolfgang Karrer /
Eberhard Kreutzer:
Daten der englischen
und amerikanischen
Literatur von 1700
bis 1890
dtv 3197
. . . von 1890 bis zur
Gegenwart
dtv 3107

Herbert A. Frenzel:
Geschichte des
Theaters
Daten und
Dokumente
1470–1840
Mit zahlreichen Abb.
und Diagrammen
dtv 4301

Zeitschrift für Sozialforschung

Herausgegeben im Auftrag des Instituts für Sozialforschung von Max Horkheimer. Das Fundament einer maßgebenden wissenschaftlichen Schule – die ›Grundbibliothek‹ einer der fruchtbarsten und folgenreichsten geistigen Strömungen unseres Jahrhunderts. Vollständiger Nachdruck der Originalausgaben (Leipzig 1932, Paris 1933–1938, New York 1939–1941) mit einer Einleitung von Alfred Schmidt in Band 1 und einem Gesamtregister in Band 9.
dtv reprint 5975, insgesamt 5366 Seiten, 9 Bände in Kassette DM 128,–

Mit jeweils mehreren Arbeiten sind folgende bekannte Autoren vertreten: Theodor W. Adorno, Raymond Aron, Walter Benjamin, C. M. Bowra, William Dieterle, Erich Fromm, B. Groethuysen, Julian Gumperz, Max Horkheimer, Carl G. Jochmann, Otto Kirchheimer, Ernst Krenek, Paul F. Lazarsfeld, Leo Loewenthal, Herbert Marcuse, Margaret Mead, Franz Neumann, Otto Neurath, Frederick Pollock, Rudolf Schlesinger, Ferdinand Tönnies, Karl August Wittfogel.